民法標準判例

한국민사법학회 선정

민법 표준 판례

한국민사법학회

fides 도서출판

이 책은
한국민사법학회가 법학전문대학원협의회의 의뢰로 연구한 후 제출한 2019년도 법학전문대학원협의회 연구용역 과제 보고서 「변호사시험의 자격시험을 위한 민법표준판례연구」에 수록된 내용을 수험생들의 편의를 위하여 수정 · 가필한 것입니다.

머리말

이 책은 사단법인 한국민사법학회가 2019년 12월 30일 법학전문대학원협의회에 제출한 '2019년도 법학전문대학원협의회 연구용역 과제 보고서' 「변호사시험의 자격시험을 위한 민법표준판례연구」에 수록된 판례를 수험생들이 참고하기 편하게 편집한 책입니다.

법학전문대학원협의회는 2019년 초에 우리나라의 민법학계를 대표하는 학회인 우리 한국민사법학회에 변호사시험에 출제될 수 있는 '민법표준판례'를 선정하여 줄 것을 의뢰하였습니다. 그러나 한국민사법학회에서 「민법의 표준판례」를 선정하게 되면, 원래의 의도와는 관계없이 '민법학의 연구영역을 선정된 판례의 범위로 축소 · 제한시킬 수 있으며, 선정자의 주관적인 관점에 치우쳐 객관성을 상실할 수 있다'는 우려 때문에, 학회가 법학전문대학원협의회의 연구용역사업에 참여해서는 안 된다는 반대의견도 많았습니다. 또한 사업의 당위적 측면에서도 한국민사법학회의 학문적 권위를 빌려 변호사시험의 출제범위를 제한하고자 하는 법학전문대학원협의회의 「민법표준판례」 선정을 위한 연구용역사업에 참여하는 것이 과연 옳은지의 여부에 대해서도 회의적인 견해가 적지 않았습니다.

이런 사정으로 한국민사법학회는 오랜 내부적 논의를 거친 끝에 「민법표준판례」 선정을 위한 연구용역사업에 참여하기로 결정하고, 전국 25개 법학전문대학원에서 1명씩의 민법교수를 연구원으로 하고 분야별 간사 약간명을 포함한 총 31명의 민법교수들로 연구위원회를 구성하여 2019년 9월 30일 서울대학교에서 첫 연구위원회의를 개최하였습니다. 그 후 3개월에 걸친 분야별 표준판례 선정작업과 조정회의 등을 거쳐 마침내 2019년 12월 30일 법학전문대학원협의회에 「변호사시험의 자격시험을 위한 민법표준판례연구」라는 제목의 연구용역 과제 보고서를 제출할 수 있었습니다.

이 책은 한국민사법학회에서 법학전문대학원협의회에 제출한 위 보고서를 기초로 하여 편집한 것으로서, 내용과 순서는 위 보고서와 다르지 않으나, 변호사시험을 준비하는 수험생들과 교수님들이 편하게 사용하실 수 있도록 약간의 가필과 수정을 가한 것입니다.

이 책은 법학전문대학원협의회에서 요구한대로 「민법표준판례」라는 제목을 달고 있으나, 이 책에 수록된 대법원판결들이 반드시 민법의 "표준판례"에 해당한다고 볼 수는 없을 것입니다. 다만, 이 책에 수록된 대법원판결들은 적어도 변호사시험을 준비하는 수험생들로서는 반드시 공부하여야 할 「민법필수수험판례」일 뿐만 아니라, 법학교육의 현장에서도 가급적 다루어지는 것이 바람직하다고 생각되는 최소한의 「민법필수교육판례」라고 할 수 있을 것입니다.

다만, 짧은 연구기간과 중복선정된 판례를 제외하다보니 당초의 예상(1,000여 개의 판결) 보다 적은 816개의 대법원판결을 선정하는 데 그친 점은 아쉬움으로 남게 되었습니다. 판례집의 생명은 판례의 계속적인 추가와 보완에 있다 할 것입니다. 민법의「표준판례집」을 지향하는 이 책이 향후의 보완작업을 통하여 완벽한 민법의 표준판례집으로 거듭날 수 있기를 기원합니다.

그동안「민법표준판례」 선정작업에 적극 참여하여 주신 모든 교수님들의 노고에 지면을 빌어 감사의 말씀을 드립니다. 또한 학회의 기획이사를 맡아 연구용역 제안서 작성부터 시작하여 연구결과인 판례수집과 정리와 편집 등 궂은일을 도맡아 해 주신 아주대학의 윤태영 교수님께 특히 감사드립니다.

마지막으로 어려운 가운데 이 책의 출판을 맡아주신 도서출판 피데스의 신창동 사장님께 깊은 감사의 말씀을 드립니다. 그리고 편집과 디자인을 맡아 수고해 주신 진하준 실장님과 이지선 과장님께도 감사드립니다.

2019년 12월 31일

한국민사법학회 회장 김대정

차 례

※ 판례의 배열은 민법전의 편별에 따랐으며, 선정된 판례가 없는 장(章), 절(節)은 생략하였음

일러두기

1. 판결의 인용

판결의 표시는 법원공보의 판결표시례에 따라 선고법원, 선고연월일 및 사건번호의 순으로 표시하되, 판결선고년도의 표시는 서기년으로 환산하여 표기하였으며, 출전은 생략하였다.

예) 대법원 1962. 4. 26. 선고 4293민상1542 판결
대법원 2013. 10. 7., 2013스133 결정
대법원 2019. 6. 20. 선고 2013다218156 전원합의체 판결

2. 법령의 인용 및 약어표

(1) 민법은 법률의 표시 없이 인용하는 것을 원칙으로 하였다.

(2) 민법 이외의 특별법은 다음과 같은 약칭을 사용하여 인용하되, 원래의 법명을 인용하는 경우에는 띄어쓰기를 사용하였다.
가등기담보법 : 가등기담보 등에 관한 법률(1983.12.30. 법률 제3681호로 제정)
대부업법 : 대부업 등의 등록 및 금융이용자 보호에 관한 법률(2002.8.26. 법률 제6706호로 제정)

(3) 법령약어표
가등기담보법 : 가등기담보 등에 관한 법률(1983.12.30. 법률 제3681호)
공간정보관리법 : 공간정보의 구축 및 관리 등에 관한 법률(2009.6.9. 법률 제9774호)
공유수면법 : 공유수면 관리 및 매립에 관한 법률(2010.4.15. 법률 제10272호)
공유토지분할법 : 공유토지분할에 관한 법률(2003.12.31. 법률 제7037호)
공장저당법 : 공장 및 광업재단 저당법(2011.5.19. 법률 제10629호)
국가계약법 : 국가를 당사자로 하는 계약에 관한 법률(1995.1.5. 법률 제4868호)
국토이용계획법 : 국토의 계획 및 이용에 관한 법률(2002.2.4. 법률 제6655호)
금융실명법 : 금융실명거래 및 비밀보장에 관한 법률(1997.12.31. 법률 제5493호)
금융위원회법 : 금융위원회의 설치 등에 관한 법률(1997.12.31. 법률 제5490호)
대부업법 : 대부업 등의 등록 및 금융이용자 보호에 관한 법률(2009.1.21. 법률 제9344호)
도시정비법 : 도시 및 주거환경정비법(2002.12.30. 법률 제6841호)
독점규제법 : 독점규제 및 공정거래에 관한 법률(1990.1.13. 법률 제4198호)
동산·채권담보법 : 동산·채권 등의 담보에 관한 법률(2010.6.10. 법률 제10366호)
마약류관리법 : 마약류 관리에 관한 법률(2000.1.12. 법률 제6146호)
방문판매법 : 방문판매 등에 관한 법률(2002.3.30. 법률 제6688호)
보증인보호법 : 보증인 보호를 위한 특별법(2008.3.21. 법률 제8918호)
부동산가격공시법 : 부동산가격공시 및 감정평가에 관한 법률(2005.1.14. 법률 제7335호)
부동산등기특조법 : 부동산등기특별조치법(1990.8.1. 법률 제4244호)
부동산실명법 : 부동산 실권리자명의 등기에 관한 법률(1995.3.30. 법률 제4944호)

부정경쟁방지법 : 부정경쟁방지 및 영업비밀보호에 관한 법률(1986.12.31. 법률 제3897호)
산재보험법 : 산업재해보상보험법(2007.12.14. 법률 제8694호로 전부개정)
상가임대차법 : 상가건물 임대차보호법(2001.12.29. 법률 제6542호)
소송촉진법 : 소송촉진 등에 관한 특례법(1981.1.29. 법률 제3361호)
신용정보법 : 신용정보의 이용 및 보호에 관한 법률(1995.1.5. 법률 제4866호)
실화책임법 : 실화책임에 관한 법률(2009.5.8. 법률 제9648호)
약관규제법 : 약관의 규제에 관한 법률(1986.12.31. 법률 제3922호)
입목법 : 입목에 관한 법률(1973.2.6. 법률 제2484호)
자본시장법 : 자본시장과 금융투자업에 관한 법률(2007.8.3. 법률 제8635호)
자동차손배법 : 자동차손해배상 보장법(1999.2.5. 법률 제5793호)
자산유동화법 : 자산유동화에 관한 법률(1998.9.16. 법률 제5555호)
장사법 : 장사 등에 관한 법률(2000.1.12. 법률 제6158호)
전자문서법 : 전자문서 및 전자거래기본법(2012.6.1. 법률 제11461호로 법명변경)
전자상거래법 : 전자상거래 등에서의 소비자보호에 관한 법률(2002.3.30. 법률 제6687호)
전자어음법 : 전자어음의 발행 및 유통에 관한 법률(2004.3.22. 법률 제7197호)
전통사찰법 : 전통사찰의 보존 및 지원에 관한 법률(2009.3.5. 법률 제9473호로 법명개정)
주택임대차법 : 주택임대차보호법(1981.3.5. 법률 제3351호)
정부보관금법 : 정부보관금에 관한 법률(1961.12.13. 법률 제839호)
집합건물법 : 집합건물의 소유 및 관리에 관한 법률(1984.4.19. 법률 제3725호)
징발재산법 : 징발재산정리에관한특별조치법(1970.1.1. 법률 제2172호)
토지보상법 : 공익사업을 위한 토지 등의 취득 및 보상에 관한 법률(2002.2.4. 법률 제6656호)
특정동산저당법 : 자동차 등 특정동산저당법(2009.3.25. 법률 제9525호)
채권추심법 : 채권의 공정한 추심에 관한 법률(2009.2.6. 법률 제9418호)
채무자회생법 : 채무자 회생 및 파산에 관한 법률(2005.3.31. 법률 제7428호)
표시광고법 : 표시 · 광고의 공정화에 관한 법률(1999.2.5. 법률 제5814호)
할부거래법 : 할부거래에 관한 법률(1991.12.31. 법률 제4480호)

판례선정 연구진

구분	담당	이름	소속	직책
연구책임	연구책임	김대정	중앙대	회장
기획/총괄	총괄	정상현	성균관대	총무이사
	기획/총괄	윤태영	아주대	기획이사
	재무	최창렬	동국대	재무이사
	편집	최성경	단국대	홍보이사
	편집	김성수	경찰대	동아시아이사
	편집	권 철	성균관대	동아시아이사
민법총칙	책임연구위원	정태윤	이화여대	수석부회장
	연구위원	이재목	충북대	
	연구위원	송호영	한양대	학술이사
	연구위원	안병하	강원대	
	연구위원	김성욱	제주대	
물권법	책임연구원	박동진	연세대	학술/교육위원장
	연구위원	이준현	서강대	
	연구위원	김진우	한국외대	사업이사
	연구위원	추신영	전북대	
	연구위원	윤태영	아주대	기획이사
	연구위원	서종희	건국대	
채권총론	책임연구위원	정병호	서울시립대	
	연구위원	김상중	고려대	국제이사
	연구위원	김영두	충남대	
	연구위원	변우주	동아대	
	연구위원	이혜리	원광대	
채권각론	책임연구위원	김대정	중앙대	회장
	연구위원	정상현	성균관대	총무이사
	연구위원	박수곤	경희대	교육이사
	연구위원	임병석	전남대	
	연구위원	배성호	영남대	
	연구위원	윤석찬	부산대	
가족법	책임연구위원	김천수	성균관대	
	연구위원	박인환	인하대	
	연구위원	이은정	경북대	
	연구위원	이동진	서울대	판례이사

※ 위 「직책」은 2019.12.31. 임기만료 전의 한국민사법학회의 직책임

제 1 편

총 칙

제1장 통 칙

1. 민법의 법원 (1) : 관습법의 효력 (1)

(대법원 2003. 7. 24. 선고 2001다48781 전원합의체 판결)

쟁점 제정민법이 시행되기 전에 존재하던 '상속회복청구권은 상속이 개시된 날부터 20년이 경과하면 소멸한다'는 관습에 관습법으로서의 효력을 인정할 수 있는지 여부

판결요지

사회의 거듭된 관행으로 생성한 어떤 사회생활규범이 법적 규범으로 승인되기에 이르렀다고 하기 위하여는 그 사회생활규범은 헌법을 최상위 규범으로 하는 전체 법질서에 반하지 아니하는 것으로서 정당성과 합리성이 있다고 인정될 수 있는 것이어야 하고, 그렇지 아니한 사회생활규범은 비록 그것이 사회의 거듭된 관행으로 생성된 것이라고 할지라도 이를 법적 규범으로 삼아 관습법으로서의 효력을 인정할 수 없는바, 제정 민법이 시행되기 전에 존재하던 관습 중 "상속회복청구권은 상속이 개시된 날부터 20년이 경과하면 소멸한다."는 내용의 관습은 이를 적용하게 되면 20년의 경과 후에 상속권침해가 있을 때에는 침해행위와 동시에 진정상속인은 권리를 잃고 구제를 받을 수 없는 결과가 되므로, 소유권은 원래 소멸시효의 적용을 받지 않는다는 권리의 속성에 반할 뿐 아니라 진정상속인으로 하여금 참칭상속인에 의한 재산권침해를 사실상 방어할 수 없게 만드는 결과로 되어 불합리하고, 헌법을 최상위 규범으로 하는 법질서 전체의 이념에도 부합하지 아니하여 정당성이 없으므로, 위 관습에 법적 규범인 관습법으로서의 효력을 인정할 수 없다.

판례선정이유

과거부터 존재하여 왔던 관습법도 현재의 헌법을 기준으로 그에 위반되면 그 효력을 가질 수 없다는 것을 밝힌 판결

2. 민법의 법원 (2) : 관습법의 효력 (2)

(대법원 1983. 6. 14. 선고 80다3231 판결)

쟁점 가정의례준칙 제13조의 규정과 상치되는 관습법의 효력을 인정할 수 있는지 여부

판결요지

가족의례준칙 제13조의 규정과 배치되는 관습법의 효력을 인정하는 것은 관습법의 제정법에 대한 열후적, 보충적 성격에 비추어 민법 제1조의 취지에 어긋나는 것이다.

판례선정이유

제정법과 관습법의 우열관계를 밝힌 판결

3. 민법의 법원(3) : 관습법의 효력(3)

(대법원 2005. 7. 21. 선고 2002다1178 전원합의체 판결)

쟁점 종중 구성원의 자격을 성년 남자만으로 제한하는 관습법의 효력 여부

판결요지

[1] 관습법이란 사회의 거듭된 관행으로 생성한 사회생활규범이 사회의 법적 확신과 인식에 의하여 법적 규범으로 승인·강행되기에 이른 것을 말하고, 그러한 관습법은 법원(法源)으로서 법령에 저촉되지 아니하는 한 법칙으로서의 효력이 있는 것이고, 또 사회의 거듭된 관행으로 생성한 어떤 사회생활규범이 법적 규범으로 승인되기에 이르렀다고 하기 위하여는 헌법을 최상위 규범으로 하는 전체 법질서에 반하지 아니하는 것으로서 정당성과 합리성이 있다고 인정될 수 있는 것이어야 하고, 그렇지 아니한 사회생활규범은 비록 그것이 사회의 거듭된 관행으로 생성된 것이라고 할지라도 이를 법적 규범으로 삼아 관습법으로서의 효력을 인정할 수 없다.

[2] 사회의 거듭된 관행으로 생성된 사회생활규범이 관습법으로 승인되었다고 하더라도 사회 구성원들이 그러한 관행의 법적 구속력에 대하여 확신을 갖지 않게 되었다거나, 사회를 지배하는 기본적 이념이나 사회질서의 변화로 인하여 그러한 관습법을 적용하여야 할 시점에 있어서의 전체 법질서에 부합하지 않게 되었다면 그러한 관습법은 법적 규범으로서의 효력이 부정될 수밖에 없다.

[3] 종원의 자격을 성년 남자로만 제한하고 여성에게는 종원의 자격을 부여하지 않는 종래 관습에 대하여 우리 사회 구성원들이 가지고 있던 법적 확신은 상당 부분 흔들리거나 약화되어 있고, 무엇보다도 헌법을 최상위 규범으로 하는 우리의 전체 법질서는 개인의 존엄과 양성의 평등을 기초로 한 가족생활을 보장하고, 가족 내의 실질적인 권리와 의무에 있어서 남녀의 차별을 두지 아니하며, 정치·경제·사회·문화 등 모든 영역에서 여성에 대한 차별을 철폐하고 남녀평등을 실현하는 방향으로 변화되어 왔으며, 앞으로도 이러한 남녀평등의 원칙은 더욱 강화될 것인바, 종중은 공동선조의 분묘수호와 봉제사 및 종원 상호간의 친목을 목적으로 형성되는 종족단체로서 공동선조의 사망과 동시에 그 후손에 의하여 자연발생적으로 성립하는 것임에도, 공동선조의 후손 중 성년 남자만을

종중의 구성원으로 하고 여성은 종중의 구성원이 될 수 없다는 종래의 관습은, 공동선조의 분묘수호와 봉제사 등 종중의 활동에 참여할 기회를 출생에서 비롯되는 성별만에 의하여 생래적으로 부여하거나 원천적으로 박탈하는 것으로서, 위와 같이 변화된 우리의 전체 법질서에 부합하지 아니하여 정당성과 합리성이 있다고 할 수 없으므로, 종중 구성원의 자격을 성년 남자만으로 제한하는 종래의 관습법은 이제 더 이상 법적 효력을 가질 수 없게 되었다.

[4] 종중이란 공동선조의 분묘수호와 제사 및 종원 상호간의 친목 등을 목적으로 하여 구성되는 자연발생적인 종족집단이므로, 종중의 이러한 목적과 본질에 비추어 볼 때 공동선조와 성과 본을 같이 하는 후손은 성별의 구별 없이 성년이 되면 당연히 그 구성원이 된다고 보는 것이 조리에 합당하다.

[5] 종중 구성원의 자격에 관한 대법원의 견해의 변경은 관습상의 제도로서 대법원판례에 의하여 법률관계가 규율되어 왔던 종중제도의 근간을 바꾸는 것인바, 대법원이 이 판결에서 종중 구성원의 자격에 관하여 '공동선조와 성과 본을 같이 하는 후손은 성별의 구별 없이 성년이 되면 당연히 그 구성원이 된다'고 견해를 변경하는 것은 그동안 종중 구성원에 대한 우리 사회일반의 인식 변화와 아울러 전체 법질서의 변화로 인하여 성년 남자만을 종중의 구성원으로 하는 종래의 관습법이 더 이상 우리 법질서가 지향하는 남녀평등의 이념에 부합하지 않게 됨으로써 그 법적 효력을 부정하게 된 데에 따른 것일 뿐만 아니라, 위와 같이 변경된 견해를 소급하여 적용한다면, 최근에 이르기까지 수십 년 동안 유지되어 왔던 종래 대법원판례를 신뢰하여 형성된 수많은 법률관계의 효력을 일시에 좌우하게 되고, 이는 법적 안정성과 신의성실의 원칙에 기초한 당사자의 신뢰보호를 내용으로 하는 법치주의의 원리에도 반하게 되는 것이므로, 위와 같이 변경된 대법원의 견해는 이 판결 선고 이후의 종중 구성원의 자격과 이와 관련하여 새로이 성립되는 법률관계에 대하여만 적용된다고 함이 상당하다.

[6] 대법원이 '공동선조와 성과 본을 같이 하는 후손은 성별의 구별 없이 성년이 되면 당연히 그 구성원이 된다'고 종중 구성원의 자격에 관한 종래의 견해를 변경하는 것은 결국 종래 관습법의 효력을 배제하여 당해 사건을 재판하도록 하려는 데에 그 취지가 있고, 원고들이 자신들의 권리를 구제받기 위하여 종래 관습법의 효력을 다투면서 자신들이 피고 종회의 회원(종원) 자격이 있음을 주장하고 있는 이 사건에 대하여도 위와 같이 변경된 견해가 적용되지 않는다면, 이는 구체적인 사건에 있어서 당사자의 권리구제를 목적으로 하는 사법작용의 본질에 어긋날 뿐만 아니라 현저히 정의에 반하게 되므로, 원고들이 피고 종회의 회원(종원) 지위의 확인을 구하는 이 사건 청구에 한하여는 위와 같이 변경된 견해가 소급하여 적용되어야 할 것이다.

판례선정이유

종중 구성원의 자격을 성년 남자만으로 제한하는 종래의 관습법도 헌법을 최상위 규범으로 하는 전체 법질서에 위반되면 그 효력을 가질 수 없다는 것을 밝힌 판결

4. 사적자치의 원칙 (1)

(대법원 2007. 11. 22. 선고 2002두8626 전원합의체 판결)

쟁점 거래거절행위가 독점규제 및 공정거래에 관한 법률 제3조의2 제1항 제3호의 시장지배적 사업자의 지위남용행위에 해당하기 위한 요건인 '부당성' 유무의 평가 방법

판결요지

거래거절행위가 독점규제법 제3조의2 제1항 제3호의 시장지배적 사업자의 지위남용행위에 해당하려면 그 거래거절행위가 다른 사업자의 사업활동을 부당하게 어렵게 하는 행위로 평가될 수 있어야 하는바, 여기에서 말하는 '부당성'은 같은 법 제23조 제1항 제1호의 불공정거래행위로서의 거절행위의 부당성과는 별도로 '독과점적 시장에서의 경쟁촉진'이라는 입법목적에 맞추어 독자적으로 평가·해석하여야 하므로, 시장지배적 사업자가 개별 거래의 상대방인 특정 사업자에 대한 부당한 의도나 목적을 가지고 거래거절을 한 모든 경우 또는 그 거래거절로 인하여 특정 사업자가 사업활동에 곤란을 겪게 되었다거나 곤란을 겪게 될 우려가 발생하였다는 것과 같이 특정 사업자가 불이익을 입게 되었다는 사정만으로는 그 부당성을 인정하기에 부족하고, 그 중에서도 특히 시장에서의 독점을 유지·강화할 의도나 목적, 즉 시장에서의 자유로운 경쟁을 제한함으로써 인위적으로 시장질서에 영향을 가하려는 의도나 목적을 갖고, 객관적으로도 그러한 경쟁제한의 효과가 생길 만한 우려가 있는 행위로 평가될 수 있는 행위로서의 성질을 갖는 거래거절행위를 하였을 때에 그 부당성이 인정될 수 있다. 그러므로 시장지배적 사업자의 거래거절행위가 그 지위남용행위에 해당한다고 주장하려면, 그 거래거절이 상품의 가격상승, 산출량 감소, 혁신 저해, 유력한 경쟁사업자의 수의 감소, 다양성 감소 등과 같은 경쟁제한의 효과가 생길 만한 우려가 있는 행위로서 그에 대한 의도와 목적이 있었다는 점을 입증하여야 하고 거래거절행위로 인하여 현실적으로 위와 같은 효과가 나타났음이 입증된 경우에는 그 행위 당시에 경쟁제한을 초래할 우려가 있었고 또한 그에 대한 의도나 목적이 있었음을 사실상 추정할 수 있지만, 그렇지 않은 경우에는 거래거절의 경위 및 동기, 거래거절행위의 태양, 관련시장의 특성, 거래거절로 인하여 그 거래상대방이 입은 불이익의 정도, 관련시장에서의 가격 및 산출량의 변화 여부, 혁신 저해 및 다양성 감소 여부 등 여러 사정을 종합적으로 고려하여 거래거절행위가 위에서 본 경쟁제한의 효과가 생길 만한 우려가 있는 행위로서 그에 대한 의도나 목적이 있었는지를 판단하여야 한다. 그리고 이때 경쟁제한의 효과가 문제되는 관련시장은 시장지배적 사업자 또는 경쟁사업자가 속한 시장뿐만 아니라 그 시장의 상품 생산을 위하여 필요한 원재료나 부품 및 반제품 등을 공급하는 시장 또는 그 시장에서 생산된 상품을 공급받아 새로운 상품을 생산하는 시장도 포함될 수 있다.

판례선정이유

독점규제법 제3조의2 제1항 제3호에서 금지하는 시장지배적 사업자의 지위남용행위의 한 유형으로서의 거래거절행위의 부당성이 사적 자치의 원칙과 어떻게 조화되어야 하는지에 관하여 판시한 중요한 판결

5. 사적자치의 원칙 (2)

(대법원 2011. 1. 27. 선고 2009다19864 판결)

쟁점 사인에 의한 평등권 침해가 불법행위를 구성하는 형태

판결요지

헌법상의 기본권은 제1차적으로 개인의 자유로운 영역을 공권력의 침해로부터 보호하기 위한 방어적 권리이지만 다른 한편으로 헌법의 기본적인 결단인 객관적인 가치질서를 구체화한 것으로서, 사법을 포함한 모든 법 영역에 그 영향을 미치는 것이므로 사인간의 사적인 법률관계도 헌법상의 기본권 규정에 적합하게 규율되어야 한다. 다만 기본권 규정은 그 성질상 사법관계에 직접 적용될 수 있는 예외적인 것을 제외하고는 사법상의 일반원칙을 규정한 제2조, 제103조, 제750조, 제751조 등의 내용을 형성하고 그 해석 기준이 되어 간접적으로 사법관계에 효력을 미치게 된다. 헌법 제11조는 "모든 국민은 법 앞에 평등하다. 누구든지 성별 · 종교 또는 사회적 신분에 의하여 정치적 · 경제적 · 사회적 · 문화적 생활의 모든 영역에 있어서 차별을 받지 아니한다."라고 규정하여 평등의 원칙을 선언함과 동시에 모든 국민에게 평등권을 보장하고 있다. 따라서 사적 단체를 포함하여 사회공동체 내에서 개인이 성별에 따른 불합리한 차별을 받지 아니하고 자신의 희망과 소양에 따라 다양한 사회적 · 경제적 활동을 영위하는 것은 그 인격권 실현의 본질적 부분에 해당하므로 평등권이라는 기본권의 침해도 제750조의 일반규정을 통하여 사법상 보호되는 인격적 법익침해의 형태로 구체화되어 논하여질 수 있고, 그 위법성 인정을 위하여 반드시 사인간의 평등권 보호에 관한 별개의 입법이 있어야만 하는 것은 아니다.

판례선정이유

사적 단체에서에서 헌법상 평등권을 침해한 경우에 민법상의 불법행위책임이 인정된다는 것을 밝힌 판결

6. 신의성실의 원칙 (1) : 사정변경의 원칙

(대법원 1996. 2. 9. 선고 95다27431 판결)

쟁점 이사 재직 중 회사의 확정채무에 대하여 보증을 한 후 사임한 경우, 사정변경을 이유로 그 보증계약을 해지할 수 있는지 여부

판결요지

사정변경을 이유로 보증계약을 해지할 수 있는 것은 포괄근보증이나 한정근보증과 같이 채무액이 불확정적이고 계속적인 거래로 인한 채무에 대하여 한 보증에 한하는 바, 회사의 이사로 재직하면서 보증 당시 그 채무액과 변제시기가 특정되어 있는 회사의 확정채무에 대하여 보증을 한 후 이사직을 사임하였다 하더라도, 사정변경을 이유로 보증계약을 해지할 수 없다.

판례선정이유

이사 재직 중 회사의 확정채무에 대하여 보증을 한 후 사임한 경우, 사정변경을 이유로 그 보증계약을 해지할 수 없다는 점을 밝힌 판결

7. 신의성실의 원칙 (2) : 강행법규 위반과 신의성실의 원칙

(대법원 2000. 6. 9. 선고 99다70860 판결)

쟁점 사립학교법 제28조 제2항의 입법 취지 및 사립학교 경영자가 위 규정에 위반한 매도나 담보제공이 무효라는 사실을 알고서 매도나 담보제공을 한 후 스스로 그 무효를 주장하는 것이 권리남용 내지 신의성실의 원칙에 위배되는지 여부

판결요지

사립학교법 제28조 제2항, 같은법시행령 제12조가 '학교법인이 학교교육에 직접 사용되는 학교법인의 재산 중 교지, 교사 등은 이를 매도하거나 담보에 제공할 수 없다'고 규정한 것은 사립학교의 존립 및 목적 수행에 필수적인 교육시설을 보전함으로써 사립학교의 건전한 발달을 도모하는 데 그 목적이 있는 것이라고 해석되는바, 강행법규인 같은 법 제28조 제2항을 위반한 경우에 위반한 자 스스로가 무효를 주장함이 권리남용 내지 신의성실원칙에 위배되는 권리의 행사라는 이유로 배척된다면 위와 같은 입법 취지를 완전히 몰각시키는 결과가 되므로, 명목상으로만 학교법인에 직접 사용되는 재산으로 되어 있을 뿐 실제로는 학교교육에 직접 사용되는 시설 · 설비 및 교재 · 교구 등이 아니거나 학교 자체가 형해화되어 사실상 교육시설로 볼 수 없는 경우와 같은 특별한

사정이 있다면 매도나 담보제공을 무효라고 주장하는 것은 법규정의 취지에 반하는 것이므로 신의성실 원칙에 반하거나 권리남용이라고 볼 것이지만, 그와 같은 특별한 사정이 없이 사립학교 경영자가 매도나 담보제공이 무효라는 사실을 알고서 매도나 담보제공을 하였다고 하더라도 매도나 담보제공을 금한 관련 법규정의 입법 취지에 비추어 강행규정 위배로 인한 무효주장을 신의성실 원칙에 반하거나 권리남용이라고 볼 것은 아니다.

판례선정이유

강행법규를 위반한 자가 스스로 무효라고 주장하는 것이 신의성실의 원칙, 특히 모순행위금지의 원칙에 반하거나 권리남용에 해당되지 않는다는 것을 밝힌 판결

8. 신의성실의 원칙(3) : 통상임금과 신의성실의 원칙

(대법원 2013. 12. 18. 선고 2012다89399 전원합의체 판결)

쟁점 노사가 정기상여금을 통상임금에서 제외하기로 합의하고 이를 전제로 임금수준을 정한 경우, 근로자가 노사합의의 무효를 주장하며 정기상여금을 통상임금에 포함하여 산정한 추가 법정수당을 청구하는 것이 신의성실의 원칙에 위배되는지 여부

판결요지

단체협약 등 노사합의의 내용이 근로기준법의 강행규정을 위반하여 무효인 경우에, 무효를 주장하는 것이 신의칙에 위배되는 권리의 행사라는 이유로 이를 배척한다면 강행규정으로 정한 입법 취지를 몰각시키는 결과가 될 것이므로, 그러한 주장이 신의칙에 위배된다고 볼 수 없음이 원칙이다. 그러나 노사합의의 내용이 근로기준법의 강행규정을 위반한다고 하여 노사합의의 무효 주장에 대하여 예외 없이 신의칙의 적용이 배제되는 것은 아니다. 신의칙을 적용하기 위한 일반적인 요건을 갖춤은 물론 근로기준법의 강행규정성에도 불구하고 신의칙을 우선하여 적용하는 것을 수긍할 만한 특별한 사정이 있는 예외적인 경우에 한하여 노사합의의 무효를 주장하는 것은 신의칙에 위배되어 허용될 수 없다.

판례선정이유

강행법규를 위반한 자가 스스로 무효라고 주장하는 것이 신의칙에 위반되는 것은 아니지만, 신의칙을 우선해야 하는 특별한 사정이 있는 경우에는 스스로 무효를 주장할 수 없다는 것을 밝힌 판결

9. 신의성실의 원칙 (4) : 모순행위금지의 원칙
(대법원 1999. 3. 23. 선고 99다4405 판결)

쟁점 강행법규에 위반하여 무효인 수익보장약정의 체결을 제의한 투자신탁회사가 그 약정의 무효를 주장함이 신의칙에 반하는지 여부

판결요지

강행법규에 위반하여 무효인 수익보장약정이 투자신탁회사가 먼저 고객에게 제의를 함으로써 체결된 것이라고 하더라도, 이러한 경우에 강행법규를 위반한 투자신탁회사 스스로가 그 약정의 무효를 주장함이 신의칙에 위반되는 권리의 행사라는 이유로 그 주장을 배척한다면, 이는 오히려 강행법규에 의하여 배제하려는 결과를 실현시키는 셈이 되어 입법취지를 완전히 몰각하게 되므로, 달리 특별한 사정이 없는 한 위와 같은 주장이 신의성실의 원칙에 반하는 것이라고 할 수 없다.

판례선정이유

강행법규를 위반한 자가 스스로 무효라고 주장하는 것이 신의성실의 원칙, 특히 모순행위금지의 원칙에 반하지 않는다는 것을 밝힌 판결

10. 신의성실의 원칙 (5) : 실효의 원칙 (1)
(대법원 1990. 8. 28. 선고 90다카9619 판결)

쟁점 조건부 징계해고처분을 받고 의원면직된 후 10년 남짓 경과된 뒤에 조건부 징계처분 등이 무효이므로 원고는 피고의 사원임의 확인을 구하는 소를 제기한 것이 신의칙에 위반되는지 여부

판결요지

권리행사가 이른바 신의칙에 반하는 결과가 되어 허용되지 않는 경우라는 것은 권리자의 주관적인 동기가 고려되지 않는다 하더라도 그에게 권리행사의 기회가 있어서 이를 현실적으로 기대할 수가 있었음에도 불구하고 행사하지 않은 경우에 한하는 것인바, 조건부 징계해임처분을 당한 원고가 퇴직금을 수령하였다 하여 위 조건부 징계해임결의절차에 하자가 있어서 그 결의 자체가 무효라는 것까지 알면서 이를 승인한 것으로 단정하기는 어렵고, 또한 그 후 원고와 같이 조건부 징계해임결의에 따라 사직원을 제출하여 의원면직으로 처리된 사람이 피고를 상대로 제기한 소송이 대법원의 상고기각판결로 피고패소가 확정되자 곧바로 원고가 이 사건 소를 제기한 것이 징계처분일로부

터 10년 남짓 기간이 경과된 후인 경우에는 원고의 권리행사의 지체가 그의 단순한 주관적인 동기에 비롯된 것으로 보기 어렵고 상대방인 피고로서도 이제는 원고가 그의 권리를 행사하지 아니할 것이라고 신뢰할 정당한 사유가 있었다고 볼 수 없으니, 원고의 권리행사가 신의성실에 반하여 그 권리가 실효되었다고 단정할 수는 없다.

판례선정이유

권리행사가 신의성실에 반하여 그 권리가 실효되는 요건을 밝힌 판결

11. 신의성실의 원칙 (6) : 실효의 원칙 (2)

(대법원 1992. 1. 21. 선고 91다30118 판결)

쟁점 실효의 원칙이 사용자와 근로자 사이의 고용관계(근로자의 지위)의 존부를 둘러싼 노동분쟁에 있어서 더욱 적극적으로 적용되어야 할 필요성이 있는지 여부

판결요지

사용자와 근로자 사이의 고용관계(근로자의 지위)의 존부를 둘러싼 노동분쟁은 그 당시의 경제적 정세에 대처하여 최선의 설비와 조직으로 기업활동을 전개하여야 하는 사용자의 입장에서는 물론, 임금 수입에 의하여 자신과 가족의 생계를 유지하고 있는 근로자의 입장에서도 신속히 해결되는 것이 바람직하므로, 실효의 원칙이 다른 법률관계에 있어서보다 더욱 적극적으로 적용되어야 할 필요가 있다.

판례선정이유

실효의 원칙이 사용자와 근로자 사이의 고용관계(근로자의 지위)의 존부를 둘러싼 노동분쟁에 있어서는 더욱 적극적으로 적용되어야 한다는 것을 밝힌 판결

12. 신의성실의 원칙 (7) : 고지의무

(대법원 1998. 7. 24. 선고 97다35276 판결)

쟁점 보증계약 체결시 채권자가 보증인에게 주채무자의 신용상태를 고지할 신의칙상의 의무가 있는지 여부

판결요지

보증제도는 본질적으로 주채무자의 무자력으로 인한 채권자의 위험을 인수하는 것이므로, 보증인이 주채무자의 자력에 대하여 조사한 후 보증계약을 체결할 것인지의 여부를 스스로 결정하여야 하는 것이고, 채권자가 보증인에게 채무자의 신용상태를 고지할 신의칙상의 의무는 존재하지 아니한다.

판례선정이유

채권자가 보증인에게 채무자의 신용상태를 고지할 신의칙상의 의무가 존재하지 않는다는 것을 밝힌 판결

13. 신의성실의 원칙 (8) : 금반언의 원칙 (1)

(대법원 1994. 9. 27. 선고 94다20617 판결)

쟁점 대리권한 없이 타인의 부동산을 매도한 자가 그 부동산을 상속한 후 소유자의 지위에서 자신의 대리행위가 무권대리로 무효임을 주장하여 등기말소 등을 구하는 것이 금반언원칙이나 신의칙상 허용될 수 없는지 여부

판결요지

甲이 대리권 없이 乙 소유 부동산을 丙에게 매도하여 부동산소유권이전등기등에관한특별조치법에 의하여 소유권이전등기를 마쳐주었다면 그 매매계약은 무효이고 이에 터잡은 이전등기 역시 무효가 되나, 甲은 乙의 무권대리인으로서 제135조 제1항의 규정에 의하여 매수인인 丙에게 부동산에 대한 소유권이전등기를 이행할 의무가 있으므로 그러한 지위에 있는 甲이 乙로부터 부동산을 상속받아 그 소유자가 되어 소유권이전등기이행의무를 이행하는 것이 가능하게 된 시점에서 자신이 소유자라고 하여 자신으로부터 부동산을 전전매수한 정에게 원래 자신의 매매행위가 무권대리행위여서 무효였다는 이유로 丁 앞으로 경료된 소유권이전등기가 무효의 등기라고 주장하여 그 등기의 말소를 청구하거나 부동산의 점유로 인한 부당이득금의 반환을 구하는 것은 금반언의 원칙이나 신의성실의 원칙에 반하여 허용될 수 없다.

판례선정이유

특정 부동산의 매매에 대하여 무권대리를 한 자가 이후 그 부동산의 상속인의 지위에서 무권대리의 무효를 주장하는 것은 금반언의 원칙 또는 신의칙에 위반된다는 것을 밝힌 판결

14. 신의성실의 원칙 (9) : 금반언의 원칙 (2)

(대법원 1990. 7. 24. 선고 89누8224 판결)

쟁점 농지에 대하여 자경의사가 있는 것처럼 소재지관서의 증명을 받아 소유권이전등기를 마친 명의수탁자가 증여세 등의 부과를 면하기 위하여 그 등기가 자경의사 없이 한 것으로서 무효라고 주장하는 것이 신의성실의 원칙에 어긋나는지 여부

판결요지

농지의 명의수탁자가 적극적으로 농가이거나 자경의사가 있는 것처럼 하여 소재지관서의 증명을 받아 그 명의로 소유권이전등기를 마치고 그 농지에 관한 소유자로 행세하면서, 한편으로 증여세 등의 부과를 면하기 위하여 농가도 아니고 자경의사도 없었음을 들어 농지개혁법에 저촉되기 때문에 그 등기가 무효라고 주장함은 전에 스스로 한 행위와 모순되는 행위를 하는 것으로 자기에게 유리한 법지위를 악용하려 함에 지나지 아니하므로, 이는 신의성실의 원칙이나 금반언의 원칙에 위배되는 행위로서 법률상 용납될 수 없다.

판례선정이유

유효를 전제로 한 선행행위와 모순되는 후행행위는 신의칙 또는 금반언의 원칙에 위반되어 허용되지 않는다는 것을 밝힌 판결

15. 신의성실의 원칙 (10) : 호의동승

(대법원 1999. 2. 9. 선고 98다53141 판결)

쟁점 호의동승의 사실만으로 손해배상액을 감경할 수 있는지 여부

판결요지

차량의 운행자가 아무런 대가를 받지 아니하고 동승자의 편의와 이익을 위하여 동승을 허락하고 동승자도 그 자신의 편의와 이익을 위하여 그 제공을 받은 경우, 그 운행 목적, 동승자와 운행자의 인적관계, 그가 차에 동승한 경위, 특히 동승을 요구한 목적과 적극성 등 여러 사정에 비추어 가해자에게 일반 교통사고와 동일한 책임을 지우는 것이 신의법칙이나 형평의 원칙으로 보아 매우 불합리하다고 인정될 때에는 그 배상액을 경감할 수 있으나, 사고 차량에 단순히 호의로 동승하였다는 사실만 가지고 바로 이를 배상액 경감사유로 삼을 수 있는 것은 아니다.

판례선정이유

호의동승의 사실만으로 손해배상액을 감경할 수 없다는 점을 밝힌 판결

16. 권리남용금지의 원칙 (1)

(대법원 1988. 12. 27. 선고 87다카2911 판결)

쟁점 소유권의 행사가 권리남용이 되기 위한 요건

판결요지

토지소유자가 그 토지의 소유권을 행사하는 것이 권리남용이 되기 위하여는 그 권리행사가 사회질서에 위반된다고 볼 수 있는 객관적 요건 이외에 주관적으로 그 권리행사의 목적이 오로지 현재 토지를 이용하고 있는 자에게 고통이나 손해를 주는데 그칠 뿐 소유자에게는 아무런 이익이 없는 경우라야 한다.

판례선정이유

토지소유권자의 권리행사가 권리남용이 되기 위한 요건을 밝힌 판결

17. 권리남용금지의 원칙 (2)

(대법원 1993. 5. 14. 선고 93다4366 판결)

쟁점 권리행사가 권리남용에 해당하기 위한 요건

판결요지

권리의 행사가 주관적으로 오직 상대방에게 고통을 주고 손해를 입히려는 데 있을 뿐 이를 행사하는 사람에게는 아무런 이익이 없고 객관적으로 사회질서에 위반된다고 볼 수 있으면 그 권리의 행사는 권리남용으로서 허용되지 아니한다고 할 것이고, 권리의 행사가 상대방에게 고통이나 손해를 주기 위한 것이라는 주관적 요건은 권리자의 정당한 이익을 결여한 권리행사로 보여지는 객관적인 사정에 의하여 추인할 수 있다.

판례선정이유

권리행사가 권리남용에 해당하기 위한 요건을 밝힌 판결

18. 권리남용금지의 원칙 (3)

(대법원 1999. 9. 7. 선고 99다27613 판결)

쟁점 한국전력공사가 정당한 권원에 의하여 토지를 수용하고 그 지상에 변전소를 건설하였으나 토지 소유자에게 그 수용에 따른 손실보상금을 공탁함에 있어서 착오로 부적법한 공탁이 되어 수용재결이 실효됨으로써 결과적으로 그 토지에 대한 점유권원을 상실하게 된 경우, 토지 소유자가 그 변전소의 철거와 토지의 인도를 청구하는 것이 권리남용에 해당하는지 여부

판결요지

한국전력공사가 정당한 권원에 의하여 토지를 수용하고 그 지상에 변전소를 건설하였으나 토지 소유자에게 그 수용에 따른 손실보상금을 공탁함에 있어서 착오로 부적법한 공탁이 되어 수용재결이 실효됨으로써 결과적으로 그 토지에 대한 점유권원을 상실하게 된 경우, 그 변전소가 철거되면 61,750가구에 대하여 전력공급이 불가능하고, 그 변전소 인근은 이미 개발이 완료되어 더 이상 변전소 부지를 확보하기가 어려울 뿐만 아니라 설령 그 부지를 확보한다고 하더라도 변전소를 신축하는 데는 상당한 기간이 소요되며, 그 토지의 시가는 약 6억 원인데 비하여 위 변전소를 철거하고 같은 규모의 변전소를 신축하는 데에는 약 164억 원이 소요될 것으로 추산되며, 그 토지 소유자는 그 토지가 자연녹지지역에 속하고 개발제한구역 내에 위치하고 있어서 토지를 인도받더라도 도시계획법상 이를 더 이상 개발·이용하기가 어려운데도 그 토지 또는 그 토지를 포함한 그들 소유의 임야 전부를 시가의 120%에 상당하는 금액으로 매수하겠다는 한국전력공사의 제의를 거절하고 그 변전소의 철거와 토지의 인도만을 요구하고 있는 점에 비추어, 토지소유자가 그 변전소의 철거와 토지의 인도를 청구하는 것은 토지 소유자에게는 별다른 이익이 없는 반면 한국전력공사에게는 그 피해가 극심하여 이러한 권리행사는 주관적으로는 그 목적이 오직 상대방에게 고통을 주고 손해를 입히려는 데 있고, 객관적으로는 사회질서에 위반된 것이어서 권리남용에 해당한다.

판례선정이유

특정 토지에 변전소를 설치한 한국전력공사가 이후 점유권원을 상실한 경우, 토지소유자의 변전소 철거와 토지인도청구가 권리남용에 해당될 수 있다는 점을 밝힌 판결

19. 권리남용금지의 원칙 (4)

(대법원 1992. 6. 12. 선고 92다12384, 92다912391 판결)

쟁점 매매계약 후 19년이 지난 후에 소유권이전등기청구의 소를 제기한 경우, 그 청구가 신의칙에 반하고 권리남용에 해당하는지 여부

판결요지

매매계약 체결 후 부동산의 시가가 등귀하였고, 매수인이 잔대금 지급기일을 경과한 지금까지 매매대금 중 7분의 6에 해당하는 금원을 지급하지 아니한 채 매매계약 후 19년이 지난 후에 소유권이전등기청구의 소를 제기하였다 하더라도 이러한 사유만으로 그 청구가 신의칙에 반하고 권리남용에 해당한다고 볼 수 없다.

판례선정이유

부동산을 인도받아 점유하고 있는 매수인이 7분의 6에 해당하는 매매대금을 지급하지 아니한 채 매매계약 후 19년이 지난 후에 소유권이전등기청구의 소를 제기하였더라도 신의칙에 반하거나 권리남용에 해당하지 않는다는 점을 밝힌 판결

제2장 인

제1절 능 력

20. 태아의 권리능력 (1)

(대법원 1982. 2. 9. 선고 81다534 판결)

쟁점 태아의 수증능력 유무 및 법정대리인에 의한 수증행위의 가부

판결요지

의용 민법이나 구관습하에 태아에게는 일반적으로 권리능력이 인정되지 아니하고 손해배상청구권 또는 상속 등 특별한 경우에 한하여 제한된 권리능력을 인정하였을 따름이므로 증여에 관하여는 태아의 수증능력이 인정되지 아니하였고, 또 태아인 동안에는 법정대리인이 있을 수 없으므로 법정대리인에 의한 수증행위도 할 수 없다.

판례선정이유

태아의 권리능력 존부와 관련하여 태아의 수증능력은 부정되고, 태아인 동안에는 법정대리인이 있을 수 없으므로 법정대리인에 의한 수증행위도 할 수 없다는 점을 밝힌 판결

21. 태아의 권리능력 (2)

(대법원 1976. 9. 14. 선고 76다1365 판결)

쟁점 모체와 같이 사망한 태아에게 손해배상청구권을 인정할 수 있는지 여부

판결요지

태아가 특정한 권리에 있어서 이미 태어난 것으로 본다는 것은 살아서 출생한 때에 출생시기가 문제의 사건의 시기까지 소급하여 그 때에 태아가 출생한 것과 같이 법률상 보아 준다고 해석하여야 상당하므로 그가 모체와 같이 사망하여 출생의 기회를 못가진 이상 배상청구권을 논할 여지 없다.

판례선정이유

출생의 기회를 가지지 못하고 모체와 함께 사망한 태아에게는 손해배상청구권이 인정되지 않는다는 점을 밝힌 판결

22. 의사능력

(대법원 2002. 10. 11. 선고 2001다10113 판결)

쟁점 근저당권설정계약이 의사능력을 흠결한 상태에서 체결된 경우의 효력 여부

판결요지

원고가 직접 금융기관을 방문하여 금 50,000,000원을 대출받고 금전소비대차약정서 및 근저당권설정계약서에 날인하였다고 할지라도, 원고가 어릴 때부터 지능지수가 낮아 정규교육을 받지 못한 채 가족의 도움으로 살아왔고, 위 계약일 2년 8개월 후 실시된 신체감정결과 지능지수는 73, 사회연령은 6세 수준으로서 이름을 정확하게 쓰지 못하고 간단한 셈도 불가능하며, 원고의 본래 지능수준도 이와 크게 다르지 않을 것으로 추정된다는 감정결과가 나왔다면, 원고가 위 계약 당시 결코 적지 않은 금액을 대출 받고 이에 대하여 자신 소유의 부동산을 담보로 제공함으로써 만약 대출금을 변제하지 못할 때에는 근저당권의 실행으로 인하여 소유권을 상실할 수 있다는 일련의 법률적인 의미와 효과를 이해할 수 있는 의사능력을 갖추고 있었다고 볼 수 없고, 따라서 위 계약은 의사능력을 흠결한 상태에서 체결된 것으로서 무효라고 할 것이다.

판례선정이유

의사무능력자의 법률행위는 무효라는 점을 밝힌 판결

23. 미성년자의 행위능력 (1)

(대법원 2007. 11. 16. 선고 2005다71659, 71666, 71673 판결)

쟁점 법정대리인의 동의 없이 신용구매계약을 체결한 미성년자가 그 동의 없음을 이유로 위 계약을 취소하는 것이 신의칙에 위배되는지 여부

판결요지

행위무능력자 제도는 사적자치의 원칙이라는 민법의 기본이념, 특히, 자기책임 원칙의 구현을 가능케 하는 도구로서 인정되는 것이고, 거래의 안전을 희생시키더라도 행위무능력자를 보호하고자 함에 근본적인 입법 취지가 있는바, 행위무능력자 제도의 이러한 성격과 입법 취지 등에 비추어 볼 때, 신용카드 가맹점이 미성년자와 신용구매계약을 체결할 당시 향후 그 미성년자가 법정대리인의 동의가 없었음을 들어 스스로 위 계약을 취소하지는 않으리라고 신뢰하였다 하더라도 그 신뢰가 객관적으로 정당한 것이라고 할 수 있을지 의문일 뿐만 아니라, 그 미성년자가 가맹점의 이러한 신뢰에 반하여 취소권을 행사하는 것이 정의관념에 비추어 용인될 수 없는 정도의 상태라고 보기도 어려우며, 미성년자의 법률행위에 법정대리인의 동의를 요하도록 하는 것은 강행규정인데, 위 규정에 반하여 이루어진 신용구매계약을 미성년자 스스로 취소하는 것을 신의칙 위반을 이유로 배척한다면, 이는 오히려 위 규정에 의해 배제하려는 결과를 실현시키는 셈이 되어 미성년자 제도의 입법 취지를 몰각시킬 우려가 있으므로, 법정대리인의 동의 없이 신용구매계약을 체결한 미성년자가 사후에 법정대리인의 동의 없음을 사유로 들어 이를 취소하는 것이 신의칙에 위배된 것이라고 할 수 없다.

판례선정이유

법정대리인의 동의 없이 법률행위를 한 미성년자가 이후 그 동의 없음을 이유로 계약을 취소하는 것은 신의칙에 위배되지 않는다는 점을 밝힌 판결

24. 미성년자의 행위능력 (2)

(대법원 1971. 12. 14. 선고 71다2045 판결)

쟁점 제17조의 속임수의 의미

판결요지

제17조에 이른바 "무능력자(제한능력자)가 사술(속임수)로써 능력자로 믿게 한 때"에 있어서의 사술(속임수)을 쓴 것이라 함은 적극적으로 사기수단을 쓴 것을 말하는 것이고 단순히 자기가 능력자라 사언함은 사술을 쓴 것이라고 할 수 없다.

판례선정이유

제17조의 속임수(사술)의 의미를 밝힌 판결

제3절 부재와 실종

25. 부재자의 재산관리

(대법원 1976. 12. 21. 75마551 결정)

쟁점 부재자의 재산관리인이 법원의 매각처분허가를 받은 경우에 부재자와 아무관계도 없는 제3자의 채무담보만을 위하여 부재자 재산에 근저당권을 설정한 것의 적부

판결요지

부재자 재산관리인이 법원의 매각처분허가를 얻었다 하더라도 위와 같이 부재자와 아무런 관계가 없는 남의 채무의 담보만을 위하여 부재자 재산에 근저당권을 설정하는 행위는 보통 있을 수 없는 드문 처사라 할 것이니, 통상의 경우 객관적으로 그 행위가 부재자를 위한 처분행위로서 당연하다고는 경험칙상 쉽사리 볼 수 없는 처사라 할 것이므로, 달리 그 권한 있는 것으로 믿음에 잘못이 없다고 인정되는 정당한 이유가 있다면 모르거니와 그렇지 않다면 그 권한있다고 믿음에 있어 선의무과실이라 할 수 없을 것이다.

판례선정이유

부재자와 아무런 관련이 없는 제3자를 위하여 부재자 재산에 근저당권을 설정한 행위는 비록 부재자 재산관리인이 법원의 매각처분허가를 얻었다고 하더라도 권한을 넘은 무효의 처분행위가 된다는 점을 밝힌 판결

26. 인정사망

(대법원 1989. 1. 31. 선고 87다카2954 판결)

쟁점 인정사망이나 실종선고에 의하지 아니하고 법원이 사망사실을 인정할 수 있는지 여부

판결요지

수난, 전란, 화재 기타 사변에 편승하여 타인의 불법행위로 사망한 경우에 있어서는 확정적인 증거의 포착이 손쉽지 않음을 예상하여 법은 인정사망, 위난실종선고 등의 제도와 그밖에도 보통실종선고제도도 마련해 놓고 있으나 그렇다고 하여 위와 같은 자료나 제도에 의함이 없는 사망사실의 인정을 수소법원이 절대로 할 수 없다는 법리는 없다.

판례선정이유

피침해권리가 사람의 생명과 같은 인격적 권리인 때에도 그 사실인정은 사실심 수소법원이 자유로운 심증으로써 사망의 확신이 들 때에 이를 할 수 있다는 점을 밝힌 판결

제3장 법 인

제1절 총 칙

27. 법인설립의 허가 : 법인설립허가의 법적 성질

(대법원 1996. 9. 10. 선고 95누18437 판결)

쟁점 비영리법인 설립허가의 성질과 주무관청의 재량의 정도

판결요지

민법은 제31조에서 “법인은 법률의 규정에 의함이 아니면 성립하지 못한다”고 규정하여 법인의 자유설립을 부정하고 있고, 제32조에서 “학술, 종교, 자선, 기예, 사교 기타 영리 아닌 사업을 목적으로 하는 사단 또는 재단은 주무관청의 허가를 얻어 이를 법인으로 할 수 있다”고 규정하여 비영리법인의 설립에 관하여 허가주의를 채용하고 있으며, 현행 법령상 비영리법인의 설립허가에 관한 구체적인 기준이 정하여져 있지 아니하므로, 비영리법인의 설립허가를 할 것인지 여부는 주무관청의 정책적 판단에 따른 재량에 맡겨져 있다. 따라서 주무관청의 법인설립 불허가처분에 사실의 기초를 결여하였다든지 또는 사회관념상 현저하게 타당성을 잃었다는 등의 사유가 있지 아니하고, 주무관청이 그와 같은 결론에 이르게 된 판단과정에 일응의 합리성이 있음을 부정할 수 없는 경우에는, 다른 특별한 사정이 없는 한 그 불허가처분에 재량권을 일탈·남용한 위법이 있다고 할 수 없다.

판례선정이유

제32조는 법인설립에 있어서 주무관청의 ‘허가’를 요하는 바, 그 허가의 법적 성질이 자유재량행위임을 밝힌 판결

28. 법인의 권리능력 (1)

(대법원 1974. 11. 26. 선고 74다310 판결)

쟁점 법인의 권리능력에 관한 제34조 소정의 ‘정관으로 정한 목적의 범위 내’에 해당하는 지 여부

판결요지

제34조에 의하면 법인은 법률의 규정에 좇아 정관으로 정한 목적의 범위 내에서 권리와 의무의 주체가 된다고 규정하고 있으므로 법인의 권리능력이 그 목적에 의하여 제한됨은 자명한 것이나, 그 목적의 범위 내라 함은 이를 광의로 해석하여 정관에 열거된 목적과 그 외에 법인의 목적을 달성함에 필요한 범위를 지칭하는 것으로 해석함이 타당할 것인 바, 법인이 타인간의 계약에 대한 보증을 한 경우에 그 보증행위가 법인의 목적범위 내에 속한 여부에 관하여 심리함이 없이 법인의 보증책임을 인정할 수 없다.

판례선정이유

제34조의 법인의 권리능력과 관련하여 '정관으로 정한 목적의 범위 내'를 어떻게 해석할 것인지를 다룬 판결

29. 법인의 권리능력 (2)

(대법원 1987. 10. 13. 선고 86다카1522 판결)

쟁점 회사의 권리능력에 있어서 목적범위 내의 행위의 의미와 판단기준

판결요지

회사도 법인인 이상 그 권리능력이 정관으로 정한 목적에 의하여 제한됨은 당연하나, 정관에 명시된 목적 자체에는 포함되지 않는 행위라 할지라도 목적수행에 필요한 행위는 회사의 목적범위 내의 행위라 할 것이고, 그 목적수행에 필요한 행위인가의 여부는 문제된 행위가 정관기재의 목적에 현실적으로 필요한 것이었던가 여부를 기준으로 판단할 것이 아니라 그 행위의 객관적 성질에 비추어 추상적으로 판단할 것이다.

판례선정이유

영리법인인 회사의 권리능력에 관하여 '정관으로 정한 목적의 범위 내'를 판단하는 기준을 설시한 판결

30. 법인의 불법행위능력 (1) : 사용자책임과의 관계

(대법원 2009. 11. 26. 선고 2009다57033 판결)

쟁점 법인의 대표자가 직무에 관하여 불법행위를 한 경우, 사용자책임을 규정한 제756조 제1항을 적용할 수 있는지 여부

판결요지

제35조 제1항은 "법인은 이사 기타 대표자가 그 직무에 관하여 개인에게 가한 손해를 배상할 책임이 있다"고 규정하고 있고, 제756조 제1항은 "타인을 사용하여 어느 사무에 종사하게 한 자는 피용자가 그 사무집행에 관하여 제3자에게 가한 손해를 배상할 책임이 있다"고 규정하고 있다. 따라서 법인에 있어서 그 대표자가 직무에 관하여 불법행위를 한 경우에는 제35조 제1항에 의하여, 법인의 피용자가 사무집행에 관하여 불법행위를 한 경우에는 제756조 제1항에 의하여 각기 손해배상책임을 부담한다.

판례선정이유

법인의 불법행위에 따른 손해배상이 문제된 경우에 제35조에 따른 책임의 성립요건과 제756조 사용자책임의 성립요건을 구분한 판결

31. 법인의 불법행위능력 (2) : 외형이론

(대법원 1975. 8. 19. 선고 75다666 판결)

쟁점 학교법인의 대표자가 사립학교법 소정의 절차를 위배하여 금원을 차용하고 수표를 발행한 경우에 법인에게 손해배상책임이 인정되는지 여부

판결요지

학교법인의 대표자가 교육시설의 확장 등 학교의 정상적인 유지 운영을 위하여 타인으로부터 금원을 차용하고 수표를 발행하는 행위는 법인의 대표자의 직무행위라 할 것이고, 또 이는 법인의 사무 집행에 관한 행위로서의 객관적인 외형을 갖추었다 할 것이므로, 법인은 위 대표자가 타인으로부터 금원을 차용하고 수표를 발행함에 있어 사립학교법 16조 및 28조가 정하는 이사회의 결의를 거치지 아니하고 감독관청의 허가를 받지 않은 잘못으로 인하여 타인이 입은 손해를 불법행위자로서 배상할 의무가 있고, 금원을 법인에게 대여함에 있어서 사립학교법이 정하는 절차를 거쳤는지 여부를 알아보지 아니한 과실이 있는 금원 대여자는 과실책임을 진다.

판례선정이유

법인의 대표자가 법률의 규정에 위반하여 대표자로서 행위를 한 경우에도 외형이론에 따라 직무관련성이 인정되어 법인의 불법행위책임이 성립함을 밝힌 판결

32. 법인의 불법행위능력 (3) : 법인의 사무집행행위

(대법원 1987. 4. 28. 선고 86다카2534 판결)

쟁점 학교법인의 이사 겸 학교장이 학교법인의 이사회의 결의를 얻어 자기 사업자금으로 금전을 차용한 행위가 학교법인의 사무집행행위인지 여부

판결요지

학교법인의 설립자로서 이사 겸 학교장인 자가 자기 개인의 사업자금으로 사용할 목적으로 학교법인의 명의로 금원을 차용하면서 그 차용을 위하여 학교법인의 이사회결의까지 있었다면, 그 차용금의 사용목적이 무엇이던간에 위 학교장의 차용행위는 학교법인의 사무집행 행위라 하지 않을 수 없다.

판례선정이유

법인의 대표자가 자기 개인의 사업자금으로 사용할 목적으로 금원을 차용한 경우에 외형이론에 따라 직무관련성이 인정되어 법인의 불법행위책임이 성립함을 밝힌 판결

33. 법인의 불법행위능력 (4) : 법인의 사실상 대표자의 불법행위

(대법원 2011. 4. 28. 선고 2008다15438 판결)

쟁점 제35조 제1항에서 정한 '법인의 대표자'에 당해 법인을 실질적으로 운영하면서 법인을 사실상 대표하여 법인의 사무를 집행하는 사람도 포함되는지 여부

판결요지

제35조 제1항은 "법인은 이사 기타 대표자가 그 직무에 관하여 타인에게 가한 손해를 배상할 책임이 있다"라고 정한다. 여기서 '법인의 대표자'에는 그 명칭이나 직위 여하, 또는 대표자로 등기되었는지 여부를 불문하고 당해 법인을 실질적으로 운영하면서 법인을 사실상 대표하여 법인의 사무

를 집행하는 사람을 포함한다고 해석함이 상당하다. 구체적인 사안에서 이러한 사람에 해당하는지는 법인과의 관계에서 그 지위와 역할, 법인의 사무 집행 절차와 방법, 대내적 · 대외적 명칭을 비롯하여 법인 내부자와 거래 상대방에게 법인의 대표행위로 인식되는지 여부, 공부상 대표자와의 관계 및 공부상 대표자가 법인의 사무를 집행하는지 여부 등 제반 사정을 종합적으로 고려하여 판단하여야 한다. 그리고 이러한 법리는 주택조합과 같은 비법인사단에도 마찬가지로 적용된다.

판례선정이유

법인의 불법행위책임의 성립요건에 있어서 비록 법인의 '이사 내지 대표자'는 아니지만, 법인을 실질적으로 운영하면서 법인을 사실상 대표하여 법인의 사무를 집행하는 사람이 타인에게 가한 손해에 대해서도 법인의 손해배상책임을 인정한 판결

34. 법인의 불법행위능력 (5) : 간접손해

(대법원 1999. 7. 27. 선고 99다19384 판결)

쟁점 법인의 불법행위책임에 따른 손해배상에 이른바 '간접손해'가 포함되는지 여부

판결요지

도시재개발법에 의하여 설립된 재개발조합의 조합원이 조합의 이사 기타 조합장 등 대표기관의 직무상의 불법행위로 인하여 직접 손해를 입은 경우에는 도시재개발법 제21조, 민법 제35조에 의하여 재개발조합에 대하여 그 손해배상을 청구할 수 있으나, 재개발조합의 대표기관의 직무상 불법행위로 조합에게 과다한 채무를 부담하게 함으로써 재개발조합이 손해를 입고 결과적으로 조합원의 경제적 이익이 침해되는 손해와 같은 간접적인 손해는 제35조에서 말하는 손해의 개념에 포함되지 아니하므로, 이에 대하여는 위 법 조항에 의하여 손해배상을 청구할 수 없다.

판례선정이유

제35조 소정의 법인의 불법행위책임에 따른 손해배상책임에 있어서 피해자가 입은 손해가 이른바 '간접손해'에 해당할 경우에는 제35조의 손해배상책임을 물을 수 없음을 밝힌 판결

35. 법인의 불법행위능력 (6) : 의결에 참여한 사원 등의 불법행위책임

(대법원 2009. 1. 30. 선고 2006다37465 판결)

쟁점 법인 내부의 사원총회 등에서 의결에 참여한 사원 등이 불법행위책임을 부담하는지 여부의 판단 기준

판결요지

법인의 대표자가 그 직무에 관하여 타인에게 손해를 가함으로써 법인에 손해배상책임이 인정되는 경우에, 대표자의 행위가 제3자에 대한 불법행위를 구성한다면 그 대표자도 제3자에 대하여 손해배상책임을 면하지 못하며(제35조 제1항), 또한 사원도 위 대표자와 공동으로 불법행위를 저질렀거나 이에 가담하였다고 볼 만한 사정이 있으면 제3자에 대하여 위 대표자와 연대하여 손해배상책임을 진다. 그러나 사원총회, 대의원 총회, 이사회의 의결은 원칙적으로 법인의 내부행위에 불과하므로 특별한 사정이 없는 한 그 사항의 의결에 찬성하였다는 이유만으로 제3자의 채권을 침해한다거나 대표자의 행위에 가공 또는 방조한 자로서 제3자에 대하여 불법행위책임을 부담한다고 할 수는 없다. 이 때 의결에 참여한 사원 등이 대표자와 공동으로 불법행위를 저질렀거나 이에 가담하였다고 볼 수 있는지 여부는, 그 의결에 참여한 법인의 기관이 당해 사항에 관하여 의사결정권한이 있는지 여부 및 대표자의 집행을 견제할 위치에 있는지 여부, 그 사원이 의결과정에서 대표자의 불법적인 집행행위를 적극적으로 요구하거나 유도하였는지 여부 및 그 의결이 대표자의 업무 집행에 구체적으로 미친 영향력의 정도, 침해되는 권리의 내용, 의결 내용, 의결행위의 태양을 비롯한 위법성의 정도를 종합적으로 평가하여 법인 내부행위를 벗어나 제3자에 대한 관계에서 사회상규에 반하는 위법한 행위라고 인정될 수 있는 정도에 이르러야 한다.

판례선정이유

법인의 대표자가 그 직무에 관하여 타인에게 손해를 가함으로써 법인이 불법행위책임을 지는 경우에 그 대표자도 불법행위책임을 져야 하지만, 나아가 법인 내부의 사원총회 등 의결에 참여한 사원 등도 불법행위 책임을 부담하여야 하는지를 다룬 판결

36. 법인의 불법행위능력 (7) : 법인의 인식

(대법원 1998. 11. 10. 선고 98다34126 판결)

쟁점 법인의 대표자가 가해자에 가담하여 법인에 대한 공동불법행위가 성립하는 경우, 그로 인한 손해배상청구권의 단기소멸시효의 기산점

판결요지

법인의 경우 불법행위로 인한 손해배상청구권의 단기 소멸시효의 기산점인 '손해 및 가해자를 안 날'이라 함은 통상 대표자가 이를 안 날을 뜻하지만, 법인의 대표자가 가해자에 가담하여 법인에 대하여 공동불법행위가 성립하는 경우에는, 법인과 그 대표자는 이익이 상반하게 되므로 현실로 그로 인한 손해배상청구권을 행사하리라고 기대하기 어려울 뿐만 아니라 일반적으로 그 대표권도 부인된다고 할 것이므로, 단지 그 대표자가 손해 및 가해자를 아는 것만으로는 부족하고, 적어도 법인의 이익을 정당하게 보전할 권한을 가진 다른 임원 또는 사원이나 직원 등이 손해배상청구권을 행사할 수 있을 정도로 이를 안 때에 비로소 위 단기시효가 진행한다고 해석함이 상당하다.

판례선정이유

법인의 인식여부가 문제된 경우에 기본적으로 법인의 대표자가 인식한 것을 곧 법인이 인식한 것으로 보아야 할 것이지만, 법인의 대표자가 자신이 속한 법인에 대하여 불법행위를 한 경우에는 법인의 손해배상청구권의 행사에 관하여 법인의 이익과 그 대표자의 이익이 상반하게 되므로 그 대표자의 인식을 법인의 인식으로 삼을 수 없고, 법인의 이익을 정당하게 보전할 권한을 가진 다른 임원 또는 사원이나 직원 등이 인식한 때에 비로소 법인이 인식한 것으로 볼 수 있음을 밝힌 판결

37. 법인격부인론 (1)

(대법원 2001. 1. 19. 선고 97다21604 판결)

쟁점 법인격부인론의 요건과 효과

판결요지

회사가 외형상으로는 법인의 형식을 갖추고 있으나 이는 법인의 형태를 빌리고 있는 것에 지나지 아니하고 그 실질에 있어서는 완전히 그 법인격의 배후에 있는 타인의 개인기업에 불과하거나 그것이 배후자에 대한 법률적용을 회피하기 위한 수단으로 함부로 쓰여지는 경우에는, 비록 외견상으로는 회사의 행위라 할지라도 회사와 그 배후자가 별개의 인격체임을 내세워 회사에게만 그로 인한 법적 효과가 귀속됨을 주장하면서 배후자의 책임을 부정하는 것은 신의성실의 원칙에 위반되는 법인격의 남용으로서 심히 정의와 형평에 반하여 허용될 수 없고, 따라서 회사는 물론 그 배후자인 타인에 대하여도 회사의 행위에 관한 책임을 물을 수 있다고 보아야 한다.

판례선정이유

종래 학설로만 인정되어 온 법인격부인론을 적용하여 법인 제도를 남용한 배후자에 대해 책임을 물은 대표적인 판결

38. 법인격부인론 (2)

(대법원 2008. 9. 11. 선고 2007다90982 판결)

쟁점 법인격부인론의 적용에 있어 '법인격 형해화' 또는 '법인격 남용'을 인정하기 위한 요건

판결요지

회사가 외형상으로는 법인의 형식을 갖추고 있으나 법인의 형태를 빌리고 있는 것에 지나지 아니하고 실질적으로는 완전히 그 법인격의 배후에 있는 사람의 개인기업에 불과하거나, 그것이 배후자에 대한 법률적용을 회피하기 위한 수단으로 함부로 이용되는 경우에는, 비록 외견상으로는 회사의 행위라 할지라도 회사와 그 배후자가 별개의 인격체임을 내세워 회사에게만 그로 인한 법적 효과가 귀속됨을 주장하면서 배후자의 책임을 부정하는 것은 신의성실의 원칙에 위배되는 법인격의 남용으로서 심히 정의와 형평에 반하여 허용될 수 없고, 따라서 회사는 물론 그 배후자인 타인에 대하여도 회사의 행위에 관한 책임을 물을 수 있다고 보아야 한다. 여기서 회사가 그 법인격의 배후에 있는 사람의 개인기업에 불과하다고 보려면, 원칙적으로 문제가 되고 있는 법률행위나 사실행위를 한 시점을 기준으로 하여, 회사와 배후자 사이에 재산과 업무가 구분이 어려울 정도로 혼용되었는지 여부, 주주총회나 이사회를 개최하지 않는 등 법률이나 정관에 규정된 의사결정절차를 밟지 않았는지 여부, 회사 자본의 부실 정도, 영업의 규모 및 직원의 수 등에 비추어 볼 때, 회사가 이름뿐이고 실질적으로는 개인 영업에 지나지 않는 상태로 될 정도로 형해화되어야 한다. 또한, 위와 같이 법인격이 형해화될 정도에 이르지 않더라도 회사의 배후에 있는 자가 회사의 법인격을 남용한 경우, 회사는 물론 그 배후자에 대하여도 회사의 행위에 관한 책임을 물을 수 있으나, 이 경우 채무면탈 등의 남용행위를 한 시점을 기준으로 하여, 회사의 배후에 있는 사람이 회사를 자기 마음대로 이용할 수 있는 지배적 지위에 있고, 그와 같은 지위를 이용하여 법인 제도를 남용하는 행위를 할 것이 요구되며, 위와 같이 배후자가 법인 제도를 남용하였는지 여부는 앞서 본 법인격 형해화의 정도 및 거래상대방의 인식이나 신뢰 등 제반 사정을 종합적으로 고려하여 개별적으로 판단하여야 한다.

판례선정이유

신의칙에 위반되는 법인격 부인 또는 남용에 해당되는 요건을 밝힌 판결

39. 법인격부인론 (3)

(대법원 2008. 8. 21. 선고 2006다24438 판결)

쟁점 기존회사의 채무를 면탈할 의도로 신설회사를 설립한 것으로 판단되는 경우, 기존회사의 채권자가 두 회사 모두에 대하여 채무의 이행을 청구할 수 있는지 여부

판결요지

기존회사가 채무를 면탈하기 위하여 기업의 형태·내용이 실질적으로 동일한 신설회사를 설립하였다면, 신설회사의 설립은 기존회사의 채무면탈이라는 위법한 목적 달성을 위하여 회사제도를 남용한 것에 해당한다. 이러한 경우에 기존회사의 채권자에 대하여 위 두 회사가 별개의 법인격을 갖고 있음을 주장하는 것은 신의성실의 원칙상 허용될 수 없으므로, 기존회사의 채권자는 위 두 회사 어느 쪽에 대하여도 채무의 이행을 청구할 수 있다. 여기에서 기존회사의 채무를 면탈할 의도로 신설회사를 설립한 것인지 여부는 기존회사의 폐업 당시 경영상태나 자산상황, 신설회사의 설립시점, 기존회사에서 신설회사로 유용된 자산의 유무와 그 정도, 기존회사에서 신설회사로 이전된 자산이 있는 경우 그 정당한 대가가 지급되었는지 여부 등 제반 사정을 종합적으로 고려하여 판단하여야 한다.

판례선정이유

종래 법인제도를 남용한 법인의 배후자에게 책임을 묻는 전형적인 법인격부인 사례와는 달리 기존회사의 채무를 면탈할 의도로 신설회사가 설립된 것으로 판단되는 경우에도 법인제도가 남용된 것으로 보아 신설회사에 대해 책임을 물을 수 있다고 한 판결

40. 비법인사단 (1) : 조합과의 구별

(대법원 1992. 7. 10. 선고 92다2431 판결)

쟁점 민법상의 조합과 비법인사단의 구별기준

판결요지

민법상의 조합과 법인격은 없으나 사단성이 인정되는 비법인사단을 구별함에 있어서는 일반적으로 그 단체성의 강약을 기준으로 판단하여야 하는바, 조합은 2인 이상이 상호간에 금전 기타 재산 또는 노무를 출자하여 공동사업을 경영할 것을 약정하는 계약관계에 의하여 성립하므로(제703조) 어느 정도 단체성에서 오는 제약을 받게 되는 것이지만 구성원의 개인성이 강하게 드러나는 인적 결합체인 데 비하여, 비법인사단은 구성원의 개인성과는 별개로 권리의무의 주체가 될 수 있는 독자

적 존재로서의 단체적 조직을 가지는 특성이 있다 하겠는데, 민법상 조합의 명칭을 가지고 있는 단체라 하더라도 고유의 목적을 가지고 사단적 성격을 가지는 규약을 만들어 이에 근거하여 의사결정기관 및 집행기관인 대표자를 두는 등의 조직을 갖추고 있고, 기관의 의결이나 업무집행방법이 다수결의 원칙에 의하여 행해지며, 구성원의 가입, 탈퇴 등으로 인한 변경에 관계없이 단체 그 자체가 존속되고, 그 조직에 의하여 대표의 방법, 총회나 이사회 등의 운영, 자본의 구성, 재산의 관리 기타 단체로서의 주요사항이 확정되어 있는 경우에는 비법인사단으로서의 실체를 가진다고 할 것이다.

판례선정이유

어떤 법인 아닌 단체가 성질상 사단에 속하는 지 아니면 민법상 조합에 속하는지를 구별하는 기준을 제시한 판결

41. 비법인사단 (2) : 비법인사단의 불법행위책임

(대법원 2003. 7. 25. 선고 2002다27088 판결)

쟁점 비법인사단의 대표자의 행위가 대표자 개인의 사리를 도모하기 위한 것이었거나 법령의 규정에 위배된 경우, 제35조 제1항의 직무에 관한 행위에 해당하는지 여부 및 대표자의 행위가 직무에 해당하지 아니함을 피해자가 알았거나 또는 중대한 과실로 알지 못한 경우에도 비법인사단의 손해배상책임이 있는지 여부

판결요지

[1] 비법인사단의 대표자가 직무에 관하여 타인에게 손해를 가한 경우 그 사단은 제35조 제1항의 유추적용에 의하여 그 손해를 배상할 책임이 있으며, 비법인사단의 대표자의 행위가 대표자 개인의 사리를 도모하기 위한 것이었거나 혹은 법령의 규정에 위배된 것이었다 하더라도 외관상, 객관적으로 직무에 관한 행위라고 인정할 수 있는 것이라면 제35조 제1항의 직무에 관한 행위에 해당한다.

[2] 비법인사단의 경우, 대표자의 행위가 직무에 관한 행위에 해당하지 아니함을 피해자 자신이 알았거나 또는 중대한 과실로 인하여 알지 못한 경우에는 비법인사단에게 손해배상책임을 물을 수 없다고 할 것이고, 여기서 중대한 과실이라 함은 거래의 상대방이 조금만 주의를 기울였더라면 대표자의 행위가 그 직무권한 내에서 적법하게 행하여진 것이 아니라는 사정을 알 수 있었음에도 만연히 이를 직무권한 내의 행위라고 믿음으로써 일반인에게 요구되는 주의의무에 현저히 위반하는 것으로 거의 고의에 가까운 정도의 주의를 결여하고, 공평의 관점에서 상대방을 구태여 보호할 필요가 없다고 봄이 상당하다고 인정되는 상태를 말한다.

판례선정이유

비법인사단에게도 법인의 불법행위책임에 관한 제35조가 유추적용될 수 있음을 밝히면서 또한 법인의 불법행위책임의 성립에 있어서 외형이론을 취하더라도 대표자의 행위가 직무에 관한 행위에 해당하지 아니함을 피해자 자신이 알았거나 또는 중대한 과실로 인하여 알지 못한 경우에는 법인(사안에서는 비법인사단)에게 손해배상책임을 물을 수 없음을 밝힌 판결

42. 비법인사단 (3) : 비법인사단의 대표자의 권한 행사

(대법원 2003. 7. 11. 선고 2001다73626 판결)

쟁점 비법인사단의 대표자가 조합원 총유에 속하는 재산의 처분에 관하여 사원총회의 결의 없이 행위한 경우의 효력

판결요지

[1] 비법인사단인 주택조합이 주체가 되어 신축 완공한 건물로서 일반에게 분양되는 부분은 조합원 전원의 총유에 속하며, 총유물의 관리 및 처분에 관하여 주택조합의 정관이나 규약에 정한 바가 있으면 이에 따라야 하고, 그에 관한 정관이나 규약이 없으면 조합원 총회의 결의에 의하여야 할 것이며, 그와 같은 절차를 거치지 않은 행위는 무효라고 할 것이다.

[2] 비법인사단인 피고 주택조합의 대표자가 조합총회의 결의를 거쳐야 하는 조합원 총유에 속하는 재산의 처분에 관하여는 조합원 총회의 결의를 거치지 아니하고는 이를 대리하여 결정할 권한이 없다 할 것이어서, 피고 주택조합의 대표자가 행한 총유물인 이 사건 건물의 처분행위에 관하여는 제126조의 표현대리에 관한 규정이 준용될 여지가 없다 할 것이다.

판례선정이유

비법인사단의 대표자가 조합원 총유에 속하는 재산에 관하여 사원총회 결의 없이 한 처분행위는 무효라고 판단함과 아울러, 그러한 행위에 관하여는 제126조의 표현대리에 관한 규정이 준용되지 않는다고 밝힌 판결

43. 비법인사단 (4) : 비법인사단의 대표자의 대표권 제한

(대법원 2007. 4. 19. 선고 2004다60072, 60089 전원합의체 판결)

쟁점 비법인사단인 재건축조합의 조합장이 채무보증계약을 체결하면서 조합규약에서 정한 조합 임원회의 결의 등 절차를 거치지 않은 경우, 그 보증계약의 효력

판결요지

비법인사단인 재건축조합의 조합장이 채무보증계약을 체결하면서 조합규약에서 정한 조합 임원회의 결의를 거치지 아니하였다거나 조합원총회 결의를 거치지 않았다고 하더라도 그것만으로 바로 그 보증계약이 무효라고 할 수는 없다. 다만, 이와 같은 경우에 조합 임원회의의 결의 등을 거치도록 한 조합규약은 조합장의 대표권을 제한하는 규정에 해당하는 것이므로, 거래 상대방이 그와 같은 대표권 제한 및 그 위반 사실을 알았거나 과실로 인하여 이를 알지 못한 때에는 그 거래행위가 무효로 된다고 봄이 상당하며, 이 경우 그 거래 상대방이 대표권 제한 및 그 위반 사실을 알았거나 알지 못한 데에 과실이 있다는 사정은 그 거래의 무효를 주장하는 측이 이를 주장·입증하여야 한다.

판례선정이유

비법인사단의 대표자가 규약 소정의 대표권제한 규정을 위반하여 거래행위를 한 경우, 상대방이 그와 같은 대표권 제한 및 그 위반 사실을 알았거나 과실로 인하여 이를 알지 못한 때에는 그 거래행위가 무효로 됨을 밝힌 판결

44. 비법인사단 (5) : 비법인사단의 임시이사 선임

(대법원 2009. 11. 19. 2008마699 전원합의체 결정)

쟁점 임시이사 선임에 관한 제63조의 규정을 법인 아닌 사단 또는 재단에도 유추 적용할 수 있는지 여부

판결요지

제63조는 법인의 조직과 활동에 관한 것으로서 법인격을 전제로 하는 조항이 아니고, 법인 아닌 사단이나 재단의 경우에도 이사가 없거나 결원이 생길 수 있으며, 통상의 절차에 따른 새로운 이사의 선임이 극히 곤란하고 종전 이사의 긴급처리권도 인정되지 아니하는 경우에는 사단이나 재단 또는 타인에게 손해가 생길 염려가 있을 수 있으므로, 제63조는 법인 아닌 사단이나 재단에도 유추 적용할 수 있다.

판례선정이유

법인에 관한 민법규정이 법인 아닌 사단에 유추 적용될 수 있음을 보여주는 판결

45. 비법인사단 (6) : 종중의 본질 및 종중규약의 자율성

(대법원 2008. 10. 9. 선고 2005다30566 판결)

쟁점 종중의 법적 성격 및 종중규약이 자율성을 가지는 정도

판결요지

종중은 공동선조의 분묘수호와 제사, 그리고 종원 상호간의 친목도모 등을 목적으로 자연발생적으로 성립한 종족 집단체로서, 종중이 규약이나 관습에 따라 선출된 대표자 등에 의하여 대표되는 정도로 조직을 갖추고 지속적인 활동을 하고 있다면 비법인 사단으로서의 단체성이 인정된다. 이와 같은 종중의 성격과 법적 성질에 비추어 보면, 종중에 대하여는 가급적 그 독자성과 자율성을 존중해 주는 것이 바람직하고, 따라서 원칙적으로 종중규약은 종원이 가지는 고유하고 기본적인 권리의 본질적인 내용을 침해하는 등 종중의 본질이나 설립 목적에 크게 위배되지 않는 한 그 유효성을 인정하여야 한다.

판례선정이유

종중의 법적 성질을 비법인사단으로 판단함과 아울러 일종의 사단자치로써 종중이 스스로 규약을 정할 수 있는 내용과 그 한계를 밝힌 판결

46. 비법인사단 (7) : 종중재산의 분배기준

(대법원 2010. 9. 9. 선고 2007다42310, 42327 판결)

쟁점 종중재산의 분배에 관한 종중총회의 결의가 무효인 경우 및 그 결의 내용이 현저하게 불공정한 것인지 여부의 판단 기준

판결요지

비법인사단인 종중의 토지 매각대금은 종원의 총유에 속하고, 그 매각대금의 분배는 총유물의 처분에 해당하므로, 정관 기타 규약에 달리 정함이 없는 한 종중총회의 결의에 의하여 그 매각대금을

분배할 수 있고, 그 분배 비율, 방법, 내용 역시 결의에 의하여 자율적으로 결정할 수 있다. 그러나 종중은 공동선조의 분묘수호와 제사 및 종원 상호간의 친목 등을 목적으로 하여 구성되는 자연발생적인 종족집단으로 그 공동선조와 성과 본을 같이하는 후손은 그 의사와 관계없이 성년이 되면 당연히 그 구성원(종원)이 되는 종중의 성격에 비추어, 종중재산의 분배에 관한 종중총회의 결의 내용이 현저하게 불공정하거나 선량한 풍속 기타 사회질서에 반하는 경우 또는 종원의 고유하고 기본적인 권리의 본질적인 내용을 침해하는 경우 그 결의는 무효이다. 여기서 종중재산의 분배에 관한 종중총회의 결의 내용이 현저하게 불공정한 것인지 여부는 종중재산의 조성 경위, 종중재산의 유지·관리에 대한 기여도, 종중행사 참여도를 포함한 종중에 대한 기여도, 종중재산의 분배 경위, 전체 종원의 수와 구성, 분배 비율과 그 차등의 정도, 과거의 재산분배 선례 등 제반 사정을 고려하여 판단하여야 한다.

판례선정이유

종중재산의 분배에 관한 종중총회의 결의가 무효로 될 수 있는 경우를 다룬 판결

47. 비법인사단 (8) : 교회의 분열과 교회재산의 귀속

(대법원 2006. 4. 20. 선고 2004다37775 전원합의체 판결)

쟁점 교인들이 집단적으로 교회를 탈퇴한 경우, 법인 아닌 사단인 교회가 2개로 분열되고 분열되기 전 교회의 재산이 분열된 각 교회의 구성원들에게 각각 총유적으로 귀속되는 형태의 '교회의 분열'을 인정할 것인지 여부 및 교회의 소속 교단 탈퇴 내지 소속 교단 변경을 위한 결의요건 및 위 결의요건을 갖추어 교회가 소속 교단을 탈퇴하거나 다른 교단으로 변경한 경우, 종전 교회재산의 귀속관계

판결요지

[1] 우리 민법이 사단법인에 있어서 구성원의 탈퇴나 해산은 인정하지만 사단법인의 구성원들이 2개의 법인으로 나뉘어 각각 독립한 법인으로 존속하면서 종전 사단법인에게 귀속되었던 재산을 소유하는 방식의 사단법인의 분열은 인정하지 아니한다. 그 법리는 법인 아닌 사단에 대하여도 동일하게 적용되며, 법인 아닌 사단의 구성원들의 집단적 탈퇴로써 사단이 2개로 분열되고 분열되기 전 사단의 재산이 분열된 각 사단들의 구성원들에게 각각 총유적으로 귀속되는 결과를 초래하는 형태의 법인 아닌 사단의 분열은 허용되지 않는다.

교회가 법인 아닌 사단으로서 존재하는 이상, 그 법률관계를 둘러싼 분쟁을 소송적인 방법으로 해결함에 있어서는 법인 아닌 사단에 관한 민법의 일반 이론에 따라 교회의 실체를 파악하고 교회의 재산 귀속에 대하여 판단하여야 하고, 이에 따라 법인 아닌 사단의 재산관계와 그 재산에 대한

구성원의 권리 및 구성원 탈퇴, 특히 집단적인 탈퇴의 효과 등에 관한 법리는 교회에 대하여도 동일하게 적용되어야 한다. 따라서 교인들은 교회 재산을 총유의 형태로 소유하면서 사용 · 수익할 것인데, 일부 교인들이 교회를 탈퇴하여 그 교회 교인으로서의 지위를 상실하게 되면 탈퇴가 개별적인 것이든 집단적인 것이든 이와 더불어 종전 교회의 총유 재산의 관리처분에 관한 의결에 참가할 수 있는 지위나 그 재산에 대한 사용 · 수익권을 상실하고, 종전 교회는 잔존 교인들을 구성원으로 하여 실체의 동일성을 유지하면서 존속하며 종전 교회의 재산은 그 교회에 소속된 잔존 교인들의 총유로 귀속됨이 원칙이다. 그리고 교단에 소속되어 있던 지교회의 교인들의 일부가 소속 교단을 탈퇴하기로 결의한 다음 종전 교회를 나가 별도의 교회를 설립하여 별도의 대표자를 선정하고 나아가 다른 교단에 가입한 경우, 그 교회는 종전 교회에서 집단적으로 이탈한 교인들에 의하여 새로이 법인 아닌 사단의 요건을 갖추어 설립된 신설 교회라 할 것이어서, 그 교회 소속 교인들은 더 이상 종전 교회의 재산에 대한 권리를 보유할 수 없게 된다.

[2] 특정 교단에 가입한 지교회가 교단이 정한 헌법을 지교회 자신의 자치규범으로 받아들였다고 인정되는 경우에는 소속 교단의 변경은 실질적으로 지교회 자신의 규약에 해당하는 자치규범을 변경하는 결과를 초래하고, 만약 지교회 자신의 규약을 갖춘 경우에는 교단변경으로 인하여 지교회의 명칭이나 목적 등 지교회의 규약에 포함된 사항의 변경까지 수반하기 때문에, 소속 교단에서의 탈퇴 내지 소속 교단의 변경은 사단법인 정관변경에 준하여 의결권을 가진 교인 2/3 이상의 찬성에 의한 결의를 필요로 하고, 그 결의요건을 갖추어 소속 교단을 탈퇴하거나 다른 교단으로 변경한 경우에 종전 교회의 실체는 이와 같이 교단을 탈퇴한 교회로서 존속하고 종전 교회 재산은 위 탈퇴한 교회 소속 교인들의 총유로 귀속된다.

판례선정이유

종래 비법인사단인 교회에 대해 인정하였던 '분열'이라는 개념을 폐기하고, 민법상 사단법인의 정관변경에 준하여 의결권 가진 교인 2/3 이상의 찬성여부에 따라 교인의 집단적 탈퇴 내지 소속 교단 변경의 효력을 정하기로 한 판결

제2절 설 립

48. 사단법인 정관의 법적 성질

(대법원 2000. 11. 24. 선고 99다12437 판결)

쟁점 사단법인의 정관의 법적 성질 및 정관의 규범적인 의미 내용과는 다른 해석이 사원총회의 결의에 의하여 표명된 경우, 그 결의에 의한 해석이 구속력을 갖는지 여부

판결요지

사단법인의 정관은 이를 작성한 사원뿐만 아니라 그 후에 가입한 사원이나 사단법인의 기관 등도 구속하는 점에 비추어 보면 그 법적 성질은 계약이 아니라 자치법규로 보는 것이 타당하므로, 이는 어디까지나 객관적인 기준에 따라 그 규범적인 의미 내용을 확정하는 법규해석의 방법으로 해석되어야 하는 것이지, 작성자의 주관이나 해석 당시의 사원의 다수결에 의한 방법으로 자의적으로 해석될 수는 없다 할 것이어서, 어느 시점의 사단법인의 사원들이 정관의 규범적인 의미 내용과 다른 해석을 사원총회의 결의라는 방법으로 표명하였다 하더라도 그 결의에 의한 해석은 그 사단법인의 구성원인 사원들이나 법원을 구속하는 효력이 없다.

판례선정이유

사단법인 정관의 법적 성질을 계약이 아닌 자치법규로 보아, 정관의 해석도 법규해석의 방법으로 해석하여야 함을 밝힌 판결

49. 재단법인의 정관변경 (1)

(대법원 1996. 5. 16. 선고 95누4810 전원합의체 판결)

쟁점 제45조, 제46조 소정의 재단법인의 정관변경 허가의 법적 성질

판결요지

제45조와 제46조에서 말하는 재단법인의 정관변경 "허가"는 법률상의 표현이 허가로 되어 있기는 하나, 그 성질에 있어 법률행위의 효력을 보충해 주는 것이지 일반적 금지를 해제하는 것이 아니므로, 그 법적 성격은 인가라고 보아야 한다.

판례선정이유

제32조의 법인설립허가의 법적 성질과는 달리 제45조 및 제46조 소정의 재단법인의 정관변경 '허가'의 법적 성질을 인가로 판단한 판결

50. 재단법인의 정관변경 (2) : 기본재산의 변동

(대법원 1991. 5. 28. 선고 90다8558 판결)

쟁점 재단법인의 기본재산으로 편입하는 행위 또는 기본재산을 처분하는 행위에 주무장관의 허가를 요하는지 여부

판결요지

재단법인의 기본재산에 관한 사항은 정관의 기재사항으로서 기본재산의 변경은 정관의 변경을 초래하기 때문에 주무장관의 허가를 받아야 하고, 따라서 기존의 기본재산을 처분하는 행위는 물론 새로이 기본재산으로 편입하는 행위도 주무장관의 허가가 있어야 유효하고, 또 일단 주무장관의 허가를 얻어 기본재산에 편입하여 정관 기재사항의 일부가 된 경우에는 비록 그것이 명의신탁관계에 있었던 것이라 하더라도 이것을 처분(반환)하는 것은 정관의 변경을 초래하는 점에 있어서는 다를 바 없으므로 주무장관의 허가 없이 이를 이전등기할 수는 없다.

판례선정이유

재단법인의 기본재산에 관한 사항은 정관 기재사항이고 그 기본재산의 증감은 정관변경사항이므로, 기본재산을 처분하는 경우는 물론이고 기본재산이 증가되는 경우에도 정관변경을 위해 주무관청의 허가가 필요함을 밝힌 판결

51. 재단법인의 설립 (1) : 출연재산의 귀속시기

(대법원 1979. 12. 11. 선고 78다481, 482 전원합의체 판결)

쟁점 재단법인의 설립을 위해 출연된 재산이 언제 재단법인에게 귀속되는지 여부

판결요지

재단법인의 설립함에 있어서 출연재산은 그 법인이 성립된 때로부터 법인에 귀속된다는 제48조의 규정은 출연자와 법인과의 관계를 상대적으로 결정하는 기준에 불과하여 출연재산이 부동산인 경우에도 출연자와 법인 사이에는 법인의 성립 외에 등기를 필요로 하는 것은 아니지만, 제3자에 대한 관계에 있어서 출연행위는 법률행위이므로, 출연재산의 법인에의 귀속에는 부동산의 권리에 관한 것일 경우 등기를 필요로 한다.

판례선정이유

재단법인의 설립을 위해 설립자가 출연한 재산이 언제 재단법인에게로 귀속되는지에 관하여 해석상 논란이 되고 있는 제48조에 관한 입장을 밝힌 판결

52. 재단법인의 설립 (2)

(대법원 1993. 9. 14. 선고 93다8054 판결)

쟁점 유언에 의한 재단법인설립의 경우, 출연재산의 귀속과 등기

판결요지

유언으로 재단법인을 설립하는 경우에도 제3자에 대한 관계에서는 출연재산이 부동산인 경우는 그 법인에의 귀속에는 법인의 설립 외에 등기를 필요로 하는 것이므로, 재단법인이 그와 같은 등기를 마치지 아니하였다면 유언자의 상속인의 한 사람으로부터 부동산의 지분을 취득하여 이전등기를 마친 선의의 제3자에 대하여 대항할 수 없다.

판례선정이유

제48조 제2항에 의거하여 유언으로 재단법인을 설립하는 때에도 출연재산이 부동산인 경우에는 제3자에 대한 관계에서 출연재산이 법인에게 귀속하기 위해서는 법인설립등기 외에 부동산이전등기를 필요로 함을 밝힌 판결

제3절 기 관

53. 법인의 대표기관 (1) : 대표권의 제한

(대법원 1992. 2. 14. 선고 91다24564 판결)

쟁점 법인 대표권의 제한에 관한 사항이 법인 정관에는 규정되어 있으나 등기되어 있지 않은 경우, 그 대표권 제한으로써 대항할 수 없는 제3자의 범위

판결요지

[1] 재단법인의 대표자가 그 법인의 채무를 부담하는 계약을 함에 있어서 이사회의 결의를 거쳐 노회와 설립자의 승인을 얻고 주무관청의 인가를 받도록 정관에 규정되어 있다면, 그와 같은 규정은 법인 대표권의 제한에 관한 규정으로서 이러한 제한은 등기하지 아니하면 제3자에게 대항할 수 없다.

[2] 법인의 정관에 법인 대표권의 제한에 관한 규정이 있으나 그와 같은 취지가 등기되어 있지 않다면, 법인은 그와 같은 정관의 규정에 대하여 선의냐 악의냐에 관계없이 제3자에 대하여 대항할 수 없다.

판례선정이유

법인 대표자의 대표권 제한에 해당하는 사례를 보여줌과 아울러 대표권제한에 관한 사항이 정관에는 규정되어 있으나 등기되어 있지 않는 경우에는 그 제한을 가지고 제3자에게 대항하지 못한다고 명시한 제60조의 적용 범위를 밝힌 판결

54. 법인의 대표기관 (2) : 대표권의 남용

(대법원 1988. 8. 9. 선고 86다카1858 판결)

쟁점 대표이사가 개인적 이익을 위하여 그 권한을 행사하고 상대방이 악의인 경우, 그 행위의 회사에 대한 효력

판결요지

대표이사의 행위가 대표권한의 범위내의 행위라 하더라도 회사의 이익 때문이 아니고 자기 또는 제3자의 개인적인 이익을 도모할 목적으로 그 권한을 행사한 경우에 상대방이 대표이사의 진의를 알았거나 알 수 있었을 때에는 회사에 대하여 무효가 된다.

판례선정이유

법인의 대표자가 대표권한의 범위내의 행위라 하더라도 법인을 위해서가 아니라 자기 또는 제3자의 사리(私利)를 위하여 그 권한을 행사한 경우(이른바 대표권 남용)에 제107조 제1항 단서를 유추적용하여 상대방이 대표자의 진의를 알았거나 알 수 있었을 때에는 법인에 대해 무효로 됨을 밝힌 판결

55. 법인의 대표기관(3) : 임기만료된 이사의 직무수행권

(대법원 1982. 3. 9. 선고 81다614 판결)

쟁점 후임자가 선임될 때까지, 임기만료된 재단법인 이사의 직무수행권 및 그 한계

판결요지

임기 만료된 재단법인 이사는 그 임무를 수행함이 부적당하다고 인정할 만한 특별한 사정이 없는 한, 그 후임자가 선임될 때까지 이사의 직무를 수행할 수 있다. 그러나 별다른 급박한 사정도 없이 임기만료 전의 현임 이사를 해임하고 그 후임자를 선임하기 위한 이사 및 평의원 연석회의를 스스로 소집하고 이를 제안하는 것과 같은 일은 임기 만료된 이사장에게 수행케 함은 부적당한 임무에 해당한다.

판례선정이유

법인 이사의 임기가 만료된 경우, 위임에 관한 규정(제691조)을 유추 적용하여 후임자가 선임될 때까지 원칙적으로 구 이사에게 직무수행권이 인정되지만, 구 이사에게 직무수행권이 인정되지 않는 경우도 있음을 밝힌 판결

56. 이사회 결의의 하자

(대법원 1992. 7. 24. 선고 92다749 판결)

쟁점 비영리 재단법인의 정관에 규정된 이사회 소집통지 절차를 위반하여 이루어진 이사회결의의 효력 유무

판결요지

민법상 비영리 재단법인의 정관에 이사회를 개최하기에 앞서 미리 일정한 기한을 두고 회의안건 등을 기재한 소집통지서를 발송하도록 하고 있음에도 불구하고 이러한 소집통지에 관한 절차를 거치지 아니한 관계로 그 소집통지를 받지 못한 이사가 참석하지 아니하였고, 이사회를 개최하지도 아니하였으면서 일부 이사들이 이를 개최한 양 의사록만 작성하거나 일부 이사들만이 모여 이사회를 개최하였다면, 이러한 이사회의 결의는 존재하지 아니하는 것이거나 당연무효라고 보아야 할 것이며, 이 경우 적법한 소집통지를 받지 못한 이사가 출석하여 반대의 표결을 하였다 한들 이사회결의의 성립에 영향이 없었다고 하더라도 그 이사회 결의가 당연무효라고 하는 결론에 지장을 주지 아니한다.

판례선정이유

법인의 정관에 규정된 이사회 소집통지 절차를 위반하여 이루어진 이사회결의에 대해 그 효력을 인정하지 아니한 판결

57. 사단법인 사원의 지위

(대법원 1997. 9. 26. 선고 95다6205 판결)

쟁점 사단법인의 사원의 지위는 양도 또는 상속할 수 없다는 제56조의 규정이 강행규정인지 여부

판결요지

사단법인의 사원의 지위는 양도 또는 상속할 수 없다고 규정한 제56조의 규정은 강행규정이라고 할 수 없으므로, 비법인사단에서도 사원의 지위는 규약이나 관행에 의하여 양도 또는 상속될 수 있다.

판례선정이유

사단법인의 사원의 지위는 양도 또는 상속할 수 없다고 규정한 제56조의 규정을 임의규정으로 판단하여 사원의 지위가 정관이나 관행에 의하여 양도 또는 상속될 수 있음을 밝힌 판결

58. 사단법인의 소속사원에 대한 제명처분

(대법원 1994. 5. 10. 선고 93다21750 판결)

쟁점 단체구성원에 대한 제명처분이 법원의 효력심사 대상이 되는지 여부

판결요지

사단법인 부산시개인택시여객운송연합회와 같은 단체의 구성원인 조합원에 대한 제명처분은 조합원의 의사에 반하여 그 조합원인 지위를 박탈하는 것이므로 조합의 이익을 위하여 불가피한 경우에 최종적인 수단으로서만 인정되어야 할 것이고, 또, 조합이 조합원을 제명처분한 경우에 법원은 그 제명사유의 존부와 결의내용의 당부 등을 가려 제명처분의 효력을 심사할 수 있다.

판례선정이유

사단법인에는 사적자치의 일종인 사단자치가 인정되지만, 사원에 대한 제명처분은 단체의 이익을 위하여 불가피한 경우에 최종적인 수단으로서만 인정되어야 하고, 법원은 사단법인의 제명처분의 효력에 대해 사법적 심사를 할 수 있다고 밝힌 판결

제4절 해 산

59. 법인의 청산절차

(대법원 1980. 4. 8. 선고 79다2036 판결)

쟁점 법인의 청산절차에 관한 규정이 강행규정인지 여부 및 청산종결등기의 효력

판결요지

[1] 제80조, 제81조, 제87조와 같은 청산절차에 관한 규정은 모두 제3자의 이해관계에 중대한 영향을 미치기 때문에 소위 강행규정이라고 해석되므로, 만일 그 청산법인이나 그 청산인이 청산법인의 목적범위 외의 행위를 한 때는 무효라 아니할 수 없다.

[2] 청산종결등기가 경료된 경우에도 청산사무가 종료되었다 할 수 없는 경우에는 청산법인으로 존속한다.

판례선정이유

법인의 청산절차에 관한 규정은 강행규정이며, 법인의 청산종결등기가 경료된 경우에도 청산사무가 잔존하는 경우에는 법인은 소멸하지 않고 청산법인으로 존속함을 밝힌 판결

제4장 물 건

60. 물건의 정의 : 사람의 유체·유골의 물건성 여부

(대법원 2008. 11. 20. 선고 2007다27670 전원합의체 판결)

쟁점 망인의 유체·유골의 승계권자 및 피상속인이 생전행위 또는 유언으로 자신의 유체·유골의 처분 방법을 정하거나 매장장소를 지정한 경우 그 효력

판결요지

[1] 제사주재자는 우선적으로 망인의 공동상속인들 사이의 협의에 의해 정하되, 협의가 이루어지지 않는 경우에는 제사주재자의 지위를 유지할 수 없는 특별한 사정이 있지 않은 한 망인의 장남(장남이 이미 사망한 경우에는 장남의 아들, 즉 장손자)이 제사주재자가 되고, 공동상속인들 중 아들이 없는 경우에는 망인의 장녀가 제사주재자가 된다.

[2] (가) 사람의 유체·유골은 매장·관리·제사·공양의 대상이 될 수 있는 유체물로서, 분묘에 안치되어 있는 선조의 유체·유골은 제1008조의3 소정의 제사용 재산인 분묘와 함께 그 제사주재자에게 승계되고, 피상속인 자신의 유체·유골 역시 위 제사용 재산에 준하여 그 제사주재자에게 승계된다.

(나) 피상속인이 생전행위 또는 유언으로 자신의 유체·유골을 처분하거나 매장장소를 지정한 경우에, 선량한 풍속 기타 사회질서에 반하지 않는 이상 그 의사는 존중되어야 하고 이는 제사주재자로서도 마찬가지이지만, 피상속인의 의사를 존중해야 하는 의무는 도의적인 것에 그치고, 제사주재자가 무조건 이에 구속되어야 하는 법률적 의무까지 부담한다고 볼 수는 없다.

[3] 어떤 경우에 제사주재자의 지위를 유지할 수 없는 특별한 사정이 있다고 볼 것인지에 관하여는, 제사제도가 관습에 바탕을 둔 것이므로 관습을 고려하되, 여기에서의 관습은 과거의 관습이 아니라 사회의 변화에 따라 새롭게 형성되어 계속되고 있는 현재의 관습을 말하므로 우리 사회를 지배하는 기본적 이념이나 사회질서의 변화와 그에 따라 새롭게 형성되는 관습을 고려해야 할 것인바, 중대한 질병, 심한 낭비와 방탕한 생활, 장기간의 외국 거주, 생계가 곤란할 정도의 심각한 경제적 궁핍, 평소 부모를 학대하거나 심한 모욕 또는 위해를 가하는 행위, 선조의 분묘에 대한 수호·관리를 하지 않거나 제사를 거부하는 행위, 합리적인 이유 없이 부모의 유지 내지 유훈에 현저히 반하는 행위 등으로 인하여 정상적으로 제사를 주재할 의사나 능력이 없다고 인정되는 경우가 이에 해당하는 것으로 봄이 상당하다.

판례선정이유

사람의 유체 · 유골도 유체물임을 정의하면서, 그 승계권자인 제사주재자의 결정 방법을 밝힌 판결

61. 부동산 (1) : 토지의 경계

(대법원 1993. 11. 9. 선고 93다22845 판결)

쟁점 현실의 경계와 지적공부상의 경계가 다른 경우, 매매대상 토지

판결요지

어떤 토지가 지적공부에 1필지의 토지로 등록되면 그 토지의 소재, 지번, 지적 및 경계는 다른 특별한 사정이 없는 한 이 등록으로써 특정되고 그 소유권의 범위는 현실의 경계와 관계없이 공부상의 경계에 의하여 확정되는 것이고, 이 토지에 대한 매매도 특별한 사정이 없는 한 현실의 경계와 관계없이 지적공부상의 경계와 지적에 의하여 확정된 토지를 매매의 대상으로 하는 것으로 보아야 할 것이며, 다만 지적도를 작성함에 있어서 그 기점을 잘못 선택하는 등 기술적인 착오로 말미암아 지적도상의 경계선이 진실한 경계선과 다르게 작성되었기 때문에 경계와 지적이 실제의 것과 일치하지 않게 되었고, 그 토지들이 전전매도되면서도 당사자들이 사실상의 경계대로의 토지를 매매할 의사를 가지고 거래를 한 경우 등과 같은 특별한 사정이 있는 경우에는 그 토지의 경계는 실제의 경계에 의하여야 할 것이다.

판례선정이유

현실의 경계와 지적공부상의 경계가 다른 경우 지적공부상의 경계와 지적에 의하여 확정된 토지를 매매의 대상으로 하는 것으로 보아야 한다는 점을 밝힌 판결

62. 부동산 (2) : 농작물

(대법원 1969. 2. 18. 선고 68도906 판결)

쟁점 타인 토지에 권원 없이 경작한 농작물의 소유권 귀속

판결요지

남의 땅에 권한 없이 경작 재배한 농작물의 소유권은 그 경작자에게 있고 길이 4,5 센치미터에 불과한 못자리도 농작물에 해당한다.

판례선정이유

농작물의 경우에는 권원 없이 타인 토지에서 경작, 재배하였더라도 그 소유권은 경작자에게 귀속된다는 점을 밝힌 판결

63. 부동산 (3) : 건물

(대법원 2001. 1. 16. 선고 2000다51872 판결)

쟁점 독립된 부동산으로서의 건물의 요건

판결요지

독립된 부동산으로서의 건물이라고 하기 위하여는 최소한의 기둥과 지붕 그리고 주벽이 이루어지면 된다.

판례선정이유

미완성이라도 하더라도 독립된 부동산으로서의 건물로 인정되기 위한 요건을 밝힌 판결

64. 주물과 종물

(대법원 1996. 4. 26. 선고 95다52864 판결)

쟁점 건물에 대한 저당권의 효력이 그 건물의 소유를 목적으로 한 지상권에도 미치는지 여부 및 그 건물 양도시 지상권도 함께 양도되는지 여부

판결요지

저당권의 효력이 저당부동산에 부합된 물건과 종물에 미친다는 제358조 본문을 유추하여 보면 건물에 대한 저당권의 효력은 그 건물에 종된 권리인 건물의 소유를 목적으로 하는 지상권에도 미치게 되므로, 건물에 대한 저당권이 실행되어 경락인이 그 건물의 소유권을 취득하였다면 경락 후 건물을 철거한다는 등의 매각조건에서 경매되었다는 등 특별한 사정이 없는 한, 경락인은 건물 소유를 위한 지상권도 제187조의 규정에 따라 등기 없이 당연히 취득하게 되고, 한편 이 경우에 경락인이 건물을 제3자에게 양도한 때에는, 특별한 사정이 없는 한 제100조 제2항의 유추적용에 의하여 건물과 함께 종된 권리인 지상권도 양도하기로 한 것으로 봄이 상당하다.

판례선정이유

건물에 대한 저당권의 효력은 그 건물의 소유를 목적으로 한 지상권에도 미치고, 제100조 제2항의 유추적용에 의하여 그 건물 양도시 종된 권리인 지상권도 양도한 것으로 보아야 한다는 점을 밝힌 판결

제5장 법률행위

제1절 총 칙

65. 호의관계와 법률관계의 구별
(대법원 1994. 3. 25. 선고 93다32668 판결)

쟁점 "최대 노력하겠습니다"라는 문구가 기재되어 있는 의무 부담의 문서에 의해 법적 의무가 성립하는지 여부

판결요지

[1] 법률행위의 해석이란 당사자가 그 표시행위에 부여한 객관적인 의미를 명백하게 확정하는 것으로서, 서면에 사용된 문구에 구애받을 것은 아니지만 어디까지나 당사자의 내심적 의사의 여하에 관계없이 그 서면의 기재 내용에 의하여 당사자가 그 표시행위에 부여한 객관적 의미를 합리적으로 해석하여야 하는 것이고, 당사자가 표시한 문언에 의하여 그 객관적인 의미가 명확하게 드러나지 않는 경우에는 그 문언의 내용과 그 법률행위가 이루어진 동기 및 경위, 당사자가 그 법률행위에 의하여 달성하려는 목적과 진정한 의사, 거래의 관행 등을 종합적으로 고려하여 사회정의와 형평의 이념에 맞도록 논리와 경험의 법칙, 그리고 사회일반의 상식과 거래의 통념에 따라 합리적으로 해석하여야 한다.

[2] 어떠한 의무를 부담하는 내용의 기재가 있는 문면에 "최대 노력하겠습니다"라고 기재되어 있는 경우, 특별한 사정이 없는 한 당사자가 위와 같은 문구를 기재한 객관적인 의미는 문면 그 자체로 볼 때 '그러한 의무를 법적으로는 부담할 수 없지만 사정이 허락하는 한 그 이행을 사실상 하겠다'는 취지로 해석함이 상당하다.

판례선정이유

호의관계(비법률관계)와 법률관계의 구별은 당사자에게 법적 구속의사가 있는지 여부로 판단될 것인데, 그와 같은 법적 구속의사의 존부는 원칙적으로 규범적 해석에 의해 판명된다는 점을 밝힌 판결

66. 법률행위의 해석 (1) : 자연적 해석

(대법원 1993. 10. 26. 선고 93다2629,2636 판결)

쟁점 당사자의 진의가 일치함에도 불구하고 당사자가 그 진의에 부합하지 않는 잘못된 표시수단을 사용한 경우, 그 표시수단의 객관적 의미에 구속되는지 여부

판결요지

부동산의 매매계약에 있어 쌍방당사자가 모두 특정의 甲 토지를 계약의 목적물로 삼았으나 그 목적물의 지번 등에 관하여 착오를 일으켜 계약을 체결함에 있어서는 계약서상 그 목적물을 甲 토지와는 별개인 乙 토지로 표시하였다 하여도 甲 토지에 관하여 이를 매매의 목적물로 한다는 쌍방당사자의 의사합치가 있은 이상 위 매매계약은 甲 토지에 관하여 성립한 것으로 보아야 할 것이고 乙 토지에 관하여 매매계약이 체결된 것으로 보아서는 안 될 것이며, 만일 乙 토지에 관하여 위 매매계약을 원인으로 하여 매수인 명의로 소유권이전등기가 경료되었다면 이는 원인이 없이 경료된 것으로서 무효이다.

판례선정이유

이른바 「오표시무효(誤表示無害)의 원칙」(falsa demonstratio non nocet)을 인정한 판결

67. 법률행위의 해석 (2) : 규범적 해석

(대법원 1997. 4. 11. 선고 97다423 판결)

쟁점 불법행위 후 피해자가 일정 금액을 지급받고 나머지 청구를 포기하기로 약정한 후 후유증 등 예기치 못한 후발손해가 발생한 경우, 위 포기약정의 규범적 해석

판결요지

[1] 불법행위로 인한 손해배상에 관하여 가해자와 피해자 사이에 피해자가 일정한 금액을 지급받고 그 나머지 청구를 포기하기로 합의가 이루어진 때에는 그 후 그 이상의 손해가 발생하였다 하여 다시 그 배상을 청구할 수 없는 것이나, 다만 그 합의가 손해발생의 원인인 사고 후 얼마 지나지 아니하여 손해의 범위를 정확히 확인하기 어려운 상황에서 이루어진 것이고, 후발손해가 합의 당시의 사정으로 보아 예상이 불가능한 것으로서 당사자가 후발손해를 예상하였더라면 사회통념상 그 합의금액으로는 화해하지 않았을 것이라고 보는 것이 상당할 만큼 그 손해가 중대한 것일 때에는 당사자의 의사가 이러한 손해에 대해서까지 그 배상청구권을 포기한 것이라고 볼 수 없으므

로 다시 그 배상을 청구할 수 있다고 보아야 한다.

[2] 사고 당시 3세 8월 남짓 된 피해자의 모와 보험자 사이에 교통사고로 인한 손해액에 관하여 금 319,600원에 합의가 성립되었으나, 그 후 38.8%의 노동능력 상실이 인정되고 그에 따른 손해액이 금 44,491,668원 정도로 산정된 사안에서, 나중에 밝혀진 후유장애로 인한 손해에 대하여 당초 합의의 효력을 부정한 사례

판례선정이유

손해배상의 실무상 빈번하게 일어나는 사안을 다루고 있을 뿐만 아니라, 학설상 대립이 있는 쟁점에 대해 법률행위해석의 일반원칙을 적용함으로써 적절한 해법을 마련해 주고 있다는 점에서 의의가 큰 판결

68. 법률행위의 해석 (3) : 처분문서의 해석

(대법원 2008. 5. 23. 선고 2006다36981 전원합의체 판결)

쟁점 신용보증기금이 발급한 신용보증서에 상업어음할인대출을 대상으로 한다는 특약사항이 기재되어 있었는데, 금융기관이 할인한 어음이 사후에 상업어음이 아닌 것으로 판명된 경우 신용보증기금이 보증책임을 부담하는지 여부

판결요지

신용보증기금이 발급한 신용보증서에 신용보증 대상이 되는 '대출과목'이 '할인어음'이라고 기재되어 있는 한편, "본 보증서는 사업자등록증을 교부받은 업체 간에 당해 업체의 사업목적에 부합되고 경상적 영업활동으로 이루어지는 재화 및 용역거래에 수반하여 발행된 상업어음(세금계산서가 첨부된)의 할인에 대하여 책임을 진다"라는 내용의 특약사항이 기재되어 있는 경우, 신용보증서에 기재된 대출과목과 특약사항의 내용, 신용보증기금의 설립 취지, 신용보증이 이루어지는 동기와 경위, 신용보증에 의하여 달성하려는 목적, 신용보증에 의하여 인수되는 위험 및 상업어음할인대출 절차의 엄격성 등을 종합적으로 고려하면, 위 신용보증서의 상업어음할인 특약에 의해 신용보증을 한 당사자의 의사는, 금융기관이 선량한 관리자로서의 주의의무를 다하여 정상적인 업무처리절차에 의해 상업어음인지 여부를 확인하고 상업어음할인의 방식으로 실시한 대출에 대하여 신용보증책임을 진다는 취지로 해석함이 합리적이고, 따라서 금융기관이 상업어음으로서 할인한 어음이 사후에 상업어음이 아님이 드러났다 하여도 그 할인에 의한 대출과정에서 선량한 관리자로서의 주의의무를 다하였다면 그에 대하여는 신용보증기금이 신용보증책임을 부담한다.

판례선정이유

처분문서의 규범적 해석에 관해 다양한 논의를 전개하고 있어 규범적 사고의 형성에 이바지할 것으로 예상되는 판결

69. 법률행위의 해석(4) : 예금계약의 예금주의 확정

(대법원 2009. 3. 19. 선고 2008다45828 전원합의체 판결)

쟁점 예금계약의 명의자와 자금의 출연자가 상이할 경우, 예금계약의 당사자 확정방법

판결요지

금융실명거래 및 비밀보장에 관한 법률에 따라 실명확인 절차를 거쳐 예금계약을 체결하고 그 실명확인 사실이 예금계약서 등에 명확히 기재되어 있는 경우에는, 일반적으로 그 예금계약서에 예금주로 기재된 예금명의자나 그를 대리한 행위자 및 금융기관의 의사는 예금명의자를 예금계약의 당사자로 보려는 것이라고 해석하는 것이 경험법칙에 합당하고, 예금계약의 당사자에 관한 법률관계를 명확히 할 수 있어 합리적이다. 그리고 이와 같은 예금계약 당사자의 해석에 관한 법리는, 예금명의자 본인이 금융기관에 출석하여 예금계약을 체결한 경우나 예금명의자의 위임에 의하여 자금 출연자 등의 제3자(이하 '출연자 등'이라 한다)가 대리인으로서 예금계약을 체결한 경우 모두 마찬가지로 적용된다고 보아야 한다. 따라서 본인인 예금명의자의 의사에 따라 예금명의자의 실명확인 절차가 이루어지고 예금명의자를 예금주로 하여 예금계약서를 작성하였음에도 불구하고, 예금명의자가 아닌 출연자 등을 예금계약의 당사자라고 볼 수 있으려면, 금융기관과 출연자 등과 사이에서 실명확인 절차를 거쳐 서면으로 이루어진 예금명의자와의 예금계약을 부정하여 예금명의자의 예금반환청구권을 배제하고 출연자 등과 예금계약을 체결하여 출연자 등에게 예금반환청구권을 귀속시키겠다는 명확한 의사의 합치가 있는 극히 예외적인 경우로 제한되어야 한다. 그리고 이러한 의사의 합치는 금융실명법에 따라 실명확인 절차를 거쳐 작성된 예금계약서 등의 증명력을 번복하기에 충분할 정도의 명확한 증명력을 가진 구체적이고 객관적인 증거에 의하여 매우 엄격하게 인정하여야 한다.

판례선정이유

금융실명제가 실시된 이후에도 사회에서 여전히 행해지고 있는 차명예금의 경우, 누가 예금주로서 계약상 예금인출권이 있는지에 관해 규범적 해석의 방법을 적용하고 있는 판결로서 사회적으로 중요한 의미를 가지는 판결이며, 동시에 금융실명법 제3조 제1항은 효력규정이 아니라는 판단도 밝히고 있는 판결

70. 법률행위의 해석(5) : 보충적 해석

(대법원 2006. 11. 23. 선고 2005다13288 판결)

쟁점 당사자가 기도한 바에 비추어 법률행위 내용에 틈이 있는 경우, 그 틈을 메꾸어 법률행위의 효력을 유지시키기 위한 법률행위 해석방법

판결요지

[1] 계약당사자 쌍방이 계약의 전제나 기초가 되는 사항에 관하여 같은 내용으로 착오가 있고 이로 인하여 그에 관한 구체적 약정을 하지 아니하였다면 당사자가 그러한 착오가 없을 때에 약정하였을 것으로 보이는 내용으로 당사자의 의사를 보충하여 계약을 해석할 수 있는바, 여기서 보충되는 당사자의 의사는 당사자의 실제 의사 또는 주관적 의사가 아니라 계약의 목적, 거래관행, 적용법규, 신의칙 등에 비추어 객관적으로 추인되는 정당한 이익조정 의사를 말한다.

[2] 국가와 기부채납자가 국유지인 대지 위에 건물을 신축하여 기부채납하고 위 대지 및 건물에 대한 사용수익권을 받기로 약정하면서 그 기부채납이 부가가치세 부과대상인 것을 모른 채 계약을 체결한 사안에서, 두 계약당사자의 진의가 국가가 부가가치세를 부담하는 것이었다고 추정하여 그러한 내용으로 계약을 수정 해석하여야 한다고 본 원심판결을 파기한 사례

판례선정이유

법률행위의 보충적 해석에 관한 전형적인 사안을 다루고 있을 뿐만 아니라, 당사자의 공통된 착오와 관련하여서도 자주 언급되고 있는 판결

71. 법률행위의 목적(1) : 효력규정과 단속규정의 구별

(대법원 2007. 12. 20. 선고 2005다32159 전원합의체 판결)

쟁점 부동산중개업법 등 관련 법령에서 정한 한도를 초과하는 부동산 중개수수료 약정의 효력

판결요지

구 부동산중개업법(2005. 7. 29. 법률 제7638호 '공인중개사의 업무 및 부동산 거래신고에 관한 법률'로 전문 개정되기 전의 것)은 부동산중개업을 건전하게 지도·육성하고 부동산중개 업무를 적절히 규율함으로써 부동산중개업자의 공신력을 높이고 공정한 부동산거래질서를 확립하여 국민의 재산권 보호에 기여함을 입법목적으로 하고 있으므로(제1조), 중개수수료의 한도를 정하는 한편 이를 초과하

는 수수료를 받지 못하도록 한 같은 법 및 같은 법 시행규칙 등 관련 법령 또는 그 한도를 초과하여 받기로 한 중개수수료 약정의 효력은 이와 같은 입법목적에 맞추어 해석되어야 한다. 그뿐 아니라, 중개업자가 구 부동산중개업법 등 관련 법령에 정한 한도를 초과하여 수수료를 받는 행위는 물론 위와 같은 금지규정 위반 행위에 의하여 얻은 중개수수료 상당의 이득을 그대로 보유하게 하는 것은 투기적·탈법적 거래를 조장하여 부동산거래질서의 공정성을 해할 우려가 있고, 또한 구 부동산중개업법 등 관련 법령의 주된 규율대상인 부동산의 거래가격이 높고 부동산중개업소의 활용도 또한 높은 실정에 비추어 부동산 중개수수료는 국민 개개인의 재산적 이해관계 및 국민생활의 편의에 미치는 영향이 매우 커 이에 대한 규제가 강하게 요청된다. 그렇다면, 앞서 본 입법목적을 달성하기 위해서는 고액의 수수료를 수령한 부동산 중개업자에게 행정적 제재나 형사적 처벌을 가하는 것만으로는 부족하고 구 부동산중개업법 등 관련 법령에 정한 한도를 초과한 중개수수료 약정에 의한 경제적 이익이 귀속되는 것을 방지하여야 할 필요가 있으므로, 부동산 중개수수료에 관한 위와 같은 규정들은 중개수수료 약정 중 소정의 한도를 초과하는 부분에 대한 사법상의 효력을 제한하는 이른바 강행법규에 해당하고, 따라서 구 부동산중개업법 등 관련 법령에서 정한 한도를 초과하는 부동산 중개수수료 약정은 그 한도를 초과하는 범위 내에서 무효이다.

판례선정이유

효력규정과 단순한 단속규정을 구별하기 위하여 다각적인 가치판단이 행해지고 있음을 보여주고 있으며, 또한 실생활과 밀접한 공인중개사 관련 사항을 담고 있는 판결

72. 법률행위의 목적 (2) : 강행규정 위반의 법률행위

(대법원 2017. 3. 15. 선고 2013다79887, 79894 판결)

쟁점 강행규정인 농지법을 위반한 농지임대차 계약의 효력 및 그것이 무효로 된 경우, 임차인이 그동안 농지를 점유한 것이 불법원인급여로 되는지 여부

판결요지

[1] 헌법은, "국가는 농지에 관하여 경자유전의 원칙이 달성될 수 있도록 노력하여야 한다"라고 하고(제121조 제1항), "농업 생산성의 제고와 농지의 합리적인 이용을 위하거나 불가피한 사정으로 발생하는 농지의 임대차와 위탁경영은 법률이 정하는 바에 의하여 인정된다."라고 규정하고 있다(제121조 제2항). 이에 따라 구 농지법(2015. 1. 20. 법률 제13022호로 개정되기 전의 것, 이하 같다)은 질병, 징집, 취학, 선거에 따른 공직취임 등 부득이한 사유로 인하여 일시적으로 농업경영에 종사하지 아니하게 된 사람이 소유하고 있는 농지를 임대하는 경우와 같이 거기에 열거된 예외사유에 해당하지 아니하는 한 농지를 임대할 수 없다고 하고(제23조), 이를 위반하여 소유 농지를 임대한 사람을

1,000만 원 이하의 벌금에 처하도록 규정하고 있다(제60조 제2호).

한편 구 농지법은 농지의 소유·이용 및 보전 등에 필요한 사항을 정함으로써 농지를 효율적으로 이용하고 관리하여 농업인의 경영 안정과 농업 생산성 향상을 바탕으로 농업 경쟁력 강화와 국민경제의 균형 있는 발전 및 국토 환경 보전에 이바지하는 것을 목적으로 한다고 하고(제1조), 나아가 농지는 국민에게 식량을 공급하고 국토 환경을 보전하는 데에 필요한 기반이며 농업과 국민경제의 조화로운 발전에 영향을 미치는 한정된 귀중한 자원이므로, 농지에 관한 권리의 행사에는 필요한 제한과 의무가 따르고, 농지는 투기의 대상이 되어서는 아니 된다고 규정하고 있다(제3조 제1항, 제2항).

이러한 구 농지법 규정과 앞에서 본 헌법 규정 등을 종합해 보면, 구 농지법이 농지임대를 원칙적으로 금지하는 취지는, 농지는 농민이 경작 목적으로 이용함으로써 농지로 보전될 수 있도록 하고, 또한 외부자본이 투기 등 목적으로 농지를 취득할 유인을 제거하여 지가를 안정시킴으로써 농민이 농지를 취득하는 것을 용이하게 하여 궁극적으로 경자유전의 원칙을 실현하려는 데에 있다. 그리고 그와 같은 입법 취지를 달성하기 위해서는 위반행위에 대하여 형사 처벌을 하는 것과 별도로 농지임대차계약의 효력 자체를 부정하여 계약 내용에 따른 경제적 이익을 실현하지는 못하도록 함이 상당하므로, 농지의 임대를 금지한 구 농지법 제23조의 규정은 강행규정이다. 따라서 구 농지법 제23조가 규정한 예외사유에 해당하지 아니함에도 이를 위반하여 농지를 임대하기로 한 임대차계약은 무효이다.

[2] 제746조는 "불법의 원인으로 인하여 재산을 급여하거나 노무를 제공한 때에는 그 이익의 반환을 청구하지 못한다"라고 하여 불법원인급여에 해당하면 부당이득반환청구를 할 수 없도록 규정하고 있다. 여기서 말하는 '불법'이 있다고 하려면, 급부의 원인이 된 행위가 그 내용이나 성격 또는 목적이나 연유 등으로 볼 때 선량한 풍속 기타 사회질서에 위반될 뿐 아니라 반사회성·반윤리성·반도덕성이 현저하거나, 급부가 강행법규를 위반하여 이루어졌지만 이를 반환하게 하는 것이 오히려 규범 목적에 부합하지 아니하는 경우 등에 해당하여야 한다.

그런데 구 농지법(2015. 1. 20. 법률 제13022호로 개정되기 전의 것, 이하 같다)의 적용 대상인 농지의 임대차는, 대상이 농지라는 특수성이 있지만, 목적물을 사용·수익하게 하고 차임을 지급받기로 하는 약정이라는 점에서는 일반적인 부동산 임대차와 본질적인 차이가 없다. 이는 과거 소작의 경우 지주가 통상적인 토지 임대료 수준을 넘어 경작이익의 상당부분까지 소작료 명목으로 받아가거나 심지어 신분적 예속 관계까지 형성하였던 것과는 현저히 다르다. 즉, 오늘날의 통상적인 농지임대차는 경자유전의 원칙과 농지의 합리적인 이용 등을 위하여 특별한 규제의 대상이 되어 있기는 하지만, 특별한 사정이 없는 한 계약 내용이나 성격 자체로 반윤리성·반도덕성·반사회성이 현저하다고 단정할 수는 없다.

또한 현재 우리나라의 농지 면적과 보유 실태 및 농민 인구의 비율, 비농민이 농지를 소유하게 되는 사유의 다양성, 구 농지법의 적용 대상인 농지에는 전·답과 같은 전형적인 농토뿐 아니라 과수원과 그 부속시설의 부지 등도 포함되고, 그러한 토지는 지목과 달리 이용되는 경우도 적지 않은 사회 실정, 기타 제반 여건을 감안해 보면, 농지임대차계약을 근거로 하여 약정 차임을 청구하는 등 계약 내용의 적극적 실현을 구하는 것은 허용될 수 없다고 할 것이다. 그러나 거기에서 더 나아가 임대차 계약기간 동안 임차인이 당해 농지를 사용 · 수익함으로써 얻은 토지사용료 상당의 점용이익에 대하여 임대인이 부당이득반환이나 손해배상을 청구하는 것마저 배척하여 임차인으로 하여금 사실상 무상사용을 하는 반사이익을 누릴 수 있도록 하여야만 구 농지법의 규범 목적이 달성된다고 볼 것은 아니다.

따라서 농지임대차가 구 농지법에 위반되어 계약의 효력을 인정받을 수 없다고 하더라도, 임대 목적이 농지로 보전되기 어려운 용도에 제공하기 위한 것으로서 농지로서의 기능을 상실하게 하는 경우라거나 임대인이 자경할 의사가 전혀 없이 오로지 투기의 대상으로 취득한 농지를 투하자본 회수의 일환으로 임대하는 경우 등 사회통념으로 볼 때 헌법 제121조 제2항이 농지 임대의 정당한 목적으로 규정한 농업생산성의 제고 및 농지의 합리적 이용과 전혀 관련성이 없고 구 농지법의 이념에 정면으로 배치되어 반사회성이 현저하다고 볼 수 있는 특별한 사정이 있는 경우가 아니라면, 농지 임대인이 임대차기간 동안 임차인의 권원 없는 점용을 이유로 손해배상을 청구한 데 대하여 임차인이 불법원인급여의 법리를 이유로 반환을 거부할 수는 없다.

판례선정이유

효력규정과 단순한 단속규정을 구별하기 위하여 다각적인 가치판단을 행하고 있을 뿐만 아니라, 효력규정 위반의 계약이 무효로 된 경우 불법원인급여의 문제까지 다루고 있는 판결

73. 법률행위의 목적(3) : 동기의 불법(1)

(대법원 1996. 4. 26. 선고 94다34432 판결)

쟁점 동기가 공서양속에 반하는 법률행위의 효력 여부

판결요지

[1] 제103조에 의하여 무효로 되는 반사회질서행위는 법률행위의 목적인 권리의무의 내용이 선량한 풍속 기타 사회질서에 위반되는 경우뿐 아니라, 그 내용 자체는 반사회질서적인 것이 아니라고 하여도 법률적으로 이를 강제하거나 그 법률행위에 반사회질서적인 조건 또는 금전적 대가가 결부됨으로써 반사회질서적 성격을 띠는 경우 및 표시되거나 상대방에게 알려진 법률행위의 동기가 반사회질서적인 경우를 포함하지만, 단지 법률행위의 성립 과정에서 불법적 방법이 사용된 데 불과한 때에는, 그 불법이 의사표시의 형성에 영향을 미친 경우에는 의사표시의 하자를 이유로 그 효력을 논의할 수는 있을지언정 반사회질서의 법률행위로서 무효라고 할 수는 없다.

[2] 부실기업의 해체 지시라는 재무부장관의 주거래은행에 대한 공권력의 행사가 비록 위헌적

행정지도라고 하더라도, 당시 주거래은행으로서도 막대한 자금을 부도 직전의 부실기업에 대출하고 있던 주채권자로서 그 방안도 선택 가능한 방안이었으므로, 이를 받아들여 부실기업의 대표이사와 제3자에게 이를 권유하였고 부실기업의 대표이사와 제3자가 그 제안을 받아들여 기업 인수를 위한 주식 매매계약이 성립된 경우에는, 그와 같은 위헌적인 공권력 행사가 법률행위의 성립에 영향을 미쳤다고 보아 그 의사표시에 하자가 있다고 함은 몰라도, 그 법률행위의 목적이나 표시된 동기가 불법이었다고 볼 수는 없다.

판례선정이유

동기의 불법에 관하여 판례가 인식설의 태도를 취고 있음을 분명히 보여주고 있을 뿐만 아니라, 법률행위 성립 과정에서 불법이 개입한 경우의 처리방안에 관하여 다양한 관점을 제시해 준 판결

74. 법률행위의 목적 (4) : 동기의 불법 (2)

(대법원 2017. 4. 7. 선고 2014다234827 판결)

쟁점 보험금의 부정취득을 위한 보험계약의 효력

판결요지

[1] 보험계약자가 다수의 보험계약을 통하여 보험금을 부정취득할 목적으로 보험계약을 체결한 경우 보험계약은 제103조의 선량한 풍속 기타 사회질서에 반하여 무효이다. 이러한 보험계약에 따라 보험금을 지급하게 하는 것은 보험계약을 악용하여 부정한 이득을 얻고자 하는 사행심을 조장함으로써 사회적 상당성을 일탈하게 될 뿐만 아니라, 합리적인 위험의 분산이라는 보험제도의 목적을 해치고 위험발생의 우발성을 파괴하며 다수의 선량한 보험가입자들의 희생을 초래하여 보험제도의 근간을 무너뜨리기 때문이다. 그리고 보험계약자가 보험금을 부정취득할 목적으로 다수의 보험계약을 체결하였는지를 직접적으로 인정할 증거가 없더라도 보험계약자의 직업과 재산상태, 다수 보험계약의 체결 시기와 경위, 보험계약의 규모와 성질, 보험계약 체결 후의 정황 등 제반 사정에 기하여 그와 같은 목적을 추인할 수 있다.

특히 보험계약자가 자신의 수입 등 경제적 사정에 비추어 부담하기 어려울 정도로 고액인 보험료를 정기적으로 불입하여야 하는 과다한 보험계약을 체결하였다는 사정, 단기간에 다수의 보험에 가입할 합리적인 이유가 없는데도 집중적으로 다수의 보험에 가입하였다는 사정, 보험모집인의 권유에 의한 가입 등 통상적인 보험계약 체결 경위와는 달리 적극적으로 자의에 의하여 과다한 보험계약을 체결하였다는 사정, 저축적 성격의 보험이 아닌 보장적 성격이 강한 보험에 다수 가입하여 수입의 많은 부분을 보험료로 납부하였다는 사정, 보험계약 시 동종의 다른 보험 가입사실의 존재와 자기의 직

업·수입 등에 관하여 허위의 사실을 고지하였다는 사정 또는 다수의 보험계약 체결 후 얼마 지나지 아니한 시기에 보험사고 발생을 원인으로 집중적으로 보험금을 청구하여 수령하였다는 사정 등의 간접사실이 인정된다면 이는 보험금 부정취득의 목적을 추인할 수 있는 유력한 자료가 된다.

[2] 보험계약을 체결하면서 중요한 사항에 관한 보험계약자의 고지의무 위반이 사기에 해당하는 경우에는 보험자는 상법의 규정에 의하여 계약을 해지할 수 있음은 물론 보험계약에서 정한 취소권 규정이나 민법의 일반원칙에 따라 보험계약을 취소할 수 있다. 따라서 보험금을 부정취득할 목적으로 다수의 보험계약이 체결된 경우에 제103조 위반으로 인한 보험계약의 무효와 고지의무 위반을 이유로 한 보험계약의 해지나 취소는 그 요건이나 효과가 다르지만, 개별적인 사안에서 각각의 요건을 모두 충족한다면 위와 같은 구제수단이 병존적으로 인정되고, 이 경우 보험자는 보험계약의 무효, 해지 또는 취소를 선택적으로 주장할 수 있다.

판례선정이유

보험금 부정취득을 위한 보험계약은 그 동기가 공서양속에 반하는 경우, 상대방(보험회사)의 인식 여부를 문제 삼지 않고 곧바로 무효이며, 법률행위의 무효, 취소, 해제(해지)사유가 함께 충족되는 경우, 법률행위의 무효, 취소, 해제(해지)를 선택적으로 주장할 수 있음을 밝힌 판결

75. 법률행위의 목적(5) : 부동산 이중매매

(대법원 2013. 10. 11. 선고 2013다52622 판결)

쟁점 부동산 이중매매에서 제2양수인의 행위가 무효로 되기 위한 요건

판결요지

어떠한 부동산에 관하여 소유자가 양도의 원인이 되는 매매 기타의 계약을 하여 일단 소유권 양도의 의무를 짐에도 다시 제3자에게 매도하는 등으로 같은 부동산에 관하여 소유권 양도의 의무를 이중으로 부담하고 나아가 그 의무의 이행으로, 그러나 제1의 양도채권자에 대한 양도의무에 반하여, 소유권의 이전에 관한 등기를 그 제3자 앞으로 경료함으로써 이를 처분한 경우에, 소유자의 그러한 제2의 소유권양도의무를 발생시키는 원인이 되는 매매 등의 계약이 소유자의 위와 같은 의무위반행위를 유발시키는 계기가 된다는 것만을 이유로 이를 공서양속에 반하여 무효라고 할 것이 아님은 물론이다. 그것이 공서양속에 반한다고 하려면, 다른 특별한 사정이 없는 한 상대방에게도 그러한 무효의 제재, 보다 실질적으로 말하면 나아가 그가 의도한 권리취득 자체의 좌절을 정당화할 만한 책임귀속사유가 있어야 한다. 제2의 양도채권자에게 그와 같은 사유가 있는지를 판단함에 있어서는, 그가 당해 계약의 성립과 내용에 어떠한 방식으로 관여하였는지(당원의 많은 재판례가

이 문제와 관련하여 제시한 '소유자의 배임행위에 적극 가담하였는지' 여부라는 기준은 대체로 이를 의미한다)를 일차적으로 고려할 것이고, 나아가 계약에 이른 경위, 약정된 대가 등 계약내용의 상당성 또는 특수성, 그와 소유자의 인적 관계 또는 종전의 거래상태, 부동산의 종류 및 용도, 제1양도채권자의 점유 여부 및 그 기간의 장단과 같은 이용현황, 관련 법규정의 취지 · 내용 등과 같이 법률행위가 공서양속에 반하는지 여부의 판단에서 일반적으로 참작되는 제반 사정을 여기서도 종합적으로 살펴보아야 할 것이다.

판례선정이유

부동산 이중매매에서 제2양수인의 행위가 무효로 되기 위한 요건을 구체적으로 잘 설시하고 있는 판결

76. 법률행위의 목적 (6) : 반사회질서행위 (1)

(대법원 2002. 12. 27. 선고 2000다47361 판결)

쟁점 법률행위의 성립 과정에서 강박이라는 불법적 방법이 사용됨에 불과한 경우, 그 법률행위가 제103조 소정의 반사회질서의 법률행위로서 무효인지 여부

판결요지

제103조에 의하여 무효로 되는 반사회질서 행위는 법률행위의 목적인 권리 · 의무의 내용이 선량한 풍속 기타 사회질서에 위반되는 경우뿐 아니라 그 내용 자체는 반사회질서적인 것이 아니라고 하여도 법률적으로 이를 강제하거나 법률행위에 반사회질서적인 조건 또는 금전적 대가가 결부됨으로써 반사회질서적 성질을 띠게 되는 경우 및 표시되거나 상대방에게 알려진 법률행위의 동기가 반사회질서적인 경우를 포함하나, 이상의 각 요건에 해당하지 아니하고 단지 법률행위의 성립과정에 강박이라는 불법적 방법이 사용된 데에 불과한 때에는 강박에 의한 의사표시의 하자나 의사의 흠결을 이유로 효력을 논의할 수는 있을지언정 반사회질서의 법률행위로서 무효라고 할 수는 없다.

판례선정이유

'법률행위의 성립과정에 강박이라는 불법적 방법이 사용된 데에 불과한 때에는 강박에 의한 의사표시의 하자나 의사의 흠결을 이유로 효력을 논의할 수는 있을지언정 반사회질서의 법률행위로서 무효라고 할 수는 없다'고 한 판결

77. 법률행위의 목적(7) : 반사회질서행위(2)

(대법원 2015. 7. 23. 선고 2015다200111 전원합의체 판결)

쟁점 형사사건에 관하여 체결된 성공보수약정의 반사회성 여부

판결요지

형사사건에 관하여 체결된 성공보수약정이 가져오는 여러 가지 사회적 폐단과 부작용 등을 고려하면, 구속영장청구 기각, 보석 석방, 집행유예나 무죄 판결 등과 같이 의뢰인에게 유리한 결과를 얻어내기 위한 변호사의 변론활동이나 직무수행 그 자체는 정당하다 하더라도, 형사사건에서의 성공보수약정은 수사 · 재판의 결과를 금전적인 대가와 결부시킴으로써, 기본적 인권의 옹호와 사회정의의 실현을 사명으로 하는 변호사 직무의 공공성을 저해하고, 의뢰인과 일반 국민의 사법제도에 대한 신뢰를 현저히 떨어뜨릴 위험이 있으므로, 선량한 풍속 기타 사회질서에 위배되는 것으로 평가할 수 있다. 다만, 선량한 풍속 기타 사회질서는 부단히 변천하는 가치관념으로서 어느 법률행위가 이에 위반되어 제103조에 의하여 무효인지는 법률행위가 이루어진 때를 기준으로 판단하여야 하고, 또한 그 법률행위가 유효로 인정될 경우의 부작용, 거래자유의 보장 및 규제의 필요성, 사회적 비난의 정도, 당사자 사이의 이익균형 등 제반 사정을 종합적으로 고려하여 사회통념에 따라 합리적으로 판단하여야 한다.

그런데 그동안 대법원은 수임한 사건의 종류나 특성에 관한 구별 없이 성공보수약정이 원칙적으로 유효하다는 입장을 취해 왔고, 대한변호사협회도 1983년에 제정한 '변호사보수기준에 관한 규칙'에서 형사사건의 수임료를 착수금과 성공보수금으로 나누어 규정하였으며, 위 규칙이 폐지된 후에 권고양식으로 만들어 제공한 형사사건의 수임약정서에도 성과보수에 관한 규정을 마련하여 놓고 있었다. 이에 따라 변호사나 의뢰인은 형사사건에서의 성공보수약정이 안고 있는 문제점 내지 그 문제점이 약정의 효력에 미칠 수 있는 영향을 제대로 인식하지 못한 것이 현실이고, 그 결과 당사자 사이에 당연히 지급되어야 할 정상적인 보수까지도 성공보수의 방식으로 약정하는 경우가 많았던 것으로 보인다.

이러한 사정들을 종합하여 보면, 종래 이루어진 보수약정의 경우에는 보수약정이 성공보수라는 명목으로 되어 있다는 이유만으로 제103조에 의하여 무효라고 단정하기는 어렵다. 그러나 대법원이 이 판결을 통하여 형사사건에 관한 성공보수약정이 선량한 풍속 기타 사회질서에 위배되는 것으로 평가할 수 있음을 명확히 밝혔음에도 불구하고 향후에도 성공보수약정이 체결된다면 이는 제103조에 의하여 무효로 보아야 한다.

판례선정이유

사회적으로 아주 중요한 문제를 다루고 있을 뿐만 아니라, 장차 변호사로 활동할 것을 예정하고 있는 로스쿨 학생들이 반드시 알아야 할 쟁점을 내포하고 있는 판결

78. 법률행위의 목적 (8) : 반사회질서행위 (3)

(대법원 2016. 3. 24. 선고 2015다11281 판결)

쟁점 거래 상대방이 배임행위를 유인 · 교사하거나 배임행위의 전 과정에 관여하는 등 배임행위에 적극 가담하는 경우, 실행행위자와 체결한 계약이 무효로 될 수 있는지 여부 및 반사회질서 법률행위를 원인으로 부동산에 관한 소유권이전등기를 마친 등기명의자가 소유권에 기한 물권적 청구권을 행사하는 경우, 권리 행사의 상대방이 법률행위의 무효를 항변으로서 주장할 수 있는지 여부

판결요지

거래 상대방이 배임행위를 유인 · 교사하거나 배임행위의 전 과정에 관여하는 등 배임행위에 적극 가담하는 경우에는 그 실행행위자와 체결한 계약이 반사회적 법률행위에 해당하여 무효로 될 수 있고, 선량한 풍속 기타 사회질서에 위반한 사항을 내용으로 하는 법률행위의 무효는 이를 주장할 이익이 있는 자는 누구든지 무효를 주장할 수 있다. 따라서 반사회질서 법률행위를 원인으로 하여 부동산에 관한 소유권이전등기를 마쳤다 하더라도 그 등기는 원인무효로서 말소될 운명에 있으므로 등기명의자가 소유권에 기한 물권적 청구권을 행사하는 경우에, 그 권리 행사의 상대방은 위와 같은 법률행위의 무효를 항변으로서 주장할 수 있다.

판례선정이유

거래 상대방의 배임행위를 유인 · 교사하거나 배임행위의 전 과정에 관여하는 등 배임행위에 적극 가담하는 경우에는 선량한 풍속 기타 사회질서에 위반한 법률행위로서 무효이며, 이러한 무효는 누구든지 무효를 주장할 수 있음을 확인한 판결

79. 법률행위의 목적 (9) : 불공정한 법률행위 (1)

(대법원 2002. 10. 22. 선고 2002다38927 판결)

쟁점 불공정한 법률행위가 대리인에 의하여 행해진 경우, 궁박, 경솔, 무경험의 요건은 누구에게 요구되는 것인가?

판결요지

[1] 제104조에 규정된 불공정한 법률행위는 객관적으로 급부와 반대급부 사이에 현저한 불균형이 존재하고, 주관적으로 그와 같이 균형을 잃은 거래가 피해 당사자의 궁박, 경솔 또는 무경험을

이용하여 이루어진 경우에 성립하는 것으로서, 약자적 지위에 있는 자의 궁박, 경솔 또는 무경험을 이용한 폭리행위를 규제하려는 데에 그 목적이 있고, 불공정한 법률행위가 성립하기 위한 요건인 궁박, 경솔, 무경험은 모두 구비되어야 하는 요건이 아니라 그 중 일부만 갖추어져도 충분한데, 여기에서 '궁박'이라 함은 '급박한 곤궁'을 의미하는 것으로서 경제적 원인에 기인할 수도 있고 정신적 또는 심리적 원인에 기인할 수도 있으며, '무경험'이라 함은 일반적인 생활체험의 부족을 의미하는 것으로서 어느 특정영역에 있어서의 경험부족이 아니라 거래일반에 대한 경험부족을 뜻하고, 당사자가 궁박 또는 무경험의 상태에 있었는지 여부는 그의 나이와 직업, 교육 및 사회경험의 정도, 재산 상태 및 그가 처한 상황의 절박성의 정도 등 제반 사정을 종합하여 구체적으로 판단하여야 하며, 한편 피해 당사자가 궁박, 경솔 또는 무경험의 상태에 있었다고 하더라도 그 상대방 당사자에게 그와 같은 피해 당사자측의 사정을 알면서 이를 이용하려는 의사, 즉 폭리행위의 악의가 없었다거나 또는 객관적으로 급부와 반대급부 사이에 현저한 불균형이 존재하지 아니한다면 불공정 법률행위는 성립하지 않는다.

[2] 대리인에 의하여 법률행위가 이루어진 경우 그 법률행위가 제104조의 불공정한 법률행위에 해당하는지 여부를 판단함에 있어서 경솔과 무경험은 대리인을 기준으로 하여 판단하고, 궁박은 본인의 입장에서 판단하여야 한다.

판례선정이유

불공정한 법률행위의 일반적 요건을 잘 서술하고 있으면서 동시에 대리인에 의한 폭리행위시의 요건에 대해서도 판시하고 있는 판결

80. 법률행위의 목적(10) : 불공정한 법률행위(2)

(대법원 1988. 9. 13. 선고 86다카563 판결)

쟁점 폭리자의 과실에 기해 불공정한 법률행위가 성립가능한지 여부

판결요지

제104조에 규정된 불공정한 법률행위는 객관적으로 급부와 반대급부 사이에 현저한 불균형이 존재하고 주관적으로 위와 같은 균형을 잃은 거래가 피해 당사자의 급박, 경솔 또는 무경험을 이용하여 이루어진 경우에 한하여 성립하는 것으로서 약자적 지위에 있는 자의 급박, 경솔 또는 무경험을 이용한 폭리행위를 규제하려는 데에 그 목적이 있으므로, 피해 당사자가 급박, 경솔 또는 무경험의 상태에 있었다고 하더라도 그 상대방 당사자에게 위와 같은 피해 당사자 측의 사정을 알면서 이를 이용하려는 의사 즉 폭리행위의 악의가 없었다면 불공정한 법률행위는 성립하지 않는다.

판례선정이유

불공정한 법률행위의 나머지 요건을 모두 충족시키면서 폭리행위의 악의가 결여된 대표적인 사안을 다룬 판결

81. 법률행위의 목적(11) : 불공정한 법률행위(3)

(대법원 2010. 7. 15. 선고 2009다50308 판결)

쟁점 불공정한 법률행위가 무효로 된 경우, 적정한 가격으로 계약을 성립시킬 당사자의 가정적 의사가 인정되는 경우, 무효행위의 전환이 인정되는지 아니면 일부무효의 법리가 적용되는지 여부

판결요지

[1] 매매계약과 같은 쌍무계약이 급부와 반대급부와의 불균형으로 말미암아 제104조에서 정하는 '불공정한 법률행위'에 해당하여 무효라고 한다면, 그 계약으로 인하여 불이익을 입는 당사자로 하여금 위와 같은 불공정성을 소송 등 사법적 구제수단을 통하여 주장하지 못하도록 하는 부제소합의 역시 다른 특별한 사정이 없는 한 무효이다.

[2] 제104조의 불공정한 법률행위는 피해 당사자가 궁박, 경솔 또는 무경험의 상태에 있고 상대방 당사자가 그와 같은 피해 당사자 측의 사정을 알면서 이를 이용하려는 폭리행위의 악의를 가지고 객관적으로 급부와 반대급부 사이에 현저한 불균형이 존재하는 법률행위를 한 경우에 성립한다. 여기서 '궁박'이란 '급박한 곤궁'을 의미하고, 당사자가 궁박 상태에 있었는지 여부는 당사자의 신분과 상호관계, 피해 당사자가 처한 상황의 절박성의 정도, 계약의 체결을 둘러싼 협상과정 및 거래를 통한 피해 당사자의 이익, 피해 당사자가 그 거래를 통해 추구하고자 한 목적을 달성하기 위한 다른 적절한 대안의 존재 여부 등 여러 상황을 종합하여 구체적으로 판단하여야 한다. 또한 급부와 반대급부 사이의 '현저한 불균형'은 단순히 시가와의 차액 또는 시가와의 배율로 판단할 수 있는 것은 아니고 구체적·개별적 사안에 있어서 일반인의 사회통념에 따라 결정하여야 한다. 그 판단에 있어서는 피해 당사자의 궁박·경솔·무경험의 정도가 아울러 고려되어야 하고, 당사자의 주관적 가치가 아닌 거래상의 객관적 가치에 의하여야 한다.

[3] 매매계약이 약정된 매매대금의 과다로 말미암아 제104조에서 정하는 '불공정한 법률행위'에 해당하여 무효인 경우에도 무효행위의 전환에 관한 제138조가 적용될 수 있다. 따라서 당사자 쌍방이 위와 같은 무효를 알았더라면 대금을 다른 액으로 정하여 매매계약에 합의하였을 것이라고 예외적으로 인정되는 경우에는, 그 대금액을 내용으로 하는 매매계약이 유효하게 성립한다. 이때 당사자의 의사는 매매계약이 무효임을 계약 당시에 알았다면 의욕하였을 가정적 효과의사로서,

당사자 본인이 계약 체결시와 같은 구체적 사정 아래 있다고 상정하는 경우에 거래관행을 고려하여 신의성실의 원칙에 비추어 결단하였을 바를 의미한다. 이와 같이 여기서는 어디까지나 당해 사건의 제반 사정 아래서 각각의 당사자가 결단하였을 바가 탐구되어야 하는 것이므로, 계약 당시의 시가와 같은 객관적 지표는 그러한 가정적 의사의 인정에 있어서 하나의 참고자료로 삼을 수는 있을지언정 그것이 일응의 기준이 된다고도 쉽사리 말할 수 없다. 이와 같이 가정적 의사에 기한 계약의 성립 여부 및 그 내용을 발굴·구성하여 제시하게 되는 법원으로서는 그 '가정적 의사'를 함부로 추단하여 당사자가 의욕하지 아니하는 법률효과를 그에게 또는 그들에게 계약의 이름으로 불합리하게 강요하는 것이 되지 아니하도록 신중을 기하여야 한다.

판례선정이유

불공정한 법률행위의 효과가 원칙적으로 전부무효임을 인정하면서 따라서 원심에서 인정한 일부무효의 법리가 아닌 무효행위 전환의 법리가 적용되어야 함을 판시하였고, 동시에 제104조의 법률효과를 배제하는 부제소특약은 무효라고 한 판결

제2절 의사표시

82. 비진의표시(1) : 근로자의 일괄사직

(대법원 1991. 7. 12. 선고 90다11554 판결)

쟁점 사용자의 지시에 좇아 근로자가 일괄하여 작성·제출한 사직서의 효력

판결요지

[1] 진의 아닌 의사표시인지의 여부는 효과의사에 대응하는 내심의 의사가 있는지 여부에 따라 결정되는 것인바, 근로자가 사용자의 지시에 좇아 일괄하여 사직서를 작성 제출할 당시 그 사직서에 기하여 의원면직처리될지 모른다는 점을 인식하였다고 하더라도 이것만으로 그의 내심에 사직의 의사가 있는 것이라고 할 수 없다.

[2] 사용자가 근로자로부터 사직서를 제출받고 이를 수리하는 의원면직의 형식을 취하여 근로계약관계를 종료시킨다고 할지라도, 사직의 의사없는 근로자로 하여금 어쩔 수 없이 사직서를 작성 제출하게 한 경우에는 실질적으로는 사용자의 일방적 의사에 의하여 근로계약관계를 종료시키는 것이어서 해고에 해당하고, 정당한 이유 없는 해고조치는 부당해고에 다름없는 것이다.

[3] 1980. 8. 초순경의 이른바 언론인 강제해직조치에 따른 의원면직처분이 근로자의 의사에 반하여 사직서를 제출케 하고 그 사직서에 기하여 이루어진 것이어서 불법행위가 되는 경우, 근로자

는 이러한 불법행위의 요건사실을 그에 대한 의원면직처분시에 이미 알았고, 또한 이 불법행위로 인한 위 면직처분 이후 정년까지의 일실급료와 일실퇴직금 상당 손해의 발생사실은 위 일실급료나 일실퇴직금을 지급할 날에 알았다고 할 것이며, 1988.12.경 개최된 국회 문교공보위원회의 청문회를 통하여 알게 된 것은 위 불법행위 요건사실의 경위 배경 등에 관한 이면사정에 지나지 아니하므로 원고의 위 손해배상채권의 소멸시효기간은 위 일실급료나 일실퇴직금을 지급할 날로부터 진행한다고 볼 것이다.

판례선정이유

비진의표시가 실제로 가장 많이 적용되는 사례의 하나인 사직의 의사표시와 관련되어 있으며, 이에 더하여 소멸시효의 문제도 다루고 있는 판결

83. 비진의표시 (2) : 차명대출

(대법원 1996. 9. 10. 선고 96다18182 판결)

쟁점 타인의 대출을 위해 자신의 명의를 빌려준 자가 비진의표시를 주장함으로써 대출금채무를 면할 수 있는지 여부

판결요지

법률상 또는 사실상의 장애로 자기 명의로 대출받을 수 없는 자를 위하여 대출금채무자로서의 명의를 빌려준 자에게 그와 같은 채무부담의 의사가 없는 것이라고는 할 수 없으므로 그 의사표시를 비진의표시에 해당한다고 볼 수 없고, 설령 명의대여자의 의사표시가 비진의표시에 해당한다고 하더라도 그 의사표시의 상대방인 상호신용금고로서는 명의대여자가 전혀 채무를 부담할 의사 없이 진의에 반한 의사표시를 하였다는 것까지 알았다거나 알 수 있었다고 볼 수도 없으므로, 그 명의대여자는 표시행위에 나타난 대로 대출금채무를 부담한다.

판례선정이유

위에서 살펴 본 일괄사직과 더불어 비진의표시의 주장이 자주 등장하는 사례인 차명대출과 관련되어 있는 판결

84. 통정허위표시(1) : 차명대출
(대법원 1996. 8. 23. 선고 96다18076 판결)

쟁점 차명대출에서 명의대여자가 아닌 타인이 주채무자라는 데에 대해 명의대여자와 대출기관간의 합의가 있는 경우에, 누가 대출계약의 당사자로 되는가?

판결요지

[1] 동일인에 대한 대출액 한도를 제한한 구 상호신용금고법(1995. 1. 5. 법률 제4867호로 개정되기 전의 것) 제12조의 적용을 회피하기 위하여 실질적인 주채무자가 실제 대출받고자 하는 채무액 중 일부에 대하여 제3자를 형식상의 주채무자로 내세웠고 상호신용금고도 이를 양해하면서 제3자에 대하여는 채무자로서의 책임을 지우지 않을 의도하에 제3자 명의로 대출관계서류 및 약속어음을 작성받았음을 충분히 추단할 수 있는 경우, 제3자는 형식상의 명의만을 빌려 준 자에 불과하고 그 대출계약의 실질적인 당사자는 상호신용금고와 실질적 주채무자이므로, 제3자 명의로 되어 있는 대출약정 및 약속어음 발행은 상호신용금고의 양해하에 그에 따른 채무부담 의사 없이 형식적으로 이루어진 것에 불과하여 통정허위표시에 해당하는 무효의 법률행위라고 판단한 원심판결을 수긍한 사례

[2] 대출절차상 편의를 위하여 명의를 대여한 것으로 인정되어 채무자로 볼 수 없는 경우, 그 형식상 주채무자가 실질적인 주채무자를 위하여 보증인이 될 의사가 있었다는 등의 특별한 사정이 없는 한 그 형식상의 주채무자에게 실질적 주채무자에 대한 보증의 의사가 있는 것으로 볼 수는 없다.

판례선정이유

위에서 살펴본 판결(비진의표시)과 더불어 차명대출에 관한 대표적 판결로서, 당사자간의 의사의 일치가 있는 경우에는 자연적 해석에 따라 명의대여자가 아닌 실질적 주채무자가 대출계약의 당사자로 되며, 명의대여자와 대출기관간에 작성된 대출계약은 통정허위표시로 된다고 판시한 판결

85. 통정허위표시(2) : 가장채무의 보증
(대법원 2000. 7. 6. 선고 99다51258 판결)

쟁점 통정허위표시에 기하여 발생한 가장채무를 보증한 보증인의 구상권

판결요지

[1] 상대방과 통정한 허위의 의사표시는 무효이고 누구든지 그 무효를 주장할 수 있는 것이 원칙이나, 허위표시의 당사자와 포괄승계인 이외의 자로서 허위표시에 의하여 외형상 형성된 법률관계를 토대로 실질적으로 새로운 법률상 이해관계를 맺은 선의의 제3자에 대하여는 허위표시의 당사자뿐만 아니라 그 누구도 허위표시의 무효를 대항하지 못하는 것인바, 허위표시를 선의의 제3자에게 대항하지 못하게 한 취지는 이를 기초로 하여 별개의 법률원인에 의하여 고유한 법률상의 이익을 갖는 법률관계에 들어간 자를 보호하기 위한 것이므로, 제3자의 범위는 권리관계에 기초하여 형식적으로만 파악할 것이 아니라 허위표시행위를 기초로 하여 새로운 법률상 이해관계를 맺었는지 여부에 따라 실질적으로 파악하여야 한다.

[2] 보증인이 주채무자의 기망행위에 의하여 주채무가 있는 것으로 믿고 주채무자와 보증계약을 체결한 다음 그에 따라 보증채무자로서 그 채무까지 이행한 경우, 그 보증인은 주채무자에 대한 구상권 취득에 관하여 법률상의 이해관계를 가지게 되었고 그 구상권 취득에는 보증의 부종성으로 인하여 주채무가 유효하게 존재할 것을 필요로 한다는 이유로, 결국 그 보증인은 주채무자의 채권자에 대한 채무 부담행위라는 허위표시에 기초하여 구상권 취득에 관한 법률상 이해관계를 가지게 되었다고 보아 제108조 제2항 소정의 '제3자'에 해당한다고 한 사례

판례선정이유

무효인 채무를 보증한 후 보증채무를 이행한 보증인의 보호와 관련한 중요한 판결

86. 통정허위표시 (3) : 제3자 보호의 범위

(대법원 1996. 4. 26. 선고 94다12074 판결)

쟁점 가장매매의 당사자이자 진정한 소유자인 매도인으로부터 부동산 소유권을 이전받은 자와 가장 매매의 매수인으로부터 선의로 부동산 소유권을 취득한 자 중 누구의 권리가 보호되는가?

판결요지

통정허위표시를 원인으로 한 부동산에 관한 가등기 및 그 가등기에 기한 본등기로 인하여 甲의 소유권이전등기가 말소된 후 다시 그 본등기에 터잡아 乙이 부동산을 양수하여 소유권이전등기를 마친 경우, 乙이 통정허위표시자로부터 실질적으로 부동산을 양수하고 또 이를 양수함에 있어 통정허위표시자 명의의 각 가등기 및 이에 기한 본등기의 원인이 된 각 의사표시가 허위표시임을 알지 못하였다면, 甲은 선의의 제3자인 乙에 대하여는 그 각 가등기 및 본등기의 원인이 된 각 허위표시가

무효임을 주장할 수 없고, 따라서 乙에 대한 관계에서는 그 각 허위표시가 유효한 것이 되므로, 그 각 허위표시를 원인으로 한 각 가등기 및 본등기와 이를 바탕으로 그 후에 이루어진 乙 명의의 소유권이전등기도 유효하다.

판례선정이유

통정허위표시와 관련된 선의의 제3자 보호의 범위와 관련하여 그 제3자는 누구로부터도 보호된다는 점을 명확하게 보여주고 있는 판결

87. 통정허위표시 (4) : 임차인의 전세권등기와 선의의 제3자 보호

(대법원 2013. 2. 15. 선고 2012다49292 판결)

쟁점 거래계에서 자주 행해지는 임차인의 전세권등기가 통정허위표시에 기한 것인지 여부 및 그것이 긍정되는 경우, 보호받는 제3자의 범위

판결요지

[1] 실제로는 전세권설정계약을 체결하지 아니하였으면서도 임대차계약에 기한 임차보증금반환채권을 담보할 목적 또는 금융기관으로부터 자금을 융통할 목적으로 임차인과 임대인 사이의 합의에 따라 임차인 명의로 전세권설정등기를 경료한 경우에, 위 전세권설정계약이 통정허위표시에 해당하여 무효라 하더라도 위 전세권설정계약에 의하여 형성된 법률관계에 기초하여 새로이 법률상 이해관계를 가지게 된 제3자에 대하여는 그 제3자가 그와 같은 사정을 알고 있었던 경우에만 그 무효를 주장할 수 있다. 그리고 여기에서 선의의 제3자가 보호될 수 있는 법률상 이해관계는 위 전세권설정계약의 당사자를 상대로 하여 직접 법률상 이해관계를 가지는 경우 외에도 그 법률상 이해관계를 바탕으로 하여 다시 위 전세권설정계약에 의하여 형성된 법률관계와 새로이 법률상 이해관계를 가지게 되는 경우도 포함된다.

[2] 甲이 乙의 임차보증금반환채권을 담보하기 위하여 통정허위표시로 乙에게 전세권설정등기를 마친 후 丙이 이러한 사정을 알면서도 乙에 대한 채권을 담보하기 위하여 위 전세권에 대하여 전세권근저당권설정등기를 마쳤는데, 그 후 丁이 丙의 전세권근저당권부 채권을 가압류하였다가 이를 본압류로 이전하는 압류명령을 받은 사안에서, 丙의 전세권근저당권부 채권은 통정허위표시에 의하여 외형상 형성된 전세권을 목적물로 하는 전세권근저당권의 피담보채권이고, 丁은 이러한 丙의 전세권근저당권부 채권을 가압류하고 압류명령을 얻음으로써 그 채권에 관한 담보권인 전세권근저당권의 목적물에 해당하는 전세권에 대하여 새로이 법률상 이해관계를 가지게 되었으므로, 丁이 통정허위표시에 관하여 선의라면 비록 丙이 악의라 하더라도 허위표시자는 그에 대하여 전세

권이 통정허위표시에 의한 것이라는 이유로 대항할 수 없음에도, 이와 달리 본 원심판결에 법리오해의 위법이 있다.

판례선정이유

실제 거래계에서 임차인이 보증금반환채권을 활용하여 금융을 얻을 목적으로 임대인과 가장의 전세권설정계약을 한 후 전세권등기를 하는 경우가 많은데, 이와 같은 전세권설정계약이 통정허위표시인지 여부 및 그 계약이 통정허위표시로 되는 경우 선의의 제3자 보호와 관련하여 설시한 판결

88. 통정허위표시 (5) : 파산관재인과 선의의 제3자 보호

(대법원 2006. 11. 10. 선고 2004다10299 판결)

쟁점 파산관재인이 제108조 제2항의 제3자에 해당하는지 여부 및 그 선의 여부의 판단 방법

판결요지

[1] 파산관재인이 제108조 제2항의 경우 등에 있어 제3자에 해당하는 것은 파산관재인은 파산채권자 전체의 공동의 이익을 위하여 선량한 관리자의 주의로써 그 직무를 행하여야 하는 지위에 있기 때문이므로, 그 선의·악의도 파산관재인 개인의 선의·악의를 기준으로 할 수는 없고 총파산채권자를 기준으로 하여 파산채권자 모두가 악의로 되지 않는 한 파산관재인은 선의의 제3자라고 할 수밖에 없다.

[2] 파산관재인이 파산선고 전에 개인적인 사유로 파산자가 체결한 대출계약이 통정허위표시에 의한 것임을 알게 되었다고 하더라도 그러한 사정만을 가지고 파산선고시 파산관재인이 악의자에 해당한다고 할 수 없다.

판례선정이유

파산관재인이 선의의 제3자 보호의 범위에 속하는지 여부에 대한 판결

89. 통정허위표시 (6) : 선의의 제3자의 손해배상의무
(대법원 2003. 3. 28. 선고 2002다72125 판결)

쟁점 통정허위표시로 취득한 권리를 선의의 제3자가 과실로 침해한 경우에 그 제3자는 손해배상의무를 지는지 여부

판결요지

무효인 법률행위는 그 법률행위가 성립한 당초부터 당연히 효력이 발생하지 않는 것이므로, 무효인 법률행위에 따른 법률효과를 침해하는 것처럼 보이는 위법행위나 채무불이행이 있다고 하여도 법률효과의 침해에 따른 손해는 없는 것이므로 그 손해배상을 청구할 수는 없다.

판례선정이유

통정허위표시의 당사자가 그로 인해 취득한 권리를 선의의 제3자가 채무불이행이나 불법행위로 침해한 경우에도 그 당사자의 권리취득은 무효이므로 손해가 발생하지 않아 손해배상청구를 할 수 없음을 밝힌 판결

90. 착오에 의한 의사표시 (1) : 동기의 착오 (1)
(대법원 1994. 6. 10. 선고 93다24810 판결)

쟁점 상대방에 의해 유발된 동기의 착오의 취급 및 장래사실에 관한 착오도 제109조 소정의 착오에 해당하는지 여부

판결요지

[1] 매도인의 대리인이, 매도인이 납부하여야 할 양도소득세 등의 세액이 매수인이 부담하기로 한 금액뿐이므로 매도인의 부담은 없을 것이라는 착오를 일으키지 않았더라면 매수인과 매매계약을 체결하지 않았거나 아니면 적어도 동일한 내용으로 계약을 체결하지는 않았을 것임이 명백하고, 나아가 매도인이 그와 같이 착오를 일으키게 된 계기를 제공한 원인이 매수인 측에 있을 뿐만 아니라 매수인도 매도인이 납부하여야 할 세액에 관하여 매도인과 동일한 착오에 빠져 있었다면, 매도인의 위와 같은 착오는 매매계약의 내용의 중요부분에 관한 것에 해당한다.

[2] 부동산의 양도가 있은 경우에 그에 대하여 부과될 양도소득세 등의 세액에 관한 착오가 미필적인 장래의 불확실한 사실에 관한 것이라도 제109조 소정의 착오에서 제외되는 것은 아니다.

[3] 위 [1]항의 경우에, 매도인이 부담하여야 할 세금의 액수가 예상액을 초과한다는 사실을 알았더라면 매수인이 초과세액까지도 부담하기로 약정하였으리라는 특별한 사정이 인정될 수 있을 때에는 매도인으로서는 매수인에게 초과세액 상당의 청구를 할 수 있다고 해석함이 당사자의 진정한 의사에 합치할 것이므로, 매도인에게 위와 같은 세액에 관한 착오가 있었다는 이유만으로 매매계약을 취소하는 것은 허용되지 않는다.

판례선정이유

동기의 착오가 상대방에 의해 유발된 경우에는 별다른 요건 요구하지 않고 착오취소를 인정하고, 또 장래의 사실에 대한 착오도 제109조 소정의 착오로 보는 판례의 입장을 잘 드러내고 있는 판결

91. 착오에 의한 의사표시 (2) : 동기의 착오 (2)

(대법원 2018. 4. 12. 선고 2017다229536 판결)

쟁점 상대방에 의해 적극적으로 유발된 것은 아니지만 상대방의 설명의무 위반으로 인하여 표의자가 동기의 착오에 빠진 경우, 그 법적 취급

판결요지

보험회사 또는 보험모집종사자가 설명의무를 위반하여 고객이 보험계약의 중요사항에 관하여 제대로 이해하지 못한 채 착오에 빠져 보험계약을 체결한 경우, 그러한 착오가 동기의 착오에 불과하다고 하더라도 그러한 착오를 일으키지 않았더라면 보험계약을 체결하지 않았거나 아니면 적어도 동일한 내용으로 보험계약을 체결하지 않았을 것이 명백하다면, 위와 같은 착오는 보험계약의 내용의 중요부분에 관한 것에 해당하므로 이를 이유로 보험계약을 취소할 수 있다.

판례선정이유

설명의무 위반으로 인한 동기의 착오의 경우에는 '중요부분'의 요건을 갖추면 곧바로 취소가 가능함을 밝힌 판결

92. 착오에 의한 의사표시(3) : 사람의 동일성에 관한 착오

(대법원 1993. 10. 22. 선고 93다14912 판결)

쟁점 보증인이 주채무자의 동일성에 관하여 착오를 한 경우 법률행위 내용의 중요부분의 착오인지 여부

판결요지

「금융기관의 불량거래처에 대한 정보교환 및 규제 규약」에 따라 금융불실거래자로 규제되어 자기의 이름으로는 대출이나 신용보증을 받을 수 없게 된 甲이 동생인 乙 명의로 기업을 경영하면서 乙의 주민등록증에 자기 사진을 붙이고 乙 명의의 인감도장과 인감증명서 및 사업자등록증을 소지하여 乙로 행세하고, 나아가 신용보증을 신청할 때에도 乙 명의로 신청하였으므로, 기술신용보증기금이 乙을 보증대상기업의 경영주로 오인하고 그에 대한 신용조사를 한 다음 신용보증을 하였다면 기술신용보증기금은 위 신용보증의 신청인이 甲이라는 사실을 알았더라면 신용보증을 체결하지 아니하였을 것이 명백하고, 甲이 금융불실거래자가 아니라 신용 있는 자로 착각하여 위 신용보증을 하게 된 것으로서, 이는 법률행위의 중요부분에 착오가 있는 경우에 해당한다.

판례선정이유

사람의 동일성에 관한 착오는 그것이 특히 중요한 계약에서는 법률행위 중요부분의 착오로 인정됨을 밝힌 판결

93. 착오에 의한 의사표시(4) : 객체의 동일성에 관한 착오

(대법원 1997. 11. 28. 선고 97다32772, 32789 판결)

쟁점 부동산 매매계약에서 객체의 착오가 법률행위 중요부분의 착오인지 여부 및 그와 같은 착오시 중대한 과실 여부에 대한 판단

판결요지

거래 당사자 사이의 권리의 득실변경에 관한 행위의 알선을 업으로 삼고 있어 고도의 직업적인 주의의무를 부담하고 있는 부동산중개업자의 지위나 중개행위를 함에 있어 고의 또는 과실로 거래당사자에게 재산상의 손해를 받게 할 때에는 그 손해를 배상하도록 한 부동산중개업법 제19조의 규정에 비추어 보면, 부동산중개업자에게 중개를 의뢰하여 매매 등의 계약을 체결하는 일반인으로서는 부동산중개업자가 전문적인 지식과 경험을 가진 것으로 신뢰하고 그의 개입에 의한 거래

조건의 지시, 설명에 과오가 없을 것이라고 믿고 거래하는 것이라는 점, 매수인이 중개업자의 말을 믿어 착오에 빠지게 되었지만 중개업자가 착오에 빠지게 된 과정에 명확하게 당해 점포를 지적하지 아니하였던 매도인의 잘못도 개입되어 있는 점, 중개인을 통하여 하는 부동산 매매 거래에 있어 언제나 매수인 측에서 매매 목적물을 현장에서 확인하여야 할 의무까지 있다고 할 수 없을 뿐만 아니라 매매 당사자에게 중개업자가 매매 목적물을 혼동한 상태에 있는지의 여부까지 미리 확인하거나 주의를 촉구할 의무까지는 없다고 할 것인 점 등 매매 중개와 계약 체결의 경위 및 부동산 매매 중개업의 제반 성질에 비추어 볼 때, 매수인이 다른 점포를 매매계약의 목적물이라고 오인한 과실이 중대한 과실이라고 단정하기는 어렵고, 매수인과 매도인 쌍방을 위하여 중개행위를 한 중개업자 스스로 매매계약의 목적물을 다른 점포로 오인한 채 매수인에게 알려 준 과실을 바로 매수인 자신의 중대한 과실이라고 평가할 수도 없다.

판례선정이유

객체에 관한 착오가 법률행위 내용의 중요부분의 착오임을 밝히고, 공인중개사를 신뢰하여 부동산을 현장에서 확인하지 않는 것을 중과실로 볼 수 없음을 밝힌 판결

94. 착오에 의한 의사표시 (5) : 토지의 경계에 관한 착오

(대법원 1993. 9. 28. 선고 93다31634, 93다31641 판결)

쟁점 교환계약의 당사자가 그 대상인 토지의 경계에 관하여 공통의 착오에 빠진 경우, 법적 취급

판결요지

외형적인 경계(담장)를 기준으로 하여 甲, 乙 사이에 인접토지에 관한 교환계약이 이루어졌으나 그 경계가 실제의 경계와 일치하지 아니함으로써, 결국 乙이 그 소유대지와 교환으로 제공받은 甲의 대지 또한 그 대부분이 乙의 소유인 것으로 판명되었다면, 이는 토지의 경계(소유권의 귀속)에 관한 착오로서 특단의 사정이 없는 한 법률행위의 중요부분에 관한 착오라 봄이 상당하다.

판례선정이유

위 판결의 사안과 관련하여 '공통의 동기착오의 경우로 보아야 한다'는 견해와 '원시적 불능 및 매도인의 담보책임 규정으로 해결하여야 한다'는 견해가 대립하고 있는 문제를 다루고 있는 판결

95. 착오에 의한 의사표시(6) : 기명날인의 착오

(대법원 2005. 5. 27. 선고 2004다43824 판결)

쟁점 서명날인하는 서류의 내용에 관해 착오에 빠진 경우, 그 법적 취급

판결요지

[1] 사기에 의한 의사표시란 타인의 기망행위로 말미암아 착오에 빠지게 된 결과 어떠한 의사표시를 하게 되는 경우이므로 거기에는 의사와 표시의 불일치가 있을 수 없고, 단지 의사의 형성과정 즉 의사표시의 동기에 착오가 있는 것에 불과하며, 이 점에서 고유한 의미의 착오에 의한 의사표시와 구분되는데, 신원보증서류에 서명날인 한다는 착각에 빠진 상태로 연대보증의 서면에 서명날인 한 경우, 결국 위와 같은 행위는 강학상 기명날인의 착오(또는 서명의 착오), 즉 어떤 사람이 자신의 의사와 다른 법률효과를 발생시키는 내용의 서면에, 그것을 읽지 않거나 올바르게 이해하지 못한 채 기명날인을 하는 이른바 표시상의 착오에 해당하므로, 비록 위와 같은 착오가 제3자의 기망행위에 의하여 일어난 것이라 하더라도 그에 관하여는 사기에 의한 의사표시에 관한 법리, 특히 상대방이 그러한 제3자의 기망행위 사실을 알았거나 알 수 있었을 경우가 아닌 한 의사표시자가 취소권을 행사할 수 없다는 제110조 제2항의 규정을 적용할 것이 아니라, 착오에 의한 의사표시에 관한 법리만을 적용하여 취소권 행사의 가부를 가려야 한다.

[2] 취소의 의사표시란 반드시 명시적이어야 하는 것은 아니고, 취소자가 그 착오를 이유로 자신의 법률행위의 효력을 처음부터 배제하려고 한다는 의사가 드러나면 족한 것이며, 취소원인의 진술 없이도 취소의 의사표시는 유효한 것이므로, 신원보증서류에 서명날인 하는 것으로 잘못 알고 이행보증보험약정서를 읽어보지 않은 채 서명날인 한 것일 뿐 연대보증약정을 한 사실이 없다는 주장은 위 연대보증약정을 착오를 이유로 취소한다는 취지로 볼 수 있다.

판례선정이유

강학상 이른바 기명날인의 착오라고 하는 유형을 다루고 있으며, 또한 착오취소제도와 사기취소제도의 적용범위에 대해 언급한 중요한 판결

96. 착오에 의한 의사표시(7) : 표의자의 중과실과 착오취소

(대법원 2014. 11. 27. 선고 2013다49794 판결)

쟁점 제109조가 상거래에도 적용되는지 여부 및 상대방이 표의자의 착오를 알고 이용한 경우의 법적 취급

판결요지

[1] 제109조는 의사표시에 착오가 있는 경우 이를 취소할 수 있도록 하여 표의자를 보호하면서도, 착오가 법률행위 내용의 중요 부분에 관한 것이 아니거나 표의자의 중대한 과실로 인한 경우에는 취소권 행사를 제한하는 한편, 표의자가 의사표시를 취소하는 경우에도 취소로 선의의 제3자에게 대항하지 못하도록 하여 거래의 안전과 상대방의 신뢰를 아울러 보호하고 있다. 이러한 제109조의 법리는 적용을 배제하는 취지의 별도 규정이 있거나 당사자의 합의로 적용을 배제하는 등의 특별한 사정이 없는 한 원칙적으로 모든 사법상 의사표시에 적용된다. 따라서 자본시장법에 따라 거래소가 개설한 금융투자상품시장에서 이루어지는 증권이나 파생상품 거래의 경우, 거래의 안전과 상대방의 신뢰를 보호할 필요성이 크다고 하더라도 거래소의 업무규정에서 제109조의 적용을 배제하거나 제한하고 있는 등의 특별한 사정이 없는 한 거래에 대하여 제109조가 적용되고, 거래의 안전과 상대방의 신뢰에 대한 보호도 제109조의 적용을 통해 도모되어야 한다.

[2] 제109조 제1항 단서는 의사표시의 착오가 표의자의 중대한 과실로 인한 때에는 그 의사표시를 취소하지 못한다고 규정하고 있는데, 위 단서 규정은 표의자의 상대방의 이익을 보호하기 위한 것이므로, 상대방이 표의자의 착오를 알고 이를 이용한 경우에는 착오가 표의자의 중대한 과실로 인한 것이라고 하더라도 표의자는 의사표시를 취소할 수 있다.

판례선정이유

제109조는 상거래에도 적용됨을 분명히 하였을 뿐만 아니라, 특히 상대방이 표의자의 착오를 이용한 경우에는 표의자에게 중과실이 있더라도 표의자는 착오를 이유로 하여 취소할 수 있음을 예외적으로 인정한 중요한 판결

97. 착오에 의한 의사표시(8) : 신의칙에 기한 착오취소의 배제
(대법원 1995. 3. 24. 선고 94다44620 판결)

쟁점 착오취소의 모든 요건이 형식적으로 갖추어졌다 하더라도 사후적으로 사정이 변경되어 표의자의 진의가 실현될 수 있게 되었다면 표의자의 착오취소가 제한되는지 여부

판결요지

매매계약의 체결 경위 및 당시 시행되던 소득세법, 같은법 시행령, 조세감면규제법, 주택건설촉진법 등 관계 규정에 의하면, 토지의 매수인이 개인인지 법인인지, 법인이라도 주택건설사업자인지 및 주택건설사업자라도 양도소득세 면제신청을 할 것인지 여부 등은 매도인이 부담하게 될 양도소득세액 산출에 중대한 영향을 미치게 되어 이 점에 관한 착오는 법률행위의 내용의 중요부분에 관한 것이라고 할 수 있으나, 소득세법 및 같은법 시행령의 개정으로 1989.8.1. 이후 양도한 것으로

보게 되는 거래에 대하여는 투기거래의 경우를 제외하고는 법인과의 거래에 있어서도 개인과의 거래와 마찬가지로 양도가액을 양도 당시의 기준시가에 의하도록 변경된 점에 비추어 볼 때, 매매계약의 체결에 위와 같은 착오가 있었다 하더라도 소득세법상의 양도시기가 1989.8.1. 이후로 보게 되는 관계로 매도인은 당초 예상한 바와 같이 기준시가에 의한 양도소득세액만 부담하면 족한 것으로 확정되어 위 착오로 인한 불이익이 소멸되었으므로, 그 후 이 사건 소송계속 중에 준비서면의 송달로써 한 취소의 의사표시는 신의성실의 원칙상 허용될 수 없다.

판례선정이유

신의칙에 기한 착오취소의 제한을 다루고 있는 판결

98. 착오에 의한 의사표시 (9) : 착오취소와 하자담보책임의 경합

(대법원 2018. 9. 13. 선고 2015다78703 판결)

쟁점 착오취소 규정과 매도인의 하자담보책임 규정의 관계

판결요지

제109조 제1항에 의하면 법률행위 내용의 중요 부분에 착오가 있는 경우 착오에 중대한 과실이 없는 표의자는 법률행위를 취소할 수 있고, 제580조 제1항, 제575조 제1항에 의하면 매매의 목적물에 하자가 있는 경우 하자가 있는 사실을 과실 없이 알지 못한 매수인은 매도인에 대하여 하자담보책임을 물어 계약을 해제하거나 손해배상을 청구할 수 있다. 착오로 인한 취소 제도와 매도인의 하자담보책임 제도는 취지가 서로 다르고, 요건과 효과도 구별된다. 따라서 매매계약 내용의 중요 부분에 착오가 있는 경우 매수인은 매도인의 하자담보책임이 성립하는지와 상관없이 착오를 이유로 매매계약을 취소할 수 있다.

판례선정이유

'하자담보책임규정은 착오취소규정을 배제하여 양자의 요건이 모두 충족되는 경우에는 하자담보책임에 관한 규정만이 적용된다'는 다수 학설의 견해와는 달리, 하자담보책임과 착오취소의 경합을 인정한 판결

99. 사기에 의한 의사표시 (1) : 기망행위의 위법성

(대법원 2009. 4. 23. 선고 2009다1313 판결)

쟁점 통상 다소의 과장이나 허위가 수반되는 광고에서 기망의 위법성이 인정되기 위한 요건

판결요지

상품의 선전·광고에 있어 다소의 과장이나 허위가 수반되는 것은 그것이 일반 상거래의 관행과 신의칙에 비추어 시인될 수 있는 한 기망성이 결여된다고 하겠으나, 거래에 있어서 중요한 사항에 관하여 구체적 사실을 신의성실의 의무에 비추어 비난받을 정도의 방법으로 허위로 고지한 경우에는 기망행위에 해당한다.

판례선정이유

기망행위의 위법성 및 기망행위에 가담한 자들의 책임에 대해 언급하고 있어 사기에 의한 의사표시의 취소와 함께 종합적인 시각을 제공해 주는 판결

100. 사기에 의한 의사표시 (2) : 제3자의 사기

(대법원 1998. 1. 23. 선고 96다41496 판결)

쟁점 일방 당사자의 피용자가 기망행위를 한 경우, 이를 사용자인 그 당사자의 기망행위로 볼 것인지 여부

판결요지

[1] 의사표시의 상대방이 아닌 자로서 기망행위를 하였으나 제110조 제2항에서 정한 제3자에 해당되지 아니한다고 볼 수 있는 자란 그 의사표시에 관한 상대방의 대리인 등 상대방과 동일시할 수 있는 자만을 의미하고, 단순히 상대방의 피용자이거나 상대방이 사용자책임을 져야 할 관계에 있는 피용자에 지나지 않는 자는 상대방과 동일시할 수는 없어 이 규정에서 말하는 제3자에 해당한다.

[2] 상호신용금고의 기획감사실 과장으로서 대출 업무를 포함한 회사 업무 전반에 관하여 일일감사를 할 권한을 갖고 있었던 자가 대출금을 편취하려는 기망행위에 가담하여 대출금을 담보 제공자에게 지급할 것을 직접 보증한다고 하면서 근저당권설정계약을 체결하도록 권유하면서 그 기망의 목적을 달성하기 위하여 여신 담당 직원에게 그 대출을 부탁한 후 그 대출금을 편취한 경우, 위와 같은 피용자의 기망행위의 태양, 그의 회사에서의 지위나 영향력, 직원의 총수가 50명에 못 미치는

회사의 규모 등에 비추어 보면, 회사로서는 자신의 영역 내에서 일어난 피용자의 위와 같은 기망행위에 관하여 그 감독에 상당한 주의를 다하지 아니한 사용자로서의 책임을 져야 할 지위에 있을 뿐만 아니라 나아가 그러한 사정을 이용한 피용자의 사기 사실을 알지 못한 데에 과실이 있었다고 봄이 상당하므로, 근저당권설정자는 상호신용금고에 대하여 기망을 이유로 근저당권설정계약을 취소할 수 있다.

판례선정이유

제3자의 사기와 관련하여서는 당사자와 동일시 할 수 있는 제3자가 기망행위를 한 경우, 당사자가 직접 기망행위를 한 것으로 보는 것이 중요한데, 이 때 그러한 제3자의 범위와 관련하여 피용자에 이에 속하지 않는다는 점을 명확히 한 판결

101. 사기에 의한 의사표시 (3) : 기망을 이유로 하는 손해배상

(대법원 2010. 4. 29. 선고 2009다91828 판결)

쟁점 상대방의 기망행위로 인하여 시가보다 고가로 토지를 매수한 후 그 토지의 시가가 급등한 경우, 매수인은 기망행위를 이유로 하여 손해배상을 할 수 있는지 여부

판결요지

[1] 불법행위로 인한 재산상 손해는 위법한 가해행위로 인하여 발생한 재산상 불이익, 즉 그 위법행위가 없었더라면 존재하였을 재산상태와 그 위법행위가 가해진 현재의 재산상태의 차이를 말하는 것이며, 그 손해액은 원칙적으로 불법행위시를 기준으로 산정하여야 한다. 즉, 여기에서 '현재'는 '기준으로 삼은 그 시점'이란 의미에서 '불법행위시'를 뜻하는 것이지 '지금의 시간'이란 의미로부터 '사실심 변론종결시'를 뜻하는 것은 아니다.

[2] 매수인이 매도인의 기망행위로 인하여 부동산을 고가에 매수하게 됨으로써 입게 된 손해는 부동산의 매수 당시 시가와 매수가격과의 차액이고, 그 후 매수인이 위 부동산 중 일부에 대하여 보상금을 수령하였다거나 부동산 시가가 상승하여 매수가격을 상회하게 되었다고 하여 매수인에게 손해가 발생하지 않았다고 할 수 없다.

판례선정이유

기망행위에 필연적으로 수반되는 손해배상청구와 관련하여 손해산정의 기준시기를 '기망행위시'라고 한 판결

102. 강박에 의한 의사표시 (1) : 국가의 공권력에 의한 강박

(대법원 1996. 12. 23. 선고 95다40038 판결)

쟁점 공무원이 공권력으로써 강박행위를 한 경우에도 제110조가 적용되는지 여부 및 강박행위로 인한 무효의 주장 속에 강박행위로 인한 취소의 주장이 들어 있는지 여부

판결요지

[1] 어떤 법률관계가 불평등한 것이어서 민법의 규정이 배제되는 공법적 법률관계라고 하기 위하여는 그 불평등이 법률에 근거한 것이라야 하고, 당사자 간의 불평등이 공무원의 위법한 강박행위에 기인한 것일 때에는 이러한 불평등은 사실상의 문제에 불과하여 이러한 점만을 이유로 당사자 사이의 관계가 민법의 규정이 배제되는 공법적 법률관계라고 할 수 없으므로, 재단의 이사장직에서 사임한다는 의사표시의 성립과정에 국가공무원들의 불법적인 강박행위가 개재되어 있었다 하더라도 사임의 의사표시를 하도록 강박하고 그 의사표시를 당해 법인에 전달한 국가공무원의 행위를 가리켜 국민의 재산권을 수용하는 수용에 유사한 행정처분이라고 볼 수는 없다.

[2] 국가기관이 헌법상 보장된 국민의 기본권을 침해하는 위헌적인 공권력을 행사한 결과 국민이 그 공권력의 행사에 외포되어 자유롭지 못한 의사표시를 하였다고 하더라도 그 의사표시의 효력은 의사표시의 하자에 관한 민법의 일반원리에 의하여 판단되어야 하고, 그 강박행위의 주체가 국가 공권력이고 그 공권력 행사의 내용이 기본권을 침해하는 것이라고 하여 그 강박에 의한 의사표시가 항상 반사회성을 띠게 되어 당연히 무효로 된다고는 볼 수 없다.

[3] 의사표시가 강박에 의한 것이어서 당연무효라는 주장 속에 '강박에 의한 의사표시이므로 취소한다'는 주장이 당연히 포함되어 있다고는 볼 수 없다.

판례선정이유

국가가 공권력으로써 강박행위를 한 경우에도 그 의사표시의 효력은 의사표시의 하자에 관한 일반원리에 의하여 판단되어야 한다는 점을 밝힌 판결

103. 강박에 의한 의사표시 (2) : 강박의 위법성

(대법원 1992. 12. 24. 선고 92다25120 판결)

쟁점 고소, 고발을 하겠다고 한 것이 위법한 강박행위로 될 수 있는지 여부

판결요지

[1] 법률행위 취소의 원인이 될 강박이 있다고 하기 위하여서는 표의자로 하여금 외포심을 생기게 하고 이로 인하여 법률행위 의사를 결정하게 할 고의로써 불법으로 장래의 해악을 통고할 경우라야 한다.

[2] 일반적으로 부정행위에 대한 고소, 고발은 그것이 부정한 이익을 목적으로 하는 것이 아닌 때에는 정당한 권리행사가 되어 위법하다고 할 수 없으나, 부정한 이익의 취득을 목적으로 하는 경우에는 위법한 강박행위가 되는 경우가 있고 목적이 정당하다 하더라도 행위나 수단 등이 부당한 때에는 위법성이 있는 경우가 있을 수 있다.

판례선정이유

고소, 고발이라는 정당한 권리행사가 위법한 강박행위로 되는 경우가 있음을 명확히 밝히고 있어 그 의미가 큰 판결

104. 의사표시의 효력발생시기 : 도달주의의 원칙

(대법원 2008. 6. 12. 선고 2008다19973 판결)

쟁점 상대방이 정당한 사유 없이 의사표시의 수령을 거절하는 경우, 의사표시 도달의 시점

판결요지

계약의 해제와 같은 상대방 있는 의사표시는 그 통지가 상대방에게 도달한 때 효력이 생기는 것이고(제111조 제1항), 여기서 도달이라 함은 사회통념상 상대방이 통지의 내용을 알 수 있는 객관적 상태에 놓여 있는 경우를 가리키는 것으로서, 상대방이 통지를 현실적으로 수령하거나 통지의 내용을 알 것까지는 필요로 하지 않는 것이므로, 상대방이 정당한 사유 없이 통지의 수령을 거절한 경우에는 상대방이 그 통지의 내용을 알 수 있는 객관적 상태에 놓여 있는 때에 의사표시의 효력이 생기는 것으로 보아야 한다.

판례선정이유

자신에게 불리한 의사표시로 예상되는 경우, 그 수령을 거절함으로써 해당 의사표시의 효력 발생을 저지하려는 경우가 있는데, 이와 같은 경우 신의칙에 기해 의사표시의 도달을 의제할 필요가 있다는 입장을 취한 판결

제3절 대 리

105. 수권행위의 성질 및 방법

(대법원 2016. 5. 26. 선고 2016다203315 판결)

쟁점 어떤 사람이 대리인의 외양을 가지고 행위하는 것을 본인이 알면서도 이의를 하지 아니하고 방임하는 등 사실상의 용태에 의하여 대리권의 수여가 추단될 수 있는지 여부

판결요지

대리권을 수여하는 수권행위는 불요식의 행위로서 명시적인 의사표시에 의함이 없이 묵시적인 의사표시에 의하여 할 수도 있으며, 어떤 사람이 대리인의 외양을 가지고 행위하는 것을 본인이 알면서도 이의를 하지 아니하고 방임하는 등 사실상의 용태에 의하여 대리권의 수여가 추단되는 경우도 있다.

판례선정이유

본인이 대리인에게 매매계약을 체결할 대리권을 수여한다는 명시적인 의사표시를 하거나 매매계약의 세부적인 사항까지 구체적으로 지시한 바가 없다고 하더라도, 대리권의 수여가 추단될 수 있다고 하면서 그 추단을 가능케 하는 사정들을 잘 정리한 판결

106. 대리권의 남용

(대법원 1987. 7. 7. 선고 86다카1004 판결)

쟁점 대리인이 본인의 의사나 이익에 반하여 자기 또는 제3자의 이익을 위하여 비진의 의사표시를 한 경우의 효과 및 상대방의 악의, 과실 여부의 판단기준

판결요지

진의 아닌 의사표시가 대리인에 의하여 이루어지고 그 대리인의 진의가 본인의 이익이나 의사에 반하여 자기 또는 제3자의 이익을 위한 배임적인 것임을 그 상대방이 알거나 알 수 있었을 경우에는 제107조 제1항 단서의 유추해석상 그 대리인의 행위는 본인의 대리행위로 성립할 수 없다 하겠으므로 본인은 대리인의 행위에 대하여 아무런 책임이 없다 할 것이며, 이때 그 상대방이 대리인의 표시의사가 진의 아님을 알았거나 알 수 있었는가의 여부는 표의자인 대리인과 상대방사이에 있었

던 의사표시의 형성과정과 그 내용 및 그로 인하여 나타나는 효과 등을 객관적인 사정에 따라 합리적으로 판단하여야 한다.

판례선정이유

예금계약에서 대리권의 남용 여부가 문제된 사안에서, 제107조 제1항 단서의 적용 가부를 판단하는 객관적인 기준을 잘 제시하고 있으며, 사용자책임과의 관계도 이해할 수 있는 판결

107. 대리인에 의한 반사회적 부동산 이중매수

(대법원 1998. 2. 27. 선고 97다45532 판결)

쟁점 대리인이 부동산을 이중으로 매수한 경우, 그 매매계약이 반사회적 법률행위인지 여부의 판단 기준이 되는 자가 대리인인지 여부

판결요지

대리인이 본인을 대리하여 매매계약을 체결함에 있어서 매매대상 토지에 관한 저간의 사정을 잘 알고 그 배임행위에 가담하였다면, 대리행위의 하자 유무는 대리인을 표준으로 판단하여야 하므로, 설사 본인이 미리 그러한 사정을 몰랐거나 반사회성을 야기한 것이 아니라고 할지라도 그로 인하여 매매계약이 가지는 사회질서에 반한다는 장애사유가 부정되는 것은 아니다.

판례선정이유

대리인이 반사회적 부동산 이중매매의 가담한 경우에 대리행위의 하자 유무는 본인의 선의 여부를 떠나 대리인을 표준으로 판단하여야 함을 설시한 판결

108. 표현대리 (1) : 대리권 수여의 표시에 의한 표현대리

(대법원 1997. 3. 25. 선고 96다51271 판결)

쟁점 상대방이 대리권이 없음을 알지 못한 데에 과실이 있다고 하여 표현대리의 성립을 부정할 수 있는지 여부 및 계약관계의 해제에 대한 대리권한

판결요지

[1] 제125조의 표현대리에 해당하기 위하여는 상대방은 선의 · 무과실이어야 하므로, 상대방에게 과실이 있다면 제125조의 표현대리를 주장할 수 없다.

[2] 중개인이 본인인 회사에게 오피스텔의 분양 희망자를 중개하여 주고 그 대가로 회사로부터 수수료만을 지급받기로 하였고, 분양계약서의 작성 및 분양대금 수납은 회사에서 직접 관리하였으며, 중개인은 오피스텔을 분양받고자 하는 자가 있으면 그를 오피스텔 내에 있는 회사 분양사무소에 데리고 가서 분양대금을 지급하고 회사 명의의 계약서를 작성하여 받아오는 방식을 취하였고, 상대방의 매매계약서도 그러한 방식에 의하여 작성되었다면, 상대방이 중개인에게 지급한 매매대금에 대한 영수증이 회사의 명의로 발행되지 아니하고 중개인 명의로 발행된 경우, 오피스텔을 분양받으려는 상대방으로서는 본인에게 중개인의 대리권 유무를 확인하여 보았더라면 그가 단순한 중개인에 불과하고 오피스텔의 매매대금을 수령할 대리권이 없다는 점을 쉽게 알 수 있었을 것임에도 이를 게을리한 과실이 있고, 나아가 본인이 중개인에게 오피스텔의 분양중개를 부탁한 것을 가지고 오피스텔 분양에 관련한 어떤 대리권을 수여한 것이라고 볼 수도 없다고 보아 제125조의 표현대리에 해당하지 않는다.

[3] 법률행위에 의하여 수여된 대리권은 원인된 법률관계의 종료에 의하여 소멸하는 것이므로 특별한 사정이 없는 한, 매수명의자를 대리하여 매매계약을 체결하였다 하여 곧바로 대리인이 매수인을 대리하여 매매계약의 해제 등 일체의 처분권과 상대방의 의사를 수령할 권한까지 가지고 있다고 볼 수는 없다.

판례선정이유

대리권 수여의 표시에 의한 표현대리(제125조)의 성립을 배제하는 상대방의 악의 및 과실의 판단 기준과 대리권의 범위를 잘 정리한 판결

109. 표현대리 (2) : 권한을 넘은 표현대리

(대법원 2018. 7. 24. 선고 2017다2472 판결)

쟁점 제126조에서 정한 표현대리의 성립요건으로 상대방이 대리권이 있다고 믿을 만한 '정당한 이유'가 있는지 판단하는 기준 및 무권대리인이 매매계약 후 이행단계에서 본인의 인감증명과 위임장을 상대방에게 교부한 사정만으로 상대방이 무권대리인에게 권한이 있다고 믿을 만한 정당한 이유가 있었다고 단정할 수 있는지 여부

판결요지

제126조의 표현대리의 효과를 주장하려면 상대방이 자칭 대리인에게 대리권이 있다고 믿고 그와 같이 믿는 데 정당한 이유가 있을 것을 요건으로 하는 것인데, 여기의 정당한 이유의 존부는 자칭 대리인의 대리행위가 행하여질 때에 존재하는 제반 사정을 객관적으로 관찰하여 판단하여야 한다. 제126조의 표현대리에 있어서 무권대리인에게 그 권한이 있다고 믿을 만한 정당한 이유가 있는가의 여부는 대리행위인 매매계약 당시를 기준으로 결정하여야 하고 매매계약 성립 이후의 사정은 고려할 것이 아니므로, 무권대리인이 매매계약 후 그 이행단계에서야 비로소 본인의 인감증명과 위임장을 상대방에게 교부한 사정만으로는 상대방이 무권대리인에게 그 권한이 있다고 믿을 만한 정당한 이유가 있었다고 단정할 수 없다.

판례선정이유

제126조의 표현대리가 성립하기 위한 요건을 설시하면서 무권대리인과 부동산 매매를 한 상대방에게 표현대리의 성립을 인정할 수 없는 제반 사정(등기권리증이나 본인 명의의 인감도장, 인감증명서, 위임장 등을 소지하고 있지 않았다는 점, 무권대리인에게 대금을 지급한 점 등)을 들어 무권대리인에게 대리권이 있다고 믿을만한 정당한 이유가 없다고 본 판결

110. 표현대리 (3) : 기본대리권과 표현대리

(대법원 2008. 1. 31. 선고 2007다74713 판결)

쟁점 법률행위시에 기본대리권이 존재하지 않는 경우에도 제126조에 의한 표현대리가 성립하는지 여부 및 제129조에 의한 표현대리가 인정되는 경우, 그 표현대리의 권한을 넘는 대리행위가 있을 때 제126조에 의한 표현대리가 성립할 수 있는지 여부

판결요지

[1] 계약의 체결에 관한 대리권을 수여받은 대리인이 수권된 법률행위를 하게 되면 그것으로 대리권의 원인된 법률관계(기초적 내부관계)는 원칙적으로 목적을 달성하여 종료되는 것이고, 법률행위에 의하여 수여된 대리권은 그 원인된 법률관계의 종료에 의하여 소멸하는 것이므로(제128조), 그 계약을 대리하여 체결하였다 하여 곧바로 그 사람이 체결된 계약의 해제 등 일체의 처분권과 상대방의 의사를 수령할 권한까지 가지고 있다고 볼 수는 없다.

[2] 제126조에서 말하는 권한을 넘은 표현대리는 현재에 대리권을 가진 자가 그 권한을 넘은 경우에 성립하는 것이지, 현재에 아무런 대리권도 가지지 아니한 자가 본인을 위하여 한 어떤 대리행위가 과거에 이미 가졌던 대리권을 넘은 경우에까지 성립하는 것은 아니라고 할 것이다.

[3] 과거에 가졌던 대리권이 소멸되어 제129조에 의하여 표현대리로 인정되는 경우에, 그 표현대리의 권한을 넘는 대리행위가 있을 때에는 제126조에 의한 표현대리가 성립할 수 있다.

[4] 표현대리의 효과를 주장하려면 상대방이 자칭 대리인에게 대리권이 있다고 믿고 그와 같이 믿는 데 정당한 이유가 있을 것을 요건으로 하는 것인바, 여기의 정당한 이유의 존부는 자칭 대리인의 대리행위가 행하여 질 때에 존재하는 제반 사정을 객관적으로 관찰하여 판단하여야 한다.

판례선정이유

대리권의 범위, 제126조의 표현대리가 성립하기 위한 기본대리권의 존재 시점, 제129조에 의한 표현대리를 기본대리권으로 하는 제126조의 표현대리 성립 여부 등 표현대리와 관련한 다양한 쟁점들을 종합적으로 다룬 판결

111. 표현대리 (4) : 일상가사대리권과 표현대리

(대법원 1981. 6. 23. 선고 80다609 판결)

쟁점 처가 남편 명의로 금원을 차용하고 그 담보로 남편 소유의 부동산에 가등기를 설정하여 준 행위를 일상가사대리권을 넘은 표현대리행위라고 볼 수 있는지 여부

판결요지

일상가사에 관하여 남편인 피고를 대리할 권한이 있는 처가 남편 몰래 남편의 인감도장, 인감증명서 등을 소지하고 그 대리인인 양 행세하여 금원을 차용하고 그 담보로 남편 소유의 부동산에 가등기를 경료하여 준 경우에 그 상대방이 위 처에게 그 남편을 대리할 권한이 있다고 믿음에 정당한 사유가 있다.

판례선정이유

부부 간 일상가사대리권이 인정되는 범위와 이를 기본대리권으로 하여 표현대리가 성립하는 요건을 잘 설명하고 있는 판결

112. 표현대리 (5) : 권한을 넘은 표현대리의 유추적용

(대법원 2002. 6. 28. 선고 2001다49814 판결)

쟁점 [1] 대리행위의 표시를 하지 아니하고 본인인 것처럼 기망하여 본인 명의로 직접 법률행위를 한 경우, 제126조의 표현대리의 성립 여부

[2] 처가 제3자를 남편으로 가장시켜 관련 서류를 위조하여 남편 소유의 부동산을 담보로 금원을 대출받은 경우, 남편에 대한 제126조 소정의 표현대리책임이 성립하는지 여부

판결요지

[1] 제126조의 표현대리는 대리인이 본인을 위한다는 의사를 명시 혹은 묵시적으로 표시하거나 대리의사를 가지고 권한 외의 행위를 하는 경우에 성립하고, 사술을 써서 위와 같은 대리행위의 표시를 하지 아니하고 단지 본인의 성명을 모용하여 자기가 마치 본인인 것처럼 기망하여 본인 명의로 직접 법률행위를 한 경우에는 특별한 사정이 없는 한 위 법조 소정의 표현대리는 성립될 수 없다.

[2] 처가 제3자를 남편으로 가장시켜 관련 서류를 위조하여 남편 소유의 부동산을 담보로 금원을 대출받은 경우, 남편에 대한 제126조 소정의 표현대리책임은 인정되지 않는다.

판례선정이유

처가 제3자를 남편으로 가장시켜 관련 서류를 위조하여 남편 소유의 부동산을 담보로 금원을 대출받은 경우에는 기본대리권으로서 일상가사대리권 및 제126조의 표현대리가 성립하지 않는다는 입장을 견지한 판결

113. 표현대리 (6) : 대리권 소멸 후의 대리행위

(대법원 1998. 5. 29. 선고 97다55317 판결)

쟁점 대리인이 대리권 소멸 후 선임한 복대리인과 상대방 사이의 법률행위에도 제129조의 표현대리가 성립하는지 여부

판결요지

표현대리의 법리는 거래의 안전을 위하여 어떠한 외관적 사실을 야기한 데 원인을 준 자는 그 외관적 사실을 믿음에 정당한 사유가 있다고 인정되는 자에 대하여는 책임이 있다는 일반적인 권리외관이론에 그 기초를 두고 있는 것인 점에 비추어 볼 때, 대리인이 대리권 소멸 후 직접 상대방과 사이에 대리행위를 하는 경우는 물론 대리인이 대리권 소멸 후 복대리인을 선임하여 복대리인으

로 하여금 상대방과 사이에 대리행위를 하도록 한 경우에도, 상대방이 대리권 소멸 사실을 알지 못하여 복대리인에게 적법한 대리권이 있는 것으로 믿었고 그와 같이 믿은 데 과실이 없다면 제129조에 의한 표현대리가 성립할 수 있다.

판례선정이유

본인의 사망으로 대리권이 소멸하였더라도 그 후에 선임한 복대리인과 상대방 사이의 법률행위에도 대리권 소멸 후의 표현대리(제129조)가 성립할 수 있는 근거를 명확하게 설명한 판결

114. 표현대리 (7) : 표현대리의 성립요건

(대법원 2009. 5. 28. 선고 2008다56392 판결)

쟁점 제125조, 제126조, 제129조의 표현대리에 해당하기 위하여 상대방은 선의 · 무과실이어야 하는지 여부

판결요지

제125조의 표현대리에 해당하여 본인에게 대리행위의 직접의 효과가 귀속하기 위하여는 대리행위의 상대방이 대리인으로 행위 한 사람에게 실제로는 대리권이 없다는 점에 대하여 선의일 뿐만 아니라 무과실이어야 함은 같은 조 단서에서 명백하고, 이는 제126조 또는 제129조에서 정하는 표현대리에 있어서도 다를 바 없다.

판례선정이유

표현대리의 성립요건으로 상대방의 선의 · 무과실이 요구된다는 점을 밝힌 판결

115. 표현대리 (8) : 유권대리와 표현대리

(대법원 1983. 12. 13. 선고 83다카1489 전원합의체 판결)

쟁점 유권대리에 관한 주장 가운데 표현대리의 주장이 포함되는지 여부

판결요지

유권대리에 있어서는 본인이 대리인에게 수여한 대리권의 효력에 의하여 법률효과가 발생하는 반면 표현대리에 있어서는 대리권이 없음에도 불구하고 법률이 특히 거래상대방 보호와 거래안전유

지를 위하여 본래 무효인 무권대리행위의 효과를 본인에게 미치게 한 것으로서, 표현대리가 성립된다고 하여 무권대리의 성질이 유권대리로 전환되는 것은 아니므로, 양자의 구성요건 해당사실 즉 주요사실은 다르다고 볼 수밖에 없으니, 유권대리에 관한 주장 속에 무권대리에 속하는 표현대리의 주장이 포함되어 있다고 볼 수 없다.

판례선정이유

유권대리와 표현대리는 그 효과에 있어 차이가 없으나, 표현대리의 제도적 취지나 구성요건사실의 차이 등에 비추어 유권대리에 관한 주장 속에는 무권대리에 속하는 표현대리의 주장이 포함되었다고 볼 수 없다고 한 판결

116. 무권대리 (1) : 무권대리행위의 유효 범위

(대법원 1987. 9. 8. 선고 86다카754 판결)

쟁점 대리인이 수권범위를 넘어서 대리행위를 한 경우, 무권대리행위의 유효범위

판결요지

甲이 乙에게 자기의 부동산을 담보로 금 2,000만원의 차용을 부탁하면서 담보설정용인감증명서, 등기필증, 인감인장 등을 교부하였다면, 甲이 乙에게 제3자로부터 금 2,000만원을 차용하여 줄 것을 위임하면서 乙에게 甲을 대리하여 위 금전을 차용하고 그 담보설정을 하는 법률행위를 할 권한을 수여함과 동시에 그 대리권 수여의 범위도 위 담보부동산에 의하여 담보되는 피담보채무의 범위가 금 2,000만원인 이상 그 담보의 형식이 무엇이든 그 차용의 형식이 어떠하던지 무방하다는 뜻이 포함된 것으로 볼 것인바, 乙이 위 수권의 범위를 넘어 위 담보부동산에 관하여 丙을 채무자로, 甲을 물상보증인으로 하고 그 피담보최고액을 금 1억 3,000만원으로 하여 근저당권설정계약을 체결한 경우에 있어서는 위 근저당권설정행위가 무권대리행위에 해당한다 할지라도 甲이 차용을 부탁한 금 2,000만원의 한도 내에서는 乙이 수여받은 대리권의 범위 내에 속하는 것이므로, 위 근저당권설정계약은 위 금 2,000만원을 담보하는 범위 내에서는 乙의 대리행위에 의하여 본인인 甲에게 그 효력을 미치는 유효한 것이라고 보아야 할 것이다.

판례선정이유

대리인이 수권범위를 넘어서 한 대리행위가 무권대리에 해당하는 경우에도 대리권의 범위 내에 속하는 것은 본인에게 효력이 미친다고 판시한 것으로, 기본대리권의 존부, 표현대리의 성부, 수권범위를 넘어선 무권대리의 효력 범위 등을 종합적으로 이해할 수 있는 판결

117. 무권대리 (2) : 상대방의 철회권 행사 후 본인의 추인

(대법원 2017. 6. 29. 선고 2017다213838 판결)

쟁점 제134조에서 상대방의 철회권을 규정한 취지 및 상대방이 유효한 철회를 한 경우, 후에 본인이 무권대리행위를 추인할 수 있는지 여부 및 상대방이 대리인에게 대리권이 없음을 알았다는 점에 대한 주장 · 입증책임의 소재

판결요지

제134조는 "대리권 없는 자가 한 계약은 본인의 추인이 있을 때까지 상대방은 본인이나 그 대리인에 대하여 이를 철회할 수 있다. 그러나 계약 당시에 상대방이 대리권 없음을 안 때에는 그러하지 아니하다"고 규정하고 있다. 제134조에서 정한 상대방의 철회권은, 무권대리행위가 본인의 추인에 따라 효력이 좌우되어 상대방이 불안정한 지위에 놓이게 됨을 고려하여 대리권이 없었음을 알지 못한 상대방을 보호하기 위하여 상대방에게 부여된 권리로서, 상대방이 유효한 철회를 하면 무권대리행위는 확정적으로 무효가 되어 그 후에는 본인이 무권대리행위를 추인할 수 없다. 한편 상대방이 대리인에게 대리권이 없음을 알았다는 점에 대한 주장 · 입증책임은 철회의 효과를 다투는 본인에게 있다.

판례선정이유

무권대리인의 상대방의 철회권 행사 요건 및 적법한 철회권 행사 후 본인의 추인권 행사의 효력, 상대방의 악의에 대한 주장 · 증명책임을 잘 정리한 판결

118. 무권대리 (3) : 무권대리인의 책임범위

(대법원 2018. 6. 28. 선고 2018다210775 판결)

쟁점 다른 자의 대리인으로서 계약을 맺은 자가 대리권을 증명하지 못하고 또 본인의 추인을 받지 못하였는데 상대방이 계약의 이행을 선택한 경우, 무권대리인이 이행할 책임의 범위 및 채무불이행에 대비한 손해배상액의 예정에 관한 조항의 효력

판결요지

[1] 다른 자의 대리인으로서 계약을 맺은 자가 그 대리권을 증명하지 못하고 또 본인의 추인을 받지 못한 경우에는 그는 상대방의 선택에 따라 계약을 이행할 책임 또는 손해를 배상할 책임이 있다(제135조 제1항). 이때 상대방이 계약의 이행을 선택한 경우, 무권대리인은 계약이 본인에게

효력이 발생하였더라면 본인이 상대방에게 부담하였을 것과 같은 내용의 채무를 이행할 책임이 있다. 무권대리인은 마치 자신이 계약의 당사자가 된 것처럼 계약에서 정한 채무를 이행할 책임을 지는 것이다. 무권대리인이 계약에서 정한 채무를 이행하지 않으면 상대방에게 채무불이행에 따른 손해를 배상할 책임을 진다. 위 계약에서 채무불이행에 대비하여 손해배상액의 예정에 관한 조항을 둔 때에는 특별한 사정이 없는 한 무권대리인은 조항에서 정한 바에 따라 산정한 손해액을 지급하여야 한다. 이 경우에도 손해배상액의 예정에 관한 제398조가 적용됨은 물론이다.

[2] 제135조 제2항은 '대리인으로서 계약을 맺은 자에게 대리권이 없다는 사실을 상대방이 알았거나 알 수 있었을 때에는 제1항을 적용하지 아니한다'고 정하고 있다. 이는 무권대리인의 무과실책임에 관한 원칙 규정인 제1항에 대한 예외 규정이므로, 상대방이 대리권이 없음을 알았다는 사실 또는 알 수 있었는데도 알지 못하였다는 사실에 관한 주장·증명책임은 무권대리인에게 있다.

판례선정이유

무권대리인의 상대방에 대한 책임과 관련된 다양한 쟁점들을 잘 정리한 판결

제4절 무효와 취소

119. 유동적 무효 : (구)국토이용관리법상 규제구역 내의 토지거래의 효과

(대법원 1991. 12. 24. 선고 90다12243 전원합의체 판결)

쟁점 (구) 국토이용관리법상의 규제구역(현행 「부동산 거래신고 등에 관한 법률」 제11조의 허가구역) 내의 토지에 대하여 허가받을 것을 전제로 체결한 거래계약의 효력

판결요지

[1] 국토이용관리법상의 규제구역 내의 '토지등의 거래계약'허가에 관한 관계규정의 내용과 그 입법취지에 비추어 볼 때 토지의 소유권 등 권리를 이전 또는 설정하는 내용의 거래계약은 관할관청의 허가를 받아야만 그 효력이 발생하고 허가를 받기 전에는 물권적 효력은 물론 채권적 효력도 발생하지 아니하여 무효라고 보아야 할 것인바, 다만 허가를 받기 전의 거래계약이 처음부터 허가를 배제하거나 잠탈하는 내용의 계약일 경우에는 확정적으로 무효로서 유효화될 여지가 없으나 이와 달리 허가받을 것을 전제로 한 거래계약(허가를 배제하거나 잠탈하는 내용의 계약이 아닌 계약은 여기에 해당하는 것으로 본다)일 경우에는 허가를 받을 때까지는 법률상 미완성의 법률행위로서 소유권 등 권리의 이전 또는 설정에 관한 거래의 효력이 전혀 발생하지 않음은 위의 확정적 무효의 경우와 다를 바 없지만, 일단 허가를 받으면 그 계약은 소급하여 유효한 계약이 되고 이와 달리 불허가가

된 때에는 무효로 확정되므로 허가를 받기까지는 유동적 무효의 상태에 있다고 보는 것이 타당하므로, 허가받을 것을 전제로 한 거래계약은 허가받기 전의 상태에서는 거래계약의 채권적 효력도 전혀 발생하지 않으므로 권리의 이전 또는 설정에 관한 어떠한 내용의 이행청구도 할 수 없으나, 일단 허가를 받으면 그 계약은 소급해서 유효화되므로 허가 후에 새로이 거래계약을 체결할 필요는 없다.

[2] 허가구역 내의 토지에 대하여 거래계약이 체결된 경우에 계약을 체결한 당사자 사이에 있어서는 그 계약이 효력 있는 것으로 완성될 수 있도록 서로 협력할 의무가 있음이 당연하므로, 계약의 쌍방 당사자는 공동으로 관할 관청의 허가를 신청할 의무가 있고, 이러한 의무에 위배하여 허가신청절차에 협력하지 않는 당사자에 대하여 상대방은 협력의무의 이행을 소송으로써 구할 이익이 있다.

[3] 매매계약을 체결한 경우에 있어 관할 관청으로부터 토지거래허가를 받기까지는 매매계약이 그 계약내용대로의 효력이 있을 수 없는 것이어서 매수인으로서도 그 계약내용에 따른 대금지급의무가 있다고 할 수 없으며, 설사 계약상 매수인의 대금지급의무가 매도인의 소유권이전등기의무에 선행하여 이행하기로 약정되어 있었다고 하더라도 매수인에게 그 대금지급의무가 없음은 마찬가지여서, 매도인으로서는 그 대금지급이 없었음을 이유로 계약을 해제할 수 없다.

판례선정이유

구 국토이용관리법상의 규제구역(현행 「부동산 거래신고 등에 관한 법률」상의 허가구역) 내의 토지에 대하여 허가받을 것을 전제로 체결한 매매계약의 효력(유동적 무효)과 그와 관련한 부수적 쟁점(협력의무, 허가 전 대금미지급을 이유로 한 해제 가부 등)들을 종합적으로 잘 정리한 전원합의체판결

120. 법률행위의 무효 (1) : 일부무효

(대법원 2010. 7. 22. 선고 2010다23425 판결)

쟁점 일부무효의 법리의 적용 범위 및 강행법규와의 관계

판결요지

제137조는 임의규정으로서 의사자치의 원칙이 지배하는 영역에서 적용된다고 할 것이므로, 법률행위의 일부가 강행법규인 효력규정에 위반되어 무효가 되는 경우 그 부분의 무효가 나머지 부분의 유효·무효에 영향을 미치는가의 여부를 판단함에 있어서는 개별 법령이 일부무효의 효력에 관한 규정을 두고 있는 경우에는 그에 따라야 하고, 그러한 규정이 없다면 원칙적으로 제137조가 적용될 것이나 당해 효력규정 및 그 효력규정을 둔 법의 입법 취지를 고려하여 볼 때 나머지 부분을 무효로

한다면 당해 효력규정 및 그 법의 취지에 명백히 반하는 결과가 초래되는 경우에는 나머지 부분까지 무효가 된다고 할 수는 없다.

판례선정이유

법률행위의 일부가 강행법규인 효력규정에 위반되어 무효가 되는 경우, 그 부분의 무효가 나머지 부분의 유효 · 무효에 영향을 미치는가의 여부를 판단하는 기준을 잘 정리한 판결

121. 법률행위의 무효 (2) : 무효행위의 추인

(대법원 2017. 6. 8. 선고 2017다3499 판결)

쟁점 무권리자가 타인의 권리를 처분한 경우, 권리자가 무권리자의 처분을 추인할 수 있는지 여부 및 이 경우 추인의 요건과 방법

판결요지

[1] 법률행위에 따라 권리가 이전되려면 권리자 또는 처분권한이 있는 자의 처분행위가 있어야 한다. 무권리자가 타인의 권리를 처분한 경우에는 특별한 사정이 없는 한 권리가 이전되지 않는다. 그러나 이러한 경우에 권리자가 무권리자의 처분을 추인하는 것도 자신의 법률관계를 스스로의 의사에 따라 형성할 수 있다는 사적 자치의 원칙에 따라 허용된다. 이러한 추인은 무권리자의 처분이 있음을 알고 해야 하고, 명시적으로 또는 묵시적으로 할 수 있으며, 그 의사표시는 무권리자나 그 상대방 어느 쪽에 해도 무방하다.

[2] 권리자가 무권리자의 처분을 추인하면 무권대리에 대해 본인이 추인을 한 경우와 당사자들 사이의 이익상황이 유사하므로, 무권대리의 추인에 관한 제130조, 제133조 등을 무권리자의 추인에 유추 적용할 수 있다. 따라서 무권리자의 처분이 계약으로 이루어진 경우에 권리자가 이를 추인하면 원칙적으로 계약의 효과가 계약을 체결했을 때에 소급하여 권리자에게 귀속된다고 보아야 한다.

판례선정이유

무권리자의 처분행위의 추인 가부, 추인의 요건과 방법, 무권대리의 추인에 관한 제130조, 제133조 등의 무권리자의 처분행위에 대한 추인에의 유추 적용 가부 등 다양한 쟁점에 대한 판례의 입장을 잘 정리한 판결

122. 법률행위의 취소 (1) : 일부취소

(대법원 1998. 2. 10. 선고 97다44737 판결)

쟁점 하나의 법률행위의 일부분에만 취소사유가 있는 경우, 그 일부만의 취소도 가능한지 여부

판결요지

하나의 법률행위의 일부분에만 취소사유가 있다고 하더라도 그 법률행위가 가분적이거나 그 목적물의 일부가 특정될 수 있다면, 그 나머지 부분이라도 이를 유지하려는 당사자의 가정적 의사가 인정되는 경우, 그 일부만의 취소도 가능하다 할 것이고, 그 일부의 취소는 법률행위의 일부에 관하여 효력이 생긴다.

판례선정이유

일부취소의 쟁점을 다룬 판결

123. 법률행위의 취소 (2) : 취소한 법률행위의 추인

(대법원 1997. 12. 12. 선고 95다38240 판결)

쟁점 취소할 수 있는 의사표시를 취소한 후 다시 추인한 경우, 그 추인의 성질과 추인할 수 있는 조건

판결요지

취소한 법률행위는 처음부터 무효인 것으로 간주되므로, 취소할 수 있는 법률행위가 일단 취소된 이상 그 후에는 취소할 수 있는 법률행위의 추인에 의하여 이미 취소되어 무효인 것으로 간주된 당초의 의사표시를 다시 확정적으로 유효하게 할 수는 없고, 다만 무효인 법률행위의 추인의 요건과 효력으로서 추인할 수는 있으나, 무효행위의 추인은 그 무효 원인이 소멸한 후에 하여야 그 효력이 있고, 따라서 강박에 의한 의사표시임을 이유로 일단 유효하게 취소되어 당초의 의사표시가 무효로 된 후에 추인한 경우, 그 추인이 효력을 가지기 위하여는 그 무효 원인이 소멸한 후일 것을 요한다고 할 것인데, 그 무효 원인이란 바로 위 의사표시의 취소사유라 할 것이므로, 결국 무효 원인이 소멸한 후란 것은 당초의 의사표시의 성립 과정에 존재하였던 취소의 원인이 종료된 후, 즉 강박 상태에서 벗어난 후라고 보아야 한다.

판례선정이유

강박에 의한 의사표시임을 이유로 취소한 법률행위의 추인의 요건과 효력을 다룬 판결로서, 강박의 정도, 취소(무효) 원인이 종료한 날의 판단기준, 서증의 진정 성립 여부 등에 관한 쟁점을 잘 정리한 판결

제5절 조건과 기한

124. 조건부 법률행위(1) : 조건의 의미와 그 성립요건

(대법원 2015. 10. 29. 선고 2015다219504 판결)

쟁점 법률행위의 부관으로서 조건의 의미와 성립 요건 및 조건을 붙이고자 하는 의사가 있으나 외부에 표시되지 않은 경우, 법률행위의 부관으로서 조건이 되는지 여부

판결요지

조건은 법률행위의 효력의 발생 또는 소멸을 장래의 불확실한 사실의 성부에 의존하게 하는 법률행위의 부관으로서 해당 법률행위를 구성하는 의사표시의 일체적인 내용을 이루는 것이므로, 의사표시의 일반원칙에 따라 조건을 붙이고자 하는 의사 즉 조건의사와 그 표시가 필요하며, 조건의사가 있더라도 그것이 외부에 표시되지 않으면 법률행위의 동기에 불과할 뿐이고 그것만으로는 법률행위의 부관으로서의 조건이 되지는 아니한다.

판례선정이유

조건부 법률행위에 있어 조건과 법률행위의 관계를 설명하면서, 조건의사의 존재와 그 의사의 표시가 필요한 이유를 일목요연하게 정리한 판결

125. 조건부 법률행위(2) : 조건과 기한의 구별 및 판단기준

(대법원 2018. 6. 28. 선고 2018다201702 판결)

쟁점 조건과 기한의 구별 및 법률행위에 붙은 부관이 정지조건인지 불확정기한인지 판단하는 기준

판결요지

[1] 조건은 법률행위 효력의 발생 또는 소멸을 장래의 불확실한 사실의 성부에 의존하게 하는 법률행위의 부관이다. 반면 장래의 사실이더라도 그것이 장래 반드시 실현되는 사실이면 실현되는 시기가 비록 확정되지 않더라도 이는 기한으로 보아야 한다.

[2] 법률행위에 붙은 부관이 조건인지 기한인지가 명확하지 않은 경우 법률행위의 해석을 통해서 이를 결정해야 한다. 부관에 표시된 사실이 발생하지 않으면 채무를 이행하지 않아도 된다고 보는 것이 합리적인 경우에는 조건으로 보아야 한다. 그러나 부관에 표시된 사실이 발생한 때에는 물론이고 반대로 발생하지 않는 것이 확정된 때에도 채무를 이행하여야 한다고 보는 것이 합리적인 경우에는 표시된 사실의 발생 여부가 확정되는 것을 불확정기한으로 정한 것으로 보아야 한다. 이러한 부관이 화해계약의 일부를 이루고 있는 경우에도 마찬가지이다.

[3] 甲이 乙회사를 상대로 물품대금의 지급을 구하는 소를 제기하고, 乙회사는 甲을 상대로 채무부존재확인 등을 구하는 소를 제기하였는데, 소송계속 중 甲과 乙회사가, 甲은 乙회사의 채무자인 丙주식회사 등으로부터 미지급 물품대금 액수에 해당하는 금액을 지급받고, 乙회사에 대한 나머지 청구를 포기하며, 이후 어떠한 이의도 제기하지 않기로 하는 등의 합의를 하면서 '모든 합의사항의 이행은 甲이 제3채무자들로부터 위 금액을 모두 지급받은 후 효력이 발생한다'라고 정한 사안에서, '甲이 丙회사 등으로부터 위 금액을 모두 지급받는다'는 사실이 발생해야 나머지 청구 포기와 부제소 특약이 포함된 합의서의 이행의무가 성립한다고 볼 수 있는데, 甲이 위 돈을 지급받는다는 것은 장래 발생 여부가 불확실한 사실로서 조건으로 볼 여지가 있고, 甲이 乙회사 등으로부터 미지급 물품대금 액수에 해당하는 금액을 변제받을 것이 확실시되었다는 등의 특별한 사정이 없는 상태에서 乙회사에 대한 물품대금채권을 포기할 아무런 이유가 없다는 점에서도 위 합의는 정지조건부합의로 볼 여지가 크며, 위 합의가 화해계약의 성격을 가진다고 하여 달리 볼 이유가 없는데도, 위 합의를 甲에게 부과된 이행의무의 기한을 정한 것으로 본 원심판단에는 법리오해의 잘못이 있다.

판례선정이유

법률행위 부관으로서 조건과 기한의 구별, 법률행위에 붙은 부관이 정지조건인지 불확정기한인지 판단하는 기준, 이러한 판단기준이 화해계약에 붙은 부관의 경우에도 동일하게 적용되는지 여부를 잘 정리한 판결

126. 조건부 법률행위(3) : 해제조건부 증여
(대법원 1992. 5. 22. 선고 92다5584 판결)

쟁점 해제조건부증여로 인한 소유권이전등기를 마친 경우, 조건성취의 효과 및 조건성취 전에 수증자가 한 처분행위의 효력

판결요지

해제조건부증여로 인한 부동산소유권이전등기를 마쳤다 하더라도 그 해제조건이 성취되면 그 소유권은 증여자에게 복귀한다고 할 것이고, 이 경우 당사자 간에 별단의 의사표시가 없는 한 그 조건성취의 효과는 소급하지 아니하나, 조건성취 전에 수증자가 한 처분행위는 조건성취의 효과를 제한하는 한도 내에서는 무효라고 할 것이고, 다만 그 조건이 등기되어 있지 않는 한 그 처분행위로 인하여 권리를 취득한 제3자에게 위 무효를 대항할 수 없다.

판례선정이유

부동산의 해제조건부 증여에 있어 해제조건 성취의 효력, 조건성취 전에 수증자가 한 처분행위의 효과(해제조건이 등기되지 않는 상태에서 제3자가 소유권이전등기청구권 보전을 위한 가등기를 한 경우, 증여자는 해제조건의 성취를 이유로 대항할 수 없음) 등을 잘 정리하고 있는 판결

127. 조건부 법률행위(4) : 불법조건
(대법원 2005. 11. 8., 2005마541 결정)

쟁점 조건부 법률행위에 있어 조건의 내용 자체가 무효이거나 조건을 붙이는 것이 허용되지 아니하는 경우, 그 법률행위 전부가 무효인지 여부

판결요지

조건부 법률행위에 있어 조건의 내용 자체가 불법적인 것이어서 무효일 경우 또는 조건을 붙이는 것이 허용되지 아니하는 법률행위에 조건을 붙인 경우, 그 조건만을 분리하여 무효로 할 수는 없고, 그 법률행위 전부가 무효로 된다.

판례선정이유

불법조건의 효과를 잘 정리한 판결

128. 기한부 법률행위 : 기한이익 상실의 특약

(대법원 2002. 9. 4. 선고 2002다28340 판결)

쟁점 기한이익 상실의 특약은 형성권적 기한이익 상실의 특약으로 추정되는지 여부 및 형성권적 기한이익 상실의 특약이 있는 할부채무에 있어서 소멸시효의 기산점

판결요지

[1] 기한이익 상실의 특약은 그 내용에 의하여 일정한 사유가 발생하면 채권자의 청구 등을 요함이 없이 당연히 기한의 이익이 상실되어 이행기가 도래하는 것으로 하는 정지조건부 기한이익 상실의 특약과 일정한 사유가 발생한 후 채권자의 통지나 청구 등 채권자의 의사행위를 기다려 비로소 이행기가 도래하는 것으로 하는 형성권적 기한이익 상실의 특약의 두 가지로 대별할 수 있고, 기한이익 상실의 특약이 위의 양자 중 어느 것에 해당하느냐는 당사자의 의사해석의 문제이지만 일반적으로 기한이익 상실의 특약이 채권자를 위하여 둔 것인 점에 비추어 명백히 정지조건부 기한이익 상실의 특약이라고 볼 만한 특별한 사정이 없는 이상 형성권적 기한이익 상실의 특약으로 추정하는 것이 타당하다.

[2] 형성권적 기한이익 상실의 특약이 있는 경우에는 그 특약은 채권자의 이익을 위한 것으로서 기한이익의 상실 사유가 발생하였다고 하더라도 채권자가 나머지 전액을 일시에 청구할 것인가 또는 종래대로 할부변제를 청구할 것인가를 자유로이 선택할 수 있으므로, 이와 같은 기한이익 상실의 특약이 있는 할부채무에 있어서는 1회의 불이행이 있더라도 각 할부금에 대해 그 각 변제기의 도래시마다 그 때부터 순차로 소멸시효가 진행하고 채권자가 특히 잔존 채무 전액의 변제를 구하는 취지의 의사를 표시한 경우에 한하여 전액에 대하여 그 때부터 소멸시효가 진행한다.

[3] 약정한 이행의무를 한번이라도 지체하였을 때 기한의 이익을 잃고 즉시 채무금 전액을 완제하여야 한다고 되어 있는 기한이익 상실약정을 정지조건부 기한이익 상실특약으로 보아 할부금 채무의 1회 불이행시부터 전체 채무에 관하여 소멸시효가 진행된다고 판단한 원심판결을 파기한 사례

판례선정이유

정지조건부 기한이익 상실특약과 형성권적 기한이익 상실특약의 의미와 정지조건부 기한이익 상실특약으로 볼만한 특별한 사정이 없는 경우에는 기한이익 상실특약으로 추정해야 하는 이유, 할부변제에 있어 이행의무 불이행을 정지조건부 기한이익 상실특약으로 해석하는 근거 등을 잘 설명하고 있는 판결

제7장 소멸시효

129. 제척기간 (1) : 제척기간과 소멸시효

(대법원 1993. 7. 27. 선고 92다52795 판결)

쟁점 제척기간의 준수를 위한 권리행사방법

판결요지

제146조에 규정된 취소권의 존속기간은 제척기간이라고 보아야 할 것이지만, 그 제척기간 내에 소를 제기하는 방법으로 권리를 재판상 행사하여야만 되는 것은 아니고, 재판 외에서 의사표시를 하는 방법으로도 권리를 행사할 수 있다고 보아야 한다.

판례선정이유

제척기간은 권리의 존속기간으로서 그 기간 내에 권리를 행사하지 않으면 권리가 절대적으로 소멸하는 기간인 바, 그 권리의 행사방법에 대하여 소제기 이외의 방법으로 권리를 행사하면 충분하다는 점을 밝힌 판결

130. 제척기간 (2) : 점유보호청구권의 행사기간

(대법원 2002. 4. 26. 선고 2001다8097, 8103 판결)

쟁점 제척기간인 점유보호청구권의 행사기간의 법적 성질

판결요지

제204조 제3항과 제205조 제2항에 의하면 점유를 침탈당하거나 방해를 받은 자의 침탈자 또는 방해자에 대한 청구권은 그 점유를 침탈당한 날 또는 점유의 방해행위가 종료된 날로부터 1년 내에 행사하여야 하는 것으로 규정되어 있는데, 여기에서 제척기간의 대상이 되는 권리는 형성권이 아니라 통상의 청구권인 점과 점유의 침탈 또는 방해의 상태가 일정한 기간을 지나게 되면 그대로 사회의 평온한 상태가 되고 이를 복구하는 것이 오히려 평화질서의 교란으로 볼 수 있게 되므로 일정한 기간을 지난 후에는 원상회복을 허용하지 않는 것이 점유제도의 이상에 맞고, 여기에 점유의 회수 또는 방해제거 등 청구권에 단기의 제척기간을 두는 이유가 있는 점 등에 비추어 볼 때, 위의

제척기간은 재판외에서 권리행사하는 것으로 족한 기간이 아니라 반드시 그 기간 내에 소를 제기하여야 하는 이른바 출소기간으로 해석함이 상당하다.

판례선정이유

점유보호청구권의 권리행사기간을 출소기간이라고 밝힌 최초의 판결

131. 제척기간 (3) : 징발재산 환매권의 존속기간

(대법원 1991. 2. 22. 선고 90다13420 판결)

쟁점 형성권인 징발재산 환매권의 행사로 발생한 소유권이전등기청구권의 소멸시효

판결요지

[1] 징발재산법 제20조 소정의 환매권은 일종의 형성권으로서 그 존속기간은 제척기간으로 보아야 할 것이며, 위 환매권은 재판상이든 재판외이든 위 기간 내에 이를 행사하면 이로써 매매의 효력이 생기는 것이고, 반드시 위 기간 내에 재판상 행사하여야 하는 것은 아니다.

[2] 환매권의 행사로 발생한 소유권이전등기청구권은 위 기간 제한과는 별도로 환매권을 행사한 때로부터 일반채권과 같이 제162조 소정의 10년의 소멸시효기간이 진행되는 것이지, 위 제척기간 내에 이를 행사하여야 하는 것은 아니다.

판례선정이유

형성권에 그 존속기간이 정해져 있는 경우에는 이를 제척기간으로 보아야 한다고 점을 밝힌 점과, 제척기간을 그 기간 내에 반드시 재판상 권리를 행사하여야 하는 출소기간이라고 보는 다수의 학설과는 달리, 재판상이든 재판외이든 권리를 행사하면 되는 권리행사기간으로 보아야 한다는 점을 밝힌 판결

132. 제척기간 (4) : 제척기간 준수에 필요한 재판외의 권리행사

(대법원 2012. 3. 22. 선고 2010다28840 전원합의체 판결)

쟁점 채권양도 통지만으로 제척기간 준수에 필요한 재판외의 권리의 행사가 이루어졌다고 볼 수 있는지 여부

판결요지

채권양도의 통지는 양도인이 채권이 양도되었다는 사실을 채무자에게 알리는 것에 그치는 행위이므로, 그것만으로 제척기간 준수에 필요한 권리의 재판외 행사에 해당한다고 할 수 없다. 따라서 집합건물인 아파트의 입주자대표회의가 스스로 하자담보추급에 의한 손해배상청구권을 가짐을 전제로 하여 직접 아파트의 분양자를 상대로 손해배상청구소송을 제기하였다가, 소송계속 중에 정당한 권리자인 구분소유자들에게서 손해배상채권을 양도받고 분양자에게 통지가 마쳐진 후 그에 따라 소를 변경한 경우에는, 채권양도통지에 채권양도의 사실을 알리는 것 외에 이행을 청구하는 뜻이 별도로 덧붙여지거나 그 밖에 구분소유자들이 재판외에서 권리를 행사하였다는 등 특별한 사정이 없는 한, 위 손해배상청구권은 입주자대표회의가 위와 같이 소를 변경한 시점에 비로소 행사된 것으로 보아야 한다.

판례선정이유

준법률행위인 채권양도의 통지만으로 제척기간인 하자담보책임의 권리행사기간을 준수한 것으로 볼 수 있는지의 여부에 대하여, '양도인이 채권양도의 통지를 한 것만으로는 권리를 행사한 것으로 볼 수 없으며, 채권양도의 통지를 한 후에 양수인이 그 이행을 청구하여야 제척기간의 준수를 위한 권리행사로 볼 수 있다'는 점을 밝힌 최초의 판결

133. 등기청구권과 소멸시효

(대법원 1976. 11. 6. 선고 76다148 전원합의체 판결)

쟁점 부동산 매수인이 그 목적물을 인도받아 사용수익하고 있는 경우, 매수인의 등기청구권이 소멸시효에 걸리는지 여부

판결요지

시효제도의 존재이유에 비추어 보아 부동산 매수인이 그 목적물을 인도받아서 이를 사용수익하고 있는 경우에는 그 매수인을 권리 위에 잠자는 것으로 볼 수도 없고, 또 매도인 명의로 등기가 남아 있는 상태와 매수인이 인도받아 이를 사용수익하고 있는 상태를 비교하면 매도인 명의로 잔존하고 있는 등기를 보호하기 보다는 매수인의 사용수익상태를 더욱 보호하여야 할 것이므로, 그 매수인의 등기청구권은 다른 채권과는 달리 소멸시효에 걸리지 않는다고 해석함이 타당하다.

판례선정이유

등기청구권은 채권적 청구권으로서 소멸시효의 객체가 되는 것이 원칙이지만, 매수인이 인도받아 사용수익하고 있는 동안에는 소멸시효의 객체가 되지 않는다고 판례의 법리를 전원합의체판결로써 처음 제시한 판결

134. 소멸시효의 기산점 (1)

(대법원 1996. 7. 12. 선고 94다52195 판결)

쟁점 면직처분의 근거법률이 위헌으로 결정되어 당연무효가 되고 그 면직처분이 불법행위에 해당되는 경우, 그 손해배상청구권의 소멸시효의 기산점

판결요지

헌법재판소에 의하여 면직처분의 근거가 된 법률 규정이 위헌으로 결정되어 위헌결정의 소급효로 인하여 면직처분이 당연무효가 되고 그 면직처분이 불법행위에 해당되는 경우라도, 그 손해배상청구권은 위헌결정이 있기 전까지는 법률 규정의 존재라는 법률상 장애로 인하여 행사할 수 없었다고 보아야 할 것이므로 소멸시효의 기산점은 위헌결정일로부터 진행되는 것이고, 이러한 법리는 그 법률이 위헌결정 당시에는 실효되었다 할지라도 그 법률 규정으로 인한 면직처분의 효력이 그대로 지속되는 경우에도 마찬가지이다.

판례선정이유

공무원의 면직처분이 그 근거법률에 대한 위헌결정으로 인하여 불법행위가 된 경우에는, 불법행위로 인한 손해배상청구권의 소멸시효의 기산점을 '피해자나 그 법정대리인이 그 손해 및 가해자를 안 날'로 규정하고 있는 제766조 제1항의 규정에 대한 예외를 인정하여, 위헌결정일로부터 소멸시효가 진행된다고 판시한 최초의 판결

135. 소멸시효의 기산점 (2)

(대법원 1992. 3. 31. 선고 91다32053 전원합의체 판결)

쟁점 소멸시효가 진행하지 않는 '권리를 행사할 수 없는' 경우의 의미와 과세처분이 당연무효에 해당하는지 여부를 현실적으로 판단하기 어렵다거나 당사자에게 처음부터 과세처분의 취소소송과 부당이득반환청구소송을 동시에 제기할 것을 기대할 수 없다는 사유가 권리행사의 법률상 장애사유인지 여부

판결요지

[1] 소멸시효는 객관적으로 권리가 발생하여 그 권리를 행사할 수 있는 때로부터 진행하고 그 권리를 행사할 수 없는 동안만은 진행하지 않는바, '권리를 행사할 수 없는' 경우라 함은 그 권리행사에 법률상의 장애사유, 예컨대 기간의 미도래나 조건불성취 등이 있는 경우를 말하는 것이고, 사실상 권리의 존재나 권리행사가능성을 알지 못하였고 알지 못함에 과실이 없다고 하여도 이러한 사유는 법률상 장애사유에 해당하지 않는다.

[2] 과세처분의 하자가 중대하고 명백하여 당연무효에 해당하는 여부를 당사자로서는 현실적으로 판단하기 어렵다거나, 당사자에게 처음부터 과세처분의 취소소송과 부당이득반환청구소송을 동시에 제기할 것을 기대할 수 없다고 하여도 이러한 사유는 법률상 장애사유가 아니라 사실상의 장애사유에 지나지 않는다.

[3] 과세처분의 취소를 구하였으나 재판과정에서 그 과세처분이 무효로 밝혀졌다고 하여도 그 과세처분은 처음부터 무효이고 무효선언으로서의 취소판결이 확정됨으로써 비로소 무효로 되는 것은 아니므로, 오납시부터 그 반환청구권의 소멸시효가 진행한다.

판례선정이유

과세처분의 취소를 구하였으나 재판과정에서 그 과세처분이 무효로 밝혀졌다고 하여도 그 과세처분은 처음부터 무효이고 무효선언으로서의 취소판결이 확정됨으로써 비로소 무효로 되는 것은 아니라는 이유로 과오납시에 이미 과오납반환청구권의 소멸시효가 진행된다고 한 판결

136. 소멸시효의 기산점 (3)

(대법원 2001. 4. 27. 선고 2000다31168 판결)

쟁점 보험금청구권의 소멸시효의 기산점

판결요지

보험금청구권은 보험사고가 발생하기 전에는 추상적인 권리에 지나지 아니할 뿐 보험사고의 발생으로 인하여 구체적인 권리로 확정되어 그 때부터 그 권리를 행사할 수 있게 되는 것이므로, 특별한 다른 사정이 없는 한 원칙적으로 보험금청구권의 소멸시효는 보험사고가 발생한 때로부터 진행한다고 해석해야 할 것이고, 다만 보험사고가 발생한 것인지의 여부가 객관적으로 분명하지 아니하여 보험금청구권자가 과실 없이 보험사고의 발생을 알 수 없었던 경우에도 보험사고가 발생한 때로부터 보험금청구권의 소멸시효가 진행한다고 해석하는 것은 보험금청구권자에게 너무 가혹하여 사회정의와 형평의 이념에 반할 뿐만 아니라 소멸시효제도의 존재이유에 부합된다고 볼 수도

없으므로, 이와 같이 객관적으로 보아 보험사고가 발생한 사실을 확인할 수 없는 사정이 있는 경우에는 보험금청구권자가 보험사고의 발생을 알았거나 알 수 있었던 때로부터 보험금액청구권의 소멸시효가 진행한다고 해석할 것이다.

판례선정이유

보험금청구권의 소멸시효의 기산점에 관한 원칙(보험사고가 발생한 때)과 예외(객관적으로 보아 보험사고가 발생한 사실을 확인할 수 없는 사정이 있는 경우에는 보험금청구권자가 보험사고의 발생을 알았거나 알 수 있었던 때)를 명확하게 제시한 판결

137. 소멸시효의 기산점 (4)

(대법원 2003. 4. 8. 선고 2002다64957, 64964 판결)

쟁점 법인의 내부적인 법률관계가 개입되어 있어 제3자인 청구권자가 권리의 발생 여부를 객관적으로 알기 어려운 상황에 있고 과실 없이 이를 알지 못한 경우, 청구권의 소멸시효의 기산점

판결요지

소멸시효의 진행은 당해 청구권이 성립한 때로부터 발생하고 원칙적으로 권리의 존재나 발생을 알지 못하였다고 하더라도 소멸시효의 진행에 장애가 되지 않는다고 할 것이지만, 법인의 이사회결의가 부존재함에 따라 발생하는 제3자의 부당이득반환청구권처럼 법인이나 회사의 내부적인 법률관계가 개입되어 있어 청구권자가 권리의 발생 여부를 객관적으로 알기 어려운 상황에 있고 청구권자가 과실 없이 이를 알지 못한 경우에도 청구권이 성립한 때부터 바로 소멸시효가 진행한다고 보는 것은 정의와 형평에 맞지 않을 뿐만 아니라 소멸시효제도의 존재이유에도 부합한다고 볼 수 없으므로, 이러한 경우에는 이사회결의부존재확인판결의 확정과 같이 객관적으로 청구권의 발생을 알 수 있게 된 때로부터 소멸시효가 진행된다고 보는 것이 타당하다.

판례선정이유

소멸시효의 기산점에 관한 원칙(권리를 행사할 수 있는 때)에 대한 예외로서 '법인이나 회사의 내부적인 법률관계가 개입되어 있어 청구권자가 권리의 발생 여부를 객관적으로 알기 어려운 상황에 있고 청구권자가 과실 없이 이를 알지 못한 경우'에는 '이사회결의부존재확인판결의 확정과 같이 객관적으로 청구권의 발생을 알 수 있게 된 때'로부터 소멸시효가 진행된다는 점을 명확히 한 판결

138. 소멸시효기간 (1)
(대법원 2000. 5. 12. 선고 98다23195 판결)

쟁점 일방적 상행위 또는 보조적 상행위로 인한 채권도 상법 제64조 소정의 상사채권에 포함되는지 여부

판결요지

[1] 당사자 쌍방에 대하여 모두 상행위가 되는 행위로 인한 채권뿐만 아니라 당사자 일방에 대하여만 상행위에 해당하는 행위로 인한 채권도 상법 제64조에서 정한 5년의 소멸시효기간이 적용되는 상사채권에 해당하는 것이고, 그 상행위에는 상법 제46조 각 호에 해당하는 기본적 상행위뿐만 아니라 상인이 영업을 위하여 하는 보조적 상행위도 포함된다.

[2] 매립사업을 목적으로 하는 영리법인과 상인이 아닌 양수인 간의 매립지 양도약정에 기한 양수인의 소유권이전등기청구권이 상사채권에 해당한다.

판례선정이유

'상사시효는 그 원인이 상행위로 인한 것인가 아닌가에 따라 그 적용 여부가 결정되는 것이지 그로 인한 채권의 목적물에 따라 달라질 수 없다'는 점을 근거로 소유권이전등기청구권이 상행위로 인하여 발생한 경우에는 상사소멸시효의 적용대상이 된다는 점을 밝힌 판결

139. 소멸시효기간 (2)
(대법원 2012. 4. 13. 선고 2011다104246 판결)

쟁점 개업준비행위 및 영업자금의 차입행위에 관하여 상사소멸시효가 적용되는지 여부

판결요지

[1] 상법은 점포 기타 유사한 설비에 의하여 상인적 방법으로 영업을 하는 자는 상행위를 하지 아니하더라도 상인으로 보면서(제5조 제1항), 제5조 제1항에 의한 의제상인의 행위에 대하여 상사소멸시효 등 상행위에 관한 통칙 규정을 준용하도록 하고 있다(제66조). 한편 영업의 목적인 상행위를 개시하기 전에 영업을 위한 준비행위를 하는 자는 영업으로 상행위를 할 의사를 실현하는 것이므로 준비행위를 한 때 상인자격을 취득함과 아울러 개업준비행위는 영업을 위한 행위로서 최초의 보조적 상행위가 되는 것이고, 이와 같은 개업준비행위는 반드시 상호등기 · 개업광고 · 간판부착 등에 의하여

영업의사를 일반적 · 대외적으로 표시할 필요는 없으나 점포구입 · 영업양수 · 상업사용인의 고용 등 준비행위의 성질로 보아 영업의사를 상대방이 객관적으로 인식할 수 있으면 당해 준비행위는 보조적 상행위로서 여기에 상행위에 관한 상법의 규정이 적용된다. 그리고 영업자금 차입 행위는 행위 자체의 성질로 보아서는 영업의 목적인 상행위를 준비하는 행위라고 할 수 없지만, 행위자의 주관적 의사가 영업을 위한 준비행위이었고 상대방도 행위자의 설명 등에 의하여 그 행위가 영업을 위한 준비행위라는 점을 인식하였던 경우에는 상행위에 관한 상법의 규정이 적용된다고 봄이 타당하다.

[2] 甲이 학원 설립과정에서 영업준비자금으로 乙에게서 돈을 차용한 후 학원을 설립하여 운영한 사안에서, 제반 사정에 비추어 甲이 운영한 학원업은 점포 기타 유사한 설비에 의하여 상인적 방법으로 영업을 하는 경우에 해당하여 甲은 상법 제5조 제1항에서 정한 '의제상인'에 해당하는데, 甲의 차용행위는 학원영업을 위한 준비행위에 해당하고 상대방인 乙도 이러한 사정을 알고 있었으므로 차용행위를 한 때 甲은 상인자격을 취득함과 아울러 차용행위는 영업을 위한 행위로서 보조적 상행위가 되어 상법 제64조에서 정한 상사소멸시효가 적용된다.

판례선정이유

'영업자금의 차입행위는 행위 자체의 성질로 보아서는 영업의 목적인 상행위를 준비하는 행위라고 할 수 없지만, 행위자의 주관적 의사가 영업을 위한 준비행위이었고 상대방도 행위자의 설명 등에 의하여 그 행위가 영업을 위한 준비행위라는 점을 인식하였던 경우에는 상행위에 관한 상법의 규정이 적용되며, 그 결과 이에 관하여 상사소멸시효에 관한 규정이 적용된다'는 점을 밝힌 판결

140. 소멸시효기간 (3)

(대법원 2005. 1. 14. 선고 2002다57119 판결)

쟁점 우수현상광고의 광고자로서 당선자와 일정한 계약을 체결할 의무가 있는 자가 이를 이행하지 아니한 경우, 당선자가 취득하는 손해배상청구권의 소멸시효기간

판결요지

[1] 우수현상광고의 광고자로서 당선자에게 일정한 계약을 체결할 의무가 있는 자가 그 의무를 위반함으로써 계약의 종국적인 체결에 이르지 않게 되어 상대방이 그러한 계약체결의무의 채무불이행을 원인으로 하는 손해배상을 청구한 경우, 그 손해배상청구권은 계약이 체결되었을 경우에 취득하게 될 계약상의 이행청구권과 실질적이고 경제적으로 밀접한 관계가 형성되어 있기 때문에, 그 손해배상청구권의 소멸시효기간은 계약이 체결되었을 때 취득하게 될 이행청구권에 적용되는 소멸시효기간에 따른다.

[2] 우수현상광고의 당선자가 광고주에 대하여 우수작으로 판정된 계획설계에 기초하여 기본 및 실시설계계약의 체결을 청구할 수 있는 권리를 가지고 있는 경우, 이러한 청구권에 기하여 계약이 체결되었을 경우에 취득하게 될 계약상의 이행청구권은 “설계에 종사하는 자의 공사에 관한 채권”으로서 이에 관하여는 제163조 제3호 소정의 3년의 단기소멸시효가 적용되므로, 위의 기본 및 실시설계계약의 체결의무의 불이행으로 인한 손해배상청구권의 소멸시효 역시 3년의 단기소멸시효가 적용된다.

판례선정이유

‘우수현상광고의 광고자로서 당선자와 일정한 계약을 체결할 의무가 있는 자가 이를 이행하지 아니한 경우, 당선자가 취득하는 손해배상청구권의 소멸시효기간은 계약이 체결되었을 때 취득하게 될 이행청구권에 적용되는 소멸시효기간에 따른다’는 법리를 제시한 판결

141. 소멸시효의 중단사유(1) : 시효중단을 위한 재소

(대법원 2018. 7. 19. 선고 2018다22008 전원합의체 판결)

쟁점 확정판결에 의한 채권의 소멸시효기간인 10년의 경과가 임박한 경우, 시효중단을 위한 재소(재소)에 소의 이익이 있는지 여부

판결요지

확정된 승소판결에는 기판력이 있으므로, 승소 확정판결을 받은 당사자가 그 상대방을 상대로 다시 승소 확정판결의 전소와 동일한 청구의 소를 제기하는 경우, 그 후소는 권리보호의 이익이 없어 부적법하다. 하지만 예외적으로 확정판결에 의한 채권의 소멸시효기간인 10년의 경과가 임박한 경우에는 그 시효중단을 위한 소는 소의 이익이 있다. 나아가 이러한 경우에 후소의 판결이 전소의 승소 확정판결의 내용에 저촉되어서는 아니 되므로, 후소 법원으로서는 그 확정된 권리를 주장할 수 있는 모든 요건이 구비되어 있는지 여부에 관하여 다시 심리할 수 없다. 대법원은 종래 확정판결에 의한 채권의 소멸시효기간인 10년의 경과가 임박한 경우에는 그 시효중단을 위한 재소는 소의 이익이 있다는 법리를 유지하여 왔다. 이러한 법리는 현재에도 여전히 타당하다. 다른 시효중단사유인 압류·가압류나 승인 등의 경우 이를 1회로 제한하고 있지 않음에도 유독 재판상 청구의 경우만 1회로 제한되어야 한다고 보아야 할 합리적인 근거가 없다. 또한 확정판결에 의한 채무라 하더라도 채무자가 파산이나 회생제도를 통해 이로부터 전부 또는 일부 벗어날 수 있는 이상, 채권자에게는 시효중단을 위한 재소를 허용하는 것이 균형에 맞다.

판례선정이유

'확정판결에 의한 채권의 소멸시효기간인 10년의 경과가 임박한 경우에는 그 시효중단을 위한 재소는 소의 이익이 있다'는 종래의 판례의 입장을 전원합의체판결로써 확인하였다는 점에서 의미가 있는 판결

142. 소멸시효의 중단사유 (2) : 시효중단을 위한 새로운 방식의 확인소송

(대법원 2018. 10. 18. 선고 2015다232316 전원합의체 판결)

쟁점 시효중단을 위한 후소로서 이행소송 외에 전소 판결로 확정된 채권의 시효를 중단시키기 위한 재판상의 청구가 있다는 점에 대하여만 확인을 구하는 형태의 '새로운 방식의 확인소송'이 허용되는지 여부

판결요지

종래 대법원은 시효중단사유로서 재판상의 청구에 관하여 반드시 권리 자체의 이행청구나 확인청구로 제한하지 않을 뿐만 아니라, 권리자가 재판상 그 권리를 주장하여 권리 위에 잠자는 것이 아님을 표명한 것으로 볼 수 있는 때에는 널리 시효중단사유로서 재판상의 청구에 해당하는 것으로 해석하여 왔다. 이와 같은 법리는 이미 승소 확정판결을 받은 채권자가 그 판결상 채권의 시효중단을 위해 후소를 제기하는 경우에도 동일하게 적용되므로, 채권자가 전소로 이행청구를 하여 승소 확정판결을 받은 후 그 채권의 시효중단을 위한 후소를 제기하는 경우, 후소의 형태로서 항상 전소와 동일한 이행청구만이 시효중단사유인 '재판상의 청구'에 해당한다고 볼 수는 없다.

시효중단을 위한 이행소송은 다양한 문제를 야기한다. 그와 같은 문제들의 근본적인 원인은 시효중단을 위한 후소의 형태로 전소와 소송물이 동일한 이행소송이 제기되면서 채권자가 실제로 의도하지도 않은 청구권의 존부에 관한 실체 심리를 진행하는 데에 있다. 채무자는 그와 같은 후소에서 전소 판결에 대한 청구이의사유를 조기에 제출하도록 강요되고 법원은 불필요한 심리를 해야 한다. 채무자는 이중집행의 위험에 노출되고, 실질적인 채권의 관리 · 보전비용을 추가로 부담하게 되며 그 금액도 매우 많은 편이다. 채권자 또한 자신이 제기한 후소의 적법성이 10년의 경과가 임박하였는지 여부라는 불명확한 기준에 의해 좌우되는 불안정한 지위에 놓이게 된다.

위와 같은 종래 실무의 문제점을 해결하기 위해서, 시효중단을 위한 후소로서 이행소송 외에 전소 판결로 확정된 채권의 시효를 중단시키기 위한 조치, 즉 '재판상의 청구'가 있다는 점에 대하여만 확인을 구하는 형태의 '새로운 방식의 확인소송'이 허용되고, 채권자는 두 가지 형태의 소송 중 자신의 상황과 필요에 보다 적합한 것을 선택하여 제기할 수 있다고 보아야 한다.

판례선정이유

'확정판결에 의한 채권의 소멸시효기간인 10년의 경과가 임박한 경우에는 그 시효중단을 위하여 이행청구의 재소를 제기할 수 있다'는 종래의 판례법리에서 나아가, '재소의 이행청구소송의 실무상의 문제점을 들어 해결하기 위해서 시효중단을 위한 후소로서 이행소송 외에 전소 판결로 확정된 채권의 시효를 중단시키기 위한 조치, 즉 재판상의 청구가 있다는 점에 대하여만 확인을 구하는 형태의 새로운 방식의 확인소송이 허용되며, 채권자는 두 가지 형태의 소송 중 자신의 상황과 필요에 보다 적합한 것을 선택하여 제기할 수 있다'고 한 점에 의미가 있는 판결

143. 소멸시효의 중단사유 (3) : 권리발생의 기본적 법률관계를 기초로 한 소

(대법원 2011. 7. 14. 선고 2011다19737 판결)

쟁점 시효중단 사유로서 재판상 청구에 소멸시효 대상인 권리가 발생한 기본적 법률관계를 기초로 하여 소의 형식으로 주장하는 경우가 포함되는지 여부

판결요지

[1] 시효제도의 존재이유는 영속된 사실 상태를 존중하고 권리 위에 잠자는 자를 보호하지 않는다는 데에 있고, 특히 소멸시효에서는 후자의 의미가 강하므로 권리자가 재판상 그 권리를 주장하여 권리 위에 잠자는 것이 아님을 표명한 때에는 시효중단 사유가 되는데, 이러한 시효중단 사유로서 재판상청구에는 소멸시효 대상인 권리 자체의 이행청구나 확인청구를 하는 경우만이 아니라, 권리가 발생한 기본적 법률관계를 기초로 하여 소의 형식으로 주장하는 경우에도 권리 위에 잠자는 것이 아님을 표명한 것으로 볼 수 있을 때에는 이에 포함된다고 보아야 하고, 시효중단 사유인 재판상 청구를 기판력이 미치는 범위와 일치하여 고찰할 필요는 없다.

[2] 매매계약에 기한 소유권이전등기청구권의 시효중단 사유인 재판상 청구는 권리자가 소송이라는 형식을 통하여 권리를 주장하면 족하고 반드시 그 권리가 소송물이 되어 기판력이 발생할 것을 요하지 않으므로, 소유권이전등기청구권이 발생한 기본적 법률관계에 해당하는 매매계약을 기초로 하여 건축주명의변경을 구하는 소도 소멸시효를 중단시키는 재판상 청구에 포함된다.

판례선정이유

'시효중단 사유로서 재판상청구에는 소멸시효 대상인 권리 자체의 이행청구나 확인청구를 하는 경우만이 아니라, 권리가 발생한 기본적 법률관계를 기초로 하여 소의 형식으로 주장하는 경우에도 권리 위에 잠자는 것이 아님을 표명한 것으로 볼 수 있을 경우를 포함한다'는 종래의 판례의 입장을 재확인한 판결

144. 소멸시효의 중단사유(4) : 과세처분의 취소 또는 무효확인청구의 소
(대법원 1992. 3. 31. 선고 91다32053 전원합의체 판결)

쟁점 과세처분의 취소 또는 무효확인청구의 소가 조세환급을 구하는 부당이득반환청구권의 소멸시효중단사유인 재판상 청구에 해당하는지 여부

판결요지

일반적으로 위법한 행정처분의 취소, 변경을 구하는 행정소송은 사권을 행사하는 것으로 볼 수 없으므로 사권에 대한 시효중단사유가 되지 못하는 것이나, 다만 오납한 조세에 대한 부당이득반환청구권을 실현하기 위한 수단이 되는 과세처분의 취소 또는 무효확인을 구하는 소는 그 소송물이 객관적인 조세채무의 존부확인으로서 실질적으로 민사소송인 채무부존재확인의 소와 유사할 뿐 아니라, 과세처분의 유효 여부는 그 과세처분으로 납부한 조세에 대한 환급청구권의 존부와 표리관계에 있어 실질적으로 동일 당사자인 조세부과권자와 납세의무자 사이의 양면적 법률관계라고 볼 수 있으므로, 위와 같은 경우에는 과세처분의 취소 또는 무효확인청구의 소가 비록 행정소송이라고 할지라도 조세환급을 구하는 부당이득반환청구권의 소멸시효중단사유인 재판상 청구에 해당한다고 볼 수 있다.

판례선정이유

'일반적으로 행정처분의 취소, 변경을 구하는 행정소송은 사권을 행사하는 것으로 볼 수 없으므로 소멸시효중단사유인 재판상 청구에 해당하지 않으나, 과세처분의 취소 또는 무효확인청구의 소는 행정소송이지만 조세환급을 구하는 부당이득반환청구권의 소멸시효중단사유인 재판상 청구에 해당한다'는 점을 밝힌 최초의 판결

145. 소멸시효의 중단사유(5) : 응소
(대법원 1993. 12. 21. 선고 92다47861 전원합의체 판결)

쟁점 채권자가 피고로서 응소하여 적극적으로 권리를 주장하고 그것이 받아들여진 경우, 시효중단사유인 재판상의 청구에 해당하는지 여부

판결요지

제168조 제1호, 제170조 제1항에서 시효중단사유의 하나로 규정하고 있는 재판상의 청구라 함은, 통상적으로는 권리자가 원고로서 시효를 주장하는 자를 피고로 하여 소송물인 권리를 소의 형식으

로 주장하는 경우를 가리키지만, 이와 반대로 시효를 주장하는 자가 원고가 되어 소를 제기한 데 대하여 피고로서 응소하여 그 소송에서 적극적으로 권리를 주장하고 그것이 받아들여진 경우도 마찬가지로 이에 포함되는 것으로 해석함이 타당하다.

판례선정이유

'권리자가 피고가 되어 응소행위로서 한 권리의 주장은 소멸시효 내지 소유권의 취득시효에 준용되는 시효중단사유인 재판상의 청구에 해당하지 않는다'는 취지의 종전의 판례를 전원합의체 판결로써 폐기하고, '응소행위도 재판상의 청구에 해당한다'는 새로운 법리를 제시한 판결

146. 소멸시효의 중단사유 (6) : 응소한 소가 각하되거나 취하된 경우

(대법원 2010. 8. 26. 선고 2008다42416, 42423 판결)

쟁점 채권자가 응소하여 권리를 주장하였으나 그 소가 각하되거나 취하되는 등의 사유로 본안 판단 없이 소송이 종료된 경우, 제170조 제2항을 유추적용할 수 있는지 여부

판결요지

[1] 제168조 제1호, 제170조 제1항에서 시효중단사유의 하나로 규정하고 있는 재판상의 청구라 함은, 통상적으로는 권리자가 원고로서 시효를 주장하는 자를 피고로 하여 소송물인 권리를 소의 형식으로 주장하는 경우를 가리키지만, 이와 반대로 시효를 주장하는 자가 원고가 되어 소를 제기한 데 대하여 피고로서 응소하여 그 소송에서 적극적으로 권리를 주장하고 그것이 받아들여진 경우도 이에 포함되고, 위와 같은 응소행위로 인한 시효중단의 효력은 피고가 현실적으로 권리를 행사하여 응소한 때에 발생한다. 한편, 권리자인 피고가 응소하여 권리를 주장하였으나 그 소가 각하되거나 취하되는 등의 사유로 본안에서 그 권리주장에 관한 판단 없이 소송이 종료된 경우에도 제170조 제2항을 유추적용하여 그때부터 6월 이내에 재판상의 청구 등 다른 시효중단조치를 취하면 응소시에 소급하여 시효중단의 효력이 있는 것으로 봄이 상당하다.

[2] 응소행위에 대하여 소멸시효중단의 효력을 인정하는 것은 그것이 권리 위에 잠자는 것이 아님을 표명한 것에 다름 아닐 뿐만 아니라 계속된 사실상태와 상용할 수 없는 다른 사정이 발생한 때로 보아야 한다는 것에 기인한 것이므로, 채무자가 반드시 소멸시효완성을 원인으로 한 소송을 제기한 경우이거나 당해 소송이 아닌 전 소송 또는 다른 소송에서 그와 같은 권리주장을 한 경우이어야 할 필요는 없고, 나아가 변론주의 원칙상 피고가 응소행위를 하였다고 하여 바로 시효중단의 효과가 발생하는 것은 아니고 시효중단의 주장을 하여야 그 효력이 생기는 것이지만, 시효중단의 주장은 반드시 응소시에 할 필요는 없고, 소멸시효기간이 만료된 후라도 사실심 변론종결 전에는 언제든지 할 수 있다.

판례선정이유

권리자인 피고가 응소하여 권리를 주장하였으나 그 소가 각하되거나 취하되는 등의 사유로 본안에서 그 권리주장에 관한 판단 없이 소송이 종료된 경우에도 제170조 제2항을 유추적용하여 그때부터 6월 이내에 재판상의 청구 등 다른 시효중단조치를 취하면 응소시에 소급하여 시효중단의 효력이 있음을 밝힌 판결

147. 소멸시효의 중단사유 (7) : 근저당권설정등기청구의 소제기

(대법원 2004. 2. 13. 선고 2002다7213 판결)

쟁점 근저당권설정등기청구의 소제기가 그 피담보채권이 될 채권에 대한 소멸시효 중단사유로 되는지 여부

판결요지

원고의 근저당권설정등기청구권의 행사는 그 피담보채권이 될 금전채권의 실현을 목적으로 하는 것으로서, 근저당권설정등기청구의 소에는 그 피담보채권이 될 채권의 존재에 관한 주장이 당연히 포함되어 있는 것이고, 피고로서도 원고가 원심에 이르러 금전지급을 구하는 청구를 추가하기 전부터 피담보채권이 될 금전채권의 소멸을 항변으로 주장하여 그 채권의 존부에 관한 실질적 심리가 이루어져 그 존부가 확인된 이상, 그 피담보채권이 될 채권으로 주장되고 심리된 채권에 관하여는 근저당권설정등기청구의 소의 제기에 의하여 피담보채권이 될 채권에 관한 권리의 행사가 있은 것으로 볼 수 있으므로, 근저당권설정등기청구의 소의 제기는 그 피담보채권의 재판상의 청구에 준하는 것으로서 피담보채권에 대한 소멸시효 중단의 효력을 생기게 한다고 봄이 상당하다.

판례선정이유

근저당권설정등기청구권은 그 피담보채권이 될 대여금채권과는 별개의 청구권이므로, 대여금채권과는 별개로 소멸시효가 진행되는 것이나, 근저당권설정등기청구의 소제기가 그 피담보채권이 될 대여금채권의 소멸시효 중단사유가 된다고 한 최초의 판결

148. 소멸시효의 중단사유 (8) : 어음채권의 행사

(대법원 1999. 6. 11. 선고 99다16378 판결)

쟁점 원인채권의 지급을 확보하기 위한 방법으로 어음이 수수된 경우, 어음채권의 행사가 원인채권의 소멸시효를 중단시키는 효력이 있는지 여부

판결요지

[1] 원인채권의 지급을 확보하기 위한 방법으로 어음이 수수된 경우에 원인채권과 어음채권은 별개로서 채권자는 그 선택에 따라 권리를 행사할 수 있고, 원인채권에 기하여 청구를 한 것만으로는 어음채권 그 자체를 행사한 것으로 볼 수 없어 어음채권의 소멸시효를 중단시키지 못한다.

[2] 원인채권의 지급을 확보하기 위한 방법으로 어음이 수수된 경우, 이러한 어음은 경제적으로 동일한 급부를 위하여 원인채권의 지급수단으로 수수된 것으로서 그 어음채권의 행사는 원인채권을 실현하기 위한 것일 뿐만 아니라, 원인채권의 소멸시효는 어음금 청구소송에 있어서 채무자의 인적항변 사유에 해당하는 관계로 채권자가 어음채권의 소멸시효를 중단하여 두어도 채무자의 인적항변에 따라 그 권리를 실현할 수 없게 되는 불합리한 결과가 발생하게 되므로, 채권자가 원인채권에 기하여 청구를 한 것이 아니라 어음채권에 기하여 청구를 하는 반대의 경우에는 원인채권의 소멸시효를 중단시키는 효력이 있다고 봄이 상당하고, 이러한 법리는 채권자가 어음채권을 피보전권리로 하여 채무자의 재산을 가압류함으로써 그 권리를 행사한 경우에도 마찬가지로 적용된다.

판례선정이유

'원인채권의 지급을 확보하기 위한 방법으로 어음이 수수된 경우, 채권자가 원인채권에 기하여 청구를 한 경우에는 어음채권의 소멸시효를 중단시키는 효력이 없으나, 어음채권에 기하여 청구를 한 경우에는 원인채권의 소멸시효를 중단시키는 효력이 있다'는 종래의 통설 · 판례의 입장을 재확인한 판결

149. 소멸시효의 중단사유 (9) : 채권의 일부청구

(대법원 2001. 9. 28. 선고 99다72521 판결)

쟁점 채권의 일부만을 청구한 경우, 소멸시효 중단의 효력발생 범위

판결요지

청구의 대상으로 삼은 채권 중 일부만을 청구한 경우에도 그 취지로 보아 채권 전부에 관하여 판결을 구하는 것으로 해석되는 경우에는, 그 동일성의 범위 내에서 그 전부에 관하여 시효중단의 효력이 발생하고, 이러한 법리는 특정 불법행위로 인한 손해배상채권에 대한 지연손해금청구의 경우에도 마찬가지로 적용된다.

판례선정이유

'일부청구의 경우에도 그 취지로 보아 채권 전부에 관하여 판결을 구하는 것으로 해석되는 경우에는, 그 동일성의 범위 내에서 채권 전부에 관하여 소멸시효 중단의 효력이 발생한다'는 입장을 밝힌 판결

150. 소멸시효의 중단사유 (10) : 채권자대위소송의 제기

(대법원 2011. 10. 13. 선고 2010다80930 판결)

쟁점 채권자대위소송의 제기로 인한 소멸시효 중단의 효력이 채무자에게 미치는지 여부

판결요지

[1] 채권자대위권 행사의 효과는 채무자에게 귀속되는 것이므로, 채권자대위소송의 제기로 인한 소멸시효 중단의 효과 역시 채무자에게 생긴다.

[2] 채권자 甲이 채무자 乙을 대위하여 丙을 상대로 부동산에 관하여 부당이득반환을 원인으로 한 소유권이전등기절차 이행을 구하는 소를 제기하였다가 피보전권리가 인정되지 않는다는 이유로 소각하판결을 선고받아 확정되었고, 그로부터 3개월 남짓 경과한 후에 다른 채권자 丁이 乙을 대위하여 丙을 상대로 같은 내용의 소를 제기하였다가 丙과 사이에 피보전권리가 존재하지 않는다는 취지의 조정이 성립되었는데, 또 다른 채권자인 戊가 조정 성립일로부터 10여 일이 경과한 후에 乙을 대위하여 丙을 상대로 같은 내용의 소를 다시 제기한 사안에서, 채무자 乙의 丙에 대한 위 부동산에 관한 부당이득반환을 원인으로 한 소유권이전등기청구권의 소멸시효는 甲, 丁, 戊의 순차적인 채권자대위소송 중 최초의 재판상 청구인 甲의 채권자대위소송 제기로 중단되었다고 할 것이다.

판례선정이유

채권자대위소송의 제기로 인한 소멸시효 중단의 효과가 채무자에게 미친다는 점을 밝힌 판결

151. 소멸시효의 중단사유 (11) : 압류 또는 가압류 (1)

(대법원 2003. 5. 13. 선고 2003다16238 판결)

쟁점 채권의 압류 또는 가압류와 시효중단의 효력 및 채권압류 및 추심명령의 송달이 피압류채권의 제3채무자에 대하여 최고로서의 효력이 있는지 여부

판결요지

[1] 채권자가 채무자의 제3채무자에 대한 채권을 압류 또는 가압류한 경우에 채무자에 대한 채권자의 채권에 관하여 시효중단의 효력이 생긴다고 할 것이나, 압류 또는 가압류된 채무자의 제3채무자에 대한 채권에 대하여는 제168조 제2호 소정의 소멸시효 중단사유에 준하는 확정적인 시효중단의 효력이 생긴다고 할 수 없다.

[2] 소멸시효 중단사유의 하나로서 제174조가 규정하고 있는 최고는 채무자에 대하여 채무이행을 구한다는 채권자의 의사통지(준법률행위)로서, 이에는 특별한 형식이 요구되지 아니할 뿐 아니라 행위 당시 당사자가 시효중단의 효과를 발생시킨다는 점을 알거나 의욕하지 않았다 하더라도 이로써 권리 행사의 주장을 하는 취지임이 명백하다면 최고에 해당하는 것으로 보아야 할 것이므로, 채권자가 확정판결에 기한 채권의 실현을 위하여 채무자의 제3채무자에 대한 채권에 관하여 압류 및 추심명령을 받아 그 결정이 제3채무자에게 송달이 되었다면 거기에 소멸시효 중단사유인 최고로서의 효력을 인정하여야 한다.

판례선정이유

채무자의 제3채무자에 대한 채권을 압류한 경우, 압류된 제3채무자에 대한 채권에 관하여도 최고로서의 시효중단의 효력이 생긴다고 한 최초의 판결

152. 소멸시효의 중단사유 (12) : 압류 또는 가압류 (2)

(대법원 2017. 4. 7. 선고 2016다35451 판결)

쟁점 가압류에 의한 시효중단 효력의 발생시기

판결요지

제168조 제2호에서 가압류를 시효중단사유로 정하고 있지만, 가압류로 인한 시효중단의 효력이 언제 발생하는지에 관해서는 명시적으로 규정되어 있지 않다. 민사소송법 제265조에 의하면, 시효중

단사유 중 하나인 '재판상의 청구'(제168조 제1호, 제170조)는 소를 제기한 때 시효중단의 효력이 발생한다. 이는 소장 송달 등으로 채무자가 소 제기 사실을 알기 전에 시효중단의 효력을 인정한 것이다. 가압류에 관해서도 위 민사소송법 규정을 유추적용하여 '재판상의 청구'와 유사하게 가압류를 신청한 때 시효중단의 효력이 생긴다고 보아야 한다. '가압류'는 법원의 가압류명령을 얻기 위한 재판절차와 가압류명령의 집행절차를 포함하는데, 가압류도 재판상의 청구와 마찬가지로 법원에 신청을 함으로써 이루어지고(민사집행법 제279조), 가압류명령에 따른 집행이나 가압류명령의 송달을 통해서 채무자에게 고지가 이루어지기 때문이다. 가압류를 시효중단사유로 규정한 이유는 가압류에 의하여 채권자가 권리를 행사하였다고 할 수 있기 때문이다. 가압류채권자의 권리행사는 가압류를 신청한 때에 시작되므로, 이 점에서도 가압류에 의한 시효중단의 효력은 가압류신청을 한 때에 소급한다.

판례선정이유

'가압류에 의한 시효중단의 효력은 가압류신청을 한 때에 소급하여 발생한다'는 입장을 밝힌 최초의 판결로서 가압류에 의한 시효중단의 효력의 소급효를 가지는 이론적 근거를 상세히 밝힌 판결

153. 소멸시효의 중단사유 (13) : 압류 또는 가압류 (3)

(대법원 2000. 4. 25. 선고 2000다11102 판결)

쟁점 가압류의 피보전채권에 관하여 본안의 승소판결이 확정된 경우, 가압류에 의한 시효중단의 효력이 소멸되는지 여부

판결요지

제168조에서 가압류와 재판상의 청구를 별도의 시효중단사유로 규정하고 있는데 비추어 보면, 가압류의 피보전채권에 관하여 본안의 승소판결이 확정되었다고 하더라도 가압류에 의한 시효중단의 효력이 이에 흡수되어 소멸된다고 할 수 없다.

판례선정이유

'가압류의 집행보전의 효력이 존속하는 동안에는 가압류의 시효중단효력이 계속되며, 가압류의 피보전채권에 관한 본안의 승소판결이 확정된 경우에도 가압류에 의한 시효중단의 효력이 소멸하는 것은 아니'라는 것을 밝힌 최초의 판결

154. 소멸시효의 중단사유 (14) : 압류 또는 가압류 (4)

(대법원 2011. 5. 13. 선고 2011다10044 판결)

쟁점 유체동산에 대한 가압류 집행절차에 착수하지 않은 경우에도 가압류에 의한 시효중단 효력이 있는지 여부

판결요지

[1] 제168조에서 가압류를 시효중단사유로 정하고 있는 것은 가압류에 의하여 채권자가 권리를 행사하였다고 할 수 있기 때문인데, 가압류에 의한 집행보전의 효력이 존속하는 동안은 가압류채권자에 의한 권리행사가 계속되고 있다고 보아야 할 것이므로 가압류에 의한 시효중단의 효력은 가압류 집행보전의 효력이 존속하는 동안은 계속된다. 따라서 유체동산에 대한 가압류결정을 집행한 경우, 가압류에 의한 시효중단 효력은 가압류 집행보전의 효력이 존속하는 동안 계속된다. 그러나 유체동산에 대한 가압류 집행절차에 착수하지 않은 경우에는 시효중단 효력이 없고, 집행절차를 개시하였으나 가압류할 동산이 없기 때문에 집행불능이 된 경우에는 집행절차가 종료된 때로부터 시효가 새로이 진행된다.

[2] 임차인 甲이 임대인 乙에 대하여 임대차계약기간 만료일로부터 10년이 경과한 시점에 임대차보증금반환을 구하는 소를 제기한 사안에서, 乙의 甲에 대한 임대차보증금반환채무는 시효로 소멸하였고, 甲이 乙 소유의 유체동산에 대한 가압류결정을 받은 사실만으로는 가압류 집행보전의 효력이 존속하지 않는 한 시효가 중단되지 않는다.

판례선정이유

'가압류에 의한 시효중단의 효력은 가압류의 집행보전의 효력이 존속하는 동안 계속된다'는 종래의 판례의 입장을 재확인함과 동시에, '유체동산에 대한 가압류 집행절차에 착수하지 않은 경우에는 시효중단 효력이 없고, 집행절차를 개시하였으나 가압류할 동산이 없기 때문에 집행불능이 된 경우에는 집행절차가 종료된 때로부터 시효가 새로이 진행된다'는 새로운 법리를 제시한 판결

155. 소멸시효의 중단사유 (15) : 승인

(대법원 2016. 10. 27. 선고 2015다239744 판결)

쟁점 이행인수인이 채권자에 대하여 채무자의 채무를 승인한 경우, 시효중단 사유가 되는 채무승인의 효력이 발생하는지 여부

판결요지

이행인수는 채무자와 인수인 사이의 계약에 따라 인수인이 채권자에 대한 채무를 변제하기로 약정하는 것을 말한다. 이 경우 인수인은 채무자의 채무를 변제하는 등으로 면책시킬 의무를 부담하지만 채권자에 대한 관계에서 직접 이행의무를 부담하게 되는 것은 아니다. 한편 소멸시효 중단사유인 채무의 승인은 시효이익을 받을 당사자나 대리인만 할 수 있으므로 이행인수인이 채권자에 대하여 채무자의 채무를 승인하더라도 다른 특별한 사정이 없는 한 시효중단 사유가 되는 채무승인의 효력은 발생하지 않는다.

판례선정이유

'이행인수인이 채권자에 대하여 채무자의 채무를 승인한 경우에는 시효중단의 사유가 되는 채무승인의 효력이 발생하지 않는다'는 점을 밝힌 판결

156. 소멸시효 완성의 효력 (1)

(대법원 1979. 2. 13. 선고 78다2157 판결)

쟁점 당사자의 원용이 없어도 시효완성의 사실로서 채무는 당연히 소멸하는지 여부

판결요지

당사자의 원용이 없어도 시효완성의 사실로서 채무는 당연히 소멸하고, 다만 소멸시효의 이익을 받는 자가 소멸시효 이익을 받겠다는 뜻을 항변하지 않는 이상 그 의사에 반하여 재판할 수 없을 뿐이다.

판례선정이유

소멸시효 완성의 효력에 대하여 판례가 「절대적 효력설」을 취하고 있음을 명확히 한 판결

157. 소멸시효 완성의 효력 (2)

(대법원 1995. 7. 11. 선고 95다12446 판결)

쟁점 담보가등기가 경료된 부동산을 양수한 자가 그 피담보채권의 소멸시효를 원용할 수 있는 근거 및 그 소멸시효 원용권의 성질

판결요지

소멸시효를 원용할 수 있는 사람은 권리의 소멸에 의하여 직접 이익을 받는 사람에 한정되는바, 채권담보의 목적으로 매매예약의 형식을 빌어 소유권이전청구권 보전을 위한 가등기가 경료된 부동산을 양수하여 소유권이전등기를 마친 제3자는 당해 가등기담보권의 피담보채권의 소멸에 의하여 직접 이익을 받는 자이므로, 그 가등기담보권에 의하여 담보된 채권의 채무자가 아니더라도 그 피담보채권에 관한 소멸시효를 원용할 수 있고, 이와 같은 직접수익자의 소멸시효 원용권은 채무자의 소멸시효 원용권에 기초한 것이 아닌 독자적인 것으로서 채무자를 대위하여서만 시효이익을 원용할 수 있는 것은 아니며, 가사 채무자가 이미 그 가등기에 기한 본등기를 경료하여 시효이익을 포기한 것으로 볼 수 있다고 하더라도 그 시효이익의 포기는 상대적 효과가 있음에 지나지 아니하므로, 채무자 이외의 이해관계자에 해당하는 담보 부동산의 양수인으로서는 여전히 독자적으로 소멸시효를 원용할 수 있다.

판례선정이유

소멸시효 원용권자의 범위, 그 원용권의 성격, 소멸시효 이익 포기의 효과에 관한 문제를 모두 다룬 판결로서, 특히 '가등기에 기한 소유권이전등기 청구권이 시효의 완성으로 소멸된 이후에 그 부동산을 취득한 제3자도 소멸시효의 직접 수익자라고 할 수 있다'고 한 최초의 판결

158. 소멸시효 완성의 효력 (3)

(대법원 1979. 6. 26. 선고 79다407 판결)

쟁점 채권자대위에 의한 소멸시효이익의 원용을 할 수 없는 경우

판결요지

소멸시효를 원용할 수 있는 당사자는 권리의 시효소멸에 의하여 직접 이익을 받는 채무자 뿐 아니라 그 채무자에 대한 일반 채권자 또한 자기의 채권을 보전하기 위하여 필요한 한도에서 채무자에 대위해서 채무자가 다른 채권자에 대하여 가지는 소멸시효의 이익을 원용할 수 있다고 할 것이나, 채무자가 채권 소멸시효의 이익을 받을 수 있는 권리를 이미 처분한 경우에는 그의 채권자는 채권자대위에 의한 시효이익을 원용할 수 없다.

판례선정이유

'채권자는 채무자를 대위하여 채무자가 다른 채권자에 대하여 가지는 소멸시효의 이익을 원용할 수 있으나, 채무자가 채권 소멸시효의 이익을 받을 수 있는 권리를 이미 처분한 경우에는 그의 채권자는 채권자대위에 의한 시효이익을 원용할 수 없다'는 법리를 처음으로 제시한 판결

159. 소멸시효 완성의 효력 (4)

(대법원 2008. 1. 31. 선고 2007다64471 판결)

쟁점 채권자대위소송의 제3채무자가 채무자의 채권자에 대한 소멸시효 항변을 원용할 수 있는지 여부

판결요지

채권자가 채권자대위권을 행사하여 제3자에 대하여 하는 청구에 있어서, 제3채무자는 채무자가 채권자에 대하여 가지는 항변으로 대항할 수 없고, 채권의 소멸시효가 완성된 경우 이를 원용할 수 있는 자는 원칙적으로는 시효이익을 직접 받는 자뿐이고, 채권자대위소송의 제3채무자는 이를 행사할 수 없다고 할 것이나, 채권자가 채무자에 대한 채권을 보전하기 위하여 제3채무자를 상대로 채무자의 제3채무자에 대한 채권에 기한 이행청구의 소를 제기하는 한편, 채무자를 상대로 피보전채권에 기한 이행청구의 소를 제기한 경우, 채무자가 그 소송절차에서 소멸시효를 원용하는 항변을 하였고, 그러한 사유가 현출된 채권자대위소송에서 심리를 한 결과, 실제로 피보전채권의 소멸시효가 적법하게 완성된 것으로 판단되면, 채권자는 더 이상 채무자를 대위할 권한이 없게 된다고 할 것이다.

판례선정이유

'채권자대위소송에 있어서 제3채무자는 채권자에 대한 채무자의 소멸시효의 항변권을 원용할 수 없다'는 것이 확립된 판례의 법리이나, '채권자의 채무자에 대한 채권의 이행을 구하는 소송과 채무자의 제3채무자에 대한 채권의 이행을 구하는 소송이 계속되어 있고, 채무자가 그 소송절차에서 소멸시효를 원용하는 항변을 한 경우에는, 제3채무자는 채권자에 대한 채무자의 채권의 시효소멸의 항변을 원용할 수 있다'는 예외를 인정한 판결

160. 소멸시효 완성의 효력(5)

(대법원 2007. 11. 29. 선고 2007다54849 판결)

쟁점 사해행위취소소송에서 수익자가 취소채권자의 채권에 대하여 시효소멸을 주장할 수 있는지 여부

판결요지

소멸시효를 원용할 수 있는 사람은 권리의 소멸에 의하여 직접 이익을 받는 자에 한정되는바, 사해행위취소소송의 상대방이 된 사해행위의 수익자는, 사해행위가 취소되면 사해행위에 의하여 얻은 이익을 상실하고 사해행위취소권을 행사하는 채권자의 채권이 소멸하면 그와 같은 이익의 상실을 면하는 지위에 있으므로, 그 채권의 소멸에 의하여 직접 이익을 받는 자에 해당하는 것으로 보아야 한다.

판례선정이유

사해행위취소소송에 있어서 수익자가 피보전채권의 소멸시효가 완성하였음을 원용할 수 있음을 인정한 최초의 판결

161. 소멸시효 원용권의 남용

(대법원 2010. 9. 9. 선고 2008다15865 판결)

쟁점 채무자의 소멸시효 완성의 주장이 신의칙 위반을 이유로 허용되지 아니할 수 있는지 여부 및 그 한계

판결요지

[1] 채무자가 소멸시효의 완성으로 인한 채무의 소멸을 주장하는 것에 대하여도 신의성실의 원칙이 적용되므로, 그러한 주장을 하는 것이 신의칙 위반을 이유로 허용되지 아니할 수 있다. 그러나 실정법에 정하여진 개별 법제도의 구체적 내용에 좇아 판단되는 바를 신의칙과 같은 법원칙을 들어 말하자면 당해 법제도의 외부로부터 배제 또는 제한하는 것은 법의 해석·적용에서 구현되어야 할 기본적으로 중요한 법가치의 하나인 법적 안정성을 후퇴시킬 우려가 없지 않다. 특히 법률관계에는 불명확한 부분이 필연적으로 내재하는바 그 법률관계의 주장에 일정한 시간적 한계를 설정함으로써 그에 관한 당사자 사이의 다툼을 종식시키려는 것을 취지로 하는 소멸시효제도에 있어서는, 애초 그 제도가 누구에게나 무차별적·객관적으로 적용되는 시간의 경과가 1차적인 의미를 가지는

것으로 설계되었음을 고려하면, 위와 같은 법적 안정성의 요구는 더욱 선명하게 제기된다. 따라서 소멸시효에 관하여 신의칙을 원용함에는 신중을 기할 필요가 있다. 특히 채권자에게 객관적으로 자신의 권리를 행사할 수 없는 장애사유가 있었다는 사정을 들어 그 채권에 관한 소멸시효 완성의 주장이 신의성실의 원칙에 반하여 허용되지 아니한다고 평가하는 것은 소멸시효의 기산점에 관하여 변함없이 적용되어 왔던 법률상 · 사실상 장애의 기초적인 구분기준을 내용이 본래적으로 불명확하고 개별 사안의 고유한 요소에 열려 있는 것을 특징으로 하는 일반적인 법원칙으로서의 신의칙을 통하여 아예 무너뜨릴 위험이 있으므로 더욱 주의를 요한다.

[2] 국가에게 국민을 보호할 의무가 있다는 사유만으로 국가가 소멸시효의 완성을 주장하는 것 자체가 신의성실의 원칙에 반하여 권리남용에 해당한다고 할 수는 없으므로, 국가의 소멸시효 완성 주장이 신의칙에 반하고 권리남용에 해당한다고 하려면 일반 채무자의 소멸시효 완성 주장에서와 같은 특별사정이 인정되어야 한다.

판례선정이유

'채무자가 소멸시효의 완성으로 인한 채무의 소멸을 주장하는 것에 대하여도 신의성실의 원칙이 적용되므로, 그러한 주장을 하는 것이 신의칙에 위반되는 경우에는 허용되지 아니할 수 있으나, 법적 안정성을 해칠 가능성이 있으므로 소멸시효에 관하여 신의칙을 원용함에는 신중을 기할 필요가 있다'는 전제 하에, '국가가 소멸시효의 완성을 주장하는 것 자체가 신의성실의 원칙에 반하여 권리남용에 해당한다고 할 수는 없으므로, 국가의 소멸시효 완성 주장이 신의칙에 반하고 권리남용에 해당한다고 하려면 일반 채무자의 소멸시효 완성 주장에서와 같은 특별사정이 인정되어야 한다'는 법리를 처음으로 제시한 판결

162. 소멸시효 이익의 포기(1)

(대법원 1991. 1. 29. 선고 89다카1114 판결)

쟁점 주채무자에 의한 시효이익포기의 효력이 보증인에게 미치는지 여부

판결요지

주채무가 시효로 소멸한 때에는 보증인도 그 시효소멸을 원용할 수 있으며, 주채무자가 시효의 이익을 포기하더라도 보증인에게는 그 효력이 없다.

판례선정이유

'주채무자가 시효이익을 포기함으로써 소멸한 채무가 부활한 경우에도 보증채무는 부활하지 않는다'는 점을 명확하게 밝힌 판결

163. 소멸시효 이익의 포기(2)
(대법원 2015. 6. 11. 선고 2015다200227 판결)

쟁점 시효이익을 이미 포기한 자와의 법률관계를 통하여 비로소 시효이익을 원용할 이해관계를 형성한 자가 이미 이루어진 시효이익 포기의 효력을 부정할 수 있는지 여부

판결요지

소멸시효 이익의 포기는 상대적 효과가 있을 뿐이어서 다른 사람에게는 영향을 미치지 아니함이 원칙이나, 소멸시효 이익의 포기 당시에는 권리의 소멸에 의하여 직접 이익을 받을 수 있는 이해관계를 맺은 적이 없다가 나중에 시효이익을 이미 포기한 자와의 법률관계를 통하여 비로소 시효이익을 원용할 이해관계를 형성한 자는 이미 이루어진 시효이익 포기의 효력을 부정할 수 없다. 왜냐하면, 시효이익의 포기에 대하여 상대적인 효과만을 부여하는 이유는 포기 당시에 시효이익을 원용할 다수의 이해관계인이 존재하는 경우 그들의 의사와는 무관하게 채무자 등 어느 일방의 포기 의사만으로 시효이익을 원용할 권리를 박탈당하게 되는 부당한 결과의 발생을 막으려는 데 있는 것이지, 시효이익을 이미 포기한 자와의 법률관계를 통하여 비로소 시효이익을 원용할 이해관계를 형성한 자에게 이미 이루어진 시효이익 포기의 효력을 부정할 수 있게 하여 시효완성을 둘러싼 법률관계를 사후에 불안정하게 만들자는 데 있는 것은 아니기 때문이다.

판례선정이유

시효이익의 포기에 대하여 상대적인 효과만을 부여하는 법리적 근거를 명확하게 설명하고 있는 판결

164. 소멸시효 이익의 포기(3)
(대법원 2013. 2. 28. 선고 2011다21556 판결)

쟁점 시효완성 후 소멸시효 중단사유에 해당하는 채무의 승인이 있는 경우, 곧바로 소멸시효 이익 포기의 의사표시가 있었다고 할 수 있는지 여부

판결요지

소멸시효 중단사유로서의 채무승인은 시효이익을 받는 당사자인 채무자가 소멸시효의 완성으로 채권을 상실하게 될 자에 대하여 상대방의 권리 또는 자신의 채무가 있음을 알고 있다는 뜻을

표시함으로써 성립하는 이른바 관념의 통지로 여기에 어떠한 효과의사가 필요하지 않다. 이에 반하여 시효완성 후 시효이익의 포기가 인정되려면 시효이익을 받는 채무자가 시효의 완성으로 인한 법적인 이익을 받지 않겠다는 효과의사가 필요하기 때문에, 시효완성 후 소멸시효 중단사유에 해당하는 채무의 승인이 있었다 하더라도 그것만으로는 곧바로 소멸시효 이익의 포기라는 의사표시가 있었다고 단정할 수 없다.

판례선정이유

'소멸시효 중단사유로서의 채무승인의 법적 성질(관념의 통지)과 시효이익의 포기의 법적 성질(법률행위)은 전혀 다른 것이므로, 시효완성 후 소멸시효 중단사유에 해당하는 채무의 승인이 있었다 하더라도 그것만으로는 곧바로 소멸시효 이익의 포기라는 의사표시가 있었다고 단정할 수 없다'는 점을 최초로 밝힌 판결

165. 소멸시효 이익의 포기 (4)

(대법원 2017. 7. 11. 선고 2014다32458 판결)

쟁점 소멸시효가 완성된 채무를 피담보채무로 하는 근저당권이 실행되어 채무자 소유의 부동산이 경락되고 대금이 배당되어 채무의 일부변제에 충당될 때까지 채무자가 이의를 제기하지 아니한 경우, 채무자가 시효의 이익을 포기한 것으로 볼 수 있는지 여부

판결요지

채무자가 소멸시효 완성 후 채무를 일부 변제한 때에는 액수에 관하여 다툼이 없는 한 채무 전체를 묵시적으로 승인한 것으로 보아야 하고, 이 경우 시효완성의 사실을 알고 이익을 포기한 것으로 추정되므로, 소멸시효가 완성된 채무를 피담보채무로 하는 근저당권이 실행되어 채무자 소유의 부동산이 경락되고 대금이 배당되어 채무의 일부 변제에 충당될 때까지 채무자가 아무런 이의를 제기하지 아니하였다면, 경매절차의 진행을 채무자가 알지 못하였다는 등 다른 특별한 사정이 없는 한, 채무자는 시효완성의 사실을 알고 채무를 묵시적으로 승인하여 시효의 이익을 포기한 것으로 볼 수 있기는 하다. 그러나 소멸시효가 완성된 경우, 채무자에 대한 일반채권자는 채권자의 지위에서 독자적으로 소멸시효의 주장을 할 수는 없지만 자기의 채권을 보전하기 위하여 필요한 한도 내에서 채무자를 대위하여 소멸시효 주장을 할 수 있으므로, 채무자가 배당절차에서 이의를 제기하지 아니하였다고 하더라도 채무자의 다른 채권자가 이의를 제기하고 채무자를 대위하여 소멸시효 완성의 주장을 원용하였다면, 시효의 이익을 묵시적으로 포기한 것으로 볼 수 없다.

판례선정이유

'소멸시효가 완성된 채무를 피담보채무로 하는 근저당권이 실행되어 채무자 소유의 부동산이 경락되고 대금이 배당되어 채무의 일부 변제에 충당될 때까지 채무자가 아무런 이의를 제기하지 아니하였다면, 경매절차의 진행을 채무자가 알지 못하였다는 등 다른 특별한 사정이 없는 한, 채무자는 시효완성의 사실을 알고 채무를 묵시적으로 승인하여 시효의 이익을 포기한 것으로 볼 수 있다'는 종전의 판례법리를 확인하고, 이에 더하여 '채무자에 대한 일반채권자는 채권자의 지위에서 독자적으로 소멸시효의 주장을 할 수는 없지만 자기의 채권을 보전하기 위하여 필요한 한도 내에서 채무자를 대위하여 소멸시효 주장을 할 수 있는 것이므로, 채무자가 배당절차에서 이의를 제기하지 아니하였다고 하더라도 채무자의 다른 채권자가 이의를 제기하고 채무자를 대위하여 소멸시효 완성의 주장을 원용하였다면, 시효의 이익을 묵시적으로 포기한 것으로 볼 수 없다'는 새로운 법리를 추가한 판결

제 2 편

물 권

제1장 총 칙

166. 물권법정주의 : 배타적 사용 · 수익 권능을 배제하는 소유권

(대법원 2012. 6. 28. 선고 2010다81049 판결)

쟁점 소유자에게 배타적 사용 · 수익 권능이 존재하지 않는 경우가 허용되는지 여부

판결요지

甲 지방자치단체가 토지소유자 乙을 상대로 일반 공중의 통행에 무상으로 제공하는 토지임을 이유로 배타적 사용 · 수익권의 부존재 확인을 구한 사안에서, 乙이 토지를 내왕하는 사람들에 대하여 배타적 사용 · 수익권을 주장하며 통행을 방해하는 등의 행위를 할 수 없다고 하더라도, 이러한 권리행사 제약이나 그에 따른 법률상 지위는 채권적인 것에 불과하여 구체적 상황과 맥락에 따라 乙이 수인하여야 하는 권리행사상 제약의 내용이나 범위가 달라질 수밖에 없으므로, 일반적으로 토지소유자에 대하여 '배타적 사용 · 수익권이 존재하지 않는다'는 취지의 확인을 구하는 것은 특별한 사정이 없는 한 당사자 또는 제3자 사이의 권리관계 불안이나 위험을 제거할 수 있는 유효 · 적절한 수단이 된다고 볼 수 없어 확인을 구할 이익이 없다.

판례선정이유

배타적 사용, 수익, 처분권이라는 소유권의 핵심권능 중에서 배타적 사용 · 수익 권능을 배제하는 소유권은 물권법정주의에 위배됨을 밝힌 판결

167. 물권적 청구권(1) : 소유권과 분리된 물권적 청구권의 양도 가능성

(대법원 1980. 9. 9. 선고 80다7 판결)

쟁점 소유권을 상실한 경우와 소유권에 기한 물권적 청구권의 소멸 여부

판결요지

소유권에 기한 물권적 청구권을 소유권과 분리하여 이를 소유권 없는 전소유자에게 유보하여 행사시킬 수는 없는 것이므로 소유권을 상실한 전소유자는 제3자인 불법점유자에 대하여 소유권에 기한 물권적 청구권에 의한 방해배제를 구할 수 없다.

판례선정이유

물권적 청구권은 물권에 의존하는 권리이므로 언제나 그 기초가 되는 물권과 운명을 같이 하며, 물권의 이전, 소멸이 있으면 그에 따라 물권적 청구권도 이전, 소멸함을 설시한 판결

168. 물권적 청구권(2) : 소멸시효 대상여부

(대법원 1982. 7. 27. 선고 80다2968 판결)

쟁점 계약의 합의해제에 따른 매도인의 원상회복청구권의 성질과 소멸시효의 대상이 되는지 여부

판결요지

매매계약이 합의해제된 경우에도 매수인에게 이전되었던 소유권은 당연히 매도인에게 복귀하는 것이므로, 합의해제에 따른 매도인의 원상회복청구권은 소유권에 기한 물권적 청구권이라고 할 것이고, 이는 소멸시효의 대상이 되지 아니한다.

판례선정이유

소유권에 기한 물권적청구권은 소멸시효의 대상이 아님을 명확히 한 판결

169. 물권적 청구권(3) : 점유권에 기한 방해제거청구

(대법원 2016. 7. 29. 선고 2016다214483, 214490 판결)

쟁점 미등기 무허가건물인 가옥을 종전 권리자에게서 권리포기각서 등을 받고 점유를 이전받는 방법으로 양수한 사람이 그 가옥에 대한 소유권, 주거권, 점유권 등에 기한 방해제거청구가 가능한지 여부

판결요지

[1] 미등기 무허가건물의 양수인이라도 그 소유권이전등기를 마치지 않는 한 그 건물의 소유권을 취득할 수 없고, 소유권에 준하는 관습상의 물권이 있다고도 할 수 없으므로, 미등기 무허가건물의 양수인은 소유권에 기한 방해제거청구를 할 수 없다고 보아야 한다.

[2] 제205조에 의하면, 점유자가 점유의 방해를 받은 때에는 그 방해의 제거 및 손해의 배상을 청구할 수 있고(제1항), 제1항의 청구권은 방해가 종료한 날로부터 1년 내에 행사하여야 하는데(제2항), 제205조 제2항이 정한 '1년의 제척기간'은 재판 외에서 권리행사하는 것으로 족한 기간이 아니라 반드시 그 기간 내에 소를 제기하여야 하는 이른바 출소기간으로 해석함이 상당하다. 그리고 그 기산점이 되는 '방해가 종료한 날'이라 함은 방해 행위가 종료한 날을 의미한다고 보아야 한다.

판례선정이유

미등기 무허가건물인 가옥을 종전 권리자에게서 권리포기각서 등을 받고 점유를 이전받는 방법으로 양수한 사람은 소유권에 기한 물권적 청구권을 행사할 수 없고, 점유보호청구권을 행사할 수 있는데, 1년의 권리행사기간은 출소기간이며 기산점은 방해종료일임을 밝힌 판결

170. 물권적 청구권(4) : 물권적 청구권의 상대방

(대법원 1999. 7. 9. 선고 98다9045 판결)

쟁점 목적물을 현실적으로 점유하고 있지 않은 자를 상대로 불법점유를 이유로 명도 또는 인도 청구를 할 수 있는지 여부

판결요지

불법점유를 이유로 하여 그 명도 또는 인도를 청구하려면 현실적으로 그 목적물을 점유하고 있는 자를 상대로 하여야 하고, 불법점유자라 하여도 그 물건을 다른 사람에게 인도하여 현실적으로 점유를 하고 있지 않은 이상 그 자를 상대로 한 인도 또는 명도청구는 부당하다.

판례선정이유

물권적 청구의 상대방은 불법점유를 개시한 자이나, 불법점유자라고 하더라도 더 이상 현실적으로 물건을 점유하고 있지 아니한 자를 상대로 물권적 청구권을 행사할 수 없음을 밝힌 판결

171. 물권행위의 독자성과 무인성

(대법원 1977. 5. 24. 선고 75다1394 판결)

쟁점 계약의 해제로 인하여 물권도 당연히 복귀되는지 여부

판결요지

제548조 제1항 본문에 의하면 계약이 해제되면 각 당사자는 상대방을 계약이 없었던 것과 같은 상태에 복귀케 할 의무를 부담한다는 뜻을 규정하고 있는바, 계약에 따른 채무의 이행으로 이미 등기나 인도를 하고 있는 경우에 그 원인행위인 채권계약이 해제됨으로써 원상회복된다고 할 때 그 이론구성에 관하여 소위 채권적 효과설과 물권적 효과설이 대립되어 있으나, 우리의 법제가 물권행위의 독자성과 무인성을 인정하고 있지 않는 점과 제548조 제1항 단서가 거래안정을 위한 특별규정이란 점을 생각할 때, 계약이 해제되면 그 계약의 이행으로 변동이 생겼던 물권은 당연히 그 계약이 없었던 원상태로 복귀한다 할 것이다.

판례선정이유

계약해제의 효과로서의 계약 이전의 상태로 원상회복된다는 「물권적 효과설」을 취하는 근거로 우리 법제가 물권행위의 독자성과 무인성을 인정하지 않는 점을 밝히고 있어, 물권행위의 독자성과 무인성이 부정됨을 명확히 밝힌 판결

172. 등기의 기능

(대법원 2001. 1. 16. 선고 98다20110 판결)

쟁점 등기부취득시효가 완성된 후 점유자 명의의 등기가 말소되거나 적법한 원인 없이 다른 사람 앞으로 소유권이전등기가 경료된 경우, 점유자는 취득한 소유권을 상실하는지 여부 및 물건에 대한 점유의 의미, 판단 기준

판결요지

등기는 물권의 효력발생요건이고 효력존속요건이 아니므로 물권에 관한 등기가 원인 없이 말소된 경우에 그 물권의 효력에는 아무런 영향을 미치지 않는 것이므로, 등기부취득시효가 완성된 후에 그 부동산에 관한 점유자 명의의 등기가 말소되거나 적법한 원인 없이 다른 사람 앞으로 소유권이전등기가 경료되었다 하더라도, 그 점유자는 등기부취득시효의 완성에 의하여 취득한 소유권을 상실하는 것은 아니다.

물건에 대한 점유란 사회관념상 어떤 사람의 사실적 지배에 있다고 보여지는 객관적 관계를 말하는 것으로서 사실상의 지배가 있다고 하기 위하여는 반드시 물건을 물리적, 현실적으로 지배하는 것만을 의미하는 것이 아니고, 물건과 사람과의 시간적, 공간적 관계와 본권관계, 타인지배의 배제 가능성 등을 고려하여 사회통념에 따라 합목적적으로 판단하여야 할 것이고, 대지의 소유자로 등기한 자는 보통의 경우 등기할 때에 그 대지의 인도를 받아 점유를 얻은 것으로 보아야 할 것이므로, 등기사실을 인정하면서 특별한 사정의 설시 없이 점유사실을 인정할 수 없다고 판단할 수는 없다고 할 것이다.

판례선정이유

등기는 물권의 효력발생요건이고 효력존속요건이 아님을 전제로, 등기부취득시효가 완성된 후 점유자 명의의 등기가 말소되거나 적법한 원인 없이 다른 사람 앞으로 소유권이전등기가 경료되어도 점유자의 소유권이 상실되지 않음을 확인해 줌과 동시에 점유는 사회통념에 따라 판단되어야 하여 대지소유자로 등기한 자는 보통의 경우 등기시 대지의 점유를 취득한 것으로 판단해야 함을 설시한 판결

173. 등기청구권(1) : 소유권이전등기청구권의 양도성

(대법원 2018. 7. 12. 선고 2015다36167 판결)

쟁점 부동산의 매매로 인한 소유권이전등기청구권의 양도에서 양도인의 채무자에 대한 통지만으로 채무자에 대한 대항력이 생기는지 여부 및 위 양도의 대항요건

판결요지

부동산매매계약에서 매도인과 매수인은 서로 동시이행관계에 있는 일정한 의무를 부담하므로 이행과정에 신뢰관계가 따른다. 특히 매도인으로서는 매매대금 지급을 위한 매수인의 자력, 신용 등 매수인이 누구인지에 따라 계약유지 여부를 달리 생각할 여지가 있다. 이러한 이유로 매매로 인한 소유권이전등기청구권의 양도는 특별한 사정이 없는 이상 양도가 제한되고 양도에 채무자의 승낙이나 동의를 요한다고 할 것이므로, 통상의 채권양도와 달리 양도인의 채무자에 대한 통지만으로는 채무자에 대한 대항력이 생기지 않으며, 반드시 채무자의 동의나 승낙을 받아야 대항력이 생긴다. 그러나 취득시효완성으로 인한 소유권이전등기청구권은 채권자와 채무자 사이에 아무런 계약관계나 신뢰관계가 없고, 그에 따라 채권자가 채무자에게 반대급부로 부담하여야 하는 의무도 없다. 따라서 취득시효완성으로 인한 소유권이전등기청구권의 양도의 경우에는 매매로 인한 소유권이전등기청구권에 관한 양도제한의 법리가 적용되지 않는다.

판례선정이유

매수인의 소유권이전등기청구권의 양도는 통상의 채권양도와는 달리 매매계약상 이행과정에 신뢰관계가 요구되므로 그 양도가 채무자의 승낙이나 동의가 있을 때에만 인정된다는 원칙을 밝히고, 취득시효완성을 이유로 한 소유권이전등기청구권의 양도에는 양도제한의 법리가 적용되지 않는다고 한 판결

174. 등기청구권 (2) : 소유권이전등기청구권의 소멸시효

(대법원 1999. 3. 18. 선고 98다32175 전원합의체 판결)

쟁점 부동산 매수인이 부동산을 인도받아 스스로 계속 점유하는 경우 또는 제3자에게 그 부동산을 처분하고 점유를 승계하여 준 경우, 소유권이전등기청구권의 소멸시효 진행 여부

판결요지

[1] 시효제도는 일정 기간 계속된 사회질서를 유지하고 시간의 경과로 인하여 곤란해지는 증거보전으로부터의 구제를 꾀하며 자기 권리를 행사하지 않고 소위 권리 위에 잠자는 자는 법적 보호에서 이를 제외하기 위하여 규정된 제도라 할 것인바, 부동산에 관하여 인도, 등기 등의 어느 한 쪽만에 대하여서라도 권리를 행사하는 자는 전체적으로 보아 그 부동산에 관하여 권리 위에 잠자는 자라고 할 수 없다 할 것이므로, 매수인이 목적 부동산을 인도받아 계속 점유하는 경우에는 그 소유권이전등기청구권의 소멸시효가 진행하지 않는다.

[2] 부동산의 매수인이 그 부동산을 인도받은 이상 이를 사용·수익하다가 그 부동산에 대한 보다 적극적인 권리 행사의 일환으로 다른 사람에게 그 부동산을 처분하고 그 점유를 승계하여 준 경우에도 그 이전등기청구권의 행사 여부에 관하여 그가 그 부동산을 스스로 계속 사용·수익만 하고 있는 경우와 특별히 다를 바 없으므로 위 두 어느 경우에나 이전등기청구권의 소멸시효는 진행되지 않는다고 보아야 한다.

판례선정이유

'부동산매수인이 목적물을 인도받아 점유하고 있는 기간 동안에는 등기청구권의 소멸시효가 진행되지 않을 뿐만 아니라, 그 부동산을 제3자에게 처분하여 점유를 승계해 준 경우에도 등기청구권은 소멸시효가 진행되지 않는다'는 점을 밝힌 판결

175. 등기의 추정력 (1)

(대법원 1983. 11. 22. 선고 83다카894 판결)

쟁점 등기의 권리추정력

판결요지

토지의 소유권이전등기명의자는 등기의 효력으로서 그 토지에 대한 소유권자로 추정을 받는다.

판례선정이유

등기의 추정력을 인정하는 명문의 규정이 없음에도 불구하고 판례는 등기에 추정력을 인정하고 있음을 보여주는 판결

176. 등기의 추정력 (2) : 절차적 적법성 및 등기원인의 적법성 추정

(대법원 1992. 10. 27. 선고 92다30047 판결)

쟁점 지분이전등기의 추정력

판결요지

지분이전등기가 경료된 경우, 그 등기는 적법하게 된 것으로서 진실한 권리상태를 공시하는 것이라고 추정되므로, 그 등기가 위법하게 된 것이라고 주장하는 상대방에게 그 추정력을 번복할 만한 반대사실을 입증할 책임이 있다.

판례선정이유

등기 추정력의 내용 중 등기의 절차적 적법성 추정 및 등기원인의 적법성(진실한 권리상태의 공시)이 추정됨을 밝힌 판결

177. 가등기 : 가등기된 권리의 이전

(대법원 1998. 11. 19. 선고 98다24105 전원합의체 판결)

쟁점 가등기에 의하여 순위 보전의 대상이 되어 있는 물권변동청구권이 양도된 경우, 그 가등기상의 권리의 이전등기를 가등기에 대한 부기등기의 형식으로 경료할 수 있는지 여부

판결요지

가등기는 원래 순위를 확보하는 데에 그 목적이 있으나, 순위 보전의 대상이 되는 물권변동의 청구권은 그 성질상 양도될 수 있는 재산권일 뿐만 아니라 가등기로 인하여 그 권리가 공시되어 결과적으로 공시방법까지 마련된 셈이므로, 이를 양도한 경우에는 양도인과 양수인의 공동신청으로 그 가등기상의 권리의 이전등기를 가등기에 대한 부기등기의 형식으로 경료할 수 있다고 보아야 한다.

판례선정이유

가등기상 권리의 이전등기가 가능함을 밝힌 판결

178. 중복된 소유권보존등기의 효력 (1)

(대법원 1990. 11. 27. 선고 87다카2961, 87다453 전원합의체 판결)

쟁점 매수인이 소유권이전등기 대신에 소유권보존등기를 경료함으로써 동일 부동산에 관하여 등기명의인을 달리하여 중복된 소유권보존등기가 이루어졌으나 선등기가 원인무효가 되지 아니하는 경우의 후등기의 효력 유무 및 이 경우 매수인이 매도인의 상속인에 대하여 소유권이전등기를 청구할 이익 유무

판결요지

동일부동산에 관하여 등기명의인을 달리하여 중복된 소유권보존등기가 경료된 경우에는 먼저 이루어진 소유권보존등기가 원인무효가 되지 아니하는 한 뒤에 된 소유권보존등기는 비록 그 부동산의 매수인에 의하여 이루어진 경우에도 1부동산1용지주의를 채택하고 있는 부동산등기법 아래에서는 무효라고 해석함이 상당하다 할 것인바, 원고가 소외 망인으로부터 그 소유인 토지를 매수하고 이미 망인 명의로 소유권이전등기가 경료되어 있던 위 토지에 관하여 원고 명의의 소유권보존등기를 경료한 경우 망인 명의의 소유권이전등기의 토대가 된 소유권보존등기가 원인무효라고 볼 아무런 주장·입증이 없다면, 원고가 위 망인으로부터 위 토지를 매수하였다고 하더라도 위 망인 명의의 소유권이전등기에 기하여 소유권이전등기를 경료하지 아니하고 소유권보존등기를 경료한 이상 뒤에 경료된 원고 명의의 소유권보존등기는 이중등기로서 무효라고 할 것이므로, 원고는 위 망인의 상속인인 피고들을 상대로 위 부동산에 관하여 위 매매를 원인으로 한 소유권이전등기를 청구할 이익이 있다.

판례선정이유

등기명의인을 달리하는 중복의 보존등기의 경우, 원칙적으로 선행보존등기가 유효하지만, 선행등기기록이 원인무효인 경우에는 후행보존등기가 유효하게 된다고 판단하여 소위 절차법적 절충설을 취한 판결

179. 중복된 소유권보존등기(2)

(대법원 2011. 7. 14. 선고 2010다107064 판결)

쟁점 무효인 후행 보존등기에 기하여 소유권이전등기를 마친 사람의 점유취득시효가 완성된 경우, 선행 보존등기에 기한 소유권을 주장하여 후행 보존등기에 터잡아 이루어진 등기의 말소를 구하는 것이 실체적 권리 없는 말소청구에 해당하는지 여부

판결요지

동일한 부동산에 관하여 등기명의인을 달리하여 중복된 소유권보존등기가 마쳐진 경우, 선행 보존등기가 원인무효가 되지 않는 한 후행 보존등기는 실체관계에 부합하는지에 관계없이 무효라는 법리는 후행 보존등기 또는 그에 기하여 이루어진 소유권이전등기의 명의인이 당해 부동산의 소유권을 원시취득한 경우에도 그대로 적용된다. 따라서 선행 보존등기가 원인무효가 아니어서 후행 보존등기가 무효인 경우, 후행 보존등기에 기하여 소유권이전등기를 마친 사람이 그 부동산을 20년간 소유의 의사로 평온·공연하게 점유하여 점유취득시효가 완성되었더라도, 후행 보존등기나 그에 기하여 이루어진 소유권이전등기가 실체관계에 부합한다는 이유로 유효로 될 수 없고, 선행 보존등기에 기한 소유권을 주장하여 후행 보존등기에 터잡아 이루어진 등기의 말소를 구하는 것이 실체적 권리 없는 말소청구에 해당한다고 볼 수 없다.

판례선정이유

중복등기로 무효인 보존등기나 이로부터 이루어진 이전등기를 기초로 해서는 20년의 점유취득시효가 완성되었더라도 그 명의의 보존등기가 실체관계에 부합하는 등기로 유효로 될 수 없음을 밝힌 판결

180. 중간생략등기

(대법원 1995. 8. 22. 선고 95다15575 판결)

쟁점 부동산이 전전 양도된 경우, 최종 양수인이 중간자로부터 소유권이전등기청구권을 양도받아 직접 최초 양도인에 대하여 소유권이전등기 절차 이행을 청구할 수 있는지 여부

판결요지

부동산이 전전 양도된 경우에 중간생략등기의 합의가 없는 한 그 최종 양수인은 최초 양도인에 대하여 직접 자기 명의로의 소유권이전등기를 청구할 수 없고, 부동산의 양도계약이 순차 이루어져 최종 양수인이 중간생략등기의 합의를 이유로 최초 양도인에게 직접 그 소유권이전등기 청구권을

행사하기 위하여는 관계 당사자 전원의 의사합치, 즉 중간생략등기에 대한 최초 양도인과 중간자의 동의가 있는 외에 최초 양도인과 최종 양수인 사이에도 그 중간등기 생략의 합의가 있었음이 요구되므로, 비록 최종 양수인이 중간자로부터 소유권이전등기 청구권을 양도받았다고 하더라도 최초 양도인이 그 양도에 대하여 동의하지 않고 있다면 최종 양수인은 최초 양도인에 대하여 채권양도를 원인으로 하여 소유권이전등기 절차 이행을 청구할 수 없다.

판례선정이유

부동산이 미등기전매된 경우, 최종 양수인이 중간생략등기의 합의를 이유로 최초 양도인에게 직접 그 소유권이전등기 청구권을 행사하기 위하여는 관계 당사자 전원의 의사합치가 필요한데, 그 합의에는 최초양도인이 양도에 동의하고 있어야 함을 밝힌 판결

181. 등기원인의 불일치 : 진정한 등기명의 회복

(대법원 2001. 9. 20. 선고 99다37894 전원합의체 판결)

쟁점 전소인 소유권이전등기말소청구소송의 확정판결의 기판력이 후소인 진정명의회복을 원인으로 한 소유권이전등기청구소송에 미치는지 여부

판결요지

진정한 등기명의의 회복을 위한 소유권이전등기청구는 이미 자기 앞으로 소유권을 표상하는 등기가 되어 있었거나 법률에 의하여 소유권을 취득한 자가 진정한 등기명의를 회복하기 위한 방법으로 현재의 등기명의인을 상대로 그 등기의 말소를 구하는 것에 갈음하여 허용되는 것인데, 말소등기에 갈음하여 허용되는 진정명의회복을 원인으로 한 소유권이전등기청구권과 무효등기의 말소청구권은 어느 것이나 진정한 소유자의 등기명의를 회복하기 위한 것으로서 실질적으로 그 목적이 동일하고, 두 청구권 모두 소유권에 기한 방해배제청구권으로서 그 법적 근거와 성질이 동일하므로, 비록 전자는 이전등기, 후자는 말소등기의 형식을 취하고 있다고 하더라도 그 소송물은 실질상 동일한 것으로 보아야 하고, 따라서 소유권이전등기말소청구소송에서 패소확정판결을 받았다면 그 기판력은 그 후 제기된 진정명의회복을 원인으로 한 소유권이전등기청구소송에도 미친다.

판례선정이유

'말소등기에 갈음하여 허용되는 진정명의회복을 원인으로 한 소유권이전등기청구권과 무효등기의 말소청구권의 소송물은 실질적으로 동일한 것이므로, 소유권이전등기말소청구소송의 확정판결의 기판력은 진정명의회복을 원인으로 하는 소유권이전등기청구소송에 미치게 된다'고 한 판결

182. 무효등기의 유용
(대법원 1989. 10. 27. 선고 87다카425 판결)

쟁점 원인소멸된 가등기에 관하여 등기유용의 합의가 이루어져서 소유권이전의 본등기가 경료된 경우, 그 등기유용 전에 소유권이전등기를 한 이해관계인과의 권리관계

판결요지

[1] 실질관계의 소멸로 무효로 된 등기의 유용은 그 등기를 유용하기로 하는 합의가 이루어지기 전에 등기상 이해관계가 있는 제3자가 생기지 않은 경우에 한하여 허용된다.

[2] 가등기의 등기원인이 실효된 이후에 전소유자와의 무효등기의 유용에 관한 합의에 따라 가등기 명의인이던 甲 명의로 마쳐진 소유권이전의 본등기는 그 등기유용의 합의가 이루어지기 전에 이미 소유권이전등기를 한 등기상의 이해관계인인 乙에 대한 관계에서는 실질관계를 결한 무효의 등기로 평가되므로, 위 甲 명의 소유권이전등기나 이 등기를 기초로 하여 마쳐진 丙 명의의 소유권이전등기가 원인무효의 등기로 말소될 때에는, 직권말소된 乙 명의 소유권이전등기에 관하여 등기공무원이 직권으로 그 말소등기의 회복등기를 하여야 하는 것으로서, 그 말소회복등기가 되기 전이라도 乙은 등기명의인으로서의 권리를 그대로 보유하고 있기 때문에 소유자로 추정된다.

판례선정이유

무효등기의 유용을 위해서는 유용의 합의전에 등기상 이해관계 있는 제3자가 생기지 않아야 한다는 점을 밝힌 판결

183. 등기를 갖추지 않은 부동산매수인의 법적 지위
(대법원 2003. 1. 24. 선고 2002다61521 판결)

쟁점 건물에 대한 철거처분권자의 판단 및 미등기건물에 대한 양도담보계약상의 채권자의 지위를 승계하여 건물을 관리하고 있는 자가 건물에 대한 법률상 또는 사실상 처분권을 가지고 있는 자에 해당하는지 여부

판결요지

[1] 건물철거는 그 소유권의 종국적 처분에 해당되는 사실행위이므로, 원칙으로는 그 소유자(민법상 원칙적으로는 등기명의자)에게만 그 철거처분권이 있다 할 것이고, 예외적으로 건물을 전소유자로부터 매수하여 점유하고 있는 등 그 권리의 범위 내에서 그 점유중인 건물에 대하여 법률상 또는

사실상 처분을 할 수 있는 지위에 있는 자에게도 그 철거처분권이 있다.

[2] 미등기건물에 대한 양도담보계약상의 채권자의 지위를 승계하여 건물을 관리하고 있는 자는 건물의 소유자가 아님은 물론 건물에 대하여 법률상 또는 사실상 처분권을 가지고 있는 자라고 할 수도 없다 할 것이어서, 건물에 대한 철거처분권을 가지고 있는 자라고 할 수 없다.

판례선정이유

토지소유권자가 미등기건물의 철거를 요구하는 물권적 청구권을 행사하는 경우, 그 상대방은 원칙적으로 등기명의자이나, 점유중인 건물에 대하여 법률상 또는 사실상 처분을 할 수 있는 지위에 있는 자도 그 상대방이 될 수 있음을 밝힌 판결

184. 법률행위에 의하지 않는 물권변동

(대법원 2002. 4. 26. 선고 2000다16350 판결)

쟁점 건축업자가 타인의 대지를 매수하여 그 대금을 지급하지 아니한 채 그 위에 자기의 노력과 재료를 들여 건물을 건축하면서 건축허가 명의를 대지소유자로 한 경우, 완성된 건물의 소유권자의 확인

판결요지

자기 비용과 노력으로 건물을 신축한 자는 그 건축허가가 타인의 명의로 된 여부에 관계없이 그 소유권을 원시취득한다 할 것이며, 건축업자가 타인의 대지를 매수하여 그 대금을 지급하지 아니한 채 그 위에 자기의 노력과 재료를 들여 건물을 건축하면서 건축허가 명의를 대지소유자로 한 경우에는, 부동산등기법 제131조의 규정(현행 부동산등기법 제65조에 해당)에 의하여 특별한 사정이 없는 한 건축허가명의인 앞으로 소유권보존등기를 할 수밖에 없는 점에 비추어 볼 때, 그 목적이 대지대금 채무를 담보하기 위한 경우가 일반적이라 할 것이고, 이 경우 완성된 건물의 소유권은 일단 이를 건축한 채무자가 원시적으로 취득한 후 채권자 명의로 소유권보존등기를 마침으로써 담보 목적의 범위 내에서 위 채권자에게 그 소유권이 이전된다고 보아야 한다.

판례선정이유

자기 비용과 노력으로 건물을 신축한 자는 보존등기여부와 관계없이 소유권을 원시취득한다는 점을 밝히고, 이를 기초로 담보목적의 소유권보존등기가 가능함을 설시한 판결

185. 동산물권의 변동 : 점유개정에 의한 동산의 이중양도

(대법원 1989. 10. 24. 선고 88다카26802 판결)

쟁점 점유개정의 방법으로 동산이 이중양도된 경우, 양수인 중 1인의 처분금지가처분집행 후 다른 양수인이 현실의 인도를 받았을 때 그 동산의 소유권 귀속

판결요지

동산의 소유자가 이를 이중으로 양도하고 각 점유개정의 방법으로 양도인 이 점유를 계속하는 경우 양수인들 사이에 있어서는 먼저 현실의 인도를 받아 점유를 해온 자가 소유권을 취득한다고 볼 것이나, 양수인 중 한 사람이 처분금지가처분집행을 하고 그 동산의 인도를 명하는 판결을 받은 경우에는 다른 양수인이 위 가처분집행후에 양도인으로부터 그 동산을 현실로 인도받아 점유를 승계하였더라도 그 동산을 선의취득한 것이 아닌 한, 이와 같은 양수인은 가처분채권자가 본안소송에서의 승소판결에 따른 채무명의에 터잡아 강제집행을 하는 경우 이를 수인하여야 하는 지위에 있으므로, 가처분채권자와의 사이에서는 그 동산의 소유권을 취득하였다고 주장할 수 없다.

판례선정이유

점유개정의 방법으로 동산을 이중으로 양도한 경우 양수인들 사이에서는 먼저 현실의 인도를 받은 양수인이 소유권을 취득한다고 판시한 판결

제2장 점유권

186. 점 유

(대법원 2009. 9. 10. 선고 2009다28462 판결)

쟁점 건물 소유자가 현실적으로 건물이나 그 부지를 점거하고 있지 않은 경우에도 그 부지를 점유한다고 보아야 하는지 여부

판결요지

사회통념상 건물은 그 부지를 떠나서는 존재할 수 없으므로 건물의 부지가 된 토지는 건물의 소유자가 점유하는 것이고, 이 경우 건물의 소유자가 현실적으로 건물이나 그 부지를 점거하고 있지 않다 하더라도 건물의 소유를 위하여 그 부지를 점유한다고 보아야 한다. 한편 미등기건물을 양수하여 건물에 관한 사실상의 처분권을 보유하게 됨으로써 건물부지 역시 아울러 점유하고 있다고 볼 수 있는 등의 특별한 사정이 없는 한 건물의 소유명의자가 아닌 자는 실제 건물을 점유하고 있다 하더라도 그 부지를 점유하는 자로 볼 수 없다.

판례선정이유

타인의 토지위에 있는 불법건물의 점유자는 건물의 소유명의자이며 건물의 소유명의자가 아닌 자는 실제 건물을 점유하고 있다 하더라도 원칙적으로 그 부지의 점유자로 볼 수 없다고 한 판결

187. 간접점유

(대법원 2018. 3. 29. 선고 2013다2559, 2566 판결)

쟁점 국가 또는 상위 지방자치단체 등이 위임조례 등에 의하여 권한의 일부를 하위 지방자치단체의 장 등 수임관청에게 기관위임을 하여 수임관청이 사무처리를 위하여 공원 등의 부지가 된 토지를 점유하는 경우, 위임관청이 위와 같은 토지를 간접점유하는 것인지 여부

판결요지

[1] 국가 또는 상위 지방자치단체 등 위임관청이 위임조례 등에 의하여 권한의 일부를 하위 지방자치단체의 장 등 수임관청에게 기관위임을 하여 수임관청이 사무처리를 위하여 공원 등의 부지가 된 토지를 점유하는 경우, 간접점유의 요건이 되는 점유매개관계는 법률행위뿐만 아니라 법률의 규정, 국가행위 등에도 설정될 수 있으므로, 이러한 위임조례 등을 점유매개관계로 볼 수 있다. 또한 사무귀속의 주체인 위임관청은, 위임조례의 개정 등에 의한 기관위임의 종결로 법령상의 관리청으로 복귀하고, 수임관청에게 점유의 반환을 요구할 수 있는 지위에 있다. 이러한 점 등에 비추어 보면, 위임관청은 위임조례 등을 점유매개관계로 하여 법령상 관리청인 수임관청 또는 그가 속하는 지방자치단체가 직접점유하는 공원 등의 부지가 된 토지를 간접점유한다고 보아야 한다.

[2] 물건에 대한 점유란 사회관념상 어떤 사람의 사실상의 지배에 있다고 보여지는 객관적 관계를 말하는 것이다. 사실상의 지배에 있다고 하기 위하여는 반드시 물건을 물리적, 현실적으로 지배하는 것만을 의미하는 것이 아니고, 물건과 사람과의 시간적, 공간적 관계와 본권관계, 타인 지배의 배제 가능성 등을 고려하여 사회관념에 따라 합목적적으로 판단하여야 할 것이다. 특히 임야에 대한 점유의 이전이나 점유의 계속은 반드시 물리적이고 현실적인 지배를 요한다고 볼 것은 아니고, 관리나 이용의 이전이 있으면 점유의 이전이 있었다고 보아야 한다. 그러므로 사인이 소유하는 어떠한 토지에 도로나 공원 등 도시계획시설을 설치하는 내용의 도시계획이 결정 · 고시되었다고 하더라도, 아직 그 도시계획에 따른 사업이 시행되지 않은 상태에서는 곧바로 국가나 지방자치단체가 이를 점유한다고 볼 수 없다. 그러나 정식의 도시계획사업이 시행되기 전이라도 국가나 지방자치단체가 해당 토지에 도시계획시설을 구성하는 여러 시설을 설치 · 관리하여 일반 공중의 이용에 제공하는 등으로 이를 사실상 지배하는 것으로 평가될 수 있는 경우에는, 그 범위 내에서 국가나 지방자치단체의 점유가 인정될 수 있다.

판례선정이유

법령에 의하여 점유의 반환을 요구할 수 있는 경우에는 간접점유 성립을 위한 점유매개관계가 인정된다는 점을 밝힌 판결

188. 자주점유 (1) : 자주점유의 추정

(대법원 2000. 3. 16. 선고 97다37661 전원합의체 판결)

쟁점 토지 매수인이 매매계약에 의하여 목적 토지의 점유를 취득한 경우, 그 계약이 타인의 토지의 매매에 해당하여 곧바로 소유권을 취득할 수 없다는 사실만으로 자주점유의 추정이 번복되는지 여부 및 등기를 수반하지 아니한 점유임이 밝혀졌다는 사정만으로 타주점유로 볼 것인지 여부

판결요지

현행 우리 민법은 법률행위로 인한 부동산물권의 득실변경에 관하여 등기라는 공시방법을 갖추어야만 비로소 그 효력이 생긴다는 형식주의를 채택하고 있음에도 불구하고 등기에 공신력이 인정되지 아니하고, 또 현행민법의 시행 이후에도 법생활의 실태에 있어서는 상당기간 동안 의사주의를 채택한 구 민법에 따른 부동산 거래의 관행이 잔존하고 있었던 점 등에 비추어 보면, 토지의 매수인이 매매계약에 의하여 목적 토지의 점유를 취득한 경우, 설사 그것이 타인의 토지의 매매에 해당하여 그에 의하여 곧바로 소유권을 취득할 수 없다고 하더라도 그것만으로 매수인이 점유권원의 성질상 소유의 의사가 없는 것으로 보이는 권원에 바탕을 두고 점유를 취득한 사실이 증명되었다고 단정할 수 없을 뿐만 아니라, 매도인에게 처분권한이 없다는 것을 잘 알면서 이를 매수하였다는 등의 다른 특별한 사정이 입증되지 않는 한, 그 사실만으로 바로 그 매수인의 점유가 소유의 의사가 있는 점유라는 추정이 깨어지는 것이라고 할 수 없고, 제197조 제1항이 규정하고 있는 점유자에게 추정되는 소유의 의사는 사실상 소유할 의사가 있는 것으로 충분한 것이지 반드시 등기를 수반하여야 하는 것은 아니므로, 등기를 수반하지 아니한 점유임이 밝혀졌다고 하여 이 사실만 가지고 바로 점유권원의 성질상 소유의 의사가 결여된 타주점유라고 할 수 없다.

판례선정이유

자주점유의 추정에 관한 주요 판결

189. 자주점유 (2) : 자주점유의 타주점유로의 전환

(대법원 2004. 9. 24. 선고 2004다27273 판결)

쟁점 부동산을 매도하여 인도의무를 지는 매도인의 점유의 성질 및 상속에 의한 점유 승계시 점유 태양의 승계 여부 및 그 점유가 자주점유로 되기 위한 요건

판결요지

[1] 부동산을 다른 사람에게 매도하여 그 인도의무를 지고 있는 매도인의 점유는 특별한 사정이 없는 한 타주점유로 변경된다.

[2] 상속에 의하여 점유권을 취득한 경우에는 상속인이 새로운 권원에 의하여 자기 고유의 점유를 시작하지 않는 한 피상속인의 점유를 떠나 자기만의 점유를 주장할 수 없고, 선대의 점유가 타주점유인 경우 선대로부터 상속에 의하여 점유를 승계한 자의 점유도 그 성질 내지 태양을 달리하는 것이 아니어서 특단의 사정이 없는 한 그 점유가 자주점유로 될 수 없고, 그 점유가 자주점유가 되기 위하여는 점유자가 소유자에 대하여 소유의 의사가 있는 것을 표시하거나 새로운 권원에 의하여 다시 소유의 의사로써 점유를 시작하여야 한다.

판례선정이유

매도인 및 상속인의 점유의 성질에 관한 주요 판결

190. 점유취득

(대법원 2000. 9. 8. 선고 99다58471 판결)

쟁점 주권의 점유를 취득하는 방법 및 반환청구권의 양도에 의하여 주권의 선의취득에 필요한 요건으로서의 주권의 점유취득을 인정하기 위한 요건

판결요지

주권의 점유를 취득하는 방법에는 현실의 인도(교부) 외에 간이인도, 반환청구권의 양도가 있으며, 양도인이 소유자로부터 보관을 위탁받은 주권을 제3자에게 보관시킨 경우에 반환청구권의 양도에 의하여 주권의 선의취득에 필요한 요건인 주권의 점유를 취득하였다고 하려면, 양도인이 그 제3자에 대한 반환청구권을 양수인에게 양도하고 지명채권 양도의 대항요건을 갖추어야 한다.

판례선정이유

목적물 반환청구권의 양도로 선의취득을 위한 점유취득이 인정되나, 반환청구권이 채권인 경우, 지명채권 양도의 대항요건을 갖추어야 점유를 취득할 수 있음을 밝힌 판결

191. 점유자의 과실수취권 (1) : 선의점유자의 과실수취권

(대법원 2000. 3. 10. 선고 99다63350 판결)

쟁점 제201조 제1항 소정의 과실수취권이 인정되는 '선의의 점유자'의 의미 및 점유자의 점유가 권원 없는 것으로 밝혀진 경우, 선의점유 추정의 번복 여부

판결요지

[1] 제201조 제1항은 "선의의 점유자는 점유물의 과실을 취득한다"라고 규정하고 있는바, 여기서 선의의 점유자라 함은 과실수취권을 포함하는 권원이 있다고 오신한 점유자를 말하고, 다만 그와 같은 오신을 함에는 오신할 만한 정당한 근거가 있어야 한다.

[2] 제197조에 의하여 점유자는 선의로 점유한 것으로 추정되고, 권원 없는 점유였음이 밝혀졌다고 하여 곧 그 동안의 점유에 대한 선의의 추정이 깨어졌다고 볼 것은 아니다.

판례선정이유

통상적으로 이해되는 「선의」, 즉 '무엇인가를 알지 못한 것'과는 달리, 제201조 제1항의 과실수취권이 인정되기 위하여 요구되는 점유자의 선의는 소위 적극적인 오신을 요구하여 '과실수취권을 포함하는 본권을 가지고 있다고 오신하는 것을 말하며, 나아가 오신할 만한 정당한 근거가 있어야 함을 확인한 판결

192. 점유자의 과실수취권 (2) : 악의점유자의 과실 반환 범위

(대법원 2003. 11. 14. 선고 2001다61869 판결)

쟁점 타인 소유물을 권원 없이 점유함으로써 얻은 사용이익을 반환하는 경우, 제748조 제2항과 제201조 제2항의 반환범위의 관계

판결요지

[1] 타인 소유물을 권원 없이 점유함으로써 얻은 사용이익을 반환하는 경우, 민법은 선의 점유자를 보호하기 위하여 제201조 제1항을 두어 선의 점유자에게 과실수취권을 인정함에 대하여, 이러한 보호의 필요성이 없는 악의 점유자에 관하여는 제201조 제2항을 두어 과실수취권이 인정되지 않는다는 취지를 규정하는 것으로 해석되는바, 따라서 악의 수익자가 반환하여야 할 범위는 제748조 제2항에 따라 정하여지는 결과 그는 받은 이익에 이자를 붙여 반환하여야 하며, 위 이자의 이행지체로 인한 지연손해금도 지급하여야 한다.

[2] 한국전력공사가 권원 없이 타인 소유 토지의 상공에 송전선을 설치함으로써 토지를 사용 · 수익한 경우, 구분지상권에 상응하는 임료 상당의 부당이득금에 대하여 점유일 이후의 법정이자 및 그 이자에 대한 지연손해금을 인정한 사례

판례선정이유

점유자가 취득한 과실이 부당이득에 해당되는 경우에 적용되는 법규정을 제748조에 의할 것인지, 제201조에 의할 것인지에 대한 판단으로 과실을 반환할지의 판단은 제201조에 의하여 정해지되, 반환해야 하는 경우 그 반환의 범위는 제748조에 의하여 판단되어야 함을 확인한 판결

193. 점유자의 비용상환청구권 (1)

(대법원 2014. 3. 27. 선고 2011다101209 판결)

쟁점 점유자가 유익비를 지출할 당시 계약관계 등 적법한 점유권원을 가진 경우, 계약관계 등의 상대방이 아닌 점유회복 당시의 소유자에 대하여 제203조 제2항에 따른 지출비용의 상환을 구할 수 있는지 여부

판결요지

제203조 제2항에 의한 점유자의 회복자에 대한 유익비상환청구권은 점유자가 계약관계 등 적법하게 점유할 권리를 가지지 않아 소유자의 소유물반환청구에 응하여야 할 의무가 있는 경우에 성립되는 것으로서, 이 경우 점유자는 그 비용을 지출할 당시의 소유자가 누구이었는지에 관계없이 점유회복 당시의 소유자 즉, 회복자에 대하여 비용상환청구권을 행사할 수 있다. 그러나 점유자가 유익비를 지출할 당시 계약관계 등 적법한 점유의 권원을 가진 경우에 그 지출비용의 상환에 관하여는 그 계약관계를 규율하는 법조항이나 법리 등이 적용되는 것이어서, 점유자는 그 계약관계 등의 상대방에 대하여 해당 법조항이나 법리에 따른 비용상환청구권을 행사할 수 있을 뿐 계약관계 등의 상대방이 아닌 점유회복 당시의 소유자에 대하여 제203조 제2항에 따른 지출비용의 상환을 구할 수는 없다. 한편 사용대차에 있어서 차주의 유익비상환청구에는 제203조의 규정이 적용된다(제611조 제2항, 제594조 제2항).

판례선정이유

점유자의 비용상환청구권의 적용범위를 확인하여 유익비 지출 당시 계약관계 등 적법한 점유의 권원을 가진 경우에는, 계약관계의 상대방에 대하여 관련 법조항 또는 법리에 의하여 비용상환청구권을 행사할 수 있을 뿐 점유회복 당시의 소유자에게 제203조 제2항의 지출비용의 상환청구를 할 수 없음을 밝힌 판결

194. 점유자의 비용상환청구권 (2)

(대법원 2018. 6. 15. 선고 2018다206707 판결)

쟁점 제203조 제2항에서 정한 유익비의 상환범위 및 이에 관한 증명책임의 소재

판결요지

유익비상환청구에 관하여 제203조 제2항은 “점유자가 점유물을 개량하기 위하여 지출한 금액 기타 유익비에 관하여는 그 가액의 증가가 현존한 경우에 한하여 회복자의 선택에 좇아 그 지출금액이나 증가액의 상환을 청구할 수 있다”라고 규정하고 있다. 즉 유익비의 상환범위는 ‘점유자가 유익비로 지출한 금액’과 ‘현존하는 증가액’ 중에서 회복자가 선택하는 것으로 정해진다. 위와 같은 실제 지출금액 및 현존 증가액에 관한 증명책임은 모두 유익비의 상환을 구하는 점유자에게 있다.

따라서 점유자의 증명을 통해 실제 지출금액 및 현존 증가액이 모두 산정되지 아니한 상태에서 회복자가 ‘점유자가 주장하는 지출금액과 감정 결과에 나타난 현존 증가액 중 적은 금액인 현존 증가액을 선택한다’는 취지의 의사표시를 하였다고 하더라도, 특별한 사정이 없는 한 이를 곧바로 ‘실제 증명된 지출금액이 현존 증가액보다 적은 금액인 경우에도 현존 증가액을 선택한다’는 뜻까지 담긴 것으로 해석하여서는 아니 된다. 일반적으로 회복자의 의사는 실제 지출금액과 현존 증가액 중 적은 금액을 선택하겠다는 것으로 보아야 하기 때문이다.

판례선정이유

유익비의 상환범위는 ‘점유자가 유익비로 지출한 금액’과 ‘현존하는 증가액’ 중에서 회복자가 선택하지만, 실제 지출금액 및 현존 증가액에 관한 증명책임은 모두 유익비의 상환을 구하는 점유자에게 있으며, 따라서 회복자가 금위 두 금액의 산정 전에 ‘점유자가 주장하는 지출금액과 감정 결과에 나타난 현존 증가액 중 적은 금액인 현존 증가액을 선택한다’는 취지의 의사표시를 하였다고 하더라도, 특별한 사정이 없는 한 이를 곧바로 ‘실제 증명된 지출금액이 현존 증가액보다 적은 금액인 경우에도 현존 증가액을 선택한다’는 뜻까지 담긴 것으로 해석하여서는 안된다는 점을 밝힌 판결

제3장 소유권

제1절 소유권의 한계

195. 소유권의 내용
(대법원 2019. 1. 24. 선고 2016다264556 전원합의체 판결)

쟁점 [1] 토지 소유자가 자신의 토지를 일반 공중을 위한 용도로 제공한 경우, 그 토지에 대한 소유자의 독점적이고 배타적인 사용 · 수익권의 행사가 제한되는지 판단하는 기준 및 효과
[2] 토지 소유자의 독점적 · 배타적인 사용 · 수익권의 행사가 제한되는 경우, 위 토지를 상속받은 상속인의 독점적 · 배타적인 사용 · 수익권의 행사 역시 제한되는지 여부
[3] 독점적 · 배타적인 사용 · 수익권의 행사가 제한되는 토지의 소유권을 특정승계한 자가 그 토지 부분에 대하여 독점적이고 배타적인 사용 · 수익권을 행사할 수 있는지 여부 및 특정승계인의 독점적 · 배타적인 사용 · 수익권의 행사를 허용할 특별한 사정이 있는지 판단하는 기준
[4] 토지 소유자가 사정변경을 이유로 완전한 소유권에 기한 권리를 주장할 수 있는지 여부 및 그러한 사정변경이 있는지 판단하는 기준

판결요지

[1] 대법원 판례를 통하여 토지 소유자 스스로 그 소유의 토지를 일반 공중을 위한 용도로 제공한 경우에 그 토지에 대한 소유자의 독점적이고 배타적인 사용 · 수익권의 행사가 제한되는 법리가 확립되었고, 대법원은 그러한 법률관계에 관하여 판시하기 위하여 '사용 · 수익권의 포기', '배타적 사용 · 수익권의 포기', '독점적 · 배타적인 사용 · 수익권의 포기', '무상으로 통행할 권한의 부여' 등의 표현을 사용하여 왔다.

이러한 법리는 대법원이 오랜 시간에 걸쳐 발전시켜 온 것으로서, 현재에도 여전히 그 타당성을 인정할 수 있다. 다만 토지 소유자의 독점적이고 배타적인 사용 · 수익권 행사의 제한 여부를 판단하기 위해서는 토지 소유자의 소유권 보장과 공공의 이익 사이의 비교형량을 하여야 하고, 원소유자의 독점적 · 배타적인 사용 · 수익권 행사가 제한되는 경우에도 특별한 사정이 있다면 특정승계인의 독점적 · 배타적인 사용 · 수익권 행사가 허용될 수 있다. 또한, 토지 소유자의 독점적 · 배타적인 사용 · 수익권 행사가 제한되는 경우에도 일정한 요건을 갖춘 때에는 사정변경의 원칙이 적용되어 소유자가 다시 독점적 · 배타적인 사용 · 수익권을 행사할 수 있다고 보아야 한다.

[2] 토지 소유자가 그 소유의 토지를 도로, 수도시설의 매설 부지 등 일반 공중을 위한 용도로 제공한 경우에, 소유자가 토지를 소유하게 된 경위와 보유기간, 소유자가 토지를 공공의 사용에 제공한 경위와 그 규모, 토지의 제공에 따른 소유자의 이익 또는 편익의 유무, 해당 토지 부분의 위치나 형태, 인근의 다른 토지들과의 관계, 주위 환경 등 여러 사정을 종합적으로 고찰하고, 토지 소유자의 소유권 보장과 공공의 이익 사이의 비교형량을 한 결과, 소유자가 그 토지에 대한 독점적·배타적인 사용·수익권을 포기한 것으로 볼 수 있다면, 타인(사인뿐만 아니라 국가, 지방자치단체도 이에 해당할 수 있다, 이하 같다)이 그 토지를 점유·사용하고 있다 하더라도 특별한 사정이 없는 한 그로 인해 토지 소유자에게 어떤 손해가 생긴다고 볼 수 없으므로, 토지 소유자는 그 타인을 상대로 부당이득반환을 청구할 수 없고, 토지의 인도 등을 구할 수도 없다. 다만 소유권의 핵심적 권능에 속하는 사용·수익 권능의 대세적·영구적인 포기는 물권법정주의에 반하여 허용할 수 없으므로, 토지 소유자의 독점적·배타적인 사용·수익권의 행사가 제한되는 것으로 보는 경우에도, 일반 공중의 무상 이용이라는 토지이용현황과 양립 또는 병존하기 어려운 토지 소유자의 독점적이고 배타적인 사용·수익만이 제한될 뿐이고, 토지 소유자는 일반 공중의 통행 등 이용을 방해하지 않는 범위 내에서는 그 토지를 처분하거나 사용·수익할 권능을 상실하지 않는다.

[3] ① 위와 같은 법리는 토지 소유자가 그 소유의 토지를 도로 이외의 다른 용도로 제공한 경우에도 적용된다. 또한, 토지 소유자의 독점적·배타적인 사용·수익권의 행사가 제한되는 것으로 해석되는 경우, 특별한 사정이 없는 한 그 지하 부분에 대한 독점적이고 배타적인 사용·수익권의 행사 역시 제한되는 것으로 해석함이 타당하다.

② 상속인은 피상속인의 일신에 전속한 것이 아닌 한 상속이 개시된 때로부터 피상속인의 재산에 관한 포괄적 권리·의무를 승계하므로(제1005조), 피상속인이 사망 전에 그 소유 토지를 일반 공중의 이용에 제공하여 독점적·배타적인 사용·수익권을 포기한 것으로 볼 수 있고 그 토지가 상속재산에 해당하는 경우에는, 피상속인의 사망 후 그 토지에 대한 상속인의 독점적·배타적인 사용·수익권의 행사 역시 제한된다고 보아야 한다.

③ 원소유자의 독점적·배타적인 사용·수익권의 행사가 제한되는 토지의 소유권을 경매, 매매, 대물변제 등에 의하여 특정승계한 자는, 특별한 사정이 없는 한 그와 같은 사용·수익의 제한이라는 부담이 있다는 사정을 용인하거나 적어도 그러한 사정이 있음을 알고서 그 토지의 소유권을 취득하였다고 봄이 타당하므로, 그러한 특정승계인은 그 토지 부분에 대하여 독점적이고 배타적인 사용·수익권을 행사할 수 없다. 이때 특정승계인의 독점적·배타적인 사용·수익권의 행사를 허용할 특별한 사정이 있는지 여부는 특정승계인이 토지를 취득한 경위, 목적과 함께, 그 토지가 일반 공중의 이용에 제공되어 사용·수익에 제한이 있다는 사정이 이용현황과 지목 등을 통하여 외관에 어느 정도로 표시되어 있었는지, 해당 토지의 취득가액에 사용·수익권 행사의 제한으로 인한 재산적 가치 하락이 반영되어 있었는지, 원소유자가 그 토지를 일반 공중의 이용에 무상 제공한 것이 해당 토지를 이용하는 사람들과의 특별한 인적 관계 또는 그 토지 사용 등을 위한 관련 법령상의 허가·등록 등과 관계가 있었다고 한다면, 그와 같은 관련성이 특정승계인에게 어떠한 영향을 미치는지 등의 여러 사정을 종합적으로 고려하여 판단하여야 한다.

[4] 토지 소유자의 독점적 · 배타적인 사용 · 수익권 행사의 제한은 해당 토지가 일반 공중의 이용에 제공됨으로 인한 공공의 이익을 전제로 하는 것이므로, 토지 소유자가 공공의 목적을 위해 그 토지를 제공할 당시의 객관적인 토지이용현황이 유지되는 한도 내에서만 존속한다고 보아야 한다. 따라서 토지 소유자가 그 소유 토지를 일반 공중의 이용에 제공함으로써 자신의 의사에 부합하는 토지이용상태가 형성되어 그에 대한 독점적 · 배타적인 사용 · 수익권의 행사가 제한된다고 하더라도, 그 후 토지이용상태에 중대한 변화가 생기는 등으로 독점적 · 배타적인 사용 · 수익권의 행사를 제한하는 기초가 된 객관적인 사정이 현저히 변경되고, 소유자가 일반 공중의 사용을 위하여 그 토지를 제공할 당시 이러한 변화를 예견할 수 없었으며, 사용 · 수익권 행사가 계속하여 제한된다고 보는 것이 당사자의 이해에 중대한 불균형을 초래하는 경우에는, 토지 소유자는 그와 같은 사정변경이 있은 때부터는 다시 사용 · 수익 권능을 포함한 완전한 소유권에 기한 권리를 주장할 수 있다고 보아야 한다. 이때 그러한 사정변경이 있는지 여부는 해당 토지의 위치와 물리적 형태, 토지 소유자가 그 토지를 일반 공중의 이용에 제공하게 된 동기와 경위, 해당 토지와 인근 다른 토지들과의 관계, 토지이용상태가 바뀐 경위와 종전 이용상태와의 동일성 여부 및 소유자의 권리행사를 허용함으로써 일반 공중의 신뢰가 침해될 가능성 등 전후 여러 사정을 종합적으로 고려하여 판단하여야 한다.

판례선정이유

토지 소유자가 그 소유의 토지를 일반 공중을 위한 용도로 제공한 경우를 둘러싼 법리를 종합적으로 다룬 판결

196. 건물의 구분소유 (1) : 구분소유권의 성립요건

(대법원 2013. 1. 17. 선고 2010다71578 전원합의체 판결)

쟁점

[1] 구분소유의 성립을 인정하기 위하여 반드시 집합건축물대장의 등록이나 구분건물의 표시에 관한 등기가 필요한지 여부

[2] 집합건물 전유부분과 대지사용권의 일체성에 반하는 대지 처분행위의 효력 및 분리처분금지로 대항할 수 없는 '선의'의 제3자의 의미

판결요지

[1] 1동의 건물에 대하여 구분소유가 성립하기 위해서는 객관적 · 물리적인 측면에서 1동의 건물이 존재하고, 구분된 건물 부분이 구조상 · 이용상 독립성을 갖추어야 할 뿐 아니라, 1동의 건물 중 물리적으로 구획된 건물 부분을 각각 구분소유권의 객체로 하려는 구분행위가 있어야 한다. 여기서 구분행위는 건물의 물리적 형질에 변경을 가함이 없이 법률관념상 건물의 특정 부분을

구분하여 별개의 소유권의 객체로 하려는 일종의 법률행위로서, 그 시기나 방식에 특별한 제한이 있는 것은 아니고 처분권자의 구분의사가 객관적으로 외부에 표시되면 인정된다. 따라서 구분건물이 물리적으로 완성되기 전에도 건축허가신청이나 분양계약 등을 통하여 장래 신축되는 건물을 구분건물로 하겠다는 구분의사가 객관적으로 표시되면 구분행위의 존재를 인정할 수 있고, 이후 1동의 건물 및 그 구분행위에 상응하는 구분건물이 객관적 · 물리적으로 완성되면 아직 그 건물이 집합건축물대장에 등록되거나 구분건물로서 등기부에 등기되지 않았더라도 그 시점에서 구분소유가 성립한다.

[2] 집합건물법은 제20조에서 구분소유자의 대지사용권은 그가 가지는 전유부분의 처분에 따르고, 구분소유자는 규약으로써 달리 정하지 않는 한 그가 가지는 전유부분과 분리하여 대지사용권을 처분할 수 없으며, 분리처분금지는 그 취지를 등기하지 아니하면 선의로 물권을 취득한 제3자에게 대항하지 못한다고 규정하고 있는데, 위 규정의 취지는 집합건물의 전유부분과 대지사용권이 분리되는 것을 최대한 억제하여 대지사용권이 없는 구분소유권의 발생을 방지함으로써 집합건물에 관한 법률관계의 안정과 합리적 규율을 도모하려는 데 있으므로, 전유부분과 대지사용권의 일체성에 반하는 대지의 처분행위는 효력이 없다.

[3] 대지사용권은 구분소유자가 전유부분을 소유하기 위하여 건물의 대지에 대하여 가지는 권리로서, 그 성립을 위해서는 집합건물의 존재와 구분소유자가 전유부분 소유를 위하여 당해 대지를 사용할 수 있는 권리를 보유하는 것 이외에 다른 특별한 요건이 필요하지 않다. 이러한 사정을 고려하면, 집합건물법 제20조 제3항의 분리처분금지로 대항할 수 없는 '선의'의 제3자라 함은 원칙적으로 집합건물의 대지로 되어 있는 사정을 모른 채 대지사용권의 목적이 되는 토지를 취득한 제3자를 의미한다.

판례선정이유

1동의 건물에 대하여 구분소유가 성립하기 위한 요건이 잘 드러난 판결

197. 건물의 구분소유 (2) : 구분소유자의 대지사용권

(대법원 2000. 11. 16. 선고 98다45652 전원합의체 판결)

쟁점 [1] 집합건물의 건축자로부터 전유부분과 대지지분을 함께 매수하여 그 대금을 모두 지급함으로써 소유권 취득의 실질적 요건은 갖추었지만 전유부분에 대한 소유권이전등기만 경료받고 대지지분에 대하여는 소유권이전등기를 받지 못한 경우, 매수인은 매매계약의 효력으로써 건물의 대지를 점유 · 사용할 권리를 갖는지 여부 및 매수인의 지위에서 전유부분의 소유를 위하여 가지는 위와 같은 대지의 점유 · 사용권이 집합건물법 제2조 제6호 소정의 '대지사용권'에 해당하는지 여부

[2] 집합건물에 대하여 전유부분의 등기와 대지지분의 등기가 동시에 이루어져야 하나 특별한 사정으로 인하여 전유부분에 대하여만 소유권이전등기를 받은 매수인이 대지지분에 대한 소유권이전등기를 받기 전에 대지사용권을 전유부분과 분리하여 처분할 수 있는지 여부 및 매수인이 전유부분 및 장래 취득할 대지지분을 다른 사람에게 양도하여 그 중 전유부분에 대한 소유권이전등기를 경료하여 준 다음 사후에 취득한 대지지분을 전유부분의 소유권을 취득한 양수인이 아닌 제3자에게 분리 처분할 수 있는지 여부

판결요지

[1] 아파트와 같은 대규모 집합건물의 경우, 대지의 분 · 합필 및 환지절차의 지연, 각 세대당 지분비율 결정의 지연 등으로 인하여 전유부분에 대한 소유권이전등기만 수분양자를 거쳐 양수인 앞으로 경료되고, 대지지분에 대한 소유권이전등기는 상당기간 지체되는 경우가 종종 생기고 있는데, 이러한 경우 집합건물의 건축자로부터 전유부분과 대지지분을 함께 분양의 형식으로 매수하여 그 대금을 모두 지급함으로써 소유권 취득의 실질적 요건은 갖추었지만 전유부분에 대한 소유권이전등기만 경료받고 대지지분에 대하여는 위와 같은 사정으로 아직 소유권이전등기를 경료받지 못한 자는 매매계약의 효력으로써 전유부분의 소유를 위하여 건물의 대지를 점유 · 사용할 권리가 있는바, 매수인의 지위에서 가지는 이러한 점유 · 사용권은 단순한 점유권과는 차원을 달리하는 본권으로서 집합건물법 제2조 제6호 소정의 구분소유자가 전유부분을 소유하기 위하여 건물의 대지에 대하여 가지는 권리인 대지사용권에 해당한다고 할 것이고, 수분양자로부터 전유부분과 대지지분을 다시 매수하거나 증여 등의 방법으로 양수받거나 전전 양수받은 자 역시 당초 수분양자가 가졌던 이러한 대지사용권을 취득한다.

[2] 집합건물법의 규정내용과 입법취지를 종합하여 볼 때, 대지의 분 · 합필 및 환지절차의 지연, 각 세대당 지분비율 결정의 지연 등의 사정이 없었다면 당연히 전유부분의 등기와 동시에 대지지분의 등기가 이루어졌을 것으로 예상되는 경우, 전유부분에 대하여만 소유권이전등기를 경료받았으나 매수인의 지위에서 대지에 대하여 가지는 점유 · 사용권에 터잡아 대지를 점유하고 있는 수분양자는 대지지분에 대한 소유권이전등기를 받기 전에 대지에 대하여 가지는 점유 · 사용권인 대지사용권을 전유부분과 분리 처분하지 못할 뿐만 아니라, 전유부분 및 장래 취득할 대지지분을 다른 사람에게

양도한 후 그 중 전유부분에 대한 소유권이전등기를 경료해 준 다음 사후에 취득한 대지지분도 전유부분의 소유권을 취득한 양수인이 아닌 제3자에게 분리 처분하지 못한다 할 것이고, 이를 위반한 대지지분의 처분행위는 그 효력이 없다.

판례선정이유

전유부분과 대지지분을 함께 매수하였지만 전유부분에 대한 소유권이전등기만 경료받고 대지지분에 대하여는 소유권이전등기를 경료받지 못한 자가 가지는 대지의 점유 사용권을 잘 정리한 판결

198. 건물의 구분소유 (3) : 공유물의 사용 · 수익 · 관리에 관한 특약의 승계

(대법원 2013. 3. 14. 선고 2011다58701 판결)

쟁점 [1] 공유지분권의 본질적 부분을 침해하는 공유물의 사용 · 수익 · 관리에 관한 특약이 공유자의 특별승계인에게 당연히 승계되는지 여부 및 위와 같은 특약의 존재 여부와 그 특약을 알면서 공유지분권을 취득하였다는 등의 특별한 사정이 있는지 판단하는 기준

[2] 1동의 건물의 대지에 관하여 구분소유자 외의 다른 공유자가 있는 경우, 다른 공유자가 대지 전부를 사용 · 수익해 온 구분소유자들을 상대로 자신의 대지 공유지분권에 기초하여 부당이득반환을 구할 수 있는지 여부

판결요지

[1] 공유자는 공유물 전부를 지분의 비율로 사용 · 수익할 수 있으며(제263조), 공유물의 관리에 관한 사항은 공유자의 지분의 과반수로써 결정된다(제265조). 그리고 공유물의 사용 · 수익 · 관리에 관한 공유자 사이의 특약은 유효하며 그 특정승계인에 대하여도 승계되지만, 그 특약이 지분권자로서의 사용 · 수익권을 사실상 포기하는 등으로 공유지분권의 본질적 부분을 침해하는 경우에는 특정승계인이 그러한 사실을 알고도 공유지분권을 취득하였다는 등의 특별한 사정이 없다면 특정승계인에게 당연히 승계된다고 볼 수 없다. 그리고 위와 같은 특약의 존재 및 그 특약을 알면서 공유지분권을 취득하였다는 등의 특별한 사정이 있는지에 관하여는 구체적인 공유물의 사용 · 수익 · 관리의 현황, 이에 이르게 된 경위 및 공유자들의 의사, 현황대로 사용 · 수익된 기간, 공유지분권의 취득 경위 및 그 과정에서 특약 등의 존재가 드러나 있었거나 이를 쉽게 알 수 있었는지 여부 등 여러 사정을 종합하여 판단하여야 한다.

[2] 1동의 건물의 구분소유자들이 당초 건물을 분양받을 당시 대지 공유지분 비율대로 그 건물의 대지를 공유하고 있는 경우에는 별도의 규약이 존재하는 등 특별한 사정이 없는 한 각 구분소유자가 그 대지에 대하여 가지는 공유지분의 비율에 관계없이 대지 전부를 용도에 따라 사용할 수 있는 적법한 권원이 있으므로, 그 구분소유자들 사이에서는 대지 공유지분 비율의 차이를 이유로 부당이

득반환을 구할 수 없다. 그렇지만 그 대지에 관하여 구분소유자 외의 다른 공유자가 있는 경우에는 위에서 본 공유물에 관한 일반 법리에 따라 대지를 사용·수익·관리할 수 있다고 보아야 하므로, 다른 공유자가 자신의 공유지분권에 의한 사용·수익권을 포기하였다거나 그 포기에 관한 특약 등을 승계하였다고 볼 수 있는 사정 등이 있는 경우가 아니라면 구분소유자들이 무상으로 그 대지를 전부 사용·수익할 수 있는 권원을 가진다고 단정할 수 없고, 다른 공유자는 그 대지 공유지분권에 기초하여 부당이득의 반환을 청구할 수 있다.

판례선정이유

구분소유자들 사이의 대지 사용·수익권과 다른 공유자와의 사이에서의 사용·수익권에 의한 부당이득반환관계가 잘 정리된 판결

199. 생활방해의 금지

(대법원 1997. 7. 22. 선고 96다56153 판결)

쟁점 인접 대지의 건물신축으로 인한 환경 등 생활이익 침해의 수인 한도 인정기준 및 환경이익의 침해를 이유로 침해의 배제를 청구할 수 있는지 여부와 그 요건

판결요지

[1] 인접 대지에 건물이 건축됨으로 인하여 입는 환경 등 생활이익의 침해를 이유로 건축공사의 금지를 청구하는 경우, 그 침해가 사회통념상 일반적으로 수인할 정도를 넘어서는지의 여부는 피해의 성질 및 정도, 피해이익의 공공성, 가해행위의 태양, 가해행위의 공공성, 가해자의 방지조치 또는 손해회피의 가능성, 인·허가관계 등 공법상 기준에의 적합 여부, 지역성, 토지이용의 선후관계 등 모든 사정을 종합적으로 고려하여 판단하여야 한다.

[2] 환경권은 명문의 법률규정이나 관계 법령의 규정 취지 및 조리에 비추어 권리의 주체, 대상, 내용, 행사 방법 등이 구체적으로 정립될 수 있어야만 인정되는 것이므로, 사법상의 권리로서의 환경권을 인정하는 명문의 규정이 없는데도 환경권에 기하여 직접 방해배제청구권을 인정할 수 없다.

[3] 어느 토지나 건물의 소유자가 종전부터 향유하고 있던 경관이나 조망, 조용하고 쾌적한 종교적 환경 등이 그에게 하나의 생활이익으로서의 가치를 가지고 있다고 객관적으로 인정된다면 법적인 보호의 대상이 될 수 있는 것이라 할 것이므로, 인접 대지에 건물을 신축함으로써 그와 같은 생활이익이 침해되고 그 침해가 사회통념상 일반적으로 수인할 정도를 넘어선다고 인정되는 경우에는 토지 등의 소유자는 소유권에 기하여 방해의 제거나 예방을 위하여 필요한 청구를 할 수 있고, 이와 같은 청구를 하기 위한 요건으로서 반드시 건물이 문화재보호법이나 건축법 등의 관계 규정에

위반하여 건축되거나 또는 그 건축으로 인하여 소유자의 토지 안에 있는 문화재 등에 대하여 직접적인 침해가 있거나 그 우려가 있을 것을 요하는 것은 아니다(사찰로부터 6m의 이격거리를 둔 채 높이 87.5m의 19층 고층빌딩을 건축 중인 자에 대하여 사찰의 환경이익 침해를 이유로 전체 건물 중 16층부터 19층까지의 공사를 금지시킨 사례).

판례선정이유

생활방해에 관한 주요 판결

200. 주위토지통행권

(대법원 2006. 6. 2. 선고 2005다70144 판결)

쟁점 제219조에 규정된 주위토지통행권이 인정되는 경우, 그 통행로의 폭과 위치를 정하는 기준 및 주위토지통행권의 행사에 의하여 그 통행에 방해되는 축조물의 철거를 청구할 수 있는지 여부

판결요지

[1] 제219조에 규정된 주위토지통행권은 공로와의 사이에 그 용도에 필요한 통로가 없는 토지의 이용이라는 공익목적을 위하여 피통행지 소유자의 손해를 무릅쓰고 특별히 인정되는 것이므로, 그 통행로의 폭이나 위치 등을 정함에 있어서는 피통행지의 소유자에게 가장 손해가 적게 되는 방법이 고려되어야 할 것이고, 어느 정도를 필요한 범위로 볼 것인가는 구체적인 사안에서 사회통념에 따라 쌍방 토지의 지형적 · 위치적 형상 및 이용관계, 부근의 지리상황, 상린지 이용자의 이해득실 기타 제반 사정을 기초로 판단하여야 하며, 토지의 이용방법에 따라서는 자동차 등이 통과할 수 있는 통로의 개설도 허용되지만 단지 토지이용의 편의를 위해 다소 필요한 상태라고 여겨지는 정도에 그치는 경우까지 자동차의 통행을 허용할 것은 아니다.

[2] 주위토지통행권의 확인을 구하기 위해서는 통행의 장소와 방법을 특정하여 청구취지로써 이를 명시하여야 하고, 또한 제219조에 정한 요건을 주장 · 입증하여야 하며, 따라서 주위토지통행권이 있음을 주장하여 확인을 구하는 특정의 통로 부분이 제219조에 정한 요건을 충족한다고 인정되지 아니할 경우에는 다른 토지 부분에 주위토지통행권이 인정된다고 할지라도 원칙적으로 그 청구를 기각할 수밖에 없으나, 이와 달리 통행권의 확인을 구하는 특정의 통로 부분 중 일부분이 제219조에 정한 요건을 충족하여 주위토지통행권이 인정된다면, 그 일부분에 대해서만 통행권의 확인을 구할 의사는 없음이 명백한 경우가 아닌 한 그 청구를 전부 기각할 것이 아니라, 그 부분에 한정하여 청구를 인용함이 상당하다.

[3] 주위토지통행권의 본래적 기능발휘를 위해서는 그 통행에 방해가 되는 담장과 같은 축조물도 위 통행권의 행사에 의하여 철거되어야 한다.

판례선정이유

주위토지통행권의 주요 내용에 관한 판결

제2절 소유권의 취득

201. 점유취득시효의 요건(1) : 자주점유의 추정

(대법원 1997. 8. 21. 선고 95다28625 전원합의체 판결)

쟁점 점유자가 점유 개시 당시 소유권 취득의 원인이 될 수 있는 법률행위 기타 법률요건 없이 그와 같은 법률요건이 없다는 사실을 알면서 타인 소유의 부동산을 무단점유한 경우, 자주점유의 추정이 깨어지는지 여부

판결요지

[1] 제197조 제1항에 의하면 물건의 점유자는 소유의 의사로 점유한 것으로 추정되므로 점유자가 취득시효를 주장하는 경우에 있어서 스스로 소유의 의사를 입증할 책임은 없고, 오히려 그 점유자의 점유가 소유의 의사가 없는 점유임을 주장하여 점유자의 취득시효의 성립을 부정하는 자에게 그 입증책임이 있다.

[2] 점유자의 점유가 소유의 의사 있는 자주점유인지 아니면 소유의 의사 없는 타주점유인지의 여부는 점유자의 내심의 의사에 의하여 결정되는 것이 아니라 점유 취득의 원인이 된 권원의 성질이나 점유와 관계가 있는 모든 사정에 의하여 외형적 · 객관적으로 결정되어야 하는 것이기 때문에 점유자가 성질상 소유의 의사가 없는 것으로 보이는 권원에 바탕을 두고 점유를 취득한 사실이 증명되었거나, 점유자가 타인의 소유권을 배제하여 자기의 소유물처럼 배타적 지배를 행사하는 의사를 가지고 점유하는 것으로 볼 수 없는 객관적 사정, 즉 점유자가 진정한 소유자라면 통상 취하지 아니할 태도를 나타내거나 소유자라면 당연히 취했을 것으로 보이는 행동을 취하지 아니한 경우 등 외형적 · 객관적으로 보아 점유자가 타인의 소유권을 배척하고 점유할 의사를 갖고 있지 아니하였던 것이라고 볼 만한 사정이 증명된 경우에도 그 추정은 깨어진다.

[3] 점유자가 점유 개시 당시에 소유권 취득의 원인이 될 수 있는 법률행위 기타 법률요건이 없이 그와 같은 법률요건이 없다는 사실을 잘 알면서 타인 소유의 부동산을 무단점유한 것임이 입증된 경우, 특별한 사정이 없는 한 점유자는 타인의 소유권을 배척하고 점유할 의사를 갖고 있지 않다고 보아야 할 것이므로, 이로써 소유의 의사가 있는 점유라는 추정은 깨어졌다고 할 것이다.

판례선정이유

취득시효의 요건으로서의 소유의 의사, 소유의 의사의 추정이 깨어지는 경우 및 악의의 무단점유의 경우에는 자주점유의 추정이 깨어진다는 법리를 설시한 대표적 판결

202. 점유취득시효의 요건 (2) : 평온 · 공연한 점유의 의미

(대법원 1992. 4. 24. 선고 92다6983 판결)

쟁점 제245조 소정의 평온 · 공연한 점유의 의미와 점유가 불법이라고 주장하는 자로부터 이의를 받거나 점유물의 소유권을 둘러싼 법률상 분쟁이 있었다는 사실만으로 점유의 평온 · 공연성이 상실되는지 여부

판결요지

제245조에 규정된 평온한 점유란 점유자가 그 점유를 취득 또는 보유하는 데 법률상 용인될 수 없는 강포행위를 쓰지 아니하는 점유이고, 공연한 점유란 은비의 점유가 아닌 점유를 말하는 것이므로, 그 점유가 불법이라고 주장하는 자로부터 이의를 받은 사실이 있거나 점유물의 소유권을 둘러싸고 당사자 사이에 법률상 분쟁이 있었다 하더라도 그러한 사실만으로는 곧 그 점유의 평온 · 공연성이 상실된다고 할 수 없다.

판례선정이유

점유취득시효의 완성을 주장하기 위한 요건으로서의 평온 · 공연한 점유의 의미를 밝힌 판결

203. 점유취득시효의 요건 (3) : 점유의 상실과 소유권이전등기청구권

(대법원 1995. 3. 28. 선고 93다47745 전원합의체 판결)

쟁점 [1] 점유자가 취득시효기간의 만료로 소유권이전등기청구권을 취득한 후 점유를 상실한 경우, 그 소유권이전등기청구권이 소멸되는지 여부
[2] 취득시효기간 만료 당시의 점유자로부터 점유를 승계한 현 점유자가 전 점유자의 취득시효 완성의 효과를 주장하여 직접 자기에게 소유권이전등기를 청구할 권원이 있는지 여부

판결요지

[1] 원래 취득시효제도는 일정한 기간 점유를 계속한 자를 보호하여 그에게 실체법상의 권리를 부여하는 제도이므로, 부동산을 20년 간 소유의 의사로 평온 · 공연하게 점유한 자는 제245조 제1항에 의하여 점유부동산에 관하여 소유자에 대한 소유권이전등기청구권을 취득하게 되며, 점유자가 취득시효기간의 만료로 일단 소유권이전등기청구권을 취득한 이상, 그 후 점유를 상실하였다고 하더라도 이를 시효이익의 포기로 볼 수 있는 경우가 아닌 한, 이미 취득한 소유권이전등기청구권은 소멸되지 아니한다.

[2] 전 점유자의 점유를 승계한 자는 그 점유 자체와 하자만을 승계하는 것이지 그 점유로 인한 법률효과까지 승계하는 것은 아니므로 부동산을 취득시효기간 만료 당시의 점유자로부터 양수하여 점유를 승계한 현 점유자는 자신의 전 점유자에 대한 소유권이전등기청구권을 보전하기 위하여 전 점유자의 소유자에 대한 소유권이전등기청구권을 대위행사할 수 있을 뿐, 전 점유자의 취득시효 완성의 효과를 주장하여 직접 자기에게 소유권이전등기를 청구할 권원은 없다.

판례선정이유

점유자가 취득시효기간의 만료로 소유권이전등기청구권을 취득한 후 점유를 상실한 경우, 그 소유권이전등기청구권이 소멸되는지 여부와 취득시효기간 만료 당시의 점유자로부터 점유를 승계한 현 점유자가 전 점유자의 취득시효 완성의 효과를 주장하여 직접 자기에게 소유권이전등기를 청구할 권원이 있는지 여부를 판단한 판결

204. 점유취득시효의 요건(4) : 취득시효 완성 후 등기 전의 법률관계

(대법원 1989. 4. 11. 선고 88다카5843, 5850 판결)

쟁점 취득시효완성 전후의 등기경료와 시효취득자의 소유권취득

판결요지

취득시효기간 완성 후 아직 그것을 원인으로 소유권이전등기를 경료하지 아니한 자는 종전 소유자로부터 그 부동산에 대한 등기부상 소유명의를 넘겨받은 제3자에 대하여 시효취득을 주장할 수 없으나, 취득시효기간 만료 전에 등기명의를 넘겨받은 시효완성 당시의 등기명의자에 대하여는 그 소유권취득을 주장할 수 있다.

판례선정이유

취득시효 완성 전후의 등기 경료와 시효완성자의 소유권 취득 여부에 관한 판결

205. 점유취득시효의 요건(5) : 취득시효의 재진행에 의한 시효의 완성

(대법원 2009. 7. 16. 선고 2007다15172, 15189 전원합의체 판결)

쟁점 [1] 부동산점유취득시효 완성 후 제3자 명의의 소유권이전등기가 마쳐진 경우, 그 소유권 변동시를 새로운 기산점으로 삼아 2차 취득시효의 완성을 주장할 수 있는지 여부
[2] 새로이 2차 점유취득시효가 개시되어 그 취득시효기간이 경과하기 전에 등기부상 소유명의자가 변경된 경우, 그 취득시효 완성 당시의 등기부상 소유명의자에게 시효취득을 주장할 수 있는지 여부

판결요지

[1] 부동산에 대한 점유취득시효가 완성된 후 취득시효 완성을 원인으로 한 소유권이전등기를 하지 않고 있는 사이에 그 부동산에 관하여 제3자 명의의 소유권이전등기가 경료된 경우라 하더라도 당초의 점유자가 계속 점유하고 있고 소유자가 변동된 시점을 기산점으로 삼아도 다시 취득시효의 점유기간이 경과한 경우에는 점유자로서는 제3자 앞으로의 소유권 변동시를 새로운 점유취득시효의 기산점으로 삼아 2차의 취득시효의 완성을 주장할 수 있다.

[2] 취득시효기간이 경과하기 전에 등기부상의 소유명의자가 변경된다고 하더라도 그 사유만으로는 점유자의 종래의 사실상태의 계속을 파괴한 것이라고 볼 수 없어 취득시효를 중단할 사유가 되지 못하므로, 새로운 소유명의자는 취득시효 완성 당시 권리의무 변동의 당사자로서 취득시효 완성으로 인한 불이익을 받게 된다 할 것이어서 시효완성자는 그 소유명의자에게 시효취득을 주장할 수 있는바, 이러한 법리는 새로이 2차의 취득시효가 개시되어 그 취득시효기간이 경과하기 전에 등기부상의 소유명의자가 다시 변경된 경우에도 마찬가지로 적용된다고 봄이 상당하다.

판례선정이유

2차 취득시효의 법리를 설시하고 있는 대표적인 판결

206. 점유취득시효의 효과 (1) : 물권의 원시취득

(대법원 2015. 2. 26. 선고 2014다21649 판결)

쟁점 [1] 진정한 권리자가 아니었던 채무자 또는 물상보증인이 채무담보의 목적으로 채권자에게 부동산에 관하여 저당권설정등기를 경료해 준 후 그 부동산을 시효취득하는 경우, 저당목적물의 시효취득으로 저당권자의 권리가 소멸하는지 여부

[2] 양도담보권설정자가 양도담보부동산을 20년간 소유의 의사로 평온, 공연하게 점유한 경우, 양도담보권자를 상대로 점유취득시효를 원인으로 하여 담보 목적으로 경료된 소유권이전등기의 말소 또는 양도담보권설정자 명의로의 소유권이전등기를 구할 수 있는지 여부

판결요지

부동산점유취득시효는 원시취득에 해당하므로 특별한 사정이 없는 한 원소유자의 소유권에 가하여진 각종 제한에 의하여 영향을 받지 아니하는 완전한 내용의 소유권을 취득하는 것이지만, 진정한 권리자가 아니었던 채무자 또는 물상보증인이 채무담보의 목적으로 채권자에게 부동산에 관하여 저당권설정등기를 경료해 준 후 그 부동산을 시효취득하는 경우에는, 채무자 또는 물상보증인은 피담보채권의 변제의무 내지 책임이 있는 사람으로서 이미 저당권의 존재를 용인하고 점유하여 온 것이므로, 저당목적물의 시효취득으로 저당권자의 권리는 소멸하지 않는다. 이러한 법리는 부동산 양도담보의 경우에도 마찬가지이므로, 양도담보권설정자가 양도담보부동산을 20년간 소유의 의사로 평온, 공연하게 점유하였다고 하더라도, 양도담보권자를 상대로 피담보채권의 시효소멸을 주장하면서 담보 목적으로 경료된 소유권이전등기의 말소를 구하는 것은 별론으로 하고, 점유취득시효를 원인으로 하여 담보 목적으로 경료된 소유권이전등기의 말소를 구할 수 없고, 이와 같은 효과가 있는 양도담보권설정자 명의로의 소유권이전등기를 구할 수도 없다.

판례선정이유

진정한 권리자가 아니었던 자가 채무담보의 목적으로 채권자에게 부동산에 관하여 저당권설정등기나 양도담보권을 설정해 준 후 그 부동산을 시효취득하는 경우, 목적물의 시효취득으로 저당권자나 양도담보권자의 권리가 소멸하지 않는다는 점을 밝힌 최초의 판결

207. 점유취득시효의 효과 (2) : 대상청구권의 행사

(대법원 1996. 12. 10. 선고 94다43825 판결)

쟁점 부동산 점유취득시효 완성자의 대상청구권 행사 요건

판결요지

민법상 이행불능의 효과로서 채권자의 전보배상청구권과 계약해제권 외에 별도로 대상청구권을 규정하고 있지는 않으나 해석상 대상청구권을 부정할 이유는 없는 것이지만, 점유로 인한 부동산 소유권 취득기간 만료를 원인으로 한 등기청구권이 이행불능으로 되었다고 하여 대상청구권을 행사하기 위하여는, 그 이행불능 전에 등기명의자에 대하여 점유로 인한 부동산 소유권 취득기간이 만료되었음을 이유로 그 권리를 주장하였거나 그 취득기간 만료를 원인으로 한 등기청구권을 행사하였어야 하고, 그 이행불능 전에 그와 같은 권리의 주장이나 행사에 이르지 않았다면 대상청구권을 행사할 수 없다고 봄이 공평의 관념에 부합한다.

판례선정이유

점유취득시효 완성자가 대상청구권을 행사하기 위한 요건에 관하여 설시한 판결

208. 점유취득시효의 효과(3) : 원소유자의 권리행사 가부
(대법원 2006. 5. 12. 선고 2005다75910 판결)

쟁점 [1] 점유로 인한 취득시효기간이 만료된 후 점유자가 이를 원인으로 소유권이전등기청구 등의 권리행사를 하거나 원소유자가 취득시효완성 사실을 알고 점유자의 권리취득을 방해하려고 하는 등의 사정이 없는 경우, 점유자 명의로 소유권이전등기가 경료되기 전까지는 원소유자가 소유자로서 적법한 권리를 행사할 수 있는지 여부
[2] 시효취득자가 원소유자에 의하여 취득시효가 완성된 토지에 설정된 근저당권의 피담보채무를 변제한 후 변제액 상당에 대하여 원소유자에게 구상권을 행사하거나 부당이득 반환청구권을 행사할 수 있는지 여부

판결요지

[1] 타인의 토지를 20년간 소유의 의사로 평온 · 공연하게 점유한 자는 등기를 함으로써 비로소 그 소유권을 취득하게 되므로 점유자가 원소유자에 대하여 점유로 인한 취득시효기간이 만료되었음을 원인으로 소유권이전등기청구를 하는 등 그 권리행사를 하거나 원소유자가 취득시효완성 사실을 알고 점유자의 권리취득을 방해하려고 하는 등의 특별한 사정이 없는 한 원소유자는 점유자 명의로 소유권이전등기가 마쳐지기까지는 소유자로서 그 토지에 관한 적법한 권리를 행사할 수 있다.

[2] 원소유자가 취득시효의 완성 이후 그 등기가 있기 전에 그 토지를 제3자에게 처분하거나 제한물권의 설정, 토지의 현상 변경 등 소유자로서의 권리를 행사하였다 하여 시효취득자에 대한 관계에서 불법행위가 성립하는 것이 아님은 물론 위 처분행위를 통하여 그 토지의 소유권이나

제한물권 등을 취득한 제3자에 대하여 취득시효의 완성 및 그 권리취득의 소급효를 들어 대항할 수도 없다 할 것이니, 이 경우 시효취득자로서는 원소유자의 적법한 권리행사로 인한 현상의 변경이나 제한물권의 설정 등이 이루어진 그 토지의 사실상 혹은 법률상 현상 그대로의 상태에서 등기에 의하여 그 소유권을 취득하게 된다. 따라서 시효취득자가 원소유자에 의하여 그 토지에 설정된 근저당권의 피담보채무를 변제하는 것은 시효취득자가 용인하여야 할 그 토지상의 부담을 제거하여 완전한 소유권을 확보하기 위한 것으로서 그 자신의 이익을 위한 행위라 할 것이니, 위 변제액 상당에 대하여 원소유자에게 대위변제를 이유로 구상권을 행사하거나 부당이득을 이유로 그 반환청구권을 행사할 수는 없다.

판례선정이유

점유취득시효가 완성된 후 원소유자가 시효완성 사실을 모른 채 처분행위를 한 경우에 대한 효과에 관하여 설시한 판결

209. 점유취득시효의 효과(4) : 등기명의인의 손해배상책임

(대법원 1999. 9. 3. 선고 99다20926 판결)

쟁점 등기명의인인 부동산 소유자가 그 부동산의 점유 · 사용관계를 잘 알고 있고, 취득시효완성을 원인으로 한 소유권이전등기 청구소송의 소장 부본을 송달받은 상태에서 제3자에게 그 부동산을 처분함으로써 그 소유권이전등기의무가 이행불능에 빠진 경우, 시효취득자에 대하여 손해배상책임을 부담하는지 여부

판결요지

부동산에 관한 점유취득시효가 완성된 후에 그 취득시효를 주장하거나 이로 인한 소유권이전등기청구를 하기 이전에는 그 등기명의인인 부동산 소유자로서는 특별한 사정이 없는 한 그 시효취득 사실을 알 수 없는 것이므로 이를 제3자에게 처분하였다 하더라도 그로 인한 손해배상책임을 부담하지 않는 것이나, 등기명의인인 부동산 소유자가 그 부동산의 인근에 거주하는 등으로 그 부동산의 점유 · 사용관계를 잘 알고 있고, 시효취득을 주장하는 권리자가 등기명의인을 상대로 취득시효완성을 원인으로 한 소유권이전등기 청구소송을 제기하여 등기명의인이 그 소장 부본을 송달받은 경우에는 등기명의인이 그 부동산의 취득시효완성 사실을 알았거나 알 수 있었다고 봄이 상당하므로, 그 이후 등기명의인이 그 부동산을 제3자에게 매도하거나 근저당권을 설정하는 등 처분하여 취득시효완성을 원인으로 한 소유권이전등기의무가 이행불능에 빠졌다면 그러한 등기명의인의 처분행위는 시효취득자에 대한 소유권이전등기의무를 면탈하기 위하여 한 것으로서 위법하고, 부동산을 처분한 등기명의인은 이로 인하여 시효취득자가 입은 손해를 배상할 책임이 있다.

판례선정이유

점유취득시효의 효과에 관하여 설시한 판결

210. 점유취득시효의 효과(5) : 원소유자의 불법행위 성립 여부

(대법원 1993. 2. 9. 선고 92다47892 판결)

쟁점 시효취득을 이유로 소유권이전등기청구소송을 제기하여 입증까지 마친 후에 원소유자가 부동산을 제3자에게 처분하여 소유권이전등기를 넘겨줌으로써 시효취득자에게 손해를 입힌 행위가 불법행위를 구성하는지 여부 및 제3자가 위 불법행위에 적극 가담하였다면 그 행위는 반사회질서행위로서 무효인지 여부

판결요지

부동산에 관한 취득시효가 완성된 후 취득시효를 주장하거나 이로 인한 소유권이전등기청구를 하기 이전에는 등기명의인인 부동산 소유자로서는 특별한 사정이 없는 한 시효취득사실을 알 수 없는 것이므로 이를 제3자에게 처분하였다 하더라도 불법행위가 성립할 수 없다 할 것이나, 시효취득을 주장하는 권리자가 취득시효를 주장하면서 소유권이전등기청구소송을 제기하여 그에 관한 입증까지 마쳤다면 부동산 소유자로서는 시효취득사실을 알 수 있다 할 것이고, 이러한 경우에 부동산 소유자가 부동산을 제3자에게 처분하여 소유권이전등기를 넘겨줌으로써 취득시효완성을 원인으로 한 소유권이전등기의무가 이행불능에 빠짐으로써 시효취득을 주장하는 자가 손해를 입었다면 불법행위를 구성한다고 할 것이며, 부동산을 취득한 제3자가 부동산 소유자의 이와 같은 불법행위에 적극 가담하였다면 이는 사회질서에 반하는 행위로서 무효라 할 것이다.

판례선정이유

점유취득시효완성 후 시효완성 사실을 아는 소유 명의자가 부동산을 제3자에게 처분한 경우의 법률효과에 관하여 설시한 판결

211. 점유취득시효의 효과(6) : 소유권이전등기청구권의 소멸시효

(대법원 1996. 3. 8. 선고 95다34866, 34873 판결)

쟁점 취득시효가 완성된 점유자가 점유를 상실한 경우, 시효 완성으로 인한 소유권이전등기청구권의 소멸시효 진행 여부

판결요지

토지에 대한 취득시효 완성으로 인한 소유권이전등기청구권은 그 토지에 대한 점유가 계속되는 한 시효로 소멸하지 아니하고, 그 후 점유를 상실하였다고 하더라도 이를 시효이익의 포기로 볼 수 있는 경우가 아닌 한 이미 취득한 소유권이전등기청구권은 바로 소멸되는 것은 아니나, 취득시효가 완성된 점유자가 점유를 상실한 경우 취득시효 완성으로 인한 소유권이전등기청구권의 소멸시효는 이와 별개의 문제로서, 그 점유자가 점유를 상실한 때로부터 10년간 등기청구권을 행사하지 아니하면 소멸시효가 완성한다.

판례선정이유

부동산에 대한 취득시효 완성으로 인한 소유권이전등기청구권의 소멸시효에 관하여 설시한 판결

212. 점유취득시효의 효과(7) : 시효완성의 제3자에 대한 효과(1)

(대법원 1998. 4. 10. 선고 97다56495 판결)

쟁점 취득시효 완성 후 소유권을 취득한 제3자에 대한 시효취득 주장의 가부 및 취득시효 완성 후 소유자의 상속인 중 한 사람이 소유자로부터의 증여를 원인으로 소유권이전등기를 마친 경우, 새로운 이해관계인에 해당하는지 여부

판결요지

[1] 부동산에 대한 점유취득시효가 완성되었다고 하더라도 이를 등기하지 아니하고 있는 사이에 그 부동산에 관하여 제3자에게 소유권이전등기가 마쳐지면 점유자는 그 제3자에게 대항할 수 없다.

[2] 상속인 중의 한 사람이 소유자인 피상속인으로부터 증여를 받아 소유권이전등기를 마친 경우, 그 증여가 실질적인 상속재산의 협의분할과 동일시할 수 있는 등의 특별한 사정이 없는 한 등기명의인은 점유자에 대한 관계에서 종전 소유자와 같은 지위에 있는 자로 볼 수는 없고, 취득시효 완성 후의 새로운 이해관계인으로 보아야 한다.

판례선정이유

취득시효완성의 제3자에 대한 효과에 관하여 설시한 판결

213. 점유취득시효의 효과(8) : 시효완성의 제3자에 대한 효과(2)

(대법원 1993. 9. 28. 선고 93다22883 판결)

쟁점 취득시효기간 경과 후에 소유자의 공동상속인 중의 한 사람이 다른 상속인의 상속분을 양수한 경우, 시효완성 후의 새로운 이해관계인에 해당하는지 여부

판결요지

점유로 인한 부동산소유권취득기간이 경과한 후에 원래의 소유자의 지위를 승계한 공동상속인 중의 한 사람이 다른 상속인의 상속분을 양수하였다고 하여 그 상속분을 양수한 상속인이 시효가 완성된 후의 새로운 이해관계인이 아니라고 볼 수 없다.

판례선정이유

취득시효기간 경과 후에 소유자의 공동상속인 중의 한 사람이 다른 상속인의 상속분을 양수한 경우, 시효완성 후의 새로운 이해관계인에 해당하는지 여부를 다룬 의미 있는 판결

214. 점유취득시효의 효과(9) : 시효완성의 제3자에 대한 효과(3)

(대법원 1995. 5. 9. 선고 94다22484 판결)

쟁점 명의신탁 부동산에 대한 취득시효 완성 후 시효취득에 의한 소유권이전등기가 경료되기 전에 명의신탁 해지로 등기명의가 명의신탁자에게 이전된 경우, 그에 대하여 시효취득을 주장할 수 없는지 여부

판결요지

명의신탁된 부동산에 대하여 점유취득시효가 완성된 후 시효취득자가 그 소유권이전등기를 경료하기 전에 명의신탁이 해지되어 그 등기명의가 명의수탁자로부터 명의신탁자에게로 이전된 경우에는 그 부동산에 대한 내부적인 소유권변동은 없으나, 대외적으로는 그 소유권에 변동이 있을 뿐만 아니라 그 등기명의에도 변동이 있고, 명의신탁제도가 대외적 관계에서는 등기명의자만이 소유권자로 취급될 뿐이고, 시효완성 당시 시효취득자에게 져야 할 등기의무도 대외적으로는 명의신탁자에 있지 아니하고 명의수탁자에 있음에 불과하므로, 대외적 등기명의자인 수탁자로부터 소유자로 취급되지 않던 명의신탁자에게 등기가 옮겨간 것도 점유시효취득자 등과의 관계와 같은 외부적 관계에서는 완전한 새로운 권리변동으로 보아야 하므로, 그 명의신탁자의 등기취득이 등기의무자의 배임행위에 적극 가담한 반사회적 행위에 근거한 등기이든가 또는 기타 다른 이유로 인한 원인무효의

등기인 경우는 별론으로 하고, 그 명의신탁자는 취득시효완성 후에 소유권을 취득한 자에 해당하여 그에 대하여 시효취득을 주장할 수 없다고 보아야 한다.

판례선정이유

부동산실명법이 적용되지 않은 명의신탁에서 신탁부동산에 대하여 점유취득시효가 완성된 후 시효취득자가 그 소유권이전등기를 경료하기 전에 명의신탁이 해지되어 그 등기명의가 명의수탁자로부터 명의신탁자에게로 이전된 경우에 관한 효과를 다룬 판결

215. 점유취득시효의 효과(10) : 시효완성의 제3자에 대한 효과(4)

(대법원 2007. 6. 14. 선고 2006다84423 판결)

쟁점 [1] 점유자의 취득시효 기간 경과 후 그 토지에 관하여 제3자가 구「부동산 소유권이전등기 등에 관한 특별조치법」에 따라 소유권보존등기를 마친 경우, 점유자가 취득시효 완성으로 그 등기명의인에 대항할 수 있는지 여부

[2] 미등기 토지에 대한 점유취득시효 완성 당시 소유권을 가지고 있던 자가 취득시효 완성 후에 자신 명의로 소유권보존등기를 마치거나, 소유자의 상속인 명의로 소유권보존등기를 마친 경우, 점유자가 그 등기명의인에게 취득시효 완성을 주장할 수 있는지 여부

판결요지

[1] 타인 소유의 토지에 관하여 구「부동산 소유권이전등기 등에 관한 특별조치법」(1992. 11. 30. 법률 제4502호, 실효)에 따라 소유권보존등기를 마친 자는 그 보존등기에 의하여 비로소 소유자로 되는 것이고, 그 등기가 마쳐지기 전에 그 토지를 점유하는 자의 취득시효 기간이 경과하였다면 특별한 사정이 없는 한 등기명의인은 점유자의 시효 완성 후의 새로운 이해관계자라 할 것이므로 점유자로서는 취득시효 완성으로 그 등기명의인에 대항할 수 없다.

[2] 점유로 인한 소유권취득시효 완성 당시 미등기로 남아 있던 토지에 관하여 소유권을 가지고 있던 자가 취득시효 완성 후에 그 명의로 소유권보존등기를 마쳤다 하더라도 이는 소유권의 변경에 관한 등기가 아니므로 그러한 자를 그 취득시효 완성 후의 새로운 이해관계인으로 볼 수 없고, 또 그 미등기 토지에 대하여 소유자의 상속인 명의로 소유권보존등기를 마친 것도 시효취득에 영향을 미치는 소유자의 변경에 해당하지 않으므로, 이러한 경우에는 그 등기명의인에게 취득시효 완성을 주장할 수 있다.

판례선정이유

점유취득시효 완성의 효과에 관하여 설시한 판결

216. 취득시효의 중단 (1) : 등기부상 소유명의의 변경
(대법원 1993. 5. 25. 선고 92다52764, 52771 판결)

쟁점 부동산취득시효기간 완성 전에 등기부상 소유명의의 변경이 점유취득시효의 중단사유가 되는지 여부

판결요지

점유로 인한 부동산소유권의 시효취득에 있어 취득시효의 중단사유는 종래의 점유상태의 계속을 파괴하는 것으로 인정될 수 있는 사유라야 할 것인바, 취득시효기간의 완성 전에 등기부상의 소유명의가 변경되었다 하더라도 이로써 종래의 점유상태의 계속이 파괴되었다고 할 수 없으므로, 이는 취득시효의 중단사유가 될 수 없다.

판례선정이유

부동산취득시효기간 완성 전에 등기부상 소유명의의 변경이 점유취득시효의 중단사유가 될 수 없다고 한 판결

217. 취득시효의 중단 (2) : 부동산에 대한 압류 또는 가압류
(대법원 2019. 4. 3. 선고 2018다296878 판결)

쟁점 점유로 인한 부동산소유권의 시효취득에서 부동산에 대한 압류 또는 가압류가 취득시효의 중단사유가 되는지 여부

판결요지

제247조 제2항은 '소멸시효의 중단에 관한 규정은 점유로 인한 부동산소유권의 시효취득기간에 준용한다.'고 규정하고, 제168조 제2호는 소멸시효 중단사유로 '압류 또는 가압류, 가처분'을 규정하고 있다. 점유로 인한 부동산소유권의 시효취득에 있어 취득시효의 중단사유는 종래의 점유상태의 계속을 파괴하는 것으로 인정될 수 있는 사유이어야 하는데, 제168조 제2호에서 정하는 '압류 또는

가압류'는 금전채권의 강제집행을 위한 수단이거나 그 보전수단에 불과하여 취득시효기간의 완성 전에 부동산에 압류 또는 가압류 조치가 이루어졌다고 하더라도 이로써 종래의 점유상태의 계속이 파괴되었다고는 할 수 없으므로, 이는 취득시효의 중단사유가 될 수 없다.

판례선정이유

압류 또는 가압류, 가처분이 취득시효 중단사유에 해당하지 않는다고 한 최초의 판결

218. 등기부취득시효(1) : 무효인 이중 소유권보존등기

(대법원 1996. 10. 17. 선고 96다12511 전원합의체 판결)

쟁점 중복등기 중 선등기가 원인무효가 아니어서 후등기가 무효로 된 경우, 후등기를 근거로 등기부 취득시효의 완성을 주장할 수 있는지 여부

판결요지

제245조 제2항은 부동산의 소유자로 등기한 자가 10년간 소유의 의사로 평온 · 공연하게 선의이며 과실 없이 그 부동산을 점유한 때에는 소유권을 취득한다고 규정하고 있는바, 위 법 조항의 '등기'는 부동산등기법 제15조가 규정한 1부동산 1용지주의에 위배되지 아니한 등기를 말하므로, 어느 부동산에 관하여 등기명의인을 달리하여 소유권보존등기가 2중으로 경료된 경우 먼저 이루어진 소유권보존등기가 원인무효가 아니어서 뒤에 된 소유권보존등기가 무효로 되는 때에는, 뒤에 된 소유권보존등기나 이에 터잡은 소유권이전등기를 근거로 하여서는 등기부취득시효의 완성을 주장할 수 없다.

판례선정이유

중복등기에 터 잡아 등기부취득시효의 완성을 주장할 수 없다고 한 판결

219. 등기부취득시효(2) : 등기원인이 누락된 등기

(대법원 1998. 2. 24. 선고 96다8888 판결)

쟁점
[1] 등기원인이 누락된 등기가 등기부 취득시효의 요건으로서의 등기에 해당하는지 여부
[2] 등기부상의 명의자로부터 부동산을 양수한 자의 점유는 특별한 사정이 없는 한 무과실의 점유에 해당하는지 여부

판결요지

[1] 소유권이전등기에 있어 부동산등기법 제57조에서 정한 등기의 기재사항 중 등기원인이 누락되었더라도 그것은 실제의 권리관계를 표시함에 족할 정도로 동일 또는 유사성이 있는 것이므로, 제245조 제2항의 '소유자로 등기한 자'에 있어서의 등기에 해당한다.

[2] 양도인이 등기부상의 명의인과 동일인인 경우에는, 등기부상 양도인 명의를 의심할 만한 특별한 사정이 없는 한 그 부동산을 양수한 자는 과실 없는 점유자에 해당한다.

판례선정이유

등기원인이 누락된 등기를 기초로 등기부취득시효가 완성될 수 있다고 한 판결

220. 선의취득의 요건 (1) : 선의 · 무과실

(대법원 1991. 3. 22. 선고 91다70 판결)

쟁점

[1] 제249조 소정의 선의, 무과실의 기준시점 및 제251조가 무과실을 그 요건으로 하고 있는지 여부

[2] 수탁자가 횡령한 물건이나 점유보조자 내지 소지기관이 횡령한 물건이 제250조, 제251조 소정의 도품, 유실물에 해당하는지 여부

판결요지

[1] 제249조가 규정하는 선의 · 무과실의 기준시점은 물권행위가 완성되는 때인 것이므로, 물권적 합의가 동산의 인도보다 먼저 행하여 지면 인도된 때를, 인도가 물권적 합의보다 먼저 행하여지면 물권적 합의가 이루어진 때를 기준으로 해야 한다.

[2] 제250조, 제251조 소정의 도품, 유실물이란 원권리자로부터 점유를 수탁한 사람이 적극적으로 제3자에게 부정처분한 경우와 같은 위탁물횡령의 경우는 포함되지 아니하고, 또한 점유보조자 내지 소지기관의 횡령처럼 형사법상 절도죄가 되는 경우도 형사법과 민사법의 경우를 동일시해야 하는 것은 아닐 뿐만 아니라 진정한 권리자와 선의의 거래 상대방 간의 이익형량의 필요성에 있어서 위탁물 횡령의 경우와 다를 바 없으므로, 이 역시 제250조의 도품 · 유실물에 해당되지 않는다.

[3] 제251조는 제249조와 제250조를 전제로 하고 있는 규정이므로, 무과실도 당연한 요건이라고 해석하여야 한다.

판례선정이유

선의취득의 요건에 관한 대표적 판결

221. 선의취득의 요건 (2) : 점유개정에 의한 선의취득

(대법원 2004. 10. 28. 선고 2003다30463 판결)

쟁점 점유개정의 방법으로 동산에 대한 이중의 양도담보설정계약이 체결된 경우, 뒤에 설정계약을 체결한 후순위 채권자가 양도담보권을 취득할 수 있는지 여부

판결요지

금전채무를 담보하기 위하여 채무자가 그 소유의 동산을 채권자에게 양도하되 점유개정에 의하여 채무자가 이를 계속 점유하기로 한 경우, 특별한 사정이 없는 한 동산의 소유권은 신탁적으로 이전됨에 불과하여 채권자와 채무자 사이의 대내적 관계에서 채무자는 의연히 소유권을 보유하나 대외적인 관계에 있어서 채무자는 동산의 소유권을 이미 채권자에게 양도한 무권리자가 되는 것이어서, 다시 다른 채권자와의 사이에 양도담보 설정계약을 체결하고 점유개정의 방법으로 인도를 하더라도 선의취득이 인정되지 않는 한 나중에 설정계약을 체결한 채권자는 양도담보권을 취득할 수 없는데, 현실의 인도가 아닌 점유개정으로는 선의취득이 인정되지 아니하므로, 결국 뒤의 채권자는 양도담보권을 취득할 수 없다.

판례선정이유

점유개정에 의해서는 선의취득이 불가함을 밝힌 판결

222. 선의취득의 요건 (3) : 목적물반환청구권의 양도에 의한 선의취득

(대법원 1999. 1. 26. 선고 97다48906 판결)

쟁점 동산 소유권유보부 매매의 매수인이 제3자에게 위 동산을 보관시킨 경우, 매수인이 그 점유반환청구권을 양수인에게 양도하고 지명채권 양도의 대항요건을 갖추면 동산의 선의취득에 필요한 점유의 취득 요건을 충족하는지 여부

판결요지

양도인이 소유자로부터 보관을 위탁받은 동산을 제3자에게 보관시킨 경우에 양도인이 그 제3자에 대한 반환청구권을 양수인에게 양도하고 지명채권 양도의 대항요건을 갖추었을 때에는, 동산의 선의취득에 필요한 점유의 취득 요건을 충족한다.

판례선정이유

목적물반환청구권 양도방식에 의한 선의취득이 가능함을 밝힌 최초의 판결

223. 부합 (1)

(대법원 2009. 9. 24. 선고 2009다15602 판결)

쟁점 [1] 건물의 신축 및 증축에 사용된 동산이 건물에 부합된 것인지 여부의 판단 기준
[2] 매도인에게 소유권이 유보된 자재를 매수인이 제3자와 체결한 도급계약에 의하여 제3자 소유의 건물 건축에 사용하여 부합된 경우, 매도인이 제3자에게 보상청구를 할 수 있는지 여부

판결요지

[1] 어떠한 동산이 제256조에 의하여 부동산에 부합된 것으로 인정되기 위해서는 그 동산을 훼손하거나 과다한 비용을 지출하지 않고서는 분리할 수 없을 정도로 부착·합체되었는지 여부 및 그 물리적 구조, 용도와 기능면에서 기존 부동산과는 독립한 경제적 효용을 가지고 거래상 별개의 소유권의 객체가 될 수 있는지 여부 등을 종합하여 판단하여야 하고, 이러한 부동산에의 부합에 관한 법리는 건물의 증축의 경우는 물론 건물의 신축의 경우에도 그대로 적용될 수 있다.

[2] 제261조에서 첨부로 법률규정에 의한 소유권 취득(제256조 내지 제260조)이 인정된 경우에 "손해를 받은 자는 부당이득에 관한 규정에 의하여 보상을 청구할 수 있다"라고 규정하고 있는바, 이러한 보상청구가 인정되기 위해서는 제261조 자체의 요건만이 아니라, 부당이득 법리에 따른 판단에 의하여 부당이득의 요건이 모두 충족되었음이 인정되어야 한다. 매도인에게 소유권이 유보된 자재가 제3자와 매수인 사이에 이루어진 도급계약의 이행으로 제3자 소유 건물의 건축에 사용되어 부합된 경우, 보상청구를 거부할 법률상 원인이 있다고 할 수 없지만, 제3자가 도급계약에 의하여 제공된 자재의 소유권이 유보된 사실에 관하여 과실 없이 알지 못한 경우라면 선의취득의 경우와 마찬가지로 제3자가 그 자재의 귀속으로 인한 이익을 보유할 수 있는 법률상 원인이 있다고 봄이 상당하므로, 매도인으로서는 그에 관한 보상청구를 할 수 없다.

판례선정이유

소유권유보부 매매 목적물의 부합과 부당이득 및 선의취득이 문제된 사안에서 도급계약에 따른 이행에 의하여 제3자에게 제공된 것은 거래에 의한 동산양도와 유사한 실질을 가진다고 본 판결

224. 부합 (2)

(대법원 1989. 7. 11. 선고 88다카9067 판결)

쟁점 권원 없이 심은 수목의 토지에의 부합

판결요지

제256조 단서 소정의 "권원"이라 함은 지상권, 전세권, 임차권 등과 같이 타인의 부동산에 자기의 동산을 부속시켜서 그 부동산을 이용할 수 있는 권리를 뜻하므로, 그와 같은 권원이 없는 자가 토지소유자의 승낙을 받음이 없이 그 임차인의 승낙만을 받아 그 부동산 위에 나무를 심었다면, 특별한 사정이 없는 한 토지소유자에 대하여 그 나무의 소유권을 주장할 수 없다.

판례선정이유

부합된 물건의 소유권 귀속에 관한 제256조 본문과 단서의 예를 잘 보여주는 판결

225. 소유권에 기한 물권적 청구권 (1) : 소유물반환청구권

(대법원 1988. 4. 25. 선고 87다카1682 판결)

쟁점 토지매도인이 매매목적 토지위에 매수인이 건축한 건물을 취득한 자에 대하여 토지소유권에 기한 물권적청구권을 행사할 수 있는지 여부

판결요지

토지의 매수인이 아직 소유권이전등기를 경료받지 아니하였다 하여도 매매계약의 이행으로 그 토지를 인도받은 때에는 매매계약의 효력으로서 이를 점유사용할 권리가 생기게 된 것으로 보아야 하고, 또 매수인이 그 토지 위에 건축한 건물을 취득한 자는 그 토지에 대한 매수인의 위와 같은 점유사용권까지 아울러 취득한 것으로 봄이 상당하므로, 매도인은 매매계약의 이행으로서 인도한 토지 위에 매수인이 건축한 건물을 취득한 자에 대하여 토지소유권에 기한 물권적청구권을 행사할 수 없다.

판례선정이유

부동산의 양수인은 소유자에 대한 관계에서 목적물을 점유사용할 권리가 있으며, 매수인으로부터 미등기건물을 매수한 자에 대하여 소유자는 소유권의 방해를 주장할 수 없다고 한 판결

226. 소유권에 기한 물권적 청구권(2) : 물권적 청구권의 이행불능
(대법원 2012. 5. 17. 선고 2010다28604 전원합의체 판결)

쟁점 물권적 청구권의 이행불능으로 인한 전보배상청구권이 인정되는지 여부

판결요지

소유자가 자신의 소유권에 기하여 실체관계에 부합하지 아니하는 등기의 명의인을 상대로 그 등기말소나 진정명의회복 등을 청구하는 경우에, 그 권리는 물권적 청구권으로서의 방해배제청구권(제214조)의 성질을 가진다. 그러므로 소유자가 그 후에 소유권을 상실함으로써 이제 등기말소 등을 청구할 수 없게 되었다면, 이를 위와 같은 청구권의 실현이 객관적으로 불능이 되었다고 파악하여 등기말소 등 의무자에 대하여 그 권리의 이행불능을 이유로 제390조상의 손해배상청구권을 가진다고 말할 수 없다. 위 법규정에서 정하는 채무불이행을 이유로 하는 손해배상청구권은 계약 또는 법률에 기하여 이미 성립하여 있는 채권관계에서 본래의 채권이 동일성을 유지하면서 그 내용이 확장되거나 변경된 것으로서 발생한다. 그러나 위와 같은 등기말소청구권 등의 물권적 청구권은 그 권리자인 소유자가 소유권을 상실하면 이제 그 발생의 기반이 아예 없게 되어 더 이상 그 존재 자체가 인정되지 아니하는 것이다. 이러한 법리는 선행소송에서 소유권보존등기의 말소등기청구가 확정되었다고 하더라도 그 청구권의 법적 성질이 채권적 청구권으로 바뀌지 아니하므로 마찬가지이다.

그렇게 보면, 비록 이 사건 선행소송에서 법원이 피고가 원고에 대하여 그 소유권보존등기를 말소할 의무를 부담한다고 판단하고 원고의 등기말소청구를 인용한 것이 변론주의 원칙에 비추어 부득이한 일이라고 하더라도, 원고가 이미 소외 1 등의 등기부취득시효 완성으로 이 사건 토지에 관한 소유권을 상실한 사실에는 변함이 없으므로, 원고가 불법행위를 이유로 소유권 상실로 인한 손해배상을 청구할 수 있음은 별론으로 하고, 애초 피고의 등기말소의무의 이행불능으로 인한 채무불이행책임을 논할 여지는 없다고 할 것이다.

판례선정이유

물권적 청구권의 실현이 불가능한 경우에 이행불능을 이유로 전보배상청구권권을 행사할 수 없다고 한 최초의 판결이자 그 경우의 피해자의 구제방법을 논하고 있는 판결

227. 소유권에 기한 물권적 청구권(3) : 방해제거청구권
(대법원 2003. 3. 28. 선고 2003다5917 판결)

쟁점 현재 진행되고 있는 방해의 원인을 제거하는 것이 아니라 방해로 일어난 결과를 제거하기 위하여 소유권에 기한 방해제거청구권을 행사할 수 있는지 여부

판결요지

[1] 소유권에 기한 방해배제청구권에 있어서 '방해'라 함은 현재에도 지속되고 있는 침해를 의미하고, 법익 침해가 과거에 일어나서 이미 종결된 경우에 해당하는 '손해'의 개념과는 다르다 할 것이어서, 소유권에 기한 방해배제청구권은 방해결과의 제거를 내용으로 하는 것이 되어서는 아니 되며(이는 손해배상의 영역에 해당한다 할 것이다) 현재 계속되고 있는 방해의 원인을 제거하는 것을 내용으로 한다.

[2] 쓰레기 매립으로 조성한 토지에 소유권자가 매립에 동의하지 않은 쓰레기가 매립되어 있다 하더라도 이는 과거의 위법한 매립공사로 인하여 생긴 결과로서 소유권자가 입은 손해에 해당한다 할 것일 뿐, 그 쓰레기가 현재 소유권에 대하여 별도의 침해를 지속하고 있다고 볼 수 없다는 이유로 소유권에 기한 방해배제청구권을 행사할 수 없다.

판례선정이유

'방해제거청구권은 방해로 일어난 결과를 제거하는 것이 아니라 현재 진행되고 있는 방해의 원인을 제거하는 것을 내용으로 한다'는 입장을 취한 판결

228. 소유권에 기한 물권적 청구권(4) : 방해예방청구권

(대법원 1995. 9. 15. 선고 95다23378 판결)

쟁점 사법상의 권리로서 환경권이 인정되기 위한 요건

판결요지

[1] 환경권에 관한 헌법 제35조의 규정이 개개의 국민에게 직접으로 구체적인 사법상의 권리를 부여한 것이라고 보기는 어렵고, 사법상의 권리로서의 환경권이 인정되려면 그에 관한 명문의 법률 규정이 있거나 관계법령의 규정취지 및 조리에 비추어 권리의 주체, 대상, 내용, 행사방법 등이 구체적으로 정립될 수 있어야 한다.

[2] 인접 대지 위에 건축중인 아파트가 24층까지 완공되는 경우, 대학교 구내의 첨단과학관에서의 교육 및 연구 활동에 커다란 지장이 초래되고 첨단과학관 옥상에 설치된 자동기상관측장비 등의 본래의 기능 및 활용성이 극도로 저하되며 대학교로서의 경관 · 조망이 훼손되고 조용하고 쾌적한 교육환경이 저해되며 소음의 증가 등으로 교육 및 연구 활동이 방해받게 된다면, 그 부지 및 건물을 교육 및 연구시설로서 활용하는 것을 방해받게 되는 대학교 측으로서는 그 방해가 사회통념상 일반적으로 수인할 정도를 넘어선다고 인정되는 한 그것이 제217조 제1항 소정의 매연, 열기체, 액체, 음향, 진동 기타 이에 유사한 것에 해당하는지 여부를 떠나 그 소유권에 기하여 그 방해의

제거나 예방을 청구할 수 있고, 이 경우 그 침해가 사회통념상 일반적으로 수인할 정도를 넘어서는지 여부는 피해의 성질 및 정도, 피해이익의 공공성과 사회적 가치, 가해행위의 태양, 가해행위의 공공성과 사회적 가치, 방지조치 또는 손해회피의 가능성, 공법적 규제 및 인·허가 관계, 지역성, 토지이용의 선후 관계 등 모든 사정을 종합적으로 고려하여 판단하여야 한다.

판례선정이유

소유권에 기한 방해배제청구권에 의해 금지를 청구할 수 있는 요건에 대하여 설시한 판결

제3절 공동소유

229. 공유 (1) : 공유물의 보존행위

(대법원 1994. 3. 22. 선고 93다9392, 9408 전원합의체 판결)

쟁점 공유물의 소수 지분권자가 다른 공유자와의 협의 없이 자신의 지분 범위를 초과하여 공유물의 전부 또는 일부를 배타적으로 점유하고 있는 경우, 다른 소수 지분권자가 공유물의 보존행위로서 공유물의 인도를 청구할 수 있는지 여부

판결요지

토지나 건물에 관하여 지분을 소유하고 있는 공유자나 그 지분에 관한 소유권이전등기청구권을 가지고 있는 자라고 할지라도 다른 공유자와의 협의 없이는 공유물을 배타적으로 점유하여 사용·수익할 수 없는 것이므로, 다른 공유권자는 자신이 소유하고 있는 지분이 과반수에 미달되더라도 공유물을 점유하고 있는 자에 대하여 공유물의 보존행위로서 공유물의 인도나 명도를 청구할 수 있다고 보는 것이 당원의 확립된 판례이다.

판례선정이유

공유자 1인이 공유물을 배타적으로 점유하여 사용하는 경우, 다른 공유자가 보존행위로서 공유물의 인도를 청구할 수 있다고 해온 종래 입장을 재확인한 판결

230. 공유(2) : 공유물의 관리방법의 결정
(대법원 2002. 5. 14. 선고 2002다9738 판결)

쟁점 과반수 지분의 공유자로부터 사용 · 수익을 허락받은 점유자에 대하여 소수 지분의 공유자가 점유배제를 구할 수 있는지 여부 및 부당이득반환청구의 상대방

판결요지

[1] 공유자 사이에 공유물을 사용 · 수익할 구체적인 방법을 정하는 것은 공유물의 관리에 관한 사항으로서 공유자의 지분의 과반수로써 결정하여야 할 것이고, 과반수 지분의 공유자는 다른 공유자와 사이에 미리 공유물의 관리방법에 관한 협의가 없었다 하더라도 공유물의 관리에 관한 사항을 단독으로 결정할 수 있으므로, 과반수 지분의 공유자가 그 공유물의 특정 부분을 배타적으로 사용 · 수익하기로 정하는 것은 공유물의 관리방법으로서 적법하다고 할 것이므로, 과반수 지분의 공유자로부터 사용 · 수익을 허락받은 점유자에 대하여 소수 지분의 공유자는 그 점유자가 사용 · 수익하는 건물의 철거나 퇴거 등 점유배제를 구할 수 없다.

[2] 과반수 지분의 공유자는 공유자와 사이에 미리 공유물의 관리방법에 관하여 협의가 없었다 하더라도 공유물의 관리에 관한 사항을 단독으로 결정할 수 있으므로 과반수 지분의 공유자는 그 공유물의 관리방법으로서 그 공유토지의 특정된 한 부분을 배타적으로 사용 · 수익할 수 있으나, 그로 말미암아 지분은 있으되 그 특정 부분의 사용 · 수익을 전혀 하지 못하여 손해를 입고 있는 소수지분권자에 대하여 그 지분에 상응하는 임료 상당의 부당이득을 하고 있다 할 것이므로 이를 반환할 의무가 있다 할 것이나, 그 과반수 지분의 공유자로부터 다시 그 특정 부분의 사용 · 수익을 허락받은 제3자의 점유는 다수지분권자의 공유물관리권에 터잡은 적법한 점유이므로, 그 제3자는 소수지분권자에 대하여도 그 점유로 인하여 법률상 원인 없이 이득을 얻고 있다고는 볼 수 없다.

판례선정이유

과반수 지분의 공유자에 의한 공유물의 관리행위로서 사용 · 수익을 허락받은 점유자와 소수지분권자 사이의 법률관계를 잘 정리한 판결

231. 공유(3) : 공유물의 관리에 관한 특약의 승계
(대법원 2005. 5. 12. 선고 2005다1827 판결)

쟁점 공유자 간의 공유물에 대한 사용수익 · 관리에 관한 특약이 특정승계인에게 승계되는지 여부 및 특약을 변경할 수 있는 요건

판결요지

공유자 간의 공유물에 대한 사용수익·관리에 관한 특약은 공유자의 특정승계인에 대하여도 당연히 승계된다고 할 것이나, 제265조는 "공유물의 관리에 관한 사항은 공유자의 지분의 과반수로써 결정한다"라고 규정하고 있으므로, 위와 같은 특약 후에 공유자에 변경이 있고 특약을 변경할 만한 사정이 있는 경우에는 공유자의 지분의 과반수의 결정으로 기존 특약을 변경할 수 있다.

판례선정이유

공유물 관리에 관한 특약이 특정승계인에게 당연히 승계되며, 특약을 변경하기 위해서는 공유자의 지분의 과반수의 결정이 필요하다는 요건을 명확히 한 판결

232. 공유 (4) : 공유지분의 포기

(대법원 2016. 10. 27. 선고 2015다52978 판결)

쟁점 공유지분 포기의 법적 성질과 물권변동의 효력발생시기

판결요지

제267조는 "공유자가 그 지분을 포기하거나 상속인 없이 사망한 때에는 그 지분은 다른 공유자에게 각 지분의 비율로 귀속한다"라고 규정하고 있다. 여기서 공유지분의 포기는 법률행위로서 상대방 있는 단독행위에 해당하므로, 부동산 공유자의 공유지분 포기의 의사표시가 다른 공유자에게 도달하더라도 이로써 곧바로 공유지분 포기에 따른 물권변동의 효력이 발생하는 것은 아니고, 다른 공유자는 자신에게 귀속될 공유지분에 관하여 소유권이전등기청구권을 취득하며, 이후 제186조에 의하여 등기를 하여야 공유지분 포기에 따른 물권변동의 효력이 발생한다. 그리고 부동산 공유자의 공유지분 포기에 따른 등기는 해당 지분에 관하여 다른 공유자 앞으로 소유권이전등기를 하는 형태가 되어야 한다.

판례선정이유

'공유지분의 포기는 상대방 있는 단독행위로서 부동산 공유자의 공유지분 포기의 의사표시가 다른 공유자에게 도달하더라도 제186조에 의하여 등기를 하여야 공유지분 포기에 따른 물권변동의 효력이 발생한다'는 점을 잘 설시한 판결

233. 공유 (5) : 공유물의 분할 (1)

(대법원 2015. 3. 26. 선고 2014다233428 판결)

쟁점 재판에 의해 공유물을 현물분할하는 경우, 분할청구자의 지분한도 안에서 현물분할을 하고 분할을 원하지 않는 나머지 공유자는 공유로 남는 방법이 허용되는지 여부 및 상대방들이 그들 사이만의 공유관계의 유지를 원하고 있지 아니한 경우에도 상대방들을 공유로 남기는 방식으로 현물분할을 할 수 있는지 여부

판결요지

공유물의 분할은 공유자 간에 협의가 이루어지는 경우에는 방법을 임의로 선택할 수 있으나, 협의가 이루어지지 아니하여 재판에 의하여 공유물을 분할하는 경우에는 법원은 현물로 분할하는 것이 원칙이고, 현물로 분할할 수 없거나 현물로 분할을 하게 되면 현저히 가액이 감손될 염려가 있는 때에 비로소 물건의 경매를 명하여 대금분할을 할 수 있는 것이므로, 위와 같은 사정이 없는 한 법원은 각 공유자의 지분비율에 따라 공유물을 현물 그대로 수개의 물건으로 분할하고 분할된 물건에 대하여 각 공유자의 단독소유권을 인정하는 판결을 하여야 한다. 그리고 분할의 방법은 당사자가 구하는 방법에 구애받지 아니하고 법원의 재량에 따라 공유관계나 객체인 물건의 제반 상황에 따라 공유자의 지분비율에 따른 합리적인 분할을 하면 되는데, 여러 사람이 공유하는 물건을 현물분할하는 경우에는 분할청구자의 지분한도 안에서 현물분할을 하고 분할을 원하지 않는 나머지 공유자는 공유로 남는 방법도 허용된다. 그러나 분할청구자가 상대방들을 공유로 남기는 방식의 현물분할을 청구하고 있다고 하여, 상대방들이 그들 사이만의 공유관계의 유지를 원하고 있지 아니한데도 상대방들을 여전히 공유로 남기는 방식으로 현물분할을 하여서는 아니 된다.

판례선정이유

재판에 의하여 공유물을 분할할 때 현물분할의 원칙과 대금분할이 가능한 예외적인 경우 등 공유물 분할방법에 대하여 설시한 판결

234. 공유 (6) : 공유물의 분할 (2)

(대법원 2012. 3. 29. 선고 2011다74932 판결)

쟁점 부동산의 일부 공유지분에 관하여 저당권이 설정된 후 부동산이 분할된 경우, 분할된 각 부동산이 저당권의 공동담보가 되는지 여부

판결요지

[1] 부동산의 일부 공유지분에 관하여 저당권이 설정된 후 부동산이 분할된 경우, 그 저당권은 분할된 각 부동산 위에 종전의 지분비율대로 존속하고, 분할된 각 부동산은 저당권의 공동담보가 된다.

[2] 저당권이 설정된 1필의 토지가 전체 집합건물에 대한 대지권의 목적인 토지가 되었을 경우에는 종전의 저당목적물에 대한 담보적 효력은 그대로 유지된다고 보아야 하므로, 저당권은 개개의 전유부분에 대한 각 대지권 위에 분화되어 존속하고, 각 대지권은 저당권의 공동담보가 된다고 봄이 타당하다. 따라서 집합건물이 성립하기 전 집합건물의 대지에 관하여 저당권이 설정되었다가 집합건물이 성립한 후 어느 하나의 전유부분 건물에 대하여 경매가 이루어져 경매 대가를 먼저 배당하는 경우에는, 저당권자는 매각대금 중 대지권에 해당하는 경매 대가에 대하여 우선변제받을 권리가 있고, 그 경우 공동저당 중 이른바 이시배당에 관하여 규정하고 있는 제368조 제2항의 법리에 따라 저당권의 피담보채권액 전부를 변제받을 수 있다고 보아야 한다.

[3] 甲, 乙 등 명의로 지분이 나뉘어 있는 분할 전 대지 중 甲 지분에 관하여 丙 명의로 근저당권이 설정되어 있었고, 이후 乙 지분을 양수한 丁이 위 대지를 분할하여 분할된 일부 대지(이하 '이 사건 대지'라고 한다) 위에 집합건물을 신축하여 소유권보존등기를 하면서 이 사건 대지에 관하여 대지권등기를 마쳤는데, 그 후 집합건물 중 일부 전유부분과 그 대지권에 관하여 경매절차가 진행된 사안에서, 이 사건 대지에 관한 대지권 성립 전에 설정된 위 근저당권은 그 후 이 사건 대지가 집합건물의 대지권 목적이 되었더라도 종전 저당목적물에 대한 담보적 효력을 그대로 유지하므로, 丙은 위 전유부분에 대한 전체 매각대금 중 대지권에 대한 부분에 관하여 우선변제 받을 권리가 있고, 근저당권의 공동담보 중 일부인 대지권의 경매 대가를 먼저 배당하게 되었으므로, 丙은 근저당권의 피담보채권 전액을 기준으로 배당에 참가할 수 있다.

판례선정이유

공유지분에 저당권이 설정된 후 공유물이 분할된 경우, 그 저당권의 처리에 대하여 판단한 최초의 판결

235. 구분소유적 공유관계(1) : 성립요건

(대법원 2005. 4. 29. 선고 2004다71409 판결)

쟁점 구분소유적 공유관계가 성립하기 위하여 공유자들 사이에서 특정부분을 각각의 공유자들에게 배타적으로 귀속시키려는 의사의 합치가 있어야 하는지 여부

판결요지

구분소유적 공유관계는 어떤 토지에 관하여 그 위치와 면적을 특정하여 여러 사람이 구분소유하기로 하는 약정이 있어야만 적법하게 성립할 수 있고, 공유자들 사이에 그 공유물을 분할하기로 약정하고 그 때부터 각자의 소유로 분할된 부분을 특정하여 각자 점유 · 사용하여 온 경우에도 구분소유적 공유관계가 성립할 수 있지만, 공유자들 사이에서 특정 부분을 각각의 공유자들에게 배타적으로 귀속시키려는 의사의 합치가 이루어지지 아니한 경우에는 이러한 관계가 성립할 여지가 없다.

판례선정이유

구분소유적 공유관계의 성립요건을 명확히 밝히고 있는 판결

236. 구분소유적 공유관계(2) : 공유자의 권리

(대법원 1994. 2. 8. 선고 93다42986 판결)

쟁점 구분소유적 공유관계에 있는 자가 전체토지에 대하여 제3자의 방해행위의 배제를 구할 수 있는지 여부

판결요지

1필지의 토지 중 일부를 특정하여 매수하고 다만 그 소유권이전등기는 그 필지 전체에 관하여 공유지분권이전등기를 한 경우에는 그 특정부분 이외의 부분에 관한 등기는 상호 명의신탁을 하고 있는 것으로서, 그 지분권자는 내부관계에 있어서는 특정부분에 한하여 소유권을 취득하고 이를 배타적으로 사용, 수익할 수 있고, 다른 구분소유자의 방해행위에 대하여는 소유권에 터잡아 그 배제를 구할 수 있으나, 외부관계에 있어서는 1필지 전체에 관하여 공유관계가 성립되고 공유자로서의 권리만을 주장할 수 있는 것이므로, 제3자의 방해행위가 있는 경우에는 자기의 구분소유 부분뿐 아니라 전체토지에 대하여 공유물의 보존행위로서 그 배제를 구할 수 있다.

판례선정이유

구분소유적 공유관계에서 내부관계 및 외부관계에서의 공유자의 권리를 잘 정리한 판결

237. 구분소유적 공유관계(3) : 공유관계의 해소
(대법원 2010. 5. 27. 선고 2006다84171 판결)

쟁점 상호명의신탁관계 내지 구분소유적 공유관계에 있는 건물의 특정 부분을 구분소유하는 자가 그 건물 전체에 대한 공유물분할을 구할 수 있는지 여부

판결요지

상호명의신탁관계 내지 구분소유적 공유관계에서 건물의 특정 부분을 구분소유하는 자는 그 부분에 대하여 신탁적으로 지분등기를 가지고 있는 자를 상대로 하여 그 특정 부분에 대한 명의신탁 해지를 원인으로 한 지분이전등기절차의 이행을 구할 수 있을 뿐 그 건물 전체에 대한 공유물분할을 구할 수는 없다.

판례선정이유

'구분소유적 공유관계의 해소를 위하여 공유물분할을 구할 수는 없다'는 점을 밝힌 판결

238. 구분소유적 공유관계(4) : 공유지분 위의 근저당권의 효력
(대법원 2014. 6. 26. 선고 2012다25944 판결)

쟁점 1필지의 토지 중 특정 부분에 대한 구분소유적 공유관계를 표상하는 공유지분 위에 근저당권이 설정된 후 구분소유적 공유관계가 해소된 경우, 근저당권이 근저당권설정자의 단독소유로 분할된 토지에 집중되는지 여부

판결요지

1필지의 토지의 위치와 면적을 특정하여 2인 이상이 구분소유하기로 하는 약정을 하고 구분소유자의 공유로 등기하는 이른바 구분소유적 공유관계에 있어서, 1필지의 토지 중 특정 부분에 대한 구분소유적 공유관계를 표상하는 공유지분을 목적으로 하는 근저당권이 설정된 후 구분소유하고 있는 특정 부분별로 독립한 필지로 분할되고 나아가 구분소유자 상호 간에 지분이전등기를 하는 등으로 구분소유적 공유관계가 해소되더라도, 그 근저당권은 종전의 구분소유적 공유지분의 비율대로 분할된 토지들 전부의 위에 그대로 존속하는 것이고, 근저당권설정자의 단독소유로 분할된 토지에 당연히 집중되는 것은 아니다.

판례선정이유

구분소유적 공유관계에 있어 공유지분 위에 근저당권이 설정된 후 구분소유적 공유관계가 해소된 경우에도 공유지분에 저당권이 설정된 후 공유물이 분할된 경우와 마찬가지로 근저당권이 분할된 토지들 전부 위에 공유지분의 비율대로 존속함을 밝힌 판결

239. 합유 (1) : 합유지분의 승계

(대법원 1996. 12. 10. 선고 96다23238 판결)

쟁점 합유자 중 일부가 사망한 경우의 소유권 귀속관계

판결요지

[1] 합유로 소유권이전등기가 된 부동산에 관하여 명의신탁해지를 원인으로 한 소유권이전등기절차의 이행을 구하는 소송은 합유물에 관한 소송으로서 고유필요적 공동소송에 해당하여 합유자 전원을 피고로 하여야 할 뿐 아니라 합유자 전원에 대하여 합일적으로 확정되어야 하므로, 합유자 중 일부의 청구인낙이나 합유자 중 일부에 대한 소의 취하는 허용되지 않는다.

[2] 부동산의 합유자 중 일부가 사망한 경우, 합유자 사이에 특별한 약정이 없는 한 사망한 합유자의 상속인은 합유자로서의 지위를 승계하지 못하므로, 해당 부동산은 잔존 합유자가 2인 이상일 경우에는 잔존 합유자의 합유로 귀속되고, 잔존 합유자가 1인인 경우에는 잔존 합유자의 단독소유로 귀속된다.

판례선정이유

부동산의 합유자 중 일부가 사망한 경우, 상속인이 합유자로서의 지위를 승계하지 못한다는 점과 소유권 귀속에 관하여 잘 정리한 판결

240. 합유 (2) : 합유재산의 보존행위

(대법원 2013. 11. 28. 선고 2011다80449 판결)

쟁점 민법상 조합인 공동수급체가 경쟁입찰에 참가하였으나 다른 경쟁업체가 낙찰자로 선정되자 그 공동수급체의 구성원 중 1인이 낙찰자 선정 무효확인의 소를 제기하는 것이 합유재산의 보존행위에 해당하는지 여부

판결요지

합유재산의 보존행위는 합유재산의 멸실·훼손을 방지하고 그 현상을 유지하기 위하여 하는 사실적·법률적 행위로서 이러한 합유재산의 보존행위를 각 합유자 단독으로 할 수 있도록 한 취지는 그 보존행위가 긴급을 요하는 경우가 많고 다른 합유자에게도 이익이 되는 것이 보통이기 때문이다. 민법상 조합인 공동수급체가 경쟁입찰에 참가하였다가 다른 경쟁업체가 낙찰자로 선정된 경우, 그 공동수급체의 구성원 중 1인이 그 낙찰자 선정이 무효임을 주장하며 무효확인의 소를 제기하는 것은 그 공동수급체가 경쟁입찰과 관련하여 갖는 법적 지위 내지 법률상 보호받는 이익이 침해될 우려가 있어 그 현상을 유지하기 위하여 하는 소송행위이므로, 이는 합유재산의 보존행위에 해당한다.

판례선정이유

합유재산의 보존행위에 관하여 설시한 판결

241. 총유 (1) : 총유재산의 보존행위

(대법원 2005. 9. 15. 선고 2004다44971 전원합의체 판결)

쟁점 법인 아닌 사단의 구성원 개인이 총유재산의 보존을 위한 소를 제기할 수 있는지 여부

판결요지

제276조 제1항은 “총유물의 관리 및 처분은 사원총회의 결의에 의한다”, 같은 조 제2항은 “각 사원은 정관 기타의 규약에 좇아 총유물을 사용·수익할 수 있다”라고 규정하고 있을 뿐 공유나 합유의 경우처럼 보존행위는 그 구성원 각자가 할 수 있다는 제265조 단서 또는 제272조 단서와 같은 규정을 두고 있지 아니한바, 이는 법인 아닌 사단의 소유형태인 총유가 공유나 합유에 비하여 단체성이 강하고 구성원 개인들의 총유재산에 대한 지분권이 인정되지 아니하는 데에서 나온 당연한 귀결이라고 할 것이므로, 총유재산에 관한 소송은 법인 아닌 사단이 그 명의로 사원총회의 결의를 거쳐 하거나 또는 그 구성원 전원이 당사자가 되어 필수적 공동소송의 형태로 할 수 있을 뿐 그 사단의 구성원은 설령 그가 사단의 대표자라거나 사원총회의 결의를 거쳤다 하더라도 그 소송의 당사자가 될 수 없고, 이러한 법리는 총유재산의 보존행위로서 소를 제기하는 경우에도 마찬가지라 할 것이다.

판례선정이유

제276조의 규정취지와 사단구성원 개인은 단독으로 총유재산의 보존행위를 할 수 없음을 밝힌 판결

242. 총유 (2) : 총유물의 관리·처분행위
(대법원 2014. 2. 13. 선고 2012다112299 판결)

쟁점 총유물 자체의 관리 · 처분이 따르지 아니하는 채무부담행위가 제275조 등에서 말하는 총유물의 관리 · 처분에 해당하는지 여부

판결요지

[1] 총유물의 보존에 있어서는 공유물의 보존에 관한 제265조의 규정이 적용될 수 없고, 제276조 제1항의 규정에 따른 사원총회의 결의를 거치거나 정관이 정하는 바에 따른 절차를 거쳐야 하므로, 법인 아닌 사단인 교회가 총유재산에 대한 보존행위로서 소송을 하는 경우에도 교인 총회의 결의를 거치거나 정관이 정하는 바에 따른 절차를 거쳐야 한다.

[2] 제275조, 제276조 제1항은 총유물의 관리 및 처분에 관하여는 정관이나 규약에 정한 바가 있으면 그에 의하되 정관이나 규약에서 정한 바가 없으면 사원총회의 결의에 의하도록 규정하고 있으므로, 이러한 절차를 거치지 아니한 총유물의 관리 · 처분행위는 무효라 할 것이고, 이 법리는 제278조에 의하여 소유권 이외의 재산권에 대하여 준용되고 있다. 그런데 위 법조에서 말하는 총유물의 관리 및 처분이라 함은 총유물 자체에 관한 이용 · 개량행위나 법률적 · 사실적 처분행위를 의미하므로 총유물 자체의 관리 · 처분이 따르지 아니하는 채무부담행위는 이를 총유물의 관리 · 처분행위라고 볼 수 없다.

판례선정이유

총유물 자체의 관리 · 처분이 따르지 아니하는 채무부담행위는 총유물의 관리 · 처분행위에 해당하지 않는다는 점을 밝힌 판결

제4절 명의신탁

243. 명의신탁관계의 존속
(대법원 1999. 6. 17. 선고 98다58443 전원합의체 판결)

쟁점 여러 필지의 토지의 각 일부 지분을 명의신탁 받은 명의수탁자가 임의로 명의신탁관계가 없는 다른 공유자들과의 공유물분할의 협의에 따라 그 중 특정 토지를 단독으로 소유하고 나머지 토지에 대한 지분을 다른 공유자에게 이전한 경우, 그 특정 토지 전부에 대하여 명의신탁관계가 존속하는지 여부

판결요지

여러 필지의 토지의 각 일부 지분을 명의신탁 받은 명의수탁자가 임의로 명의신탁관계가 없는 다른 공유자들과의 공유물분할의 협의에 따라 특정 토지를 단독으로 소유하고 나머지 토지에 대한 지분을 다른 공유자에게 이전한 경우, 명의수탁자가 특정 토지를 단독으로 소유하게 된 것은 형식적으로는 다른 공유자들의 지분의 등기명의를 승계취득한 것과 같은 형태를 취하고 있으나 실질적으로는 명의신탁 받은 여러 필지의 토지에 분산되어 있는 지분을 분할로 인하여 취득하는 특정 토지에 집중시켜 그에 대한 소유 형태를 변경한 것에 불과하다고 할 것이므로, 그 공유물분할이 명의신탁자의 의사와 관계없이 이루어진 것이라고 하더라도 명의신탁자와 명의수탁자 사이의 명의신탁관계는 위 특정 토지 전부에 그대로 존속한다고 보아야 한다.

판례선정이유

공유물분할 협의에 의해 특정 토지를 단독으로 소유하고 나머지 토지에 대한 지분을 다른 공유자에게 이전하였어도 명의신탁관계는 여전히 존속한다는 점을 나타낸 판결

244. 명의신탁의 해지

(대법원 1997. 5. 1., 97마384 결정)

쟁점 부동산실명법에 규정된 유예기간 내에 기존의 명의신탁자가 실명등기를 하지 않은 경우, 유예기간 경과 후 명의신탁 해지를 원인으로 한 소유권이전등기를 신청할 수 있는지 여부

판결요지

[1] 부동산실명법 제11조 제1항 본문, 제12조 제1항, 제4조의 각 규정에 따르면, 부동산실명법 시행 전에 명의신탁약정에 의하여 부동산에 관한 물권을 명의수탁자 명의로 등기한 명의신탁자는 유예기간 이내에 실명등기 등을 하여야 하고, 유예기간 이내에 실명등기 등을 하지 아니한 경우에는 유예기간이 경과한 날 이후부터 명의신탁약정은 무효가 되고, 명의신탁약정에 따라 행하여진 등기에 의한 부동산에 관한 물권변동도 무효가 되므로, 유예기간이 경과한 후 명의신탁약정의 해지를 원인으로 한 명의신탁자의 소유권이전등기 신청은 그 신청취지 자체에 의하여 법률상 허용될 수 없음이 명백한 경우로서 부동산등기법 제55조 제2호의 '사건이 등기할 것이 아닌 때'에 해당하여 등기공무원은 이를 각하하여야 한다.

[2] 부동산실명법 제6조 제1항이 과징금을 부과받은 명의신탁자에 대하여 지체 없이 당해 부동산에 관한 물권을 '자기 명의로 등기하여야 한다'고 규정하고 있는 뜻은 명의신탁자에게 그와 같은 공법상의 의무를 부과하는 것에 불과하고, 그로써 기존의 명의신탁약정과 명의수탁자 명의 등기가

무효로 되었음에도 불구하고, 명의신탁자에게 새삼스럽게 명의신탁약정을 원인으로 하여 직접 명의수탁자로부터 등기를 청구할 수 있도록 사법상의 권리를 창설하는 것이라고 볼 수 없다.

판례선정이유

부동산실명법 시행 전에 명의신탁약정에 의하여 명의수탁자 명의로 등기한 명의신탁자가 유예기간 이내에 실명등기를 하지 않은 경우, 유예기간이 경과한 후에 명의신탁약정의 해지를 원인으로 한 소유권이전등기 신청은 할 수 없고, 과징금을 부과 받았다고 하여 사법상 권리인 등기청구권이 발생할 수 없다는 점을 밝힌 판결

245. 양자간 명의신탁 (1)

(대법원 2013. 2. 28. 선고 2010다89814 판결)

쟁점 양자간 등기명의신탁에서 명의수탁자가 신탁부동산을 처분하여 제3취득자가 유효하게 소유권을 취득함으로써 명의신탁자가 신탁부동산에 대한 소유권을 상실한 경우, 명의신탁자의 소유권에 기한 물권적 청구권이 인정되는지 여부 및 그 후 명의수탁자가 우연히 신탁부동산의 소유권을 다시 취득하더라도 마찬가지인지 여부

판결요지

양자간 등기명의신탁에서 명의수탁자가 신탁부동산을 처분하여 제3취득자가 유효하게 소유권을 취득하고 이로써 명의신탁자가 신탁부동산에 대한 소유권을 상실하였다면, 명의신탁자의 소유권에 기한 물권적 청구권, 즉 말소등기청구권이나 진정명의회복을 원인으로 한 이전등기청구권도 더 이상 그 존재 자체가 인정되지 않는다. 그 후 명의수탁자가 우연히 신탁부동산의 소유권을 다시 취득하였다고 하더라도 명의신탁자가 신탁부동산의 소유권을 상실한 사실에는 변함이 없으므로, 여전히 물권적 청구권은 그 존재 자체가 인정되지 않는다.

판례선정이유

양자간 명의신탁에서 명의수탁자의 소유권 상실과 물권적 청구권의 행사 가능성에 관하여 설시한 판결

246. 양자간 명의신탁 (2)

(대법원 2019. 6. 20. 선고 2013다218156 전원합의체 판결)

쟁점 부동산실명법을 위반하여 무효인 명의신탁약정에 따라 명의수탁자 명의로 등기를 한 경우, 명의신탁자가 명의수탁자를 상대로 그 등기의 말소를 구하는 것이 제746조의 불법원인급여를 이유로 금지되는지 여부

판결요지

부동산실명법 규정의 문언, 내용, 체계와 입법 목적 등을 종합하면, 부동산실명법을 위반하여 무효인 명의신탁약정에 따라 명의수탁자 명의로 등기를 하였다는 이유만으로 그것이 당연히 불법원인급여에 해당한다고 단정할 수는 없다. 이는 농지법에 따른 제한을 회피하고자 명의신탁을 한 경우에도 마찬가지이다. 구체적인 이유는 다음과 같다.

① 부동산실명법은 부동산 소유권을 실권리자에게 귀속시키는 것을 전제로 명의신탁약정과 그에 따른 물권변동을 규율하고 있다.

첫째, 부동산실명법은 명의신탁약정(제4조 제1항)과 명의신탁약정에 따른 등기로 이루어진 부동산에 관한 물권변동(제4조 제2항 본문)을 무효라고 명시하고 있다. 명의신탁약정에 따라 명의수탁자 앞으로 등기를 하더라도 부동산에 관한 물권변동의 효력이 발생하지 않는다. 이것은 명의신탁약정에 따라 명의신탁자로부터 명의수탁자에게 소유권이전등기가 이루어지는 등기명의신탁의 경우 부동산 소유권은 그 등기와 상관없이 명의신탁자에게 그대로 남아있다는 것을 뜻한다. 그 결과 명의신탁자는 부동산 소유자로서 소유물방해배제청구권에 기초하여 명의수탁자를 상대로 그 등기의 말소를 청구할 수 있다.

부동산실명법 제4조 제3항에서는 명의신탁약정과 그에 따른 물권변동의 무효는 "제3자에게 대항하지 못한다"라고 규정하고 있다. 이 규정은 제3자를 보호하기 위한 것으로 명의신탁자가 소유자로서 명의수탁자 명의의 등기를 무효라고 주장하면서 그 말소등기절차의 이행을 청구할 수 있다는 것을 전제로 한다. 이와 달리 명의신탁의 경우 부동산 소유권이 명의수탁자에게 귀속된다면, 제3자는 당연히 그 소유권을 기초로 한 권리를 취득할 수 있기 때문에 제4조 제3항의 제3자 보호 규정을 둘 필요가 없을 것이다.

이러한 내용을 담고 있는 부동산실명법 제4조는 부동산실명법의 기본골격을 이루는 규정이다. 이를 벗어나는 해석은 불합리한 결과를 피하기 위하여 반드시 필요한 경우에 한하여 예외적으로만 허용할 수 있다.

둘째, 부동산실명법은 실권리자명의 등기의무를 위반한 명의신탁자에 대하여 위반행위 자체에 대한 제재로서 과징금을 부과하는 것에 그치지 않고(제5조 제1항 제1호) 부동산에 관한 물권을 지체 없이 명의신탁자의 명의로 등기할 의무를 지우며, 이를 위반할 경우 과징금 외에 이행강제금을 추가로 부과하도록 하고 있다(제6조). 이러한 이행강제금 제도는 명의신탁자에게 심리적 압박을 주어 등기명의와 실체적 권리관계의 불일치 상태를 해소할 것을 간접적으로 강제함으로써 위법상태를

제거하고 부동산실명법의 실효성을 확보하려는 데 그 취지가 있다. 이행강제금 제도 역시 명의신탁자로 하여금 신탁부동산에 관한 등기를 회복하도록 명하는 것으로서 신탁부동산의 소유권이 실권리자에게 귀속되는 것을 전제로 하고 있다.

② 부동산실명법을 제정한 입법자의 의사는 신탁부동산의 소유권을 실권리자에게 귀속시키는 것을 전제로 하고 있다.

부동산실명법 제정 당시 명의신탁을 효과적으로 억제하기 위하여 취할 수 있는 다양한 방안이 논의되었다. 입법자는 신탁부동산의 소유권을 명의수탁자에게 귀속시키는 법률안이 아니라 명의신탁자에게 귀속시키는 법률안을 기초로 부동산실명법을 제정하였다. 국회에는 명의신탁자와 명의수탁자 사이에서는 명의신탁자에게 신탁부동산의 소유권이 귀속된다고 보았던 판례를 바꾸는 내용의 법률안도 제출되어 있었으나, 이것은 채택되지 않았다. 그 이유는 신탁부동산의 소유권을 명의수탁자에게 귀속시킬 경우 발생할 혼란과 당사자들의 반발, 우리 사회의 일반적 법의식을 바탕으로 형성된 오랜 관행과 거래 실무를 존중할 필요가 있다고 보았기 때문이다.

③ 명의신탁에 대하여 불법원인급여 규정을 적용한다면 재화 귀속에 관한 정의 관념에 반하는 불합리한 결과를 가져올 뿐만 아니라 판례의 태도나 부동산실명법 규정에도 합치되지 않는다.

뇌물제공 목적의 금전 교부 또는 성매매 관련 선불금 지급과 같이 불법원인급여에 해당하는 전형적인 사례에서는 급여자의 급부가 선량한 풍속 그 밖의 사회질서에 반하여 그 반환청구를 거부해야 한다는 데에 우리 사회 구성원 모두가 인식을 같이 하고 있다. 이러한 경우에는 법원이 그 반환청구를 받아들이지 않는 것이 관련 법규범의 목적에도 부합한다. 그러나 명의신탁자를 형사처벌하거나 명의신탁자에게 과징금을 부과하는 등 법률 규정에 따라 제재하는 것을 넘어, 부동산실명법에서 명의신탁을 금지하고 있다는 이유만으로 명의신탁자로부터 부동산에 관한 권리까지 박탈하는 것은 일반 국민의 법감정에 맞지 않는다.

제746조 단서는 '불법원인이 수익자에게만 있는 때'에는 불법의 원인으로 급여한 재산이라 하더라도 급여자가 반환을 청구할 수 있다고 정하고 있다. 선량한 풍속 그 밖의 사회질서를 위반하는 법률행위에 관해 불법원인급여 규정이 적용되는 경우에도 수익자에게만 불법원인이 있다면, 수익자와 동일하게 급여자를 보호하지 않는 것은 법적 정의감에 반하기 때문이다. 나아가 수익자의 불법성이 급여자의 불법성보다 현저히 커서 급여자의 반환청구를 허용하지 않는 것이 오히려 공평과 신의칙에 반하는 경우에는 제746조 본문의 적용을 배제함으로써 급여자의 반환청구를 허용하고 있다. 이는 불법원인급여 제도 자체에 내재하고 있는 모순을 극복하는 방향으로 제746조를 해석·적용한 것이다.

부동산실명법을 위반하여 무효인 명의신탁등기가 불법원인급여인지를 판단하기 위해서는 부동산실명법의 규정과 그 규범 목적을 고려하여 판단해야 한다. 입법자는 신탁부동산의 소유권이 명의신탁자에게 귀속됨을 전제로 규정함으로써, 제103조와 제746조의 관계를 부동산실명법 자체에서 명확하게 해결하고 있는 것이다. 이러한 입법체계에 비추어 볼 때 부동산실명법에서 금지한 명의신탁에 관하여 반사회적인지 아닌지를 구분하여 불법원인급여의 적용을 달리하려는 시도는 바람직하지 않다.

④ 모든 국민의 재산권은 보장되고, 그 내용과 한계는 법률로 정한다(헌법 제23조 제1항). 명의신탁

을 금지하겠다는 목적만으로 부동산실명법에서 예정한 것 이상으로 명의신탁자의 신탁부동산에 대한 재산권의 본질적 부분을 침해할 수는 없다. 만일 부동산실명법에서 명의신탁약정만을 무효로 하고 그에 따른 물권변동을 유효라고 정하였다면, 신탁부동산에 관한 권리가 언제나 명의수탁자에게 확정적으로 귀속되는 결과가 되어 명의신탁자는 그 부동산에 관한 권리를 상실하게 된다. 이러한 경우 명의신탁자는 자신의 재산을 직접적으로 박탈당하는 결과를 감수하여야 하므로 재산권의 본질적 부분을 침해할 소지가 크다.

⑤ 농지법에 따른 제한을 회피하고자 명의신탁을 한 사안이라고 해서 불법원인급여 규정의 적용 여부를 달리 판단할 이유는 없다. 단순한 행정명령에 불과한 농지법상의 처분명령을 이행하지 않았다고 해서 그 행위가 강행법규에 위반된다고 단정할 수도 없거니와, 그 이유만으로 처분명령 회피의 목적으로 이루어진 급여를 불법원인급여라고 할 수도 없다.

부동산실명법과 농지법의 규율 내용, 제재수단의 정도와 방법 등을 고려하면, 부동산실명법 위반이 농지법 위반보다 위법성이 더 크다고 볼 수밖에 없다. 부동산실명법을 위반한 명의신탁약정에 따라 마친 명의신탁등기를 불법원인급여라고 인정할 수 없음은 위에서 본 바와 같다. 농지법상의 처분명령을 회피하는 방법으로 명의신탁약정을 한 경우처럼 명의신탁약정과 그보다 위법성이 약한 단순한 행정명령 불이행의 행위가 결합되어 있다고 하더라도, 그 이유만으로 불법원인급여 규정의 적용 여부를 달리 판단할 수는 없다.

판례선정이유

부동산실명법을 위반하여 무효인 명의신탁약정에 따라 명의수탁자 명의로 등기를 하였다는 이유만으로 그것이 당연히 불법원인급여에 해당한다고 단정할 수는 없다는 그동안의 확립된 대법원판결의 입장을 재확인한 판결

247. 3자간 등기명의신탁 (1)

(대법원 2011. 9. 8. 선고 2009다49193 판결)

쟁점 3자간 등기명의신탁에서 부동산실명법에서 정한 유예기간이 경과하여 명의신탁약정과 그에 따른 등기가 무효인 경우, 명의신탁자가 매도인을 대위하여 명의수탁자에게 신탁부동산의 처분대금이나 보상금으로 취득한 이익의 반환을 구할 수 있는지 여부

판결요지

[1] 부동산실명법에 의하면, 이른바 3자간 등기명의신탁의 경우 같은 법에서 정한 유예기간의 경과에 의하여 기존 명의신탁약정과 그에 의한 등기가 무효로 되고 그 결과 명의신탁된 부동산은 매도인 소유로 복귀하므로, 매도인은 명의수탁자에게 무효인 명의 등기의 말소를 구할 수 있고,

한편 같은 법에서 정한 유예기간 경과 후에도 매도인과 명의신탁자 사이의 매매계약은 여전히 유효하므로, 명의신탁자는 매도인에게 매매계약에 기한 소유권이전등기를 청구할 수 있고, 소유권이전등기청구권을 보전하기 위하여 매도인을 대위하여 명의수탁자에게 무효인 명의 등기의 말소를 구할 수 있다.

[2] 이른바 3자간 등기명의신탁에서 부동산실명법에서 정한 유예기간이 경과한 후 명의수탁자가 신탁부동산을 임의로 처분하거나 강제수용이나 공공용지 협의취득 등을 원인으로 제3취득자 명의로 이전등기가 마쳐진 경우, 특별한 사정이 없는 한 제3취득자는 유효하게 소유권을 취득하게 되므로(같은 법 제4조 제3항), 그로 인하여 매도인의 명의신탁자에 대한 소유권이전등기의무는 이행불능으로 되고, 그 결과 명의신탁자는 신탁부동산의 소유권을 이전받을 권리를 상실하는 손해를 입게 되는 반면, 명의수탁자는 신탁부동산의 처분대금이나 보상금을 취득하는 이익을 얻게 되므로, 명의수탁자는 명의신탁자에게 그 이익을 부당이득으로 반환할 의무가 있다.

판례선정이유

3자간 등기명의신탁에서 상대방과 수탁자, 신탁자와 상대방과의 법률관계가 문제되는데, 이에 대한 종래의 확립된 입장을 잘 정리하면서 나아가 명의수탁자가 신탁부동산의 처분대금이나 보상금을 취득하는 이익을 부당이득으로 반환할 의무가 있음을 명확히 한 판결

248. 3자간 등기명의신탁 (2)

(대법원 2004. 6. 25. 선고 2004다6764 판결)

쟁점 3자간 등기명의신탁에 있어서, 명의수탁자가 부동산실명법에서 정한 유예기간 경과 후에 자의로 명의신탁자에게 바로 소유권이전등기를 경료해 준 경우, 그 등기의 효력

판결요지

명의신탁자가 소유자로부터 부동산을 양도받으면서 명의수탁자와 사이에 명의신탁약정을 하여 소유자로부터 바로 명의수탁자 명의로 소유권이전등기를 하는 이른바 3자간 등기명의신탁에 있어서, 명의수탁자가 부동산실명법에서 정한 유예기간 경과 후에 자의로 명의신탁자에게 바로 소유권이전등기를 경료해 준 경우, 같은 법에서 정한 유예기간의 경과로 기존 명의신탁약정과 그에 의한 명의수탁자 명의의 등기가 모두 무효로 되고, 명의신탁자는 명의신탁약정의 당사자로서 같은 법 제4조 제3항의 제3자에 해당하지 아니하므로 명의신탁자 명의의 소유권이전등기도 무효가 된다 할 것이지만, 한편 같은 법은 매도인과 명의신탁자 사이의 매매계약의 효력을 부정하는 규정을 두고 있지 아니하여 유예기간 경과 후로도 매도인과 명의신탁자 사이의 매매계약은 여전히 유효하

므로, 명의신탁자는 매도인에 대하여 매매계약에 기한 소유권이전등기를 청구할 수 있고, 그 소유권이전등기청구권을 보전하기 위하여 매도인을 대위하여 명의수탁자에게 무효인 그 명의 등기의 말소를 구할 수도 있으므로, 명의수탁자가 명의신탁자 앞으로 바로 경료해 준 소유권이전등기는 결국 실체관계에 부합하는 등기로서 유효하다.

판례선정이유

3자간 등기명의신탁에서 부동산실명법에서 정한 유예기간 경과 후에는 기존 명의신탁약정과 명의수탁자 명의의 등기가 모두 무효가 되지만, 명의수탁자가 명의신탁자 앞으로 바로 경료해 준 소유권이전등기는 실체관계에 부합한 등기로서 유효함을 인정한 판결

249. 3자간 등기명의신탁 (3) : 소유권이전등기청구권의 소멸시효

(대법원 2013. 12. 12. 선고 2013다26647 판결)

쟁점 3자간 등기명의신탁에 의한 등기가 유효기간 경과로 무효로 된 경우, 목적 부동산을 인도받아 점유하고 있는 명의신탁자의 매도인에 대한 소유권이전등기청구권의 소멸시효가 진행되는지 여부(소극)

판결요지

부동산의 매수인이 목적물을 인도받아 계속 점유하는 경우에는 매도인에 대한 소유권이전등기청구권은 소멸시효가 진행되지 않고, 이러한 법리는 3자간 등기명의신탁에 의한 등기가 유효기간의 경과로 무효로 된 경우에도 마찬가지로 적용된다. 따라서 그 경우 목적 부동산을 인도받아 점유하고 있는 명의신탁자의 매도인에 대한 소유권이전등기청구권 역시 소멸시효가 진행되지 않는다.

판례선정이유

계약명의신탁과 달리 3자간 등기명의신탁에서는 부동산의 매수인이 목적물을 인도받아 계속 점유하는 경우, 소유권이전등기청구권의 소멸시효가 진행되지 않는다는 점을 밝힌 판결

250. 3자간 등기명의신탁 (4) : 계약명의신탁과의 구별

(대법원 2013. 10. 7., 2013스133 결정)

쟁점 3자간 등기명의신탁과 계약명의신탁의 구별 기준

판결요지

명의신탁약정이 이른바 3자간 등기명의신탁인지 아니면 계약명의신탁인지의 구별은 계약당사자가 누구인가를 확정하는 문제로 귀결된다. 그런데 타인을 통하여 부동산을 매수함에 있어 매수인 명의를 그 타인 명의로 하기로 하였다면 이때의 명의신탁관계는 그들 사이의 내부적인 관계에 불과하므로, 설령 계약의 상대방인 매도인이 그 명의신탁관계를 알고 있었다고 하더라도, 계약명의자인 명의수탁자가 아니라 명의신탁자에게 계약에 따른 법률효과를 직접 귀속시킬 의도로 계약을 체결하였다는 등의 특별한 사정이 인정되지 아니하는 한, 그 명의신탁관계는 계약명의신탁에 해당한다고 보아야 함이 원칙이다.

판례선정이유

3자간 등기명의신탁과 계약명의신탁의 구별기준은 계약의 상대방인 매도인의 악의 여부가 아니라 계약에 따른 법률효과를 직접 귀속시킬 의도 여부에 따라 구별하여야 한다는 점을 밝힌 판결

251. 계약명의신탁 (1) : 무효인 명의신탁약정을 전제로 한 가등기의 효력

(대법원 2015. 2. 26. 선고 2014다63315 판결)

쟁점 무효인 명의신탁약정을 전제로 하여 이에 기한 명의신탁자의 명의수탁자에 대한 소유권이전등기청구권을 확보하기 위하여 명의신탁 부동산에 명의신탁자 명의로 가등기를 마치고 향후 명의신탁자가 요구하는 경우 본등기를 마쳐 주기로 한 약정 및 위 약정에 의하여 마쳐진 가등기의 효력

판결요지

[1] 부동산실명법 시행 이후 부동산을 매수하면서 매수대금의 실질적 부담자와 명의인 간에 명의신탁관계가 성립한 경우, 그들 사이에 매수대금의 실질적 부담자의 요구에 따라 부동산의 소유 명의를 이전하기로 하는 등의 약정을 하였다고 하더라도, 이는 부동산실명법에 의하여 무효인 명의신탁약정을 전제로 명의신탁 부동산 자체 또는 처분대금의 반환을 구하는 범주에 속하는 것이어서 역시 무효라고 보아야 한다. 나아가 명의신탁자와 명의수탁자가 위와 같이 무효인 명의신탁약정을 함과 아울러 그 약정을 전제로 하여 이에 기한 명의신탁자의 명의수탁자에 대한 소유권이전등기청구권을 확보하기 위하여 명의신탁 부동산에 명의신탁자 명의의 가등기를 마치고 향후 명의신탁자가 요구하는 경우 본등기를 마쳐 주기로 약정하였더라도, 이러한 약정 또한 부동산실명법에 의하여 무효인 명의신탁약정을 전제로 한 것이어서 무효이고, 위 약정에 의하여 마쳐진 가등기는 원인무효이다.

[2] 명의신탁자가 명의신탁약정과는 별개의 적법한 원인에 기하여 명의수탁자에 대하여 소유권 이전등기청구권을 가지게 되었다 하더라도, 이를 보전하기 위하여 자신의 명의가 아닌 제3자 명의로 가등기를 마친 경우, 위 가등기는 명의신탁자와 제3자 사이의 명의신탁약정에 기하여 마쳐진 것으로서 약정의 무효로 말미암아 효력이 없다.

판례선정이유

계약명의신탁에서 부동산실명법에 의하여 무효인 명의신탁약정을 전제로 한 부동산 소유권 이전의 약정 및 소유권이전등기청구권을 확보하기 위한 가등기도 역시 무효라는 점을 밝힌 판결

252. 계약명의신탁 (2) : 부당이득반환의 대상 (1)

(대법원 2002. 12. 26. 선고 2000다21123 판결)

쟁점 부동산실명법 시행 전에 이른바 계약명의신탁에 따라 명의신탁약정이 있다는 사실을 알지 못하는 소유자로부터 명의수탁자 앞으로 소유권이전등기가 경료되고 같은 법 소정의 유예기간이 경과하여 명의수탁자가 당해 부동산의 완전한 소유권을 취득한 경우, 명의수탁자가 명의신탁자에게 반환하여야 할 부당이득의 대상

판결요지

부동산실명법 제4조 제1항, 제2항의 규정에 의하면, 명의신탁자와 명의수탁자가 명의신탁약정을 맺고, 이에 따라 명의수탁자가 당사자가 되어 명의신탁약정이 있다는 사실을 알지 못하는 소유자와의 사이에 부동산에 관한 매매계약을 체결한 후 그 매매계약에 기하여 당해 부동산의 소유권이전등기를 수탁자 명의로 마친 경우에는 명의신탁자와 명의수탁자 사이의 명의신탁약정의 무효에도 불구하고 그 소유권이전등기에 의한 당해 부동산에 관한 물권변동 자체는 유효한 것으로 취급되어 명의수탁자는 당해 부동산의 완전한 소유권을 취득하게 되고, 부동산실명법 시행 전에 위와 같은 명의신탁약정과 그에 기한 물권변동이 이루어진 다음 부동산실명법 제11조에서 정한 유예기간 내에 실명등기 등을 하지 않고 그 기간을 경과한 때에도 같은 법 제12조 제1항에 의하여 제4조의 적용을 받게 되어 위 법리가 그대로 적용되는 것인바, 이 경우 명의수탁자는 명의신탁약정에 따라 명의신탁자가 제공한 비용을 매매대금으로 지급하고 당해 부동산에 관한 소유명의를 취득한 것이고, 위 유예기간이 경과하기 전까지는 명의신탁자는 언제라도 명의신탁약정을 해지하고 당해 부동산에 관한 소유권을 취득할 수 있었던 것이므로, 명의수탁자는 부동산실명법 시행에 따라 당해 부동산에 관한 완전한 소유권을 취득함으로써 당해 부동산 자체를 부당이득하였다고 보아야 할 것이고, 부동산실명법 제3조 및 제4조가 명의신탁자에게 소유권이 귀속되는 것을 막는 취지의 규정은 아니므로 명의수탁자는 명의신탁자에게 자신이 취득한 당해 부동산을 부당이득으로 반환할 의무가 있다.

판례선정이유

이른바 계약명의신탁에서는 명의수탁자가 소유권을 취득하고 부당이득반환의 대상은 매수자금이 되나, 예외적으로 부동산실명법 시행 전 명의신탁을 하였으나 유예기간 내에 실명 등기 등을 하지 않은 경우 부동산을 부당이득 반환청구가 가능하다는 점을 밝힌 판결

253. 계약명의신탁 (3) : 부당이득반환의 대상 (2)

(대법원 2008. 5. 15. 선고 2007다74690 판결)

쟁점 부동산실명법 시행 전에 계약명의신탁을 한 명의신탁자가 같은 법 제11조에서 정한 유예기간 내에 그 명의로 당해 부동산을 등기이전하는 데 법률상 장애가 있었던 경우, 명의수탁자가 명의신탁자에게 반환하여야 할 부당이득의 대상

판결요지

부동산실명법 시행 전에 명의신탁자와 명의수탁자가 이른바 계약명의신탁약정을 맺고 명의수탁자가 당사자가 되어 명의신탁약정이 있다는 사실을 알지 못하는 소유자와 부동산에 관한 매매계약을 체결한 후 그 매매계약에 따라 당해 부동산의 소유권이전등기를 수탁자 명의로 마쳤으나 위 법률 제11조에서 정한 유예기간이 경과하기까지 명의신탁자가 그 명의로 당해 부동산을 등기이전하는 데 법률상 장애가 있었던 경우에는, 명의신탁자는 당해 부동산의 소유권을 취득할 수 없었으므로, 위 명의신탁약정의 무효로 인하여 명의신탁자가 입은 손해는 당해 부동산 자체가 아니라 명의수탁자에게 제공한 매수자금이고, 따라서 명의수탁자는 당해 부동산 자체가 아니라 명의신탁자로부터 제공받은 매수자금을 부당이득하였다고 할 것이다.

판례선정이유

부동산실명법 시행 전 명의신탁을 하였으나 유예기간 내에 실명 등기 등을 하지 않은 경우 부동산에 대해서도 부당이득 반환청구가 가능하다고 판례가 명시해 왔는데, 예외적으로 유예기간 경과까지 법률상 장애로 인하여 등기할 수 없었던 경우라면 가액반환만 청구 가능하다고 한 판결

254. 계약명의신탁 (4) : 부당이득반환의 범위

(대법원 2010. 10. 14. 선고 2007다90432 판결)

쟁점 부동산실명법 시행 후에 이른바 계약명의신탁약정이 체결되고 그에 따라 명의수탁자가 선의의 매도인과 부동산 매매계약을 체결하여 자신의 명의로 그 부동산의 소유권이전등기를 마친 경우, 명의수탁자가 명의신탁자에게 반환하여야 할 부당이득의 범위

판결요지

부동산실명법 제4조 제1항, 제2항에 의하면 명의신탁자와 명의수탁자가 이른바 계약명의신탁약정을 맺고 명의수탁자가 당사자가 되어 명의신탁약정이 있다는 사실을 알지 못하는 소유자와의 사이에 부동산에 관한 매매계약을 체결한 후 그 매매계약에 따라 당해 부동산의 소유권이전등기를 수탁자 명의로 마친 경우에는, 명의신탁자와 명의수탁자 사이의 명의신탁약정의 무효에도 불구하고 그 명의수탁자는 당해 부동산의 완전한 소유권을 취득하게 되고, 다만 명의수탁자는 명의신탁자에 대하여 부당이득반환의무를 부담하게 될 뿐이다. 이 경우 그 계약명의신탁약정이 부동산실명법 시행 후인 경우에는 명의신탁자는 애초부터 당해 부동산의 소유권을 취득할 수 없었으므로, 위 계약명의신탁약정의 무효로 인하여 명의신탁자가 입은 손해는 당해 부동산 자체가 아니라 명의수탁자에게 제공한 매수자금이고, 따라서 명의수탁자는 당해 부동산 자체가 아니라 명의신탁자로부터 제공받은 매수자금 상당액을 부당이득하였다고 할 것이다. 이때 명의수탁자가 소유권이전등기를 위하여 지출하여야 할 취득세, 등록세 등을 명의신탁자로부터 제공받았다면, 이러한 자금 역시 위 계약명의신탁약정에 따라 명의수탁자가 당해 부동산의 소유권을 취득하기 위하여 매매대금과 함께 지출된 것이므로, 당해 부동산의 매매대금 상당액 이외에 명의신탁자가 명의수탁자에게 지급한 취득세, 등록세 등의 취득비용도 특별한 사정이 없는 한 위 계약명의신탁약정의 무효로 인하여 명의신탁자가 입은 손해에 포함되어 명의수탁자는 이 역시 명의신탁자에게 부당이득으로 반환하여야 한다.

판례선정이유

이른바 계약명의신탁에서는 금전만을 부당이득반환 청구할 수 있고 부동산 자체의 반환청구는 못한다는 판례의 입장을 재확인하면서, 명의수탁자가 소유권이전등기를 위하여 지출하여야 할 취득세, 등록세 등도 부당이득반환의 대상에 포함된다는 점을 밝힌 판결

255. 계약명의신탁 (5) : 소유권이전등기청구권의 소멸시효
(대법원 2009. 7. 9. 선고 2009다23313 판결)

쟁점 부동산실명법 제11조의 유예기간이 경과한 후에도 실명화 등의 조치를 취하지 아니한 명의신탁자가 명의신탁 부동산을 계속 점유 · 사용하여 온 경우에는, 명의수탁자에 대한 부당이득반환청구권에 기한 등기청구권의 소멸시효가 진행하지 않는지 여부

판결요지

[1] 부동산실명법 시행 전에 명의수탁자가 명의신탁약정에 따라 부동산에 관한 소유명의를 취득한 경우 위 법률의 시행 후 같은 법 제11조의 유예기간이 경과하기 전까지 명의신탁자는 언제라도 명의신탁약정을 해지하고 당해 부동산에 관한 소유권을 취득할 수 있었던 것으로, 실명화 등의 조치 없이 위 유예기간이 경과함으로써 같은 법 제12조 제1항, 제4조에 의해 명의신탁약정은 무효로 되는 한편, 명의수탁자가 당해 부동산에 관한 완전한 소유권을 취득하게 된다 할 것인데, 같은 법 제3조 및 제4조가 명의신탁자에게 소유권이 귀속되는 것을 막는 취지의 규정은 아니므로 명의수탁자는 명의신탁자에게 자신이 취득한 당해 부동산을 부당이득으로 반환할 의무가 있다 할 것인바, 이와 같은 경위로 명의신탁자가 당해 부동산의 회복을 위해 명의수탁자에 대해 가지는 소유권이전등기청구권은 그 성질상 법률의 규정에 의한 부당이득반환청구권으로서 제162조 제1항에 따라 10년의 기간이 경과함으로써 시효로 소멸한다.

[2] 명의신탁계약 및 그에 기한 등기를 무효로 하고 그 위반행위에 대하여 형사처벌까지 규정한 부동산실명법의 시행에 따라 그 권리를 상실하게 된 위 법률 시행 이전의 명의신탁자가 그 대신에 부당이득의 법리에 따라 법률상 취득하게 된 명의신탁 부동산에 대한 부당이득반환청구권의 경우, 무효로 된 명의신탁약정에 기하여 처음부터 명의신탁자가 그 부동산의 점유 및 사용 등 권리를 행사하고 있다 하여 위 부당이득반환청구권 자체의 실질적 행사가 있다고 볼 수 없을 뿐만 아니라, 명의신탁자가 그 부동산을 점유 · 사용하여 온 경우에는 명의신탁자의 명의수탁자에 대한 부당이득반환청구권에 기한 등기청구권의 소멸시효가 진행되지 않는다고 보아야 한다면, 이는 명의신탁자가 부동산실명법의 유예기간 및 시효기간 경과 후 여전히 실명전환을 하지 않아 위 법률을 위반한 경우임에도 그 권리를 보호하여 주는 결과로 되어 부동산 거래의 실정 및 부동산실명법 등 관련 법률의 취지에도 맞지 않는다.

판례선정이유

3자간 등기명의신탁에서와 달리 계약명의신탁에서는 명의신탁자가 유예기간 경과 후 등기청구권을 행사하지 않은 경우, 명의신탁자가 명의신탁 부동산을 계속 점유 사용하고 있더라도 소멸시효가 진행한다는 점을 밝힌 판결

256. 계약명의신탁 (6) : 악의의 매도인에 대한 불법행위책임

(대법원 2013. 9. 12. 선고 2010다95185 판결)

쟁점 이른바 계약명의신탁에서 매매계약을 체결한 악의의 매도인이 명의수탁자 앞으로 부동산 소유권이전등기를 마친 경우, 명의수탁자가 그 부동산을 제3자에게 처분하는 행위가 매도인의 소유권을 침해하는 불법행위가 되는지 여부 및 이때 매매대금을 수령한 매도인에게 명의수탁자의 처분행위로 인하여 손해가 발생하였다고 볼 수 있는지 여부

판결요지

명의신탁자와 명의수탁자가 이른바 계약명의신탁약정을 맺고 매매계약을 체결한 소유자도 명의신탁자와 명의수탁자 사이의 명의신탁약정을 알면서 그 매매계약에 따라 명의수탁자 앞으로 당해 부동산의 소유권이전등기를 마친 경우, 부동산실명법 제4조 제2항 본문에 의하여 명의수탁자 명의의 소유권이전등기는 무효이므로, 당해 부동산의 소유권은 매매계약을 체결한 소유자에게 그대로 남아 있게 되고, 명의수탁자가 자신의 명의로 소유권이전등기를 마친 부동산을 제3자에게 처분하면 이는 매도인의 소유권 침해행위로서 불법행위가 된다. 그러나 명의수탁자로부터 매매대금을 수령한 상태의 소유자로서는 그 부동산에 관한 소유명의를 회복하기 전까지는 신의칙 내지 제536조 제1항 본문의 규정에 의하여 명의수탁자에 대하여 이와 동시이행의 관계에 있는 매매대금 반환채무의 이행을 거절할 수 있는데, 이른바 계약명의신탁에서 명의수탁자의 제3자에 대한 처분행위가 유효하게 확정되어 소유자에 대한 소유명의 회복이 불가능한 이상, 소유자로서는 그와 동시이행관계에 있는 매매대금 반환채무를 이행할 여지가 없다. 또한 명의신탁자는 소유자와 매매계약관계가 없어 소유자에 대한 소유권이전등기청구도 허용되지 아니하므로, 결국 소유자인 매도인으로서는 특별한 사정이 없는 한 명의수탁자의 처분행위로 인하여 어떠한 손해도 입은 바가 없다.

판례선정이유

계약명의신탁에서 매매계약을 체결한 매도인이 악의라면 명의수탁자 명의의 소유권이전등기는 무효이므로, 당해 부동산의 소유권은 매매계약을 체결한 소유자에게 그대로 남아 있게 되어 명의수탁자가 부동산을 제3자에게 처분하면 불법행위가 되지만, 매도인에게는 손해가 없기 때문에 불법행위책임을 지지 않는다는 점을 밝힌 판결

257. 계약명의신탁 (7) : 대물급부약정의 효력

(대법원 2014. 8. 20. 선고 2014다30483 판결)

쟁점 명의수탁자가 완전한 소유권 취득을 전제로 사후적으로 명의신탁자와 매수자금반환의무의 이행에 갈음하여 명의신탁된 부동산을 양도하기로 약정하고 명의신탁자 앞으로 소유권이전등기를 마쳐준 경우, 위 소유권이전등기의 효력

판결요지

부동산실명법 제4조 제1항, 제2항에 의하면, 명의신탁자와 명의수탁자가 이른바 계약명의신탁약정을 맺고 명의수탁자가 당사자가 되어 명의신탁약정이 있다는 사실을 알지 못하는 소유자와의 사이에 부동산에 관한 매매계약을 체결한 후 매매계약에 따라 당해 부동산의 소유권이전등기를 수탁자 명의로 마친 경우에는 명의신탁자와 명의수탁자 사이의 명의신탁약정의 무효에도 불구하고 명의수탁자는 당해 부동산의 완전한 소유권을 취득하게 되고, 다만 명의수탁자는 명의신탁자에 대하여 부당이득반환의무를 부담하게 될 뿐이다. 그런데 계약명의신탁약정이 부동산실명법 시행 후에 이루어진 경우에는 명의신탁자는 애초부터 당해 부동산의 소유권을 취득할 수 없었으므로 위 명의신탁약정의 무효로 명의신탁자가 입은 손해는 당해 부동산 자체가 아니라 명의수탁자에게 제공한 매수자금이고, 따라서 명의수탁자는 당해 부동산 자체가 아니라 명의신탁자로부터 제공받은 매수자금만을 부당이득한다.

그 경우 계약명의신탁의 당사자들이 명의신탁약정이 유효한 것, 즉 명의신탁자가 이른바 내부적 소유권을 가지는 것을 전제로 하여 장차 명의신탁자 앞으로 목적 부동산에 관한 소유권등기를 이전하거나 부동산의 처분대가를 명의신탁자에게 지급하는 것 등을 내용으로 하는 약정을 하였다면 이는 명의신탁약정을 무효라고 정하는 부동산실명법 제4조 제1항에 좇아 무효이다. 그러나 명의수탁자가 앞서 본 바와 같이 명의수탁자의 완전한 소유권 취득을 전제로 하여 사후적으로 명의신탁자와의 사이에 위에서 본 매수자금반환의무의 이행에 갈음하여 명의신탁된 부동산 자체를 양도하기로 합의하고 그에 기하여 명의신탁자 앞으로 소유권이전등기를 마쳐준 경우에는, 그 소유권이전등기는 새로운 소유권 이전의 원인인 대물급부의 약정에 기한 것이므로 약정이 무효인 명의신탁약정을 명의신탁자를 위하여 사후에 보완하는 방책에 불과한 등의 다른 특별한 사정이 없는 한 유효하고, 대물급부의 목적물이 원래의 명의신탁부동산이라는 것만으로 유효성을 부인할 것은 아니다.

판례선정이유

계약명의신탁에서 부당이득반환의 대상은 부동산이 아닌 매수자금이지만, 매수자금반환의무의 이행에 갈음하여 명의신탁된 부동산 자체를 양도하기로 합의하고 그에 기하여 명의신탁자 앞으로 소유권이전등기를 마쳐준 경우 새로운 소유권 이전의 원인인 대물급부 약정에 기한 것으로 유효하다고 한 판결

258. 부동산실명법 제4조 제3항 소정의 제3자 (1)

(대법원 2009. 3. 12. 선고 2008다36022 판결)

쟁점 부동산실명법 위반에 따른 무효인 부동산 물권변동으로 대항할 수 없는 제3자에 악의의 제3가 포함되는지 여부

판결요지

부동산실명법 시행 전에 부동산에 관한 물권을 명의신탁한 자가 위 법 시행일로부터 1년의 기간 이내에 실명등기를 하지 아니하거나 또는 위 법 시행전 또는 유예기간 중에 부동산물권에 관한 쟁송이 법원에 제기된 경우에는 당해 쟁송에 관한 확정판결이 있은 날부터 1년 이내에 실명등기를 하지 아니하는 경우, 위 법이 정하고 있는 예외 규정에 해당하는 경우를 제외하고는 유예기간이나 확정판결이 있은 날부터 1년의 기간이 경과한 날 이후부터 그 명의신탁약정 및 이에 따라 행하여진 등기에 의한 부동산의 물권변동은 무효로 되나(위 법 제4조 제1항, 제2항 본문, 제11조 제1항 본문, 제4항, 제12조 제1항), 그 무효는 제3자에게 대항하지 못하는바(위 법 제4조 제3항), 여기서의 '제3자'라 함은, 수탁자가 물권자임을 기초로 그와의 사이에 새로운 이해관계를 맺는 자를 말하고, 여기에는 소유권이나 저당권 등 물권을 취득한 자뿐만 아니라 압류 또는 가압류채권자도 포함되며, 제3자의 선의·악의를 묻지 않는다.

판례선정이유

부동산실명법 제4조 제3항에서는 '명의신탁약정에 의한 부동산 물권변동의 무효로 제3자에게 대항하지 못한다'고만 규정하고 있으나, 여기서 '제3자'의 범위는 선의·악의를 구분하지 않는다는 점을 밝힌 판결

259. 부동산실명법 제4조 제3항 소정의 제3자 (2)

(대법원 2004. 8. 30. 선고 2002다48771 판결)

쟁점 명의신탁자와 부동산에 관한 계약을 체결하고 단지 등기명의만을 명의수탁자로부터 경료받은 것과 같은 외관을 갖춘 제3자를 부동산실명법 제4조 제3항에 정한 '제3자'로 볼 수 있는지 여부

판결요지

부동산실명법 제4조 제3항의 입법 취지 등을 고려해 볼 때, 여기에서 말하는 제3자라 함은 명의수탁자가 물권자임을 기초로 그와의 사이에 새로운 이해관계를 맺은 사람을 말한다고 할 것이고, 이와 달리 오로지 명의신탁자와 부동산에 관한 물권을 취득하기 위한 계약을 맺고 단지 등기명의만을 명의수탁자로부터 경료 받은 것 같은 외관을 갖춘 자는 위 법률조항의 제3자에 해당되지 아니한다고 할 것이므로, 이러한 자로서는 자신의 등기가 실체관계에 부합하여 유효라고 주장하는 것은 별론으로 하더라도, 같은 법 제4조 제3항의 규정을 들어 무효인 명의신탁등기에 터 잡아 경료된 자신의 등기의 유효를 주장할 수는 없다.

판례선정이유

부동산실명법 제4조 제3항에 정한 '제3자'에 대해 명확히 개념 정의하면서 단지 등기명의만을 명의수탁자로부터 경료받은 것 같은 외관을 갖춘 자는 제3자에 해당하지 않는다는 점을 밝힌 판결

260. 부동산실명등기법 제4조 제3항 소정의 제3자 (3)

(대법원 2005. 11. 10. 선고 2005다34667, 34674 판결)

쟁점 명의수탁자로부터 명의신탁된 부동산의 소유명의를 이어받은 자가 부동산실명법 제4조 제3항의 제3자에 해당하지 않아 그 등기가 무효인 경우, 그 등기에 기초하여 새로운 법률원인으로 이해관계를 맺은 자 명의의 등기의 효력 및 위 이해관계를 맺은 자가 위 조항이 규정하는 제3자에 해당하는지 여부

판결요지

부동산실명법 제4조 제3항에서 "제3자"라고 함은 명의신탁약정의 당사자 및 포괄승계인 이외의 자로서 명의수탁자가 물권자임을 기초로 그와의 사이에 직접 새로운 이해관계를 맺은 사람을 말한다고 할 것이므로, 명의수탁자로부터 명의신탁된 부동산의 소유명의를 이어받은 사람이 위 규정에 정한 제3자에 해당하지 아니한다면 그러한 자로서는 부동산실명법 제4조 제3항의 규정을 들어 무효인 명의신탁등기에 터 잡아 마쳐진 자신의 등기의 유효를 주장할 수 없고, 따라서 그 명의의 등기는 실체관계에 부합하여 유효라고 하는 등의 특별한 사정이 없는 한 무효라고 할 것이고, 등기부상 명의수탁자로부터 소유권이전등기를 이어받은 자의 등기가 무효인 이상, 부동산등기에 관하여 공신력이 인정되지 아니하는 우리 법제 아래서는 그 무효인 등기에 기초하여 새로운 법률원인으로 이해관계를 맺은 자가 다시 등기를 이어받았다면 그 명의의 등기 역시 특별한 사정이 없는 한 무효임을 면할 수 없다고 할 것이므로, 이렇게 명의수탁자와 직접 이해관계를 맺은 것이 아니라

부동산실명법 제4조 제3항에 정한 제3자가 아닌 자와 사이에서 무효인 등기를 기초로 다시 이해관계를 맺은 데 불과한 자는 위 조항이 규정하는 제3자에 해당하지 않는다고 보아야 한다.

판례선정이유

부동산실명법 제4조 제3항에서 말하는 '제3자'의 범위에 대해 종래의 확립된 판례의 입장을 취하면서도, '명의수탁자와 직접 이해관계를 맺은 것이 아니라 부동산실명법 제4조 제3항에 정한 제3자가 아닌 자와 사이에서 무효인 등기를 기초로 다시 이해관계를 맺은 데 불과한 자는 위 조항이 규정하는 제3자에 해당하지 않는다'고 한 판결

제4장 지상권

261. 지상권과 지상물의 분리 양도

(대법원 2006. 6. 15. 선고 2006다6126, 6133 판결)

쟁점 지상권자와 그 지상물의 소유권자가 반드시 일치하여야 하는지 여부

판결요지

지상권자는 지상권을 유보한 채 지상물 소유권만을 양도할 수도 있고 지상물 소유권을 유보한 채 지상권만을 양도할 수도 있는 것이어서 지상권자와 그 지상물의 소유권자가 반드시 일치하여야 하는 것은 아니며, 또한 지상권설정시에 그 지상권이 미치는 토지의 범위와 그 설정 당시 매매되는 지상물의 범위를 다르게 하는 것도 가능하다.

판례선정이유

지상권자와 그 지상물의 소유권자가 반드시 일치할 필요가 없다는 점을 밝힌 판결

262. 지료지급의무 (1) : 지상물매수청구권

(대법원 1993. 6. 29. 선고 93다10781 판결)

쟁점 관습상의 법정지상권도 2년분 이상의 지료를 연체할 경우, 제287조에 따른 지상권소멸청구의 의사표시에 의하여 소멸하는지 여부 및 토지소유자가 지상권자의 지료연체를 이유로 지상권 소멸청구를 하여 지상권이 소멸된 경우, 지상물매수청구권의 인정 여부

판결요지

[1] 관습상의 법정지상권에 대하여는 다른 특별한 사정이 없는 한 민법의 지상권에 관한 규정을 준용하여야 할 것이므로, 지상권자가 2년분 이상의 지료를 지급하지 아니하였다면 관습상의 법정지상권도 제287조에 따른 지상권소멸청구의 의사표시에 의하여 소멸한다.

[2] 제283조 제2항 소정의 지상물매수청구권은 지상권이 존속기간의 만료로 인하여 소멸하는 때에 지상권자에게 갱신청구권이 있어 그 갱신청구를 하였으나 지상권설정자가 계약갱신을 원하지

아니할 경우 행사할 수 있는 권리이므로, 지상권자의 지료연체를 이유로 토지소유자가 그 지상권소멸청구를 하여 이에 터잡아 지상권이 소멸된 경우에는 매수청구권이 인정되지 않는다.

판례선정이유

2년분 이상의 지료를 연체한 관습상의 법정지상권자에게도 토지소유자가 제287조에 따른 지상권소멸청구를 할 수 있음을 분명히 하고, 토지소유자가 지상권자의 지료연체를 이유로 지상권소멸청구를 하여 지상권이 소멸된 경우에 지상물매수청구권이 인정되지 않음을 명확히 한 판결

263. 지료지급의무 (2) : 지상권소멸청구 (1)

(대법원 2001. 3. 13. 선고 99다17142 판결)

쟁점 법정지상권에 관한 지료가 결정되지 않은 경우에 지료 지급이 2년 이상 연체되었다는 이유로 지상권소멸청구를 할 수 있는지 여부 및 토지의 양수인이 지상권자의 지료 지급이 2년 이상 연체되었음을 이유로 지상권소멸청구를 함에 있어서 종전 소유자에 대한 연체기간의 합산을 주장할 수 있는지 여부

판결요지

[1] 법정지상권의 경우, 당사자 사이에 지료에 관한 협의가 있었다거나 법원에 의하여 지료가 결정되었다는 아무런 입증이 없다면, 법정지상권자가 지료를 지급하지 않았다고 하더라도 지료 지급을 지체한 것으로는 볼 수 없으므로, 법정지상권자가 2년 이상의 지료를 지급하지 아니하였음을 이유로 하는 토지소유자의 지상권소멸청구는 이유가 없고, 지료액 또는 그 지급시기 등 지료에 관한 약정은 이를 등기하여야만 제3자에게 대항할 수 있는 것이고, 법원에 의한 지료의 결정은 당사자의 지료결정청구에 의하여 형식적 형성소송인 지료결정판결로 이루어져야 제3자에게도 그 효력이 미친다.

[2] 제287조가 토지소유자에게 지상권소멸청구권을 부여하고 있는 이유는 지상권은 성질상 그 존속기간 동안은 당연히 존속하는 것을 원칙으로 하는 것이나, 지상권자가 2년 이상의 지료를 연체하는 때에는 토지소유자로 하여금 지상권의 소멸을 청구할 수 있도록 함으로써 토지소유자의 이익을 보호하려는 취지에서 나온 것이라고 할 것이므로, 지상권자가 그 권리의 목적이 된 토지의 특정한 소유자에 대하여 2년분 이상의 지료를 지불하지 아니한 경우에 그 특정의 소유자는 선택에 따라 지상권의 소멸을 청구할 수 있으나, 지상권자의 지료 지급 연체가 토지소유권의 양도 전후에 걸쳐 이루어진 경우, 토지양수인에 대한 연체기간이 2년이 되지 않는다면 양수인은 지상권소멸청구를 할 수 없다.

판례선정이유

'지료 미결정시 토지소유자가 2년 이상의 지료 연체를 이유로 지상권소멸청구를 할 수 없고, 또 지상권자의 지료 지급 연체가 토지소유권의 양도 전후에 걸쳐 이루어진 때에는, 토지양수인에 대한 연체기간이 2년이 되지 않으면 양수인은 지상권소멸청구를 할 수 없다'고 한 판결

264. 지료지급의무 (3) : 지상권소멸청구 (2)

(대법원 1993. 3. 12. 선고 92다44749 판결)

쟁점 법정지상권의 지료액수가 판결에 의하여 정하여 졌지만 지체된 지료가 판결확정 전후에 걸쳐 2년분 이상일 경우, 토지소유자의 지상권소멸청구의 가부

판결요지

법정지상권이 성립되고 지료액수가 판결에 의하여 정해진 경우, 지상권자가 판결확정 후 지료의 청구를 받고도 책임 있는 사유로 상당한 기간 동안 지료의 지급을 지체한 때에는, 지체된 지료가 판결확정의 전후에 걸쳐 2년분 이상일 경우에도 토지소유자는 제287조에 의하여 지상권의 소멸을 청구할 수 있다.

판례선정이유

지체된 지료가 지료액수에 관한 판결 확정의 전후에 걸쳐 2년분 이상일 경우에도 토지소유자는 법정지상권의 소멸을 청구할 수 있다고 한 판결

265. 담보지상권 (1) : 담보지상권의 목적

(대법원 2004. 3. 29., 2003마1753 결정)

쟁점 담보지상권의 목적 및 담보지상권을 기초로 하여 방해배제청구권을 행사할 수 있는지 여부

결정요지

토지에 관하여 저당권을 취득함과 아울러 그 저당권의 담보가치를 확보하기 위하여 지상권을 취득하는 경우, 특별한 사정이 없는 한 당해 지상권은 저당권이 실행될 때까지 제3자가 용익권을 취득하거나 목적 토지의 담보가치를 하락시키는 침해행위를 하는 것을 배제함으로써 저당 부동산의

담보가치를 확보하는 데에 그 목적이 있다고 할 것이므로, 그와 같은 경우 제3자가 비록 토지소유자로부터 신축 중인 지상 건물에 관한 건축주 명의를 변경받았다 하더라도, 그 지상권자에게 대항할 수 있는 권원이 없는 한 지상권자로서는 제3자에 대하여 목적 토지 위에 건물을 축조하는 것을 중지하도록 요구할 수 있다.

판례선정이유

담보지상권의 설정 목적이 무엇인지를 잘 보여주고 있고, 또 이를 기초로 한 물권적 청구권 행사가 가능함을 보여주는 판결

266. 담보지상권 (2) : 담보지상권의 효력 (1)

(대법원 2018. 3. 15. 선고 2015다69907 판결)

쟁점

[1] 第256조 단서에 규정한 '권원'의 의미 및 지상권을 설정한 토지소유자로부터 토지를 이용할 수 있는 권리를 취득하였으나 지상권이 존속하는 경우에, 위 권리가 제256조 단서가 정한 '권원'에 해당하는지 여부

[2] 금융기관이 담보지상권을 설정한 토지의 소유자가 그 토지를 사용 · 수익할 수 있는지 여부 및 이때 토지소유자로부터 토지를 사용 · 수익할 수 있는 권리를 취득한 경우에, 이러한 권리가 제256조 단서가 정한 '권원'에 해당하는지 여부

판결요지

[1] 제256조는 "부동산의 소유자는 그 부동산에 부합한 물건의 소유권을 취득한다. 그러나 타인의 권원에 의하여 부속된 것은 그러하지 아니하다"라고 규정하고 있다. 위 조항 단서에서 말하는 '권원'이라 함은 지상권, 전세권, 임차권 등과 같이 타인의 부동산에 자기의 동산을 부속시켜서 부동산을 이용할 수 있는 권리를 뜻하므로, 그와 같은 권원이 없는 자가 타인의 토지 위에 나무를 심었다면 특별한 사정이 없는 한 토지소유자에 대하여 나무의 소유권을 주장할 수 없다.

지상권자는 타인의 토지에 건물 기타 공작물이나 수목을 소유하기 위하여 그 토지를 사용하는 권리가 있으므로(제279조), 지상권설정등기가 경료되면 토지의 사용 · 수익권은 지상권자에게 있고, 지상권을 설정한 토지소유자는 지상권이 존속하는 한 토지를 사용 · 수익할 수 없다. 따라서 지상권을 설정한 토지소유자로부터 토지를 이용할 수 있는 권리를 취득하였다고 하더라도 지상권이 존속하는 한 이와 같은 권리는 원칙적으로 제256조 단서가 정한 '권원'에 해당하지 아니한다.

[2] 금융기관이 대출금 채권의 담보를 위하여 토지에 저당권과 함께 지료 없는 지상권을 설정하면서 채무자 등의 사용 · 수익권을 배제하지 않은 경우, 지상권은 저당권이 실행될 때까지 제3자가 용익권을 취득하거나 목적 토지의 담보가치를 하락시키는 침해행위를 하는 것을 배제함으로써 저당

부동산의 담보가치를 확보하는 데에 목적이 있으므로, 토지소유자는 저당 부동산의 담보가치를 하락시킬 우려가 있는 등의 특별한 사정이 없는 한 토지를 사용·수익할 수 있다고 보아야 한다. 따라서 그러한 토지소유자로부터 토지를 사용·수익할 수 있는 권리를 취득하였다면, 이러한 권리는 제256조 단서가 정한 '권원'에 해당한다고 볼 수 있다.

판례선정이유

'토지소유자가 그 토지에 대하여 금융기관에 담보지상권을 설정해 주었더라도 특별한 사정이 없는 한 토지를 사용·수익할 수 있다고 보아야 하고, 따라서 그러한 토지소유자로부터 토지를 사용·수익할 수 있는 권리를 취득한 자가 있다면, 이러한 권리는 제256조 단서가 정한 '권원'에 해당한다'고 한 판결

267. 담보지상권 (3) : 담보지상권의 효력 (2)

(대법원 2008. 1. 17. 선고 2006다586 판결)

쟁점 금융기관이 대출금 채권의 담보를 위하여 토지에 저당권과 함께 지료 없는 지상권을 설정하면서 채무자 등의 사용·수익권을 배제하지 않은 경우, 그 위에 도로개설·옹벽축조 등의 행위를 한 무단점유자에 대하여 지상권 자체의 침해를 이유로 한 임료 상당 손해배상을 구할 수 있는지 여부

판결요지

금융기관이 대출금 채무의 담보를 위하여 채무자 또는 물상보증인 소유의 토지에 저당권을 취득함과 아울러 그 토지에 지료를 지급하지 아니하는 지상권을 취득하면서 채무자 등으로 하여금 그 토지를 계속하여 점유, 사용토록 하는 경우, 특별한 사정이 없는 한 당해 지상권은 저당권이 실행될 때까지 제3자가 용익권을 취득하거나 목적 토지의 담보가치를 하락시키는 침해행위를 하는 것을 배제함으로써 저당 부동산의 담보가치를 확보하는 데에 그 목적이 있다고 할 것이고, 그 경우 지상권의 목적 토지를 점유, 사용함으로써 임료 상당의 이익이나 기타 소득을 얻을 수 있었다고 보기 어려우므로, 그 목적 토지의 소유자 또는 제3자가 저당권 및 지상권의 목적 토지를 점유, 사용한다는 사정만으로는 금융기관에게 어떠한 손해가 발생하였다고 볼 수 없다.

판례선정이유

담보지상권이 설정된 토지 위에 무단점유자가 도로개설·옹벽축조 등의 행위를 한 경우에, 지상권 침해를 이유로 임료 상당의 손해배상을 청구할 수 없음을 밝힌 판결

268. 담보지상권 (4) : 담보지상권의 부종성
(대법원 2011. 4. 14. 선고 2011다6342 판결)

쟁점 근저당권의 피담보채권이 변제나 시효로 소멸하면 그 담보지상권도 부종하여 소멸하는지 여부

판결요지

근저당권 등 담보권 설정의 당사자들이 그 목적이 된 토지 위에 차후 용익권이 설정되거나 건물 또는 공작물이 축조·설치되는 등으로써 그 목적물의 담보가치가 저감하는 것을 막는 것을 주요한 목적으로 하여 채권자 앞으로 아울러 지상권을 설정하였다면, 그 피담보채권이 변제 등으로 만족을 얻어 소멸한 경우는 물론이고 시효소멸한 경우에도 그 지상권은 피담보채권에 부종하여 소멸한다.

판례선정이유

근저당권 등 담보권설정의 당사자들이 그 토지에 담보지상권을 함께 설정한 경우에 그 담보지상권은 피담보채권에 부종함을 밝힌 판결

269. 관습상의 법정지상권의 성립요건 (1) : 동일인에의 소유권 귀속 (1)
(대법원 1999. 3. 26. 선고 98다64189 판결)

쟁점 원래 동일인에의 소유권 귀속이 원인무효로 이루어졌다가 그 후 그 원인이 무효임이 밝혀져 그 등기가 말소됨으로써 건물과 토지의 소유자가 달라진 경우, 관습상 법정지상권이 성립 여부

판결요지

관습상의 법정지상권의 성립 요건인 해당 토지와 건물의 소유권의 동일인에의 귀속과 그 후의 각기 다른 사람에의 귀속은 법의 보호를 받을 수 있는 권리변동으로 인한 것이어야 하므로, 원래 동일인에게의 소유권 귀속이 원인무효로 이루어졌다가 그 뒤 그 원인무효임이 밝혀져 그 등기가 말소됨으로써 그 건물과 토지의 소유자가 달라진 경우에는 관습상의 법정지상권을 허용할 수 없다.

판례선정이유

'동일인에의 소유권 귀속이 원인무효임이 밝혀져 말소등기가 이루어짐으로써 그 건물과 토지의 소유자가 달라진 경우에는 관습상의 법정지상권이 인정되지 않는다'고 한 판결

270. 관습상의 법정지상권의 성립요건 (2) : 동일인에의 소유권 귀속 (2)

(대법원 1994. 4. 12. 선고 93다56053 판결)

쟁점 토지를 매수하여 사실상 처분권한을 가지는 자가 그 지상에 건물을 신축한 후 그 건물이 강제경매된 경우, 관습상의 법정지상권의 성립 여부

판결요지

토지를 매수하여 사실상 처분권한을 가지는 자가 그 지상에 건물을 신축하여 건물의 소유권을 취득하였다고 하더라도 토지에 관한 소유권을 취득하지 아니한 이상 토지와 건물이 동일한 소유자에게 속하였다고 할 수는 없는 것이므로, 이러한 상태의 건물에 관하여 강제경매절차에 의하여 그 소유권자가 다르게 되었다고 하여 건물을 위한 관습상의 법정지상권이 성립하는 것은 아니다.

판례선정이유

'토지를 매수하여 사실상 처분권한을 가지는 자가 그 지상에 건물을 신축한 후 그 건물이 강제경매됨으로써 토지와 건물의 소유자가 달라진 경우에는 관습상의 법정지상권이 성립하지 않는다'고 한 판결

271. 관습상의 법정지상권의 성립요건 (3) : 동일인에의 소유권 귀속 (3)

(대법원 2012. 10. 18. 선고 2010다52140 전원합의체 판결)

쟁점 [1] 동일인의 소유에 속하고 있던 토지와 그 지상 건물이 강제경매 등으로 소유자가 다르게 된 경우, 건물 소유를 위한 관습상 법정지상권이 성립하기 위하여 토지와 그 지상 건물이 원시적으로 동일인 소유에 속하였을 것이 요구되는지 여부

[2] 강제경매의 목적이 된 토지 또는 그 지상 건물의 소유권이 강제경매로 인하여 그 절차상 매수인에게 이전된 경우, 건물 소유를 위한 관습상 법정지상권의 성립 요건인 '토지와 그 지상 건물이 동일인 소유에 속하였는지'를 판단하는 기준 시기

판결요지

[1] 동일인의 소유에 속하고 있던 토지와 그 지상 건물이 강제경매 또는 국세징수법에 의한 공매 등으로 인하여 소유자가 다르게 된 경우에는, 그 건물을 철거한다는 특약이 없는 한 건물소유자는 토지소유자에 대하여 그 건물의 소유를 위한 관습상 법정지상권을 취득한다. 원래 관습상 법정지상권이 성립하려면 토지와 그 지상 건물이 애초부터 원시적으로 동일인의 소유에 속하였을 필요는 없고, 그 소유권이 유효하게 변동될 당시에 동일인이 토지와 그 지상 건물을 소유하였던 것으로 족하다.

[2] 강제경매의 목적이 된 토지 또는 그 지상 건물의 소유권이 강제경매로 인하여 그 절차상의 매수인에게 이전된 경우에 건물의 소유를 위한 관습상 법정지상권이 성립하는가 하는 문제에 있어서는 그 매수인이 소유권을 취득하는 매각대금의 완납시가 아니라 그 압류의 효력이 발생하는 때를 기준으로 하여 토지와 그 지상 건물이 동일인에 속하였는지가 판단되어야 한다. 강제경매개시결정의 기입등기가 이루어져 압류의 효력이 발생한 후에 경매목적물의 소유권을 취득한 이른바 제3취득자는 그의 권리를 경매절차상 매수인에게 대항하지 못하고, 나아가 그 명의로 경료된 소유권이전등기는 매수인이 인수하지 아니하는 부동산의 부담에 관한 기입에 해당하므로(민사집행법 제144조 제1항 제2호 참조) 매각대금이 완납되면 직권으로 그 말소가 촉탁되어야 하는 것이어서, 결국 매각대금 완납 당시 소유자가 누구인지는 이 문제맥락에서 별다른 의미를 가질 수 없다는 점 등을 고려하여 보면 더욱 그러하다. 한편 강제경매개시결정 이전에 가압류가 있는 경우에는, 그 가압류가 강제경매개시결정으로 인하여 본압류로 이행되어 가압류집행이 본집행에 포섭됨으로써 당초부터 본집행이 있었던 것과 같은 효력이 있다. 따라서 경매의 목적이 된 부동산에 대하여 가압류가 있고 그것이 본압류로 이행되어 경매절차가 진행된 경우에는, 애초 가압류가 효력을 발생하는 때를 기준으로 토지와 그 지상 건물이 동일인에 속하였는지를 판단하여야 한다.

판례선정이유

동일인의 소유에 속하고 있던 토지와 그 지상 건물이 강제경매 등으로 소유자가 다르게 된 경우에는 관습상 법정지상권이 성립하는데, 이 때 토지와 그 지상 건물이 원시적으로 동일인 소유에 속할 필요는 없고 또 토지와 그 지상 건물이 동일인 소유에 속하였는지를 판단하는 기준 시기는 압류 또는 가압류의 효력이 발생한 때임을 밝힌 판결

272. 관습상의 법정지상권의 성립요건(4) : 가등기에 기한 본등기가 경료된 경우

(대법원 1994. 11. 22. 선고 94다5458 판결)

쟁점 대지상에 담보가등기가 경료되고 나서 대지소유자가 그 지상에 건물을 신축한 후 본등기가 경료되어 대지와 건물의 소유자가 달라진 경우에 건물을 위한 관습상 법정지상권이 성립하는지 여부 및 이와 같이 신축된 건물의 강제경매절차 진행 중에 본등기가 경료되었다면 건물경락인이 관습상 법정지상권을 취득하는지 여부

판결요지

[1] 원래 채권을 담보하기 위하여 나대지상에 가등기가 경료되었고, 그 뒤 대지소유자가 그 지상에 건물을 신축하였는데, 그 후 그 가등기에 기한 본등기가 경료되어 대지와 건물의 소유자가 달라진 경우에 관습상 법정지상권을 인정하면 애초에 대지에 채권담보를 위하여 가등기를 경료한 사람의 이익을 크게 해하게 되기 때문에, 특별한 사정이 없는 한 건물을 위한 관습상 법정지상권이 성립한다고 할 수 없다.

[2] 위 건물에 강제경매가 개시되어 압류등기가 경료되었고, 강제경매절차가 진행 중에 그 이전에 각 대지에 관하여 설정된 채권담보를 위한 가등기에 기하여 그 본등기가 경료되었다면 건물경락인은 각 대지에 관하여 건물을 위한 관습상 법정지상권을 취득한다고 볼 수 없다.

판례선정이유

대지상에 담보가등기가 경료되고 나서 대지소유자가 그 지상에 건물을 신축한 후 본등기가 경료되어 대지와 건물의 소유자가 달라진 경우, 그리고 이와 같이 신축된 건물의 강제경매절차 진행 중에 본등기가 경료되고 경락인이 건물을 경락받은 경우, 관습상 법정지상권이 성립하지 않음을 밝힌 판결

273. 관습상의 법정지상권의 성립요건(5) : 공유토지 위에 건물이 신축된 경우

(대법원 1993. 4. 13. 선고 92다55756 판결)

쟁점 토지공유자의 한 사람이 다른 공유자의 지분 과반수의 동의를 얻어 건물을 건축한 후 토지와 건물의 소유자가 달라진 경우, 관습법상 법정지상권의 성립 여부

판결요지

토지공유자의 한 사람이 다른 공유자의 지분 과반수의 동의를 얻어 건물을 건축한 후 토지와 건물의 소유자가 달라진 경우, 토지에 관하여 관습법상의 법정지상권이 성립되는 것으로 보게 되면 이는 토지공유자의 1인으로 하여금 자신의 지분을 제외한 다른 공유자의 지분에 대하여서까지 지상권설정의 처분행위를 허용하는 셈이 되어 부당하다.

판례선정이유

토지공유자의 한 사람이 다른 공유자의 지분 과반수의 동의를 얻어 건물을 건축한 후 토지와 건물의 소유자가 달라진 경우에는 관습상 법정지상권이 성립되지 않는다고 한 판결

274. 관습상의 법정지상권의 성립요건(6) : 일부공유자의 지분만 매도된 경우

(대법원 1987. 6. 23. 선고 86다카2188 판결)

쟁점 공유토지 위에 건물을 소유하고 있는 토지공유자 중 1인이 그 토지지분만을 전매한 경우, 관습상의 법정지상권이 성립하는지 여부

판결요지

토지의 공유자 중의 1인이 공유토지 위에 건물을 소유하고 있다가 토지지분만을 전매함으로써 단순히 토지공유자의 1인에 대하여 관습상의 법정지상권이 성립된 것으로 볼 사유가 발생하였다고 하더라도 당해 토지 자체에 관하여 건물의 소유를 위한 관습상의 법정지상권이 성립된 것으로 보게 된다면, 이는 마치 토지공유자의 1인으로 하여금 다른 공유자의 지분에 대하여서까지 지상권설정의 처분행위를 허용하는 셈이 되어 부당하다 할 것이므로, 위와 같은 경우에 있어서는 당해 토지에 관하여 건물의 소유를 위한 관습상의 법정지상권이 성립될 수 없다.

판례선정이유

공유토지 위에 건물을 소유하고 있는 토지공유자 중 1인이 그 토지지분만을 전매한 경우, 관습상의 법정지상권이 성립하지 않음을 밝힌 판결

275. 관습상 법정지상권의 성립요건 (7) : 구분소유적 공유관계에 있는 타인토지의 일부에 건물을 신축한 경우

(대법원 1994. 1. 28. 선고 93다49871 판결)

쟁점 구분소유적 공유관계에 있는 자가 자신의 특정 소유가 아닌 부분에 건물을 신축한 경우, 관습상 법정지상권이 성립하는지 여부

판결요지

甲과 乙이 대지를 각자 특정하여 매수하여 배타적으로 점유하여 왔으나 분필이 되어 있지 아니한 탓으로 그 특정부분에 상응하는 지분소유권이전등기만을 경료하였다면, 그 대지의 소유관계는 처음부터 구분소유적 공유관계에 있다 할 것이고, 또한 구분소유적 공유관계에 있어서는 통상적인 공유관계와는 달리 당사자 내부에 있어서는 각자가 특정매수한 부분은 각자의 단독 소유로 되었다 할 것이므로, 乙은 위 대지 중 그가 매수하지 아니한 부분에 관하여는 甲에게 그 소유권을 주장할 수 없어 위 대지 중 乙이 매수하지 아니한 부분 지상에 있는 乙 소유의 건물부분은 당초부터 건물과 토지의 소유자가 서로 다른 경우에 해당되어 그에 관하여는 관습상의 법정지상권이 성립될 여지가 없다.

판례선정이유

구분소유적 공유관계에 있는 자가 자신의 특정 소유가 아닌 부분에 건물을 신축한 경우에는 관습상 법정지상권의 성립하지 않는다고 한 판결

276. 관습상의 법정지상권의 성립요건(8) : 건물철거합의의 증명책임 등

(대법원 1988. 9. 27. 선고 87다카279 판결)

쟁점 [1] 관습상의 법정지상권의 성립에 있어 건물을 철거하기로 하는 합의가 있었다는 등 특별한 사정의 주장 · 입증책임

[2] 관습상의 법정지상권자가 등기 없이 목적토지의 소유자나 전득자에게 그 지상권을 주장할 수 있는지 여부

[3] 법정지상권이 있는 건물을 양수한 자의 토지소유자에 대한 법정지상권설정등기절차 이행청구권의 유무

[4] 법정지상권을 가진 건물소유자로부터 건물을 양수하면서 그 지상권까지 양도받기로 한 자에 대한 대지소유자의 건물철거청구와 신의칙

판결요지

[1] 토지 또는 건물이 동일한 소유자에게 속하였다가 건물 또는 토지가 매매 기타 원인으로 인하여 양자의 소유자가 다르게 된 때에 그 건물을 철거하기로 하는 합의가 있었다는 등 특별한 사정이 없는 한 건물소유자는 토지소유자에 대하여 그 건물을 위한 관습상의 지상권을 취득하게 되고, 건물을 철거하기로 하는 합의가 있었다는 등의 특별한 사정의 존재에 관한 주장 · 입증책임은 그러한 사정의 존재를 주장하는 쪽에 있다.

[2] 관습상의 지상권은 법률행위로 인한 물권의 취득이 아니고 관습법에 의한 부동산물권의 취득이므로 등기를 필요로 하지 아니하고 지상권취득의 효력이 발생하고, 이 관습상의 법정지상권은 물권으로서의 효력에 의하여 이를 취득할 당시의 토지소유자나 이로부터 소유권을 전득한 제3자에게 대하여도 등기없이 위 지상권을 주장할 수 있다.

[3] 법정지상권을 취득한 건물소유자가 법정지상권의 설정등기를 경료함이 없이 건물을 양도하는 경우에는 특별한 사정이 없는 한 건물과 함께 지상권도 양도하기로 하는 채권적 계약이 있었다고 할 것이므로, 법정지상권자는 지상권설정등기를 한 후에 건물양수인에게 이의 양도등기절차를 이행하여 줄 의무가 있는 것이고, 따라서 건물양수인은 건물양도인을 순차대위하여 토지소유자에 대하여 건물소유자였던 최초의 법정지상권자에의 법정지상권설정등기절차이행을 청구할 수 있다.

[4] 법정지상권을 가진 건물소유자로부터 건물을 양수하면서 지상권까지 양도받기로 한 사람에 대하여 대지소유자가 소유권에 기하여 건물철거 및 대지의 인도를 구하는 것은 지상권의 부담을 용인하고 그 설정등기절차를 이행할 의무있는 자가 그 권리자를 상대로 한 청구라 할 것이어서 신의성실의 원칙상 허용될 수 없다.

판례선정이유

관습상의 법정지상권자는 등기 없이 목적토지의 소유자나 전득자에게 그 지상권을 주장할 수 있으며, 관습상의 법정지상권이 있는 건물을 양수한 자는 건물양도인을 순차대위하여 토지소유자에 대하여 법정지상권설정등기절차이행을 청구할 수 있고, 관습상의 법정지상권을 가진 건물소유자로부터 건물을 양수하면서 그 지상권까지 양도받기로 한 자에 대한 대지소유자의 건물철거청구는 신의칙에 반한다고 한 판결

277. 관습상의 법정지상권의 성립요건 (9) : 미등기건물을 매수한 경우

(대법원 2002. 6. 20. 선고 2002다9660 전원합의체 판결)

쟁점

[1] 미등기건물을 대지와 함께 매수하였으나 대지에 관하여만 소유권이전등기를 넘겨받고 대지에 대하여 저당권을 설정한 후 저당권이 실행된 경우, 제366조 소정의 법정지상권이 성립하는지 여부

[2] 미등기건물을 대지와 함께 매도하였으나 대지에 관하여만 매수인 앞으로 소유권이전등기가 경료된 경우, 관습상의 법정지상권이 성립하는지 여부

판결요지

[1] 제366조의 법정지상권은 저당권 설정 당시에 동일인의 소유에 속하는 토지와 건물이 저당권의 실행에 의한 경매로 인하여 각기 다른 사람의 소유에 속하게 된 경우에 건물의 소유를 위하여 인정되는 것이므로, 미등기건물을 그 대지와 함께 매수한 사람이 그 대지에 관하여만 소유권이전등기를 넘겨받고 건물에 대하여는 그 등기를 이전 받지 못하고 있다가, 대지에 대하여 저당권을 설정하고 그 저당권의 실행으로 대지가 경매되어 다른 사람의 소유로 된 경우에는, 그 저당권의 설정 당시에 이미 대지와 건물이 각각 다른 사람의 소유에 속하고 있었으므로, 법정지상권이 성립될 여지가 없다.

[2] 관습상의 법정지상권은 동일인의 소유이던 토지와 그 지상건물이 매매 기타 원인으로 인하여 각각 소유자를 달리하게 되었으나 그 건물을 철거한다는 등의 특약이 없으면 건물 소유자로 하여금 토지를 계속 사용하게 하려는 것이 당사자의 의사라고 보아 인정되는 것이므로, 토지의 점유 · 사용에 관하여 당사자 사이에 약정이 있는 것으로 볼 수 있거나 토지 소유자가 건물의 처분권까지 함께 취득한 경우에는 관습상의 법정지상권을 인정할 까닭이 없다 할 것이어서, 미등기건물을 그 대지와 함께 매도하였다면 비록 매수인에게 그 대지에 관하여만 소유권이전등기가 경료되고 건물에 관하여는 등기가 경료되지 아니하여 형식적으로 대지와 건물이 그 소유 명의자를 달리하게 되었다 하더라도 매도인에게 관습상의 법정지상권을 인정할 이유가 없다.

판례선정이유

미등기건물을 대지와 함께 매도하였으나 대지에 관하여만 매수인 앞으로 소유권이전등기가 경료된 경우에는 관습상의 법정지상권이 인정되지 않음을 밝힌 판결

278. 관습상의 법정지상권의 성립요건 (10) : 법정지상권이 붙은 건물을 양수한 경우

(대법원 1995. 4. 11. 선고 94다39925 판결)

쟁점 관습상 법정지상권이 붙은 건물의 양수인이 건물의 소유권을 취득한 사실만으로 법정지상권을 취득하는지 여부 및 건물의 전 소유자를 대위하여 지상권갱신청구권을 행사할 수 있는지 여부

판결요지

[1] 관습상 법정지상권이 붙은 건물의 소유자가 건물을 제3자에게 처분한 경우에는 법정지상권에 관한 등기를 경료하지 아니한 자로서는 건물의 소유권을 취득한 사실만 가지고는 법정지상권을 취득하였다고 할 수 없어 대지소유자에게 지상권을 주장할 수 없고, 그 법정지상권은 여전히 당초의 법정지상권자에게 유보되어 있다고 보아야 한다.

[2] 법정지상권자가 건물을 제3자에게 양도하는 경우에는 특별한 사정이 없는 한 건물과 함께 법정지상권도 양도하기로 하는 채권적 계약이 있었다고 할 것이며, 양수인은 양도인을 순차 대위하여 토지소유자 및 건물의 전소유자에 대하여 법정지상권의 설정등기 및 이전등기절차이행을 구할 수 있고, 토지소유자는 건물소유자에 대하여 법정지상권의 부담을 용인하고 그 설정등기절차를 이행할 의무가 있다 할 것이므로, 법정지상권이 붙은 건물의 양수인은 법정지상권에 대한 등기를 하지 않았다 하더라도 토지소유자에 대한 관계에서 적법하게 토지를 점유사용하고 있는 자라 할 것이고, 따라서 건물을 양도한 자라고 하더라도 지상권갱신청구권이 있고 건물의 양수인은 법정지상권자인 양도인의 갱신청구권을 대위행사할 수 있다고 보아야 할 것이다.

판례선정이유

관습상 법정지상권이 붙은 건물의 양수인은 건물의 소유권을 취득한 사실만으로 법정지상권을 취득하지는 못하지만, 법정지상권자가 건물을 제3자에게 양도하는 경우에는 건물과 함께 법정지상권도 양도하기로 하는 채권적 계약이 있었다고 할 것이므로, 건물의 양수인은 법정지상권자인 양도인의 지상권갱신청구권을 대위행사할 수 있음을 밝힌 판결

279. 관습상의 법정지상권의 성립요건(11) : 경매에 의한 법정지상권의 취득

(대법원 2014. 12. 24. 선고 2012다73158 판결)

쟁점 [1] 토지와 지상 건물이 함께 양도되었다가 채권자취소권의 행사에 따라 그 중 건물에 관하여만 양도가 취소되고 수익자와 전득자 명의의 소유권이전등기가 말소된 경우, 관습상 법정지상권의 성립요건인 '동일인의 소유에 속하고 있던 토지와 지상 건물이 매매 등으로 인하여 소유자가 다르게 된 경우'에 해당하는지 여부

[2] 법정지상권을 취득한 사람으로부터 경매에 의하여 건물 소유권을 이전받은 매수인은 그 지상권을 당연 취득하는지 여부 및 이는 사해행위의 수익자 또는 전득자가 건물의 소유자로서 법정지상권을 취득한 후 채권자취소권 행사에 따라 수익자와 전득자 명의의 소유권이전등기가 말소된 다음 경매절차에서 건물이 매각되는 경우에도 마찬가지로 적용되는지 여부

판결요지

[1] 동일인의 소유에 속하고 있던 토지와 지상 건물이 매매 등으로 인하여 소유자가 다르게 된 경우에 건물을 철거한다는 특약이 없는 한 건물소유자는 건물의 소유를 위한 관습상 법정지상권을 취득한다. 그런데 제406조의 채권자취소권의 행사로 인한 사해행위의 취소와 일탈재산의 원상회복은 채권자와 수익자 또는 전득자에 대한 관계에 있어서만 효력이 발생할 뿐이고 채무자가 직접 권리를 취득하는 것이 아니므로, 토지와 지상 건물이 함께 양도되었다가 채권자취소권의 행사에 따라 그중 건물에 관하여만 양도가 취소되고 수익자와 전득자 명의의 소유권이전등기가 말소되었다고 하더라도, 이는 관습상 법정지상권의 성립요건인 '동일인의 소유에 속하고 있던 토지와 지상 건물이 매매 등으로 인하여 소유자가 다르게 된 경우'에 해당한다고 할 수 없다.

[2] 저당권설정 당시 동일인의 소유에 속하고 있던 토지와 지상 건물이 경매로 인하여 소유자가 다르게 된 경우에 건물소유자는 건물의 소유를 위한 제366조의 법정지상권을 취득한다. 그리고 건물 소유를 위하여 법정지상권을 취득한 사람으로부터 경매에 의하여 건물의 소유권을 이전받은 매수인은 매수 후 건물을 철거한다는 등의 매각조건하에서 경매되는 경우 등 특별한 사정이 없는 한 건물의 매수취득과 함께 위 지상권도 당연히 취득하는데, 이러한 법리는 사해행위의 수익자 또는 전득자가 건물의 소유자로서 법정지상권을 취득한 후 채무자와 수익자 사이에 행하여진 건물의 양도에 대한 채권자취소권의 행사에 따라 수익자와 전득자 명의의 소유권이전등기가 말소된 다음 경매절차에서 건물이 매각되는 경우에도 마찬가지로 적용된다.

판례선정이유

토지와 지상 건물이 함께 양도되었다가 채권자취소권의 행사에 따라 그중 건물에 관하여만 양도가 취소되고 수익자와 전득자 명의의 소유권이전등기가 말소된 경우에는 관습상 법정지상권이 성립하지 않으며, 또한 제366조의 법정지상권을 취득한 사람으로부터 경매에 의하여 건물 소유권을 이전받은 매수인은 그 법정지상권을 당연 취득하고, 이는 사해행위의 수익자 또는 전득자가 건물의 소유자로서 법정지상권을 취득한 후 채권자취소권 행사에 따라 수익자와 전득자 명의의 소유권이전등기가 말소된 다음 경매절차에서 건물이 매각되는 경우에도 마찬가지로 적용됨을 밝힌 판결

280. 관습상의 법정지상권(12) : 강제경매에 의한 법정지상권의 취득

(대법원 2013. 4. 11. 선고 2009다62059 판결)

쟁점 강제경매의 목적이 된 토지 또는 그 지상 건물에 관하여 강제경매를 위한 압류나 그 압류에 선행한 가압류가 있기 이전에 저당권이 설정되어 있다가 강제경매로 저당권이 소멸한 경우, 건물 소유를 위한 관습상 법정지상권의 성립 요건인 '토지와 그 지상 건물이 동일인 소유에 속하였는지'를 판단하는 기준 시기

판결요지

토지 또는 그 지상 건물의 소유권이 강제경매로 인하여 그 절차상의 매수인에게 이전되는 경우에는, 그 매수인이 소유권을 취득하는 매각대금의 완납 시가 아니라 강제경매개시결정으로 압류의 효력이 발생하는 때를 기준으로 토지와 지상 건물이 동일인에게 속하였는지에 따라 관습상 법정지상권의 성립 여부를 가려야 하고, 강제경매의 목적이 된 토지 또는 그 지상 건물에 대하여 강제경매개시결정 이전에 가압류가 되어 있다가 그 가압류가 강제경매개시결정으로 인하여 본압류로 이행되어 경매절차가 진행된 경우에는, 애초 가압류의 효력이 발생한 때를 기준으로 토지와 그 지상 건물이 동일인에 속하였는지에 따라 관습상 법정지상권의 성립 여부를 판단하여야 한다. 나아가 강제경매의 목적이 된 토지 또는 그 지상 건물에 관하여 강제경매를 위한 압류나 그 압류에 선행한 가압류가 있기 이전에 저당권이 설정되어 있다가 그 후 강제경매로 인해 그 저당권이 소멸하는 경우에는, 그 저당권 설정 이후의 특정 시점을 기준으로 토지와 그 지상 건물이 동일인의 소유에 속하였는지에 따라 관습상 법정지상권의 성립 여부를 판단하게 되면, 저당권자로서는 저당권 설정 당시를 기준으로 그 토지나 지상 건물의 담보가치를 평가하였음에도 저당권 설정 이후에 토지나 그 지상 건물의 소유자가 변경되었다는 외부의 우연한 사정으로 인하여 자신이 당초에 파악하고 있던 것보다 부당하게 높아지거나 떨어진 가치를 가진 담보를 취득하게 되는 예상하지 못한 이익을 얻거나 손해를 입게 되므로, 그 저당권 설정 당시를 기준으로 토지와 그 지상 건물이 동일인에게 속하였는지에 따라 관습상 법정지상권의 성립 여부를 판단하여야 한다.

판례선정이유

토지 또는 그 지상 건물에 관하여 강제경매를 위한 압류나 그 압류에 선행한 가압류가 있기 이전에 저당권이 설정되어 있다가 강제경매로 저당권이 소멸한 경우, 건물 소유를 위한 관습상 법정지상권의 성립요건인 '토지와 그 지상 건물이 동일인 소유에 속하였는지'를 판단하는 기준시기는 저당권 설정 당시임을 밝힌 판결

281. 분묘기지권 (1) : 분묘기지권의 시효취득

(대법원 1996. 6. 14. 선고 96다14036 판결)

쟁점 관습상 분묘기지권의 시효취득 요건 및 등기의 요부

판결요지

타인 소유의 토지에 소유자의 승낙 없이 분묘를 설치한 경우에는, 20년간 평온, 공연하게 그 분묘의 기지를 점유하면 지상권 유사의 관습상의 물권인 분묘기지권을 시효로 취득하는데, 이러한 분묘기지권은 봉분 등 외부에서 분묘의 존재를 인식할 수 있는 형태를 갖추고 있는 경우에 한하여 인정되고, 평장되어 있거나 암장되어 있어 객관적으로 인식할 수 있는 외형을 갖추고 있지 아니한 경우에는 인정되지 않으므로, 이러한 특성상 분묘기지권은 등기 없이 취득한다.

판례선정이유

분묘기지권을 등기 없이 시효취득할 수 있음을 인정한 판결

282. 분묘기지권 (2) : 분묘기지권의 존속기간

(대법원 2013. 1. 16. 선고 2011다38592, 38608 판결)

쟁점 분묘기지권의 존속기간 및 분묘기지권에 기존 분묘 외에 새로운 분묘를 신설할 권능이 포함되는지 여부

판결요지

분묘기지권은 당사자 사이에 그 존속기간에 관한 약정이 있는 등 특별한 사정이 없는 한, 권리자가 분묘의 수호와 봉사를 계속하며 그 분묘가 존속하고 있는 동안 존속하는 것이고, 그 분묘를 다른

곳에 이장하면 그 분묘기지권은 소멸된다. 그리고 분묘기지권에는 그 효력이 미치는 지역의 범위 내라고 할지라도 기존의 분묘 외에 새로운 분묘를 신설할 권능은 포함되지 아니한다.

판례선정이유

분묘기지권의 존속기간은 그 분묘가 존속하고 있는 동안 존속하며, 기존 분묘 외에 새로운 분묘를 신설할 권능은 포함되지 않음을 밝힌 판결

283. 분묘기지권(3) : 분묘기지권의 시효취득

(대법원 2017. 1. 19. 선고 2013다17292 전원합의체 판결)

쟁점 타인 소유의 토지에 분묘를 설치한 경우에 20년간 평온, 공연하게 분묘의 기지를 점유하면 지상권과 유사한 관습상의 물권인 분묘기지권을 시효로 취득한다는 법적 규범이 2000. 1. 12. 법률 제6158호로 전부 개정된 '장사 등에 관한 법률'의 시행일인 2001. 1. 13. 이전에 설치된 분묘에 관하여 현재까지 유지되고 있는지 여부

판결요지

[1] 대법원은 분묘기지권의 시효취득을 우리 사회에 오랜 기간 지속되어 온 관습법의 하나로 인정하여, 20년 이상의 장기간 계속된 사실관계를 기초로 형성된 분묘에 대한 사회질서를 법적으로 보호하였고, 민법 시행일인 1960. 1. 1.부터 50년 이상의 기간 동안 위와 같은 관습에 대한 사회 구성원들의 법적 확신이 어떠한 흔들림도 없이 확고부동하게 이어져 온 것을 확인하고 이를 적용하여 왔다. 대법원이 오랜 기간 동안 사회 구성원들의 법적 확신에 의하여 뒷받침되고 유효하다고 인정해 온 관습법의 효력을 사회를 지배하는 기본적 이념이나 사회질서의 변화로 인하여 전체 법질서에 부합하지 않게 되었다는 등의 이유로 부정하게 되면, 기존의 관습법에 따라 수십 년간 형성된 과거의 법률관계에 대한 효력을 일시에 뒤흔드는 것이 되어 법적 안정성을 해할 위험이 있으므로, 관습법의 법적 규범으로서의 효력을 부정하기 위해서는 관습을 둘러싼 전체적인 법질서 체계와 함께 관습법의 효력을 인정한 대법원판례의 기초가 된 사회 구성원들의 인식·태도나 사회적·문화적 배경 등에 의미 있는 변화가 뚜렷하게 드러나야 하고, 그러한 사정이 명백하지 않다면 기존의 관습법에 대하여 법적 규범으로서의 효력을 유지할 수 없게 되었다고 단정하여서는 아니 된다.

[2] 우선 2001. 1. 13.부터 시행된 장사 등에 관한 법률(이하 개정 전후를 불문하고 '장사법'이라 한다)의 시행으로 분묘기지권 또는 그 시효취득에 관한 관습법이 소멸되었다거나 그 내용이 변경되었다는 주장은 받아들이기 어렵다. 2000. 1. 12. 법률 제6158호로 「매장 및 묘지 등에 관한 법률」(이하 '장사법(법률 제6158호)'이라 한다)을 전부 개정하여 2001. 1. 13.부터 시행된 장사법 부칙 제2조, 2007.

5. 25. 법률 제8489호로 전부 개정되고 2008. 5. 26.부터 시행된 장사법 부칙 제2조 제2항, 2015. 12. 29. 법률 제13660호로 개정되고 같은 날 시행된 장사법 부칙 제2조에 의하면, 분묘의 설치기간을 제한하고, '토지 소유자의 승낙 없이 설치된 분묘에 대하여 토지 소유자가 이를 개장하는 경우에 분묘의 연고자는 토지 소유자에 대항할 수 없다는 내용의 규정들은 장사법(법률 제6158호) 시행 후 설치된 분묘에 관하여만 적용한다'고 명시하고 있어서, 장사법(법률 제6158호)의 시행 전에 설치된 분묘에 대한 분묘기지권의 존립 근거가 위 법률의 시행으로 상실되었다고 볼 수 없다. 또한 분묘기지권을 둘러싼 전체적인 법질서 체계에 중대한 변화가 생겨 분묘기지권의 시효취득에 관한 종래의 관습법이 헌법을 최상위 규범으로 하는 전체 법질서에 부합하지 아니하거나 정당성과 합리성을 인정할 수 없게 되었다고 보기도 어렵다. 마지막으로 화장률 증가 등과 같이 전통적인 장사방법이나 장묘문화에 대한 사회 구성원들의 의식에 일부 변화가 생겼더라도 여전히 우리 사회에 분묘기지권의 기초가 된 매장문화가 자리 잡고 있고 사설묘지의 설치가 허용되고 있으며, 분묘기지권에 관한 관습에 대하여 사회 구성원들의 법적 구속력에 대한 확신이 소멸하였다거나 그러한 관행이 본질적으로 변경되었다고 인정할 수 없다.

[3] 그렇다면 타인 소유의 토지에 분묘를 설치한 경우에 20년간 평온, 공연하게 분묘의 기지를 점유하면 지상권과 유사한 관습상의 물권인 분묘기지권을 시효로 취득한다는 점은 오랜 세월 동안 지속되어 온 관습 또는 관행으로서 법적 규범으로 승인되어 왔고, 이러한 법적 규범이 장사법(법률 제6158호) 시행일인 2001. 1. 13. 이전에 설치된 분묘에 관하여 현재까지 유지되고 있다고 보아야 한다.

판례선정이유

분묘기지권의 시효취득에 관한 대표적 판결

제5장 지역권

284. 지역권의 시효취득 (1) : 통행지역권 시효취득의 요건 (1)

(대법원 1991. 10. 22. 선고 90다16283 판결)

쟁점 통행지역권의 시효취득 요건

판결요지

제294조는 '지역권은 계속되고 표현된 것에 한하여 같은 법 제245조의 규정을 준용한다'고 규정하고 있으므로, 점유로 인한 지역권 취득기간의 만료로 통행지역권을 시효취득하려면 요역지의 소유자가 타인의 소유인 승역지 위에 통로를 개설하여 그 통로를 사용하는 상태가 위 제245조에 규정된 기간 동안 계속되어야 한다.

판례선정이유

통행지역권을 시효취득하기 위한 요건을 잘 정리한 판결

285. 지역권의 시효취득 (2) : 통행지역권 시효취득의 요건 (2)

(대법원 2015. 3. 20. 선고 2012다17479 판결)

쟁점 소유권에 관한 취득시효 법리가 통행지역권의 취득시효에 관하여도 마찬가지로 적용되는지 여부

판결요지

[1] 취득시효기간을 계산할 때에, 점유기간 중에 해당 부동산의 소유권자가 변동된 경우에는 취득시효를 주장하는 자가 임의로 기산점을 선택하거나 소급하여 20년 이상 점유한 사실만 내세워 시효완성을 주장할 수 없으며, 법원이 당사자의 주장에 구애됨이 없이 소송자료에 의하여 인정되는 바에 따라 진정한 점유의 개시시기를 인정하고, 그에 터 잡아 취득시효 주장의 당부를 판단하여야 한다. 한편 점유가 순차 승계된 경우에는 취득시효의 완성을 주장하는 자가 자기의 점유만을 주장하거나 또는 자기의 점유와 전 점유자의 점유를 아울러 주장할 수 있는 선택권이 있다. 소유권의

취득시효에 관한 위와 같은 법리는 지역권의 취득시효에 관한 제294조에 의하여 제245조의 규정이 준용되는 통행지역권의 취득시효에 관하여도 마찬가지로 적용된다.

[2] 통행지역권의 경우에 지역의 대가로서의 지료는 그 요건이 아니다. 그렇지만 통행지역권의 취득시효가 인정되면, 도로가 개설된 상태에서 승역지가 이용되고 또한 다른 사정이 없는 한 그 존속기간에 제한이 없어 승역지 소유자의 승역지에 대한 사용 및 소유권 행사에 상당한 지장을 주게 되므로 그에 따른 불이익에 대하여 승역지 소유자를 적절히 보호할 필요가 있다. 한편 통행지역권의 취득시효는 승역지 위에 도로를 설치하여 늘 사용하는 객관적 상태를 전제로 하는데, 도로 개설에 의한 종전의 승역지 사용이 무상으로 이루어졌다는 특별한 사정이 없다면 취득시효 전에는 그 사용에 관한 지료 지급의무를 지거나 부당이득반환의무를 지므로, 이러한 상태에서의 도로 개설·사용을 전제로 하여 시효취득이 이루어진다고 할 수 있다. 그리고 제219조는 어느 토지와 공로 사이에 그 토지의 용도에 필요한 통로가 없는 경우에 그 토지 소유자가 주위의 토지를 통행 또는 통로로 하지 아니하면 공로에 출입할 수 없거나 과다한 비용을 요하는 때에는 그 주위의 토지를 통행할 수 있고 필요한 경우에는 통로를 개설할 수 있도록 하여 주위토지통행권을 인정하는 한편, 그 토지 소유자로 하여금 통행지 소유자의 손해를 보상하도록 정하고 있다. 통행지역권은 용익물권으로서 통행지역권의 시효취득은 상린관계에 관한 주위토지통행권과는 그 권리의 성질 및 성립 근거가 다르지만 인접한 토지소유자 사이에서 통로 개설에 의한 통행 이용에 관한 이해관계를 조정하는 역할을 한다는 점에서는 서로 유사하다.

이와 같이 도로 설치에 의한 사용을 근거로 영구적인 통행지역권이 인정되는 통행지역권의 취득시효에 관한 여러 사정들과 아울러 주위토지통행권과의 유사성 등을 종합하여 보면, 종전의 승역지 사용이 무상으로 이루어졌다는 등의 다른 특별한 사정이 없다면 통행지역권을 취득시효한 경우에도 주위토지통행권의 경우와 마찬가지로 요역지 소유자는 승역지에 대한 도로 설치 및 사용에 의하여 승역지 소유자가 입은 손해를 보상하여야 한다고 해석함이 타당하다.

판례선정이유

소유권에 관한 취득시효 법리가 통행지역권의 취득시효에 관하여도 마찬가지로 적용됨을 밝히고, 통행지역권을 시효취득한 경우에는 요역지 소유자가 승역지에 대한 도로 설치 및 사용에 의하여 승역지 소유자가 입은 손해를 보상하여야 함을 밝힌 판결

286. 지역권의 시효취득 (3) : 통행지역권 시효취득의 요건 (3)

(대법원 1976. 10. 29. 선고 76다1694 판결)

쟁점 토지의 불법점유자가 그 토지상에 소유건물을 가졌다 하여 위요지통행권이나 통행지역권의 시효취득 주장을 할 수 있는지 여부

판결요지

위요지 통행권이나 통행지역권은 모두 인접한 토지의 상호이용의 조절에 기한 권리로서 토지의 소유자 또는 지상권자 전세권자 등 토지사용권을 가진 자에게 인정되는 권리라 할 것이므로, 위와 같은 권리자가 아닌 토지의 불법점유자는 토지소유권의 상린관계로서 위요지 통행권의 주장이나 통행지역권의 시효취득 주장을 할 수 없다.

판례선정이유

토지의 불법점유자는 토지소유권의 상린관계로서 위요지 통행권의 주장이나 통행지역권의 시효취득 주장을 할 수 없음을 밝힌 판결

제6장 전세권

287. 전세금

(대법원 1995. 2. 10. 선고 94다18508 판결)

쟁점 [1] 채권담보의 목적으로 설정된 전세권의 효력 및 기존의 채권으로 전세금 지급에 갈음할 수 있는지 여부
[2] 채권자 · 채무자 및 제3자의 합의로 전세권 등 담보권의 명의를 제3자로 하는 것이 가능한지 여부

판결요지

[1] 전세권이 용익물권적 성격과 담보물권적 성격을 겸비하고 있다는 점 및 목적물의 인도는 전세권의 성립요건이 아닌 점 등에 비추어 볼 때, 당사자가 주로 채권담보의 목적으로 전세권을 설정하였고, 그 설정과 동시에 목적물을 인도하지 아니한 경우라 하더라도, 장차 전세권자가 목적물을 사용 · 수익하는 것을 완전히 배제하는 것이 아니라면, 그 전세권의 효력을 부인할 수는 없다.

전세금의 지급은 전세권 성립의 요소가 되는 것이지만 그렇다고 하여 전세금의 지급이 반드시 현실적으로 수수되어야만 하는 것은 아니고, 기존의 채권으로 전세금의 지급에 갈음할 수도 있다.

[2] 전세권이 담보물권적 성격도 가지는 이상 부종성과 수반성이 있는 것이기는 하지만, 채권담보를 위하여 담보권을 설정하는 경우 채권자와 채무자 및 제3자 사이에 합의가 있으면 채권자가 그 담보권의 명의를 제3자로 하는 것도 가능하고, 이와 같은 경우에는 채무자와 담보권명의자인 제3자 사이에 담보계약관계가 성립하는 것으로, 그 담보권명의자는 그 피담보채권을 수령하고 그 담보권을 실행하는 등의 담보계약상의 권한을 가진다.

판례선정이유

채권담보의 목적으로 설정된 전세권도 유효하고, 기존의 채권으로 전세금 지급에 갈음할 수 있으며, 채권자 · 채무자 및 제3자의 합의로 전세권 등 담보권의 명의를 제3자로 할 수 있음을 밝힌 판결

288. 전세권자의 사용 · 수익권

(대법원 2010. 8. 19. 선고 2010다43801 판결)

쟁점 [1] 건물이 그 존립을 위한 토지사용권을 갖추지 못하여 토지소유자가 건물소유자에 대하여 당해 건물의 철거 및 그 대지의 인도를 청구할 수 있는 상황에서 건물소유자가 아닌 사람이 건물을 점유하고 있는 경우, 토지소유자가 건물점유자에 대하여 퇴거청구를 할 수 있는지 여부 및 그 건물점유자가 대항력 있는 임차인인 경우 위 퇴거청구에 대항할 수 있는지 여부
[2] 전세권설정자가 건물의 존립을 위한 토지사용권을 가지지 못하여 토지소유자의 건물철거 등 청구에 대항할 수 없는 경우, 제304조 등을 들어 전세권자 또는 대항력 있는 임차인이 토지소유자의 권리행사에 대항할 수 있는지 여부 및 건물에 대하여 전세권 또는 대항력 있는 임차권을 설정하여 준 지상권자가 지료를 지급하지 아니함을 이유로 토지소유자가 한 지상권 소멸청구가 전세권자 또는 임차인의 동의 없이 행하여진 경우, 제304조 제2항에 의하여 그 효과가 제한되는지 여부

판결요지

[1] 건물이 그 존립을 위한 토지사용권을 갖추지 못하여 토지의 소유자가 건물의 소유자에 대하여 당해 건물의 철거 및 그 대지의 인도를 청구할 수 있는 경우라도 건물소유자가 아닌 사람이 건물을 점유하고 있다면, 토지소유자는 그 건물 점유를 제거하지 아니하는 한 위의 건물 철거 등을 실행할 수 없다. 따라서 그때 토지소유권은 위와 같은 점유에 의하여 그 원만한 실현을 방해당하고 있다고 할 것이므로, 토지소유자는 자신의 소유권에 기한 방해배제로서 건물점유자에 대하여 건물로부터의 퇴출을 청구할 수 있다. 그리고 이는 건물점유자가 건물소유자로부터의 임차인으로서 그 건물임차권이 이른바 대항력을 가진다고 해서 달라지지 아니한다. 건물임차권의 대항력은 기본적으로 건물에 관한 것이고 토지를 목적으로 하는 것이 아니므로 이로써 토지소유권을 제약할 수 없고, 토지에 있는 건물에 대하여 대항력 있는 임차권이 존재한다고 하여도 이를 토지소유자에 대하여 대항할 수 있는 토지사용권이라고 할 수는 없다. 바꾸어 말하면, 건물에 관한 임차권이 대항력을 갖춘 후에 그 대지의 소유권을 취득한 사람은 제622조 제1항이나 주택임대차보호법 제3조 제1항 등에서 그 임차권의 대항을 받는 것으로 정하여진 '제3자'에 해당한다고 할 수 없다.

[2] 제304조는 전세권을 설정하는 건물소유자가 건물의 존립에 필요한 지상권 또는 임차권과 같은 토지사용권을 가지고 있는 경우에 관한 것으로서, 그 경우에 건물전세권자로 하여금 토지소유자에 대하여 건물소유자, 즉 전세권설정자의 그러한 토지사용권을 원용할 수 있도록 함으로써 토지소유자 기타 토지에 대하여 권리를 가지는 사람에 대한 관계에서 건물전세권자를 보다 안전한 지위에 놓으려는 취지의 규정이다. 또한 지상권을 가지는 건물소유자가 그 건물에 전세권을 설정하였으나 그가 2년 이상의 지료를 지급하지 아니하였음을 이유로 지상권설정자, 즉 토지소유자의 청구로 지상권이 소멸하는 것(제287조 참조)은 전세권설정자가 전세권자의 동의 없이는 할 수 없는 위 제304조 제2항상의 "지상권 또는 임차권을 소멸하게 하는 행위"에 해당하지 아니한다. 위 제304조 제2항이 제한하려는

것은 포기, 기간단축약정 등 지상권 등을 소멸하게 하거나 제한하여 건물전세권자의 지위에 불이익을 미치는 전세권설정자의 임의적인 행위이고, 그것이 법률의 규정에 의하여 지상권소멸청구권의 발생요건으로 정하여졌을 뿐인 지상권자의 지료 부지급 그 자체를 막으려고 한다거나 또는 지상권설정자가 취득하는 위의 지상권소멸청구권이 그의 일방적 의사표시로 행사됨으로 인하여 지상권이 소멸되는 효과를 제한하려고 하는 것이라고 할 수 없다. 따라서 전세권설정자가 건물의 존립을 위한 토지사용권을 가지지 못하여 그가 토지소유자의 건물철거 등 청구에 대항할 수 없는 경우에 제304조 등을 들어 전세권자 또는 대항력 있는 임차권자가 토지소유자의 권리행사에 대항할 수 없음은 물론이다. 또한 건물에 대하여 전세권 또는 대항력 있는 임차권을 설정하여 준 지상권자가 그 지료를 지급하지 아니함을 이유로 토지소유자가 한 지상권소멸청구가 그에 대한 전세권자 또는 임차인의 동의가 없이 행하여졌다고 해도 제304조 제2항에 의하여 그 효과가 제한된다고 할 수 없다.

판례선정이유

전세권설정자가 건물의 존립을 위한 토지사용권을 가지지 못하여 토지소유자의 건물철거 등 청구에 대항할 수 없는 경우 및 건물에 대하여 전세권 또는 대항력 있는 임차권을 설정하여 준 지상권자가 지료를 지급하지 아니함을 이유로 토지소유자가 한 지상권소멸청구가 전세권자 또는 임차인의 동의 없이 행하여진 경우, 지상권자가 제304조 등을 근거로 대항할 수 없음과 제304조 제2항에 의해 보호 받지 못함을 밝힌 판결

289. 전세권의 양도 (1) : 존속기간 만료 후의 양도

(대법원 2005. 3. 25. 선고 2003다35659 판결)

쟁점 전세권설정등기를 마친 민법상의 전세권을 존속기간 만료 후에 양도할 수 있는지 여부 및 그 대항요건

판결요지

전세권설정등기를 마친 민법상의 전세권은 그 성질상 용익물권적 성격과 담보물권적 성격을 겸비한 것으로서, 전세권의 존속기간이 만료되면 전세권의 용익물권적 권능은 전세권설정등기의 말소 없이도 당연히 소멸하고 단지 전세금반환채권을 담보하는 담보물권적 권능의 범위 내에서 전세금의 반환시까지 그 전세권설정등기의 효력이 존속하고 있다 할 것인데, 이와 같이 존속기간의 경과로서 본래의 용익물권적 권능이 소멸하고 담보물권적 권능만 남은 전세권에 대해서도 그 피담보채권인 전세금반환채권과 함께 제3자에게 이를 양도할 수 있다 할 것이지만, 이 경우에는 제450조 제2항 소정의 확정일자 있는 증서에 의한 채권양도절차를 거치지 않는 한 위 전세금반환채권의 압류 · 전부 채권자 등 제3자에게 위 전세보증금반환채권의 양도사실로써 대항할 수 없다.

판례선정이유

전세기간 만료 이후 전세권양도계약 및 전세권이전의 부기등기가 이루어진 것만으로는 전세금반환채권의 양도에 관하여 확정일자 있는 통지나 승낙이 있었다고 볼 수 없으므로, 이로써 제3자인 전세금반환채권의 압류 · 전부 채권자에게 대항할 수 없다고 한 판결

290. 전세권의 양도 (2) : 전세금반환채권과의 분리양도 (1)

(대법원 1997. 11. 25. 선고 97다29790 판결)

쟁점 전세금반환채권을 전세권과 분리하여 양도할 수 있는지 여부

판결요지

전세권이 담보물권적 성격도 가지는 이상 부종성과 수반성이 있는 것이므로 전세권을 그 담보하는 전세금반환채권과 분리하여 양도하는 것은 허용되지 않는다고 할 것이나, 한편 담보물권의 수반성이란 피담보채권의 처분이 있으면 언제나 담보물권도 함께 처분된다는 것이 아니라, 채권 담보라고 하는 담보물권 제도의 존재 목적에 비추어 볼 때 특별한 사정이 없는 한 피담보채권의 처분에는 담보물권의 처분도 포함된다고 보는 것이 합리적이라는 것일 뿐이므로, 전세권이 존속기간의 만료로 소멸한 경우이거나 전세계약의 합의해지 또는 당사자 간의 특약에 의하여 전세금반환채권의 처분에도 불구하고 전세권의 처분이 따르지 않는 경우 등의 특별한 사정이 있는 때에는 채권양수인은 담보물권이 없는 무담보의 채권을 양수한 것이 된다.

판례선정이유

전세금반환채권은 원칙적으로 전세권과 분리하여 양도할 수 없지만, 전세권이 존속기간의 만료로 소멸한 경우 등의 특별한 사정이 있는 때에는 가능하다는 점을 밝힌 판결

291. 전세권의 양도 (3) : 전세금반환채권과의 분리 양도 (2)

(대법원 2002. 8. 23. 선고 2001다69122 판결)

쟁점 전세권이 존속하는 동안에 전세권을 존속시키기로 하면서 전세금반환채권만을 전세권과 분리하여 확정적으로 양도할 수 있는지 여부

판결요지

전세권은 전세금을 지급하고 타인의 부동산을 그 용도에 따라 사용 · 수익하는 권리로서 전세금의 지급이 없으면 전세권은 성립하지 아니하는 등으로 전세금은 전세권과 분리될 수 없는 요소일 뿐 아니라, 전세권에 있어서는 그 설정행위에서 금지하지 아니하는 한 전세권자는 전세권 자체를 처분하여 전세금으로 지출한 자본을 회수할 수 있도록 되어 있으므로, 전세권이 존속하는 동안은 전세권을 존속시키기로 하면서 전세금반환채권만을 전세권과 분리하여 확정적으로 양도하는 것은 허용되지 않는 것이며, 다만 전세권 존속 중에는 장래에 그 전세권이 소멸하는 경우에 전세금 반환채권이 발생하는 것을 조건으로 그 장래의 조건부 채권을 양도할 수 있을 뿐이라 할 것이다.

판례선정이유

전세권이 존속하는 동안에 전세권을 존속시키기로 하면서 전세금반환채권만을 전세권과 분리하여 확정적으로 양도할 수 없고, 다만 장래의 조건부 채권을 양도할 수 있을 뿐임을 밝힌 판결

292. 전세권의 부담 있는 소유권의 양도

(대법원 2000. 6. 9. 선고 99다15122 판결)

쟁점 전세권이 성립한 후 목적물의 소유권이 이전되는 경우, 전세권자와 구 소유자 간의 전세권관계 및 전세금반환의무도 신 소유자에게 이전되는지 여부

판결요지

전세권이 성립한 후 목적물의 소유권이 이전되는 경우에 있어서 전세권관계가 전세권자와 전세권설정자인 종전 소유자와 사이에 계속 존속되는 것인지 아니면 전세권자와 목적물의 소유권을 취득한 신 소유자와 사이에 동일한 내용으로 존속되는지에 관하여 민법에 명시적인 규정은 없으나, 전세목적물의 소유권이 이전된 경우 민법이 전세권 관계로부터 생기는 상환청구, 소멸청구, 갱신청구, 전세금증감청구, 원상회복, 매수청구 등의 법률관계의 당사자로 규정하고 있는 전세권설정자 또는 소유자는 모두 목적물의 소유권을 취득한 신 소유자로 새길 수밖에 없다고 할 것이므로, 전세권은 전세권자와 목적물의 소유권을 취득한 신 소유자 사이에서 계속 동일한 내용으로 존속하게 된다고 보아야 할 것이고, 따라서 목적물의 신 소유자는 구 소유자와 전세권자 사이에 성립한 전세권의 내용에 따른 권리의무의 직접적인 당사자가 되어 전세권이 소멸하는 때에 전세권자에 대하여 전세권설정자의 지위에서 전세금반환의무를 부담하게 되고, 구 소유자는 전세권설정자의 지위를 상실하여 전세금반환의무를 면하게 된다고 보아야 하고, 전세권이 전세금채권을 담보하는 담보물권적 성질을 가지고 있다고 하여도 전세권은 전세금이 존재하지 않으면 독립하여 존재할 수 없는

용익물권으로서 전세금은 전세권과 분리될 수 없는 요소이므로, 전세권관계로 생기는 위와 같은 법률관계가 신 소유자에게 이전되었다고 보는 이상, 전세금채권관계만이 따로 분리되어 전 소유자와 사이에 남아 있다고 할 수는 없을 것이고, 당연히 신 소유자에게 이전되었다고 보는 것이 옳다.

판례선정이유

전세권이 성립한 후 목적물의 소유권이 이전되는 경우, 전세권자와 구 소유자 간의 전세권관계 및 전세금반환의무가 모두 신 소유자에게 이전됨을 설득력 있게 논증한 판결

293. 전세권저당권(1) : 전세권저당권자의 물상대위권

(대법원 2008. 3. 13. 선고 2006다29372, 29389 판결)

쟁점

[1] 실제로는 전세권설정계약이 없으면서도 임차보증금 반환채권을 담보할 목적으로 전세권설정등기를 마친 후 그 전세권에 대하여 근저당권이 설정된 경우, 임대인이 그와 같은 사정을 알지 못한 근저당권자에게 위 전세권설정계약이 통정허위표시에 해당함을 이유로 무효를 주장할 수 있는지 여부

[2] 전세권의 존속기간 만료 후 그 전세권에 설정되어 있던 저당권을 실행하는 방법 및 그 실행의 효과

[3] 전세권설정자가 전세권자에 대하여 제315조의 손해배상채권 외 다른 채권을 가지고 있는 경우, 전세금반환채권에 대하여 물상대위권을 행사한 전세권저당권자에게 상계 등으로 대항할 수 있는지 여부

판결요지

[1] 실제로는 전세권설정계약이 없으면서도 임대차계약에 기한 임차보증금 반환채권을 담보할 목적으로 임차인과 임대인 사이의 합의에 따라 임차인 명의로 전세권설정등기를 경료한 후 그 전세권에 대하여 근저당권이 설정된 경우, 설령 위 전세권설정계약만 놓고 보아 그것이 통정허위표시에 해당하여 무효라 하더라도 이로써 위 전세권설정계약에 의하여 형성된 법률관계를 토대로 별개의 법률원인에 의하여 새로운 법률상 이해관계를 갖게 된 근저당권자에 대하여는 그와 같은 사정을 알고 있었던 경우에만 그 무효를 주장할 수 있다.

[2] 전세권의 존속기간이 만료하면 전세권의 용익물권적 권능이 소멸하기 때문에 그 전세권에 대한 저당권자는 더 이상 전세권 자체에 대하여 저당권을 실행할 수 없게 되고, 이러한 경우에는 제370조, 제342조, 민사집행법 제273조에 의하여 저당권의 목적물인 전세권에 갈음하여 존속하는 것으로 볼 수 있는 전세금반환채권에 대하여 추심명령 또는 전부명령을 받거나, 제3자가 전세금반환채권에 대하여 실시한 강제집행절차에서 배당요구를 하는 등의 방법으로 자신의 권리를 행사할

수 있고, 제370조, 제342조 단서가 저당권자는 물상대위권을 행사하기 위하여 저당권설정자가 받을 금전 기타 물건의 지급 또는 인도 전에 압류하여야 한다고 규정한 것은 물상대위의 목적인 채권의 특정성을 유지하여 그 효력을 보전함과 동시에 제3자에게 불측의 손해를 입히지 않으려는 데 그 목적이 있으므로, 적법한 기간 내에 적법한 방법으로 물상대위권을 행사한 저당권자는 전세권자에 대한 일반채권자보다 우선변제를 받을 수 있다.

[3] 전세금은 그 성격에 비추어 제315조에 정한 전세권설정자의 전세권자에 대한 손해배상채권 외 다른 채권까지 담보한다고 볼 수 없으므로, 전세권설정자가 전세권자에 대하여 위 손해배상채권 외 다른 채권을 가지고 있더라도 다른 특별한 사정이 없는 한 이를 가지고 전세금반환채권에 대하여 물상대위권을 행사한 전세권저당권자에게 상계 등으로 대항할 수 없다.

판례선정이유

임차보증금 반환채권을 담보할 목적으로 전세권설정등기를 마친 후 그 전세권에 대하여 근저당권이 설정되었다면, 임대인이 선의인 근저당권자에게 위 전세권설정계약이 통정허위표시에 해당함을 이유로 무효를 주장할 수 없다는 점과, 전세권설정자가 전세권자에 대하여 손해배상채권 외 다른 채권을 가지고 있더라도, 이를 가지고 전세금반환채권에 대하여 물상대위권을 행사한 전세권저당권자에게 상계 등으로 대항할 수 없음을 밝힌 판결

294. 전세권저당권 (2) : 전세권저당권이 설정된 경우, 전세금반환의무의 상대방

(대법원 1999. 9. 17. 선고 98다31301 판결)

쟁점 전세권에 대하여 저당권이 설정되어 있는데 전세권이 기간만료로 종료된 경우, 전세금반환채권에 대한 제3자의 압류 등이 없는 한 전세권설정자는 전세권자에 대하여만 전세금반환의무를 부담하는지 여부 및 그 저당권의 실행방법

판결요지

[1] 전세권이 기간만료로 종료된 경우, 전세권은 전세권설정등기의 말소등기 없이도 당연히 소멸하고, 저당권의 목적물인 전세권이 소멸하면 저당권도 당연히 소멸하는 것이므로 전세권을 목적으로 한 저당권자는 전세권의 목적물인 부동산의 소유자에게 더 이상 저당권을 주장할 수 없다.

[2] 전세권에 대하여 저당권이 설정된 경우, 그 저당권의 목적물은 물권인 전세권 자체이지 전세금반환채권은 그 목적물이 아니고, 전세권의 존속기간이 만료되면 전세권은 소멸하므로 더 이상 전세권 자체에 대하여 저당권을 실행할 수 없게 되고, 이러한 경우에는 제370조, 제342조 및 민사소송법 제733조에 의하여 저당권의 목적물인 전세권에 갈음하여 존속하는 것으로 볼 수 있는 전세금반환채권에 대하여 압류 및 추심명령 또는 전부명령을 받거나 제3자가 전세금반환채권에 대하여 실시

한 강제집행절차에서 배당요구를 하는 등의 방법으로 자신의 권리를 행사하여 비로소 전세권설정자에 대해 전세금의 지급을 구할 수 있게 된다는 점, 원래 동시이행항변권은 공평의 관념과 신의칙에 입각하여 각 당사자가 부담하는 채무가 서로 대가적 의미를 가지고 관련되어 있을 때 그 이행에 있어서 견련관계를 인정하여 당사자 일방은 상대방이 채무를 이행하거나 이행의 제공을 하지 아니한 채 당사자 일방의 채무의 이행을 청구할 때에는 자기의 채무이행을 거절할 수 있도록 하는 제도인 점, 전세권을 목적물로 하는 저당권의 설정은 전세권의 목적물 소유자의 의사와는 상관없이 전세권자의 동의만 있으면 가능한 것이고, 원래 전세권에 있어 전세권설정자가 부담하는 전세금반환의무는 전세금반환채권에 대한 제3자의 압류 등이 없는 한 전세권자에 대해 전세금을 지급함으로써 그 의무이행을 다할 뿐이라는 점에 비추어 볼 때, 전세권저당권이 설정된 경우에도 전세권이 기간만료로 소멸되면 전세권설정자는 전세금반환채권에 대한 제3자의 압류 등이 없는 한 전세권자에 대하여만 전세금반환의무를 부담한다고 보아야 한다.

판례선정이유

전세권이 기간만료로 종료된 경우에 전세권을 목적으로 한 저당권자는 전세권의 목적물인 부동산의 소유자에게 더 이상 저당권을 주장할 수 없고, 전세권설정자는 전세권자에 대해서만 전세금반환의무를 부담한다는 점을 밝힌 판결

295. 전세권저당권 (3) : 전세권설정자의 전세금반환채권에 대한 상계

(대법원 2014. 10. 27. 선고 2013다91672 판결)

쟁점 저당권이 설정된 전세권의 존속기간이 만료된 경우, 저당권자가 전세금의 지급을 구하는 방법 및 전세권저당권자가 전세금반환채권에 대하여 물상대위권을 행사한 경우, 전세권설정자가 전세권자에 대한 반대채권으로 전세권저당권자에게 상계로써 대항할 수 있는지 여부

판결요지

전세권을 목적으로 한 저당권이 설정된 경우, 전세권의 존속기간이 만료되면 전세권의 용익물권적 권능이 소멸하기 때문에 더 이상 전세권 자체에 대하여 저당권을 실행할 수 없게 되고, 저당권자는 저당권의 목적물인 전세권에 갈음하여 존속하는 것으로 볼 수 있는 전세금반환채권에 대하여 압류 및 추심명령 또는 전부명령을 받거나 제3자가 전세금반환채권에 대하여 실시한 강제집행절차에서 배당요구를 하는 등의 방법으로 물상대위권을 행사하여 전세금의 지급을 구하여야 한다.

전세권저당권자가 위와 같은 방법으로 전세금반환채권에 대하여 물상대위권을 행사한 경우, 종전 저당권의 효력은 물상대위의 목적이 된 전세금반환채권에 존속하여 저당권자가 전세금반환채권으로부터 다른 일반채권자보다 우선변제를 받을 권리가 있으므로, 설령 전세금반환채권이 압류된

때에 전세권설정자가 전세권자에 대하여 반대채권을 가지고 있고 반대채권과 전세금반환채권이 상계적상에 있다고 하더라도 그러한 사정만으로 전세권설정자가 전세권저당권자에게 상계로써 대항할 수는 없다.

그러나 전세금반환채권은 전세권이 성립하였을 때부터 이미 발생이 예정되어 있다고 볼 수 있으므로, 전세권저당권이 설정된 때에 이미 전세권설정자가 전세권자에 대하여 반대채권을 가지고 있고 반대채권의 변제기가 장래 발생할 전세금반환채권의 변제기와 동시에 또는 그보다 먼저 도래하는 경우와 같이 전세권설정자에게 합리적 기대 이익을 인정할 수 있는 경우에는, 특별한 사정이 없는 한 전세권설정자는 반대채권을 자동채권으로 하여 전세금반환채권과 상계함으로써 전세권저당권자에게 대항할 수 있다.

판례선정이유

저당권이 설정된 전세권의 존속기간이 만료된 경우에 저당권자가 전세금의 지급을 구하는 방법을 설명하고, 전세권저당권자가 전세금반환채권에 대하여 물상대위권을 행사한 경우에 전세권설정자가 전세권자에 대한 반대채권으로 전세권저당권자에게 상계로써 대항할 수 있는지 여부를 상계의 요건과 관련하여 명확히 설시한 판결

296. 전세권설정자의 전세금반환의무

(대법원 2002. 2. 5. 선고 2001다62091 판결)

쟁점 전세권자로부터 전세권의 목적물을 인도받은 전세권설정자가 전세권자에 대하여 전세권설정등기의 말소와 동시이행을 주장하면서 전세금의 반환을 거부하는 경우, 전세권설정자에게 전세금에 대한 이자 상당액의 부당이득반환의무가 있는지 여부

판결요지

전세권이 소멸한 경우, 전세권설정자는 전세권자로부터 그 목적물의 인도 및 전세권설정등기의 말소등기에 필요한 서류의 교부를 받는 동시에 전세금을 반환할 의무가 있을 뿐이므로, 전세권자가 그 목적물을 인도하였다고 하더라도 전세권설정등기의 말소등기에 필요한 서류를 교부하거나 그 이행의 제공을 하지 아니하는 이상 전세권설정자는 전세금의 반환을 거부할 수 있고, 이 경우 다른 특별한 사정이 없는 한 그가 전세금에 대한 이자상당액의 이득을 법률상 원인 없이 얻는다고 볼 수 없다.

판례선정이유

전세권자로부터 전세권 목적물을 인도받은 전세권설정자가 전세권자에 대하여 전세권설정등기의 말소와 동시이행을 주장하면서 전세금의 반환을 거부하였더라도, 전세권설정자는 전세금에 대한 이자상당액을 전세권자에게 부당이득으로 반환할 의무가 없음을 밝힌 판결

297. 건물의 부분전세권자의 경매청구권

(대법원 2001. 7. 2., 2001마212 결정)

쟁점 건물의 일부에 대하여 전세권이 설정되어 있는 경우, 전세권자가 전세권의 목적물이 아닌 나머지 건물 부분에 대하여 경매신청을 할 수 있는지 여부

판결요지

건물의 일부에 대하여 전세권이 설정되어 있는 경우, 그 전세권자는 제303조 제1항의 규정에 의하여 그 건물 전부에 대하여 후순위권리자 기타 채권자보다 전세금의 우선변제를 받을 권리가 있고, 제318조의 규정에 의하여 전세권설정자가 전세금의 반환을 지체한 때에는 전세권의 목적물의 경매를 청구할 수 있는 것이나, 전세권의 목적물이 아닌 나머지 건물부분에 대하여는 우선변제권은 별론으로 하고 경매신청권은 없으므로, 위와 같은 경우 전세권자는 전세권의 목적이 된 부분을 초과하여 건물 전부의 경매를 청구할 수 없다고 할 것이고, 그 전세권의 목적이 된 부분이 구조상 또는 이용상 독립성이 없어 독립한 소유권의 객체로 분할할 수 없고 따라서 그 부분만의 경매신청이 불가능하다고 하여 달리 볼 것은 아니다.

판례선정이유

건물의 일부분에 관한 전세권자가 전세권의 목적물이 아닌 나머지 건물 부분에 대하여 경매신청을 할 수 없음을 밝힌 판결

제7장 유치권

298. 유치권의 법적 성질 : 불가분성

(대법원 2007. 9. 7. 선고 2005다16942 판결)

쟁점 제320조 제1항에 정한 유치권의 피담보채권인 '그 물건에 관하여 생긴 채권'의 범위 및 제321조에 정한 유치권의 불가분성이 그 목적물이 분할 가능하거나 수개의 물건인 경우에도 적용되는지 여부

판결요지

[1] 제320조 제1항에서 '그 물건에 관하여 생긴 채권'은 유치권 제도 본래의 취지인 공평의 원칙에 특별히 반하지 않는 한 채권이 목적물 자체로부터 발생한 경우는 물론이고 채권이 목적물의 반환청구권과 동일한 법률관계나 사실관계로부터 발생한 경우도 포함하고, 한편 제321조는 "유치권자는 채권 전부의 변제를 받을 때까지 유치물 전부에 대하여 그 권리를 행사할 수 있다"고 규정하고 있으므로, 유치물은 그 각 부분으로써 피담보채권의 전부를 담보하며, 이와 같은 유치권의 불가분성은 그 목적물이 분할 가능하거나 수개의 물건인 경우에도 적용된다.

[2] 다세대주택의 창호 등의 공사를 완성한 하수급인이 공사대금채권 잔액을 변제받기 위하여 위 다세대주택 중 한 세대를 점유하여 유치권을 행사하는 경우, 그 유치권은 위 한 세대에 대하여 시행한 공사대금만이 아니라 다세대주택 전체에 대하여 시행한 공사대금채권의 잔액 전부를 피담보채권으로 하여 성립한다.

판례선정이유

유치권의 불가분성의 의미에 대하여 설시하고, 그 목적물이 분할 가능하거나 수개의 물건인 경우에도 불가분성이 적용된다는 점을 밝힌 판결

299. 유치권의 성립요건 (1) : 유치권의 목적물

(대법원 1993. 3. 26. 선고 91다14116 판결)

쟁점 수급인은 공사대금을 지급받을 때까지 수급인의 재료와 노력으로 건축된 수급인 소유의 기성부분에 대하여 유치권을 가지는지 여부

판결요지

유치권은 타물권인 점에 비추어 볼 때, 수급인의 재료와 노력으로 건축되었고 독립한 건물에 해당되는 기성부분은 수급인의 소유라 할 것이므로, 수급인은 공사대금을 지급받을 때까지 이에 대하여 유치권을 가질 수 없다.

판례선정이유

수급인이 자신의 재료와 노력으로 완성시킨 건물은 수급인 소유의 건물이므로, 그 건물에 대하여 유치권을 가질 수 없다는 점을 밝힌 판결

300. 유치권의 성립요건 (2) : 유치권의 피담보채권 (1)

(대법원 1976. 5. 11. 선고 75다1305 판결)

쟁점 임차인의 임차보증금반환청구권이나 손해배상청구권이 제320조 소정 그 건물에 관하여 생긴 채권이라 할 수 있는지 여부

판결요지

건물의 임대차에 있어서 임차인의 임대인에게 지급한 임차보증금반환청구권이나 임대인이 건물시설을 아니하기 때문에 임차인에게 건물을 임차목적대로 사용 못한 것을 이유로 하는 손해배상청구권은 모두 제320조 소정의 소위 그 건물에 관하여 생긴 채권이라 할 수 없다.

판례선정이유

임차인의 임차보증금반환청구권이나 손해배상청구권은 유치권의 발생요건으로서의 「채권과 물건 간의 견련관계」가 인정되지 않는 채권임을 밝힌 판결

301. 유치권의 성립요건 (3) : 유치권의 피담보채권 (2)

(대법원 1995. 9. 15. 선고 95다16202, 16219 판결)

쟁점 건물신축도급계약에서 수급인의 공사대금채권이 제320조 소정 그 건물에 관하여 생긴 채권이라 할 수 있는지 여부

판결요지

주택건물의 신축공사를 한 수급인이 그 건물을 점유하고 있고 또 그 건물에 관하여 생긴 공사금 채권이 있다면, 수급인은 그 채권을 변제받을 때까지 건물을 유치할 권리가 있다고 할 것이고, 이러한 유치권은 수급인이 점유를 상실하거나 피담보채무가 변제되는 등 특단의 사정이 없는 한 소멸되지 않는다.

판례선정이유

건물신축도급계약에서 수급인의 공사대금채권이 유치권의 발생요건으로서의 「채권과 물건 간의 견련관계」가 인정되는 채권임을 밝힌 판결

302. 유치권의 성립요건 (4) : 유치권의 피담보채권 (3)

(대법원 2012. 1. 26. 선고 2011다96208 판결)

쟁점 수급인에 대한 건축자재대금채권이 도급계약에 의해 완공된 신축건물에 대해 견련관계를 가지는 것을 볼 것인지 여부

판결요지

[1] 제320조 제1항은 "타인의 물건 또는 유가증권을 점유한 자는 그 물건이나 유가증권에 관하여 생긴 채권이 변제기에 있는 경우에는 변제를 받을 때까지 그 물건 또는 유가증권을 유치할 권리가 있다"고 규정하고 있으므로, 유치권의 피담보채권은 '그 물건에 관하여 생긴 채권'이어야 한다.

[2] 甲이 건물 신축공사 수급인인 乙주식회사와 체결한 약정에 따라 공사현장에 시멘트와 모래 등의 건축자재를 공급한 사안에서, 甲의 건축자재대금채권은 매매계약에 따른 매매대금채권에 불과할 뿐 건물 자체에 관하여 생긴 채권이라고 할 수는 없음에도 건물에 관한 유치권의 피담보채권이 된다고 본 원심판결에 유치권의 성립요건인 채권과 물건 간의 견련관계에 관한 법리오해의 위법이 있다.

판례선정이유

수급인에 대한 건축자재대금채권은 건물 자체에 관하여 생긴 채권이 아님을 명확히 하여, 유치목적물과의 견련관계를 인정한 원심을 파기환송한 판결

303. 유치권의 성립요건 (5) : 유치권의 피담보채권 (4)

(대법원 2008. 5. 30., 2007마98 결정)

쟁점 건물신축공사를 도급받은 수급인이 사회통념상 독립한 건물이 되지 못한 정착물을 토지에 설치한 상태에서 공사가 중단된 경우, 위 정착물 또는 토지에 대하여 유치권을 행사할 수 있는지 여부

결정요지

건물의 신축공사를 한 수급인이 그 건물을 점유하고 있고 또 그 건물에 관하여 생긴 공사금채권이 있다면, 수급인은 그 채권을 변제받을 때까지 건물을 유치할 권리가 있는 것이지만, 건물의 신축공사를 도급받은 수급인이 사회통념상 독립한 건물이라고 볼 수 없는 정착물을 토지에 설치한 상태에서 공사가 중단된 경우에 위 정착물은 토지의 부합물에 불과하여 이러한 정착물에 대하여 유치권을 행사할 수 없는 것이고, 또한 공사중단시까지 발생한 공사금채권은 토지에 관하여 생긴 것이 아니므로, 위 공사금채권에 기하여 토지에 대하여 유치권을 행사할 수도 없는 것이다.

판례선정이유

'건물의 신축공사를 도급받은 수급인이 사회통념상 독립한 건물이라고 볼 수 없는 정착물을 토지에 설치한 상태에서 공사가 중단된 경우에 위 정착물이 토지의 부합물에 불과하다면, 이러한 정착물에 대하여 유치권을 행사할 수 없다'는 것과, '공사중단시까지 발생한 공사금채권은 토지에 관하여 생긴 것이 아니므로, 위 공사금채권에 기하여 토지에 대하여 유치권을 행사할 수도 없다'는 것을 밝힌 결정

304. 유치권의 성립요건 (6) : 유치권의 피담보채권 (5)

(대법원 2012. 1. 12., 2011마2380 결정)

쟁점 부동산 매도인이 매매대금을 다 지급받지 않은 상태에서 매수인에게 소유권이전등기를 마쳐 주었으나 부동산을 계속 점유하고 있는 경우, 매매대금채권을 피담보채권으로 하여 매수인이나 그에게서 부동산 소유권을 취득한 제3자에게 유치권을 주장할 수 있는지 여부

결정요지

부동산 매도인이 매매대금을 다 지급받지 아니한 상태에서 매수인에게 소유권이전등기를 마쳐주어 목적물의 소유권을 매수인에게 이전한 경우에는, 매도인의 목적물인도의무에 관하여 동시이행의

항변권 외에 물권적 권리인 유치권까지 인정할 것은 아니다. 왜냐하면 법률행위로 인한 부동산물권 변동의 요건으로 등기를 요구함으로써 물권관계의 명확화 및 거래의 안전·원활을 꾀하는 우리 민법의 기본정신에 비추어 볼 때, 만일 이를 인정한다면 매도인은 등기에 의하여 매수인에게 소유권을 이전하였음에도 매수인 또는 그의 처분에 기하여 소유권을 취득한 제3자에 대하여 소유권에 속하는 대세적인 점유의 권능을 여전히 보유하게 되는 결과가 되어 부당하기 때문이다. 또한 매도인으로서는 자신이 원래 가지는 동시이행의 항변권을 행사하지 아니하고 자신의 소유권이전의무를 선이행함으로써 매수인에게 소유권을 넘겨 준 것이므로 그에 필연적으로 부수하는 위험은 스스로 감수하여야 한다. 따라서 매도인이 부동산을 점유하고 있고 소유권을 이전받은 매수인에게서 매매대금 일부를 지급받지 못하고 있다고 하여 매매대금채권을 피담보채권으로 매수인이나 그에게서 부동산 소유권을 취득한 제3자를 상대로 유치권을 주장할 수 없다.

판례선정이유

'부동산 매도인이 매매대금을 다 지급받지 아니한 상태에서 매수인에게 소유권이전등기를 마쳐 주어 목적물의 소유권을 매수인에게 이전한 경우에는, 매도인의 목적물인도의무에 관하여 동시이행의 항변권 외에 물권적 권리인 유치권까지 인정할 수 없다'는 것을 밝힌 결정

305. 유치권의 성립요건 (7) : 유치권의 피담보채권 (6)

(대법원 2009. 3. 26. 선고 2008다34828 판결)

쟁점 이른바 계약명의신탁에 있어 명의신탁자가 명의수탁자에 대하여 가지는 매매대금 상당의 부당이득반환청구권에 기하여 유치권을 행사할 수 있는지 여부

판결요지

명의신탁자와 명의수탁자가 이른바 계약명의신탁약정을 맺고 명의수탁자가 당사자가 되어 명의신탁약정이 있다는 사실을 알지 못하는 소유자와 부동산에 관한 매매계약을 체결한 뒤 수탁자 명의로 소유권이전등기를 마친 경우에는, 명의신탁자와 명의수탁자 사이의 명의신탁약정은 무효이지만 그 명의수탁자는 당해 부동산의 완전한 소유권을 취득하게 되고(부동산실명법 제4조 제1항, 제2항 참조), 반면 명의신탁자는 애초부터 당해 부동산의 소유권을 취득할 수 없고, 다만 그가 명의수탁자에게 제공한 부동산 매수자금이 무효의 명의신탁약정에 의한 법률상 원인 없는 것이 되는 관계로 명의수탁자에 대하여 동액 상당의 부당이득반환청구권을 가질 수 있을 뿐이다. 명의신탁자의 이와 같은 부당이득반환청구권은 부동산 자체로부터 발생한 채권이 아닐 뿐만 아니라 소유권 등에 기한 부동산의 반환청구권과 동일한 법률관계나 사실관계로부터 발생한 채권이라고 보기도 어려우므로,

결국 제320조 제1항에서 정한 유치권 성립요건으로서의 목적물과 채권 사이의 견련관계를 인정할 수 없다.

판례선정이유

'계약명의신탁에 있어 일반적으로 신탁자가 그 목적부동산을 점유하는데, 명의신탁약정이 무효임을 이유로 신탁자가 수탁자에게 가지는 매매자금상당의 부당이득 반환채권은 점유하는 목적물과의 견련관계를 인정할 수 없어 유치권을 주장할 수 없다'는 점을 밝힌 판결

306. 유치권의 성립요건 (8) : 유치권자의 점유 (1)

(대법원 2008. 4. 11. 선고 2007다27236 판결)

쟁점 채무자를 직접점유자로 하여 채권자가 간접점유하는 경우에도 유치권이 성립하는지 여부

판결요지

유치권의 성립요건이자 존속요건인 유치권자의 점유는 직접점유이든 간접점유이든 관계가 없으나, 다만 유치권은 목적물을 유치함으로써 채무자의 변제를 간접적으로 강제하는 것을 본체적 효력으로 하는 권리인 점 등에 비추어, 그 직접점유자가 채무자인 경우에는 유치권의 요건으로서의 점유에 해당하지 않는다고 할 것이다.

판례선정이유

채무자가 직접점유자인 경우에는 채권자의 간접점유에 의한 유치권을 인정할 수 없다는 것을 밝힌 판결

307. 유치권의 성립요건 (9) : 유치권자의 점유 (2)

(대법원 2012. 2. 9. 선고 2011다72189 판결)

쟁점 채무자 및 제3자에 의한 점유침탈에 의해 유치권이 소멸되는지 여부 및 점유를 회복한 경우에는 유치권이 되살아나는지 여부

판결요지

甲주식회사가 건물신축 공사대금 일부를 지급받지 못하자 건물을 점유하면서 유치권을 행사해 왔는데, 그 후 乙이 경매절차에서 건물 중 일부 상가를 매수하여 소유권이전등기를 마친 다음 甲회사의 점유를 침탈하여 丙에게 임대한 사안에서, 乙의 점유침탈로 甲회사가 점유를 상실한 이상 유치권은 소멸하고, 甲회사가 점유회수의 소를 제기하여 승소판결을 받아 점유를 회복하면 점유를 상실하지 않았던 것으로 되어 유치권이 되살아나지만, 위와 같은 방법으로 점유를 회복하기 전에는 유치권이 되살아나는 것이 아님에도, 甲 회사가 상가에 대한 점유를 회복하였는지를 심리하지 아니한 채 점유회수의 소를 제기하여 점유를 회복할 수 있다는 사정만으로 甲회사의 유치권이 소멸하지 않았다고 본 원심판결에 점유상실로 인한 유치권 소멸에 관한 법리오해의 위법이 있다.

판례선정이유

'점유의 침탈로 인하여 유치권은 소멸하나, 유치권자가 다시 점유를 회복하면 점유를 상실하지 않았던 것으로 되어 유치권이 되살아난다'는 점을 밝힌 판결

308. 유치권의 효력 (1) : 유치권의 대항력 (1)

(대법원 2006. 8. 25. 선고 2006다22050 판결)

쟁점 채무자 소유의 부동산에 경매개시결정의 기입등기가 경료되어 압류의 효력이 발생한 후에 부동산의 점유를 이전받아 유치권을 취득한 채권자가 그 기입등기의 경료사실을 과실 없이 알지 못하였다는 사정을 내세워 그 유치권으로 경매절차의 매수인에게 대항할 수 있는지 여부

판결요지

채무자 소유의 부동산에 경매개시결정의 기입등기가 경료되어 압류의 효력이 발생한 이후에 채권자가 채무자로부터 위 부동산의 점유를 이전받고 이에 관한 공사 등을 시행함으로써 채무자에 대한 공사대금채권 및 이를 피담보채권으로 한 유치권을 취득한 경우, 이러한 점유의 이전은 목적물의 교환가치를 감소시킬 우려가 있는 처분행위에 해당하여 민사집행법 제92조 제1항, 제83조 제4항에 따른 압류의 처분금지효에 저촉되므로, 위와 같은 경위로 부동산을 점유한 채권자로서는 위 유치권을 내세워 그 부동산에 관한 경매절차의 매수인에게 대항할 수 없고, 이 경우 위 부동산에 경매개시결정의 기입등기가 경료되어 있음을 채권자가 알았는지 여부 또는 이를 알지 못한 것에 관하여 과실이 있는지 여부 등은 채권자가 그 유치권을 매수인에게 대항할 수 없다는 결론에 아무런 영향을 미치지 못한다.

판례선정이유

'압류의 효력이 발생한 후에 유치권을 취득한 자는 그 부동산에 관한 경매절차의 매수인에게 대항할 수 없다'는 점을 밝힌 판결

309. 유치권의 효력 (2) : 유치권의 대항력 (2)

(대법원 2009. 1. 15. 선고 2008다70763 판결)

쟁점 근저당권설정 후 경매로 인한 압류의 효력 발생 전에 취득한 유치권으로 경매절차의 매수인에게 대항할 수 있는지 여부

판결요지

부동산 경매절차에서의 매수인은 민사집행법 제91조 제5항에 따라 유치권자에게 그 유치권으로 담보하는 채권을 변제할 책임이 있는 것이 원칙이나, 채무자 소유의 건물 등 부동산에 경매개시결정의 기입등기가 경료되어 압류의 효력이 발생한 후에 채무자가 위 부동산에 관한 공사대금 채권자에게 그 점유를 이전함으로써 그로 하여금 유치권을 취득하게 한 경우, 그와 같은 점유의 이전은 목적물의 교환가치를 감소시킬 우려가 있는 처분행위에 해당하여 민사집행법 제92조 제1항, 제83조 제4항에 따른 압류의 처분금지효에 저촉되므로 점유자로서는 위 유치권을 내세워 그 부동산에 관한 경매절차의 매수인에게 대항할 수 없다. 그러나 이러한 법리는 경매로 인한 압류의 효력이 발생하기 전에 유치권을 취득한 경우에는 적용되지 아니하고, 유치권 취득시기가 근저당권설정 후라거나 유치권 취득 전에 설정된 근저당권에 기하여 경매절차가 개시되었다고 하여 달리 볼 것은 아니다.

판례선정이유

'경매로 인한 압류의 효력이 발생하기 전에 유치권을 취득한 경우에는, 유치권 취득시기가 근저당권설정 후에 발생하였다 하더라도 그 부동산에 관한 경매절차의 매수인에게 대항할 수 있다'는 점을 밝힌 판결

310. 유치권의 효력 (3) : 유치권의 대항력 (3)

(대법원 2011. 11. 24. 선고 2009다19246 판결)

쟁점 부동산에 가압류등기가 경료된 후에 채무자의 점유이전으로 제3자가 유치권을 취득하는 경우, 가압류의 처분금지효에 저촉되는지 여부

판결요지

부동산에 가압류등기가 경료되면 채무자가 당해 부동산에 관한 처분행위를 하더라도 이로써 가압류채권자에게 대항할 수 없게 되는데, 여기서 처분행위란 당해 부동산을 양도하거나 이에 대해 용익물권, 담보물권 등을 설정하는 행위를 말하고 특별한 사정이 없는 한 점유의 이전과 같은 사실행위는 이에 해당하지 않는다. 다만, 부동산에 경매개시결정의 기입등기가 경료되어 압류의 효력이 발생한 후에 채무자가 제3자에게 당해 부동산의 점유를 이전함으로써 그로 하여금 유치권을 취득하게 하는 경우 그와 같은 점유의 이전은 처분행위에 해당한다는 것이 당원의 판례이나, 이는 어디까지나 경매개시결정의 기입등기가 경료되어 압류의 효력이 발생한 후에 채무자가 당해 부동산의 점유를 이전함으로써 제3자가 취득한 유치권으로 압류채권자에게 대항할 수 있다고 한다면 경매절차에서의 매수인이 매수가격 결정의 기초로 삼은 현황조사보고서나 매각물건명세서 등에서 드러나지 않는 유치권의 부담을 그대로 인수하게 되어 경매절차의 공정성과 신뢰를 현저히 훼손하게 될 뿐만 아니라, 유치권신고 등을 통해 매수신청인이 위와 같은 유치권의 존재를 알게 되는 경우에는 매수가격의 즉각적인 하락이 초래되어 책임재산을 신속하고 적정하게 환가하여 채권자의 만족을 얻게 하려는 민사집행제도의 운영에 심각한 지장을 줄 수 있으므로, 위와 같은 상황 하에서는 채무자의 제3자에 대한 점유이전을 압류의 처분금지효에 저촉되는 처분행위로 봄이 타당하다는 취지이다. 따라서 이와 달리 부동산에 가압류등기가 경료되어 있을 뿐 현실적인 매각절차가 이루어지지 않고 있는 상황 하에서는 채무자의 점유이전으로 인하여 제3자가 유치권을 취득하게 된다고 하더라도 이를 처분행위로 볼 수는 없다.

판례선정이유

'부동산에 경매개시결정의 기입등기가 경료되어 압류의 효력이 발생한 후에 채무자가 제3자에게 당해 부동산의 점유를 이전함으로써 그로 하여금 유치권을 취득하게 하는 경우와 달리, 부동산에 가압류등기가 경료되어 있을 뿐 현실적인 매각절차가 이루어지지 않고 있는 상황하에서 부동산을 점유 이전받아 유치권을 취득한 자는 그 부동산에 관한 경매절차의 매수인에게 대항할 수 있다'는 점을 밝힌 판결

311. 유치권의 효력 (4) : 유치권의 대항력 (4)

(대법원 2014. 3. 20. 선고 2009다60336 전원합의체 판결)

쟁점 체납처분압류가 되어 있는 부동산에 대하여 경매절차가 개시되기 전에 민사유치권을 취득한 유치권자가 경매절차의 매수인에게 유치권을 행사할 수 있는지 여부

판결요지

부동산에 관한 민사집행절차에서는 경매개시결정과 함께 압류를 명하므로 압류가 행하여짐과 동시에 매각절차인 경매절차가 개시되는 반면, 국세징수법에 의한 체납처분절차에서는 그와 달리 체납처분에 의한 압류(이하 '체납처분압류'라고 한다)와 동시에 매각절차인 공매절차가 개시되는 것이 아닐 뿐만 아니라, 체납처분압류가 반드시 공매절차로 이어지는 것도 아니다. 또한 체납처분절차와 민사집행절차는 서로 별개의 절차로서 공매절차와 경매절차가 별도로 진행되는 것이므로, 부동산에 관하여 체납처분압류가 되어 있다고 하여 경매절차에서 이를 그 부동산에 관하여 경매개시결정에 따른 압류가 행하여진 경우와 마찬가지로 볼 수는 없다. 따라서 체납처분압류가 되어 있는 부동산이라고 하더라도 그러한 사정만으로 경매절차가 개시되어 경매개시결정등기가 되기 전에 부동산에 관하여 민사유치권을 취득한 유치권자가 경매절차의 매수인에게 유치권을 행사할 수 없다고 볼 것은 아니다.

판례선정이유

'체납처분압류가 되어 있는 부동산에 대하여 경매절차가 개시되기 전에 유치권을 취득한 자는 그 부동산에 관한 경매절차의 매수인에게 대항할 수 있다고 보아, 압류의 효력이 발생한 후에 유치권의 대항력만이 제한된다'는 점을 밝힌 판결

312. 유치권의 효력 (5) : 유치물의 보존에 필요한 사용

(대법원 2009. 9. 24. 선고 2009다40684 판결)

쟁점 공사대금채권에 기하여 유치권을 행사하는 자가 스스로 유치물인 주택에 거주하며 사용하는 것이 유치물의 보존에 필요한 사용에 해당하는지 여부 및 이 경우 차임 상당 이득을 소유자에게 반환할 의무가 있는지 여부

판결요지

제324조에 의하면, 유치권자는 선량한 관리자의 주의로 유치물을 점유하여야 하고, 소유자의 승낙 없이 유치물을 보존에 필요한 범위를 넘어 사용하거나 대여 또는 담보제공을 할 수 없으며, 소유자는 유치권자가 위 의무를 위반한 때에는 유치권의 소멸을 청구할 수 있다고 할 것인바, 공사대금채권에 기하여 유치권을 행사하는 자가 스스로 유치물인 주택에 거주하며 사용하는 것은 특별한 사정이 없는 한 유치물인 주택의 보존에 도움이 되는 행위로서 유치물의 보존에 필요한 사용에 해당한다고 할 것이다. 그리고 유치권자가 유치물의 보존에 필요한 사용을 한 경우에도 특별한 사정이 없는 한 차임에 상당한 이득을 소유자에게 반환할 의무가 있다.

판례선정이유

제324조 제2항 단서의 보존을 위한 사용의 의미가 무엇인지를 확인하고, 그 경우 유치권자가 사용에 대한 이득을 목적부동산의 소유자에게 부당이득으로 반환할 의무가 있음을 인정한 판결

313. 유치권의 효력 (6) : 유치권에 의한 경매 (1)

(대법원 2011. 6. 15., 2010마1059 결정)

쟁점 제322조 제1항에 따른 유치권에 의한 경매가 목적부동산 위의 부담을 소멸시키는 것을 법정매각조건으로 하여 실시되는지 여부 및 유치권자의 배당순위

결정요지

[1] 민사집행법 제91조 제2항, 제3항, 제268조는 경매의 대부분을 차지하는 강제경매와 담보권 실행을 위한 경매에서 소멸주의를 원칙으로 하고 있을 뿐만 아니라, 이를 전제로 하여 배당요구의 종기결정이나 채권신고의 최고, 배당요구, 배당절차 등에 관하여 상세히 규정하고 있는 점, 제322조 제1항에 "유치권자는 채권의 변제를 받기 위하여 유치물을 경매할 수 있다"고 규정하고 있는데, 유치권에 의한 경매에도 채권자와 채무자의 존재를 전제로 하고 채권의 실현 · 만족을 위한 경매를 상정하고 있는 점, 반면에 인수주의를 취할 경우 필요하다고 보이는 목적부동산 위의 부담의 존부 및 내용을 조사 · 확정하는 절차에 대하여 아무런 규정이 없고 인수되는 부담의 범위를 제한하는 규정도 두지 않아, 유치권에 의한 경매를 인수주의를 원칙으로 진행하면 매수인의 법적 지위가 매우 불안정한 상태에 놓이게 되는 점, 인수되는 부담의 범위를 어떻게 설정하느냐에 따라 인수주의를 취하는 것이 오히려 유치권자에게 불리해질 수 있는 점 등을 함께 고려하면, 유치권에 의한 경매도 강제경매나 담보권실행을 위한 경매와 마찬가지로 목적부동산 위의 부담을 소멸시키는 것을 법정매각조건으로 하여 실시되고, 우선채권자뿐만 아니라 일반채권자의 배당요구도 허용되며, 유치권자는 일반채권자와 동일한 순위로 배당을 받을 수 있다고 보아야 한다. 다만 집행법원은 부동산 위의 이해관계를 살펴 위와 같은 법정매각조건과는 달리 매각조건 변경결정을 통하여 목적부동산 위의 부담을 소멸시키지 않고 매수인으로 하여금 인수하도록 정할 수 있다.

[2] 유치권에 의한 경매가 소멸주의를 원칙으로 하여 진행되는 이상 강제경매나 담보권실행을 위한 경매의 경우와 같이 목적부동산 위의 부담을 소멸시키는 것이므로, 집행법원이 달리 매각조건 변경결정을 통하여 목적부동산 위의 부담을 소멸시키지 않고 매수인으로 하여금 인수하도록 정하지 않은 이상, 집행법원으로서는 매각기일 공고나 매각물건명세서에 목적부동산 위의 부담이 소멸하지 않고 매수인이 이를 인수하게 된다는 취지를 기재할 필요 없다.

판례선정이유

유치권에 기한 경매에서는 인수주의로 진행됨을 전제로 한다는 종래 다수의 견해 달리 유치권에 의한 경매가 소멸주의를 원칙으로 한다는 점을 최초로 확인한 결정

314. 유치권의 효력 (7) : 유치권에 의한 경매 (2)

(대법원 2011. 8. 18. 선고 2011다35593 판결)

쟁점 유치권에 의한 경매절차가 정지된 상태에서 목적물에 대한 강제경매 또는 담보권 실행을 위한 경매절차가 진행되어 매각이 이루어진 경우, 유치권이 소멸하는지 여부

판결요지

부동산에 관한 강제경매 또는 담보권 실행을 위한 경매절차에서의 매수인은 유치권자에게 그 유치권으로 담보하는 채권을 변제할 책임이 있고(민사집행법 제91조 제5항, 제268조), 유치권에 의한 경매절차는 목적물에 대하여 강제경매 또는 담보권 실행을 위한 경매절차가 개시된 경우에는 정지되도록 되어 있으므로(민사집행법 제274조 제2항), 유치권에 의한 경매절차가 정지된 상태에서 그 목적물에 대한 강제경매 또는 담보권 실행을 위한 경매절차가 진행되어 매각이 이루어졌다면, 유치권에 의한 경매절차가 소멸주의를 원칙으로 하여 진행된 경우와는 달리 그 유치권은 소멸하지 않는다고 봄이 상당하다.

판례선정이유

유치권에 의한 경매절차가 정지된 상태에서 그 목적물에 대한 강제경매 또는 담보권실행을 위한 경매절차가 진행되어 매각이 이루어졌다면, 유치권에 의한 경매절차가 소멸주의를 원칙으로 하여 진행된 경우와는 달리 그 유치권은 소멸하지 않는다는 점을 밝힌 판결

315. 유치권의 효력 (8) : 유치권에 의한 경매 (3)

(대법원 2016. 3. 10. 선고 2013다99409 판결)

쟁점 근저당권자가 유치권 신고를 한 사람을 상대로 경매절차에서 유치권을 내세워 대항할 수 있는 범위를 초과하는 유치권의 부존재 확인을 구할 법률상 이익이 있는지 여부

판결요지

[1] 민사집행법 제268조에 의하여 담보권의 실행을 위한 경매절차에 준용되는 같은 법 제91조 제5항에 의하면 유치권자는 경락인에 대하여 피담보채권의 변제를 청구할 수는 없지만, 자신의 피담보채권이 변제될 때까지 유치목적물인 부동산의 인도를 거절할 수 있어, 경매절차의 입찰인들은 낙찰 후 유치권자로부터 경매목적물을 쉽게 인도받을 수 없다는 점을 고려하여 입찰하게 되고, 그에 따라 경매목적 부동산이 그만큼 낮은 가격에 낙찰될 우려가 있다. 이와 같이 저가낙찰로 인해 경매를 신청한 근저당권자의 배당액이 줄어들거나 경매목적물 가액과 비교하여 거액의 유치권 신고로 매각 자체가 불가능하게 될 위험은 경매절차에서 근저당권자의 법률상 지위를 불안정하게 하는 것이므로, 위 불안을 제거하는 근저당권자의 이익을 단순한 사실상·경제상의 이익이라고 볼 수는 없다. 따라서 근저당권자는 유치권 신고를 한 사람을 상대로 유치권 전부의 부존재뿐만 아니라 경매절차에서 유치권을 내세워 대항할 수 있는 범위를 초과하는 유치권의 부존재 확인을 구할 법률상 이익이 있고, 심리 결과 유치권 신고를 한 사람이 유치권의 피담보채권으로 주장하는 금액의 일부만이 경매절차에서 유치권으로 대항할 수 있는 것으로 인정되는 경우에는, 법원은 특별한 사정이 없는 한 그 유치권 부분에 대하여 일부패소의 판결을 하여야 한다.

[2] 소극적 확인소송에서는 원고가 먼저 청구를 특정하여 채무발생원인 사실을 부정하는 주장을 하면 채권자인 피고는 권리관계의 요건사실에 관하여 주장·증명책임을 부담하므로, 유치권 부존재 확인소송에서 유치권의 요건사실인 유치권의 목적물과 견련관계 있는 채권의 존재에 대해서는 피고가 주장·증명하여야 한다.

판례선정이유

근저당권자에게 유치권 신고를 한 사람을 상대로 경매절차에서 유치권을 내세워 대항할 수 있는 범위를 초과하는 유치권의 부존재 확인을 구할 법률상 이익이 있다는 점을 밝힌 판결

316. 유치권의 소멸 : 피담보채권의 소멸시효 완성

(대법원 2009. 9. 24. 선고 2009다39530 판결)

쟁점 유치권의 피담보채권의 소멸시효기간이 확정판결 등에 의하여 10년으로 연장된 경우, 유치권이 성립된 부동산의 매수인이 종전의 단기소멸시효를 원용할 수 있는지 여부

판결요지

유치권이 성립된 부동산의 매수인은 피담보채권의 소멸시효가 완성되면 시효로 인하여 채무가 소멸되는 결과 직접적인 이익을 받는 자에 해당하므로 소멸시효의 완성을 원용할 수 있는 지위에

있다고 할 것이나, 매수인은 유치권자에게 채무자의 채무와는 별개의 독립된 채무를 부담하는 것이 아니라 단지 채무자의 채무를 변제할 책임을 부담하는 점 등에 비추어 보면, 유치권의 피담보채권의 소멸시효기간이 확정판결 등에 의하여 10년으로 연장된 경우 매수인은 그 채권의 소멸시효기간이 연장된 효과를 부정하고 종전의 단기소멸시효기간을 원용할 수는 없다.

판례선정이유

'유치권이 성립된 부동산 매수인은 소멸시효의 완성을 원용할 수는 있으나, 유치권자에게 채무자의 채무와는 별개의 독립된 채무를 부담하는 것이 아니라 단지 채무자의 채무를 변제할 책임을 부담하므로, 유치권의 피담보채권의 소멸시효기간이 확정판결 등에 의하여 10년으로 연장된 경우 매수인은 그 채권의 소멸시효기간이 연장된 효과를 부정하고 종전의 단기소멸시효기간을 원용할 수 없다'는 점을 밝힌 판결

제8장 질 권

317. 권리질권의 설정 (1) : 질권설정계약
(대법원 2014. 4. 10. 선고 2013다76192 판결)

쟁점 질권자가 제3채무자에게 질권설정계약의 해지 사실을 통지하였으나 아직 해지되지 않은 경우, 선의인 제3채무자가 질권설정자에게 대항할 수 있는 사유로 질권자에게 대항할 수 있는지 여부 및 해지 통지를 믿은 제3채무자의 선의가 추정되는지 여부와 그 통지의 효력발생시기

판결요지

제3채무자가 질권설정 사실을 승낙한 후 질권설정계약이 합의해지된 경우, 질권설정자가 해지를 이유로 제3채무자에게 원래의 채권으로 대항하려면 질권자가 제3채무자에게 해지 사실을 통지하여야 하고, 만일 질권자가 제3채무자에게 질권설정계약의 해지 사실을 통지하였다면, 설사 아직 해지가 되지 아니하였다고 하더라도 선의인 제3채무자는 질권설정자에게 대항할 수 있는 사유로 질권자에게 대항할 수 있다고 봄이 타당하다. 그리고 위와 같은 해지 통지가 있었다면 해지 사실은 추정되고, 그렇다면 해지 통지를 믿은 제3채무자의 선의 또한 추정된다고 볼 것이어서, 제3채무자가 악의라는 점은 선의를 다투는 질권자가 증명할 책임이 있다. 그리고 위와 같은 해지 사실의 통지는 질권자가 질권설정계약이 해제되었다는 사실을 제3채무자에게 알리는 이른바 관념의 통지로서, 통지는 제3채무자에게 도달됨으로써 효력이 발생하고, 통지에 특별한 방식이 필요하지는 않다.

판례선정이유

'질권자가 제3채무자에게 질권설정계약의 해지 사실을 통지하였으나 아직 해지되지 않은 경우, 선의인 제3채무자가 질권설정자에게 대항할 수 있는 사유로 질권자에게 대항할 수 있으며, 제3채무자의 선의가 추정된다'는 점을 밝힌 판결

318. 권리질권의 설정 (2) : 채권증서의 교부
(대법원 2013. 8. 22. 선고 2013다32574 판결)

쟁점 제347조에서 채권질권의 설정을 위하여 교부하도록 정한 '채권증서'의 의미 및 임대차계약서 등 계약 당사자 쌍방의 권리의무관계 내용을 정한 서면이 위 '채권증서'에 해당하는지 여부

판결요지

제347조는 "채권을 질권의 목적으로 하는 경우에 채권증서가 있는 때에는 질권의 설정은 그 증서를 질권자에게 교부함으로써 그 효력이 생긴다."고 규정하고 있다. 여기에서 말하는 '채권증서'는 채권의 존재를 증명하기 위하여 채권자에게 제공된 문서로서 특정한 이름이나 형식을 따라야 하는 것은 아니지만, 장차 변제 등으로 채권이 소멸하는 경우에는 제475조에 따라 채무자가 채권자에게 그 반환을 청구할 수 있는 것이어야 한다. 이에 비추어 임대차계약서와 같이 계약 당사자 쌍방의 권리의무관계의 내용을 정한 서면은 그 계약에 의한 권리의 존속을 표상하기 위한 것이라고 할 수는 없으므로, 위 채권증서에 해당하지 않는다.

판례선정이유

'임대차계약서와 같이 계약 당사자 쌍방의 권리의무관계의 내용을 정한 서면은 채권질권의 설정을 위해 교부하도록 정한 채권증서에 해당하지 않는다'는 점을 밝힌 판결

319. 권리질권의 설정 (3) : 이의를 보류하지 아니한 질권설정의 승낙

(대법원 2002. 3. 29. 선고 2000다13887 판결)

쟁점

[1] 질권의 설정에 대하여 이의를 보류하지 않고 승낙하였더라도 질권자가 악의 또는 중과실인 경우, 양수인 또는 질권자에게 대항할 수 있는지 여부

[2] 보험자가 이의를 보류하지 아니하고 질권설정을 승낙한 경우, 보험료 미납을 이유로 한 해지 항변으로써 양수인 또는 질권자에 대하여 대항할 수 있는지 여부

[3] 보험자가 이의를 보류하지 아니하고 보험료환급청구권에 대한 질권설정을 승낙한 경우, 보험료 미납으로 인하여 보험료환급금 지급이 거절될 수도 있다는 예상을 하지 못한 질권자에게 중과실을 인정할 수 있는지 여부

판결요지

[1] 제451조 제1항이 이의를 보류하지 않은 승낙에 대하여 항변사유를 제한한 취지는, 이의를 보류하지 않은 승낙이 이루어진 경우 양수인은 양수한 채권에 아무런 항변권도 부착되지 아니한 것으로 신뢰하는 것이 보통이므로 채무자의 '승낙'이라는 사실에 공신력을 주어 양수인의 신뢰를 보호하고 채권양도나 질권설정과 같은 거래의 안전을 꾀하기 위한 규정이라 할 것이므로, 채권의 양도나 질권의 설정에 대하여 이의를 보류하지 아니하고 승낙을 하였더라도 양수인 또는 질권자가 악의 또는 중과실의 경우에 해당하는 한 채무자의 승낙 당시까지 양도인 또는 질권설정자에 대하여 생긴 사유로써도 양수인 또는 질권자에게 대항할 수 있다.

[2] 다른 면책사유의 경우에는 보험자가 채권양도 또는 질권설정 승낙시에 면책사유 발생 가능성을 인식할 수 있었다고 단언할 수 없는 것이지만, 보험료 미납이라는 사유는 승낙시에 이미 발생할 수 있는 가능성이 있다는 점을 보험자가 누구보다도 잘 알고 있었다고 보아야 할 것이어서, 보험료 미납이라는 면책사유는 당연히 승낙시에 보험자가 이의를 보류할 수 있는 것이라 할 것이고, 그러함에도 보험자가 이의를 보류하지 아니한 경우에까지 면책사유의 일종이라는 이유만으로 양수인 또는 질권자에게 대항할 수 있다고 하는 것은 양수인 또는 질권자의 신뢰보호라는 원칙을 무시하는 결과가 된다 할 것이므로, 보험료 미납을 이유로 한 해지 항변은 보험자가 이의를 보류하지 아니하고 양도 또는 질권설정을 승낙한 경우에는 양수인 또는 질권자에 대하여 대항할 수 없다.

[3] 보험계약상 보험료가 현실로 납입된 이상은 중도해지의 경우든 만기 도달의 경우든 어떠한 경우에도 보험료환급금이 발생하게 되어 있는 경우에 있어서는, 보험료 미납이 있으면 당연히 보험료환급청구권이 발생할 여지가 없다고 보아야 할 것이지, 보험금청구권의 경우와 같이 보험료환급 책임이 면제되는 것이 아니라 할 것이므로, 그 양도 또는 질권설정 승낙시 이의를 보류하지 않았다면 보험료가 현실적으로 납입된 것으로 추정하는 것이 일반적이지, 보험료 미납시에는 보험료환급금을 지급하지 않겠다는 취지를 당연히 전제로 하고 있다고 볼 수도 없다 할 것이어서, 그러한 이의를 보류하지 아니하고 질권설정을 승낙한 이상 당연히 질권자에 대하여 대항할 수 없다고 보아야 할 것이며, 또 그러한 경우에 그 환급청구권에 대하여 질권을 취득하는 질권자로서는 보험료 미납 사실을 알지 못하는 한 당연히 환급청구권에 대하여 어떠한 항변권도 없다고 믿을 수밖에는 없다 할 것이므로, 보험료 미납으로 인하여 보험료환급금 지급이 거절될 수도 있다는 예상을 하지 못한 것에 중과실이 있다고 볼 수도 없다.

판례선정이유

채무자의 이의를 보유하지 아니한 질권설정의 승낙에 대한 법률관계를 잘 정리한 판결

320. 권리질권의 효력 (1) : 질권설정자의 권리처분제한 (1)

(대법원 1997. 11. 11. 선고 97다35375 판결)

쟁점 제352조에 위반한 질권설정자의 행위가 무효인지 여부

판결요지

제352조가 질권설정자는 질권자의 동의 없이 질권의 목적된 권리를 소멸하게 하거나 질권자의 이익을 해하는 변경을 할 수 없다고 규정한 것은 질권자가 질권의 목적인 채권의 교환가치에 대하여 가지는 배타적 지배권능을 보호하기 위한 것이므로, 질권설정자와 제3채무자가 질권의 목적된 권리

를 소멸하게 하는 행위를 하였다고 하더라도 이는 질권자에 대한 관계에 있어 무효일 뿐이어서, 특별한 사정이 없는 한 질권자 아닌 제3자가 그 무효의 주장을 할 수는 없다.

판례선정이유

제352조에 위반한 질권설정자의 행위가 무효가 되는 것이 아니라는 점을 밝힌 판결

321. 권리질권의 효력(2) : 질권설정자의 권리처분제한(2)
(대법원 2018. 12. 27. 선고 2016다265689 판결)

쟁점 타인에 대한 채무의 담보로 제3채무자에 대한 채권에 대하여 권리질권을 설정하고, 질권설정자가 제3채무자에게 질권설정의 사실을 통지하거나 제3채무자가 이를 승낙하였는데, 제3채무자가 질권자의 동의 없이 질권의 목적인 채무를 변제한 경우, 이로써 질권자에게 대항할 수 있는지 여부 및 이는 제3채무자가 질권자의 동의 없이 질권설정자와 상계합의를 하여 질권의 목적인 채무를 소멸시킨 경우에도 마찬가지인지 여부

판결요지

타인에 대한 채무의 담보로 제3채무자에 대한 채권에 대하여 권리질권을 설정한 경우, 질권설정자는 질권자의 동의 없이 질권의 목적된 권리를 소멸하게 하거나 질권자의 이익을 해하는 변경을 할 수 없다(제352조). 이는 질권자가 질권의 목적인 채권의 교환가치에 대하여 가지는 배타적 지배권능을 보호하기 위한 것이다. 따라서 질권설정자가 제3채무자에게 질권설정의 사실을 통지하거나 제3채무자가 이를 승낙한 때에는 제3채무자가 질권자의 동의 없이 질권의 목적인 채무를 변제하더라도 이로써 질권자에게 대항할 수 없고, 질권자는 제353조 제2항에 따라 여전히 제3채무자에 대하여 직접 채무의 변제를 청구할 수 있다. 제3채무자가 질권자의 동의 없이 질권설정자와 상계합의를 함으로써 질권의 목적인 채무를 소멸하게 한 경우에도 마찬가지로 질권자에게 대항할 수 없고, 질권자는 여전히 제3채무자에 대하여 직접 채무의 변제를 청구할 수 있다.

판례선정이유

제352조의 질권설정자의 입질채권의 소멸행위 및 질권자의 이익을 해하는 변경이 가지는 의미에 대하여 잘 설시한 판결

322. 권리질권의 효력 (3) : 질권설정자의 권리처분제한 (3)

(대법원 2016. 4. 29. 선고 2015도5665 판결)

쟁점 타인에 대한 채무의 담보로 제3채무자에 대한 채권에 대하여 권리질권을 설정하고, 질권설정자가 제3채무자에게 질권설정의 사실을 통지하거나 제3채무자가 이를 승낙한 상태에서, 질권설정자가 질권자의 동의 없이 제3채무자에게서 질권의 목적인 채권의 변제를 받은 경우, 질권자에 대한 관계에서 배임죄가 성립하는지 여부

판결요지

타인에 대한 채무의 담보로 제3채무자에 대한 채권에 대하여 권리질권을 설정한 경우, 질권설정자는 질권자의 동의 없이 질권의 목적된 권리를 소멸하게 하거나 질권자의 이익을 해하는 변경을 할 수 없다(제352조). 또한 질권설정자가 제3채무자에게 질권설정의 사실을 통지하거나 제3채무자가 이를 승낙한 때에는 제3채무자가 질권자의 동의 없이 질권의 목적인 채무를 변제하더라도 이로써 질권자에게 대항할 수 없고, 질권자는 여전히 제3채무자에 대하여 직접 채무의 변제를 청구하거나 변제할 금액의 공탁을 청구할 수 있다(제353조 제2항, 제3항). 그러므로 이러한 경우 질권설정자가 질권의 목적인 채권의 변제를 받았다고 하여 질권자에 대한 관계에서 타인의 사무를 처리하는 자로서 임무에 위배하는 행위를 하여 질권자에게 손해를 가하거나 손해 발생의 위험을 초래하였다고 할 수 없고, 배임죄가 성립하지도 않는다.

판례선정이유

타인에 대한 채무의 담보로 제3채무자에 대한 채권에 대하여 권리질권을 설정한 경우, 질권설정자는 질권자의 동의 없이 질권의 목적된 권리를 소멸하게 하거나 질권자의 이익을 해하는 변경을 하였다 하더라도 질권자는 여전히 제3채무자에 대하여 직접 채무의 변제를 청구하거나 변제할 금액의 공탁을 청구할 수 있으므로, 질권자에게 손해가 발생한 것으로 볼 수 없음을 밝힌 판결

323. 권리질권의 효력 (4) : 질권설정자의 권리처분제한 (4)

(대법원 2005. 12. 22. 선고 2003다55059 판결)

쟁점 질권의 목적인 채권의 양도에 있어서 질권자의 동의가 필요한지 여부

판결요지

질권의 목적인 채권의 양도행위는 제352조 소정의 질권자의 이익을 해하는 변경에 해당되지 않으므로, 질권자의 동의를 요하지 아니한다.

판례선정이유

질권의 목적인 채권의 양도행위는 제352조 소정의 질권자의 이익을 해하는 변경에 해당하지 않다는 점을 확인한 판결

324. 권리질권의 효력 (5) : 채권질권자의 직접청구권

(대법원 2015. 5. 29. 선고 2012다92558 판결)

쟁점 [1] 금전채권의 질권자가 자기채권의 범위 내에서 직접청구권을 행사하는 경우, 위 범위 내에서 제3채무자의 질권자에 대한 금전지급으로써 제3채무자의 질권설정자에 대한 급부뿐만 아니라 질권설정자의 질권자에 대한 급부도 이루어지는지 여부 및 이때 입질채권의 발생원인인 계약관계에 무효 등의 흠이 있어 입질채권이 부존재하는 경우, 제3채무자가 질권자를 상대로 직접 부당이득반환을 구할 수 있는지 여부

[2] 질권자가 제3채무자로부터 자기채권을 초과하여 금전을 지급받은 경우, 제3채무자가 질권자를 상대로 초과 지급 부분에 관하여 부당이득반환을 구할 수 있는지 여부 및 질권자가 초과지급 부분을 질권설정자에게 그대로 반환한 경우에도 마찬가지인지 여부

판결요지

[1] 금전채권의 질권자가 제353조 제1항, 제2항에 의하여 자기채권의 범위 내에서 직접청구권을 행사하는 경우, 질권자는 질권설정자의 대리인과 같은 지위에서 입질채권을 추심하여 자기채권의 변제에 충당하고 그 한도에서 질권설정자에 의한 변제가 있었던 것으로 보므로, 위 범위 내에서는 제3채무자의 질권자에 대한 금전지급으로써 제3채무자의 질권설정자에 대한 급부가 이루어질 뿐만 아니라 질권설정자의 질권자에 대한 급부도 이루어진다. 이러한 경우 입질채권의 발생원인인 계약관계에 무효 등의 흠이 있어 입질채권이 부존재한다고 하더라도 제3채무자는 특별한 사정이 없는 한 상대방 계약당사자인 질권설정자에 대하여 부당이득반환을 구할 수 있을 뿐이고 질권자를 상대로 직접 부당이득반환을 구할 수 없다. 이와 달리 제3채무자가 질권자를 상대로 직접 부당이득반환청구를 할 수 있다고 보면 자기 책임 하에 체결된 계약에 따른 위험을 제3자인 질권자에게 전가하는 것이 되어 계약법의 원리에 반하는 결과를 초래할 뿐만 아니라 질권자가 질권설정자에 대하여 가지는 항변권 등을 침해하게 되어 부당하기 때문이다.

[2] 질권자가 제3채무자로부터 자기채권을 초과하여 금전을 지급받은 경우, 초과지급 부분에

관하여는 제3채무자의 질권설정자에 대한 급부와 질권설정자의 질권자에 대한 급부가 있다고 볼 수 없으므로, 제3채무자는 특별한 사정이 없는 한 질권자를 상대로 초과지급 부분에 관하여 부당이득반환을 구할 수 있지만, 부당이득반환청구의 상대방이 되는 수익자는 실질적으로 그 이익이 귀속된 주체이어야 하는데, 질권자가 초과지급 부분을 질권설정자에게 그대로 반환한 경우에는 초과지급 부분에 관하여 질권설정자가 실질적 이익을 받은 것이지 질권자로서는 실질적 이익이 없다고 할 것이므로, 제3채무자는 질권자를 상대로 초과지급 부분에 관하여 부당이득반환을 구할 수 없다.

판례선정이유

채권질권에 있어 삼각관계 부당이득과 실질적 이득의 의미를 잘 설시한 판결

325. 권리질권의 효력(6) : 채권질권의 효력이 미치는 범위

(대법원 2005. 2. 25. 선고 2003다40668 판결)

쟁점 채권질권의 효력이 질권의 목적이 된 채권의 지연손해금 등과 같은 부대채권에도 미치는지 여부

판결요지

질권의 목적이 된 채권이 금전채권인 때에는 질권자는 자기채권의 한도에서 질권의 목적이 된 채권을 직접 청구할 수 있고, 채권질권의 효력은 질권의 목적이 된 채권의 지연손해금 등과 같은 부대채권에도 미치므로, 채권질권자는 질권의 목적이 된 채권과 그에 대한 지연손해금채권을 피담보채권의 범위에 속하는 자기채권액에 대한 부분에 한하여 직접 추심하여 자기채권의 변제에 충당할 수 있다.

판례선정이유

채권질권의 효력범위와 그 실행방법에 대하여 잘 설시한 판결

326. 근질권의 피담보채권의 확정시기

(대법원 2009. 10. 15. 선고 2009다43621 판결)

쟁점 근질권이 설정된 금전채권에 대하여 제3자의 압류로 강제집행절차가 개시된 경우, 근질권의 피담보채권의 확정시기

판결요지

근질권의 목적이 된 금전채권에 대하여 근질권자가 아닌 제3자의 압류로 강제집행절차가 개시된 경우, 제3채무자가 그 절차의 전부명령이나 추심명령에 따라 전부금 또는 추심금을 제3자에게 지급하거나 채권자의 경합 등을 사유로 위 금전채권의 채권액을 법원에 공탁하게 되면 그 변제의 효과로서 위 금전채권은 소멸하고, 그 결과 바로 또는 그 후의 절차진행에 따라 종국적으로 근질권도 소멸하게 되므로, 근질권자는 위 강제집행절차에 참가하거나 아니면 근질권을 실행하는 방법으로 그 권리를 행사할 것이 요구된다. 이런 까닭에 위 강제집행절차가 개시된 때로부터 위와 같이 근질권이 소멸하게 되기까지의 어느 시점에서인가는 근질권의 피담보채권도 확정된다고 하지 않을 수 없다. 근질권자가 제3자의 압류 사실을 알고서도 채무자와 거래를 계속하여 추가로 발생시킨 채권까지 근질권의 피담보채권에 포함시킨다고 하면, 그로 인하여 근질권자가 얻을 수 있는 실익은 별다른 것이 없는 반면 제3자가 입게 되는 손해는 위 추가된 채권액만큼 확대되고, 이는 사실상 채무자의 이익으로 귀속될 개연성이 높아 부당할 뿐 아니라, 경우에 따라서는 근질권자와 채무자가 그러한 점을 남용하여 제3자 등 다른 채권자의 채권 회수를 의도적으로 침해할 수 있는 여지도 제공하게 된다. 따라서 이러한 여러 사정을 적정·공평이란 관점에 비추어 보면, 근질권이 설정된 금전채권에 대하여 제3자의 압류로 강제집행절차가 개시된 경우, 근질권의 피담보채권은 근질권자가 위와 같은 강제집행이 개시된 사실을 알게 된 때에 확정된다고 봄이 타당하다.

판례선정이유

근질권이 설정된 금전채권에 대하여 제3자의 압류로 강제집행절차가 개시된 경우, 근질권의 피담보채권의 확정시기를 '근질권자가 위와 같은 강제집행이 개시된 사실을 알게 된 때'라고 밝힌 판결

제9장 저당권

327. 저당권의 부종성 : 저당권설정등기의 말소청구권

(대법원 1994. 1. 25. 선고 93다16338 전원합의체 판결)

쟁점 근저당권 설정 후 부동산 소유권이 이전된 경우, 근저당권설정자인 종전의 소유자도 피담보채무의 소멸을 이유로 근저당권설정등기의 말소를 청구할 수 있는지 여부

판결요지

근저당권이 설정된 후에 그 부동산의 소유권이 제3자에게 이전된 경우에는 현재의 소유자가 자신의 소유권에 기하여 피담보채무의 소멸을 원인으로 그 근저당권설정등기의 말소를 청구할 수 있음은 물론이지만, 근저당권설정자인 종전의 소유자도 근저당권설정계약의 당사자로서 근저당권 소멸에 따른 원상회복으로 근저당권자에게 근저당권설정등기의 말소를 구할 수 있는 계약상 권리가 있으므로, 이러한 계약상 권리에 터잡아 근저당권자에게 피담보채무의 소멸을 이유로 하여 그 근저당권설정등기의 말소를 청구할 수 있다고 봄이 상당하고, 목적물의 소유권을 상실하였다는 이유만으로 그러한 권리를 행사할 수 없다고 볼 것은 아니다.

판례선정이유

'종전의 소유자도 근저당권설정계약의 당사자로서 근저당권소멸에 따른 원상회복으로 근저당권자에게 근저당권의 말소를 구할 수 있다'고 한 판결

328. 저당권의 성립요건 (1) : 저당권설정계약의 당사자

(대법원 2001. 3. 15. 선고 99다48948 전원합의체 판결)

쟁점 부동산 매매대금의 지급을 담보하기 위하여 당사자 간의 합의에 의하여 소유권이전등기를 매수인에게 경료하지 않은 상태에서 목적 부동산 위에 근저당권자를 매도인이 지정하는 제3자로, 채무자를 매도인으로 하는 근저당권을 설정한 경우, 그 근저당권설정등기가 담보물권의 부수성에 반하여 무효인지 여부

판결요지

근저당권은 채권담보를 위한 것이므로 원칙적으로 채권자와 근저당권자는 동일인이 되어야 하지만, 제3자를 근저당권 명의인으로 하는 근저당권을 설정하는 경우, 그 점에 대하여 채권자와 채무자 및 제3자 사이에 합의가 있고, 채권양도, 제3자를 위한 계약, 불가분적 채권관계의 형성 등 방법으로 채권이 그 제3자에게 실질적으로 귀속되었다고 볼 수 있는 특별한 사정이 있는 경우에는 제3자 명의의 근저당권설정등기도 유효하다고 보아야 할 것이고, 한편 부동산을 매수한 자가 소유권이전등기를 마치지 아니한 상태에서 매도인인 소유자의 승낙 아래 매수 부동산을 타에 담보로 제공하면서 당사자 사이의 합의로 편의상 매수인 대신 등기부상 소유자인 매도인을 채무자로 하여 마친 근저당권설정등기는 실제 채무자인 매수인의 근저당권자에 대한 채무를 담보하는 것으로서 유효하다고 볼 것인바, 위 양자의 형태가 결합된 근저당권이라 하여도 그 자체만으로는 부종성의 관점에서 근저당권이 무효라고 보아야 할 어떤 질적인 차이를 가져오는 것은 아니라 할 것이다. 그리고 매매잔대금 채무를 지고 있는 부동산 매수인이 매도인과 사이에 소유권이전등기를 경료하지 아니한 상태에서 그 부동산을 담보로 하여 대출받는 돈으로 매매잔대금을 지급하기로 약정하는 한편, 매매잔대금의 지급을 위하여 당좌수표를 발행 · 교부하고 이를 담보하기 위하여 그 부동산에 제1순위 근저당권을 설정하되, 그 구체적 방안으로서 채권자인 매도인과 채무자인 매수인 및 매도인이 지정하는 제3자 사이의 합의 아래 근저당권자를 제3자로, 채무자를 매도인으로 하기로 하고, 이를 위하여 매도인이 제3자로부터 매매잔대금 상당액을 차용하는 내용의 차용금증서를 작성 · 교부하였다면, 매도인이 매매잔대금 채권의 이전 없이 단순히 명의만을 제3자에게 신탁한 것으로 볼 것은 아니고, 채무자인 매수인의 승낙 아래 매매잔대금 채권이 제3자에게 이전되었다고 보는 것이 일련의 과정에 나타난 당사자들의 진정한 의사에 부합하는 해석일 것이므로, 제3자 명의의 근저당권설정등기는 그 피담보채무가 엄연히 존재하고 있어 그 원인이 없거나 부종성에 반하는 무효의 등기라고 볼 수 없다.

판례선정이유

'저당권자는 피담보채권의 채권자에 한하는 것이 원칙이나, 제3자를 저당권의 명의인으로 하는데 대하여 채권자, 채무자, 제3자 사이에 합의가 있고, 또 채권이 그 제3자에게 실질적으로 귀속되었다고 볼 수 있는 특별한 사정이 있는 경우에는, 제3자 명의의 저당권설정도 유효하다'고 한 판결

329. 저당권의 성립요건 (2) : 무효인 저당권설정등기의 유용

(대법원 1998. 3. 24. 선고 97다56242 판결)

쟁점 무효인 저당권설정등기의 유용에 관한 법률관계

판결요지

[1] 부동산의 소유자 겸 채무자가 채권자인 저당권자에게 당해 저당권설정등기에 의하여 담보되는 채무를 모두 변제함으로써 저당권이 소멸된 경우 그 저당권설정등기 또한 효력을 상실하여 말소되어야 할 것이나, 그 부동산의 소유자가 새로운 제3의 채권자로부터 금원을 차용함에 있어 그 제3자와 사이에 새로운 차용금 채무를 담보하기 위하여 잔존하는 종전 채권자 명의의 저당권설정등기를 이용하여 이에 터잡아 새로운 제3의 채권자에게 저당권 이전의 부기등기를 경료하기로 하는 내용의 저당권등기 유용의 합의를 하고 실제로 그 부기등기를 경료하였다면, 그 저당권이전등기를 경료받은 새로운 제3의 채권자로서는 언제든지 부동산의 소유자에 대하여 그 등기 유용의 합의를 주장하여 저당권설정등기의 말소청구에 대항할 수 있다고 할 것이고, 다만 그 저당권 이전의 부기등기 이전에 등기부상 이해관계를 가지게 된 자에 대하여는 위 등기 유용의 합의 사실을 들어 위 저당권설정등기 및 그 저당권 이전의 부기등기의 유효를 주장할 수는 없다.

[2] 채무자인 부동산 소유자와 새로운 제3의 채권자와 사이에 저당권등기의 유용의 합의를 하였으나 아직 종전의 채권자 겸 근저당권자의 협력을 받지 못하여 저당권 이전의 부기등기를 경료하지 못한 경우에는 부동산 소유자와 종전의 채권자 사이에서는 저당권설정등기는 여전히 등기원인이 소멸한 무효의 등기라고 할 것이므로, 부동산 소유자는 종전의 채권자에 대하여 그 저당권설정등기의 말소를 구할 수 있다고 할 것이지만, 부동산 소유자와 종전의 채권자 그리고 새로운 제3의 채권자 등 3자가 합의하여 저당권설정등기를 유용하기로 합의한 경우라면, 종전의 채권자는 부동산 소유자의 저당권설정등기말소청구에 대하여 그 3자 사이의 등기 유용의 합의 사실을 들어 대항할 수 있고, 또한 부동산 소유자로부터 그 부동산을 양도받기로 하였으나 아직 소유권이전등기를 경료받지 아니하여 그 소유자를 대위하여 저당권설정등기의 말소를 구할 수밖에 없는 자에 대하여도 마찬가지로 대항할 수 있다.

판례선정이유

'무효인 저당권설정등기의 유용은 그 유용의 합의가 있을 때까지 이해관계 있는 제3자가 나타나지 않으면 유효하다'고 하는 「제한적 유효설」을 채택한 판결

330. 저당권의 성립요건 (3) : 공사수급인의 저당권설정청구권

(대법원 2016. 10. 27. 선고 2014다211978 판결)

쟁점 수급인으로부터 건물신축공사 중 일부를 도급받은 하수급인이 수급인에 대하여 제666조에 따른 저당권설정청구권을 가지는지 여부 및 제666조에 따른 저당권설정청구권의 소멸시효기간 및 기산점

판결요지

[1] 부동산에 관한 공사도급의 경우에 수급인의 노력과 출재로 완성된 목적물의 소유권은 원칙적으로 수급인에게 귀속되지만, 도급인과 수급인 사이의 특약에 의하여 달리 정하거나 기타 특별한 사정이 있으면 도급인이 원시취득하게 되므로, 제666조는 그러한 경우에 수급인에게 목적물에 대한 저당권설정청구권을 부여함으로써 수급인이 목적물로부터 공사대금을 사실상 우선적으로 변제받을 수 있도록 하고 있다. 이에 비추어, 건물신축공사에 관한 도급계약에서 수급인이 자기의 노력과 출재로 건물을 완성하여 소유권이 수급인에게 귀속된 경우에는, 수급인으로부터 건물신축공사 중 일부를 도급받은 하수급인도 수급인에 대하여 제666조에 따른 저당권설정청구권을 가진다.

[2] 도급받은 공사의 공사대금채권은 제163조 제3호에 따라 3년의 단기소멸시효가 적용되고, 공사에 부수되는 채권도 마찬가지인데, 제666조에 따른 저당권설정청구권은 공사대금채권을 담보하기 위하여 저당권설정등기절차의 이행을 구하는 채권적 청구권으로서 공사에 부수되는 채권에 해당하므로, 소멸시효기간 역시 3년이다.

[3] 건물신축공사에서 하수급인의 수급인에 대한 제666조에 따른 저당권설정청구권(이하 '저당권설정청구권'이라 한다)은 수급인이 건물의 소유권을 취득하면 성립하고 특별한 사정이 없는 한 그때부터 권리를 행사할 수 있지만, 건물 소유권의 귀속주체는 하수급인의 관여 없이 도급인과 수급인 사이에 체결된 도급계약의 내용에 따라 결정되고, 더구나 건물이 완성된 이후 소유권 귀속에 관한 법적 분쟁이 계속되는 등으로 하수급인이 수급인을 상대로 저당권설정청구권을 행사할 수 있는지를 객관적으로 알기 어려운 상황에 있어 과실 없이 이를 알지 못한 경우에도 청구권이 성립한 때부터 소멸시효가 진행한다고 보는 것은 정의와 형평에 맞지 않을 뿐만 아니라 소멸시효 제도의 존재이유에도 부합한다고 볼 수 없다. 그러므로 이러한 경우에는 객관적으로 하수급인이 저당권설정청구권을 행사할 수 있음을 알 수 있게 된 때부터 소멸시효가 진행한다.

판례선정이유

수급인으로부터 건물신축공사 중 일부를 도급받은 하수급인도 수급인에 대하여 제666조에 따른 저당권설정청구권을 가진다는 점과, 그에 따른 소멸시효 기간 및 그 기산점에 관하여 종합적으로 정리한 판결

331. 저당권의 효력(1) : 저당권의 효력이 미치는 범위

(대법원 2016. 7. 27. 선고 2015다230020 판결)

쟁점 저당부동산에 대한 압류 이후의 저당권설정자의 저당부동산에 관한 차임채권 등에 저당권의 효력이 미치는지 여부

판결요지

[1] 제359조 전문은 "저당권의 효력은 저당부동산에 대한 압류가 있은 후에 저당권설정자가 그 부동산으로부터 수취한 과실 또는 수취할 수 있는 과실에 미친다"고 규정하고 있는데, 위 규정상 '과실'에는 천연과실뿐만 아니라 법정과실도 포함되므로, 저당부동산에 대한 압류가 있으면 압류 이후의 저당권설정자의 저당부동산에 관한 차임채권 등에도 저당권의 효력이 미친다. 다만, 저당부동산에 대한 경매절차에서 저당부동산에 관한 차임채권 등을 관리하면서 이를 추심하거나 저당부동산과 함께 매각할 수 있는 제도가 마련되어 있지 아니하므로, 저당권의 효력이 미치는 차임채권 등에 대한 저당권의 실행이 저당부동산에 대한 경매절차에 의하여 이루어질 수는 없고, 그 저당권의 실행은 저당권의 효력이 존속하는 동안에 채권에 대한 담보권의 실행에 관하여 규정하고 있는 민사집행법 제273조에 따른 채권집행의 방법으로 저당부동산에 대한 경매절차와 별개로 이루어질 수 있을 뿐이다.

[2] 부동산 임대차에서 수수된 보증금은 차임채무, 목적물의 멸실·훼손 등으로 인한 손해배상채무 등 임대차에 따른 임차인의 모든 채무를 담보하는 것으로서, 이와 같은 피담보채무 상당액은 임대차관계 종료 후 목적물이 반환될 때에 특별한 사정이 없는 한 별도의 의사표시 없이 보증금에서 당연히 공제된다.

판례선정이유

제359조에서 "저당권의 효력은 저당부동산에 대한 압류가 있은 후에 저당권설정자가 그 부동산으로부터 수취한 과실 또는 수취할 수 있는 과실에 미친다"라고 규정하고 있지만, '경매개시결정의 기입등기의 전후와 관계없이 임차인이 연체한 모든 기간에 걸쳐 임대차보증금에서 차임채권이 당연히 공제된다'고 한 판결

332. 저당권의 효력 (2) : 저당권의 물상대위

(대법원 1999. 5. 14. 선고 98다62688 판결)

쟁점 저당권자의 물상대위권에 있어서 압류의 의미와 그 행사방법

판결요지

제370조, 제342조에 의한 저당권자의 물상대위권의 행사는 민사소송법 제733조에 의하여 담보권의 존재를 증명하는 서류를 집행법원에 제출하여 채권압류 및 전부명령을 신청하거나, 민사소송법 제580조에 의하여 배당요구를 하는 방법에 의하여 하는 것인바, 이는 늦어도 민사소송법 제580조 제1항에서 규정하고 있는 배당요구의 종기까지 하여야 하는 것이고, 저당권자의 물상대위권은 어디

까지나 그 권리실행의사를 저당권자 스스로 법원에 명확하게 표시하는 방법으로 저당권자 자신에 의하여 행사되어야 하는 것이지, 저당권자 아닌 다른 채권자나 제3채무자의 태도나 인식만으로 저당권자의 권리행사를 의제할 수는 없으므로, 저당권자 아닌 다른 채권자나 제3채무자가 저당권의 존재와 피담보채무액을 인정하고 있고, 나아가 제3채무자가 채무액을 공탁하고 공탁사유를 신고하면서 저당권자를 피공탁자로 기재하는 한편 저당권의 존재를 증명하는 서류까지 제출하고 있다 하더라도 그것을 저당권자 자신의 권리행사와 같이 보아 저당권자가 그 배당절차에서 다른 채권자들에 우선하여 배당 받을 수 있는 것으로 볼 수 없으며, 저당권자로서는 제3채무자가 공탁사유신고를 하기 이전에 스스로 담보권의 존재를 증명하는 서류를 제출하여 물상대위권의 목적채권을 압류하거나 법원에 배당요구를 한 경우에 한하여 공탁금으로부터 우선배당을 받을 수 있을 뿐이다.

판례선정이유

저당권의 물상대위에 있어서 압류의 의미를 두고 '가치의 변형물 위에 당연히 효력이 미친다'는 「가치권설」과 '물상대위는 담보물권으로부터 당연히 생기는 것이 아니고 법률이 담보물권자를 보호하기 위하여 압류를 요건으로 하여 특별히 인정하는 별개의 물권'이라고 파악하는 「물권설」의 다툼이 있는 바, 이에 대하여 「물권설」의 입장에서 물상대위권의 행사방법을 구체적으로 제시한 판결

333. 저당권의 효력 (3) : 일괄매각청구권

(대법원 2003. 4. 11. 선고 2003다3850 판결)

쟁점 저당권자의 일괄매각청구권의 요건

판결요지

제365조가 토지를 목적으로 한 저당권을 설정한 후 그 저당권설정자가 그 토지에 건물을 축조한 때에는 저당권자가 토지와 건물을 일괄하여 경매를 청구할 수 있도록 규정한 취지는, 저당권은 담보물의 교환가치의 취득을 목적으로 할 뿐 담보물의 이용을 제한하지 아니하여 저당권설정자로서는 저당권설정 후에도 그 지상에 건물을 신축할 수 있는데, 후에 그 저당권의 실행으로 토지가 제3자에게 경락될 경우에 건물을 철거하여야 한다면 사회경제적으로 현저한 불이익이 생기게 되어 이를 방지할 필요가 있으므로 이러한 이해관계를 조절하고, 저당권자에게도 저당토지상의 건물의 존재로 인하여 생기게 되는 경매의 어려움을 해소하여 저당권의 실행을 쉽게 할 수 있도록 한 데에 있다는 점에 비추어 볼 때, 저당지상의 건물에 대한 일괄경매청구권은 저당권설정자가 건물을 축조한 경우뿐만 아니라 저당권설정자로부터 저당토지에 대한 용익권을 설정 받은 자가 그 토지에 건물을 축조한 경우라도 그 후 저당권설정자가 그 건물의 소유권을 취득한 경우에는 저당권자는 토지와 함께 그 건물에 대하여 경매를 청구할 수 있다.

판례선정이유

'토지에 저당권을 설정한 자가 건물을 축조한 경우뿐만 아니라, 토지의 용익권을 설정 받은 자가 축조한 건물을 그 후 저당권설정자가 취득한 경우에도 저당권자의 일괄매각청구권이 인정된다'고 한 판결

334. 통정허위표시에 의한 근저당권 양도행위

(대법원 2016. 7. 29. 선고 2016다13710, 13727 판결)

쟁점 근저당권의 양도행위가 통정허위표시로 무효인 경우, 무효를 주장할 수 있는 이해관계 있는 제3자의 범위

판결요지

甲 소유의 부동산에 관하여 乙 등 명의의 가압류 등기와 丙 명의의 근저당권 설정등기가 순차적으로 마쳐진 후 丙의 근저당권에 관하여 계약양도를 원인으로 근저당권자를 丁으로 하는 근저당권 이전등기가 마쳐졌고, 그 후 丁의 경매신청에 따른 선행 임의경매개시결정과 乙 등의 경매신청에 따른 후행 강제경매개시결정이 내려져 선행 경매절차에서 乙 등과 丁만 배당을 받았는데, 乙 등이 丁을 상대로 근저당권 등 양도행위가 통정허위표시로서 무효라며 배당이의의 소를 제기하자, 丁이 근저당권 등 양도의 유·무효는 丙의 채권자들만 이해관계가 있고 乙 등은 이해관계가 없어 무효를 주장할 지위에 있지 않다고 주장한 사안에서, 배당이의의 소에서 원고는 원고의 이익이 되도록 배당표의 변경을 가져오게 하는 모든 사유를 주장할 수 있는데, 허위의 근저당권에 대하여 배당이 이루어진 경우 통정한 허위의 의사표시는 당사자 사이에서는 물론 제3자에 대하여도 무효이고, 다만 선의의 제3자에 대해서만 대항하지 못할 뿐이므로, 배당채권자인 乙 등은 근저당권 등 양도행위의 무효를 주장하여 그에 기한 채권의 존부, 범위, 순위에 관한 배당이의의 소를 제기할 수 있다.

판례선정이유

甲 소유의 부동산에 관하여 乙 등 명의의 가압류 등기와 丙 명의의 근저당권 설정등기가 순차적으로 마쳐진 후 丙의 근저당권에 관하여 계약양도를 원인으로 근저당권자를 丁으로 하는 근저당권 이전등기가 마쳐졌고, 그 후 丁의 경매신청에 따른 선행 임의경매개시결정과 乙 등의 경매신청에 따른 후행 강제경매개시결정이 내려져 선행 경매절차에서 乙 등과 丁만 배당을 받았는데, '이 경우 배당채권자 乙은 이해관계 있는 제3자로서 배당이의를 제기할 수 있다'고 밝힌 최초의 판결

335. 저당권의 소멸 (1) : 제3취득자의 변제
(대법원 2006. 1. 26. 선고 2005다17341 판결)

쟁점 후순위근저당권자는 제364조의 "제3취득자"가 될 수 있는지 여부

판결요지

제364조는 "저당부동산에 대하여 소유권, 지상권 또는 전세권을 취득한 제3자는 저당권자에게 그 부동산으로 담보된 채권을 변제하고 저당권의 소멸을 청구할 수 있다."고 규정하고 있다. 그러므로 근저당부동산에 대하여 제364조의 규정에 의한 권리를 취득한 제3자는 피담보채무가 확정된 이후에 채권최고액의 범위 내에서 그 확정된 피담보채무를 변제하고 근저당권의 소멸을 청구할 수 있으나, 근저당부동산에 대하여 후순위근저당권을 취득한 자는 제364조에서 정한 권리를 행사할 수 있는 제3취득자에 해당하지 아니하므로, 이러한 후순위근저당권자가 선순위근저당권의 피담보채무가 확정된 이후에 그 확정된 피담보채무를 변제한 것은 제469조의 규정에 의한 이해관계 있는 제3자의 변제로서 유효한 것인지 따져볼 수는 있을지언정 제364조의 규정에 따라 선순위근저당권의 소멸을 청구할 수 있는 사유로는 삼을 수 없다.

판례선정이유

'근저당부동산에 대하여 후순위근저당권을 취득한 자는 제364조에서 정한 권리를 행사할 수 있는 제3취득자에 해당하지 아니한다'는 점을 밝힌 판결

336. 저당권의 소멸 (2) : 제3취득자와 후순위저당권자의 우선순위
(대법원 2015. 3. 20. 선고 2012다99341 판결)

쟁점 선순위근저당권의 피담보채권이 말소된 후 이해관계 있는 제3취득자의 보호가 우선인가, 후순위저당권자가 우선인가

판결요지

공동저당의 목적부동산 중 먼저 경매된 부동산의 후순위저당권자가 다른 부동산에 공동저당의 대위등기를 하지 아니하고 있는 사이에 선순위저당권자 등에 의해 그 부동산에 관한 저당권등기가 말소된 경우, 그 상태에서 그 부동산에 관하여 소유권이나 저당권 등 새로 이해관계를 취득한 제3취득자에 대하여 후순위저당권자는 제368조 제2항에 따른 대위를 주장할 수 없다.

판례선정이유

공동저당의 목적부동산 중 먼저 경매된 부동산의 후순위저당권자가 다른 부동산에 공동저당의 대위등기를 하지 아니하고 있는 사이에 선순위저당권자 등에 의해 그 부동산에 관한 저당권등기가 말소된 경우, 그 상태에서 이해관계 있는 제3자가 등장하였을 때 후순위저당권자는 제368조 제2항에 따른 대위권을 행사할 수 없음을 밝힌 판결

337. 근저당권의 피담보채권의 확정

(대법원 1999. 9. 21. 선고 99다26085 판결)

쟁점 후순위 근저당권자가 경매를 신청한 경우, 선순위 근저당권자의 피담보채권액이 확정되는 시기

판결요지

당해 근저당권자는 저당부동산에 대하여 경매신청을 하지 아니하였는데 다른 채권자가 저당부동산에 대하여 경매신청을 한 경우, 민사소송법 제608조 제2항, 제728조의 규정에 따라 경매신청을 하지 아니한 근저당권자의 근저당권도 경락으로 인하여 소멸하므로, 다른 채권자가 경매를 신청하여 경매절차가 개시된 때로부터 경락으로 인하여 당해 근저당권이 소멸하게 되기까지의 어느 시점에서인가는 당해 근저당권의 피담보채권도 확정된다고 하지 아니할 수 없는데, 그 중 어느 시기에 당해 근저당권의 피담보채권이 확정되는가 하는 점에 관하여 우리 민법은 아무런 규정을 두고 있지 아니한바, 부동산 경매절차에서 경매신청기입등기 이전에 등기되어 있는 근저당권은 경락으로 인하여 소멸되는 대신에 그 근저당권자는 민사소송법 제605조가 정하는 배당요구를 하지 아니하더라도 당연히 그 순위에 따라 배당을 받을 수 있고, 이러한 까닭으로 선순위 근저당권이 설정되어 있는 부동산에 대하여 근저당권을 취득하는 거래를 하려는 사람들은 선순위 근저당권의 채권최고액만큼의 담보가치는 이미 선순위 근저당권자에 의하여 파악되어 있는 것으로 인정하고 거래를 하는 것이 보통이므로, 담보권 실행을 위한 경매절차가 개시되었음을 선순위 근저당권자가 안 때 이후의 어떤 시점에 선순위 근저당권의 피담보채무액이 증가하더라도 그와 같이 증가한 피담보채무액이 선순위 근저당권의 채권최고액 한도 안에 있다면 경매를 신청한 후순위 근저당권자가 예측하지 못한 손해를 입게 된다고 볼 수 없는 반면, 선순위 근저당권자는 자신이 경매신청을 하지 아니하였으면서도 경락으로 인하여 근저당권을 상실하게 되는 처지에 있으므로 거래의 안전을 해치지 아니하는 한도 안에서 선순위 근저당권자가 파악한 담보가치를 최대한 활용할 수 있도록 함이 타당하다는 관점에서 보면, 후순위 근저당권자가 경매를 신청한 경우 선순위 근저당권의 피담보채권은 그 근저당권이 소멸하는 시기, 즉 경락인이 경락대금을 완납한 때에 확정된다고 보아야 한다.

판례선정이유

근저당권은 그 담보할 채무의 최고액만을 정하고 채무의 확정을 장래에 보류하여 이를 설정할 수 있는 것인데, 그 피담보채권의 확정에 대하여 후순위근저당권자가 경매를 신청한 경우, 선순위근저당권의 피담보채권의 확정시기는 경락대금납부시라는 점을 밝힌 판결

338. 공동저당 (1) : 공동저당권과 법정지상권

(대법원 2003. 12. 18. 선고 98다43601 전원합의체 판결)

쟁점 동일인 소유의 토지와 그 지상 건물에 관하여 공동저당권이 설정된 후 그 건물이 철거되고 다른 건물이 신축된 경우, 저당물의 경매로 인하여 토지와 신축건물이 서로 다른 소유자에게 속하게 되면 제366조 소정의 법정지상권이 성립하는지 여부

판결요지

동일인의 소유에 속하는 토지 및 그 지상 건물에 관하여 공동저당권이 설정된 후 그 지상 건물이 철거되고 새로 건물이 신축된 경우에는 그 신축건물의 소유자가 토지의 소유자와 동일하고 토지의 저당권자에게 신축건물에 관하여 토지의 저당권과 동일한 순위의 공동저당권을 설정해 주는 등 특별한 사정이 없는 한 저당물의 경매로 인하여 토지와 그 신축건물이 다른 소유자에 속하게 되더라도 그 신축건물을 위한 법정지상권은 성립하지 않는다고 해석하여야 하는바, 그 이유는 동일인의 소유에 속하는 토지 및 그 지상 건물에 관하여 공동저당권이 설정된 경우에는, 처음부터 지상 건물로 인하여 토지의 이용이 제한 받는 것을 용인하고 토지에 대하여만 저당권을 설정하여 법정지상권의 가치만큼 감소된 토지의 교환가치를 담보로 취득한 경우와는 달리, 공동저당권자는 토지 및 건물 각각의 교환가치 전부를 담보로 취득한 것으로서, 저당권의 목적이 된 건물이 그대로 존속하는 이상은 건물을 위한 법정지상권이 성립해도 그로 인하여 토지의 교환가치에서 제외된 법정지상권의 가액 상당 가치는 법정지상권이 성립하는 건물의 교환가치에서 되찾을 수 있어 궁극적으로 토지에 관하여 아무런 제한이 없는 나대지로서의 교환가치 전체를 실현시킬 수 있다고 기대하지만, 건물이 철거된 후 신축된 건물에 토지와 동순위의 공동저당권이 설정되지 아니 하였는데도 그 신축건물을 위한 법정지상권이 성립한다고 해석하게 되면, 공동저당권자가 법정지상권이 성립하는 신축건물의 교환가치를 취득할 수 없게 되는 결과 법정지상권의 가액 상당 가치를 되찾을 길이 막혀 위와 같이 당초 나대지로서의 토지의 교환가치 전체를 기대하여 담보를 취득한 공동저당권자에게 불측의 손해를 입게 하기 때문이다.

판례선정이유

'동일인의 소유에 속하는 토지 및 그 지상 건물에 관하여 공동저당권이 설정된 후 그 지상 건물이 철거되고 새로 건물이 신축된 경우에는 그 신축건물의 소유자가 토지의 소유자와 동일하고 토지의 저당권자에게 신축건물에 관하여 토지의 저당권과 동일한 순위의 공동저당권을 설정해 주는 등 특별한 사정이 없는 한 저당물의 경매로 인하여 토지와 그 신축건물이 다른 소유자에 속하게 되더라도 그 신축건물을 위한 법정지상권은 성립하지 않는다'고 한 판결

339. 공동저당 (2) : 공동저당부동산에 대한 경매와 물상보증인의 지위

(대법원 1994. 5. 10. 선고 93다25417 판결)

쟁점 후순위저당권자 있는 공동저당부동산에 대한 경매와 물상보증인의 지위

판결요지

공동저당의 목적인 채무자 소유의 부동산과 물상보증인 소유의 부동산에 각각 채권자를 달리하는 후순위저당권이 설정되어 있는 경우, 물상보증인 소유의 부동산에 대하여 먼저 경매가 이루어져 그 경매대금의 교부에 의하여 1번 저당권자가 변제를 받은 때에는 물상보증인은 채무자에 대하여 구상권을 취득함과 동시에, 제481조, 제482조의 규정에 의한 변제자대위에 의하여 채무자 소유의 부동산에 대한 1번 저당권을 취득하고, 이러한 경우 물상보증인 소유의 부동산에 대한 후순위저당권자는 물상보증인에게 이전한 1번 저당권으로부터 우선하여 변제를 받을 수 있으며, 물상보증인이 수인인 경우에도 마찬가지라 할 것이므로(이 경우 물상보증인들 사이의 변제자대위의 관계는 제482조 제2항 제4호, 제3호에 의하여 규율될 것이다), 자기 소유의 부동산이 먼저 경매되어 1번 저당권자에게 대위변제를 한 물상보증인은 1번 저당권을 대위취득하고, 그 물상보증인 소유의 부동산의 후순위저당권자는 1번 저당권에 대하여 물상대위를 할 수 있다.

판례선정이유

'공동저당에 있어서 후순위저당권자의 대위와 물상보증인의 변제자대위가 충돌하는 경우, 물상보증인의 변제자대위가 우선한다'는 점을 밝힌 대표적 판결

340. 공동저당 (3) : 공동근저당권 (1)

(대법원 2017. 4. 26. 선고 2014다221777, 221784 판결)

쟁점 공동저당에 제공된 채무자 소유의 부동산과 물상보증인 소유의 부동산 가운데 물상보증인 소유의 부동산이 먼저 경매되어 매각대금에서 선순위공동저당권자가 변제를 받은 경우, 채무자가 물상보증인에 대한 반대채권으로 물상보증인의 구상금 채권과 상계함으로써 물상보증인 소유의 부동산에 대한 후순위저당권자에게 대항할 수 있는지 여부

판결요지

공동저당에 제공된 채무자 소유의 부동산과 물상보증인 소유의 부동산 가운데 물상보증인 소유의 부동산이 먼저 경매되어 매각대금에서 선순위공동저당권자가 변제를 받은 때에는 물상보증인은 채무자에 대하여 구상권을 취득함과 동시에 변제자대위에 의하여 채무자 소유의 부동산에 대한 선순위공동저당권을 대위취득한다. 물상보증인 소유의 부동산에 대한 후순위저당권자는 물상보증인이 대위취득한 채무자 소유의 부동산에 대한 선순위공동저당권에 대하여 물상대위를 할 수 있다. 이 경우에 채무자는 물상보증인에 대한 반대채권이 있더라도 특별한 사정이 없는 한 물상보증인의 구상금채권과 상계함으로써 물상보증인 소유의 부동산에 대한 후순위저당권자에게 대항할 수 없다. 채무자는 선순위공동저당권자가 물상보증인 소유의 부동산에 대해 먼저 경매를 신청한 경우에 비로소 상계할 것을 기대할 수 있는데, 이처럼 우연한 사정에 의하여 좌우되는 상계에 대한 기대가 물상보증인 소유의 부동산에 대한 후순위저당권자가 가지는 법적 지위에 우선할 수 없다.

판례선정이유

공동저당에 제공된 채무자 소유의 부동산과 물상보증인 소유의 부동산 가운데 물상보증인 소유의 부동산이 먼저 경매되어 매각대금에서 선순위공동저당권자가 변제를 받은 경우, 물상보증인이 채무자에 대하여 구상권을 취득함과 동시에 채무자 소유의 부동산에 대한 선순위공동저당권을 대위취득하는지 여부 및 물상보증인 소유의 부동산에 대한 후순위저당권자가 물상보증인이 대위취득한 채무자 소유의 부동산에 대한 선순위공동저당권에 대하여 물상대위를 할 수 있는지 여부, 이 경우 채무자가 물상보증인에 대한 반대채권으로 물상보증인의 구상금 채권과 상계함으로써 물상보증인 소유의 부동산에 대한 후순위저당권자에게 대항할 수 있는지에 대하여 종합적으로 정리한 판결

341. 공동저당 (4) : 공동근저당권 (2)

(대법원 2017. 12. 21. 선고 2013다16992 전원합의체 판결)

쟁점 공동근저당권자가 채무자 소유 부동산에서 우선변제 받은 경우, 물상보증인 소유의 다른 근저당부동산의 채권최고액이 감축되는지 여부

판결요지

공동저당권의 목적인 수 개의 부동산이 동시에 경매된 경우, 공동저당권자로서는 어느 부동산의 경매대가로부터 배당받든 우선변제권이 충족되기만 하면 되지만, 각 부동산의 소유자나 후순위 저당권자 그 밖의 채권자는 어느 부동산의 경매대가가 공동저당권자에게 배당되는지에 관하여 중대한 이해관계를 가진다. 제368조 제1항은 공동저당권 목적 부동산의 전체 환가대금을 동시에 배당하는 이른바 동시배당의 경우에 공동저당권자의 실행선택권과 우선변제권을 침해하지 아니하는 범위 내에서 각 부동산의 책임을 안분함으로써 각 부동산의 소유자와 후순위 저당권자 그 밖의 채권자의 이해관계를 조절하고, 나아가 같은 조 제2항은 대위제도를 규정하여 공동저당권의 목적부동산 중 일부의 경매대가를 먼저 배당하는 이른바 이시배당의 경우에도 최종적인 배당의 결과가 동시배당의 경우와 같게 함으로써 공동저당권자의 실행선택권 행사로 인하여 불이익을 입은 후순위 저당권자를 보호하는 데에 그 취지가 있다.

제368조는 공동근저당권의 경우에도 적용되고, 공동근저당권자가 스스로 근저당권을 실행한 경우는 물론이며 타인에 의하여 개시된 경매 · 공매 절차, 수용 절차 또는 회생 절차 등(이하 '경매 등의 환가절차'라 한다)에서 환가대금 등으로부터 다른 권리자에 우선하여 피담보채권의 일부에 대하여 배당받은 경우에도 적용된다.

공동근저당권이 설정된 목적 부동산에 대하여 동시배당이 이루어지는 경우에 공동근저당권자는 채권최고액 범위 내에서 피담보채권을 제368조 제1항에 따라 부동산별로 나누어 각 환가대금에 비례한 액수로 배당받으며, 공동근저당권의 각 목적 부동산에 대하여 채권최고액만큼 반복하여, 이른바 누적적으로 배당받지 아니한다. 그렇다면 공동근저당권이 설정된 목적 부동산에 대하여 이시배당이 이루어지는 경우에도 동시배당의 경우와 마찬가지로 공동근저당권자가 공동근저당권 목적 부동산의 각 환가대금으로부터 채권최고액만큼 반복하여 배당받을 수는 없다고 해석하는 것이 제368조 제1항 및 제2항의 취지에 부합한다.

그러므로 공동근저당권자가 스스로 근저당권을 실행하거나 타인에 의하여 개시된 경매 등의 환가절차를 통하여 공동담보의 목적 부동산 중 일부에 대한 환가대금 등으로부터 다른 권리자에 우선하여 피담보채권의 일부에 대하여 배당받은 경우에, 그와 같이 우선변제 받은 금액에 관하여는 공동담보의 나머지 목적부동산에 대한 경매 등의 환가절차에서 다시 공동근저당권자로서 우선변제권을 행사할 수 없다고 보아야 하며, 공동담보의 나머지 목적부동산에 대하여 공동근저당권자로서 행사할 수 있는 우선변제권의 범위는 피담보채권의 확정 여부와 상관없이 최초의 채권최고액에서 위와 같이 우선변제

받은 금액을 공제한 나머지 채권최고액으로 제한된다고 해석함이 타당하다. 그리고 이러한 법리는 채권최고액을 넘는 피담보채권이 원금이 아니라 이자 · 지연손해금인 경우에도 마찬가지로 적용된다.

판례선정이유

'공동근저당권자가 채무자 소유 부동산에서 우선변제 받은 경우, 물상보증인 소유의 다른 목적부동산의 채권최고액이 감축된다'는 점을 밝힌 최초의 판결

342. 공동저당 (5) : 공동근저당권 (3)

(대법원 2018. 7. 11. 선고 2017다292756 판결)

쟁점

[1] 채무자 소유 부동산과 물상보증인 소유 부동산에 공동근저당권이 설정된 후 공동담보의 목적 부동산 중 채무자 소유 부동산을 제3자에게 매각하여 그 대가로 피담보채권의 일부를 변제한 경우, 공동근저당권자가 그와 같이 변제받은 금액에 관하여 물상보증인 소유 부동산에 대한 경매 등의 환가절차에서 우선변제권을 행사할 수 있는지 여부

[2] 채무자 소유 부동산과 물상보증인 소유 부동산에 공동근저당권을 설정한 채권자가 공동담보 중 채무자 소유 부동산에 대한 담보 일부를 포기하거나 순위를 불리하게 변경하여 담보를 상실하게 하거나 감소하게 한 경우, 물상보증인이 그로 인하여 상환 받을 수 없는 한도에서 책임을 면하는지 여부 및 이 경우 공동근저당권자가 나머지 공동담보 목적물인 물상보증인 소유 부동산에 관한 경매절차에서, 물상보증인이 담보 상실 내지 감소로 인한 면책을 주장할 수 있는 한도에서 물상보증인 소유 부동산의 후순위 근저당권자에 우선하여 배당받을 수 없는지 여부

[3] 공동근저당의 목적 부동산 중 일부에 대한 경매절차에서 공동근저당권자가 선순위근저당권자로서의 자신의 채권 전액을 청구한 경우, 선순위근저당권자가 경매대가로부터 우선하여 변제받고 후순위근저당권자가 잔액으로부터 변제를 받는지 여부 및 이는 선순위근저당권자와 후순위근저당권자가 동일인이라도 마찬가지인지 여부

판결요지

[1] 공동근저당권자가 스스로 근저당권을 실행하거나 타인에 의하여 개시된 경매 등의 환가절차를 통하여 공동담보의 목적 부동산 중 일부에 대한 환가대금 등으로부터 다른 권리자에 우선하여 피담보채권의 일부를 배당받은 경우, 그와 같이 우선변제받은 금액에 관하여는 공동담보의 나머지 목적 부동산에 대한 경매 등의 환가절차에서 다시 공동근저당권자로서 우선변제권을 행사할 수 없다. 이러한 법리는 채무자 소유 부동산과 물상보증인 소유 부동산에 공동근저당권이 설정된 후 공동담보의 목적 부동산 중 채무자 소유 부동산을 임의환가하여 청산하는 경우, 즉 공동담보의 목적 부동산 중 채무자 소유 부동산을 제3자에게 매각하여 그 대가로 피담보채권의 일부를 변제하는

경우에도 적용되어, 공동근저당권자는 그와 같이 변제받은 금액에 관하여는 더 이상 물상보증인 소유 부동산에 대한 경매 등의 환가절차에서 우선변제권을 행사할 수 없다. 만일 위와 달리 공동근저당권자가 임의환가 방식을 통해 채무자 소유 부동산의 대가로부터 피담보채권의 일부를 변제받았음에도, 이후 공동근저당권의 다른 목적 부동산인 물상보증인 소유 부동산에 대한 경매 등의 환가절차에서 우선변제권을 행사할 수 있다고 보게 되면, 채무자 소유 부동산의 담보력을 기대하고 자기의 부동산을 담보로 제공한 물상보증인의 기대이익을 박탈하게 되는 것일 뿐만 아니라, 공동근저당권자가 담보 목적물로부터 변제받는 방법으로 임의환가 방식을 선택하였다는 이유만으로 물상보증인의 책임 범위가 달라지게 되어 형평에 어긋나기 때문이다.

[2] 물상보증인의 변제자대위에 대한 기대권은 제485조에 의하여 보호되어, 채권자가 고의나 과실로 담보를 상실하게 하거나 감소하게 한 때에는, 특별한 사정이 없는 한 물상보증인은 그 상실 또는 감소로 인하여 상환을 받을 수 없는 한도에서 면책 주장을 할 수 있다. 채권자가 물적 담보인 담보물권을 포기하거나 순위를 불리하게 변경하는 것은 담보의 상실 또는 감소행위에 해당한다. 따라서 채무자 소유 부동산과 물상보증인 소유 부동산에 공동근저당권을 설정한 채권자가 공동담보 중 채무자 소유 부동산에 대한 담보 일부를 포기하거나 순위를 불리하게 변경하여 담보를 상실하게 하거나 감소하게 한 경우, 물상보증인은 그로 인하여 상환받을 수 없는 한도에서 책임을 면한다. 그리고 이 경우 공동근저당권자는 나머지 공동담보 목적물인 물상보증인 소유 부동산에 관한 경매절차에서, 물상보증인이 위와 같이 담보 상실 내지 감소로 인한 면책을 주장할 수 있는 한도에서는, 물상보증인 소유 부동산의 후순위 근저당권자에 우선하여 배당받을 수 없다.

[3] 공동근저당의 목적 부동산 중 일부에 대한 경매절차에서, 공동근저당권자가 선순위근저당권자로서의 자신의 채권 전액을 청구하였다면, 제370조, 제333조, 제368조 제1항 전문의 규정에 따라 선순위근저당권자가 경매대가로부터 우선하여 변제받고, 후순위근저당권자는 잔액으로부터 변제를 받는 것이며, 이는 선순위근저당권자와 후순위근저당권자가 동일인이라고 하여 달라지는 것은 아니다.

판례선정이유

대법원 2017. 12. 21. 선고 2013다16992 전원합의체 판결에서 밝힌 법리를 채무자 소유 부동산과 물상보증인 소유 부동산에 공동근저당권이 설정된 후 공동담보의 목적 부동산 중 채무자 소유 부동산을 임의환가하여 청산하는 경우에도 적용됨을 명시한 판결

343. 가등기담보 (1) : 가등기담보법의 적용범위
(대법원 2004. 4. 27. 선고 2003다29968 판결)

쟁점 가등기나 소유권이전등기가 금전소비대차나 준소비대차에 기한 차용금반환채무와 그 외의 원인으로 발생한 채무를 동시에 담보할 목적으로 경료되었으나 그 후 금전소비대차나 준소비대차에 기한 차용금반환채무만이 남게 된 경우, 그 가등기담보나 양도담보에 가등기담보법이 적용되는지 여부

판결요지

가등기담보법은 차용물의 반환에 관하여 다른 재산권을 이전할 것을 예약한 경우에 적용되므로, 금전소비대차나 준소비대차에 기한 차용금반환채무 이외의 채무를 담보하기 위하여 경료된 가등기나 양도담보에는 위 법이 적용되지 아니하나, 금전소비대차나 준소비대차에 기한 차용금반환채무와 그 외의 원인으로 발생한 채무를 동시에 담보할 목적으로 경료된 가등기나 소유권이전등기라도 그 후 후자의 채무가 변제 기타의 사유로 소멸하고 금전소비대차나 준소비대차에 기한 차용금반환채무의 전부 또는 일부만이 남게 된 경우에는, 그 가등기담보나 양도담보에 가등기담보법이 적용된다.

판례선정이유

가등기담보권에 의하여 담보되는 채권이 소비대차에 기한 것에 한정된다는 종래의 판례의 입장을 취하면서도, 소비대차 및 그 이외의 원인으로 발생한 채무를 동시에 담보할 목적으로 경료된 가등기나 소유권이전등기에도 가등기담보법이 적용될 수 있음을 밝힌 판결

344. 가등기담보 (2) : 가등기담보권의 피담보채권
(대법원 2011. 7. 14. 선고 2011다28090 판결)

쟁점 가등기담보권 설정 후 이해관계 있는 제3자가 생긴 상태에서 새로운 약정으로 기존 가등기담보권에 피담보채권을 추가하거나 피담보채권의 내용을 변경, 확장하는 경우, 피담보채권으로 추가, 확장한 부분이 이해관계 있는 제3자에 대한 관계에서 우선변제권 있는 피담보채권에 포함되는지 여부

판결요지

[1] 채권자와 채무자가 가등기담보권설정계약을 체결하면서 가등기 이후에 발생할 채권도 후순위권리자에 대하여 우선변제권을 가지는 가등기담보권의 피담보채권에 포함시키기로 약정할 수

있고, 가등기담보권을 설정한 후에 채권자와 채무자의 약정으로 새로 발생한 채권을 기존 가등기담보권의 피담보채권에 추가할 수도 있으나, 가등기담보권 설정 후에 후순위권리자나 제3취득자 등 이해관계 있는 제3자가 생긴 상태에서 새로운 약정으로 기존 가등기담보권에 피담보채권을 추가하거나 피담보채권의 내용을 변경, 확장하는 경우에는 이해관계 있는 제3자의 이익을 침해하게 되므로, 이러한 경우에는 피담보채권으로 추가, 확장한 부분은 이해관계 있는 제3자에 대한 관계에서는 우선변제권 있는 피담보채권에 포함되지 않는다고 보아야 한다.

[2] 채무자 甲이 채권자 乙 명의로 차용금과 약정이익금을 피담보채권으로 하는 가등기를 설정해 주었는데, 가등기를 설정한 토지에 관하여 경매절차가 개시될 무렵 甲이 가등기권자인 乙과 위 차용금과 약정이익금의 합계액을 원금으로 하고 그에 대하여 이자 또는 지연손해금을 지급하기로 하는 내용의 차용증을 가등기 이전으로 소급하여 작성한 사안에서, 가등기 당시에 甲과 乙이 차용금과 약정이익금 외에 장래 발생할 채무도 가등기의 피담보채권에 포함시키기로 약정하였다거나 차용금과 약정이익금을 원본으로 하여 별도의 이자약정을 하였다는 사정을 인정할 수 없으므로, 가등기 설정 후에 위 토지 중 일부 지분에 관하여 소유권을 취득하거나 지분을 가압류함으로써 가등기에 관하여 이해관계를 가지게 된 자 또는 지분에 관한 가압류채권자에 대한 관계에서 위와 같이 가등기의 피담보채권으로 추가, 확장된 부분은 우선변제권 있는 피담보채권에 포함되지 않는다.

판례선정이유

양도담보와 마찬가지로 가등기담보에서도 가등기 이후에 발생할 채무를 피담보채무의 범위에 포함시키기로 한 약정도 유효하지만, 「신탁적 소유권 이전설」을 취하는 유동집합물 양도담보와 달리 가등기담보에서는 「담보물권설」을 취하고 있는 점을 잘 보여주는 판결

345. 가등기담보 (3) : 가등기담보권의 실행

(대법원 2002. 12. 10. 선고 2002다42001 판결)

쟁점 가등기담보법상의 청산절차를 거치지 않은 가등기에 기한 본등기의 효력

판결요지

[1] 가등기담보법이 제3조와 제4조에서 가등기담보권의 사적 실행방법으로 귀속정산의 원칙을 규정함과 동시에 제12조와 제13조에서 그 공적 실행방법으로 경매의 청구 및 우선변제청구권 등 처분정산을 별도로 규정하고 있는 점, 위 제4조가 제1항 내지 제3항에서 채권자의 청산금지급의무, 청산기간 경과와 본등기청구, 청산금의 지급의무와 부동산의 소유권이전등기 및 인도채무의 동시이행관계 등을 순차로 규정한 다음, 제4항에서 제1항 내지 제3항에 반하는 특약으로서 채무자 등에게

불리한 것은 그 효력이 없다(다만, 청산기간 경과 후에 행하여진 특약으로서 제3자의 권리를 해하지 아니하는 경우는 제외된다)고 규정하고 있는 점, 나아가 제11조는 채무자 등이 청산금채권을 변제받을 때까지 그 채무액을 채권자에게 지급하고 그 채권담보의 목적으로 경료된 소유권이전등기의 말소를 청구할 수 있다고 규정하고 있는 점 등을 종합하여 보면, 가등기담보권의 사적 실행에 있어서 채권자가 청산금의 지급 이전에 본등기와 담보목적물의 인도를 받을 수 있다거나 청산기간이나 동시이행관계를 인정하지 아니하는 처분정산형의 담보권실행은 가등기담보법상 허용되지 아니한다.

[2] 가등기담보법 제3조, 제4조의 각 규정에 비추어 볼 때, 그 각 규정을 위반하여 담보가등기에 기한 본등기가 이루어진 경우에는 그 본등기는 무효라고 할 것이고, 설령 그와 같은 본등기가 가등기권리자와 채무자 사이에 이루어진 특약에 의하여 이루어졌다고 할지라도 만일 그 특약이 채무자에게 불리한 것으로서 무효라고 한다면 그 본등기는 여전히 무효일 뿐, 이른바 약한 의미의 양도담보로서 담보의 목적 내에서는 유효하다고 할 것이 아니고, 다만 가등기권리자가 가등기담보법 제3조, 제4조에 정한 절차에 따라 청산금의 평가액을 채무자 등에게 통지한 후 채무자에게 정당한 청산금을 지급하거나 지급할 청산금이 없는 경우에는 채무자가 그 통지를 받은 날로부터 2월의 청산기간이 경과하면 위 무효인 본등기는 실체적 법률관계에 부합하는 유효한 등기가 될 수 있다.

[3] 가등기담보권자인 채권자가 청산기간이 경과하기 전 또는 가등기담보법 제6조 제1항에 의하여 채무자에게 청산통지를 하였다는 사실 등을 후순위권리자에게 통지하지 아니하고, 채무자에게 청산금을 지급한 경우에는 이로써 후순위권리자에게 대항할 수 없는 것이나, 이러한 채권자의 변제제한의 효력은 후순위권리자에게만 적용되는 상대적인 것이므로, 후순위권리자는 청산금채권이 아직 소멸하지 않은 것으로 보고 채권자에게 직접 권리를 행사할 수 있고 후순위권리자가 채권자에게 청산금을 지급하여 줄 것을 청구하게 되면 채권자로서는 청산금의 이중지급의 책임을 면할 수 없다는 취지일 뿐이지, 후순위권리자가 존재한다는 사유만으로 채무자에게 담보권의 실행을 거부할 권원을 부여하는 것은 아니다.

판례선정이유

가등기담보법상 청산절차를 거치지 아니한 본등기는 유효하고, 약한의미의 양도담보의 효력도 없다고 하고, 다만 가등기담보법 제3조, 제4조에 따라 청산금의 평가액을 채무자 등에게 통지한 후 채무자에게 정당한 청산금을 지급하거나 지급할 청산금이 없는 경우, 채무자가 통지받은 날로부터 2월을 경과하면 유효하다고 한 가등기담보의 효력에 관한 대표적인 판결

346. 가등기담보 (4) : 선순위 가압류채권과 가등기담보권과의 관계
(대법원 1992. 3. 27. 선고 91다44407 판결)

쟁점 가등기담보권에 대하여 선순위 및 후순위 가압류채권이 있는 경우, 경매에 의한 매각대금의 배당방법 및 선순위 가압류채권자와 후순위 가압류채권자가 동일한 경우의 배당방법

판결요지

가등기담보권자는 그 담보가등기가 경료된 부동산에 대하여 경매 등이 개시된 경우에 다른 채권자보다 자기 채권에 대하여 우선변제를 받을 권리가 있다고 할 것이고, 이 경우 그 순위에 관하여는 그 담보가등기권리를 저당권으로 보고 그 담보가등기가 경료된 때에 저당권설정등기가 행해진 것으로 보게 되므로, 가등기담보권에 대하여 선순위 및 후순위 가압류채권이 있는 경우 부동산의 경매에 의한 매득금 중 경매비용을 제외한 나머지 금원을 배당함에 있어 가등기담보권자는 선순위 가압류채권에 대하여는 우선변제권을 주장할 수 없어 그 피담보채권과 선순위 및 후순위 가압류채권에 대하여 1차로 채권액에 따른 안분비례에 의하여 평등배당을 하되, 담보가등기권자는 위 후순위 가압류채권에 대하여는 우선변제권이 인정되어 그 채권으로부터 받을 배당액으로부터 자기의 채권액을 만족시킬 때까지 이를 흡수하여 변제받을 수 있으며 선순위와 후순위 가압류채권이 동일인의 권리라 하여 그 귀결이 달라지는 것이 아니다.

판례선정이유

'가압류의 상대적 효력에 따라 가압류 후에 설정된 근저당권은 선행하는 가압류와 배당에 있어서 평등하게 배당받는 것과 후행하는 가압류에 대하여는 우선변제권에 따라 흡수하게 된다는 「안분후 흡수설」이 가등기담보권과 가압류채권의 관계에서도 타당하다'는 점을 밝힌 판결

347. 양도담보 (1) : 유동집합물양도담보 (1)
(대법원 2004. 11. 12. 선고 2004다22858 판결)

쟁점 유동집합물에 대한 양도담보의 효력이 미치는 목적물의 범위

판결요지

[1] 돈사에서 대량으로 사육되는 돼지를 집합물에 대한 양도담보의 목적물로 삼은 경우, 그 돼지는 번식, 사망, 판매, 구입 등의 요인에 의하여 증감 변동하기 마련이므로 양도담보권자가 그 때마다 별도의 양도담보권설정계약을 맺거나 점유개정의 표시를 하지 않더라도 하나의 집합물로서 동일성

을 잃지 아니한 채 양도담보권의 효력은 항상 현재의 집합물 위에 미치게 되고, 양도담보설정자로부터 위 목적물을 양수한 자가 이를 선의취득하지 못하였다면 위 양도담보권의 부담을 그대로 인수하게 된다.

[2] 돈사에서 대량으로 사육되는 돼지를 집합물에 대한 양도담보의 목적물로 삼은 경우, 위 양도담보권의 효력은 양도담보설정자로부터 이를 양수한 양수인이 당초 양수한 돈사 내에 있던 돼지들 및 통상적인 양돈방식에 따라 그 돼지들을 사육·관리하면서 돼지를 출하하여 얻은 수익으로 새로 구입하거나 그 돼지와 교환한 돼지 또는 그 돼지로부터 출산시켜 얻은 새끼돼지에 한하여 미치는 것이지 양수인이 별도의 자금을 투입하여 반입한 돼지에까지는 미치지 않는다.

[3] 유동집합물에 대한 양도담보계약의 목적물을 선의취득하지 못한 양수인이 그 양도담보의 효력이 미치는 목적물에다 자기 소유인 동종의 물건을 섞어 관리함으로써 당초의 양도담보의 효력이 미치는 목적물의 범위를 불명확하게 한 경우에는, 양수인으로 하여금 그 양도담보의 효력이 미치지 아니하는 물건의 존재와 범위를 입증하도록 하는 것이 공평의 원칙에 부합한다.

판례선정이유

돈사에서 대량으로 사육되는 돼지 등의 '유동집합물에 대한 양도담보계약이 체결된 경우, 양도담보권의 효력은 항상 현재의 집합물 위에 미치고, 양도담보설정자로부터 위 목적물을 양수한 자가 이를 선의취득하지 못하였다면 위 양도담보권의 부담을 그대로 인수하게 된다'는 법리를 최초로 정립한 판결

348. 양도담보 (2) : 유동집합물양도담보 (2)

(대법원 2016. 4. 28. 선고 2012다19659 판결)

쟁점 집합양도담보물에 제3자 소유물이 반입, 부합된 경우 부당이득의 문제

판결요지

[1] 재고상품, 제품, 원자재 등과 같은 집합물을 하나의 물건으로 보아 일정 기간 계속하여 채권담보의 목적으로 삼으려는 이른바 집합물에 대한 양도담보권설정계약에서는 담보목적인 집합물을 종류, 장소 또는 수량지정 등의 방법에 의하여 특정할 수 있으면 집합물 전체를 하나의 재산권 객체로 하는 담보권의 설정이 가능하므로, 그에 대한 양도담보권설정계약이 이루어지면 집합물을 구성하는 개개의 물건이 변동되거나 변형되더라도 한 개의 물건으로서의 동일성을 잃지 아니한 채 양도담보권의 효력은 항상 현재의 집합물 위에 미치고, 따라서 그러한 경우에 양도담보권자가 점유개정의 방법으로 양도담보권설정계약 당시 존재하는 집합물의 점유를 취득하면 그 후 양도담보

권설정자가 집합물을 이루는 개개의 물건을 반입하였더라도 별도의 양도담보권설정계약을 맺거나 점유개정의 표시를 하지 않더라도 양도담보권의 효력이 나중에 반입된 물건에도 미친다. 다만 양도담보권설정자가 양도담보권설정계약에서 정한 종류·수량에 포함되는 물건을 계약에서 정한 장소에 반입하였더라도 그 물건이 제3자의 소유라면 담보목적인 집합물의 구성부분이 될 수 없고 따라서 그 물건에는 양도담보권의 효력이 미치지 않는다.

[2] 제261조는 첨부에 관한 민법 규정에 의하여 어떤 물건의 소유권 또는 그 물건 위의 다른 권리가 소멸한 경우 이로 인하여 손해를 받은 자는 '부당이득에 관한 규정에 의하여 보상을 청구할 수 있다'고 규정하고 있는데, 여기서 '부당이득에 관한 규정에 의하여 보상을 청구할 수 있다'는 것은 법률효과만이 아니라 법률요건도 부당이득에 관한 규정이 정하는 바에 따른다는 의미이다.

[3] 부당이득반환청구에서 이득이란 실질적인 이익을 의미하는데, 동산에 대하여 양도담보권을 설정하면서 양도담보권설정자가 양도담보권자에게 담보목적인 동산의 소유권을 이전하는 이유는 양도담보권자가 양도담보권을 실행할 때까지 스스로 담보물의 가치를 보존할 수 있게 함으로써 만약 채무자가 채무를 이행하지 않더라도 채권자인 양도담보권자가 양도받은 담보물을 환가하여 우선변제 받는 데에 지장이 없도록 하기 위한 것이고, 동산양도담보권은 담보물의 교환가치 취득을 목적으로 하는 것이다. 이러한 양도담보권의 성격에 비추어 보면, 양도담보권의 목적인 주된 동산에 다른 동산이 부합되어 부합된 동산에 관한 권리자가 권리를 상실하는 손해를 입은 경우 주된 동산이 담보물로서 가치가 증가된 데 따른 실질적 이익은 주된 동산에 관한 양도담보권설정자에게 귀속되는 것이므로, 이 경우 부합으로 인하여 권리를 상실하는 자는 양도담보권설정자를 상대로 제261조에 따라 보상을 청구할 수 있을 뿐 양도담보권자를 상대로 보상을 청구할 수는 없다.

판례선정이유

'양도담보권의 목적인 주된 동산에 다른 동산이 부합되어 부합된 동산에 관한 권리자가 권리를 상실하는 손해를 입은 경우 주된 동산이 담보물로서 가치가 증가된 데 따른 실질적 이익은 주된 동산에 관한 양도담보권설정자에게 귀속되는 것이므로, 이 경우 부합으로 인하여 권리를 상실하는 자는 양도담보권설정자를 상대로 제261조에 따라 보상을 청구할 수 있을 뿐 양도담보권자를 상대로 보상을 청구할 수는 없다'는 점을 밝힌 판결

349. 양도담보 (3) : 양도담보권자의 점유부당이득의 성립 여부

(대법원 2018. 7. 12. 선고 2018다223269 판결)

쟁점 담보권자가 담보제공자 아닌 제3자 소유의 토지를 담보물로 이용한 경우, 현실적인 점유를 수반하지 아니하는 가치권의 이용만으로 담보권자에게 현실적인 이익이 있었다고 할 수 있는지 여부

판결요지

甲이 乙에게 건물 일부를 임대하였다가 차임 연체를 이유로 임대차계약을 해지하였는데, 해지통보가 도달한 후에도 乙이 임대차 목적물을 점유·사용하던 중 乙의 채권자인 丙이 乙로부터 임대차 목적물에 소재한 식당에 관한 일체의 권리를 양도담보로 제공받기로 한 사안에서, 양도담보권자인 丙이 임대차 목적물의 직접점유자인 乙을 점유매개자로 하여 임대차 목적물을 간접점유한 사실이 인정되므로, 丙은 甲에게 점유에 따른 부당이득을 반환할 의무가 없다.

판례선정이유

임차인의 차임연체를 이유로 임대차계약을 해지한 후에도 목적물인 건물의 일부를 계속 점유·사용하고 있던 임차인으로부터 일체의 권리를 양도담보로 제공받은 채권자에게 부당이득반환의무가 없음을 밝힌 최초의 판결

제 3 편

채 권

제1장 총 칙

제1절 채권의 목적

350. 특정물채권(1) : 매도인의 이행지체와 과실의 귀속
(대법원 1992. 4. 28. 선고 91다32527 판결)

쟁점 부동산매매에 있어 목적부동산을 제3자가 점유하고 있어 인도받지 아니한 매수인이 명도소송제기의 방편으로 미리 소유권이전등기를 경료받았으나 아직 매매대금을 완급하지 않은 경우, 부동산으로부터 발생하는 과실의 수취권자

판결요지

부동산매매에 있어 목적부동산을 제3자가 점유하고 있어 인도받지 아니한 매수인이 명도소송제기의 방편으로 미리 소유권이전등기를 경료받았다고 하여도 아직 매매대금을 완급하지 않은 이상 부동산으로부터 발생하는 과실은 매수인이 아니라 매도인에게 귀속되어야 한다.

판례선정이유

부동산매매계약에서 매도인이 아직 부동산을 인도하지 않았고 매수인도 매매대금을 완납하지 않았다면, 부동산의 과실은 제587조에 따라 매도인에게 귀속된다는 점을 밝힌 판결

351. 특정물채권(2) : 목적물 관리보존비의 부담
(대법원 1981. 5. 26. 선고 80다211 판결)

쟁점 특정물매매에 있어서 매도인의 목적물 관리보존비 부담의무와 매수인의 대금의 이자지급의무

판결요지

특정물의 매매에 있어서 그 목적물이 매수인에게 인도되지 아니하였으면 매수인이 대금지급을 지체하여도 매도인은 매수인에게 인도가 이루어지기 이전의 기간 동안의 목적물의 관리보존비의 상환이나 매매대금의 이자상당액의 손해배상청구를 할 수 없다.

판례선정이유

매도인이 매매목적물을 인도하지 않았다면 목적물의 과실을 수취할 수 있으므로, 매매목적물의 관리보존비용이나 매매대금의 지체로 인한 지연손해배상을 청구할 수 없음을 밝힌 판결

352. 특정물채권 (3) : 특정물과 종류물의 구분

(대법원 1962. 12. 16. 선고 67다1525 판결)

쟁점 특정물과 종류물의 구분 및 그 실익

판결요지

수임인이 위임사무를 처리함에 있어 받은 물건으로 위임인에게 인도할 목적물은 그것이 대체물이더라도 당사자 간에 있어서는 특정된 물건과 같은 것으로 보아야 할 것이다. 원고와 피고 사이에 비료수입 대행계약을 체결하고 피고가 원고를 위하여 비료수입업무를 대행하여 피고 명의로 수입한 비료를 원고에게 인도치 못하였음은 원·피고 사이에 다툼이 없는 이 사건에 있어서 원심이 그 대행계약이 대리권을 수반하지 않는 위임관계였던 관계로 피고 명의로 본건 비료를 수입하였다 하더라도, 수임자인 피고는 그 사무처리의 효과인 비료에 관한 권리를 위임자인 원고에게 이전할 의무가 있다 할 것이므로, 대행 수입된 비료는 목적물의 종류만을 정한 매매의 경우와는 달리 비록 그것이 대체물이라 하더라도 원고에 대한 이행의 목적물로 특정되었다고 할 것이다.

판례선정이유

특정물의 개념과 특정물 멸실에 따른 법률효과를 명확히 설시한 판결

353. 금전채권 (1) : 법정이율에 따른 지연배상에 대한 주장책임

(대법원 2000. 2. 11. 선고 99다49644 판결)

쟁점 금전채무 불이행을 원인으로 한 손해배상청구에 있어 법원이 채권자의 주장도 없이 제397조 소정의 지연이자 상당의 손해를 인용할 수 있는지 여부

판결요지

금전채무 불이행에 관한 특칙을 규정한 제397조는 그 이행지체가 있으면 지연이자 부분만큼의 손해가 있는 것으로 의제하려는 데에 그 취지가 있는 것이므로, 지연이자를 청구하는 채권자는 그 만큼의 손해가 있었다는 것을 증명할 필요가 없는 것이나, 그렇다고 하더라도 채권자가 금전채무의 불이행을 원인으로 손해배상을 구할 때에 지연이자 상당의 손해가 발생하였다는 취지의 주장은 하여야 하는 것이지 주장조차 하지 아니하여 그 손해를 청구하고 있다고 볼 수 없는 경우까지 지연이자 부분만큼의 손해를 인용해 줄 수는 없는 것이다.

판례선정이유

법원은 당사자인 채권자의 입증이 없더라도 법정이율에 해당하는 지연손해를 인정할 수 있지만, 최소한 당사자가 지연이자 상당의 손해가 발생하였다는 취지의 주장을 해야 지연손해배상을 인정할 수 있음을 밝힌 판결

354. 금전채권 (2) : 약정이율과 법정이율

(대법원 2009. 12. 24. 선고 2009다85342 판결)

쟁점 금전채무불이행의 손해배상액의 약정이율이 법정이율보다 낮은 경우, 법정이율에 의하여 지연손해금을 정해야 하는지 여부

판결요지

제397조 제1항은 본문에서 금전채무불이행의 손해배상액을 법정이율에 의할 것을 규정하고 그 단서에서 “그러나 법령의 제한에 위반하지 아니한 약정이율이 있으면 그 이율에 의한다”고 정한다. 이 단서규정은 약정이율이 법정이율 이상인 경우에만 적용되고, 약정이율이 법정이율보다 낮은 경우에는 그 본문으로 돌아가 법정이율에 의하여 지연손해금을 정할 것이다. 우선 금전채무에 관하여 아예 이자약정이 없어서 이자청구를 전혀 할 수 없는 경우에도 채무자의 이행지체로 인한 지연손해금은 법정이율에 의하여 청구할 수 있으므로, 이자를 조금이라도 청구할 수 있었던 경우에는 더욱이나 법정이율에 의한 지연손해금을 청구할 수 있다고 하여야 한다.

판례선정이유

‘금전채무불이행의 손해배상액의 약정이율이 법정이율보다 낮은 경우에는 제397조 제1항 단서를 적용하여 약정이율에 의할 것이 아니라 법정이율에 의하여 지연손해금을 산정하여야 한다’는 점을 밝힌 판결

355. 이자채권 (1) : 반사회질서행위에 해당하는 이자약정과 불법원인급여

(대법원 2007. 2. 15. 선고 2004다50426 전원합의체 판결)

쟁점 [1] 금전소비대차계약의 당사자 사이의 경제력 차이로 인하여 이율이 사회통념상 허용되는 한도를 초과하여 현저하게 고율로 정해진 경우, 그 부분 이자 약정의 효력
[2] 선량한 풍속 기타 사회질서에 위반하여 무효인 부분의 이자 약정을 원인으로 차주가 대주에게 임의로 지급한 이자의 반환을 청구할 수 있는지 여부

판결요지

[1] 금전 소비대차계약과 함께 이자의 약정을 하는 경우, 양쪽 당사자 사이의 경제력의 차이로 인하여 그 이율이 당시의 경제적·사회적 여건에 비추어 사회통념상 허용되는 한도를 초과하여 현저하게 고율로 정하여졌다면, 그와 같이 허용할 수 있는 한도를 초과하는 부분의 이자 약정은 대주가 그의 우월한 지위를 이용하여 부당한 이득을 얻고 차주에게는 과도한 반대급부 또는 기타의 부당한 부담을 지우는 것이므로, 선량한 풍속 기타 사회질서에 위반한 사항을 내용으로 하는 법률행위로서 무효이다.

[2] 선량한 풍속 기타 사회질서에 위반하여 무효인 부분의 이자 약정을 원인으로 차주가 대주에게 임의로 이자를 지급하는 것은 통상 불법의 원인으로 인한 재산 급여라고 볼 수 있을 것이나, 불법원인급여에 있어서도 그 불법원인이 수익자에게만 있는 경우이거나 수익자의 불법성이 급여자의 그것보다 현저히 커서 급여자의 반환청구를 허용하지 않는 것이 오히려 공평과 신의칙에 반하게 되는 경우에는 급여자의 반환청구가 허용되므로, 대주가 사회통념상 허용되는 한도를 초과하는 이율의 이자를 약정하여 지급받은 것은 그의 우월한 지위를 이용하여 부당한 이득을 얻고 차주에게는 과도한 반대급부 또는 기타의 부당한 부담을 지우는 것으로서 그 불법의 원인이 수익자인 대주에게만 있거나 또는 적어도 대주의 불법성이 차주의 불법성에 비하여 현저히 크다고 할 것이어서 차주는 그 이자의 반환을 청구할 수 있다.

판례선정이유

현행 이자제한법 제정 이전의 판결이기는 하나, 반사회질서행위로서 무효인 부분의 이자약정을 무효라고 판시하고, 이 경우 차주가 대주에게 임의로 지급한 이자의 반환을 청구할 수 있는지 여부에 대하여 제746조의 불법원인급여의 법리가 적용되지 않는다고 한 판결

356. 이자채권 (2) : 약정이자 및 법정이자의 지급청구
(대법원 2007. 3. 15. 선고 2006다73072 판결)

쟁점 대여금에 대한 약정이자의 지급 청구에는 상법 소정의 법정이자의 지급을 구하는 취지도 포함되어 있는지 여부

판결요지

대여금에 대한 약정이자의 지급 청구에는 상법 소정의 법정이자의 지급을 구하는 취지도 포함되어 있다고 보아야 하므로, 법원으로서는 이자 지급약정이 인정되지 않는다 하더라도 곧바로 위 청구를 배척할 것이 아니라 법정이자 청구에 대하여도 판단하여야 한다.

판례선정이유

약정이자의 지급청구에는 법정이자의 지급을 구하는 취지도 포함되어 있다고 한 판결

357. 외화채권
(대법원 1991. 3. 12. 선고 90다2147 전원합의체 판결)

쟁점 채권액이 외국통화로 지정된 금전채권의 외화채권을 채권자가 우리나라 통화로 환산하여 청구하는 경우의 환산기준 시기

판결요지

채권액이 외국통화로 지정된 금전채권인 외화채권을 채무자가 우리나라 통화로 변제함에 있어서는 제378조가 그 환산시기에 관하여 외화채권에 관한 제376조, 제377조 제2항의 "변제기"라는 표현과는 다르게 "지급할 때"라고 규정한 취지에서 새겨 볼 때, 그 환산시기는 이행기가 아니라 현실로 이행하는 때, 즉 현실이행시의 외국환시세에 의하여 환산한 우리나라 통화로 변제하여야 한다고 풀이함이 상당하므로, 채권자가 위와 같은 외화채권을 대용급부의 권리를 행사하여 우리나라 통화로 환산하여 청구하는 경우에도 법원이 채무자에게 그 이행을 명함에 있어서는 채무자가 현실로 이행할 때에 가장 가까운 사실심 변론종결 당시의 외국환 시세를 우리나라 통화로 환산하는 기준시로 삼아야 한다.

판례선정이유

외화채권에 있어서 채무자의 대용급부권을 인정한 378조의 규정을 확대해석하여 채권자의 대용급부권을 인정하고, 그 기준시기에 관하여 "지급할 때"의 의미를 '현실로 지급할 때'로 해석한 판결

358. 선택채권 : 소멸시효의 기산점

(대법원 1965. 8. 24. 선고 64다1156 판결)

쟁점 무권대리인의 상대방이 갖는 계약의 이행 또는 손해배상청구권의 소멸시효의 기산점

판결요지

타인의 대리인으로 계약을 한 자가 그 대리권을 증명하지 못하고 또 본인의 추인을 얻지 못한 때에는 상대방의 선택에 좇아 계약의 이행 또는 손해배상의 책임이 있는 것인바, 이 상대방이 가지는 계약이행 또는 손해배상청구권의 소멸시효는 그 선택권을 행사할 수 있는 때로부터 진행한다 할 것이고, 또 선택권을 행사할 수 있는 때라고 함은 대리권의 증명 또는 본인의 추인을 얻지 못한 때라고 할 것이다.

판례선정이유

무권대리인에 대한 계약이행청구권 또는 손해배상청구권은 선택채권에 해당하며, 소멸시효는 선택권을 행사할 수 있는 시점부터 진행한다는 점을 밝힌 판결

359. 결과채무와 수단채무의 구별 : 진료채무의 법적 성질

(대법원 1988. 12. 13. 선고 85다카1491 판결)

쟁점 의사가 환자에게 부담하는 진료채무의 법적 성질

판결요지

의사가 환자에게 부담하는 진료채무는 질병의 치유와 같은 결과를 반드시 달성해야 할 결과채무가 아니라 환자의 치유를 위하여 선량한 관리자의 주의의무를 가지고 현재의 의학수준에 비추어 필요하고 적절한 진료조치를 다해야 할 책무 이른바 수단채무라고 보아야 하므로, 진료의 결과를 가지고 바로 진료채무불이행사실을 추정할 수는 없으며, 이러한 이치는 진료를 위한 검사행위에 있어서도 마찬가지다.

판례선정이유

'의사의 진료채무는 치료의 결과를 발생시킬 의무가 아니라, 환자의 치유를 위하여 선량한 관리자의 주의의무를 가지고 현재의 의학수준에 비추어 필요하고 적절한 진료조치를 다해야 할 수단채무' 임을 밝힌 최초의 판결

제2절 채권의 효력

360. 신의칙상의 부수적 의무 (1) : 고지의무

(대법원 2014. 7. 24. 선고 2013다97076 판결)

쟁점 재산적 거래관계에서 신의칙상 거래 상대방에게 고지의무를 부담하는 경우

판결요지

재산적 거래관계에 있어서 계약의 일방 당사자가 상대방에게 계약의 효력에 영향을 미치거나 상대방의 권리 확보에 위험을 가져올 수 있는 구체적 사정을 고지하였다면 상대방이 계약을 체결하지 아니하거나 적어도 그와 같은 내용 또는 조건으로 계약을 체결하지 아니하였을 것임이 경험칙상 명백한 경우, 계약 당사자는 신의성실의 원칙상 상대방에게 미리 그와 같은 사정을 고지할 의무가 있다. 그러나 이때에도 상대방이 고지의무의 대상이 되는 사실을 이미 알고 있거나 스스로 이를 확인할 의무가 있는 경우 또는 거래 관행상 상대방이 당연히 알고 있을 것으로 예상되는 경우 등에는 상대방에게 위와 같은 사정을 알리지 아니하였다고 하여 고지의무를 위반하였다고 볼 수 없다.

판례선정이유

재산적 거래관계에 있어서 신의칙에 기한 고지의무의 인정 여부에 대한 판단기준을 제시한 판결

361. 신의칙상의 부수적 의무 (2) : 보호의무

(대법원 1994. 1. 28. 선고 93다43590 판결)

쟁점 숙박업자의 투숙객에 대한 보호의무의 내용과 이를 위반한 경우의 책임

판결요지

공중접객업인 숙박업을 경영하는 자가 투숙객과 체결하는 숙박계약은 숙박업자가 고객에게 숙박을 할 수 있는 객실을 제공하여 고객으로 하여금 이를 사용할 수 있도록 하고 고객으로부터 그 대가를 받는 일종의 일시사용을 위한 임대차계약으로서, 여관의 객실 및 관련시설, 공간은 오로지 숙박업자의 지배 아래 놓여 있는 것이므로 숙박업자는 통상의 임대차와 같이 단순히 여관의 객실 및 관련시설을 제공하여 고객으로 하여금 이를 사용수익하게 할 의무를 부담하는 것에서 한 걸음 더 나아가 고객에게 위험이 없는 안전하고 편안한 객실 및 관련시설을 제공함으로써 고객의 안전을 배려하여야 할 보호의무를 부담하며, 이러한 의무는 숙박계약의 특수성을 고려하여 신의칙상 인정되는 부수적인 의무로서 숙박업자가 이를 위반하여 고객의 생명, 신체를 침해하여 손해를 입힌 경우 불완전이행으로 인한 채무불이행책임을 부담한다.

판례선정이유

'숙박업자는 고객에게 위험이 없는 안전하고 편안한 객실 및 관련시설을 제공함으로써 고객의 안전을 배려하여야 할 보호의무를 부담하며, 이러한 의무는 숙박계약의 특수성을 고려하여 신의칙상 인정되는 부수적인 의무로서 숙박업자가 이를 위반하여 고객의 생명, 신체를 침해하여 손해를 입힌 경우 불완전이행으로 인한 채무불이행책임을 부담한다'는 점을 밝힌 최초의 판결

362. 제3자에 의한 채권침해 : 손해배상

(대법원 1975. 5. 13. 선고 73다1244 판결)

쟁점 제3자에 의한 채권침해와 불법행위책임

판결요지

제3자에 의한 채권침해가 불법행위를 구성할 수 있다 함은 시인되지만 제3자의 채권침해가 반드시 언제나 불법행위가 되는 것은 아니고 채권침해의 태양에 따라 그 성립여부를 구체적으로 검토하여 정하여야 할 문제이다. 본건의 경우 피고들의 소외인의 돈을 가로챈 사실행위로는 채권자인 원고의 동 소외인에 대한 채권이 소멸된 것이 아니고 소외인의 책임재산이 감소되었을 뿐으로서 원고는 간접적 손해를 본데 불과하므로 불법행위가 성립된다고 하기 어렵다.

판례선정이유

제3자에 의한 채무자의 책임재산 감소행위는 채권자에 대한 불법행위가 될 수 없다고 한 판결

363. 제3자에 의한 채권침해 : 방해배제
(대법원 2001. 5. 8. 선고 99다38699 판결)

쟁점 제3자에 의한 채권침해를 이유로 한 방해배제청구권을 행사할 수 있는지 여부

판결요지

[1] 정유업체 甲이 한국도로공사와의 계약에 따라 고속도로상의 특정 주유소에 자사의 상표를 표시하고 자사의 석유제품을 공급할 권리를 취득하였다 하더라도 이는 채권적 권리에 불과하여 대세적인 효력이 없으므로, 한국도로공사와 위 주유소에 관한 운영계약을 체결한 제3자가 위 주유소에 정유업체 乙의 상호와 상표를 표시하고 그 석유제품을 공급받음으로써 甲의 권리를 사실상 침해하였다는 사정만으로 甲이 제3자인 주유소 운영권자에게 乙과 관련된 시설의 철거나 상호·상표 등의 말소 및 乙 석유제품의 판매금지 등을 구할 수는 없다.

[2] 제3자에 의한 채권침해가 불법행위를 구성할 수는 있으나, 제3자의 채권침해가 반드시 언제나 불법행위가 되는 것은 아니고 채권침해의 태양에 따라 그 성립 여부를 구체적으로 검토하여 정하여야 하는바, 독립한 경제주체 간의 경쟁적 계약관계에 있어서는 단순히 제3자가 채무자와 채권자 간의 계약내용을 알면서 채무자와 채권자 간에 체결된 계약에 위반되는 내용의 계약을 체결한 것만으로는 제3자의 고의·과실 및 위법성을 인정하기에 부족하고, 제3자가 채무자와 적극 공모하였다거나 또는 제3자가 기망·협박 등 사회상규에 반하는 수단을 사용하거나 채권자를 해할 의사로 채무자와 계약을 체결하였다는 등의 특별한 사정이 있는 경우에 한하여 제3자의 고의·과실 및 위법성을 인정하여야 한다.

[3] 한국도로공사와 정유업체 甲사이에 고속도로상의 특정 주유소에 대한 甲의 석유제품공급권을 부여하는 계약이 체결되었으나, 한국도로공사로부터 위 주유소의 운영권을 임차한 자가 甲과의 관계가 악화되자 다른 정유업체로부터 석유제품을 공급받아 판매하고 다른 정유업체의 상호와 상표를 사용하여 주유소를 운영하면서, 한국도로공사의 고속도로 주유소에 대한 석유제품 공급업체 지정행위가 불공정거래행위라는 공정거래위원회의 시정권고에 따라 한국도로공사와 석유제품 공급업체 지정조항을 삭제하는 주유소운영계약을 체결한 경우, 주유소 운영자의 위와 같은 주유소 운영행위 및 계약체결행위는 甲의 석유제품공급권을 침해하기 위해 한국도로공사와 적극적인 공모에 의해 이루어진 것도 아니고 그 수단이나 목적이 사회상규에 반하는 것도 아니어서 위법하지 않다.

판례선정이유

제3자에 의한 채권침해의 경우, 채권 자체의 효력으로서 침해배제청구권은 인정될 수 없음을 밝힌 판결

364. 채무불이행의 유형 (1) : 이행지체의 성립 (1)

(대법원 1972. 11. 14. 선고 72다1159 판결)

쟁점 쌍무계약에 있어서 당사자 일방의 요청에 의하여 이행기가 연기되었으나 연기된 이행기일에도 당사자 쌍방의 의무이행이 없는 경우, 양 당사자의 채무불이행이 성립하는지 여부

판결요지

동시이행관계에 있는 쌍무계약에 있어서 당사자 일방의 요청에 의하여 계약이행기일을 연기한 경우에도 연기된 이행기일에 당사자쌍방의 의무이행이 없으면 동 쌍무계약은 이행기일의 정함이 없는 것으로서 존속한다.

판례선정이유

'쌍무계약에서 당사자 일방의 요청에 의하여 이행기일이 연기되었으나 연기된 이행기일에 당사자 쌍방의 의무이행이 없으면, 동 쌍무계약은 이행기일의 정함이 없는 것으로서 존속한다'는 점을 밝힌 판결

365. 채무불이행의 유형 (2) : 이행지체의 성립 (2)

(대법원 1994. 12. 13. 선고, 93다951 판결)

쟁점 채권의 가압류가 있는 경우, 제3채무자가 이행지체책임을 면하는지 여부 및 제3채무자가 제487조의 규정에 의한 변제공탁을 할 수 있는지 여부

판결요지

[1] 채권의 가압류는 제3채무자에 대하여 채무자에게 지급하는 것을 금지하는 데 그칠 뿐 채무 그 자체를 면하게 하는 것이 아니고, 가압류가 있다 하여도 그 채권의 이행기가 도래한 때에는 제3채무자는 그 지체책임을 면할 수 없다고 보아야 할 것이다.

[2] 위 [1]의 경우, 가압류에 불구하고 제3채무자가 채무자에게 변제를 한 때에는 나중에 채권자에게 이중으로 변제하여야 할 위험을 부담하게 되므로, 제3채무자로서는 제487조의 규정에 의하여 공탁을 함으로써 이중변제의 위험에서 벗어나고 이행지체의 책임도 면할 수 있다고 보아야 할 것이다. 왜냐하면 민법상의 변제공탁은 채무를 변제할 의사와 능력이 있는 채무자로 하여금 채권자의 사정으로 채무관계에서 벗어나지 못하는 경우를 대비할 수 있도록 마련된 제도로서, 그 제487조 소정의 변제공탁의 요건인 "채권자가 변제를 받을 수 없는 때"의 변제라 함은 채무자로 하여금 종국적으로 채무를 면하게 하는 효과를 가져다주는 변제를 의미하는 것이므로, 채권이 가압류된

경우와 같이 형식적으로는 채권자가 변제를 받을 수 있다고 하더라도 채무자에게 여전히 이중변제의 위험부담이 남는 경우에는 마찬가지로 "채권자가 변제를 받을 수 없는 때"에 해당한다고 보아야 할 것이기 때문이다. 그리고 제3채무자가 이와 같이 채권의 가압류를 이유로 변제공탁을 한 때에는 그 가압류의 효력은 채무자의 공탁금출급청구권에 대하여 존속한다고 할 것이므로, 그로 인하여 가압류 채권자에게 어떤 불이익이 있다고도 할 수 없다.

판례선정이유

채권이 가압류된 경우에도 채무자의 이행지체책임의 성립에는 영향이 없다는 점과 제3채무자는 이중변제의 위험을 피하기 위하여 변제공탁을 함으로써 채무를 면할 수 있음을 밝힌 판결

366. 채무불이행의 유형 (3) : 이행지체 (3)

(대법원 1998. 3. 13. 선고 97다54604, 54611 판결)

쟁점 쌍무계약에서 쌍방의 채무가 동시이행관계에 있는 경우, 동시이행의 항변권을 행사하여야만 지체책임을 면하는지 여부

판결요지

[1] 쌍무계약에서 쌍방의 채무가 동시이행관계에 있는 경우, 일방의 채무의 이행기가 도래하더라도 상대방 채무의 이행제공이 있을 때까지는 그 채무를 이행하지 않아도 이행지체의 책임을 지지 않는 것이고, 이와 같은 효과는 이행지체의 책임이 없다고 주장하는 자가 반드시 동시이행의 항변권을 행사하여야만 발생하는 것은 아니다.

[2] 매수인이 선이행의무 있는 중도금을 지급하지 않았다 하더라도 계약이 해제되지 않은 상태에서 잔대금 지급기일이 도래하여 그 때까지 중도금과 잔대금이 지급되지 아니하고 잔대금과 동시이행관계에 있는 매도인의 소유권이전등기 소요서류가 제공된 바 없이 그 기일이 도과하였다면, 특별한 사정이 없는 한 매수인의 중도금 및 잔대금의 지급과 매도인의 소유권이전등기 소요서류의 제공은 동시이행관계에 있다 할 것이어서, 그 때부터는 매수인은 중도금을 지급하지 아니한 데 대한 이행지체의 책임을 지지 아니한다.

판례선정이유

이행지체의 성립요건인 이행기의 도래와 관련하여, '쌍무계약에서 양 당사자의 채무가 동시이행관계에 있는 경우에는 일방 당사자의 채무의 이행기가 도래하더라도 상대방 채무의 이행제공이 있을 때까지는 그 채무를 이행하지 않아도 이행지체의 책임이 발생하지 않는다'는 법리를 밝힌 판결

367. 채무불이행의 유형 (4) : 이행불능 (1)

(대법원 2006. 6. 16. 선고 2005다39211 판결)

쟁점 [1] 매도인이 매매목적물의 원소유자에 대하여 가지는 소유권이전등기청구권 또는 분양권에 대하여 가압류 또는 처분금지가처분 집행이 되어 있는 경우, 매매에 따른 소유권이전등기가 불가능한 것인지 여부

[2] 매도인이 원소유자에 대하여 가지는 소유권이전등기청구권에 대하여 마쳐진 가압류 또는 가처분 집행을 모두 해제할 수 없는 무자력 상태에 있다고 인정되는 경우, 매수인이 매도인의 소유권이전등기의무가 이행불능임을 이유로 매매계약을 해제할 수 있는지 여부

판결요지

[1] 채무의 이행이 불능이라는 것은 단순히 절대적 · 물리적으로 불능인 경우가 아니라 사회생활에 있어서의 경험법칙 또는 거래상의 관념에 비추어 볼 때 채권자가 채무자의 이행의 실현을 기대할 수 없는 경우를 말하는 것인바, 매매목적물에 대하여 가압류 또는 처분금지가처분 집행이 되어 있다고 하여 매매에 따른 소유권이전등기가 불가능한 것은 아니며, 이러한 법리는 가압류 또는 가처분집행의 대상이 매매목적물 자체가 아니라 매도인이 매매목적물의 원소유자에 대하여 가지는 소유권이전등기청구권 또는 분양권인 경우에도 마찬가지이다.

[2] 매도인의 소유권이전등기청구권이 가압류되어 있거나 처분금지가처분이 있는 경우에는 그 가압류 또는 가처분의 해제를 조건으로 하여서만 소유권이전등기절차의 이행을 명받을 수 있는 것이어서, 매도인은 그 가압류 또는 가처분을 해제하지 아니하고서는 매도인 명의의 소유권이전등기를 마칠 수 없고, 따라서 매수인 명의의 소유권이전등기도 경료하여 줄 수 없다고 할 것이므로, 매도인이 그 가압류 또는 가처분 집행을 모두 해제할 수 없는 무자력의 상태에 있다고 인정되는 경우에는 매수인이 매도인의 소유권이전등기의무가 이행불능임을 이유로 매매계약을 해제할 수 있다.

판례선정이유

'매매목적물의 원소유자에 대하여 가지는 매도인의 소유권이전등기청구권 또는 분양권에 대하여 가압류 또는 처분금지가처분 집행이 되어 있는 경우에도 매도인의 소유권이전의무가 이행불능이라고 할 수 없다'고 할 수는 없으나, '그 가압류 또는 가처분을 해제하지 아니하고서는 매도인은 매수인 명의의 소유권이전등기를 경료하여 줄 수 없으므로, 매도인이 그 가압류 또는 가처분 집행을 모두 해제할 수 없는 무자력의 상태에 있는 경우에는, 매수인은 매도인의 소유권이전등기의무가 이행불능을 이유로 매매계약을 해제할 수 있다'는 점을 밝힌 판결

368. 채무불이행의 유형 (5) : 이행불능 (2)

(대법원 1996. 6. 25. 선고 95다6601 판결)

쟁점 쌍무계약의 당사자 쌍방의 급부가 모두 이행불능이 된 경우, 당사자 일방이 상대방에 대하여 대상청구권을 행사할 수 있는지 여부

판결요지

쌍무계약의 당사자 일방이 상대방의 급부가 이행불능이 된 사정의 결과로 상대방이 취득한 대상에 대하여 급부청구권을 행사할 수 있다고 하더라도, 그 당사자 일방이 대상청구권을 행사하려면 상대방에 대하여 반대급부를 이행할 의무가 있는바, 이 경우 당사자 일방의 반대급부도 그 전부가 이행불능이 되거나 그 일부가 이행불능이 되고 나머지 잔부의 이행만으로는 상대방의 계약목적을 달성할 수 없는 등 상대방에게 아무런 이익이 되지 않는다고 인정되는 때에는, 상대방이 당사자 일방의 대상청구를 거부하는 것이 신의칙에 반한다고 볼 만한 특별한 사정이 없는 한, 당사자 일방은 상대방에 대하여 대상청구권을 행사할 수 없다.

판례선정이유

'쌍무계약의 당사자 일방이 대상청구권을 행사하려면 상대방에 대하여 반대급부를 이행할 의무가 있는바, 이 경우 당사자 일방의 반대급부도 이행불능이 된 경우에는 대상청구권을 행사할 수 없다'는 점을 밝힌 판결

369. 채무불이행의 유형 (6) : 이행거절

(대법원 2011. 2. 10. 선고 2010다77385 판결)

쟁점 이른바 '이행거절'로 인한 계약해제의 요건

판결요지

[1] 채무불이행에 의한 계약해제에서 미리 이행하지 아니할 의사를 표시한 경우로서 이른바 '이행거절'로 인한 계약해제의 경우에는 상대방의 최고 및 동시이행관계에 있는 자기 채무의 이행제공을 요하지 아니하여 이행지체 시의 계약해제와 비교할 때 계약해제의 요건이 완화되어 있는바, 명시적으로 이행거절의사를 표명하는 경우 외에 계약 당시나 계약 후의 여러 사정을 종합하여 묵시적 이행거절의사를 인정하기 위하여는 그 거절의사가 정황상 분명하게 인정되어야 한다.

[2] 甲이 乙로부터 토지와 건물의 소유권을 이전받는 대가로 토지에 설정된 근저당권의 피담보채무 등을 인수하기로 약정을 하였으나, 乙이 토지에 관하여 丙 명의로 소유권이전등기청구권가등기를 경료한 채 위 약정에 따른 소유권이전등기를 지체하자 甲이 토지에 관한 가압류를 신청한 사안에서, 甲과 乙 사이에 약정을 해제하기로 하는 합의가 성립하였다거나 甲에게 계약을 실현할 의사가 없거나 계약을 포기할 의사가 있다고 볼 수 없고, 또한 가압류신청 전후의 여러 사정을 감안하면 가압류신청서를 제출한 사실만으로 甲의 이행거절의사가 명백하고 종국적으로 표시되었다고 단정하기도 어려우므로, 위 약정이 합의해제되었다거나 甲의 이행거절로 해제되었다고 볼 수 없다.

판례선정이유

이른바 '이행거절'로 인한 계약해제의 요건을 명확히 밝힌 판결

370. 채권자지체

(대법원 1983. 11. 8. 선고 83다카1476 판결)

쟁점 수치인의 보관물의 처분 및 인수요구에 대한 임차인의 시세가 싸다는 이유로 한 회수거절과 수령지체의 성립 여부

판결요지

[1] 수치인이 적법하게 임치계약을 해지하고 임치인에게 임치물의 회수를 최고하였음에도 불구하고 임치인의 수령지체로 반환하지 못하고 있는 사이에 임치물이 멸실 또는 훼손된 경우에는 수치인에게 고의 또는 중대한 과실이 없는 한 채무불이행으로 인한 손해배상책임이 없다.

[2] 수치인이 임치인에게 보관중인 건고추를 속히 처분하지 않으면 벌레가 먹어 못쓰게 되니 빨리 처분하든지 인도받아 가라고 요구하였다면 이는 임치계약을 해지하고 임치물의 회수를 최고한 의사표시라고 볼 여지가 있고 이에 대하여 임치인이 시세가 싸다는 등 이유로 그 회수를 거절하였다면 이때로부터 수령지체에 빠진 것이라고 하겠다.

판례선정이유

임치계약에서 채권자인 임치인의 수령지체책임의 성립을 인정한 판결

371. 채무불이행의 성립요건 (1) : 채무자의 귀책사유

(대법원 2013. 12. 26. 선고 2011다85352 판결)

쟁점 채무자가 채무 발생원인 내지 존재에 관한 잘못된 법률적인 판단을 통하여 자신의 채무가 없다고 믿고 채무 이행을 거부한 채 소송을 통하여 다툰 경우, 채무불이행에 관하여 채무자에게 고의나 과실이 있는지 여부

판결요지

[1] 채무불이행으로 인한 손해배상청구에 있어서 확정된 채무의 내용에 좇은 이행을 하지 아니하였다면 그 자체가 바로 위법한 것으로 평가되는 것이고, 다만 채무불이행에 채무자의 고의나 과실이 없는 때에는 채무자는 손해배상책임을 부담하지 않는다(제390조 참조). 한편 채무자가 자신에게 채무가 없다고 믿었고 그렇게 믿은 데 정당한 사유가 있는 경우에는 채무불이행에 고의나 과실이 없는 때에 해당한다고 할 수 있다. 그러나 채무자가 채무의 발생원인 내지 존재에 관한 법률적인 판단을 통하여 자신의 채무가 없다고 믿고 채무의 이행을 거부한 채 소송을 통하여 이를 다투었다고 하더라도, 채무자의 그러한 법률적 판단이 잘못된 것이라면 특별한 사정이 없는 한 채무불이행에 관하여 채무자에게 고의나 과실이 없다고는 할 수 없다.

[2] 甲주택재개발정비사업조합의 사업구역 내 부동산 소유자인 조합원 乙 등이 甲조합을 상대로 조합설립인가처분 등의 효력을 다투면서 甲조합에 부동산 인도의무를 이행하지 않은 사안에서, 乙 등이 잘못된 법률적 판단으로 부동산 인도의무가 없다고 믿고 의무의 이행을 거부한 것이라 하더라도 인도의무가 없다고 믿은 데 정당한 사유가 없으므로, 인도의무 불이행에 관하여 乙 등에게 고의나 과실이 인정되는데도, 이와 달리 본 원심판결에 법리오해의 위법이 있다.

판례선정이유

'채무자가 채무 발생원인 내지 존재에 관한 잘못된 법률적인 판단을 통하여 자신의 채무가 없다고 믿고 채무 이행을 거부한 채 소송을 통하여 다툰 경우에도 채무불이행에 관하여 채무자에게 고의 또는 과실이 있다'고 할 수 있음을 밝힌 판결

372. 채무불이행의 성립요건 (2) : 이행보조자의 고의와 과실

(대법원 2002. 7. 12. 선고 2001다44338 판결)

쟁점 [1] 제391조 소정의 이행보조자로서의 피용자의 의미

[2] 임대인이 임대차계약에 따른 임대물수선의무를 이행하기 위하여 제3자에게 도급을 주어 공사를 하던 중 그 수급인의 과실로 화재가 발생한 경우, 임대인이 제391조에 따라 임차인에 대하여 채무불이행상의 손해배상책임을 지는지 여부

판결요지

[1] 제391조에서의 이행보조자로서의 피용자라 함은 일반적으로 채무자의 의사관여 아래 그 채무의 이행행위에 속하는 활동을 하는 사람이면 족하고, 반드시 채무자의 지시 또는 감독을 받는 관계에 있어야 하는 것은 아니므로 채무자에 대하여 종속적인가 독립적인 지위에 있는가는 문제되지 않는다.

[2] 임대인이 임차인과의 임대차계약상의 약정에 따라 제3자에게 도급을 주어 임대차목적 시설물을 수선한 경우에는 그 수급인도 임대인에 대하여 종속적인지 여부를 불문하고 이행보조자로서의 피용자라고 보아야 할 것이고, 이러한 수급인이 시설물수선공사 등을 하던 중 수급인의 과실로 인하여 화재가 발생한 경우에는, 임대인은 제391조에 따라 위 화재발생에 귀책사유가 있다 할 것이어서 임차인에 대한 채무불이행상의 손해배상책임이 있다.

판례선정이유

제391조의 이행보조자책임에 있어서 「피용자」의 의미를 '일반적으로 채무자의 의사관여 아래 그 채무의 이행행위에 속하는 활동을 하는 사람'이라고 정의하고, 반드시 채무자의 지시 또는 감독을 받는 관계에 있어야 하는 것은 아님을 밝힌 판결

373. 채무불이행의 효과 (1) : 강제이행

(대법원 1996. 4. 12. 선고 93다40614, 40621 판결)

쟁점 인격권 침해의 비방광고에 대한 사전금지와 간접강제 방법

판결요지

[1] 인격권은 그 성질상 일단 침해된 후의 구제수단(금전배상이나 명예회복 처분 등)만으로는 그 피해의 완전한 회복이 어렵고 손해전보의 실효성을 기대하기 어려우므로, 인격권 침해에 대하여는 사전(예방적) 구제수단으로 침해행위 정지 · 방지 등의 금지청구권도 인정된다.

[2] 부작위채무를 명하는 판결의 실효성 있는 집행을 보장하기 위하여는, 부작위채무에 관한 소송절차의 변론종결 당시에서 보아 채무명의(집행권원)가 성립하더라도 채무자가 이를 단기간 내에 위반할 개연성이 있고, 또한 그 판결절차에서 민사소송법 제693조(현행 민사집행법 제261조)에 의하여 명할 적정한 배상액을 산정할 수 있는 경우에는, 그 부작위채무에 관한 판결절차에서도 위 법조에 의하여 장차 채무자가 그 채무를 불이행할 경우에 일정한 배상을 할 것을 명할 수 있다.

판례선정이유

인격권 침해에 대하여는 사전(예방적) 구제수단으로 침해행위 정지·방지 등의 금지청구권도 인정된다는 점과, 부작위채무를 명하는 판결의 실효성 있는 집행을 보장하기 위하여는 간접강제수단으로서 장차 채무자가 그 채무를 불이행할 경우에 일정한 배상을 할 것을 명할 수 있다는 점을 밝힌 판결

374. 채무불이행의 효과 (2) : 손해의 개념

(대법원 2002. 6. 11. 선고 2002다2539 판결)

쟁점 채무불이행으로 인한 손해배상을 청구하는 경우, 신뢰이익의 배상을 구할 수 있는지 여부

판결요지

채무불이행을 이유로 계약해제와 아울러 손해배상을 청구하는 경우에 그 계약이행으로 인하여 채권자가 얻을 이익 즉 이행이익의 배상을 구하는 것이 원칙이지만, 그에 갈음하여 그 계약이 이행되리라고 믿고 채권자가 지출한 비용 즉 신뢰이익의 배상을 구할 수도 있다고 할 것이고, 그 신뢰이익 중 계약의 체결과 이행을 위하여 통상적으로 지출되는 비용은 통상의 손해로서 상대방이 알았거나 알 수 있었는지의 여부와는 관계없이 그 배상을 구할 수 있고, 이를 초과하여 지출되는 비용은 특별한 사정으로 인한 손해로서 상대방이 이를 알았거나 알 수 있었던 경우에 한하여 그 배상을 구할 수 있다고 할 것이고, 다만 그 신뢰이익은 과잉배상금지의 원칙에 비추어 이행이익의 범위를 초과할 수 없다.

판례선정이유

채무불이행으로 인한 손해배상을 청구하는 경우, 반드시 이행이익의 배상만을 청구할 수 있는 것이 아니라 신뢰이익(지출비용)의 배상을 청구할 수도 있음을 밝힌 판결

375. 채무불이행의 효과 (3) : 손해배상의 범위 (1)

(대법원 1967. 5. 30. 선고 67다466 판결)

쟁점 전매차익이 특별한 사정으로 인한 손해에 해당하는지 여부

판결요지

원고가 배추장사라는 사실과 인도기일이 1966년 3월말 본건 배추를 서울이나 인천으로 실어간다는 사실을 피고가 아는 등 본건과 같은 사정 하에서는 피고는 원고가 본건 배추 850포기를 1966년 3월말 서울이나 인천 등지에서 1965년 12월 당진에서의 시세보다도 상당히 등귀된 가격으로 전매하여 상당한 이익을 취득할 것이라는 사정을 미리 알 수 있을 것이라고 인정함이 상당하다.

판례선정이유

전매차익이 특별손해에 해당한다는 점과, 이 경우 전매차익 상당액의 손해배상을 청구하기 위하여는 매도인이 매수인의 전매차익에 대하여 예견가능성이 있어야 한다는 점을 밝힌 판결

376. 채무불이행의 효과 (4) : 손해배상의 범위 (2)

(대법원 1985. 9. 10. 선고 84다카1532 판결)

쟁점 특별사정으로 인한 손해배상에 있어서 채무자가 그 사정을 알았거나 알 수 있었는지의 판단기준 시점

판결요지

제393조 제2항 소정의 특별사정으로 인한 손해배상에 있어서 채무자가 그 사정을 알았거나 알 수 있었는지의 여부를 가리는 시기는 계약체결 당시가 아니라 채무의 이행기까지를 기준으로 판단하여야 한다.

판례선정이유

특별손해에 대한 배상책임의 요건인 '특별사정'에 대한 인식(가능성)의 판단은 이행기를 기준으로 하여야 한다고 한 판결

377. 채무불이행의 효과 (5) : 손해배상액의 산정 (1)

(대법원 1967. 11. 28. 선고 67다2178 판결)

쟁점 채무불이행으로 인한 손해배상액 산정의 기준시기

판결요지

부동산 매매에 있어서 매도인의 소유권이전의무가 이행불능이 된 경우, 그 손해배상의 액은 특별한 사정이 없는 한 통상으로 발생하는 이행불능케 된 당시의 가격에 의하여 정할 것이다.

판례선정이유

'이행불능으로 인한 손해배상의 경우, 이행불능 당시의 목적물의 가격을 기준으로 하여 손해배상액을 산정하여야 한다'는 점을 밝힌 판결

378. 채무불이행의 효과 (6) : 손해배상액의 산정 (2)

(대법원 1992. 5. 12. 선고 92다6112 판결)

쟁점 과실상계에 있어서 과실의 의미

판결요지

제763조와 제396조에 규정되어 있는 과실상계제도는 불법행위자에 대하여 적극적으로 손해배상책임을 지게 하는 것과는 그 취지가 달라, 피해자가 사회공동생활을 함에 있어서 신의칙상 요구되는 주의를 다하지 아니한 경우에 불법행위자의 손해배상의 책임 및 배상하여야 할 손해의 금액을 정함에 있어서 손해배상제도의 지도원리인 공평의 원칙에 따라 손해의 발생에 관한 피해자의 그와 같은 부주의를 참작하게 하려는 것이므로, 피해자가 불법행위의 성립에 요구되는 엄격한 의미의 주의의무를 위반한 경우뿐만 아니라 단순한 부주의로 인하여 손해가 발생 확대되게 한 경우에도 피해자에게 과실이 있는 것으로 보아 과실상계를 할 수 있다.

판례선정이유

'과실상계에 있어서의 과실의 의미는 일반적 과실과는 달리, 약한 의미의 부주의를 의미한다'는 점을 밝힌 판결

379. 채무불이행의 효과 (7) : 손해배상액의 산정 (3)

(대법원 1991. 1. 25. 선고 90다6491 판결)

쟁점 과실상계에서 과실 비율의 결정

판결요지

채무불이행으로 인한 손해배상의 범위를 정함에 있어 채권자 측의 과실을 어느 정도로 참작할 것인지는 구체적인 사안마다 신의칙과 공평의 관념에 따라 채권자 측과 채무자 측의 고의나 과실의 정도, 책임원인사실인 채무불이행의 내용, 손해의 발생 및 확대 등에 어느 정도의 원인을 제공하였는지 등 여러 가지 사정을 참작하여 손해가 공평하게 분담되도록 합리적으로 결정하여야 한다.

판례선정이유

과실상계에서 채권자 측의 과실 비율을 결정함에 있어서 참작하여야 할 요소를 제시한 판결

380. 채무불이행의 효과 (8) : 손해배상액의 산정 (4)

(대법원 2002. 5. 10. 선고 2000다37296, 37302 판결)

쟁점 제673조에 의하여 도급계약이 해제된 경우, 수급인의 손해액 산정에 있어서 손익상계의 적용 여부

판결요지

채무불이행이나 불법행위 등이 채권자 또는 피해자에게 손해를 생기게 하는 동시에 이익을 가져다 준 경우에는 공평의 관념상 그 이익은 당사자의 주장을 기다리지 아니하고 손해를 산정함에 있어서 공제되어야만 하는 것이므로, 제673조에 의하여 도급계약이 해제된 경우에도, 그 해제로 인하여 수급인이 그 일의 완성을 위하여 들이지 않게 된 자신의 노력을 타에 사용하여 소득을 얻었거나 또는 얻을 수 있었음에도 불구하고, 태만이나 과실로 인하여 얻지 못한 소득 및 일의 완성을 위하여 준비하여 둔 재료를 사용하지 아니하게 되어 타에 사용 또는 처분하여 얻을 수 있는 대가 상당액은 당연히 손해액을 산정함에 있어서 공제되어야 한다.

판례선정이유

'채무불이행이 채권자에게 손해를 생기게 하는 동시에 이익을 가져다 준 경우에는, 공평의 관념상 그 이익은 당사자의 주장을 기다리지 아니하고 손해를 산정함에 있어서 공제되어야만 한다'는 손익상계의 의미를 명확하게 밝힌 판결

381. 채무불이행의 효과(9) : 손해배상액의 산정(5)

(대법원 1981. 6. 9. 선고 80다3277 판결)

쟁점 과실상계와 손익상계의 적용 순서

판결요지

손해발생으로 인하여 피해자에게 이득이 생기고, 한편 그 손해발생에 피해자의 과실이 경합되어 과실상계를 하여야 할 경우에는, 먼저 산정된 손해액에다 과실상계를 한 후에 위 이득을 공제하여야 한다.

판례선정이유

과실상계와 손익상계의 적용 순서를 밝힌 판결

382. 채무불이행의 효과(10) : 손해배상액의 예정(1)

(대법원 2007. 12. 27. 선고 2006다9408 판결)

쟁점 손해배상액의 예정에 있어서 예정한 배상액의 청구와 채무자의 귀책사유 여부

판결요지

채무불이행으로 인한 손해배상액이 예정되어 있는 경우에는 채권자는 채무불이행 사실만 증명하면 손해의 발생 및 그 액을 증명하지 아니하고 예정배상액을 청구할 수 있고, 채무자는 채권자와 채무불이행에 있어 채무자의 귀책사유를 묻지 아니한다는 약정을 하지 아니한 이상 자신의 귀책사유가 없음을 주장·입증함으로써 예정배상액의 지급책임을 면할 수 있다. 그리고 채무자의 귀책사유를 묻지 아니한다는 약정의 존재 여부는 근본적으로 당사자 사이의 의사해석의 문제로서, 당사자 사이의 약정 내용과 그 약정이 이루어지게 된 동기 및 경위, 당사자가 그 약정에 의하여 달성하려고 하는 목적과 진정한 의사, 거래의 관행 등을 종합적으로 고찰하여 합리적으로 해석하여야 하지만, 당사자의 통상의 의사는 채무자의 귀책사유로 인한 채무불이행에 대해서만 손해배상액을 예정한 것으로 봄이 상당하므로, 채무자의 귀책사유를 묻지 않기로 하는 약정의 존재는 엄격하게 제한하여 인정하여야 한다.

판례선정이유

'손해배상액의 예정에도 불구하고 채무불이행책임이 성립하기 위해서는 귀책사유가 필요하다'는 입장을 명확하게 천명한 판결

383. 채무불이행의 효과 (11) : 손해배상액의 예정 (2)

(대법원 1988. 9. 27. 선고 86다카2375, 2376 판결)

쟁점 손해배상액의 예정에 특별손해가 포함되는지 여부

판결요지

당사자사이의 채무불이행에 관하여 손해배상액을 예정한 경우에, 채권자는 통상의 손해뿐만 아니라 특별한 사정으로 인한 손해에 관하여도 예정된 배상액만을 청구할 수 있고, 특약이 없는 한 예정액을 초과한 배상액을 청구할 수는 없다.

판례선정이유

'특별한 사정으로 인한 손해의 경우에도 예정배상액이 기준이 된다'는 전제 하에, '특약이 없는 한 예정액을 초과한 배상액은 청구할 수 없다'는 입장을 취한 판결

384. 채무불이행의 효과 (12) : 손해배상액의 예정 (3)

(대법원 1979. 4. 24. 선고 79다217 판결)

쟁점 손해배상액의 예정과 위약금의 관계

판결요지

채권계약에 있어서 당사자 사이에 교부된 계약금은 해약금으로서의 성질을 가지나, 그 계약금을 위약금으로 하기로 하는 특약이 없는 한, 당연히는 손해배상액의 예정으로서의 성질을 가진 것이라고 볼 수 없다.

판례선정이유

계약금을 수수하면서 '채무불이행의 경우에는 계약금을 교부한 자는 그것을 몰수당하고, 계약금을 교부받은 자는 그 배액을 상환하기로 한다'는 약정을 한 경우에, 매매계약 이외의 계약에서는 이러한 약정이 있더라도 그 계약금은 제565조 제1항의 해약금으로서의 성질은 가지지만, 손해배상액의 예정으로서의 성질을 당연히 가지는 것은 아니며, 그 계약금을 위약금으로 하기로 하는 특약이 있는 경우에 한하여 손해배상액의 예정으로서의 성질을 가진다'는 입장을 밝힌 판결

385. 채무불이행의 효과(13) : 위약벌

(대법원 2013. 12. 16. 선고 2013다63257 판결)

쟁점 위약벌의 감액 여부

판결요지

위약벌의 약정은 채무의 이행을 확보하기 위하여 정해지는 것으로서 손해배상의 예정과는 그 내용이 다르므로 손해배상의 예정에 관한 제398조 제2항을 유추 적용하여 그 액을 감액할 수는 없는 법리이나, 다만 그 의무의 강제에 의하여 얻어지는 채권자의 이익에 비하여 약정된 벌이 과도하게 무거울 때에는 그 일부 또는 전부가 공서양속에 반하여 무효로 된다.

판례선정이유

위약벌의 감액에 대한 법리를 밝힌 판결

386. 채무불이행책임과 불법행위책임의 관계

(대법원 1983. 3. 22. 선고 82다카1533 전원합의체 판결)

쟁점 해상운송계약상의 채무불이행책임과 불법행위책임의 관계

판결요지

[1] 해상운송인이 운송 도중 운송인이나 그 사용인 등의 고의 또는 과실로 인하여 운송물을 감실훼손시킨 경우, 선하증권 소지인은 운송인에 대하여 운송계약상의 채무불이행으로 인한 손해배상청구권과 아울러 소유권 침해의 불법행위로 인한 손해배상청구권을 취득하며, 그 중 어느 쪽의 손해배상청구권이라도 선택적으로 행사할 수 있다.

[2] 운송계약상의 채무불이행책임에 관하여 법률상 면책의 특칙이 있거나 또는 운송계약에 그와 같은 면책특약을 하였다고 하여도 일반적으로 이러한 특칙이나 특약은 이를 불법행위책임에도 적용하기로 하는 명시적 또는 묵시적 합의가 없는 한 당연히는 불법행위책임에 적용되지 않는 것이나, 운송물의 권리를 양수하여 선하증권을 교부받아 그 소지인이 된 자는 운송계약상의 권리를 취득함과 동시에 목적물의 점유를 인도받은 것이 되어 운송물의 소유권을 취득하여 운송인에 대하여 채무불이행책임과 불법행위책임을 아울러 추궁할 수 있게 되는 점에 비추어 볼 때, 운송인이 선하증권에 기재한 면책약관은 채무불이행책임만을 대상으로 한 것이고, 당사자 사이에 불법행위책임은 감수할 의도였다고 볼 수 없으므로, 불법행위책임에 적용키로 하는 별도의 명시적 · 묵시적 합의가 없더라도 당연히 불법행위책임에도 그 효력이 미친다.

판례선정이유

해상운송인의 채무불이행책임과 불법행위책임의 청구권경합을 인정한 판결

387. 채권자대위권의 행사요건 (1) : 피보전채권의 존재 (1)

(대법원 2009. 9. 10. 선고 2009다34160 판결)

쟁점 채권자대위소송에서 제3채무자가 채무자의 항변권을 원용할 수 있는지 여부

판결요지

채권자가 채권자대위권을 행사하여 제3자에 대하여 하는 청구에 있어서, 제3채무자는 채무자가 채권자에 대하여 가지는 항변으로 대항할 수 없으며, 채권의 소멸시효가 완성된 경우 이를 원용할 수 있는 자는 원칙적으로는 시효이익을 직접 받는 자뿐이고, 채권자대위소송의 제3채무자는 이를 행사할 수 없다.

판례선정이유

제3채무자는 채무자가 채권자에 대하여 가지는 항변으로 대항할 수 없으며, 채권의 소멸시효가 완성된 경우 이를 원용할 수 있는 자는 원칙적으로는 시효이익을 직접 받는 자뿐임을 밝힌 판결

388. 채권자대위권의 행사요건 (2) : 피보전채권의 존재 (2)

(대법원 2015. 9. 10. 선고 2013다55300 판결)

쟁점 채권자대위소송에서 제3채무자가 채권자의 채무자에 대한 권리의 발생원인이 된 법률행위가 무효라거나 변제 등으로 소멸하였다는 등의 사실을 주장하여 채권자의 채무자에 대한 권리가 인정되는지를 다툴 수 있는지 여부 및 이 경우 법원은 채권자의 채무자에 대한 권리가 인정되는지에 관하여 직권으로 심리 · 판단하여야 하는지 여부

판결요지

채권자가 채권자대위소송을 제기한 경우, 제3채무자는 채무자가 채권자에 대하여 가지는 항변권이나 형성권 등과 같이 권리자에 의한 행사를 필요로 하는 사유를 들어 채권자의 채무자에 대한 권리가 인정되는지 여부를 다툴 수 없지만, 채권자의 채무자에 대한 권리의 발생원인이 된 법률행위가 무효라거나 위 권리가 변제 등으로 소멸하였다는 등의 사실을 주장하여 채권자의 채무자에 대한 권리가 인정되는지 여부를 다투는 것은 가능하고, 이 경우 법원은 제3채무자의 주장을 고려하여 채권자의 채무자에 대한 권리가 인정되는지 여부에 관하여 직권으로 심리 · 판단하여야 한다.

판례선정이유

'채권자가 채권자대위소송을 제기한 경우, 제3채무자는 채무자가 채권자에 대하여 가지는 항변권이나 형성권 등과 같이 권리자에 의한 행사를 필요로 하는 사유를 들어 채권자의 채무자에 대한 권리가 인정되는지 여부를 다툴 수 없지만, 채권자의 채무자에 대한 권리(피보전채권)의 발생원인이 된 법률행위가 무효라거나 위 권리가 변제 등으로 소멸하였다는 등의 사실을 주장하여 채권자의 채무자에 대한 권리가 인정되는지 여부를 다투는 것은 가능하다'는 점을 밝힌 판결

389. 채권자대위권의 행사요건 (3) : 피보전채권의 존재 (3)

(대법원 2010. 6. 24. 선고 2010다17284 판결)

쟁점 채무자로부터 피대위채권 자체를 양도받아 채권자대위권에 기한 청구에서 양수금청구로 소를 교환적으로 변경한 경우, 종전 채권자대위소송에 의한 소멸시효 중단의 효과가 양수금청구에도 미치는지 여부

판결요지

원고가 채권자대위권에 기해 청구를 하다가 당해 피대위채권 자체를 양수하여 양수금청구로 소를 변경한 사안에서, 이는 청구원인의 교환적 변경으로서 채권자대위권에 기한 구 청구는 취하된 것으로 보아야 하나, 그 채권자대위소송의 소송물은 채무자의 제3채무자에 대한 계약금반환청구권인데 위 양수금청구는 원고가 위 계약금반환청구권 자체를 양수하였다는 것이어서 양 청구는 동일한 소송물에 관한 권리의무의 특정승계가 있을 뿐 그 소송물은 동일한 점, 시효중단의 효력은 특정승계인에게도 미치는 점, 계속 중인 소송에 소송목적인 권리 또는 의무의 전부나 일부를 승계한 특정승계인이 소송참가하거나 소송인수한 경우에는 소송이 법원에 처음 계속된 때에 소급하여 시효중단의 효력이 생기는 점, 원고는 위 계약금반환채권을 채권자대위권에 기해 행사하다 다시 이를 양수받아 직접 행사한 것이어서 위 계약금반환채권과 관련하여 원고를 '권리 위에 잠자는 자'로 볼 수 없는 점 등에 비추어 볼 때, 당초의 채권자대위소송으로 인한 시효중단의 효력이 소멸하지 않는다.

판례선정이유

'채권자대위권에 기해 청구를 하다가 당해 피대위채권 자체를 양수하여 양수금청구로 소를 변경한 경우에는, 양 청구는 동일한 소송물에 관한 권리의무의 특정승계가 있을 뿐 그 소송물은 동일한 것이므로, 채권자대위소송에 의한 소멸시효 중단의 효과가 양수금청구에도 미친다'는 점을 밝힌 판결

390. 채권자대위권의 행사요건 (4) : 피보전채권의 존재 (4)

(대법원 2019. 1. 31. 선고 2017다228618 판결)

쟁점 [1] 채권자대위권의 행사에서 채권자가 채무자를 상대로 보전되는 청구권에 기한 이행청구의 소를 제기하여 승소판결을 선고받고 판결이 확정된 경우, 청구권의 발생원인이 되는 사실관계가 제3채무자에 대한 관계에서 증명되었다고 볼 수 있는지 여부

[2] 청구권의 취득이 강행법규 위반 등으로 무효인 경우, 채권자대위소송의 제3채무자에 대한 관계에서 피보전권리가 존재하는지 여부 및 이는 확정판결 또는 그와 같은 효력이 있는 재판상 화해조서 등이 재심이나 준재심으로 취소되지 아니하여 채권자와 채무자 사이에서 판결이나 화해가 무효라는 주장을 할 수 없는 경우라 하더라도 마찬가지인지 여부

판결요지

[1] 채권자대위권을 행사하는 경우, 채권자가 채무자를 상대로 보전되는 청구권에 기한 이행청구의 소를 제기하여 승소판결을 선고받고 판결이 확정되었다면, 특별한 사정이 없는 한 그 청구권의 발생원인이 되는 사실관계가 제3채무자에 대한 관계에서도 증명되었다고 볼 수 있다.

[2] 그러나 그 청구권의 취득이, 채권자로 하여금 채무자를 대신하여 소송행위를 하게 하는 것을 주목적으로 이루어진 경우와 같이, 강행법규에 위반되어 무효라고 볼 수 있는 경우 등에는 위 확정판결에도 불구하고 채권자대위소송의 제3채무자에 대한 관계에서는 피보전권리가 존재하지 아니한다고 보아야 한다. 이는 위 확정판결 또는 그와 같은 효력이 있는 재판상 화해조서 등이 재심이나 준재심으로 취소되지 아니하여 채권자와 채무자 사이에서는 그 판결이나 화해가 무효라는 주장을 할 수 없는 경우라 하더라도 마찬가지이다.

판례선정이유

'채권자대위권 행사에서 피보전권리의 취득이 강행법규에 위반되어 무효라고 볼 수 있는 경우에는 채권자대위소송의 제3채무자에 대한 관계에서는 피보전권리가 존재하지 아니한다'는 점을 밝힌 판결

391. 채권자대위권의 행사요건 (5) : 채권보전의 필요성 (1)

(대법원 1989. 4. 25. 선고 88다카4253, 4260 판결)

쟁점 임대차보증금 반환채권의 양수인이 임대인의 임차인에 대한 임차가옥 명도청구권을 대위행사하는 경우, 임대인의 무자력을 요건으로 하는지 여부

판결요지

채권자가 자기채권을 보전하기 위하여 채무자의 권리를 행사하려면 채무자의 무자력을 요건으로 하는 것이 통상이지만, 임대차보증금반환채권을 양수한 채권자가 그 이행을 청구하기 위하여 임차인의 가옥명도가 선 이행되어야 할 필요가 있어서 그 명도를 구하는 경우에는 그 채권의 보전과 채무자인 임대인의 자력유무는 관계가 없는 일이므로, 무자력을 요건으로 한다고 할 수 없다.

판례선정이유

'채권의 보전과 채무자의 변제자력 유무가 관계가 없는 경우에는, 피보전채권이 금전채권이라고 하더라도 채권자대위권의 행사요건으로서 채무자의 무자력은 요구되지 않는다'는 새로운 법리를 제시한 판결

392. 채권자대위권의 행사요건 (6) : 채권보전의 필요성 (2)

(대법원 2006. 1. 27. 선고 2005다39013 판결)

쟁점 채권자대위권의 행사요건인 채권보전의 필요성을 인정하기 위한 판단기준

판결요지

채권자는 채무자에 대한 채권을 보전하기 위하여 채무자를 대위해서 채무자의 권리를 행사할 수 있는바, 채권자가 보전하려는 권리와 대위하여 행사하려는 채무자의 권리가 밀접하게 관련되어 있고 채권자가 채무자의 권리를 대위하여 행사하지 않으면 자기 채권의 완전한 만족을 얻을 수 없게 될 위험이 있어 채무자의 권리를 대위하여 행사하는 것이 자기 채권의 현실적 이행을 유효·적절하게 확보하기 위하여 필요한 경우에는 채권자대위권의 행사가 채무자의 자유로운 재산관리행위에 대한 부당한 간섭이 된다는 등의 특별한 사정이 없는 한 채권자는 채무자의 권리를 대위하여 행사할 수 있어야 한다.

판례선정이유

채권자대위권의 행사요건인 채권보전의 필요성에 관한 일반이론을 설시한 판결

393. 채권자대위권의 행사요건 (7) : 피대위권리

(대법원 2012. 5. 10. 선고 2011다109500 판결)

쟁점 채무자에 대한 일반 채권자가 자기의 채권을 보전하기 위하여 필요한 한도 내에서 채무자를 대위하여 소멸시효 완성의 주장을 할 수 있는지 여부

판결요지

소멸시효가 완성된 경우, 채무자에 대한 일반 채권자는 채권자의 지위에서 독자적으로 소멸시효의 주장을 할 수는 없지만, 자기의 채권을 보전하기 위하여 필요한 한도 내에서 채무자를 대위하여 소멸시효 주장을 할 수 있다.

판례선정이유

채무자의 소멸시효 원용권은 채권자대위권의 피대위권리가 될 수 있다는 기존의 판례를 재확인한 판결

394. 채권자대위권의 행사요건 (8) : 채무자의 권리 불행사
(대법원 2018. 10. 25. 선고 2018다210539 판결)

쟁점 채무자가 제3채무자에게 이미 재판상 행사한 권리를 채권자가 채무자를 대위하여 행사할 수 있는지 여부 및 비법인사단인 채무자 명의로 제기된 제3채무자를 상대로 한 소가 사원총회 결의가 없었다는 이유로 각하되어 판결이 확정된 경우, 채무자가 스스로 제3채무자에 대한 권리를 행사하였다고 볼 수 있는지 여부

판결요지

채권자대위권은 채무자가 스스로 제3채무자에 대한 권리를 행사하지 아니하는 경우에 한하여 채권자가 자기의 채권을 보전하기 위하여 행사할 수 있는 것이어서, 채권자가 대위권을 행사할 당시에 이미 채무자가 그 권리를 재판상 행사하였을 때에는 채권자는 채무자를 대위하여 채무자의 권리를 행사할 수 없다. 그런데 비법인사단이 사원총회의 결의 없이 제기한 소는 소제기에 관한 특별수권을 결하여 부적법하고, 그 경우 소제기에 관한 비법인사단의 의사결정이 있었다고 할 수 없다. 따라서 비법인사단인 채무자 명의로 제3채무자를 상대로 한 소가 제기되었으나 사원총회의 결의 없이 총유재산에 관한 소가 제기되었다는 이유로 각하판결을 받고 그 판결이 확정된 경우에는 채무자가 스스로 제3채무자에 대한 권리를 행사한 것으로 볼 수 없다.

판례선정이유

'비법인사단인 채무자 명의로 제3채무자를 상대로 한 소가 제기되었으나 사원총회의 결의 없이 총유재산에 관한 소가 제기되었다는 이유로 각하판결을 받고 그 판결이 확정된 경우에는 채무자가 스스로 제3채무자에 대한 권리를 행사한 것으로 볼 수 없다'는 점을 밝힌 판결

395. 채권자대위권의 행사 : 채무자에 대한 대위행사의 통지
(대법원 2012. 5. 17. 선고 2011다87235 전원합의체 판결)

쟁점 채권자대위권행사 통지 후에 채무자의 채무불이행을 이유로 통지 전 체결된 약정에 따라 계약이 자동 해제되거나 제3채무자가 계약을 해제한 경우, 제3채무자가 계약해제로써 채권자에게 대항할 수 있는지 여부

판결요지

제405조 제2항은 '채무자가 채권자대위권행사의 통지를 받은 후에는 그 권리를 처분하여도 이로써 채권자에게 대항하지 못한다'고 규정하고 있다. 위 조항의 취지는 채권자가 채무자에게 대위권 행사사실을 통지하거나 채무자가 채권자의 대위권 행사사실을 안 후에 채무자에게 대위의 목적인 권리의 양도나 포기 등 처분행위를 허용할 경우 채권자에 의한 대위권행사를 방해하는 것이 되므로 이를 금지하는 데에 있다. 그런데 채무자의 채무불이행 사실 자체만으로는 권리변동의 효력이 발생하지 않아 이를 채무자가 제3채무자에 대하여 가지는 채권을 소멸시키는 적극적인 행위로 파악할 수 없는 점, 더구나 법정해제는 채무자의 객관적 채무불이행에 대한 제3채무자의 정당한 법적 대응인 점, 채권이 압류·가압류된 경우에도 압류 또는 가압류된 채권의 발생원인이 된 기본계약의 해제가 인정되는 것과 균형을 이룰 필요가 있는 점 등을 고려할 때 채무자가 자신의 채무불이행을 이유로 매매계약이 해제되도록 한 것을 두고 제405조 제2항에서 말하는 '처분'에 해당한다고 할 수 없다. 따라서 채무자가 채권자대위권행사의 통지를 받은 후에 채무를 불이행함으로써 통지 전에 체결된 약정에 따라 매매계약이 자동적으로 해제되거나, 채권자대위권행사의 통지를 받은 후에 채무자의 채무불이행을 이유로 제3채무자가 매매계약을 해제한 경우 제3채무자는 계약해제로써 대위권을 행사하는 채권자에게 대항할 수 있다. 다만 형식적으로는 채무자의 채무불이행을 이유로 한 계약해제인 것처럼 보이지만 실질적으로는 채무자와 제3채무자 사이의 합의에 따라 계약을 해제한 것으로 볼 수 있거나, 채무자와 제3채무자가 단지 대위채권자에게 대항할 수 있도록 채무자의 채무불이행을 이유로 하는 계약해제인 것처럼 외관을 갖춘 것이라는 등의 특별한 사정이 있는 경우에는 채무자가 피대위채권을 처분한 것으로 보아 제3채무자는 계약해제로써 대위권을 행사하는 채권자에게 대항할 수 없다.

판례선정이유

'채권자가 대위권 행사를 통지한 후 채무자의 처분행위를 금지한 제405조 제2항의 해석상 제3채무자가 통지 후 채무불이행을 이유로 채무자와의 계약을 해제한 경우에는, 제3채무자는 계약해제로써 채권자에게 대항할 수 있다'는 점을 밝힌 판결

396. 채권자취소소송의 법적 성질 : 형성의 소

(대법원 2019. 3. 14. 선고 2018다277785, 277792 판결)

쟁점 원고의 본소 청구에 대하여 피고가 본소 청구를 다투면서 사해행위의 취소 및 원상회복을 구하는 반소를 적법하게 제기하였는데, 법원이 반소 청구가 이유 있다고 판단하여 사해행위의 취소 및 원상회복을 명하는 판결을 선고하는 경우, 반소 청구에 대한 판결이 확정되지 않았더라도 사해행위인 법률행위가 취소되었음을 전제로 원고의 본소 청구를 심리하여 판단할 수 있는지 여부 및 이때 반소 사해행위취소 판결을 이유로 원고의 본소 청구를 기각할 수 있는지 여부

판결요지

사해행위취소소송은 형성의 소로서 그 판결이 확정됨으로써 비로소 권리변동의 효력이 발생하나, 제406조 제1항은 채권자가 사해행위의 취소와 원상회복을 법원에 청구할 수 있다고 규정함으로써 사해행위취소청구에는 그 취소판결이 미확정인 상태에서도 그 취소의 효력을 전제로 하는 원상회복청구를 병합하여 제기할 수 있도록 허용하고 있다. 또한 원고가 매매계약 등 법률행위에 기하여 소유권을 취득하였음을 전제로 피고를 상대로 일정한 청구를 할 때, 피고는 원고의 소유권 취득의 원인이 된 법률행위가 사해행위로서 취소되어야 한다고 다투면서, 동시에 반소로써 그 소유권 취득의 원인이 된 법률행위가 사해행위임을 이유로 법률행위의 취소와 원상회복으로 원고의 소유권이전등기의 말소절차 등의 이행을 구하는 것도 가능하다. 위와 같이 원고의 본소 청구에 대하여 피고가 본소 청구를 다투면서 사해행위의 취소 및 원상회복을 구하는 반소를 적법하게 제기한 경우, 사해행위의 취소 여부는 반소의 청구원인임과 동시에 본소 청구에 대한 방어방법이자, 본소 청구 인용 여부의 선결문제가 될 수 있다. 그 경우 법원이 반소 청구가 이유 있다고 판단하여, 사해행위의 취소 및 원상회복을 명하는 판결을 선고하는 경우, 비록 반소 청구에 대한 판결이 확정되지 않았다고 하더라도, 원고의 소유권 취득의 원인이 된 법률행위가 취소되었음을 전제로 원고의 본소 청구를 심리하여 판단할 수 있다고 봄이 타당하다. 그때에는 반소 사해행위취소 판결의 확정을 기다리지 않고, 반소 사해행위취소 판결을 이유로 원고의 본소 청구를 기각할 수 있다. 본소와 반소가 같은 소송절차 내에서 함께 심리, 판단되는 이상, 반소 사해행위취소 판결의 확정 여부가 본소 청구 판단 시 불확실한 상황이라고 보기 어렵고, 그로 인해 원고에게 소송상 지나친 부담을 지운다거나, 원고의 소송상 지위가 불안정해진다고 볼 수도 없다. 오히려 이로써 반소 사해행위취소소송의 심리를 무위로 만들지 않고, 소송경제를 도모하며, 본소 청구에 대한 판결과 반소 청구에 대한 판결의 모순 저촉을 피할 수 있다.

판례선정이유

'사해행위취소소송은 형성의 소로서 그 판결이 확정됨으로써 비로소 권리변동의 효력이 발생하나, 사해행위취소판결이 미확정인 상태에서도 그 취소의 효력을 전제로 하는 원상회복청구를 병합하여 제기할 수 있다는 점과, 반소로 사해행위취소 및 원상회복을 구하는 경우에 사해행위인 법률행위가 취소되었음을 전제로 본소 청구를 심리 · 판단할 수 있다'는 점을 밝힌 판결

397. 채권자취소권의 행사요건 (1) : 피보전채권 (1)

(대법원 1999. 4. 27. 선고 98다56690 판결)

쟁점

[1] 사해행위 당시 아직 성립되지 아니한 채권이 예외적으로 채권자취소권의 피보전채권이 되기 위한 요건

[2] 양도인이 제3자에게 부동산을 이중양도하고 소유권이전등기를 경료해 줌으로써 양수인이 양도인에 대하여 취득하는 손해배상채권이 채권자취소권의 피보전채권에 해당하는지 여부

[3] 특정물에 대한 소유권이전등기청구권을 보전하기 위하여 채권자취소권을 행사할 수 있는지 여부

판결요지

[1] 채권자취소권에 의하여 보호될 수 있는 채권은 원칙적으로 사해행위라고 볼 수 있는 행위가 행하여지기 전에 발생된 것임을 요하나, 그 사해행위 당시에 이미 채권 성립의 기초가 되는 법률관계가 발생되어 있고, 가까운 장래에 그 법률관계에 기하여 채권이 성립되리라는 점에 대한 고도의 개연성이 있으며, 실제로 가까운 장래에 그 개연성이 현실화되어 채권이 성립된 경우에는, 그 채권도 채권자취소권의 피보전채권이 될 수 있다.

[2] 부동산을 양도받아 소유권이전등기청구권을 가지고 있는 자가 양도인이 제3자에게 이를 이중으로 양도하여 소유권이전등기를 경료하여 줌으로써 취득하는 부동산 가액 상당의 손해배상채권은 이중양도행위에 대한 사해행위취소권을 행사할 수 있는 피보전채권에 해당한다고 할 수 없다.

[3] 채권자취소권을 특정물에 대한 소유권이전등기청구권을 보전하기 위하여 행사하는 것은 허용되지 않으므로, 부동산의 제1양수인은 자신의 소유권이전등기청구권 보전을 위하여 양도인과 제3자 사이에서 이루어진 이중양도행위에 대하여 채권자취소권을 행사할 수 없다.

판례선정이유

채권자취소권의 피보전채권의 성립시기에 관하여 「기초적 법률관계론」을 취하는 한편, 부동산 이중매매에서 제1양수인의 보호방안으로 채권자취소권을 행사할 수 없음을 밝힌 판결

398. 채권자취소권의 행사요건 (2) : 피보전채권 (2)

(대법원 2002. 4. 12. 선고 2000다63912 판결)

쟁점 물상담보에 의하여 채권자에게 우선변제권이 확보되는 경우, 채권자취소권에 있어서의 피보전채권의 범위

판결요지

[1] 주채무자 또는 제3자 소유의 부동산에 대하여 채권자 앞으로 근저당권이 설정되어 채권자에게 우선변제권이 확보되어 있다면, 그 범위 내에서는 채무자의 재산처분행위는 채권자를 해하지 아니하므로 그 담보물로부터 우선변제 받을 액을 공제한 나머지 채권액에 대하여만 채권자취소권이 인정된다.

[2] 채권자가 채권자취소권을 행사할 때에는 원칙적으로 자신의 채권액을 초과하여 취소권을 행사할 수 없고, 이 때 채권자의 채권액에는 사해행위 이후 사실심 변론종결시까지 발생한 이자나 지연손해금이 포함된다.

[3] 저당권이 설정되어 있는 부동산이 사해행위로 이전된 경우에 그 사해행위는 부동산의 가액에서 저당권의 피담보채권액을 공제한 잔액의 범위 내에서만 성립한다고 보아야 하므로, 사해행위 후 변제 등에 의하여 저당권설정등기가 말소된 경우, 그 부동산의 가액에서 저당권의 피담보채무액을 공제한 잔액의 한도에서 사해행위를 취소하고 그 가액의 배상을 구할 수 있을 뿐이고, 이러한 법리는 그 부동산이 양도담보의 목적으로 이전된 경우에도 마찬가지라고 보아야 한다.

판례선정이유

채권자에게 우선변제권이 확보된 채무자의 재산처분행위의 사해행위 인정 여부와 사행행위의 인정범위에 관하여 설시한 판결

399. 채권자취소권의 행사요건 (3) : 피보전채권 (3)

(대법원 2011. 12. 8. 선고 2011다55542 판결)

쟁점 정지조건부채권을 피보전채권으로 하여 채권자취소권을 행사할 수 있는지 여부

판결요지

[1] 채권자취소권 행사는 채무 이행을 구하는 것이 아니라 총채권자를 위하여 이행기에 채무 이행을 위태롭게 하는 채무자의 자력 감소를 방지하는 데 목적이 있는 점과, 민법이 제148조, 제149조에서 조건부권리의 보호에 관한 규정을 두고 있는 점을 종합해 볼 때, 취소채권자의 채권이 정지조건부채권이라 하더라도 장래에 정지조건이 성취되기 어려울 것으로 보이는 등 특별한 사정이 없는

한, 이를 피보전채권으로 하여 채권자취소권을 행사할 수 있다.

[2] 공사도급계약의 수급인인 甲 주식회사가 공사가 완공되지 못하고 중도에 계약이 해제될 경우 乙에게 일정액의 돈을 지급하여야 하는 정지조건부채무를 부담하고 있는데, 정지조건 성취 전 자신의 유일한 재산인 토지와 건물에 관하여 근저당권설정계약을 체결한 후 丙에게 근저당권설정등기를 마쳐준 사안에서, 사해행위 당시에 정지조건이 성취되지 않았다고 하더라도 정지조건부채권을 피보전권리로 하여 채권자취소권을 행사할 수 있으므로, 위 근저당권설정계약은 채권자인 乙에게 사해행위가 된다고 보아 취소를 명한 원심판단은 정당하다.

판례선정이유

취소채권자의 채권이 정지조건부채권이라 하더라도, 이를 피보전채권으로 하여 채권자취소권을 행사할 수 있음을 밝힌 판결

400. 채권자취소권의 행사요건(4) : 사해행위(1)

(대법원 2000. 9. 29. 선고 2000다25569 판결)

쟁점 이혼에 따른 재산분할청구권에 의하여 재산을 취득하는 것이 사해행위로서 채권자취소의 대상이 되기 위한 요건 및 그 입증책임의 소재

판결요지

이혼에 따른 재산분할은 혼인 중 쌍방의 협력으로 형성된 공동재산의 청산이라는 성격에 상대방에 대한 부양적 성격이 가미된 제도임에 비추어, 이미 채무초과 상태에 있는 채무자가 이혼을 하면서 배우자에게 재산분할로 일정한 재산을 양도함으로써 결과적으로 일반 채권자에 대한 공동담보를 감소시키는 결과로 되어도, 그 재산분할이 제839조의2 제2항의 규정 취지에 따른 상당한 정도를 벗어나는 과대한 것이라고 인정할 만한 특별한 사정이 없는 한, 사해행위로서 취소되어야 할 것은 아니고, 다만 상당한 정도를 벗어나는 초과부분에 대하여는 적법한 재산분할이라고 할 수 없기 때문에 이는 사해행위에 해당하여 취소의 대상으로 될 수 있을 것이나, 이 경우에도 취소되는 범위는 그 상당한 정도를 초과하는 부분에 한정하여야 하고, 위와 같이 상당한 정도를 벗어나는 과대한 재산분할이라고 볼 만한 특별한 사정이 있다는 점에 관한 입증책임은 채권자에게 있다.

판례선정이유

이혼시 재산분할청구권에 의하여 재산을 취득하는 것이 사해행위로서 채권자취소의 대상이 되기 위한 요건을 밝힌 판결

401. 채권자취소권의 행사요건 (5) : 사해행위 (2)

(대법원 2011. 6. 9. 선고 2011다29307 판결)

쟁점 상속의 포기가 사해행위로서 채권자취소권의 객체가 되는지 여부

판결요지

[1] 상속의 포기는 상속이 개시된 때에 소급하여 그 효력이 있고(제1042조), 포기자는 처음부터 상속인이 아니었던 것이 된다. 따라서 상속포기의 신고가 아직 행하여지지 아니하거나 법원에 의하여 아직 수리되지 아니하고 있는 동안에 포기자를 제외한 나머지 공동상속인들 사이에 이루어진 상속재산분할협의는 후에 상속포기의 신고가 적법하게 수리되어 상속포기의 효력이 발생하게 됨으로써 공동상속인의 자격을 가지는 사람들 전원이 행한 것이 되어 소급적으로 유효하게 된다. 이는 설사 포기자가 상속재산분할협의에 참여하여 그 당사자가 되었다고 하더라도 그 협의가 그의 상속포기를 전제로 하여서 포기자에게 상속재산에 대한 권리를 인정하지 아니하는 내용인 경우에는 마찬가지이다.

[2] 상속의 포기는 비록 포기자의 재산에 영향을 미치는 바가 없지 아니하나(그러한 측면과 관련하여서는 채무자회생법 제386조도 참조) 상속인으로서의 지위 자체를 소멸하게 하는 행위로서 순전한 재산법적 행위와 같이 볼 것이 아니다. 오히려 상속의 포기는 1차적으로 피상속인 또는 후순위상속인을 포함하여 다른 상속인 등과의 인격적 관계를 전체적으로 판단하여 행하여지는 '인적 결단'으로서의 성질을 가진다. 그러한 행위에 대하여 비록 상속인인 채무자가 무자력상태에 있다고 하여서 그로 하여금 상속포기를 하지 못하게 하는 결과가 될 수 있는 채권자의 사해행위취소를 쉽사리 인정할 것이 아니다. 그리고 상속은 피상속인이 사망 당시에 가지던 모든 재산적 권리 및 의무·부담을 포함하는 총체재산이 한꺼번에 포괄적으로 승계되는 것으로서 다수의 관련자가 이해관계를 가지는데, 위와 같이 상속인으로서의 자격 자체를 좌우하는 상속포기의 의사표시에 사해행위에 해당하는 법률행위에 대하여 채권자 자신과 수익자 또는 전득자 사이에서만 상대적으로 그 효력이 없는 것으로 하는 채권자취소권의 적용이 있다고 하면, 상속을 둘러싼 법률관계는 그 법적 처리의 출발점이 되는 상속인 확정의 단계에서부터 복잡하게 얽히게 되는 것을 면할 수 없다. 또한 상속인의 채권자의 입장에서는 상속의 포기가 그의 기대를 저버리는 측면이 있다고 하더라도 채무자인 상속인의 재산을 현재의 상태보다 악화시키지 아니한다. 이러한 점들을 종합적으로 고려하여 보면, 상속의 포기는 제406조 제1항에서 정하는 "재산권에 관한 법률행위"에 해당하지 아니하여 사해행위취소의 대상이 되지 못한다.

[3] 상속인 甲이 상속포기 신고를 하였는데, 나머지 공동상속인들이 위 신고가 수리되면 甲은 처음부터 상속인에 해당하지 않는다고 생각하여, 상속포기 신고를 한 날 甲을 제외한 채 상속재산분할협의를 한 사안에서, 상속포기가 사해행위취소의 대상이 될 수 없고, 설령 甲이 상속재산분할협의에 참여하여 당사자가 되었더라도 협의 내용이 甲의 상속포기를 전제로 상속재산에 대한 권리를 인정하지 아니하는 것으로서 같은 날 행하여진 甲의 상속포기 신고가 그 후 수리됨으로써 상속포기의 효과가 적법하게 발생한 이상 이를 달리 볼 것이 아니라는 취지의 원심판단을 수긍한 사례

판례선정이유

'상속의 포기는 제406조 제1항에서 정하는 "재산권에 관한 법률행위"에 해당하지 아니하여 사해행위취소의 대상이 되지 못한다'는 점을 밝힌 판결

402. 채권자취소권의 행사요건 (6) : 사해행위 (3)

(대법원 2001. 2. 9. 선고 2000다51797 판결)

쟁점 채무초과 상태에 있는 채무자가 상속재산의 분할협의를 하면서 상속재산에 관한 권리를 포기함으로써 일반 채권자에 대한 공동담보가 감소되는 경우, 사해행위 취소의 범위

판결요지

[1] 상속재산의 분할협의는 상속이 개시되어 공동상속인 사이에 잠정적 공유가 된 상속재산에 대하여 그 전부 또는 일부를 각 상속인의 단독소유로 하거나 새로운 공유관계로 이행시킴으로써 상속재산의 귀속을 확정시키는 것으로 그 성질상 재산권을 목적으로 하는 법률행위이므로 사해행위취소권 행사의 대상이 될 수 있다.

[2] 채무초과 상태에 있는 채무자가 상속재산의 분할협의를 하면서 상속재산에 관한 권리를 포기함으로써 결과적으로 일반 채권자에 대한 공동담보가 감소되었다 하더라도, 그 재산분할결과가 채무자의 구체적 상속분에 상당하는 정도에 미달하는 과소한 것이라고 인정되지 않는 한 사해행위로서 취소되어야 할 것은 아니고, 구체적 상속분에 상당하는 정도에 미달하는 과소한 경우에도 사해행위로서 취소되는 범위는 그 미달하는 부분에 한정하여야 한다.

판례선정이유

상속재산의 분할협의가 사해행위취소권 행사의 대상이 되는지 여부 및 사해행위 취소의 범위를 밝힌 판결

403. 채권자취소권의 행사요건 (7) : 사해행위 (4)

(대법원 2010. 9. 30. 선고 2007다2718 판결)

쟁점 채무초과 상태의 채무자가 유일한 재산인 전세권과 전세금반환채권을 특정 채권자에게 그 채무 일부에 대한 대물변제조로 양도한 행위가 사해행위에 해당하는지 여부

판결요지

[1] 채무자가 책임재산을 감소시키는 행위를 함으로써 일반채권자들을 위한 공동담보의 부족상태를 유발 또는 심화시킨 경우에 그 행위가 채권자취소의 대상인 사해행위에 해당하는지 여부는, 행위목적물이 채무자의 전체 책임재산 가운데에서 차지하는 비중, 무자력의 정도, 법률행위의 경제적 목적이 갖는 정당성 및 그 실현수단인 당해 행위의 상당성, 행위의 의무성 또는 상황의 불가피성, 채무자와 수익자 간 통모의 유무와 같은 공동담보의 부족 위험에 대한 당사자의 인식의 정도 등 그 행위에 나타난 여러 사정을 종합적으로 고려하여, 그 행위를 궁극적으로 일반채권자를 해하는 행위로 볼 수 있는지 여부에 따라 최종 판단하여야 한다.

[2] 채무초과의 상태에 있는 채무자가 적극재산을 채권자 중 일부에게 대물변제조로 양도하는 행위는 채무자가 특정 채권자에게 채무 본지에 따른 변제를 하는 경우와는 달리 원칙적으로 다른 채권자들에 대한 관계에서 사해행위가 될 수 있으나, 이러한 경우에도 사해성의 일반적인 판단 기준에 비추어 그 행위가 궁극적으로 일반채권자를 해하는 행위로 볼 수 없는 경우에는 사해행위의 성립이 부정될 수 있다.

[3] 채무초과 상태의 채무자가 유일한 재산인 전세권과 전세금반환채권을 특정 채권자에게 그 채무 일부에 대한 대물변제조로 양도한 행위가 최고액 채권자와의 거래관계를 유지하면서 채무초과 상태에 있던 회사의 갱생을 도모하기 위한 유일한 방안이었던 점 등을 감안하면, 위 양도행위가 다른 채권자를 해하는 사해행위라고 단정하기 어렵다고 한 원심의 판단을 수긍한 사례

판례선정이유

채무자의 대물변제 행위가 사해행위에 해당하는지 여부와 구체적 사정을 고려하여 대물변제 행위가 사해행위가 아니라고 볼 수 있음을 밝힌 판결

404. 채권자취소권의 행사요건 (8) : 사해행위 (5)

(대법원 2006. 4. 14. 선고 2006다5710 판결)

쟁점 채무초과 상태의 채무자가 자신의 유일한 재산을 채권자들 중 1인에게 채권담보로 제공하는 것이 사해행위에 해당하는지 여부

판결요지

[1] 이미 채무초과상태에 빠져 있는 채무자가 그의 유일한 재산인 부동산을 채권자들 중 1인에게 채권담보로 제공하는 행위는 다른 특별한 사정이 없는 한 다른 채권자들에 대한 관계에서 채권자취소권의 대상이 되는 사해행위가 된다.

[2] 채무자의 제3자에 대한 담보제공행위가 객관적으로 사해행위에 해당하는 경우 수익자의 악의는 추정되는 것이므로, 수익자가 그 법률행위 당시 선의였다는 입증을 하지 못하는 한 채권자는 그 법률행위를 취소하고 그에 따른 원상회복을 청구할 수 있다.

[3] 채무자의 제3자에 대한 담보제공 등의 재산처분행위가 사해행위에 해당할 경우에, 그 사해행위 당시 수익자가 선의였음을 인정함에 있어서는 객관적이고도 납득할 만한 증거자료 등이 뒷받침되어야 할 것이고, 채무자의 일방적인 진술이나 제3자의 추측에 불과한 진술 등에만 터잡아 그 사해행위 당시 수익자가 선의였다고 선뜻 단정하여서는 안 된다.

[4] 근저당권설정계약이 사해행위에 해당함을 이유로 한 사해행위취소소송에서, 수익자인 근저당권자가 근저당권설정계약 당시 선의였다고 판단한 원심판결을 채증법칙 위반 등을 이유로 파기한 사례

판례선정이유

채무초과 상태의 채무자의 담보제공행위가 사해행위에 해당하는지 여부 및 수익자의 악의의 증명책임에 대하여 설시한 판결

405. 채권자취소권의 행사요건 (9) : 사해행위 (6)

(대법원 2017. 9. 21. 선고 2017다237186 판결)

쟁점 채무자가 제3자로부터 자금을 차용하여 부동산을 매수하고 해당 부동산을 차용금채무에 대한 담보로 제공하거나, 채무자가 제3자로부터 부동산을 매수하여 매매대금을 지급하기 전에 소유권이전등기를 마치고 해당 부동산을 매매대금채무에 대한 담보로 제공한 경우, 채무자의 담보제공행위가 사해행위인지 여부 및 이때 부동산매수행위와 담보제공행위가 단기간 내에 순차로 이루어진 경우, 담보제공행위만을 분리하여 사해행위에 해당한다고 할 수 있는지 여부

판결요지

채무초과 상태에 있는 채무자가 그 소유의 부동산을 채권자 중의 어느 한 사람에게 채권담보로 제공하는 행위는 특별한 사정이 없는 한 다른 채권자들에 대한 관계에서 사해행위에 해당한다. 그러나 채무자의 재산처분행위가 사해행위가 되려면 그 행위로 채무자의 총재산이 감소되어 채권의 공동담보가 부족한 상태를 유발 또는 심화시켜야 하는 것이므로, 채무자가 제3자로부터 자금을 차용하여 부동산을 매수하고 해당 부동산을 차용금채무에 대한 담보로 제공하거나, 채무자가 제3자로부터 부동산을 매수하여 매매대금을 지급하기 전에 소유권이전등기를 마치고 해당 부동산을 매매대금채무에 대한 담보로 제공한 경우와 같이 기존 채권자들의 공동담보가 감소되었다고 볼 수 없는 경우에는 담보제공행위를 사해행위라고 할 수 없다. 나아가 위와 같은 부동산매수행위와 담보제공행위가 한꺼번에 이루어지지 않고 단기간 내에 순차로 이루어졌다고 하더라도 다른 특별한

사정이 없는 한 일련의 행위 전후를 통하여 기존 채권자들의 공동담보에 증감이 있었다고 평가할 것도 아니므로, 담보제공행위만을 분리하여 사해행위에 해당한다고 하여서도 아니 된다.

판례선정이유

'기존 채권자들의 공동담보가 감소되었다고 볼 수 없는 경우에는 채무자의 담보제공행위를 사해행위라고 할 수 없다'는 점을 밝힌 판결

406. 채권자취소권의 행사요건 (10) : 사해행위 (7)

(대법원 2013. 7. 18. 선고 2012다5643 전원합의체 판결)

쟁점 채무자와 물상보증인의 공유인 부동산에 관하여 저당권이 설정된 후 채무자가 자신의 지분을 양도한 경우, 그 양도가 사해행위에 해당하는지를 판단할 때 채무자 소유의 지분이 부담하는 피담보채권액

판결요지

사해행위취소의 소에서 채무자가 수익자에게 양도한 목적물에 저당권이 설정되어 있는 경우라면 그 목적물 중에서 일반채권자들의 공동담보에 제공되는 책임재산은 피담보채권액을 공제한 나머지 부분만이라고 할 것이고, 그 피담보채권액이 목적물의 가액을 초과할 때는 당해 목적물의 양도는 사해행위에 해당한다고 할 수 없다. 그런데 수 개의 부동산에 공동저당권이 설정되어 있는 경우 책임재산을 산정함에 있어 각 부동산이 부담하는 피담보채권액은 특별한 사정이 없는 한 제368조의 규정 취지에 비추어 공동저당권의 목적으로 된 각 부동산의 가액에 비례하여 공동저당권의 피담보채권액을 안분한 금액이라고 보아야 한다. 그러나 그 수 개의 부동산 중 일부는 채무자의 소유이고 다른 일부는 물상보증인의 소유인 경우에는, 물상보증인이 제481조, 제482조의 규정에 따른 변제자대위에 의하여 채무자 소유의 부동산에 대하여 저당권을 행사할 수 있는 지위에 있는 점 등을 고려할 때, 그 물상보증인이 채무자에 대하여 구상권을 행사할 수 없는 특별한 사정이 없는 한 채무자 소유의 부동산에 관한 피담보채권액은 공동저당권의 피담보채권액 전액으로 봄이 상당하다. 이러한 법리는 하나의 공유부동산 중 일부 지분이 채무자의 소유이고, 다른 일부 지분이 물상보증인의 소유인 경우에도 마찬가지로 적용된다.

판례선정이유

채무자와 물상보증인의 공유인 부동산에 관하여 저당권이 설정된 후 채무자가 자신의 지분을 양도한 경우 사해행위 성립 여부의 판단 기준을 밝힌 판결

407. 채권자취소권의 행사요건(11) : 사해의사
(대법원 1998. 4. 14. 선고 97다54420 판결)

쟁점 연대보증인의 사해행위에 있어서 사해의사가 있었는지 여부의 판단기준 및 사해의사의 추정 여부

판결요지

[1] 연대보증인에게 부동산의 매도행위 당시 사해의 의사가 있었는지 여부는 연대보증인이 자신의 자산상태가 채권자에 대한 연대보증채무를 담보하는 데 부족이 생기게 되리라는 것을 인식하였는가 하는 점에 의하여 판단하여야 하고, 연대보증인이 주채무자의 자산상태가 채무를 담보하는 데 부족이 생기게 되리라는 것까지 인식하였어야만 사해의 의사를 인정할 수 있는 것은 아니다.

[2] 채무자가 자기의 유일한 재산인 부동산을 매각하여 소비하기 쉬운 금전으로 바꾸는 행위는 특별한 사정이 없는 한 항상 채권자에 대하여 사해행위가 된다고 볼 것이므로, 채무자의 사해의 의사는 추정되는 것이고, 이를 매수한 자가 악의가 없었다는 입증책임은 수익자에게 있다.

판례선정이유

연대보증인의 사해의사의 판단 및 채무자의 사해의사의 추정과 수익자의 악의의 증명책임에 관하여 설시한 판결

408. 채권자취소권 행사의 상대방
(대법원 2015. 5. 21. 선고 2012다952 전원합의체 판결)

쟁점 사해행위인 매매예약에 기하여 수익자 앞으로 가등기를 마친 후 전득자 앞으로 가등기 이전의 부기등기를 마치고 가등기에 기한 본등기까지 마친 경우, 채권자가 수익자를 상대로 사해행위인 매매예약의 취소를 청구할 수 있는지 여부 및 부기등기의 결과 수익자의 원물반환의무인 가등기말소의무의 이행이 불가능하게 된다 하더라도 마찬가지인지 여부

판결요지

[1] 사해행위인 매매예약에 기하여 수익자 앞으로 가등기를 마친 후 전득자 앞으로 가등기 이전의 부기등기를 마치고 나아가 가등기에 기한 본등기까지 마쳤다 하더라도, 위 부기등기는 사해행위인 매매예약에 기초한 수익자의 권리의 이전을 나타내는 것으로서 부기등기에 의하여 수익자로서의 지위가 소멸하지는 아니하며, 채권자는 수익자를 상대로 사해행위인 매매예약의 취소를 청구할 수 있다. 그리고 설령 부기등기의 결과 가등기 및 본등기에 대한 말소청구소송에서 수익자의 피고적

격이 부정되는 등의 사유로 인하여 수익자의 원물반환의무인 가등기말소의무의 이행이 불가능하게 된다 하더라도 달리 볼 수 없으며, 특별한 사정이 없는 한 수익자는 가등기 및 본등기에 의하여 발생된 채권자들의 공동담보 부족에 관하여 원상회복의무로서 가액을 배상할 의무를 진다.

[2] 채권자가 채무자의 부동산에 관한 사해행위를 이유로 수익자를 상대로 사해행위의 취소 및 원상회복을 구하는 소송을 제기한 후 소송계속 중에 사해행위가 해제 또는 해지되고 채권자가 사해행위의 취소에 의해 복귀를 구하는 재산이 벌써 채무자에게 복귀한 경우에는, 특별한 사정이 없는 한 사해행위취소소송의 목적은 이미 실현되어 더 이상 소에 의해 확보할 권리보호의 이익이 없어진다. 그리고 이러한 법리는 사해행위취소소송이 제기되기 전에 사해행위의 취소에 의해 복귀를 구하는 재산이 채무자에게 복귀한 경우에도 마찬가지로 타당하다.

판례선정이유

'사해행위인 매매예약에 기하여 수익자 앞으로 가등기를 마친 후 전득자 앞으로 가등기 이전의 부기등기를 마치고 나아가 가등기에 기한 본등기까지 마쳤다 하더라도, 위 부기등기에 의하여 수익자로서의 지위가 소멸하지는 아니하므로, 채권자는 수익자를 상대로 사해행위인 매매예약의 취소를 청구할 수 있다'는 점과, '설령 수익자의 원물반환의무인 가등기말소의무의 이행이 불가능하게 된다 하더라도 매매예약을 취소할 수 있고, 특별한 사정이 없는 한 수익자는 가등기 및 본등기에 의하여 발생된 채권자들의 공동담보 부족에 관하여 원상회복의무로서 가액을 배상할 의무를 진다'는 점을 밝힌 판결

409. 채권자취소권 행사의 효과(1) : 원상회복(1)

(대법원 2015. 11. 17. 선고 2013다84995 판결)

쟁점 채권자가 수익자를 상대로 사해행위 취소 및 원상회복으로 소유권이전등기의 말소를 명하는 판결을 받았으나 말소등기를 마치지 않은 경우, 소송 당사자가 아닌 다른 채권자가 채무자를 대위하여 말소등기를 신청할 수 있는지 여부 및 이때 다른 채권자의 등기신청으로 말소등기가 마쳐진 경우, 등기에 절차상의 흠이 존재하는지 여부

판결요지

사해행위 취소의 효력은 채무자와 수익자의 법률관계에 영향을 미치지 아니하고, 사해행위 취소로 인한 원상회복 판결의 효력도 소송의 당사자인 채권자와 수익자 또는 전득자에게만 미칠 뿐 채무자나 다른 채권자에게 미치지 아니하므로, 어느 채권자가 수익자를 상대로 사해행위 취소 및 원상회복으로 소유권이전등기의 말소를 명하는 판결을 받았으나 말소등기를 마치지 아니한 상태라면, 소송의 당사자가 아닌 다른 채권자는 위 판결에 기하여 채무자를 대위하여 말소등기를 신청할 수 없다. 그럼에도

불구하고 다른 채권자의 등기신청으로 말소등기가 마쳐졌다면 등기에는 절차상의 흠이 존재한다.

그러나 채권자가 사해행위 취소의 소를 제기하여 승소한 경우 취소의 효력은 제407조에 따라 모든 채권자의 이익을 위하여 미치므로, 수익자는 채무자의 다른 채권자에 대하여도 사해행위의 취소로 인한 소유권이전등기의 말소등기의무를 부담하는 점, 등기절차상의 흠을 이유로 말소된 소유권이전등기가 회복되더라도 다른 채권자가 사해행위취소판결에 따라 사해행위가 취소되었다는 사정을 들어 수익자를 상대로 다시 소유권이전등기의 말소를 청구하면 수익자는 말소등기를 해 줄 수밖에 없어서 결국 말소된 소유권이전등기가 회복되기 전의 상태로 돌아가는데, 이와 같은 불필요한 절차를 거치게 할 필요가 없는 점 등에 비추어 보면, 사해행위 취소 및 원상회복으로 소유권이전등기의 말소를 명한 판결의 소송당사자가 아닌 다른 채권자가 위 판결에 기하여 채무자를 대위하여 마친 말소등기는 등기절차상의 흠에도 불구하고 실체관계에 부합하는 등기로서 유효하다.

판례선정이유

'사해행위 취소의 효력은 채무자와 수익자의 법률관계에 영향을 미치지 아니하고, 사해행위 취소로 인한 원상회복 판결의 효력도 소송의 당사자인 채권자와 수익자 또는 전득자에게만 미칠 뿐 채무자나 다른 채권자에게 미치지 아니한다'는 「상대적 무효설」의 입장을 전제로, '소송의 당사자가 아닌 다른 채권자는 위 판결에 기하여 채무자를 대위하여 말소등기를 신청할 수 없으나, 그럼에도 불구하고 다른 채권자의 등기신청으로 말소등기가 마쳐졌다면, 그 등기는 절차상의 하자에도 불구하고 실체관계에 부합하는 등기로서 유효하다'는 점을 밝힌 판결

410. 채권자취소권 행사의 효과(2) : 원상회복(2)

(대법원 2008. 12. 11. 선고 2007다69162 판결)

쟁점 사해행위 취소로 인한 원상회복으로 부동산을 반환하는 경우에, 그 사용이익이나 임료상당액도 반환해야 하는지 여부

판결요지

채권자취소권은 채무자가 채권자를 해함을 알면서 일반재산을 감소시키는 행위를 한 경우에 그 행위를 취소하여 채무자의 재산을 원상회복시킴으로써 채무자의 책임재산을 보전하기 위하여 인정된 권리로서, 사해행위의 취소 및 원상회복은 책임재산의 보전을 위하여 필요한 범위 내로 한정되어야 하므로, 원래의 책임재산을 초과하는 부분까지 원상회복의 범위에 포함된다고 볼 수 없다. 따라서 부동산에 관한 법률행위가 사해행위에 해당하여 제406조 제1항에 의하여 취소된 경우에 수익자 또는 전득자가 사해행위 이후 그 부동산을 직접 사용하거나 제3자에게 임대하였다고 하더라도, 당초 채권자의 공동담보를 이루는 채무자의 책임재산은 당해 부동산이었을 뿐 수익자

또는 전득자가 그 부동산을 사용함으로써 얻은 사용이익이나 임차인으로부터 받은 임료상당액까지 채무자의 책임재산이었다고 볼 수 없으므로, 수익자 등이 원상회복으로서 당해 부동산을 반환하는 이외에 그 사용이익이나 임료상당액을 반환해야 하는 것은 아니다.

판례선정이유

'사해행위 취소로 인한 원상회복으로 부동산을 반환하는 경우에, 그 사용이익이나 임료상당액을 반환할 필요가 없다'는 점을 밝힌 판결

411. 채권자취소권 행사의 효과(3) : 원상회복(3)

(대법원 2001. 9. 4. 선고 2000다66416 판결)

쟁점 근저당권이 설정되어 있는 부동산에 관하여 사해행위가 이루어진 후 근저당권이 말소되어 사해행위를 취소하고 가액의 배상을 명하는 경우, 그 가액의 산정시기 및 근저당권이 말소된 후 사해행위에 의하여 부동산을 취득한 전득자의 가액배상의 범위

판결요지

[1] 근저당권이 설정되어 있는 부동산을 증여한 행위가 사해행위에 해당하는 경우, 그 부동산이 증여된 후 근저당권설정등기가 말소되었다면, 증여계약을 취소하고 부동산의 소유권 자체를 채무자에게 환원시키는 것은 당초 일반 채권자들의 공동담보로 제공되지 아니한 부분까지 회복시키는 결과가 되어 불공평하므로, 채권자는 그 부동산의 가액에서 근저당권의 피담보채무액을 공제한 잔액의 한도 내에서 증여계약의 일부 취소와 그 가액의 배상을 청구할 수밖에 없다.

[2] 사해행위를 전부 취소하고 원상회복을 구하는 채권자의 주장 속에는 사해행위를 일부 취소하고 가액의 배상을 구하는 취지도 포함되어 있으므로, 채권자가 원상회복만을 구하는 경우에도 법원은 가액의 배상을 명할 수 있다.

[3] 근저당권이 설정되어 있는 부동산에 관하여 사해행위가 이루어진 후 근저당권이 말소되어 그 부동산의 가액에서 근저당권 피담보채무액을 공제한 나머지 금액의 한도에서 사해행위를 취소하고 가액의 배상을 명하는 경우, 그 가액의 산정은 사실심 변론종결시를 기준으로 하여야 하고, 기존의 근저당권이 말소된 후 사해행위에 의하여 그 부동산에 관한 권리를 취득한 전득자에 대하여도 사실심 변론종결시의 부동산 가액에서 말소된 근저당권 피담보채무액을 공제한 금액의 한도에서 그가 취득한 이익에 대한 가액 배상을 명할 수 있다.

[4] 채권자가 채권자취소권을 행사할 때에는 원칙적으로 자신의 채권액을 초과하여 취소권을 행사할 수 없고, 이 때 채권자의 채권액에는 사해행위 이후 사실심 변론종결시까지 발생한 이자나 지연손해금이 포함된다.

판례선정이유

사해행위 취소의 범위와 원상회복의 방법 및 가액배상에서의 가액 산정시기와 범위에 관하여 설시한 판결

412. 채권자취소권 행사의 효과 (4) : 원상회복 (4)

(대법원 2016. 5. 27. 선고 2014다230894 판결)

쟁점 공유물분할 이후 당초 공유지분에 담보가등기를 설정한 공유자의 단독소유로 귀속된 부동산에 종전의 담보가등기를 대체하는 새로운 담보가등기를 설정하고 다른 공유자의 소유로 분할된 부동산에 전사된 담보가등기는 모두 말소한 경우, 담보권설정자에 대한 채권자가 채권자취소권을 행사하는 방법

판결요지

[1] 공유물분할은 형식적으로는 공유자 상호 간의 지분의 교환 또는 매매이나 실질적으로는 공유물에 분산되어 있는 지분을 분할로 인하여 취득하는 특정 부분에 집중시켜 소유형태를 변경한 것에 불과하다. 그러므로 공유지분에 관하여 담보가등기를 설정하였다가 공유물분할로 단독소유가 된 부동산에 전사된 담보가등기에 관하여 사해행위를 이유로 채권자취소권을 행사할 경우에는 특별한 사정이 없는 한 공유지분에 대한 담보가등기 설정 당시를 기준으로 사해행위에 해당하는지를 판단하여야 한다.

[2] 공유물분할 이후 당초 공유지분에 담보가등기를 설정한 공유자의 단독소유로 귀속된 부동산에 종전의 담보가등기를 대체하는 새로운 담보가등기를 설정하고 다른 공유자의 소유로 분할된 부동산에 전사된 담보가등기는 모두 말소한 경우에, 담보권설정자에 대한 채권자가 채권자취소권을 행사할 때에는 공유물분할 자체가 불공정하게 이루어져 사해행위에 해당한다는 등 특별한 사정이 없는 한 공유물분할이 되어 단독소유로 된 부동산에 설정된 담보가등기 설정계약의 취소와 담보가등기의 말소를 구하는 방법으로 할 수 있다.

판례선정이유

공유지분에 관하여 담보가등기를 설정하였다가 공유물분할로 단독소유가 된 부동산에 전사된 담보가등기에 관하여 사해행위를 이유로 채권자취소권을 행사할 경우의 원상회복 방법에 관하여 설시한 판결

413. 채권자취소권 행사의 효과 (5) : 원상회복 (5)

(대법원 2006. 12. 7. 선고 2006다43620 판결)

쟁점 근저당권설정계약 중 일부만이 사해행위에 해당하는 경우, 원상회복의 방법

판결요지

사해행위의 취소에 따른 원상회복은 원칙적으로 그 목적물 자체의 반환에 의하여야 하고, 그것이 불가능하거나 현저히 곤란한 경우에 한하여 예외적으로 가액배상에 의하여야 하는바, 근저당권설정계약 중 일부만이 사해행위에 해당하는 경우에는, 그 원상회복은 근저당권설정등기의 채권최고액을 감축하는 근저당권변경등기절차의 이행을 명하는 방법에 의하여야 한다.

판례선정이유

근저당권설정계약 중 일부가 사해행위에 해당하는 경우, 그 원상회복의 방법에 대하여 설시한 판결

414. 채권자취소권 행사의 효과 (6) : 채무자의 일반재산에의 귀속 (1)

(대법원 2008. 6. 12. 선고 2007다37837 판결)

쟁점 채권자가 사해행위취소권을 행사하여 직접 수령한 가액배상금에 대하여 다른 채권자가 취소채권자를 상대로 채권액에 따른 안분액의 지급을 구할 수 있는지 여부

판결요지

사해행위의 취소와 원상회복은 모든 채권자의 이익을 위하여 그 효력이 있으므로(제407조), 채권자취소권의 행사로 채무자에게 회복된 재산에 대하여 취소채권자가 우선변제권을 가지는 것이 아니라 다른 채권자도 총채권액 중 자기의 채권에 해당하는 안분액을 변제받을 수 있는 것이지만, 이는 채권의 공동담보로 회복된 채무자의 책임재산으로부터 민사집행법 등의 법률상 절차를 거쳐 다른 채권자도 안분액을 지급받을 수 있다는 것을 의미하는 것일 뿐, 다른 채권자가 이러한 법률상 절차를 거치지 아니하고 취소채권자를 상대로 하여 안분액의 지급을 직접 구할 수 있는 권리를 취득한다거나, 취소채권자에게 인도받은 재산 또는 가액배상금에 대한 분배의무가 인정된다고 볼 수는 없다. 가액배상금을 수령한 취소채권자가 이러한 분배의무를 부담하지 아니함으로 인하여 사실상 우선변제를 받는 불공평한 결과를 초래하는 경우가 생기더라도, 이러한 불공평은 채무자에 대한 파산절차 등 도산절차를 통하여 시정하거나 가액배상금의 분배절차에 관한 별도의 법률 규정을 마련하여 개선하는 것은 별론으로 하고, 현행 채권자취소 관련 규정의 해석상으로는 불가피하다.

판례선정이유

채권자가 사해행위취소권을 행사하여 직접 수령한 가액배상금에 대하여 다른 채권자가 취소채권자를 상대로 채권액에 따른 안분액의 지급을 구할 수 있는지 여부에 관하여 설시한 판결

415. 채권자취소권 행사의 효과 (7) : 채무자의 일반재산에의 귀속 (2)

(대법원 2017. 8. 21., 2017마499 결정)

쟁점 사해행위취소의 소에서 수익자가 원상회복으로서 가액배상을 할 경우, 수익자가 채권자취소권을 행사하는 채권자에 대해 가지는 별개의 다른 채권을 집행하기 위하여 그에 대한 집행권원을 가지고 채권자의 수익자에 대한 가액배상채권을 압류하고 전부명령을 받는 것이 허용되는지 여부

판결요지

[1] 사해행위취소의 소에서 수익자가 원상회복으로서 채권자취소권을 행사하는 채권자에게 가액배상을 할 경우, 수익자 자신이 사해행위취소소송의 채무자에 대한 채권자라는 이유로 채무자에 대하여 가지는 자기의 채권과 상계하거나 채무자에게 가액배상금 명목의 돈을 지급하였다는 점을 들어 채권자취소권을 행사하는 채권자에 대해 이를 가액배상에서 공제할 것을 주장할 수 없다. 그러나 수익자가 채권자취소권을 행사하는 채권자에 대해 가지는 별개의 다른 채권을 집행하기 위하여 그에 대한 집행권원을 가지고 채권자의 수익자에 대한 가액배상채권을 압류하고 전부명령을 받는 것은 허용된다. 이는 수익자의 채무자에 대한 채권을 기초로 한 상계나 임의적인 공제와는 내용과 성질이 다르다. 또한 채권자가 채무자의 제3채무자에 대한 채권을 압류하는 경우, 제3채무자가 채권자 자신인 경우에도 이를 압류하는 것이 금지되지 않으므로, 단지 채권자와 제3채무자가 같다고 하여 채권압류 및 전부명령이 위법하다고 볼 수 없다.

[2] 상계가 금지되는 채권이라고 하더라도 압류금지채권에 해당하지 않는 한 강제집행에 의한 전부명령의 대상이 될 수 있다.

판례선정이유

'수익자가 채권자취소권을 행사하는 채권자에 대한 별개의 채권을 집행하기 위하여 채권자의 수익자에 대한 가액배상채권을 압류하고 전부명령을 받는 것이 허용된다'는 점을 밝힌 판결

416. 채권자취소권 행사의 효과(8) : 사해행위 취소의 상대적 효력

(대법원 1990. 10. 30. 선고 89다카35421 판결)

쟁점 채무자와 수익자 사이의 부동산매매계약이 사해행위라는 이유로 취소되어 그 소유권이전등기가 말소된 경우, 그 이전에 이루어진 수익자의 채권자가 한 가압류의 효력

판결요지

사해행위의 목적부동산에 수익자에 대한 채권자의 가압류등기가 경료된 후 채무자와 수익자 사이의 위 부동산에 관한 매매계약이 사해행위라는 이유로 취소되어 수익자 명의의 소유권이전등기가 말소되었다 하더라도, 사해행위의 취소는 상대적 효력밖에 없어 특단의 사정이 없는 한 가압류의 효력이 당연히 소멸되는 것은 아니므로, 채무자로부터 위 부동산을 진전하여 양도받은 자는 가압류의 부담이 있는 소유권을 취득하였다 할 것인바, 원심이 위 부동산에 관한 수익자 명의의 소유권이전등기가 원인무효라는 이유만으로 가압류채권자의 위 부동산에 대한 강제집행을 불허한 조치는 사해행위취소의 효력에 관한 법리를 오해한 위법이 있다.

판례선정이유

사해행위 취소의 효력에 관한 「상대적 무효설」을 전제로, '채무자와 수익자 사이의 부동산매매계약이 사해행위라는 이유로 취소되어 그 소유권이전등기가 말소된 경우에도, 그 이전에 이루어진 수익자의 채권자가 한 가압류의 효력은 소멸하지 않는다'는 점을 밝힌 판결

417. 채권자취소권 행사의 효과(9) : 채무자의 부당이득반환의무

(대법원 2017. 9. 26. 선고 2015다38910 판결)

쟁점 채무자의 법률행위가 사해행위에 해당하여 취소를 이유로 원상회복이 이루어지는 경우, 채무자가 수익자 또는 전득자에게 부당이득반환채무를 부담하는지 여부 및 이때 채무자의 다른 공동채무자도 채무가 소멸하는 이익을 얻는 경우, 공동채무자가 수익자나 전득자에게 직접 부당이득반환채무를 부담하는지 여부

판결요지

채무자의 법률행위가 사해행위에 해당하여 취소를 이유로 원상회복이 이루어지는 경우, 특별한 사정이 없는 한 채무자는 수익자 또는 전득자에게 부당이득반환채무를 부담한다.

채무자의 책임재산이 위와 같이 원상회복되어 그로부터 채권자가 채권의 만족을 얻음으로써

채무자의 다른 공동채무자도 자신의 채무가 소멸하는 이익을 얻을 수 있다. 이러한 경우에 공동채무의 법적 성격이나 내용에 따라 채무자와 다른 공동채무자 사이에 구상관계가 성립하는 것은 별론으로 하고 공동채무자가 수익자나 전득자에게 직접 부당이득반환채무를 부담하는 것은 아니다. 따라서 채무자의 공동채무자가 수익자나 전득자의 가액배상의무를 대위변제한 경우에도, 특별한 사정이 없는 한 수익자나 전득자에게 구상할 수 있다.

판례선정이유

'채무자의 법률행위가 사해행위에 해당하여 취소를 이유로 원상회복이 이루어지는 경우, 채무자는 수익자 또는 전득자에 대한 부당이득반환채무를 부담한다'는 점을 밝힌 판결

제3절 수인의 채권자 및 채무자

제1관 총 칙

418. 분할채권관계 (1) : 분할채권

(대법원 1981. 2. 24. 선고 79다14 판결)

쟁점 2인의 공동매수인 중 1인이 매수대금을 모두 지급한 경우, 매도인의 채무의 성질

판결요지

토지의 매도인은 2인의 공동매수인에게 특별한 사정이 없는 한 각 1/2씩의 지분권에 관하여 각 소유권이전등기절차를 이행할 의무가 있는 것인바, 잔대금 지급을 지체하고 있던 위 공동매수인 중의 1인이 잔대금 전액을 지급하였다고 하더라도 그러한 사정만으로는 동인에게 다른 공동매수인의 지분부분에 관해서까지 소유권이전등기 소요서류를 교부할 수 있는 특별한 사정이 있다고 할 수 없다.

판례선정이유

'2인의 공동매수인 중 1인이 매수대금을 모두 지급하였다고 하더라도 그러한 사정만으로는 분할채권의 성질에는 변화가 없다'는 점을 밝힌 판결

419. 분할채권관계 (2) : 분할채권과 분할채무
(대법원 1993. 8. 14. 선고 91다41316 판결)

쟁점 매도인과 매수인이 각각 수인인 매매계약이 무효인 경우, 계약금 상당액의 부당이득반환채권의 귀속

판결요지

채권자나 채무자가 여러 사람인 경우에 특별한 의사표시가 없으면 각 채권자 또는 각 채무자는 균등한 비율로 권리가 있고 의무를 부담한다고 할 것이므로, 피고를 포함한 4인의 매도인이 원고를 포함한 4인의 매수인에게 임야를 매도하기로 하는 계약을 체결한 경우, 매매계약의 무효를 원인으로 부당이득으로서 계약금의 반환을 구하는 채권은 특별한 사정이 없으면 불가분채권채무관계가 될 수 없으므로, 매도인 중의 1인에 불과한 피고가 매수인 중의 1인에 불과한 원고에게 위 계약금 전액을 반환할 의무가 있다고 할 수 없다.

판례선정이유

분할채권관계의 원칙상 '여러 명의 매수인이 여러 명의 매도인에 대하여 매매계약의 무효를 원인으로 한 계약금 상당액의 부당이득반환채권을 취득한 경우에는, 그 채권은 그 여러 명의 매수인들에게 균등하게 분할되어 귀속되며, 그 채무 또한 여러 명의 매도인에게 균등하게 분할되어 귀속된다'는 점을 밝힌 판결

제2관 불가분채권과 불가분채무

420. 불가분채권 : 묵시적 약정에 의한 불가분채권의 성립
(대법원 2000. 12. 12. 선고 2000다49879 판결)

쟁점 채권자 아닌 제3자의 명의로 저당권 또는 담보가등기를 설정하는 경우, 묵시적 약정에 의하여 불가분채권이 성립하는지 여부

판결요지

채권담보의 목적으로 채무자 소유의 부동산을 담보로 제공하여 저당권을 설정하는 경우에는 담보물권의 부종성의 법리에 비추어 원칙적으로 채권과 저당권이 그 주체를 달리할 수 없는 것이지만, 채권자 아닌 제3자의 명의로 저당권등기를 하는 데 대하여 채권자와 채무자 및 제3자 사이에

합의가 있었고, 나아가 제3자에게 그 채권이 실질적으로 귀속되었다고 볼 수 있는 특별한 사정이 있거나, 거래경위에 비추어 제3자의 저당권등기가 한낱 명목에 그치는 것이 아니라 그 제3자도 채무자로부터 유효하게 채권을 변제받을 수 있고 채무자도 채권자나 저당권 명의자인 제3자 중 누구에게든 채무를 유효하게 변제할 수 있는 관계, 즉 묵시적으로 채권자와 제3자가 불가분적 채권자의 관계에 있다고 볼 수 있는 경우에는, 그 제3자 명의의 저당권등기도 유효하다고 볼 것인바, 이러한 법리는 저당권의 경우뿐 아니라 채권 담보를 목적으로 가등기를 하는 경우에도 마찬가지로 적용된다고 보아야 할 것이고, 이러한 법리가 부동산실명법에 규정된 명의신탁약정의 금지에 위반된다고 할 것은 아니다.

판례선정이유

채권자 아닌 제3자의 명의로 저당권 또는 담보가등기를 설정하는 경우에는 묵시적 약정에 의하여 불가분채권이 성립할 수 있음을 밝힌 판결

421. 불가분채무 (1) : 성질상의 불가분급부의 확대 (1)

(대법원 2017. 5. 30. 선고 2017다205073 판결)

쟁점 건물의 공유자가 공동으로 건물을 임대하고 임차보증금을 수령한 경우, 임차보증금 반환채무의 성질이 불가분채무에 해당하는지 여부

판결요지

건물의 공유자가 공동으로 건물을 임대하고 임차보증금을 수령한 경우, 특별한 사정이 없는 한 그 임대는 각자 공유지분을 임대한 것이 아니라 임대목적물을 다수의 당사자로서 공동으로 임대한 것이고, 임차보증금 반환채무는 성질상 불가분채무에 해당한다.

판례선정이유

「성질상의 불가분급부」의 범위를 확대하여, '가분급부인 금전채무라고 하더라도 금전의 급부가 각 채무자가 불가분적으로 향수하는 이익의 대가로서의 의의를 가지거나, 또는 불가분급부의 대가로서의 의의를 가지는 경우에는 성질상 불가분급부로 다루어야 한다'는 점을 밝힌 판결

422. 불가분채무 (2) : 성질상의 불가분급부의 확대 (2)
(대법원 2001. 12. 11. 선고 2000다13948 판결)

쟁점 법률상 원인 없이 공동으로 타인의 재산을 점유 · 사용함으로 인한 부당이득 반환채무의 성질

판결요지

여러 사람이 공동으로 법률상 원인 없이 타인의 재산을 사용한 경우의 부당이득 반환채무는 특별한 사정이 없는 한 불가분적 이득의 반환으로서 불가분채무이고, 불가분채무는 각 채무자가 채무 전부를 이행할 의무가 있으며, 1인의 채무이행으로 다른 채무자도 그 의무를 면하게 된다.

판례선정이유

「성질상의 불가분급부」의 범위를 확대하여, 불가분채무의 성립을 인정한 판결

제3관 연대채무

423. 연대채무 (1) : 변제의 절대적 효력
(대법원 2013. 3. 14. 선고 2012다85281 판결)

쟁점 연대채무자 중 1인이 일부변제를 한 경우, 충당방법 및 변제의 절대적 효력

판결요지

연대채무자 또는 연대보증인 중 1인이 채무의 일부를 변제한 경우에, 당사자 사이에 특별한 합의가 없는 한 그 변제된 금액은 제479조의 법정충당 순서에 따라 비용, 이자, 원본의 순서로 충당되어야 하므로, 지연손해금 채무가 원본채무보다 먼저 충당된다. 한편 여러 명의 연대채무자 또는 연대보증인에 대하여 따로따로 소송이 제기되는 등으로 그 판결에 의하여 확정된 채무원본이나 지연손해금의 금액과 이율 등이 서로 달라지게 되어 원금이나 지연손해금에 채무자들이 공동으로 부담하는 부분과 공동으로 부담하지 않는 부분이 생긴 경우에, 어느 채무자가 채무 일부를 변제한 때에는 그 변제자가 부담하는 채무 중 공동으로 부담하지 않는 부분의 채무 변제에 우선 충당되고, 그 다음 공동 부담 부분의 채무 변제에 충당된다. 그리고 채권의 목적을 달성시키는 변제와 같은 사유는 연대채무자 또는 연대보증채무자 전원에 대하여 절대적 효력을 가지므로, 어느 채무자의 변제 등으로 다른 채무자와 공동으로 부담하는 부분의 채무가 소멸되면 그 채무소멸의 효과는 다른 채무자 전원에 대하여 미친다.

판례선정이유

연대채무자중 1인이 일부변제를 한 경우에도 절대적 효력이 있음을 밝힌 판결

424. 연대채무 (2) : 이행청구의 절대적 효력

(대법원 2001. 8. 21. 선고 2001다22840 판결)

쟁점 연대채무자 1인에 대한 경매신청이 다른 연대채무자에게 미치는 효력

판결요지

[1] 채권자의 신청에 의한 경매개시결정에 따라 연대채무자 1인의 소유 부동산이 압류된 경우, 이로써 위 채무자에 대한 채권의 소멸시효는 중단되지만, 압류에 의한 시효중단의 효력은 다른 연대채무자에게 미치지 아니하므로, 경매개시결정에 의한 시효중단의 효력을 다른 연대채무자에 대하여 주장할 수 없다.

[2] 채권자가 연대채무자 1인의 소유 부동산에 대하여 경매신청을 한 경우, 이는 최고로서의 효력을 가지고 있고, 연대채무자에 대한 이행청구는 다른 연대채무자에게도 효력이 있으므로, 채권자가 6월 내에 다른 연대채무자를 상대로 재판상 청구를 하였다면 그 다른 연대채무자에 대한 채권의 소멸시효가 중단되지만, 이로 인하여 중단된 시효는 위 경매절차가 종료된 때가 아니라 재판이 확정된 때로부터 새로 진행된다.

판례선정이유

연대채무에 있어서 연대채무자 1인에 대한 경매신청에 의한 시효중단의 법리와 이행청구의 절대적 효력에 관하여 설시한 판결

425. 연대채무 (3) : 연대채무자의 구상권

(대법원 2013. 11. 14. 선고 2013다46023 판결)

쟁점 연대채무자 사이의 구상권 행사에서 '부담부분'의 의미 및 일부 공동면책되게 한 연대채무자가 일부 공동면책되게 한 다른 연대채무자를 상대로 자신의 공동면책액 중 다른 연대채무자의 분담비율에 해당하는 금액이 다른 연대채무자의 공동면책액 중 자신의 분담비율에 해당하는 금액을 초과하는 범위에서 구상권을 행사할 수 있는지 여부

판결요지

연대보증인들 사이의 내부관계에서는 연대보증인 각자가 자신의 분담금액을 한도로 일부 보증을 한 것과 같이 볼 수 있어서 그 분담금액 범위 내의 출재에 관한 구상관계는 주채무자만을 상대로 해결할 것을 예정하고 있는 반면, 연대채무자들 사이에서는 연대채무자 각자가 행한 모든 출재에 관하여 다른 연대채무자의 공동부담을 기대하는 것이 보통이다. 그리하여 민법은 연대보증인 중의 한 사람이 공동면책을 이유로 다른 연대보증인에게 구상권을 행사하려면 '자기의 부담부분을 넘은' 변제를 하였을 것을 그 요건으로 규정하였으나(제448조 제2항), 연대채무자 중의 한 사람이 공동면책을 이유로 다른 연대채무자에게 구상권을 행사하는 데 있어서는 그러한 제한 없이 '부담부분'에 대하여 구상권을 행사할 수 있는 것으로 규정하고 있다(제425조 제1항). 따라서 연대채무자 사이의 구상권행사에 있어서 '부담부분'이란 연대채무자가 그 내부관계에서 출재를 분담하기로 한 비율을 말한다고 봄이 타당하다. 그 결과 변제 기타 자기의 출재로 일부 공동면책되게 한 연대채무자는 역시 변제 기타 자기의 출재로 일부 공동면책되게 한 다른 연대채무자를 상대로 하여서도 자신의 공동면책액 중 다른 연대채무자의 분담비율에 해당하는 금액이 다른 연대채무자의 공동면책액 중 자신의 분담비율에 해당하는 금액을 초과한다면 그 범위에서 여전히 구상권을 행사할 수 있다고 보아야 한다.

판례선정이유

제425조의 '부담부분'의 의의 및 연대채무자 2인이 각각 일부 공동면책한 경우, 구상권의 범위에 관하여 「초과출재불요설」의 입장을 취한 판결

426. 부진정연대채무 (1) : 일부변제의 절대적 효력의 범위

(대법원 2018. 3. 22. 선고 2012다74236 전원합의체 판결)

쟁점 금액이 다른 채무가 서로 부진정연대관계에 있을 때 다액채무자가 일부 변제를 하는 경우, 변제로 먼저 소멸하는 부분

판결요지

금액이 다른 채무가 서로 부진정연대 관계에 있을 때 다액채무자가 일부 변제를 하는 경우, 변제로 인하여 먼저 소멸하는 부분은 당사자의 의사와 채무 전액의 지급을 확실히 확보하려는 부진정연대채무 제도의 취지에 비추어 볼 때 다액채무자가 단독으로 채무를 부담하는 부분으로 보아야 한다. 이러한 법리는 사용자의 손해배상액이 피해자의 과실을 참작하여 과실상계를 한 결과 타인에게 직접 손해를 가한 피용자 자신의 손해배상액과 달라졌는데 다액채무자인 피용자가 손해배상액의

일부를 변제한 경우에 적용되고, 공동불법행위자들의 피해자에 대한 과실비율이 달라 손해배상액이 달라졌는데 다액채무자인 공동불법행위자가 손해배상액의 일부를 변제한 경우에도 적용된다.

판례선정이유

채무액이 서로 다른 채무를 부담하는 부진정연대채무자 중 다액채무를 부담하는 1인이 채무의 일부를 변제한 경우에 다른 연대채무자의 채무 소멸의 범위에 대해서는 「안분설」과 「외측설」이 대립하고 있는데, 과거 「안분설」을 취한 판례를 폐기하고 「외측설」로 입장을 변경한 전원합의체 판결

427. 부진정연대채무 (2) : 공동불법행위자들의 구상채무의 성질

(대법원 2002. 9. 27. 선고 2002다15917 판결)

쟁점 공동불법행위자들 중의 1인이 전체 채무를 변제한 경우, 나머지 공동불법행위자들이 부담하는 구상채무의 성질

판결요지

공동불법행위자는 채권자에 대한 관계에서는 부진정연대책임을 지되, 공동불법행위자들 내부관계에서는 일정한 부담 부분이 있고, 이 부담 부분은 공동불법행위자의 과실의 정도에 따라 정하여지는 것으로서, 공동불법행위자 중 1인이 자기의 부담 부분 이상을 변제하여 공동의 면책을 얻게 하였을 때에는 다른 공동불법행위자에게 그 부담 부분의 비율에 따라 구상권을 행사할 수 있고, 공동불법행위자 중 1인에 대하여 구상의무를 부담하는 다른 공동불법행위자가 수인인 경우에는 특별한 사정이 없는 이상 그들의 구상권자에 대한 채무는 이를 부진정연대채무로 보아야 할 근거는 없으며, 오히려 다수 당사자 사이의 분할채무의 원칙이 적용되어 각자의 부담 부분에 따른 분할채무로 봄이 상당하다.

판례선정이유

공동불법행위자들의 구상채무가 특별한 사정이 없는 한 분할채무임을 밝힌 판결

428. 부진정연대채무 (3) : 소멸시효의 상대적 효력
(대법원 1997. 12. 23. 선고 97다42830 판결)

쟁점 공동불법행위자 중 1인의 손해배상채무가 시효로 소멸한 후 다른 공동불법행위자가 피해자에게 자기 부담 부분을 넘는 손해를 배상했을 경우, 손해를 배상한 공동불법행위자는 손해배상채무가 시효 소멸한 다른 공동불법행위자에게 구상권을 행사할 수 있는지 여부

판결요지

공동불법행위자의 다른 공동불법행위자에 대한 구상권은 피해자의 다른 공동불법행위자에 대한 손해배상채권과는 그 발생 원인 및 성질을 달리하는 별개의 권리이고, 연대채무에 있어서 소멸시효의 절대적 효력에 관한 제421조의 규정은 공동불법행위자 상호간의 부진정연대채무에 대하여는 그 적용이 없으므로, 공동불법행위자 중 1인의 손해배상채무가 시효로 소멸한 후에 다른 공동불법행위자 1인이 피해자에게 자기의 부담 부분을 넘는 손해를 배상하였을 경우에도, 그 공동불법행위자는 다른 공동불법행위자에게 구상권을 행사할 수 있다.

판례선정이유

연대채무에 있어서 시효소멸의 절대적 효력을 규정한 제421조는 부진정연대채무의 경우에는 적용되지 않음을 밝힌 판결

429. 부진정연대채무 (4) : 다른 연대채무자의 상계권
(대법원 1994. 5. 27. 선고 93다21521 판결)

쟁점 다른 연대채무자의 상계권을 규정한 제418조 제2항이 부진정연대채무에도 적용되는지 여부

판결요지

[1] 제418조 제2항을 적용하기 위하여는 채권자에 대하여 채권을 가지고 있는 연대채무자가 이를 가지고 자신의 채권자에 대한 채무와 상계할 수 있음이 전제가 되어야 하고, 또 위 조항에 의하여 다른 연대채무자가 상계권을 행사하는 경우에도 그 상계의 수동채권은 여전히 원래의 상계권자인 연대채무자의 채무이며(다만 위 채무가 소멸하면 그 효과로서 상계권을 행사하는 다른 연대채무자의 채무도 같이 소멸하는 것일 뿐이다) 실제로 상계권을 행사하는 다른 연대채무자의 채권자에 대한 채무가 직접 상계의 수동채권이 되는 것은 아니다.

[2] 부진정연대채무에 있어서 부진정연대채무자 1인이 한 상계가 다른 부진정연대채무자에 대한 관계에 있어서도 공동면책의 효력 내지 절대적 효력이 있는 것인지는 별론으로 하더라도, 부진정연대채무자 사이에는 고유의 의미에 있어서의 부담부분이 존재하지 아니하므로 위와 같은 고유의 의미의 부담부분의 존재를 전제로 하는 제418조 제2항은 부진정연대채무에는 적용되지 아니하는 것으로 봄이 상당하고, 따라서 부진정연대채무에 있어서는 한 부진정연대채무자가 채권자에 대하여 상계할 채권을 가지고 있음에도 상계를 하지 않고 있다 하더라도 다른 부진정연대채무자가 그 채권을 가지고 상계를 할 수는 없는 것으로 보아야 한다.

판례선정이유

제418조 제2항의 규정은 부진정연대채무에 대해서는 적용되지 않음을 밝힌 판결

430. 부진정연대채무 (5) : 상계의 절대적 효력

(대법원 2010. 9. 16. 선고 2008다97218 전원합의체 판결)

쟁점 부진정연대채무자 중 1인이 한 상계 내지 상계계약이 다른 부진정연대채무자에 미치는 효력

판결요지

부진정연대채무자 중 1인이 자신의 채권자에 대한 반대채권으로 상계를 한 경우에도 채권은 변제, 대물변제, 또는 공탁이 행하여진 경우와 동일하게 현실적으로 만족을 얻어 그 목적을 달성하는 것이므로, 그 상계로 인한 채무소멸의 효력은 소멸한 채무 전액에 관하여 다른 부진정연대채무자에 대하여도 미친다고 보아야 한다. 이는 부진정연대채무자 중 1인이 채권자와 상계계약을 체결한 경우에도 마찬가지이다. 나아가 이러한 법리는 채권자가 상계 내지 상계계약이 이루어질 당시 다른 부진정연대채무자의 존재를 알았는지 여부에 의하여 좌우되지 아니한다.

판례선정이유

'부진정연대채무에 있어서는 상계의 절대적 효력을 인정할 수 없다'는 입장을 취하고 있었던 과거의 판례를 변경하여, 부진정연대채무에 있어서도 상계의 절대적 효력을 인정한 판결

431. 부진정연대채무 (6) : 구상요건으로서의 통지
(대법원 1998. 6. 26. 선고 98다5777 판결)

쟁점 구상요건으로서의 통지에 관한 제426조를 부진정연대채무자 상호간에 대해서도 유추적용할 수 있는지 여부

판결요지

제426조가 연대채무에 있어서의 변제에 관하여 채무자 상호간에 통지의무를 인정하고 있는 취지는, 연대채무에 있어서는 채무자들 상호간에 공동목적을 위한 주관적인 연관관계가 있고, 이와 같은 주관적인 연관관계의 발생근거가 된 대내적 관계에 터잡아 채무자 상호간에 출연분담에 관한 관련관계가 있게 되므로, 구상관계에 있어서도 상호 밀접한 주관적인 관련관계를 인정하고 변제에 관하여 상호 통지의무를 인정함으로써 과실 없는 변제자를 보다 보호하려는 데 있으므로, 이와 같이 출연분담에 관한 주관적인 밀접한 연관관계가 없고 단지 채권만족이라는 목적만을 공통으로 하고 있는 부진정연대채무에 있어서는 그 변제에 관하여 채무자 상호간에 통지의무관계를 인정할 수 없고, 변제로 인한 공동면책이 있는 경우에 있어서는 채무자 상호간에 어떤 대내적인 특별관계에서 또는 형평의 관점에서 손해를 분담하는 관계가 있게 되는데 불과하다고 할 것이므로, 부진정연대채무에 해당하는 공동불법행위로 인한 손해배상채무에 있어서도 채무자 상호간에 구상요건으로서의 통지에 관한 민법의 위 규정을 유추적용할 수는 없다.

판례선정이유

부진정연대채무자 상호간의 구상권에 있어서는 구상요건으로서의 통지에 관한 제426조를 유추적용할 수 없음을 밝힌 판결

제4관 보증채무

432. 보증채무의 법적 성질 : 주채무와 별개 · 독립성
(대법원 2003. 6. 13. 선고 2001다29803 판결)

쟁점 보증채무 자체의 이행지체로 인한 지연손해금은 보증한도액과는 별도로 부담하는 것인지 여부 및 그 연체이율의 결정 방법

판결요지

보증채무는 주채무와는 별개의 채무이기 때문에 보증채무 자체의 이행지체로 인한 지연손해금은 보증한도액과는 별도로 부담하고, 이 경우 보증채무의 연체이율에 관하여 특별한 약정이 있으면 그에 따르고, 특별한 약정이 없는 경우라면 그 거래행위의 성질에 따라 상법 또는 민법에서 정한 법정이율에 따라야 할 것이고, 주채무에 관하여 약정된 연체이율이 당연히 여기에 적용되는 것은 아니다.

판례선정이유

'보증채무는 주채무와 별개 · 독립의 채무이므로, 보증채무 자체의 이행지체로 인한 지연손해금은 보증한도액과는 별도로 부담한다'는 점을 밝힌 판결

433. 보증채무의 발생 : 근보증
(대법원 2005. 4. 29. 선고 2005다3137 판결)

쟁점 계속적 거래로부터 발생하는 불특정채무에 근보증을 하고 아울러 그 불특정채무를 담보하기 위하여 동일인이 근저당권설정등기를 하여 물상보증도 한 경우, 근저당권의 피담보채무와 근보증에 의하여 담보되는 주채무가 별개의 채무인지 여부의 결정 방법

판결요지

[1] 계속적인 거래관계로부터 장래 발생하는 불특정채무를 보증하는 근보증을 하고 아울러 그 불특정채무를 담보하기 위하여 동일인이 근저당권설정등기를 하여 물상보증도 하였을 경우, 이 근저당권의 피담보채무와 근보증에 의하여 담보되는 주채무가 별개의 채무인가 아니면 그와는 달리 근저당권에 의하여 담보되는 채권이 위 근보증에 의하여도 담보되는 것인가의 문제는 계약 당사자의 의사해석 문제이다.

[2] 채무자의 채권자에 대한 불특정채무를 담보하기 위하여 제3자가 자신의 부동산에 근저당권설정등기를 하고 다음날 위 피담보채무를 한도로 근보증계약을 체결한 경우, 근저당권의 피담보채무와 근보증에 의하여 담보되는 주채무는 별개의 채무가 아니라 동일한 채무로서 채무의 액수는 근저당권의 채권최고액 겸 근보증의 보증한도액에 한정된다.

판례선정이유

동일인이 근보증인과 물상보증인을 겸한 경우, 보증책임의 범위를 밝힌 판결

434. 보증채무의 내용 (1) : 계속적 보증에서의 보증인의 책임제한 (1)

(대법원 2005. 10. 27. 선고 2005다35554, 35561 판결)

쟁점 계속적 보증계약에 있어서 보증인의 책임을 제한할 수 있는 경우

판결요지

[1] 일반적으로 계속적 보증계약에 있어서 보증인의 부담으로 돌아갈 주채무의 액수가 보증인이 보증 당시에 예상하였거나 예상할 수 있었던 범위를 훨씬 상회하고, 그 같은 주채무 과다발생의 원인이 채권자가 주채무자의 자산상태가 현저히 악화된 사실을 익히 알거나 중대한 과실로 알지 못한 탓으로 이를 알지 못하는 보증인에게 아무런 통보나 의사타진도 없이 고의로 거래규모를 확대함에 비롯되는 등 신의칙에 반하는 사정이 인정되는 경우에 한하여 보증인의 책임을 합리적인 범위 내로 제한할 수 있다.

[2] 제169조는 '시효의 중단은 당사자 및 그 승계인 간에만 효력이 있다.'고 규정하고 있고, 한편 제440조는 '주채무자에 대한 시효의 중단은 보증인에 대하여 그 효력이 있다.'라고 규정하고 있는바, 제440조는 제169조의 예외규정으로서 이는 채권자 보호 내지 채권담보의 확보를 위하여 주채무자에 대한 시효중단의 사유가 발생하였을 때는 그 보증인에 대한 별도의 중단조치가 이루어지지 아니하여도 동시에 시효중단의 효력이 생기도록 한 것이고, 그 시효중단사유가 압류, 가압류 및 가처분이라고 하더라도 이를 보증인에게 통지하여야 비로소 시효중단의 효력이 발생하는 것은 아니다.

판례선정이유

'계속적 보증계약에서는 주채무가 부당하게 확대된 경우에는 보증인의 책임은 합리적인 범위로 제한될 수 있다'는 점을 밝힌 판결

435. 보증채무의 내용 (2) : 계속적 보증에서의 보증인의 책임제한 (2)

(대법원 1995. 6. 30. 선고 94다40444 판결)

쟁점 계속적 보증계약에 보증한도액이 정하여져 있는 경우, 주채무의 과다발생을 근거로 한 보증인의 책임제한의 가부 및 그 한도액 내에 주채무에 대한 부수채무도 포함되는지 여부

판결요지

[1] 계속적 보증계약에서 미리 보증한도액이 정하여져 있는 경우에는, 특별한 사정이 없는 한 보증인은 채권자와 주채무자 사이의 거래액 중 보증한도액의 범위 내에서 보증책임을 질 것을 예상하였다 할 것이므로, 주채무가 과다하게 발생하였다고 하여 바로 보증책임이 그 예상액을 훨씬 넘어 가중되었다고 보기 어렵다.

[2] 계속적 보증계약에 보증한도액의 정함이 있는 경우, 그 한도액을 주채무의 원본총액만을 기준으로 할 것인지 그 한도액에 이자, 지연손해금 등의 부수채무까지도 포함될 것으로 할 것인지는 먼저 계약당사자의 의사에 따라야 하나, 특약이 없는 한 한도액 내에는 이자 등 부수채무도 포함되는 것으로 해석하여야 한다.

[3] 계속적 보증책임의 한도액이 있는 경우에는 그 보증한 한도 내의 채무가 잔존하고 있는 이상, 그 잔존채무가 위 한도액 범위 내의 거래로 인하여 발생한 채무이든 또는 그 한도액을 초과한 거래로 인하여 발생한 채무 중 주채무자로부터 일부 변제되고 잔존한 채무이든 불문하고 그 보증한도에서 책임을 진다.

판례선정이유

'계속적 보증계약에서 주채무가 신의칙에 반하는 사정으로 인하여 과다하게 발생한 경우에는 보증인의 책임을 합리적인 범위 내로 제한할 수 있으나, 보증한도액이 정하여져 있는 경우에는 주채무가 과다하게 발생하였다고 하여 바로 보증책임이 그 예상액을 훨씬 넘어 가중되었다고 보기 어려우며, 그 보증한 한도 내의 채무가 잔존하고 있는 이상, 그 잔존채무가 위 한도액 범위 내의 거래로 인하여 발생한 채무이든 또는 그 한도액을 초과한 거래로 인하여 발생한 채무 중 주채무자로부터 일부 변제되고 잔존한 채무이든 불문하고 보증인은 그 보증한도에서 책임을 져야 한다'는 점을 밝힌 판결

436. 보증채무의 내용 (3) : 계속적 보증에서의 보증인의 책임제한 (3)

(대법원 2003. 1. 24. 선고 2000다37937 판결)

쟁점 계속적 보증계약에 있어서의 보증인의 해지권의 유무 및 그 판단기준

판결요지

계속적 보증계약에서 보증인의 주채무자에 대한 신뢰가 깨어지는 등 보증인으로서 보증계약을 해지할 만한 상당한 이유가 있는 경우에 보증인으로 하여금 그 보증계약을 그대로 유지존속케 하는 것은 사회통념상 바람직하지 못하므로, 그 계약해지로 인하여 상대방인 채권자에게 신의칙상 묵과할 수 없는 손해를 입게 하는 등 특단의 사정이 있는 경우를 제외하고 보증인은 일방적으로 이를 해지할 수 있다고 할 것이고, 계속적 보증계약을 해지할 만한 상당한 이유가 있는지 여부는 보증을 하게 된 경위, 주채무자와 보증인간의 관계, 보증계약의 내용, 채무증가의 구체적 경과와 채무의 규모, 주채무자의 신뢰상실 여부와 그 정도, 보증인의 지위변화, 주채무자의 자력에 관한 채권자나 보증인의 인식 등 제반 사정을 종합적으로 고려하여 판단하여야 할 것이다.

판례선정이유

계속적 보증계약에 있어서의 보증인이 보증계약을 해지할 만한 상당한 이유가 있는지 여부를 판단하는 기준을 밝힌 판결

437. 보증채무의 내용 (4) : 계속적 보증에서의 보증인의 책임제한 (4)

(대법원 1996. 10. 29. 선고 95다17533 판결)

쟁점 회사 이사의 지위에서 부득이 계속적 보증을 한 자가 퇴사한 경우, 보증계약을 해지할 수 있는지 여부와 해지권 행사 방법 및 회사 이사 등에 의한 계속적 보증에 있어서 그 책임범위를 재직 중 생긴 채무로 제한하기 위한 요건

판결요지

[1] 회사의 이사라는 지위에서 부득이 회사의 제3자에 대한 계속적 거래로 인한 채무에 대하여 연대보증인이 된 자가 그 후 퇴사하여 이사의 지위를 떠난 때에는 보증계약 성립 당시의 사정에 현저한 변경이 생긴 경우에 해당하므로 이를 이유로 보증계약을 해지할 수 있고, 그 해지의 의사표시는 반드시 서면에 의하여야 하는 것은 아니나, 채권자가 연대보증인의 퇴사 사실을 인식하고 있다 하여 연대보증인의 채권자에 대한 해지의 의사표시 없이 보증계약이 당연히 해지되는 것은 아니다.

[2] 회사의 이사 등이 회사의 제3자에 대한 계속적 거래로 인한 채무를 연대보증한 경우, 이사 등에게 회사의 거래에 대하여 재직 중에 생긴 채무만을 책임지우기 위하여는 그가 이사의 지위 때문에 부득이 회사의 계속적 거래로 인하여 생기는 채무를 연대보증하게 된 것이고, 또 회사의 거래 상대방이 거래할 때마다 그 거래 당시에 회사에 재직하고 있던 이사 등의 연대보증을 새로이 받아오는 등의 특별한 사정이 있을 것임을 요하고, 그러한 사정이 없는 경우의 연대보증에까지 그 책임한도가 재직 중 생긴 채무로 제한되는 것으로 해석할 수는 없다.

판례선정이유

'회사의 이사라는 지위에서 부득이 회사의 제3자에 대한 계속적 거래로 인한 채무에 대하여 연대보증인이 된 자가 그 후 퇴사하여 이사의 지위를 떠난 때에는 보증계약 성립 당시의 사정에 현저한 변경이 생긴 경우에 해당하므로 이를 이유로 보증계약을 해지할 수 있으나, 특별한 사정이 없는 한 그 보증책임의 한도가 재직 중 생긴 채무로 제한되는 것으로 해석할 수는 없다'는 점을 밝힌 판결

438. 보증채무의 내용 (5) : 계속적 보증에서의 보증인의 책임제한 (5)

(대법원 2006. 7. 4. 선고 2004다30675 판결)

쟁점 이사가 재직 중 회사의 확정채무를 보증한 후 사임한 경우, 사정변경을 이유로 보증계약을 해지할 수 있는지 여부

판결요지

회사의 이사가 채무액과 변제기가 특정되어 있는 회사 채무에 대하여 보증계약을 체결한 경우에는 계속적 보증이나 포괄근보증의 경우와는 달리 이사직 사임이라는 사정변경을 이유로 보증인인 이사가 일방적으로 보증계약을 해지할 수 없다.

판례선정이유

'회사의 이사가 채무액과 변제기가 특정되어 있는 회사 채무에 대하여 보증계약을 체결한 경우에는 이사직 사임이라는 사정변경을 이유로 보증인인 이사가 일방적으로 보증계약을 해지할 수 없다'는 점을 밝힌 판결

439. 보증채무의 효력 (1) : 보증인의 권리

(대법원 2012. 7. 12. 선고 2010다51192 판결)

쟁점 주채무의 소멸시효 완성으로 보증채무가 소멸된 상태에서 보증인이 보증채무를 이행하거나 승인한 경우, 보증인이 주채무의 시효소멸을 이유로 보증채무의 소멸을 주장할 수 있는지 여부

판결요지

보증채무에 대한 소멸시효가 중단되는 등의 사유로 완성되지 아니하였다고 하더라도 주채무에 대한 소멸시효가 완성된 경우에는 시효완성 사실로써 주채무가 당연히 소멸되므로, 보증채무의 부종성에 따라 보증채무 역시 당연히 소멸된다. 그리고 주채무에 대한 소멸시효가 완성되어 보증채무가 소멸된 상태에서 보증인이 보증채무를 이행하거나 승인하였다고 하더라도, 주채무자가 아닌 보증인의 행위에 의하여 주채무에 대한 소멸시효 이익의 포기 효과가 발생된다고 할 수 없으며, 주채무의 시효소멸에도 불구하고 보증채무를 이행하겠다는 의사를 표시한 경우 등과 같이 부종성을 부정하여야 할 다른 특별한 사정이 없는 한 보증인은 여전히 주채무의 시효소멸을 이유로 보증채무의 소멸을 주장할 수 있다고 보아야 한다.

판례선정이유

'보증인의 시효이익 포기는 주채무에 관한 시효이익의 포기의사라고 볼 수 없으므로, 보증채무의 소멸시효 완성 후 보증인이 시효이익을 포기한 경우에도 보증인은 주채무의 시효소멸을 주장할 수 있음'을 밝힌 판결

440. 보증채무의 효력 (2) : 주채무자에 대하여 생긴 사항의 효력

(대법원 2006. 8. 24. 선고 2004다26287, 26294 판결)

쟁점 확정판결로 주채무의 소멸시효기간이 10년으로 연장된 경우, 보증채무의 소멸시효기간도 10년으로 연장되는지 여부

판결요지

채권자와 주채무자 사이의 확정판결에 의하여 주채무가 확정되어 그 소멸시효기간이 10년으로 연장되었다 할지라도 그 보증채무까지 당연히 단기소멸시효의 적용이 배제되어 10년의 소멸시효기간이 적용되는 것은 아니고, 채권자와 연대보증인 사이에 있어서 연대보증채무의 소멸시효기간은 여전히 종전의 소멸시효기간에 따른다.

판례선정이유

'"주채무자에 대한 시효의 중단은 보증인에 대하여 그 효력이 있다."고 규정하고 있는 제440조의 규정에도 불구하고, 재판의 확정에 의한 시효기간의 연장의 효력은 보증채무에는 미치지 아니한다'는 입장을 밝힌 판결

441. 보증채무의 효력(3) : 보증인의 구상권(1)

(대법원 2004. 7. 9. 선고 2003다46758 판결)

쟁점 주채무인 원금에 대한 완제일까지의 지연손해금이 제442조에 정한 수탁보증인의 사전구상권의 범위에 포함되는지 여부 및 수탁보증인이 아직 지출하지 아니한 금원에 대하여 지연손해금을 청구할 수 있는지 여부

판결요지

수탁보증인이 제442조에 의하여 주채무자에 대하여 미리 구상권을 행사하는 경우에 사전구상으로서 청구할 수 있는 범위는 주채무인 원금과 사전구상에 응할 때까지 이미 발생한 이자와 기한 후의 지연손해금, 피할 수 없는 비용 기타의 손해액이 포함될 뿐이고, 주채무인 원금에 대한 완제일까지의 지연손해금은 사전구상권의 범위에 포함될 수 없으며, 또한 사전구상권은 장래의 변제를 위하여 자금의 제공을 청구하는 것이므로 수탁보증인이 아직 지출하지 아니한 금원에 대하여 지연손해금을 청구할 수도 없다.

판례선정이유

제442조에 정한 수탁보증인의 사전구상권의 범위를 밝힌 판결

442. 보증채무의 효력(4) : 보증인의 구상권(2)

(대법원 1997. 10. 10. 선고 95다46265 판결)

쟁점 수탁보증에 있어 주채무자가 면책행위를 하고도 보증인에게 통지를 하지 않고 있는 동안에 보증인이 사전 통지 없이 이중의 면책행위를 한 경우, 보증인이 주채무자에게 구상권을 행사할 수 있는지 여부

판결요지

제446조의 규정은 제445조 제1항의 규정을 전제로 하는 것이어서, 제445조 제1항의 사전통지를 하지 아니한 수탁보증인까지 보호하는 취지의 규정은 아니므로, 수탁보증에 있어서 주채무자가 면책행위를 하고도 그 사실을 보증인에게 통지하지 아니하고 있던 중에 보증인도 사전통지를 하지 아니한 채 이중의 면책행위를 한 경우에는, 보증인은 주채무자에 대하여 제446조에 의하여 자기의 면책행위의 유효를 주장할 수 없다고 봄이 상당하고, 따라서 이 경우에는 이중변제의 기본원칙으로 돌아가 먼저 이루어진 주채무자의 면책행위가 유효하고 나중에 이루어진 보증인의 면책행위는 무효로 보아야 하므로, 보증인은 제446조에 기하여 주채무자에게 구상권을 행사할 수 없다.

판례선정이유

수탁보증인이 제446조에 따라 주채무자에 대하여 구상권을 행사하기 위해서는 사전통지를 해야 함을 밝힌 판결

443. 연대보증 : 보증인의 구상권 (3)

(대법원 2009. 6. 25, 선고 2007다70155, 판결)

쟁점 연대보증인 중 한 사람이 변제를 하여 다른 연대보증인을 상대로 구상권을 행사하는 경우, 구상권 행사 가능 여부를 판단하기 위하여 연대보증인들의 부담부분을 산정하는 방법

판결요지

[1] 수인의 보증인이 있는 경우에는 그 사이에 분별의 이익이 있는 것이 원칙이지만, 그 수인이 연대보증인일 때에는 각자가 별개의 법률행위로 보증인이 되었고 또한 보증인 상호간에 연대의 특약(보증연대)이 없었더라도 채권자에 대하여는 분별의 이익을 갖지 못하고 각자의 채무의 전액을 변제하여야 하나, 연대보증인들 상호간의 내부관계에서는 주채무에 대하여 출재를 분담하는 일정한 금액을 의미하는 부담부분이 있고, 그 부담부분의 비율, 즉 분담비율에 관하여는 그들 사이에 특약이 있으면 당연히 그에 따르되 그 특약이 없는 한 각자 평등한 비율로 부담을 지게 된다. 그러므로 연대보증인 가운데 한 사람이 자기의 부담부분을 초과하여 변제하였을 때에는 다른 연대보증인에 대하여 구상을 할 수 있는데, 다만 다른 연대보증인 가운데 이미 자기의 부담부분을 변제한 사람에 대하여는 구상을 할 수 없으므로, 그를 제외하고 아직 자기의 부담부분을 변제하지 아니한 사람에 대하여만 구상권을 행사하여야 한다.

[2] 연대보증인 가운데 한 사람이 자기의 부담부분을 초과하여 변제하여 다른 연대보증인에 대하여 구상을 하는 경우의 부담부분은 수인의 연대보증이 성립할 당시 주채무액에 분담비율을 적용하여 산출된 금액으로 일단 정하여지지만, 그 후 주채무자의 변제 등으로 주채무가 소멸하면 부종성에 따라 각 연대보증인의 부담부분이 그 소멸액만큼 분담비율에 따라 감소하고, 또한 연대보증인의 변제가 있으면 당해 연대보증인의 부담부분이 그 변제액만큼 감소하게 된다. 그러므로 자기의 부담부분을 초과한 변제를 함으로써 그 초과 변제액에 대하여 다른 연대보증인을 상대로 구상권을 행사할 수 있는 연대보증인인지 여부는 당해 변제시를 기준으로 판단하되, 구체적으로는 우선 그때까지 발생·증가하였던 주채무의 총액에 분담비율을 적용하여 당해 연대보증인의 부담부분 총액을 산출하고 그 전에 앞서 본 바와 같은 사유 등으로 감소한 그의 부담부분이 있다면 이를 위 부담부분 총액에서 공제하는 방법으로 당해 연대보증인의 부담부분을 확정한 다음 당해 변제액이 위 확정된 부담부분을 초과하는지 여부에 따라 판단하여야 한다. 한편, 이미 자기의 부담부분을 변제함으로써 위와 같은 구상권 행사의 대상에서 제외되는 다른 연대보증인인지 여부도 원칙적으로 구상의 기초가 되는 변제 당시에 위와 같은 방법에 의하여 확정되는 그 연대보증인의 부담부분을 기준으로 판단하여야 한다.

판례선정이유

공동면책을 한 연대보증인이 다른 연대보증인을 상대로 구상권 행사가 가능한지 판단하기 위해 연대보증인들의 부담부분을 산정하는 방법을 밝힌 판결

444. 보증채무의 소멸

(대법원 1997. 11. 14. 선고 97다34808 판결)

쟁점 물상보증과 연대보증의 피담보채무의 중첩성이 인정될 경우, 근저당권의 소멸시 연대보증계약도 해지된 것으로 볼 것인지 여부 및 이 경우 해지 이전에 발생한 연대보증채무의 소멸 여부

판결요지

물상보증과 연대보증의 피담보채무의 중첩성이 인정될 경우, 특히 근저당권이 담보하는 피담보채무와 연대보증계약상의 주채무가 동일한 것으로 보아야 할 경우에 달리 특별한 사정이 없는 한 근저당권의 소멸과 동시에 연대보증계약도 해지되어 장래에 향하여 그 효력을 상실한다고 봄이 상당하므로, 연대보증인은 위 해지 이전에 발생한 보증채무에 대하여는 연대보증계약을 해지하였다고 하더라도 면제 등의 특별한 사정이 없는 한 그 책임을 면할 수는 없다.

판례선정이유

근저당권이 담보하는 피담보채무와 연대보증계약상의 주채무가 동일한 경우, 근저당권소멸시 연대보증계약도 해지됨을 밝힌 판결

제4절 채권의 양도

445. 채권양도의 법적 성질 : 채권의 이중양도

(대법원 2016. 7. 14. 선고 2015다46119 판결)

쟁점 [1] 양도인이 지명채권을 제1양수인에게 1차로 양도한 다음 제1양수인이 확정일자 있는 증서에 의한 대항요건을 적법하게 갖추었는데, 그 후 양도인이 동일한 채권을 제2양수인에게 양도한 경우, 제2양수인이 채권을 취득할 수 있는지 여부 및 이때 양도인이 다른 채무를 담보하기 위하여 제1차 양도계약을 하였더라도 마찬가지인지 여부

[2] 제2차 양도계약 후 양도인과 제1양수인이 제1차 양도계약을 합의해지하고 제1양수인이 그 사실을 채무자에게 통지함으로써 채권이 다시 양도인에게 귀속하게 된 경우, 그로 인하여 제2양수인이 당연히 채권을 취득하는지 여부

판결요지

[1] 지명채권의 양도란 채권의 귀속주체가 법률행위에 의하여 변경되는 것으로서 이른바 준물권행위 내지 처분행위의 성질을 가지므로, 그것이 유효하기 위하여는 양도인이 채권을 처분할 수 있는 권한을 가지고 있어야 한다. 처분권한 없는 자가 지명채권을 양도한 경우 특별한 사정이 없는 한 채권양도로서 효력을 가질 수 없으므로 양수인은 채권을 취득하지 못한다.

[2] 양도인이 지명채권을 제1양수인에게 1차로 양도한 다음 제1양수인이 그에 따라 확정일자 있는 증서에 의한 대항요건을 적법하게 갖추었다면 이로써 채권이 제1양수인에게 이전하고 양도인은 채권에 대한 처분권한을 상실하므로, 그 후 양도인이 동일한 채권을 제2양수인에게 양도하였더라도 제2양수인은 채권을 취득할 수 없다. 이 경우 양도인이 다른 채무를 담보하기 위하여 제1차 양도계약을 하였더라도 대외적으로 채권이 제1양수인에게 이전되어 제1양수인이 채권을 취득하게 되므로 그 후에 이루어진 제2차 양도계약에 따라 제2양수인이 채권을 취득하지 못하게 됨은 마찬가지이다.

또한 제2차 양도계약 후 양도인과 제1양수인이 제1차 양도계약을 합의해지한 다음 제1양수인이 그 사실을 채무자에게 통지함으로써 채권이 다시 양도인에게 귀속하게 되었더라도 특별한 사정이 없는 한 양도인이 처분권한 없이 한 제2차 양도계약이 채권양도로서 유효하게 될 수는 없으므로, 그로 인하여 제2양수인이 당연히 채권을 취득하게 된다고 볼 수는 없다.

판례선정이유

지명채권의 양도는 준물권행위 내지 처분행위의 성질을 가지므로, 처분권한이 없는 자가 지명채권을 양도한 경우, 양수인은 그 채권을 취득하지 못한다는 법리를 재확인한 판결

446. 지명채권의 양도성 (1) : 부동산소유권의 이전등기청구권의 양도
(대법원 2001. 10. 9. 선고 2000다51216 판결)

쟁점 부동산의 매매로 인한 소유권이전등기청구권의 양도성

판결요지

부동산의 매매로 인한 소유권이전등기청구권은 물권의 이전을 목적으로 하는 매매의 효과로서 매도인이 부담하는 재산권이전의무의 한 내용을 이루는 것이고, 매도인이 물권행위의 성립요건을 갖추도록 의무를 부담하는 경우에 발생하는 채권적 청구권으로 그 이행과정에 신뢰관계가 따르므로, 소유권이전등기청구권을 매수인으로부터 양도받은 양수인은 매도인이 그 양도에 대하여 동의하지 않고 있다면 매도인에 대하여 채권양도를 원인으로 하여 소유권이전등기절차의 이행을 청구할 수 없고, 따라서 매매로 인한 소유권이전등기청구권은 특별한 사정이 없는 이상 그 권리의 성질상 양도가 제한되고, 그 양도에 채무자의 승낙이나 동의를 요한다고 할 것이므로, 통상의 채권양도와 달리 양도인의 채무자에 대한 통지만으로는 채무자에 대한 대항력이 생기지 않으며, 반드시 채무자의 동의나 승낙을 받아야 대항력이 생긴다고 보는 것이 당원의 확립된 판례이다.

판례선정이유

우리 법체계가 금지하는 중간생략등기가 소유권이전등기청구권을 양도하는 형태로 가능하게 되는 것을 막으려는 취지로 해석되는 판결

447. 지명채권의 양도성 (2) : 양도금지특약 (1)
(대법원 2003. 12. 11. 선고 2001다3771 판결)

쟁점 양도금지특약이 있는 채권을 전부받은 자로부터 다시 그 채권을 양수한 자가 양도금지특약에 대하여 악의인 경우, 채무자는 위 특약을 근거로 채권양도의 무효를 주장할 수 있는지 여부

판결요지

당사자 사이에 양도금지의 특약이 있는 채권이더라도 전부명령에 의하여 전부되는 데에는 지장이 없고, 양도금지의 특약이 있는 사실에 관하여 집행채권자가 선의인가 악의인가는 전부명령의 효력에 영향을 미치지 못하는 것인바, 이와 같이 양도금지특약부 채권에 대한 전부명령이 유효한 이상, 그 전부채권자로부터 다시 그 채권을 양수한 자가 그 특약의 존재를 알았거나 중대한 과실로 알지 못하였다고 하더라도 채무자는 위 특약을 근거로 삼아 채권양도의 무효를 주장할 수 없다.

판례선정이유

'양도금지의 특약이 있더라도 임의의 양도를 제한할 수 있을 뿐, 채권의 압류를 제한 할 수 없다'는 점 즉, '사인간의 합의에 의하여 압류금지재산을 작출하는 것은 허용되지 않는다'는 점을 밝힌 판결

448. 지명채권의 양도성 (3) : 양도금지특약 (2)

(대법원 2003. 1. 24. 선고 2000다5336, 5343 판결)

쟁점 채권양도금지특약으로 대항할 수 있는 제3자의 범위 및 제3자의 악의 또는 중과실에 대한 입증책임의 소재

판결요지

채무자는 제3자가 채권자로부터 채권을 양수한 경우 채권양도금지 특약의 존재를 알고 있는 양수인이나 그 특약의 존재를 알지 못함에 중대한 과실이 있는 양수인에게 그 특약으로써 대항할 수 있고, 여기서 말하는 중과실이란 통상인에게 요구되는 정도의 상당한 주의를 하지 않더라도 약간의 주의를 한다면 손쉽게 그 특약의 존재를 알 수 있음에도 불구하고 그러한 주의조차 기울이지 아니하여 특약의 존재를 알지 못한 것을 말하며, 제3자의 악의 내지 중과실은 채권양도 금지의 특약으로 양수인에게 대항하려는 자가 이를 주장 · 입증하여야 한다.

판례선정이유

제449조 제2항은 "채권은 당사자가 반대의 의사를 표시한 경우에는 양도하지 못한다. 그러나 그 의사표시로써 선의의 제3자에게 대항하지 못한다"고 규정하고 있는데, '중대한 과실로 양도금지 특약을 알지 못한 제3자에 대해서는 대항할 수 있으며, 제3자의 악의 내지 중과실은 양도금지의 특약으로 양수인에게 대항하려는 자가 이를 주장 · 입증하여야 한다'는 점을 밝힌 판결

449. 지명채권의 양도성 (4) : 양도금지특약 (3)

(대법원 2015. 4. 9. 선고 2012다118020 판결)

쟁점 악의의 양수인으로부터 다시 선의로 양수한 전득자가 제449조 제2항 단서의 '선의의 제3자'에 해당하는지 여부 및 선의의 양수인으로부터 다시 채권을 양수한 전득자는 선의 · 악의를 불문하고 채권을 유효하게 취득하는지 여부

판결요지

당사자의 의사표시에 의한 채권양도금지 특약은 제3자가 악의인 경우는 물론 제3자가 채권양도금지 특약을 알지 못한 데에 중대한 과실이 있는 경우에도 채권양도금지 특약으로써 대항할 수 있고, 제3자의 악의 내지 중과실은 채권양도금지 특약으로 양수인에게 대항하려는 자가 이를 주장 · 증명하여야 한다. 그리고 제449조 제2항 단서는 채권양도금지 특약으로써 대항할 수 없는 자를 '선의의 제3자'라고만 규정하고 있어 채권자로부터 직접 양수한 자만을 가리키는 것으로 해석할 이유는 없으므로, 악의의 양수인으로부터 다시 선의로 양수한 전득자도 위 조항에서의 선의의 제3자에 해당한다. 또한 선의의 양수인을 보호하고자 하는 위 조항의 입법취지에 비추어 볼 때, 이러한 선의의 양수인으로부터 다시 채권을 양수한 전득자는 선의 · 악의를 불문하고 채권을 유효하게 취득한다.

판례선정이유

'채권양도금지 특약에 대해 선의인 제3자로부터 채권을 양수한 전득자는 채권양도금지 특약에 관해 악의일지라도 대항할 수 있다'고 판시함으로써, 채권양도의 전전양도 있어서 거래안전을 도모하기 위하여 「엄폐물의 원칙」을 적용한 판결

450. 지명채권양도의 대항요건 (1) : 양수인에 의한 통지 (1)

(대법원 2004. 2. 13. 선고 2003다43490 판결)

쟁점 무현명(無顯名)의 양수인에 의한 채권양도통지가 제115조 단서의 규정에 의하여 유효한 통지로 될 수 있는지 여부

판결요지

[1] 제450조에 의한 채권양도통지는 양도인이 직접하지 아니하고 사자를 통하여 하거나 대리인으로 하여금 하게 하여도 무방하고, 채권의 양수인도 양도인으로부터 채권양도통지 권한을 위임받아 대리인으로서 그 통지를 할 수 있다.

[2] 채권양도통지 권한을 위임받은 양수인이 양도인을 대리하여 채권양도통지를 함에 있어서는 제114조 제1항의 규정에 따라 양도인 본인과 대리인을 표시하여야 하는 것이므로, 양수인이 서면으로 채권양도통지를 함에 있어 대리관계의 현명을 하지 아니한 채 양수인 명의로 된 채권양도통지서를 채무자에게 발송하여 도달되었다 하더라도 이는 효력이 없다고 할 것이다.

[3] 대리에 있어 본인을 위한 것임을 표시하는 이른바 현명은 반드시 명시적으로만 할 필요는 없고 묵시적으로도 할 수 있는 것이고, 채권양도통지를 함에 있어 현명을 하지 아니한 경우라도 채권양도통지를 둘러싼 여러 사정에 비추어 양수인이 대리인으로서 통지한 것임을 상대방이 알았거

나 알 수 있었을 때에는 제115조 단서의 규정에 의하여 유효하다.

[4] 채권양도통지서 자체에 양수받은 채권의 내용이 기재되어 있고, 채권양도양수계약서가 위 통지서에 첨부되어 있으며, 채무자로서는 양수인에게 채권양도통지 권한이 위임되었는지 여부를 용이하게 알 수 있었다는 사정 등을 종합하여 무현명에 의한 채권양도통지를 제115조 단서에 의해 유효하다고 본 사례

판례선정이유

'양수인은 양도인을 대리하여 채권양도의 통지를 할 수 있으며, 아울러 대리관계의 현명을 하지 않더라도 상대방이 알았거나 알 수 있었을 경우에는 대리인을 통한 채권양도 통지는 유효하다'는 점을 밝힌 판결

451. 지명채권양도의 대항요건 (2) : 양수인에 의한 통지 (2)

(대법원 2011. 2. 24. 선고 2010다96911 판결)

쟁점 양수인이 양도인을 대리하여 채권양도의 통지를 한 경우, 그 대리통지에 관하여 대리권이 적법하게 수여되었는지 그리고 대리행위에 현명(顯名)의 요구가 준수되었는지 등을 판단하는 방법

판결요지

[1] 채권양도의 통지를 양수인이 양도인을 대리하여 행할 수 있음은 일찍부터 인정되어 온 바이지만, 대리통지에 관하여 그 대리권이 적법하게 수여되었는지, 그리고 그 대리행위에서 현명의 요구가 준수되었는지 등을 판단함에 있어서는 양도인이 한 채권양도의 통지만이 대항요건으로서의 효력을 가지게 한 뜻이 훼손되지 아니하도록 채무자의 입장에서 양도인의 적법한 수권에 기하여 그러한 대리통지가 행하여졌음을 제반사정에 비추어 커다란 노력 없이 확인할 수 있는지를 무겁게 고려하여야 한다. 특히 양수인에 의하여 행하여진 채권양도의 통지를 대리권의 '묵시적' 수여의 인정 및 현명원칙의 예외를 정하는 제115조 단서의 적용이라는 이중의 우회로를 통하여 유효한 양도통지로 가공하여 탈바꿈시키는 것은 법의 왜곡으로서 경계하여야 한다. 채권양도의 통지가 양도인 또는 양수인 중 누구에 의하여서든 행하여지기만 하면 대항요건으로서 유효하게 되는 것은 채권양도의 통지를 양도인이 하도록 한 법의 취지를 무의미하게 할 우려가 있다.

[2] 하도급인 乙이, 도급인 甲이 乙에게 지급할 의무가 있는 공사대금 중 일부를 하수급인 丙에게 직접 지급하는 것에 동의한다는 내용의 '하도급대금 직불동의서'를 작성하여 丙에게 교부하고 丙이 이를 甲에게 내용증명우편으로 발송하여 甲이 수령한 사안에서, 그 서면에 "甲 귀하"라고 기재된 것은 적어도 일차적으로는 '하도급거래의 공정화에 관한 법률' 제14조 제1항 제2호에 정한 하도급대

금 직접 지급의 요건을 갖추기 위하여 서면을 甲에게 보내어 甲의 동의를 얻으려는 취지이므로 그 문서가 채권양도의 합의를 포함하고 있다 하더라도 그와 같은 취지로 작성된 乙 명의의 문서가 丙에게 교부되었다는 것만으로 乙이 丙에게 채권양도의 통지까지 대리할 권한을 수여하였다고 볼 수 없고, 나아가 그 문서를 甲에게 우송하는 것이 채권양도의 통지에 해당한다고 하더라도, 그 서면 하단에 컴퓨터로 작성된 "하수급인 丙"이라는 기재 바로 앞에 "발신"이라는 수기(手記)가 있는 점은 그 문서의 작성 목적 등에 비추어 보면 오히려 그 발신이 丙을 당사자로 하여 행하여지는 것임을 추단하게 하고 그것이 乙을 대리하여 하는 의사로 행하여진 것으로 보기 어려우므로, 대리인이 대리행위를 할 의사를 가지고 행위한 경우에만 적용되는 제115조 단서는 그 발신에 관하여 적용될 여지가 없음에도, 위 문서 발송과 수령으로 공사대금 중 일부에 관한 유효한 채권양도의 통지가 행하여졌다고 본 원심의 판단에는 채권양도 통지의 대리에 관한 법리오해 등 위법이 있다.

판례선정이유

'대리권의 묵시적 수여의 인정 및 현명원칙의 예외를 정하는 제115조 단서의 적용이라는 우회로를 통하여 유효한 양도통지로 가공하여 탈바꿈시키는 것은 법의 왜곡으로 경계하여야 한다'고 밝힌 판결

452. 지명채권양도의 대항요건 (3) : 양수인에 의한 통지 (3)

(대법원 2005. 11. 10. 선고 2005다41818 판결)

쟁점 채권의 양수인이 채권양도의 대항요건을 갖추지 못한 상태에서 채무자를 상대로 재판상의 청구를 한 경우, 소멸시효 중단사유인 재판상의 청구에 해당하는지 여부

판결요지

채권양도는 구 채권자인 양도인과 신 채권자인 양수인 사이에 채권을 그 동일성을 유지하면서 전자로부터 후자에게로 이전시킬 것을 목적으로 하는 계약을 말한다 할 것이고, 채권양도에 의하여 채권은 그 동일성을 잃지 않고 양도인으로부터 양수인에게 이전되며, 이러한 법리는 채권양도의 대항요건을 갖추지 못하였다고 하더라도 마찬가지인 점, 제149조의 "조건의 성취가 미정한 권리의무는 일반규정에 의하여 처분, 상속, 보존 또는 담보로 할 수 있다."는 규정은 대항요건을 갖추지 못하여 채무자에게 대항하지 못한다고 하더라도 채권양도에 의하여 채권을 이전받은 양수인의 경우에도 그대로 준용될 수 있는 점, 채무자를 상대로 재판상의 청구를 한 채권의 양수인을 '권리 위에 잠자는 자'라고 할 수 없는 점 등에 비추어 보면, 비록 대항요건을 갖추지 못하여 채무자에게 대항하지 못한다고 하더라도 채권의 양수인이 채무자를 상대로 재판상의 청구를 하였다면, 이는 소멸시효 중단사유인 재판상의 청구에 해당한다고 보아야 한다.

판례선정이유

'양수인이 채무자를 상대로 소를 제기할 때에는 채무자에 대한 통지나 승낙이 없다고 하더라도, 이는 소멸시효의 중단사유인 재판상 청구에 해당한다'고 함으로써, 대항요건을 갖추기 전이라도 양수인을 보호할 필요성을 인정한 판결

453. 지명채권양도의 대항요건 (4) : 채권양도의 사전 통지 또는 승낙

(대법원 2000. 4. 11. 선고 2000다2627 판결)

쟁점 채권양도가 있기 전에 미리 하는 사전 통지의 허용 여부 및 제450조 제2항 소정의 '확정일자'의 의미

판결요지

[1] 제450조 제1항 소정의 채권양도의 통지는 양도인이 채무자에 대하여 당해 채권을 양수인에게 양도하였다는 사실을 통지하는 이른바 관념의 통지로서, 채권양도가 있기 전에 미리 하는 사전 통지는 채무자로 하여금 양도의 시기를 확정할 수 없는 불안한 상태에 있게 하는 결과가 되어 원칙적으로 허용될 수 없다.

[2] 채권의 양도를 제3자에게 대항하기 위하여는 통지행위 또는 승낙행위 자체를 확정일자 있는 증서로 하여야 하는 것인데, 여기서 확정일자란 증서에 대하여 그 작성한 일자에 관한 완전한 증거가 될 수 있는 것으로 법률상 인정되는 일자를 말하며 당사자가 나중에 변경하는 것이 불가능한 확정된 일자를 가리킨다.

판례선정이유

'채권양도가 있기 전에 미리 하는 사전통지는 채무자로 하여금 양도의 시기를 확정할 수 없는 불안한 상태에 있게 하는 결과가 되므로 허용되지 않는다'는 점을 밝힌 판결

454. 지명채권양도의 대항요건 (5) : 채권양도의 사전 통지

(대법원 2010. 2. 11. 선고 2009다90740 판결)

쟁점 채권양도인의 확정일자부 채권양도통지와 채무자의 확정일자부 채권양도승낙이 모두 있은 후에 채권양도계약이 체결된 경우, 실제로 대항력이 발생하는 때

판결요지

채권양도가 있기 전에 미리 하는 채권양도통지는 채무자로 하여금 양도의 시기를 확정할 수 없는 불안한 상태에 있게 하는 결과가 되어 원칙으로 허용될 수 없다 할 것이지만, 이는 채무자를 보호하기 위하여 요구되는 것이므로, 사전통지가 있더라도 채무자에게 법적으로 아무런 불안정한 상황이 발생하지 않는 경우에까지 그 효력을 부인할 것은 아니라 할 것이다.

판례선정이유

'사전통지를 하더라도 채무자에게 법적으로 아무런 불안정한 상황이 발생하지 않는 경우에는 예외적으로 사전통지 허용된다'는 점을 밝힌 판결

455. 지명채권양도의 대항요건 (6) : 양도계약이 해제된 경우, 통지의 효력 (1)

(대법원 1993. 8. 27. 선고 93다17379 판결)

쟁점 채권양도통지 후 양도계약이 해제된 경우, 양도인이 채무자에게 대항하기 위한 요건

판결요지

지명채권의 양도통지를 한 후 그 양도계약이 해제된 경우에, 양도인이 그 해제를 이유로 다시 원래의 채무자에 대하여 양도채권으로 대항하려면 양수인이 채무자에게 위와 같은 해제사실을 통지하여야 한다.

판례선정이유

사후적으로 취소·해제 등으로 무효가 된 경우에도 일단 채권양도는 유효하므로, 양수인이 채무자에 대하여 '채권자의 지위'에 있고, 채권양도를 취소·해제하는 경우 '새로이 채권양도'를 하는 것으로 본다. 따라서 '양수인이 취소 통지를 해야 그때부터 양도인이 채권자의 지위에 있게 된다'는 점을 밝힌 판결

456. 지명채권양도의 대항요건 (7) : 양도계약이 해제된 경우, 통지의 효력 (2)

(대법원 2012. 11. 29. 선고 2011다17953 판결)

쟁점 채권양도가 해제 또는 합의해제된 경우에도 제452조 제1항을 유추적용할 수 있는지 여부 및 이 경우 양도계약의 해제 등을 알지 못한 선의인 채무자는 해제 등의 통지가 있은 다음에도 대항요건이 갖추어질 때까지는 채권양수인에 대한 반대채권에 의한 상계로써 채권양도인에게 대항할 수 있는지 여부

판결요지

제452조는 '양도통지와 금반언'이라는 제목 아래 제1항에서 '양도인이 채무자에게 채권양도를 통지한 때에는 아직 양도하지 아니하였거나 그 양도가 무효인 경우에도 선의인 채무자는 양수인에게 대항할 수 있는 사유로 양도인에게 대항할 수 있다'고 하고, 제2항에서 '전항의 통지는 양수인의 동의가 없으면 철회하지 못한다'고 하여 채권양도가 불성립 또는 무효인 경우에 선의인 채무자를 보호하는 규정을 두고 있다. 이는 채권양도가 해제 또는 합의해제되어 소급적으로 무효가 되는 경우에도 유추적용할 수 있다고 할 것이므로, 지명채권의 양도통지를 한 후 양도계약이 해제 또는 합의해제된 경우에 채권양도인이 해제 등을 이유로 다시 원래의 채무자에 대하여 양도채권으로 대항하려면 채권양도인이 채권양수인의 동의를 받거나 채권양수인이 채무자에게 위와 같은 해제 등 사실을 통지하여야 한다.

이 경우 위와 같은 대항요건이 갖추어질 때까지 양도계약의 해제 등을 알지 못한 선의인 채무자는 해제 등의 통지가 있은 다음에도 채권양수인에 대한 반대채권에 의한 상계로써 채권양도인에게 대항할 수 있다고 봄이 타당하다.

판례선정이유

'채권양도계약이 해제되거나 합의해제된 경우에도 「양도통지의 금반언」에 관한 제452조 제1항의 규정이 유추적용될 수 있으며, 이 경우 선의인 채무자는 해제의 통지가 있은 다음에도 채권양수인에 대한 반대채권에 의한 상계로써 채권양도인에게 대항할 수 있다'는 점을 밝힌 판결

457. 지명채권양도의 대항요건 (8) : 채무자에 대한 양도통지의 효력 (1)

(대법원 1999. 8. 20. 선고 99다18039 판결)

쟁점 채무자가 채권양도에 대하여 이의를 보류하지 않고 승낙하였다는 사정이 없거나 이의의 보류 없이 승낙하였다 하더라도 양수인에게 악의 또는 중과실이 있는 경우, 승낙 당시 이미 상계를 할 수 있는 원인이 있었고 그 후 상계적상이 생기면 채무자는 양수인에 대하여 상계로 대항할 수 있는지 여부

판결요지

[1] 甲과 乙이 임대차보증금 중 각 일부를 부담하기로 하되 甲이 乙로부터 지급받아야 할 채권이 많았기 때문에 그 임대차기간 종료시 임대차보증금 전액을 甲이 반환받기로 하고, 이에 따라 甲과 乙, 임대인 丙 3자 합의에 의하여 임대차계약서를 작성하면서 그 임대차보증금 전액을 甲이 반환받는다는 의미에서 임차인 명의를 甲 단독으로 한 경우, 그 임대차계약서상의 임차인 명의에 불구하고 甲과 乙이 공동임차인으로서 丙과 임대차계약을 체결한 것이고, 다만 乙이 丙에게 지급한 임대차보증금의 반환채권을 甲의 乙에 대한 채권의 지급을 담보할 목적으로 甲에게 양도하고 丙이 이를 승낙한 것으로 봄이 상당하다.

[2] 채권양도에 있어서 채무자가 양도인에게 이의를 보류하지 아니하고 승낙을 하였다는 사정이 없거나 또는 이의를 보류하지 아니하고 승낙을 하였더라도 양수인이 악의 또는 중과실의 경우에 해당하는 한, 채무자의 승낙 당시까지 양도인에 대하여 생긴 사유로써 양수인에게 대항할 수 있다고 할 것인데, 승낙 당시 이미 상계를 할 수 있는 원인이 있었던 경우에는 아직 상계적상에 있지 아니하였다 하더라도 그 후에 상계적상이 생기면 채무자는 양수인에 대하여 상계로 대항할 수 있다.

판례선정이유

'승낙 또는 통지 당시 이미 상계를 할 수 있는 원인이 있었던 경우에는 아직 상계적상에 있지 아니하였다 하더라도 그 후에 상계적상이 생기면 채무자는 양수인에 대하여 상계로 대항할 수 있다'는 점을 밝힌 판결

458. 지명채권양도의 대항요건 (9) : 채무자에 대한 양도통지의 효력 (2)

(대법원 2015. 4. 9. 선고 2014다80945 판결)

쟁점 채무자의 채권양도인에 대한 자동채권이 발생하는 기초가 되는 원인이 양도 전에 이미 성립하여 존재하고 자동채권이 수동채권인 양도채권과 동시이행의 관계에 있는 경우, 채권양도의 대항요건이 갖추어진 후에 자동채권이 발생하였다고 하더라도 채무자가 동시이행의 항변권을 주장할 수 있는지 여부 및 그 채권에 의한 상계로 양수인에게 대항할 수 있는지 여부

판결요지

채권양도에 의하여 채권은 그 동일성을 유지하면서 양수인에게 이전되고, 채무자는 양도통지를 받은 때까지 양도인에 대하여 생긴 사유로써 양수인에게 대항할 수 있다(제451조 제2항). 따라서 채무자의 채권양도인에 대한 자동채권이 발생하는 기초가 되는 원인이 양도 전에 이미 성립하여 존재하고 자동채권이 수동채권인 양도채권과 동시이행의 관계에 있는 경우에는, 양도통지가 채무자에게 도달하여 채권양도의 대항요건이 갖추어진 후에 자동채권이 발생하였다고 하더라도 채무자는 동시이행의 항변권을 주장할 수 있고, 따라서 그 채권에 의한 상계로 양수인에게 대항할 수 있다.

판례선정이유

'자동채권이 발생하는 기초가 되는 원인이 양도 전에 이미 성립하여 존재하고, 자동채권이 수동채권인 양도채권과 동시이행의 관계에 있는 경우에는, 양도통지가 채무자에게 도달하여 채권양도의 대항요건이 갖추어진 후에 자동채권이 발생하였다고 하더라도 채무자는 동시이행의 항변권을 주장할 수 있고, 따라서 그 채권에 의한 상계로 양수인에게 대항할 수 있다'는 입장을 밝힌 판결

459. 지명채권양도의 대항요건 (10) : 양도통지의 철회 (1)

(대법원 1978. 6. 13. 선고 78다468 판결)

쟁점 채권양도계약이 채권양수인의 위약으로 해제된 경우, 채무자는 이를 이유로 하여 위 양수인의 양수금 청구를 거절할 수 있는지 여부

판결요지

제452조 제2항에 채권양도의 통지는 양수인의 동의가 없으면 철회하지 못한다고 규정되어 있으므로, 채권양도인과 양수인과의 채권양도 계약이 해제되었고 채권양도인이 채무자에게 양도철회 통지를 하였다고 하더라도, 채무자는 이것을 채권양수인에게 대항할 수는 없다.

판례선정이유

채권양도의 효력이 없음을 모르고 변제한 선의의 채무자를 보호하기 위하여 양도인이 양수인의 동의를 얻어 양도통지를 철회하여야 한다는 점을 밝힌 판결

460. 지명채권양도의 대항요건 (11) : 양도통지의 철회 (2)

(대법원 1997. 3. 11. 선고 96다44747 판결)

쟁점 채무자가 채권자의 양도철회의 통지를 신뢰하여 무효인 전부명령을 받은 양도인의 채권자에게 변제한 경우에는, 채권의 준점유자에 대한 변제로서 유효한지 여부

판결요지

[1] 무효인 채권압류 및 전부명령을 받은 자에 대한 변제라도 그 채권자가 피전부채권에 관하여 무권리자라는 사실을 알지 못하거나 과실 없이 그러한 사실을 알지 못하고 변제한 때에는 그 변제는 채권의 준점유자에 대한 변제로서 유효하다.

[2] 채무자(乙)가 제3채무자(丙)에 대하여 가지고 있던 채권에 관하여 제3자(丁) 앞으로 대항력 있는 채권양도가 이루어진 후 乙이 丁의 승낙 없이 임의로 丙에게 채권양도철회의 통지를 한 상태에서, 乙에 대한 채권자(甲)가 위 채권에 대하여 채권압류 및 전부명령을 받고 이어 甲이 제기한 전부금 소송에서 丙이 패소판결을 받고 甲에게 그 금원을 지급한 경우, 법률전문가가 아닌 丙으로서는 乙의 채권양도철회통지로 인하여 채권양도가 없었던 것과 같이 되었다고 믿을 수밖에 없었고, 더욱이 甲이 제기한 전부금청구의 소에서 전부명령의 효력을 적극 다투었다가 패소판결을 선고받았다면, 丙이 甲이 유효하게 임대보증금반환채권을 전부받은 채권자인 것으로 오인한 데 대하여 과실이 있다고 볼 수 없고, 따라서 丙의 甲에 대한 변제는 채권의 준점유자에 대한 변제로서 유효하다.

판례선정이유

'양도인이 채무자에게 채권양도통지를 철회한다는 통지를 하였더라도 양수인이 양도인의 채권양도통지철회에 동의하지 않은 경우, 채권양도통지철회는 효력이 없으나, 법률전문가가 아닌 채무자로서는 양도인의 채권양도철회통지로 인하여 채권양도가 무효가 되었다고 믿을 수밖에 없고, 만약 채권양도철회 통지 후 양도인의 채권자가 채권압류 및 전부명령을 받고 전부금청구의 소에서 전부명령의 효력을 다투었다가 채무자가 패소하였다면 전부채권자를 채권의 준점유자로 오인한데 과실이 없다'고 본 판결

461. 지명채권양도의 대항요건 (12) : 이의를 보류하지 않은 승낙

(대법원 1994. 4. 29. 선고 93다35551 판결)

쟁점 채권의 귀속(채권이 이미 타인에게 양도되었다는 사실)이 제451조 제1항 전단의 "양도인에게 대항할 수 있는 사유"에 해당하는지 여부

판결요지

민법은 채권의 귀속에 관한 우열을 오로지 확정일자 있는 증서에 의한 통지 또는 승낙의 유무와 그 선후로써만 결정하도록 규정하고 있는데다가, 채무자의 "이의를 보류하지 아니한 승낙"은 제451조 제1항 전단의 규정 자체로 보더라도 그의 양도인에 대한 항변을 상실시키는 효과밖에 없고, 채권에 관하여 권리를 주장하는 자가 여럿인 경우 그들 사이의 우열은 채무자에게도 효력이 미치므로, 위 규정의 "양도인에게 대항할 수 있는 사유"란 채권의 성립, 존속, 행사를 저지 · 배척하는 사유를 가리킬 뿐이고, 채권의 귀속(채권이 이미 타인에게 양도되었다는 사실)은 이에 포함되지 아니한다.

판례선정이유

'채무자가 이의를 보류하지 않은 승낙을 한 경우에는, 채무자는 모든 항변권을 상실하는 것이 원칙이나, 채권의 귀속에 대해서는 예외적으로 항변권을 상실하지 않는다'는 점을 밝힌 판결

462. 담보목적의 채권양도(채권의 양도담보)

(대법원 1999. 11. 26. 선고 99다23093 판결)

쟁점 채권양도가 다른 채무의 담보조로 이루어진 경우, 양도채권의 채무자가 그 피담보채무가 변제로 소멸되었다는 이유로 채권양수인의 양수금 청구를 거절할 수 있는지 여부

판결요지

채권양도가 다른 채무의 담보조로 이루어졌으며 또한 그 채무가 변제되었다고 하더라도, 이는 채권 양도인과 양수인 간의 문제일 뿐이고, 양도채권의 채무자는 채권 양도 · 양수인 간의 채무 소멸 여하에 관계없이 양도된 채무를 양수인에게 변제하여야 하는 것이므로, 설령 그 피담보채무가 변제로 소멸되었다고 하더라도 양도채권의 채무자로서는 이를 이유로 채권양수인의 양수금 청구를 거절할 수 없다.

판례선정이유

'담보목적의 채권양도(이른바 「채권의 양도담보」)가 이루어진 경우에는, 양도채권의 채무자가 그 피담보채무가 변제로 소멸되었다는 이유로 채권양수인의 양수금 청구를 거절할 수 없다'는 점을 밝힌 판결

463. 채무자 이외의 제3자에 대한 대항요건 (1) : 제3자의 범위

(대법원 2005. 6. 23. 선고 2004다29279 판결)

쟁점 선순위의 근저당권부채권을 양수한 채권자가 채권양도의 대항요건을 갖추지 아니한 경우, 후순위의 근저당권자가 채권양도로 대항할 수 없는 제3자에 포함되는지 여부

판결요지

[1] 피담보채권을 저당권과 함께 양수한 자는 저당권이전의 부기등기를 마치고 저당권실행의 요건을 갖추고 있는 한 채권양도의 대항요건을 갖추고 있지 아니하더라도 경매신청을 할 수 있으며, 채무자는 경매절차의 이해관계인으로서 채권양도의 대항요건을 갖추지 못하였다는 사유를 들어 경매개시결정에 대한 이의나 즉시항고절차에서 다툴 수 있고, 이 경우는 신청채권자가 대항요건을 갖추었다는 사실을 증명하여야 할 것이나, 이러한 절차를 통하여 채권 및 근저당권의 양수인의 신청에 의하여 개시된 경매절차가 실효되지 아니한 이상 그 경매절차는 적법한 것이고, 또한 그 경매신청인은 양수채권의 변제를 받을 수도 있다.

[2] 채권양도의 대항요건의 흠결의 경우, 채권을 주장할 수 없는 채무자 이외의 제3자는 양도된 채권 자체에 관하여 양수인의 지위와 양립할 수 없는 법률상 지위를 취득한 자에 한하므로, 선순위의 근저당권부채권을 양수한 채권자보다 후순위의 근저당권자는 채권양도의 대항요건을 갖추지 아니한 경우 대항할 수 없는 제3자에 포함되지 않는다.

판례선정이유

'제450조 제2항의 채무자 이외의 제3자(양도된 채권 자체에 관하여 양수인의 지위와 양립할 수 없는 법률상 지위를 취득한 자)의 범위에 선순위의 근저당권부 채권을 양수한 채권자보다 후순위의 근저당권자는 포함되지 않는다'는 점을 밝힌 판결

464. 채무자 이외의 제3자에 대한 대항요건 (2) : 우열결정기준

(대법원 1994. 4. 26. 선고 93다24223 전원합의체 판결)

쟁점 채권양수인과 동일 채권에 대하여 가압류명령을 집행한 자 사이의 우열결정기준 및 채권양도 통지와 가압류결정 정본이 채무자에게 동시에 도달된 경우 채권양수인, 가압류채권자 및 채무자 사이의 법률관계

판결요지

[1] 채권이 이중으로 양도된 경우의 양수인 상호간의 우열은 통지 또는 승낙에 붙여진 확정일자의 선후에 의하여 결정할 것이 아니라, 채권양도에 대한 채무자의 인식, 즉 확정일자 있는 양도통지가 채무자에게 도달한 일시 또는 확정일자 있는 승낙의 일시의 선후에 의하여 결정하여야 할 것이고, 이러한 법리는 채권양수인과 동일 채권에 대하여 가압류명령을 집행한 자 사이의 우열을 결정하는 경우에 있어서도 마찬가지이므로, 확정일자 있는 채권양도 통지와 가압류결정 정본의 제3채무자(채권양도의 경우는 채무자)에 대한 도달의 선후에 의하여 그 우열을 결정하여야 한다.

[2] 채권양도 통지, 가압류 또는 압류명령 등이 제3채무자에 동시에 송달되어 그들 상호간에 우열이 없는 경우에도 그 채권양수인, 가압류 또는 압류채권자는 모두 제3채무자에 대하여 완전한 대항력을 갖추었다고 할 것이므로, 그 전액에 대하여 채권양수금, 압류전부금 또는 추심금의 이행청구를 하고 적법하게 이를 변제받을 수 있고, 제3채무자로서는 이들 중 누구에게라도 그 채무 전액을 변제하면 다른 채권자에 대한 관계에서도 유효하게 면책되는 것이며, 만약 양수채권액과 가압류 또는 압류된 채권액의 합계액이 제3채무자에 대한 채권액을 초과할 때에는 그들 상호간에는 법률상의 지위가 대등하므로 공평의 원칙상 각 채권액에 안분하여 이를 내부적으로 다시 정산할 의무가 있다.

[3] 채권양도의 통지와 가압류 또는 압류명령이 제3채무자에게 동시에 송달되었다고 인정되어 채무자가 채권양수인 및 추심명령이나 전부명령을 얻은 가압류 또는 압류채권자 중 한 사람이 제기한 급부소송에서 전액 패소한 이후에도 다른 채권자가 그 송달의 선후에 관하여 다시 문제를 제기하는 경우, 기판력의 이론상 제3채무자는 이중지급의 위험이 있을 수 있으므로, 동시에 송달된 경우에도 제3채무자는 송달의 선후가 불명한 경우에 준하여 채권자를 알 수 없다는 이유로 변제공탁을 함으로써 법률관계의 불안으로부터 벗어날 수 있다.

[4] 채권양도 통지와 채권가압류결정 정본이 같은 날 도달되었는데 그 선후관계에 대하여 달리 입증이 없으면 동시에 도달된 것으로 추정한다.

판례선정이유

'채권양도가 경합되거나 채권양도와 채권(가)압류가 경합된 경우의 우열은 통지 또는 결정의 도달선후에 의하여 결정하여야 하고, 채권양도통지와 (가)압류결정이 동시에 도달한 경우에는 양수인 또는 (가)압류채권자 모두 채권 전액을 청구할 수 있되 양자 사이의 정산의무가 있으며, 채권양도통지와 가압류결정이 같은 날 도달되었으나 선후불명인 경우에는 동시도달이 추정되며, 채무자의 공탁이 가능하다'는 점 등을 밝힌 판결

제5절 채무의 인수

465. 채무인수의 의의(1) : 중첩적 채무인수의 법적 성질
(대법원 2009. 8. 20. 선고 2009다32409 판결)

쟁점 중첩적 채무인수에서 채무자와 인수인이 연대채무관계에 있는지 여부

판결요지

중첩적 채무인수에서 인수인이 채무자의 부탁 없이 채권자와의 계약으로 채무를 인수하는 것은 매우 드문 일이므로, 채무자와 인수인은 원칙적으로 주관적 공동관계가 있는 연대채무관계에 있고, 인수인이 채무자의 부탁을 받지 아니하여 주관적 공동관계가 없는 경우에는 부진정연대관계에 있는 것으로 보아야 한다.

판례선정이유

'중첩적 채무인수에서 인수인이 채무자의 부탁 없이 채권자와의 계약으로 채무를 인수하는 것은 매우 드문 일이므로 채무자와 인수인은 원칙적으로 주관적 공동관계가 있는 연대채무관계에 있고, 인수인이 채무자의 부탁을 받지 아니하여 주관적 공동관계가 없는 경우에는 부진정연대관계에 있는 것으로 보아야 한다'는 점을 밝힌 판결

466. 채무인수의 의의 (2) : 이행인수 (1)

(대법원 1993. 2. 12. 선고 92다23193 판결)

쟁점 부동산의 매수인이 매매목적물에 관한 채무를 인수하는 한편 그 채무액을 매매대금에서 공제하기로 약정한 경우, 그 채무인수의 성질 및 부동산매매계약과 이행인수계약이 함께 이루어진 경우의 법률관계

판결요지

[1] 부동산의 매수인이 매매목적물에 관한 근저당권의 피담보채무, 가압류채무, 임대차보증금반환채무를 인수하는 한편 그 채무액을 매매대금에서 공제하기로 약정한 경우, 다른 특별한 약정이 없는 이상 이는 매도인을 면책시키는 채무인수가 아니라 이행인수로 보아야 하고, 매수인이 위 채무를 현실적으로 변제할 의무를 부담한다고도 해석할 수 없으며, 특별한 사정이 없는 한 매수인이 매매대금에서 그 채무액을 공제한 나머지를 지급함으로써 잔금지급의무를 다하였다 할 것이고, 또한 위 약정의 내용은 매도인과 매수인의 계약으로 매수인이 매도인의 채무를 변제하기로 하는 것으로서 매수인은 제3자의 지위에서 매도인에 대하여만 그의 채무를 변제할 의무를 부담함에 그치므로, 채권자의 승낙이 없으면 그에게 대항하지 못할 뿐 당사자 사이에서는 유효하게 성립한다.

[2] 채무인수인이 인수채무의 일부인 근저당권의 피담보채무의 변제를 게을리 함으로써 매매목적물에 관하여 근저당권의 실행으로 임의경매절차가 개시되고 매도인이 경매절차의 진행을 막기 위하여 피담보채무를 변제하였다면, 매도인은 채무인수인에 대하여 손해배상채권을 취득하는 이외에 이 사유를 들어 매매계약을 해제할 수 있다.

[3] 동시이행의 항변권은 당사자 쌍방이 부담하는 각 채무가 고유의 대가관계에 서는 쌍무계약상 채무가 아니라 하더라도 구체적 계약 관계에서 당사자 쌍방이 부담하는 채무 사이에 대가적 의미가 있어 이행상 견련관계를 인정하여야 할 사정이 있는 경우에는 이를 인정하여야 할 것이다.

[4] 위 [1]항과 같이, 부동산매매계약과 함께 이행인수계약이 이루어진 경우, 매수인이 인수한 채무는 매매대금지급채무에 갈음한 것으로서 매도인이 매수인의 인수채무불이행으로 말미암아 또는 임의로 인수채무를 대신 변제하였다면 그로 인한 손해배상채무 또는 구상채무는 인수채무의 변형으로서 매매대금지급채무에 갈음한 것의 변형이므로, 매수인의 손해배상채무 또는 구상채무와 매도인의 소유권이전등기 의무는 대가적 의미가 있어 이행상 견련관계에 있다고 인정되고, 따라서 양자는 동시이행의 관계에 있다고 해석함이 공평의 관념 및 신의칙에 합당하다.

판례선정이유

'매매목적물에 관한 근저당권의 피담보채무를 인수한 매수인이 인수채무의 변제를 게을리 함으로써 경매절차가 개시되어 매도인이 경매절차의 진행을 막기 위하여 채무를 변제한 경우, 매도인은 이를 이유로 계약을 해제할 수 있다는 점을 확인하고, 매수인의 인수채무불이행 또는 매도인의 임의변제로 인한 매수인의 손해배상채무 또는 구상채무와 매도인의 소유권이전등기 의무가 동시이행의 관계에 있다'는 점을 밝힌 판결

467. 채무인수의 의의 (3) : 이행인수 (2)

(대법원 2007. 9. 21. 선고 2006다69479, 69486 판결)

쟁점 부동산 매수인이 매매목적물에 관한 채무를 인수하고 그 채무액을 매매대금에서 공제하기로 약정한 경우, 그 인수의 법적 성질 및 매수인이 인수채무를 이행하지 아니하였을 때 계약해제권이 발생하기 위한 요건과 그 판단기준

판결요지

부동산의 매수인이 매매목적물에 관한 채무를 인수하는 한편 그 채무액을 매매대금에서 공제하기로 약정한 경우, 그 인수는 특별한 사정이 없는 한 매도인을 면책시키는 채무인수가 아니라 이행인수로 보아야 하고, 매수인은 매매계약시 인수한 채무를 현실적으로 변제할 의무를 부담하는 것은 아니며, 특별한 사정이 없는 한 매수인이 매매대금에서 그 채무액을 공제한 나머지를 지급함으로써 잔금지급의 의무를 다하였다 할 것이므로, 설사 매수인이 위 채무를 현실적으로 변제하지 아니하였다 하더라도 그와 같은 사정만으로는 매도인은 매매계약을 해제할 수 없는 것이지만, 매수인이 인수채무를 이행하지 아니함으로써 매매대금의 일부를 지급하지 아니한 것과 동일하다고 평가할 수 있는 특별한 사유가 있을 때에는 계약해제권이 발생한다. 그리고 위와 같은 특별한 사정이 있는지의 여부는, 매매계약의 당사자들이 그러한 내용의 매매계약에 이르게 된 경위, 매수인의 인수채무불이행으로 인하여 매도인이 입게 되는 구체적인 불이익의 내용과 그 정도 등 제반 사정을 종합적으로 고려하여 '매매대금의 일부를 지급하지 아니한 것과 동일하다고 평가할 수 있는 경우'에 해당하는지 여부를 판단하여야 한다.

판례선정이유

'매수인이 피담보채무를 변제하지 않으면 이는 특별한 사정이 없는 한 계약해제사유가 되는 채무불이행에 해당한다고 하여야 하고, 현실적으로 매도인에게 아무런 불이익이 발생하지 않는다고 볼 수 있는 특별한 사정이 있는 경우에 한하여 매도인의 해제권을 부정한다'는 점을 밝힌 판결

468. 채무인수의 의의(4) : 계약인수

(대법원 2013. 1. 17. 선고 2011다49523 전원합의체 판결)

쟁점 주택임대차법상 대항력을 갖춘 임차인의 임대차보증금반환채권이 가압류된 상태에서 임대주택이 양도된 경우, 양수인이 채권가압류의 제3채무자 지위를 승계하는지 여부 및 이 경우 가압류채권자는 양수인에 대하여만 가압류의 효력을 주장할 수 있는지 여부

판결요지

주택임대차법 제3조 제3항은 '같은 조 제1항이 정한 대항요건을 갖춘 임대차의 목적이 된 임대주택(이하 '임대주택'은 주택임대차법의 적용대상인 임대주택을 가리킨다)의 양수인은 임대인의 지위를 승계한 것으로 본다'고 규정하고 있는바, 이는 법률상의 당연승계 규정으로 보아야 하므로, 임대주택이 양도된 경우에 양수인은 주택의 소유권과 결합하여 임대인의 임대차 계약상의 권리 · 의무 일체를 그대로 승계하며, 그 결과 양수인이 임대차보증금반환채무를 면책적으로 인수하고, 양도인은 임대차관계에서 탈퇴하여 임차인에 대한 임대차보증금반환채무를 면하게 된다. 나아가 임차인에 대하여 임대차보증금반환채무를 부담하는 임대인임을 당연한 전제로 하여 임대차보증금반환채무의 지급금지를 명령받은 제3채무자의 지위는 임대인의 지위와 분리될 수 있는 것이 아니므로, 임대주택의 양도로 임대인의 지위가 일체로 양수인에게 이전된다면 채권가압류의 제3채무자의 지위도 임대인의 지위와 함께 이전된다고 볼 수밖에 없다. 한편 주택임대차법상 임대주택의 양도에 양수인의 임대차보증금반환채무의 면책적 인수를 인정하는 이유는, 임대주택에 관한 임대인의 의무 대부분이 그 주택의 소유자이기만 하면 이행가능하고, 임차인이 같은 법에서 규정하는 대항요건을 구비하면 임대주택의 매각대금에서 임대차보증금을 우선변제받을 수 있기 때문인데, 임대주택이 양도되었음에도 양수인이 채권가압류의 제3채무자의 지위를 승계하지 않는다면 가압류권자는 장차 본집행절차에서 주택의 매각대금으로부터 우선변제를 받을 수 있는 권리를 상실하는 중대한 불이익을 입게 된다. 이러한 사정들을 고려하면, 임차인의 임대차보증금반환채권이 가압류된 상태에서 임대주택이 양도되면 양수인이 채권가압류의 제3채무자의 지위도 승계하고, 가압류권자 또한 임대주택의 양도인이 아니라 양수인에 대하여만 위 가압류의 효력을 주장할 수 있다고 보아야 한다.

판례선정이유

'주택임대차법상 대항력을 갖춘 임차인의 임대차보증금반환채권이 가압류된 상태에서 임대주택이 양도된 경우, 양수인이 채권가압류의 제3채무자 지위를 승계하고, 이 경우 가압류채권자는 양수인에 대하여만 가압류의 효력을 주장할 수 있다'는 점을 밝힌 판결

469. 채무인수의 요건 : 채무자와 인수자 사이의 채무인수계약의 성립
(대법원 1998. 11. 24. 선고 98다33765 판결)

쟁점 채무인수의 효력이 생기기 위하여 채권자의 승낙을 요하는 경우 및 채무인수의 성질 결정의 기준

판결요지

[1] 채무인수의 효력이 생기기 위하여 채권자의 승낙을 요하는 것은 면책적 채무인수의 경우에 한하고, 채무인수가 면책적인가 중첩적인가 하는 것은 채무인수계약에 나타난 당사자 의사의 해석에 관한 문제이다.

[2] 채권자의 승낙에 의하여 채무인수의 효력이 생기는 경우, 채권자가 승낙을 거절하면 그 이후에는 채권자가 다시 승낙하여도 채무인수로서의 효력이 생기지 않는다.

판례선정이유

'채권자가 승낙을 거절하면 이행인수로서의 효력을 가질 뿐이고 그 이후에는 채권자가 다시 승낙하여도 채무인수로서의 효력이 생기지 않는다'는 점을 밝힌 판결

제6절 채권의 소멸

제1관 변 제

470. 제3자의 변제

(대법원 2009. 5. 28., 2008마109 결정)

쟁점 제469조 제2항과 제481조에 규정된 '이해관계' 또는 '변제할 정당한 이익'이 있는 자의 의미

판결요지

[1] 제469조 제2항은 '이해관계 없는 제3자는 채무자의 의사에 반하여 변제하지 못한다'고 규정하고, 제481조는 '변제할 정당한 이익이 있는 자는 변제로 당연히 채권자를 대위한다'고 규정하고 있는바, 위 조항에서 말하는 '이해관계' 내지 '변제할 정당한 이익'이 있는 자는 변제를 하지 않으면 채권자로부터 집행을 받게 되거나 또는 채무자에 대한 자기의 권리를 잃게 되는 지위에 있기 때문에 변제함으로써 당연히 대위의 보호를 받아야 할 법률상 이익을 가지는 자를 말하고, 단지 사실상의 이해관계를 가진 자는 제외된다.

[2] 공동저당의 목적인 물상보증인 소유의 부동산에 후순위로 담보목적으로 소유권이전청구권 가등기가 설정되어 있는데 그 부동산에 대하여 먼저 경매가 실행되어 공동저당권자가 매각대금 전액을 배당받고 채무의 일부가 남은 사안에서, 위 가등기권리자는 채무자의 의사에 반하여 그 채무 잔액을 대위변제하거나 변제공탁할 수 있는 '이해관계 있는 제3자' 또는 '변제할 정당한 이익이 있는 자'에 해당하지 않는다고 본 사례

판례선정이유

'공동저당의 목적물 중에서 물상보증인 소유의 부동산에 대하여 먼저 경매가 이루어져서 채권자가 일부를 변제받았으며, 물상보증인은 변제자대위에 의해서 채무자 소유의 부동산에 대한 선순위 저당권을 대위취득하여 채권자와 근저당권을 공유하는 경우에, 물상보증인 소유의 부동산의 후순위담보권자(가등기담보권자)가 채무를 변제할 이해관계있는 제3자에 해당하지 않는다'는 점을 밝힌 판결

471. 이해관계 없는 제3자의 변제

(대법원 1988. 10. 24. 선고 87다카1644 판결)

쟁점 이해관계 없는 제3자의 대위변제에 있어 채무자의 의사에 반하는지 여부의 판단

판결요지

이해관계 없는 제3자의 대위변제가 채무자의 의사에 반하는지의 여부를 가림에 있어서 채무자의 의사는 제3자가 변제할 당시의 객관적인 제반사정에 비추어 명확하게 인식될 수 있는 것이어야 하며, 함부로 채무자의 반대의사를 추정함으로써 제3자의 변제효과를 무효화시키는 일은 피하여야 한다.

판례선정이유

'이해관계 없는 제3자가 변제한 경우에 채무자의 반대의사를 함부로 추정하면 안 된다'는 점을 밝힌 판결

472. 채권의 준점유자 (1)

(대법원 2004. 4. 23. 선고 2004다5389 판결)

쟁점 제470조에 규정된 '채권의 준점유자'의 의미 및 행위자가 채권자의 대리인이라고 하면서 채권을 행사하는 경우에도 '채권의 준점유자'에 해당하는지 여부

판결요지

제470조에 정하여진 채권의 준점유자라 함은, 변제자의 입장에서 볼 때 일반의 거래관념상 채권을 행사할 정당한 권한을 가진 것으로 믿을 만한 외관을 가지는 사람을 말하므로, 준점유자가 스스로 채권자라고 하여 채권을 행사하는 경우뿐만 아니라 채권자의 대리인이라고 하면서 채권을 행사하는 때에도 채권의 준점유자에 해당한다.

판례선정이유

'대리권이 없는 자가 채권자의 대리인이라고 주장하면서 채권을 행사하는 경우에 그 자에 대한 변제도 채권의 준점유자에 대한 변제에 해당한다'는 점을 밝힌 판결

473. 채권의 준점유자 (2)

(대법원 1980. 9. 30. 선고 78다1292 판결)

쟁점 무효인 전부명령에 의한 전부채권자에게 제3채무자가 변제한 경우에 그 변제가 채권의 준점유자에 대한 변제에 해당하는지 여부

판결요지

채권압류가 경합된 경우에 그 압류채권자 중의 한 사람이 전부명령을 얻은 경우, 그 전부명령은 무효이지만 제3채무자가 선의 · 무과실로 그 전부 채권자에게 전부금을 변제하였다면 이는 채권의 준점유자에 대한 변제로서 유효하므로, 제3채무자의 채무자에 대한 채무는 소멸되고 제3채무자는 압류채권자에 대하여 2중변제의 의무를 부담하지 아니하며 전부채권자에 대하여 전부명령의 무효를 주장하여 부당이득반환청구도 할 수 없다.

판례선정이유

'전부명령이 무효인 경우에 그 전부채권자에게 변제한 경우에 제3채무자가 선의이고 무과실이라면 채권의 준점유자에 대한 변제로 그 변제는 유효할 수 있다'는 점을 밝힌 판결

474. 변제충당 (1)

(대법원 2000. 12. 8. 선고 2000다51339 판결)

쟁점 담보권 실행을 위한 경매에서 배당된 배당금이 담보권자가 가지는 수개의 피담보채권 전부를 소멸시키기에 부족한 경우, 변제충당의 방법

판결요지

담보권 실행을 위한 경매에서 배당된 배당금이 담보권자가 가지는 수개의 피담보채권 전부를 소멸시키기에 부족한 경우에는 제476조에 의한 지정변제충당은 허용될 수 없고, 채권자와 채무자 사이에 변제충당에 관한 합의가 있었다고 하여 그 합의에 따른 변제충당도 허용될 수 없으며, 획일적으로 가장 공평 타당한 충당방법인 제477조 및 제479조의 규정에 의한 법정변제충당의 방법에 따라 충당하여야 하는 것이고, 이러한 법정변제충당은 이자 혹은 지연손해금과 원본 간에는 이자 혹은 지연손해금과 원본의 순으로 이루어지고, 원본 상호간에는 그 이행기의 도래 여부와 도래 시기, 그리고 이율의 고저와 같은 변제이익의 다과에 따라 순차적으로 이루어지나, 다만 그 이행기나 변제이익의 다과에 있어 아무런 차등이 없을 경우에는 각 원본 채무액에 비례하여 안분하게 되는 것이다.

판례선정이유

담보권 실행을 위한 경매에서 담보권자의 수개의 피담보채권에 충당되어야 하는 경우에 법정충당 방법에 따라 충당되어야 함을 밝힌 판결

475. 변제충당 (2)

(대법원 2002. 5. 10. 선고 2002다12871, 12888 판결)

쟁점 비용, 이자, 원본에 대한 변제충당에 있어서 충당의 순서 및 당사자 사이의 묵시적 합의에 의한 임의충당을 인정할 수 있는지 여부

판결요지

비용, 이자, 원본에 대한 변제충당에 있어서는 제479조에 그 충당 순서가 법정되어 있고, 지정변제충당에 관한 제476조는 준용되지 않으므로, 당사자 사이에 특별한 합의가 없는 한 비용, 이자, 원본의 순서로 충당하여야 할 것이고, 채무자는 물론 채권자라고 할지라도 위 법정 순서와 다르게 일방적으로 충당의 순서를 지정할 수는 없다고 할 것이지만, 당사자의 일방적인 지정에 대하여 상대방이 지체 없이 이의를 제기하지 아니함으로써 묵시적인 합의가 되었다고 보여지는 경우에는 그 법정충당의 순서와는 달리 충당의 순서를 인정할 수 있는 것이다.

판례선정이유

비용. 이자, 원본에 대한 변제충당의 순서는 채무자는 물론 채권자의 지정에 의해서 달리 순서를 정할 수 없으며, 다만 당사자 사이에 (묵시적) 충당에 대한 합의가 있는 경우에는 달리 정할 수 있음을 밝힌 판결

476. 변제충당 (3)

(대법원 1999. 8. 24. 선고 99다26481 판결)

쟁점 변제자가 주채무자인 경우, 보증인이 있는 채무와 보증인이 없는 채무 사이에 변제이익의 차이가 있는지 여부

판결요지

변제자가 주채무자인 경우, 보증인이 있는 채무와 보증인이 없는 채무 사이에 변제이익의 점에서 차이가 없다고 보아야 하므로, 보증기간 중의 채무와 보증기간 종료 후의 채무 사이에서는 변제이익의 점에서 차이가 없고, 따라서 주채무자가 변제한 금원은 이행기가 먼저 도래한 채무부터 법정변제충당하여야 한다.

판례선정이유

'보증인이 있는 채무와 그렇지 않은 채무 사이에는 변제이익에 있어서 차이가 없다'는 점을 밝힌 판결

477. 변제충당 (4)

(대법원 2014. 4. 30. 선고 2013다8250 판결)

쟁점 채무자의 변제에 따른 법정변제충당에서 물상보증인이 제공한 물적 담보가 있는 채무와 그러한 담보가 없는 채무 사이에 변제이익의 차이가 있는지 여부

판결요지

변제자가 주채무자인 경우, 보증인이 있는 채무와 보증인이 없는 채무 사이에 전자가 후자에 비하여 변제이익이 더 많다고 볼 근거는 전혀 없으므로, 양자는 변제이익의 점에서 차이가 없다고 보아야 한다. 마찬가지로 변제자가 채무자인 경우, 물상보증인이 제공한 물적 담보가 있는 채무와 그러한 담보가 없는 채무 사이에도 변제이익의 점에서 차이가 없다.

판례선정이유

물상보증인이 제공한 물적 담보가 있는 채무와 그러한 담보가 없는 채무 사이에는 변제이익의 차이가 없음을 밝힌 판결

478. 변제충당 (5)

(대법원 2002. 7. 12. 선고 99다68652 판결)

쟁점 보증채무와 주채무가 변제이익에 있어 우열이 있는지 여부

판결요지

특별한 사정이 없는 한 변제자가 타인의 채무에 대한 보증인으로서 부담하는 보증채무(연대보증채무도 포함)는 변제자 자신의 채무에 비하여 변제자에게 그 변제의 이익이 적다고 보아야 한다.

판례선정이유

자신의 채무가 보증채무보다 변제이익이 더 많음을 밝힌 판결

479. 변제의 제공 (1)

(대법원 2001. 5. 8. 선고 2001다6053, 6060, 6077 판결)

쟁점 부동산의 매도인이 매수인을 이행지체에 빠뜨리기 위한 이행제공의 방법과 그 정도

판결요지

쌍무계약에 있어서 당사자의 채무에 관하여 이행의 제공을 엄격하게 요구하면 불성실한 상대당사자에게 구실을 주게 될 수도 있으므로, 당사자가 하여야 할 제공의 정도는 그의 시기와 구체적인 상황에 따라 신의 성실의 원칙에 어긋나지 않게 합리적으로 정하여야 하는 것이며, 부동산매매계약에서 매도인의 소유권이전등기절차이행채무와 매수인의 매매잔대금 지급채무가 동시이행관계에 있는 한 쌍방이 이행을 제공하지 않는 상태에서는 이행지체로 되는 일이 없을 것인바, 매도인이 매수인을 이행지체로 되게 하기 위하여는 소유권이전등기에 필요한 서류 등을 현실적으로 제공하거나 그렇지 않더라도 이행장소에 그 서류 등을 준비하여 두고 매수인에게 그 뜻을 통지하고 수령하여 갈 것을 최고하면 되는 것이어서, 특별한 사정이 없으면 이행장소로 정한 법무사 사무실에 그 서류 등을 계속 보관시키면서 언제든지 잔대금과 상환으로 그 서류들을 수령할 수 있음을 통지하고 신의칙상 요구되는 상당한 시간 간격을 두고 거듭 수령을 최고하면 이행의 제공을 다한 것이 되고, 그러한 상태가 계속된 기간 동안은 매수인이 이행지체로 된다 할 것이다.

판례선정이유

부동산매도인의 이행제공이 인정되기 위해서는 소유권이전등기에 필요한 일체의 서류를 현실적으로 제공하거나 이행장소에 그 서류를 준비하여 두고 그 뜻을 상대방에게 통지하여 수령을 최고해야 함을 밝힌 판결

480. 변제의 제공 (2)

(대법원 1992. 7. 14. 선고 92다5713 판결)

쟁점 부동산매매계약에 있어서 매도인이 매수인에게 지체책임을 지워 매매계약을 해제하기 위한 요건

판결요지

[1] 쌍무계약인 부동산매매계약에 있어서는 특별한 사정이 없는 한 매수인의 잔대금지급의무와 매도인의 소유권이전등기서류 교부의무는 동시이행관계에 있다 할 것이고, 이러한 경우에 매도인이 매수인에게 지체의 책임을 지워 매매계약을 해제하려면 매수인이 이행기일에 잔대금을 지급하지 아니한 사실만으로는 부족하고, 매도인이 소유권이전등기신청에 필요한 일체의 서류를 수리할 수 있을 정도로 준비하여 그 뜻을 상대방에게 통지하여 수령을 최고함으로써 이를 제공하여야 하는 것이 원칙이고, 또 상당한 기간을 정하여 상대방의 잔대금채무이행을 최고한 후 매수인이 이에 응하지 아니한 사실이 있어야 하는 것이며, 매도인이 제공하여야 할 소유권이전등기신청에 필요한 일체의 서류라 함은 등기권리증, 위임장 및 부동산매도용 인감증명서 등 등기신청행위에 필요한 모든 구비서류를 말한다.

[2] 위 [1]의 경우, 매수인의 잔대금의 준비나 제공 여부와는 관계없이 매도인에게 일률적으로 즉시 소유권이전등기가 가능할 정도로 구비서류를 완성하여 매수인에게 현실의 제공을 할 의무까지는 없다고 할 것이고, 매수인으로서는 매도인이 이와 같은 모든 구비서류를 완비하여 제공하지 아니한 때에는 그 잔대금의 지급을 거절할 수 있고, 매도인으로서는 매수인이 이와 같은 이유로 잔대금의 지급을 거절할 때에는 이를 이유로 매수인을 지체에 빠뜨릴수 없다고 할 것이나, 매수인이 매매대금을 준비하지 아니하고 대금지급기일을 넘기는 등 계약을 이행함과 동시에 소유권이전등기를 수령할 준비를 하지 아니한 경우에는, 매도인으로서는 부동산매도용 인감증명서를 발급받아 놓고, 인감도장이나 등기권리증 등을 준비하여 놓아, 잔대금수령과 동시에 법무사등에게 위임하여 이전등기신청행위에 필요한 서류를 작성할 수 있도록 준비함으로써 이행의 제공을 하고 잔대금지급의 최고를 할 수 있다고 보아야 할 것이고, 이와 같은 경우 위의 서류 등은 자신의 집에 소지하고 있음으로써 족하다고 할 것이다.

판례선정이유

'부동산소유권이전등기에 필요한 일체의 서류라 함은 등기권리증, 위임장 및 부동산매도용 인감증명서 등 등기신청행위에 필요한 모든 구비서류를 말한다'는 점을 밝힌 판결

481. 변제의 제공 (3)

(대법원 2004. 3. 12. 선고 2001다79013 판결)

쟁점 제538조 제1항 소정의 '채권자의 수령지체 중에 당사자 쌍방의 책임 없는 사유로 이행할 수 없게 된 때'에 해당하기 위하여 현실제공이나 구두제공이 필요한지 여부

판결요지

제400조 소정의 채권자지체가 성립하기 위해서는 제460조 소정의 채무자의 변제제공이 있어야 하고, 변제제공은 원칙적으로 현실제공으로 하여야 하며 다만 채권자가 미리 변제받기를 거절하거나 채무의 이행에 채권자의 행위를 요하는 경우에는 구두의 제공으로 하더라도 무방하고, 채권자가 변제를 받지 아니할 의사가 확고한 경우(이른바, 채권자의 영구적 불수령)에는 구두의 제공을 한다는 것조차 무의미하므로 그러한 경우에는 구두의 제공조차 필요 없다고 할 것이지만, 그러한 구두의 제공조차 필요 없는 경우라고 하더라도, 이는 그로써 채무자가 채무불이행책임을 면한다는 것에 불과하고, 제538조 제1항 제2문 소정의 '채권자의 수령지체 중에 당사자 쌍방의 책임 없는 사유로 이행할 수 없게 된 때'에 해당하기 위해서는 현실제공이나 구두제공이 필요하다(다만, 그 제공의 정도는 그 시기와 구체적인 상황에 따라 신의성실의 원칙에 어긋나지 않게 합리적으로 정하여야 한다).

판례선정이유

'채권자가 수령하지 않을 것이 분명한 경우에는 구두의 제공조차 없더라도 채무불이행책임이 발생하지 않는다'는 점을 밝힌 판결

482. 변제의 제공 (4)

(대법원 1984. 9. 11. 선고 84다카781 판결)

쟁점 일부변제제공이 유효한 변제제공이 될 수 있는지 여부

판결요지

채무의 일부 변제제공은 채무의 본지에 따른 이행의 제공이라 할 수 없고, 이행제공의 효력이 발생할 수 없는 것이어서, 그 채무의 일부를 공탁했다 하더라도 변제의 효력이 발생할 수 없다.

판례선정이유

일부 변제제공은 채무의 내용에 따른 이행의 제공이라고 할 수 없음을 밝힌 판결

483. 변제에 의한 대위 (1) : 변제자의 구상권과 변제자대위권의 관계

(대법원 1997. 5. 30. 선고 97다1556 판결)

쟁점 물상보증인의 구상권과 변제자대위권의 성질, 효력 및 행사 방법

판결요지

물상보증인이 채무자의 채무를 변제한 경우, 그는 제370조에 의하여 준용되는 제341조에 의하여 채무자에 대하여 구상권을 가짐과 동시에 제481조에 의하여 당연히 채권자를 대위하고, 위 구상권과 변제자대위권은 원본, 변제기, 이자, 지연손해금의 유무 등에 있어서 내용이 다른 별개의 권리로서, 물상보증인은 고유의 구상권을 행사하든 대위하여 채권자의 권리를 행사하든 자유이며, 다만 채권자를 대위하는 경우에는 제482조 제1항에 의하여 고유의 구상권의 범위에서 채권 및 그 담보에 관한 권리를 행사할 수 있는 것이어서, 변제자대위권은 고유의 구상권의 효력을 확보하는 역할을 한다.

판례선정이유

'변제자의 구상권과 변제자대위권은 별개의 권리며, 변제자대위권은 구상권의 범위 내에서 구상권의 효력을 담보하는 역할을 한다'는 점을 밝힌 판결

484. 변제에 의한 대위 (2) : 일부대위변제와 채권자의 우선변제권

(대법원 1988. 9. 27. 선고 88다카1797 판결)

쟁점 채권자의 일부 대위변제자에 대한 우선변제권 유무

판결요지

변제할 정당한 이익이 있는 자가 채무자를 위하여 채권의 일부를 대위변제할 경우에, 대위변제자는 변제한 가액의 범위내에서 종래 채권자가 가지고 있던 채권 및 담보에 관한 권리를 취득하게 되고, 따라서 채권자가 부동산에 대하여 저당권을 가지고 있는 경우에는 채권자는 대위변제자에게

일부 대위변제에 따른 저당권의 일부이전의 부기등기를 경료해 주어야 할 의무가 있다 할 것이나, 이 경우에도 채권자는 일부 대위변제자에 대하여 우선변제권을 가지고 있다.

판례선정이유

일부대위변제의 경우에 변제자와 채권자가 채권자가 갖고 있는 저당권을 준공유하게 되지만, 이 경우에도 채권자가 일부 대위변제자에 대하여 우선변제권을 갖고 있음을 밝힌 판결

485. 변제에 의한 대위 (3) : 제3취득자의 물상보증인에 대한 대위

(대법원 2014. 12. 18. 선고 2011다50233 전원합의체 판결)

쟁점 물상보증인이 채무를 변제하거나 담보권의 실행으로 소유권을 잃은 경우, 채무자로부터 담보부동산을 취득한 제3자에 대하여 채권자를 대위할 수 있는 범위 및 채무자로부터 담보부동산을 취득한 제3자가 채무를 변제하거나 담보권의 실행으로 소유권을 잃은 경우, 물상보증인에 대하여 채권자를 대위할 수 있는지 여부

판결요지

제481조는 "변제할 정당한 이익이 있는 자는 변제로 당연히 채권자를 대위한다."라고 규정하고, 제482조 제1항은 "전2조의 규정에 의하여 채권자를 대위한 자는 자기의 권리에 의하여 구상할 수 있는 범위에서 채권 및 그 담보에 관한 권리를 행사할 수 있다"라고 규정하며, 같은 조 제2항은 "전항의 권리행사는 다음 각 호의 규정에 의하여야 한다"라고 규정하고 있으나, 그중 물상보증인과 제3취득자 사이의 변제자대위에 관하여는 명확한 규정이 없다.

그런데 보증인과 제3취득자 사이의 변제자대위에 관하여 제482조 제2항 제1호는 "보증인은 미리 전세권이나 저당권의 등기에 그 대위를 부기하지 아니하면 전세물이나 저당물에 권리를 취득한 제3자에 대하여 채권자를 대위하지 못한다"라고 규정하고, 같은 항 제2호는 "제3취득자는 보증인에 대하여 채권자를 대위하지 못한다"라고 규정하고 있다. 한편 제370조, 제341조에 의하면 물상보증인이 채무를 변제하거나 담보권의 실행으로 소유권을 잃은 때에는 '보증채무'에 관한 규정에 의하여 채무자에 대한 구상권을 가지고, 제482조 제2항 제5호에 따르면 물상보증인과 보증인 상호 간에는 그 인원수에 비례하여 채권자를 대위하게 되어 있을 뿐 이들 사이의 우열은 인정하고 있지 아니하다.

위와 같은 규정 내용을 종합하여 보면, 물상보증인이 채무를 변제하거나 담보권의 실행으로 소유권을 잃은 때에는 보증채무를 이행한 보증인과 마찬가지로 채무자로부터 담보부동산을 취득한 제3자에 대하여 구상권의 범위 내에서 출재한 전액에 관하여 채권자를 대위할 수 있는 반면, 채무자로부터 담보부동산을 취득한 제3자는 채무를 변제하거나 담보권의 실행으로 소유권을 잃더라도 물상보증인에 대하여 채권자를 대위할 수 없다고 보아야 한다. 만일 물상보증인의 지위를 보증인과 다르게

보아서 물상보증인과 채무자로부터 담보부동산을 취득한 제3자 상호 간에는 각 부동산의 가액에 비례하여 채권자를 대위할 수 있다고 한다면, 본래 채무자에 대하여 출재한 전액에 관하여 대위할 수 있었던 물상보증인은 채무자가 담보부동산의 소유권을 제3자에게 이전하였다는 우연한 사정으로 이제는 각 부동산의 가액에 비례하여서만 대위하게 되는 반면, 당초 채무 전액에 대한 담보권의 부담을 각오하고 채무자로부터 담보부동산을 취득한 제3자는 그 범위에서 뜻하지 않은 이득을 얻게 되어 부당하다.

판례선정이유

제3취득자는 보증인뿐만 아니라 물상보증인에 대해서 채권자를 대위할 수 없음을 밝힌 판결

486. 변제에 의한 대위 (4) : 후순위저당권자의 변제와 변제자대위

(대법원 2013. 2. 15. 선고 2012다48855 판결)

쟁점 제482조 제2항 제1호와 제2호에서 보증인에게 대위권을 인정하면서도 제3취득자는 보증인에 대하여 채권자를 대위할 수 없다고 규정한 취지 및 제482조 제2항 제2호의 제3취득자에 후순위 근저당권자가 포함되는지 여부

판결요지

[1] 제482조 제2항 제1호와 제2호에서 보증인에게 대위권을 인정하면서도 제3취득자는 보증인에 대하여 채권자를 대위할 수 없다고 규정한 까닭은, 제3취득자는 등기부상 담보권의 부담이 있음을 알고 권리를 취득한 자로서 그 담보권의 실행으로 인하여 예기치 못한 손해를 입을 염려가 없고, 또한 저당부동산에 대하여 소유권, 지상권 또는 전세권을 취득한 제3자는 저당권자에게 그 부동산으로 담보된 채권을 변제하고 저당권의 소멸을 청구할 수 있으며(제364조), 저당물의 제3취득자가 그 부동산의 보존, 개량을 위하여 필요비 또는 유익비를 지출한 때에는 저당물의 경매대가에서 우선상환을 받을 수 있도록(제367조) 하는 등 그 이익을 보호하는 규정도 마련되어 있으므로, 변제자대위와 관련해서는 제3취득자보다는 보증인을 보호할 필요가 있기 때문이다. 그러나 저당부동산에 대하여 후순위 근저당권을 취득한 제3자는 제364조에서 정한 저당권소멸청구권을 행사할 수 있는 제3취득자에 해당하지 아니하고, 달리 선순위 근저당권의 실행으로부터 그의 이익을 보호하는 규정이 없으므로 변제자대위와 관련해서 후순위 근저당권자보다 보증인을 더 보호할 이유가 없으며, 나아가 선순위 근저당권의 피담보채무에 대하여 직접 보증책임을 지는 보증인과 달리 선순위 근저당권의 피담보채무에 대한 직접 변제책임을 지지 않는 후순위 근저당권자는 보증인에 대하여 채권자를 대위할 수 있다고 봄이 타당하므로, 제482조 제2항 제2호의 제3취득자에 후순위 근저당권자는 포함되지 아니한다.

[2] 제482조 제2항 제2호의 제3취득자에 후순위 근저당권자가 포함되지 않음에도 같은 항 제1호의 제3자에는 후순위 근저당권자가 포함된다고 하면, 후순위 근저당권자는 보증인에 대하여 항상 채권자를 대위할 수 있지만 보증인은 후순위 근저당권자에 대하여 채권자를 대위하기 위해서는 미리 대위의 부기등기를 하여야만 하므로 보증인보다 후순위 근저당권자를 더 보호하는 결과가 되는데, 이러한 결과는 법정대위자인 보증인과 후순위 근저당권자 간의 이해관계를 공평하고 합리적으로 조절하기 위한 제482조 제2항 제1호와 제2호의 입법취지에 부합하지 않을뿐더러 후순위 근저당권자는 통상 자신의 이익을 위하여 선순위 근저당권의 담보가치를 초과하는 담보가치만을 파악하여 담보권을 취득한 자에 불과하므로 변제자대위와 관련해서 후순위 근저당권자를 보증인보다 더 보호할 이유도 없다. 이러한 사정들과 제482조 제2항 제1호와 제2호가 상호작용 하에 법정대위자 중 보증인과 제3취득자의 이해관계를 조절하는 규정인 점 등을 종합하여 보면, 보증인은 미리 저당권의 등기에 그 대위를 부기하지 않고서도 저당물에 후순위 근저당권을 취득한 제3자에 대하여 채권자를 대위할 수 있다고 할 것이므로, 제482조 제2항 제1호의 제3자에 후순위 근저당권자는 포함되지 않는다.

판례선정이유

선순위저당권자의 채무를 변제한 후순위저당권자는 변제자대위에 있어서 보증인이나 물상보증인에 대하여 채권자를 대위할 수 없는 제3취득자에 해당하지 않으며, 또한 다른 변제자도 대위의 부기등기가 없더라도 후순위저당권자에게 대위를 주장할 수 있음을 밝힌 판결

487. 변제에 의한 대위(5) : 근저당권과 변제자대위

(대법원 2002. 7. 26. 선고 2001다53929 판결)

쟁점 근저당권을 가지고 있는 채권자에게 그 근저당권의 피담보채권이 확정되기 전에 채무의 일부를 대위변제한 자가 그 근저당권의 피담보채권 확정 후 그 근저당권 내지 그 실행으로 인한 경락대금에 대하여 취득하는 권리 범위

판결요지

변제할 정당한 이익이 있는 자가 채무자를 위하여 채권의 일부를 대위변제할 경우에 대위변제자는 변제한 가액의 범위 내에서 종래 채권자가 가지고 있던 채권 및 담보에 관한 권리를 법률상 당연히 취득하게 되는 것이므로, 채권자가 부동산에 대하여 근저당권을 가지고 있는 경우에는, 채권자는 대위변제자에게 일부 대위변제에 따른 저당권의 일부 이전의 부기등기를 경료해 주어야 할 의무가 있다 할 것이나, 이 경우에도 채권자는 일부 변제자에 대하여 우선변제권을 가지고 있다 할 것이고, 근저당권이라고 함은 계속적인 거래관계로부터 발생하고 소멸하는 불특정다수의 장래채권을 결산기에 계산하여 잔존하는 채무를 일정한 한도액의 범위 내에서 담보하는 저당권이어서, 거래가 종료하기

까지 채권은 계속적으로 증감변동하는 것이므로, 근저당 거래관계가 계속중인 경우 즉, 근저당권의 피담보채권이 확정되기 전에 그 채권의 일부를 양도하거나 대위변제한 경우 근저당권이 양수인이나 대위변제자에게 이전할 여지는 없다 할 것이나, 그 근저당권에 의하여 담보되는 피담보채권이 확정되게 되면, 그 피담보채권액이 그 근저당권의 채권최고액을 초과하지 않는 한 그 근저당권 내지 그 실행으로 인한 경락대금에 대한 권리 중 그 피담보채권액을 담보하고 남는 부분은 저당권의 일부이전의 부기등기의 경료 여부와 관계없이 대위변제자에게 법률상 당연히 이전된다.

판례선정이유

근저당권의 피담보채권이 확정되기 전에는 대위변제가 있더라도 근저당권이 대위변제자에게 이전되지 않음을 밝힌 판결

488. 변제에 의한 대위(6) : 물상보증인의 제3취득자에 대한 대위

(대법원 1990. 11. 9. 선고 90다카10305 판결)

쟁점 채무를 대위변제한 물상보증인이 다른 물상보증인 소유의 부동산에 설정된 근저당권설정등기에 관하여 대위의 부기등기를 하지 아니하고 있는 동안에 제3취득자가 위 부동산을 취득한 경우 대위변제한 물상보증인이 제3취득자에 대하여 채권자를 대위할 수 있는지 여부

판결요지

타인의 채무를 변제하고 채권자를 대위하는 대위자 상호간의 관계를 규정한 제482조 제2항 제5호 단서에서 대위의 부기등기에 관한 제1호의 규정을 준용하도록 규정한 취지는, 자기의 재산을 타인의 채무의 담보로 제공한 물상보증인이 수인일 때 그중 일부의 물상보증인이 채무의 변제로 다른 물상보증인에 대하여 채권자를 대위하게 될 경우에 미리 대위의 부기등기를 하여 두지 아니하면 채무를 변제한 뒤에 그 저당물을 취득한 제3취득자에 대하여 채권자를 대위할 수 없도록 하려는 것이라고 해석되므로, 자신들 소유의 부동산을 채무자의 채무의 담보로 제공한 물상보증인들이 채무를 변제한 뒤 다른 물상보증인 소유부동산에 설정된 근저당권설정등기에 관하여 대위의 부기등기를 하여 두지 아니하고 있는 동안에 제3취득자가 위 부동산을 취득하였다면, 대위변제한 물상보증인들은 제3취득자에 대하여 채권자를 대위할 수 없다.

판례선정이유

수인의 물상보증인이 있는 경우에 대위변제한 물상보증인은 대위의 부기등기를 하지 않으면 다른 물상보증인 소유의 부동산을 취득한 제3취득자에 대하여 채권자를 대위하지 못함을 밝힌 판결

489. 대물변제 (1)
(대법원 1991. 11. 12. 선고 91다9503 판결)

쟁점 부동산으로 대물변제한 본래의 채무가 존재하지 않았던 경우, 대물변제가 무효로서 소유권이 이전되는 효과가 발생하지 않는지 여부

판결요지

채무자가 채권자의 승낙을 얻어 본래의 채무이행에 갈음하여 부동산으로 대물변제를 하였으나 본래의 채무가 존재하지 않았던 경우에는, 당사자가 특별한 의사표시를 하지 않은 한 대물변제는 무효로서 부동산의 소유권이 이전되는 효과가 발생하지 않는다.

판례선정이유

채무가 부존재한다면 대물변제는 무효이며, 부동산 소유권이전도 무효가 됨을 밝힌 판결

490. 대물변제 (2)
(대법원 1995. 9. 15. 선고 95다13371 판결)

쟁점 채무자가 채권자에게 채무변제와 관련하여 다른 채권을 양도하는 행위의 법적 성질 및 효과

판결요지

[1] 대물변제가 효력을 발생하려면 채무자가 본래의 이행에 갈음하여 행하는 다른 급여가 현실적이어야 하고, 등기나 등록을 요하는 경우 그 등기나 등록까지 경료하여야 한다.

[2] 채무자가 채권자에게 채무변제와 관련하여 다른 채권을 양도하는 것은 특단의 사정이 없는 한 채무변제를 위한 담보 또는 변제의 방법으로 양도되는 것으로 추정할 것이지 채무변제에 갈음한 것으로 볼 것은 아니어서, 채권양도만 있으면 바로 원래의 채권이 소멸한다고 볼 수는 없다.

판례선정이유

채무자가 채권자에게 채무변제와 관련하여 다른 채권을 양도하는 것은 '변제의 방법'으로 양도되는 것으로 추정할 것이지, 채무변제에 갈음한 것으로 볼 것은 아니라는 점을 밝힌 판결

491. 대물변제(3) : 대물변제예약 완결권과 제척기간
(대법원 1997. 6. 27. 선고 97다12488 판결)

쟁점 대물변제예약 완결권의 법적 성질 및 그 행사기간

판결요지

대물변제예약 완결권은 일종의 형성권으로 당사자 사이에 그 행사기간을 약정한 때에는 그 기간 내에, 그러한 약정이 없는 때에는 그 권리가 발생한 때로부터 10년 내에 이를 행사하여야 하고, 이 기간을 도과한 때에는 예약 완결권은 제척기간의 경과로 인하여 소멸한다.

판례선정이유

대물변제예약완결권은 형성권이며, 10년의 제척기간 내에 행사해야 함을 밝힌 판결

제2관 공 탁

492. 변제공탁의 요건(1) : 수령거절과 변제공탁
(대법원 1994. 8. 26. 선고 93다42276 판결)

쟁점 수령거절이 명백히 예상되는 경우, 변제공탁하기 위하여 이행제공이 필요한지 여부

판결요지

채권자의 태도로 보아 채무자가 설사 채무의 이행제공을 하였더라도 그 수령을 거절하였을 것이 명백한 경우에는, 채무자는 이행의 제공을 하지 않고 바로 변제공탁할 수 있다.

판례선정이유

채권자가 수령을 거절할 것이 명백한 경우에는, 이행제공을 하지 않더라도 변제공탁을 할 수 있음을 밝힌 판결

493. 변제공탁의 요건 (2) : 채권양도의 유효성이 확실하지 않은 경우

(대법원 2001. 2. 9. 선고 2000다10079 판결)

쟁점 채권자 불확지를 원인으로 하는 변제공탁과 압류경합을 이유로 하는 집행공탁을 아울러 할 수 있는지 여부 및 이에 대해 집행법원이 취할 조치

판결요지

제487조 후단의 '변제자가 과실 없이 채권자를 알 수 없는 경우'라 함은 객관적으로 채권자 또는 변제수령권자가 존재하고 있으나 채무자가 선량한 관리자의 주의를 다하여도 채권자가 누구인지 알 수 없는 경우를 말하므로, 양도금지 또는 제한의 특약이 있는 채권에 관하여 채권양도통지가 있었으나 그 후 양도통지의 철회 내지 무효의 주장이 있는 경우 제3채무자로서는 그 채권양도의 효력에 관하여 의문이 있어 제487조 후단의 채권자 불확지를 원인으로 한 변제공탁사유가 생긴다고 할 것이고, 그 채권양도 후에 그 채권에 관하여 다수의 채권가압류 또는 압류결정이 순차 내려짐으로써 그 채권양도의 대항력이 발생하지 아니한다면, 압류경합으로 인하여 민사소송법 제581조 제1항 소정의 집행공탁의 사유가 생기는 경우에 채무자는 제487조 후단 및 민사소송법 제581조 제1항을 근거로 채권자 불확지를 원인으로 하는 변제공탁과 압류경합 등을 이유로 하는 집행공탁을 아울러 할 수 있고, 이러한 공탁은 변제공탁에 관련된 채권양수인에 대하여는 변제공탁으로서의 효력이 있고 집행공탁에 관련된 압류채권자 등에 대하여는 집행공탁으로서의 효력이 있다고 할 것인바, 이와 같은 경우에 채무자가 선행의 채권양도의 효력에 의문이 있고, 그 후 압류의 경합이 발생하였다는 것을 공탁원인사실로 하여 채무액을 공탁하면서 공탁서에 민사소송법 제581조 제1항만을 근거법령으로 기재하였다 하더라도, 변제공탁으로서의 효력이 발생하지 않음이 확정되지 아니하는 이상 이로써 바로 민사소송법 제581조 제1항에 의한 집행공탁으로서의 효력이 발생한다고 할 수 없으므로, 집행법원은 집행공탁으로서의 공탁사유신고를 각하하거나 채무자로 하여금 제487조 후단을 근거법령으로 추가하도록 공탁서를 정정하게 하고, 채권양도인과 양수인 사이에 채권양도의 효력에 관한 다툼이 확정된 후 공탁금을 출급하도록 하거나 배당절차를 실시할 수 있을 뿐, 바로 배당절차를 실시할 수는 없다.

판례선정이유

채권양도금지 또는 제한의 특약이 있는 채권에 관하여 양도통지가 있었지만, 양도통지의 철회 내지 무효의 주장이 있다면 채권자 불확지를 원인으로 변제공탁을 할 수 있음을 밝히고, 또한 양도된 채권에 대해서 가압류 또는 압류결정이 순차적으로 내려진 경우에 그 공탁은 변제공탁과 아울러 집행공탁의 효력이 있다는 점과, 이 경우에 집행법원이 취해야 할 조치를 밝힌 판결

494. 변제공탁의 요건 (3) : 채권양도금특약이 있는 채권이 양도된 경우
(대법원 2000. 12. 22. 선고 2000다55904 판결)

쟁점 양도금지 특약이 붙은 채권이 양도된 경우에, 채무자가 제487조 후단의 채권자 불확지를 원인으로 하여 변제공탁을 할 수 있는지 여부

판결요지

채권양도금지특약에 반하여 채권양도가 이루어진 경우, 그 양수인이 양도금지특약이 있음을 알았거나 중대한 과실로 알지 못하였던 경우에는 채권양도는 효력이 없게 되고, 반대로 양수인이 중대한 과실 없이 양도금지특약의 존재를 알지 못하였다면 채권양도는 유효하게 되어 채무자로서는 양수인에게 양도금지특약을 가지고 그 채무이행을 거절할 수 없게 되어 양수인의 선의, 악의 등에 따라 양수채권의 채권자가 결정되는바, 이와 같이 양도금지의 특약이 붙은 채권이 양도된 경우에 양수인의 악의 또는 중과실에 관한 입증책임은 채무자가 부담하지만, 그러한 경우에도 채무자로서는 양수인의 선의 등의 여부를 알 수 없어 과연 채권이 적법하게 양도된 것인지에 관하여 의문이 제기될 여지가 충분히 있으므로 특별한 사정이 없는 한 제487조 후단의 채권자 불확지를 원인으로 하여 변제공탁을 할 수 있다.

판례선정이유

채권양도금지특약에도 불구하고 채권이 양도되었지만 양수인의 악의나 중과실 여부를 알 수 없는 경우에, 채무자는 채권자 불확지를 원인으로 변제공탁을 할 수 있음을 밝힌 판결

제3관 상 계

495. 상계의 요건
(대법원 2011. 4. 28. 선고 2010다101394 판결)

쟁점 '상대방이 제3자에 대하여 가지는 채권'을 수동채권으로 하여 상계할 수 있는지 여부

판결요지

상계는 당사자 쌍방이 서로 같은 종류를 목적으로 한 채무를 부담한 경우에 서로 같은 종류의 급부를 현실로 이행하는 대신 어느 일방 당사자의 의사표시로 그 대등액에 관하여 채권과 채무를 동시에 소멸시키는 것이고, 이러한 상계제도의 취지는 서로 대립하는 두 당사자 사이의 채권 · 채무

를 간이한 방법으로 원활하고 공평하게 처리하려는 데 있으므로, 수동채권으로 될 수 있는 채권은 상대방이 상계자에 대하여 가지는 채권이어야 하고, 상대방이 제3자에 대하여 가지는 채권과는 상계할 수 없다고 보아야 한다. 그렇지 않고 만약 상대방이 제3자에 대하여 가지는 채권을 수동채권으로 하여 상계할 수 있다고 한다면, 이는 상계의 당사자가 아닌 상대방과 제3자 사이의 채권채무관계에서 상대방이 제3자에게서 채무의 본지에 따른 현실급부를 받을 이익을 침해하게 될 뿐 아니라, 상대방의 채권자들 사이에서 상계자만 독점적인 만족을 얻게 되는 불합리한 결과를 초래하게 되므로, 상계의 담보적 기능과 관련하여 법적으로 보호받을 수 있는 당사자의 합리적 기대가 이러한 경우에까지 미친다고 볼 수는 없다.

판례선정이유

유치권의 목적인 부동산의 매수인이 유치권자에 대해서 금전채권을 갖고 있는 경우에, 유치권자가 전소유자에 대해서 갖고 있는 피담보채권과 유치권자에 대한 채권은 서로 상계할 수 없음을 밝힌 판결

496. 상계금지채권 (1) : 고의의 불법행위에 의한 채권

(대법원 1994. 2. 25. 선고 93다38444 판결)

쟁점 자동채권과 수동채권이 동일한 사안에서 발생한 경우, 고의의 불법행위로 인한 손해배상채권을 수동채권으로 하는 상계의 허부

판결요지

고의의 불법행위로 인한 손해배상채권을 수동채권으로 하는 상계는 허용되지 않는 것이며, 이는 그 자동채권이 동시에 행하여진 싸움에서 서로 상해를 가한 경우와 같이 동일한 사안에서 발생한 고의의 불법행위로 인한 손해배상채권인 경우에도 마찬가지이다.

판례선정이유

쌍방 폭행에 의한 손해배상채권은 고의에 의한 불법행위로 인한 손해배상채권이므로 서로 상계할 수 없음을 밝힌 판결

497. 상계금지채권(2) : 중과실에 의한 불법행위로 인한 손해배상채권

(대법원 1994. 8. 12. 선고 93다52808 판결)

쟁점 제496조의 입법취지와 중과실로 인한 불법행위 손해배상채권에 대한 상계금지의 가부

판결요지

제496조가 고의의 불법행위로 인한 손해배상채권에 대한 상계를 금지하는 입법취지는 고의의 불법행위에 인한 손해배상채권에 대하여 상계를 허용한다면 고의로 불법행위를 한 자가 상계권행사로 현실적으로 손해배상을 지급할 필요가 없게 됨으로써 보복적 불법행위를 유발하게 될 우려가 있고, 고의의 불법행위로 인한 피해자가 가해자의 상계권행사로 인하여 현실의 변제를 받을 수 없는 결과가 됨은 사회적 정의관념에 맞지 아니하므로, 고의에 의한 불법행위의 발생을 방지함과 아울러 고의의 불법행위로 인한 피해자에게 현실의 변제를 받게 하려는 데 있는바, 이 같은 입법취지나 적용결과에 비추어 볼 때 고의의 불법행위에 인한 손해배상채권에 대한 상계금지를 중과실의 불법행위에 인한 손해배상채권에까지 유추 또는 확장적용하여야 할 필요성이 있다고 할 수 없다.

판례선정이유

중과실에 의한 불법행위의 경우에는 고의의 불법행위와 달리 피해자에 대한 채권과 손해배상채권을 상계할 수 있음을 밝힌 판결

498. 상계금지채권(3) : 근로자의 임금채권

(대법원 2001. 10. 23. 선고 2001다25184 판결)

쟁점 사용자가 근로자의 동의를 얻어 근로자의 임금채권에 대해 상계하는 것이 임금 전액지급의 원칙을 규정한 근로기준법 제42조 제1항 본문에 위반하는지 여부

판결요지

근로기준법 제42조 제1항 본문에서 "임금은 통화로 직접 근로자에게 그 전액을 지급하여야 한다"라고 규정하여 이른바 임금 전액지급의 원칙을 선언한 취지는, 사용자가 일방적으로 임금을 공제하는 것을 금지하여 근로자에게 임금 전액을 확실하게 지급 받게 함으로써 근로자의 경제생활을 위협하는 일이 없도록 그 보호를 도모하려는 데 있으므로, 사용자가 근로자에 대하여 가지는 채권을 가지고 일방적으로 근로자의 임금채권을 상계하는 것은 금지된다고 할 것이지만, 사용자가 근로자

의 동의를 얻어 근로자의 임금채권에 대하여 상계하는 경우에 그 동의가 근로자의 자유로운 의사에 터잡아 이루어진 것이라고 인정할 만한 합리적인 이유가 객관적으로 존재하는 때에는 근로기준법 제42조 제1항 본문에 위반하지 아니한다고 보아야 할 것이고, 다만 임금 전액지급의 원칙의 취지에 비추어 볼 때 그 동의가 근로자의 자유로운 의사에 기한 것이라는 판단은 엄격하고 신중하게 이루어져야 한다.

판례선정이유

사용자는 근로자에 대한 채권과 임금채권을 상계할 수 없지만, 엄격하고 신중하게 판단하였을 때 근로자의 자유로운 의사에 기한 동의가 있다면 상계할 수 있음을 밝힌 판결

499. 상계금지채권 (4) : 채권(가)압류채권

(대법원 1982. 6. 22. 선고 82다카200 판결)

쟁점 제3채무자가 가압류 채무자에 대한 반대채권으로써 상계할 수 있는 요건

판결요지

가압류명령을 받은 제3채무자가 가압류채무자에 대한 반대채권을 가지고 있는 경우에 상계로써 가압류채권자에게 대항하기 위하여는 가압류의 효력 발생 당시에 양 채권이 상계적상에 있거나, 반대채권이 압류 당시 변제기에 이르지 않는 경우에는 피압류채권인 수동채권의 변제기와 동시에 또는 보다 먼저 변제기에 도달하는 경우이어야 된다.

판례선정이유

채권이 (가)압류되었고 제3채무자가 채무자에 대해서 자동채권을 갖고 있는 경우에, 상계가 가능하기 위한 요건을 밝힌 판결

500. 상계금지채권(5) : 지급금지채권
(대법원 2001. 3. 27. 선고 2000다43819 판결)

쟁점 부동산 매수인의 매매잔대금 지급의무와 매도인의 가압류기입등기말소의무가 동시이행관계에 있었는데 위 가압류에 기한 강제경매절차가 진행되자 매수인이 강제경매의 집행채권액과 집행비용을 변제공탁한 경우, 매수인은 매도인의 매매잔대금채권에 대해 가압류로부터 본압류로 전이하는 압류 및 추심명령을 받은 채권자에게 가압류 이후에 발생한 위 구상금채권에 의한 상계로 대항할 수 있는지 여부

판결요지

부동산 매수인의 매매잔대금 지급의무와 매도인의 가압류기입등기말소의무가 동시이행관계에 있었는데 위 가압류에 기한 강제경매절차가 진행되자 매수인이 강제경매의 집행채권액과 집행비용을 변제공탁한 경우, 매도인은 매수인에 대해 대위변제로 인한 구상채무를 부담하게 되고, 그 구상채무는 가압류기입등기말소의무의 변형으로서 매수인의 매매잔대금 지급의무와 여전히 대가적인 의미가 있어 서로 동시이행관계에 있으므로, 매수인은 매도인의 매매잔대금채권에 대해 가압류로부터 본압류로 전이하는 압류 및 추심명령을 받은 채권자에게 가압류 이후에 발생한 위 구상금채권에 의한 상계로 대항할 수 있다.

판례선정이유

제3채무자가 지급금지 이후에 채무자에 대해서 자동채권을 취득하였지만, 그 자동채권의 발생의 기초가 되는 원인이 수동채권이 지급금지되기 전에 존재하였고 자동채권과 수동채권이 동시이행의 관계에 있는 경우에는 상계가 허용됨을 밝힌 판결

501. 채권의 일부양도와 상계
(대법원 2002. 2. 8. 선고 2000다50596 판결)

쟁점 채권의 일부 양도가 이루어진 경우, 채무자의 양도인에 대한 채권을 자동채권으로 하는 상계의 방법 및 효과

판결요지

채권의 일부 양도가 이루어지면 특별한 사정이 없는 한 각 분할된 부분에 대하여 독립한 분할채권이 성립하므로, 그 채권에 대하여 양도인에 대한 반대채권으로 상계하고자 하는 채무자로서는 양도

인을 비롯한 각 분할채권자 중 어느 누구도 상계의 상대방으로 지정하여 상계할 수 있고, 그러한 채무자의 상계 의사표시를 수령한 분할채권자는 제3자에 대한 대항요건을 갖춘 양수인이라 하더라도 양도인 또는 다른 양수인에 귀속된 부분에 대하여 먼저 상계되어야 한다거나 각 분할채권액의 채권 총액에 대한 비율에 따라 상계되어야 한다는 이의를 할 수 없다.

판례선정이유

채권의 일부양도가 있고 채무자가 양도 이전에 양도인에 대해서 채권을 갖고 있는 경우에, 채무자는 양도인이나 양수인 어느 당사자에 대해서 상계의 의사표시를 할 수 있음을 밝힌 판결

제2장 계 약

제1절 총 칙

제1관 계약의 성립

502. 합의의 성립요건(1) : 의사표시의 객관적 합치

(대법원 2003. 4. 11. 선고 2001다53059 판결)

쟁점 계약의 성립을 위한 의사표시의 객관적 합치의 정도 및 청약의 의사표시의 방법과 내용

판결요지

[1] 계약이 성립하기 위하여는 당사자의 서로 대립하는 수 개의 의사표시의 객관적 합치가 필요하고, 객관적 합치가 있다고 하기 위하여는 당사자의 의사표시에 나타나 있는 사항에 관하여는 모두 일치하고 있어야 하는 한편, 계약 내용의 중요한 점 및 계약의 객관적 요소는 아니더라도 특히 당사자가 그것에 중대한 의의를 두고 계약성립의 요건으로 할 의사를 표시한 때에는 이에 관하여 합치가 있어야 계약이 적법·유효하게 성립한다.

[2] 계약이 성립하기 위한 법률요건인 청약은 그에 응하는 승낙만 있으면 곧 계약이 성립하는 구체적·확정적 의사표시여야 하므로, 청약은 계약의 내용을 결정할 수 있을 정도의 사항을 포함시키는 것이 필요하다.

판례선정이유

합의의 성립요건인 「의사표시의 객관적 합치」가 인정되기 위해서는 '당사자의 의사표시에 나타나 있는 사항에 관하여는 모두 일치하고 있어야 하며, 계약 내용의 중요한 점 및 계약의 객관적 요소는 아니더라도 특히 당사자가 그것에 중대한 의의를 두고 계약성립의 요건으로 할 의사를 표시한 때에는 이에 관하여 합치가 있어야 계약이 적법·유효하게 성립한다'는 점을 밝힌 판결

503. 합의의 성립요건(2) : 합의의 객체와 정도

(대법원 2001. 3. 23. 선고 2000다51650 판결)

쟁점 계약의 성립을 위한 합의의 객체와 정도

판결요지

계약이 성립하기 위하여는 당사자 사이에 의사의 합치가 있을 것이 요구되고, 이러한 의사의 합치는 당해 계약의 내용을 이루는 모든 사항에 관하여 있어야 하는 것은 아니나, 그 본질적 사항이나 중요사항에 관하여는 구체적으로 의사의 합치가 있거나 적어도 장래 구체적으로 특정할 수 있는 기준과 방법 등에 관한 합의는 있어야 한다.

판례선정이유

합의의 최소한의 성립요건인 「의사표시의 객관적 합치」의 인정기준을 제시한 판결

504. 청약과 승낙에 의한 계약의 성립 (1) : 청약의 유인에 불과한 아파트분양광고에 의한 계약의 성립

(대법원 2007. 6. 1. 선고 2005다5812, 5829, 5836 판결)

쟁점 아파트 분양광고의 일반적 성질 및 분양광고의 내용 중 분양자와 수분양자 사이에 이를 분양계약의 내용으로 하기로 하는 묵시적 합의가 있었다고 볼 수 있는 경우

판결요지

[1] 청약은 이에 대응하는 상대방의 승낙과 결합하여 일정한 내용의 계약을 성립시킬 것을 목적으로 하는 확정적인 의사표시인 반면, 청약의 유인은 이와 달리 합의를 구성하는 의사표시가 되지 못하므로 피유인자가 그에 대응하여 의사표시를 하더라도 계약은 성립하지 않고 다시 유인한 자가 승낙의 의사표시를 함으로써 비로소 계약이 성립하는 것으로서 서로 구분되는 것이다. 그리고 위와 같은 구분기준에 따르자면, 상가나 아파트의 분양광고의 내용은 청약의 유인으로서의 성질을 갖는데 불과한 것이 일반적이라 할 수 있다.

[2] 선분양 · 후시공의 방식으로 분양되는 대규모 아파트단지의 거래 사례에 있어서 분양계약서에는 동 · 호수 · 평형 · 입주예정일 · 대금지급방법과 시기 정도만이 기재되어 있고 분양계약의 목적물인 아파트 및 그 부대시설의 외형 · 재질 · 구조 및 실내장식 등에 관하여 구체적인 내용이 기재되어 있지 아니한 경우가 있는바, 분양계약의 목적물인 아파트에 관한 외형 · 재질 등이 제대로 특정되지 아니한 상태에서 체결된 분양계약은 그 자체로서 완결된 것이라고 보기 어렵다 할 것이므로, 비록 분양광고의 내용, 모델하우스의 조건 또는 그 무렵 분양회사가 수분양자에게 행한 설명 등이 비록 청약의 유인에 불과하다 할지라도, 그러한 광고 내용이나 조건 또는 설명 중 구체적 거래조건, 즉 아파트의 외형 · 재질 등에 관한 것으로서 사회통념에 비추어 수분양자가 분양자에게 계약 내용으로서 이행을 청구할 수 있다고 보이는 사항에 관한 한 수분양자들은 이를 신뢰하고 분양계약을

체결하는 것이고 분양자들도 이를 알고 있었다고 보아야 할 것이므로, 분양계약시에 달리 이의를 유보하였다는 등의 특단의 사정이 없는 한 분양자와 수분양자 사이에 이를 분양계약의 내용으로 하기로 하는 묵시적 합의가 있었다고 봄이 상당하다.

[3] 부동산 거래에 있어 거래 상대방이 일정한 사정에 관한 고지를 받았더라면 그 거래를 하지 않았을 것임이 경험칙상 명백한 경우에는 신의성실의 원칙상 사전에 상대방에게 그와 같은 사정을 고지할 의무가 있으며, 그와 같은 고지의무의 대상이 되는 것은 직접적인 법령의 규정뿐 아니라 널리 계약상, 관습상 또는 조리상의 일반원칙에 의하여도 인정될 수 있고, 일단 고지의무의 대상이 되는 사실이라고 판단되는 경우 이미 알고 있는 자에 대하여는 고지할 의무가 별도로 인정될 여지가 없지만, 상대방에게 스스로 확인할 의무가 인정되거나 거래관행상 상대방이 당연히 알고 있을 것으로 예상되는 예외적인 경우가 아닌 한, 실제 그 대상이 되는 사실을 알지 못하였던 상대방에 대하여는 비록 알 수 있었음에도 알지 못한 과실이 있다 하더라도 그 점을 들어 추후 책임을 일부 제한할 여지가 있음은 별론으로 하고 고지할 의무 자체를 면하게 된다고 할 수는 없다.

[4] 우리 사회의 통념상으로는 공동묘지가 주거환경과 친한 시설이 아니어서 분양계약의 체결 여부 및 가격에 상당한 영향을 미치는 요인일 뿐만 아니라 대규모 공동묘지를 가까이에서 조망할 수 있는 곳에 아파트단지가 들어선다는 것은 통상 예상하기 어렵다는 점 등을 감안할 때 아파트 분양자는 아파트단지 인근에 공동묘지가 조성되어 있는 사실을 수분양자에게 고지할 신의칙상의 의무를 부담한다.

판례선정이유

'광고도 계약의 내용이 될 수 있다'는 종래의 판례의 입장을 재확인하고, 광고된 내용 중 계약의 내용이 될 수 있는 부분을 구별하는 기준을 구체적으로 제시한 판결

505. 청약과 승낙에 의한 계약의 성립 (2) : 청약의 구속력

(대법원 1992. 4. 10. 선고 91다43138 판결)

쟁점 근로자가 사직원을 제출하는 방법으로 근로계약관계의 합의해지를 청약한 후 임의로 위 사직의 의사표시를 철회할 수 있는지 여부

판결요지

근로자가 일방적으로 근로계약관계를 종료시키는 해약의 고지 방법에 의하여 임의 사직하는 경우가 아니라, 근로자가 사직원의 제출방법에 의하여 근로계약관계의 합의해지를 청약하고, 이에 대하여 사용자가 종료시키게 되는 경우에 있어서는, 근로자는 위 사직원의 제출에 따른 사용자의

승낙의사가 형성되어 확정적으로 근로계약 종료의 효과가 발생하기 전에는 그 사직의 의사표시를 자유로이 철회할 수 있다고 보아야 할 것이며, 다만 근로계약 종료의 효과발생 전이라고 하더라도 근로자가 사직의 의사표시를 철회하는 것이 사용자에게 불측의 손해를 주는 등 신의칙에 반한다고 인정되는 특별한 사정이 있는 경우에 한하여 그 철회가 허용되지 않는다고 해석함이 상당하다.

판례선정이유

근로자의 보호를 위하여 사직원을 제출하는 방법에 의한 근로계약관계의 합의해지의 청약에 있어서는 청약의 구속력에 관하여 규정하고 있는 제527조의 적용이 원칙적으로 배제될 수 있음을 밝힌 판결

506. 약관에 의한 계약의 성립 (1) : 약관해석의 원칙

(대법원 2011. 7. 28. 선고 2011다30147 판결)

쟁점 약관해석의 원칙으로서의 「작성자불리의 원칙」 및 갑상선결절의 치료를 위해 받은 고주파절제술이 보험계약의 약관상 「수술」에 해당하는지 여부

판결요지

[1] 약관의 내용은 개개 계약체결자의 의사나 구체적인 사정을 고려함이 없이 평균적 고객의 이해가능성을 기준으로 하여 객관적 · 획일적으로 해석하여야 하고, 고객보호의 측면에서 약관 내용이 명백하지 못하거나 의심스러운 때에는 고객에게 유리하게, 약관작성자에게 불리하게 제한해석하여야 한다.

[2] 보험증권이나 보험약관에서 수술비 지급대상이 되는 수술을 의료기계를 사용하여 신체의 일부를 절단하거나 절제하는 외과적 치료방법으로 제한하고 있지 않고 바늘을 종양 안에 삽입한 다음 고주파영역에서 교차하는 전류를 통하게 하여 발생하는 마찰열로 종양세포를 괴사시키는 고주파절제술도 넓은 의미의 수술에 포함될 여지가 충분히 있으므로, 고주파절제술은 보험계약의 약관상 수술에 해당한다고 보아야 하며, 이러한 해석론이 약관해석에 있어서의 작성자불이익의 원칙에도 부합한다고 할 것이다.

판례선정이유

「작성자불리의 원칙」이라는 약관해석의 원칙을 보험약관 소정의 수술비 지급대상이 되는 "수술"의 해석에 적용하여, "수술"의 통상적인 의미에 해당하지 않는 「고주파절제술」을 "수술"에 해당한다고 보아야 한다는 점을 밝힌 판결

507. 약관에 의한 계약의 성립 (2) : 약관해석에 있어서 신의성실의 원칙

(대법원 1991. 12. 24. 선고 90다카23899 전원합의체 판결)

쟁점 보험약관에서 약관의 내용통제원리로 작용하는 신의성실의 원칙의 의미와 이에 반하는 약관조항의 해석방법 : 이른바 「효력유지적 축소」

판결요지

[1] 약관규제법 제6조 제1항, 제2항, 제7조 제2, 3호가 규정하는 바와 같은 약관의 내용통제원리로 작용하는 신의성실의 원칙은 보험계약이 보험사업자에 의하여 일방적으로 작성되고 보험계약자로서는 그 구체적 조항 내용을 검토하거나 확인할 충분한 기회가 없이 보험계약을 체결하게 되는 계약성립의 과정에 비추어, 약관 작성자는 계약상대방의 정당한 이익과 합리적인 기대, 즉 보험의 손해전보에 대한 합리적인 신뢰에 반하지 않고 형평에 맞게끔 계약조항을 작성하여야 한다는 행위원칙을 가리키는 것이며, 보통거래약관의 작성이 아무리 사적 자치의 영역에 속하는 것이라고 하여도 위와 같은 행위원칙에 반하는 약관조항은 사적 자치의 한계를 벗어나는 것으로서, 법원에 의한 내용통제, 즉 수정해석의 대상이 되는 것은 당연하며, 이러한 수정해석은 조항 전체가 무효사유에 해당하는 경우뿐만 아니라 조항 일부가 무효사유에 해당하고 그 무효부분을 추출 배제하여 잔존부분만으로 유효하게 존속시킬 수 있는 경우에도 가능하다.

[2] 자동차종합보험보통약관의 무면허운전면책조항을 문언 그대로 무면허운전의 모든 경우를 아무런 제한 없이 보험의 보상대상에서 제외한 것으로 해석하게 되면, 절취운전이나 무단운전의 경우와 같이 자동차보유자는 피해자에게 손해배상책임을 부담하면서도 자기의 지배관리가 미치지 못하는 무단운전자의 운전면허소지 여부에 따라 보험의 보호를 전혀 받지 못하는 불합리한 결과가 생기는바, 이는 보험계약자의 정당한 이익과 합리적인 기대에 어긋나는 것으로서 고객에게 부당하게 불리하고 보험자가 부담하여야 할 담보책임을 상당한 이유 없이 배제하는 것이어서 현저하게 형평을 잃은 것이라고 하지 않을 수 없으며, 이는 보험단체의 공동이익과 보험의 등가성 등을 고려하더라도 마찬가지라고 할 것이므로, 결국 위 무면허운전면책조항이 보험계약자나 피보험자의 지배 또는 관리가능성이 없는 무면허운전의 경우에까지 적용된다고 보는 경우에는 그 조항은 신의성실의 원칙에 반하는 공정을 잃은 조항으로서 약관규제법 제6조 제1, 2항, 제7조 제2, 3호의 각 규정에 비추어 무효라고 볼 수밖에 없기 때문에, 위 무면허운전면책조항은 위와 같은 무효의 경우를 제외하고 무면허운전이 보험계약자나 피보험자의 지배 또는 관리가능한 상황에서 이루어진 경우에 한하여 적용되는 조항으로 수정해석을 할 필요가 있으며, 무면허운전이 보험계약자나 피보험자의 지배 또는 관리가능한 상황에서 이루어진 경우라고 함은 구체적으로는 무면허운전이 보험계약자나 피보험자 등의 명시적 또는 묵시적 승인 하에 이루어진 경우를 말한다.

판례선정이유

자동차보험의 무면허운전면책약관의 효력과 그 해석기준을 밝힌 판결로서, 신의칙위반약관에 대한 법원의 수정해석에 의한 내용통제가 가능함을 밝힌 판결

508. 계약체결상의 과실책임 (1) : 계약교섭의 부당파기로 인한 손해배상책임

(대법원 2001. 6. 15. 선고 99다40418 판결)

쟁점 어느 일방이 교섭단계에서 계약을 체결할 것과 같은 정당한 기대 내지 확실한 신뢰를 부여하여 상대방이 그 신뢰에 따라 행동하였음에도 상당한 이유 없이 계약의 체결을 거부하여 손해를 입힌 경우, 불법행위를 구성하는지 여부

판결요지

어느 일방이 교섭단계에서 계약이 확실하게 체결되리라는 정당한 기대 내지 신뢰를 부여하여 상대방이 그 신뢰에 따라 행동하였음에도 상당한 이유 없이 계약의 체결을 거부하여 손해를 입혔다면, 이는 신의성실의 원칙에 비추어 볼 때 계약자유 원칙의 한계를 넘는 위법한 행위로서 불법행위를 구성한다고 할 것이다.

판례선정이유

계약교섭의 부당파기에 대하여 불법행위책임의 성립을 인정한 판결로서, '계약교섭이 부당하게 파기된 경우에는 불법행위로 인한 손해배상책임이 발생한다'는 일반론을 정면으로 다룬 판결

509. 계약체결상의 과실책임 (2) : 의사의 설명의무

(대법원 2010. 10. 14. 선고 2007다3162 판결)

쟁점 임상시험 단계의 의료행위에 대한 의사의 설명의무의 내용 및 임상시험 단계에 있는 의약품의 공급에 따른 의약품 공급자의 고지의무의 내용

판결요지

[1] 의사는 의료행위에 앞서 환자나 그 법정대리인에게 질병의 증상, 치료방법의 내용 및 필요성, 발생이 예상되는 위험 등 당시의 의료 수준에 비추어 상당하다고 인정되는 사항을 설명하여 환자가

그 필요성이나 위험성을 충분히 비교해 보고 그 의료행위를 받을 것인지 여부를 선택할 수 있도록 할 의무가 있고, 특히 그러한 의료행위가 임상시험의 단계에서 이루어지는 것이라면 해당 의료행위의 안전성 및 유효성(치료효과)에 관하여 그 시행 당시 임상에서 실천되는 일반적 · 표준적 의료행위와 비교하여 설명할 의무가 있다. 또한 의약품 공급자는 임상시험 단계에 있는 의약품을 공급함에 있어 해당 의약품의 안전성 및 유효성(치료효과) 등 그 구입 여부의 의사결정에 영향을 줄 수 있는 중요한 사정을 수요자에게 고지할 신의칙상의 의무가 있다.

[2] 의사가 간경화증이 상당히 진행되어 간이식 수술 외에 효과적인 치료방법이 없는 상태의 환자 등에게 임상단계에 있는 중간엽 줄기세포 이식술을 시행하면서 환자들의 의사결정에 영향을 줄 수 있는 중요한 사정인 치료 효과에 관하여 객관적으로 확인해 보려는 노력을 기울이지 아니한 채 줄기세포 공급업체 대표의사와의 공동기자회견, 병원 홈페이지 광고, 상담 등을 통하여 그릇된 정보를 제공하는 등 환자들에 대한 설명의무를 위반한 잘못이 있고, 줄기세포 공급업체 대표이사 역시 임상시험 단계에 있는 줄기세포를 판매함에 있어 줄기세포 구입자들의 의사결정에 영향을 줄 수 있는 중요한 사정인 치료효과에 관하여 객관적으로 확인해 보려는 노력을 기울이지 아니한 채 위 의사와의 공동기자회견, 탯줄은행 홈페이지 광고, 상담 등을 통하여 그릇된 정보를 제공하는 등 줄기세포 구입자들에 대한 설명의무 내지 고지의무를 위반한 잘못이 있으며, 위와 같은 기자회견의 경위, 홈페이지 내용의 관련성, 환자들이 줄기세포 구입 및 이식술을 받은 경위 등에 비추어 보면, 위 대표이사와 의사의 불법행위는 서로 객관적 관련공동성이 있어 공동불법행위를 구성한다.

판례선정이유

'임상시험 단계의 의료행위에 대한 의사의 설명의무와 의약품의 공급에 따른 의약품 공급자의 고지의무를 인정하고, 그 내용과 양자의 관계를 객관적 관련공동성이 있어 공동불법행위를 구성한다'는 점을 밝힌 판결

제2관 계약의 효력

510. 계약의 구속력 (1) : 사정변경으로 인한 계약해제

(대법원 2007. 3. 29. 선고 2004다31302 판결)

쟁점 사정변경으로 인한 계약해제가 인정되는 경우

판결요지

[1] 이른바 사정변경으로 인한 계약해제는 계약 성립 당시 당사자가 예견할 수 없었던 현저한 사정의 변경이 발생하였고, 그러한 사정의 변경이 해제권을 취득하는 당사자에게 책임 없는 사유로

생긴 것으로서, 계약내용대로의 구속력을 인정한다면 신의칙에 현저히 반하는 결과가 생기는 경우에 계약준수 원칙의 예외로서 인정되는 것이고, 여기에서 말하는 사정이라 함은 계약의 기초가 되었던 객관적인 사정으로서, 일방당사자의 주관적 또는 개인적인 사정을 의미하는 것은 아니다. 또한, 계약의 성립에 기초가 되지 아니한 사정이 그 후 변경되어 일방당사자가 계약 당시 의도한 계약목적을 달성할 수 없게 됨으로써 손해를 입게 되었다 하더라도 특별한 사정이 없는 한 그 계약내용의 효력을 그대로 유지하는 것이 신의칙에 반한다고 볼 수도 없다.

[2] 이 사건 매매계약은 일반 매수예상자들을 대상으로 한 피고의 공개매각절차를 거쳐 이루어진 것으로서, 공개매각조건에는 이 사건 토지가 개발제한구역에 속해 있고, 이 사건 토지의 매각 후 행정상의 제한 등이 있을 경우 피고가 이에 대하여 책임을 지지 아니한다는 내용이 명시되어 있으며, 이 사건 매매계약에서도 피고는 이 사건 토지의 인도 후에 발생한 일체의 위험부담에 대하여 책임지지 않는다는 내용이 명시되어 있을 뿐 당시 이 사건 토지상의 건축가능 여부에 관하여 논의가 이루어졌다고 볼 만한 자료를 찾아볼 수 없다. 그렇다면 이 사건 토지상의 건축가능 여부는 원고가 이 사건 토지를 매수하게 된 주관적인 목적에 불과할 뿐 이 사건 매매계약의 성립에 있어 기초가 되었다고 보기 어렵다 할 것이므로, 이 사건 매매계약 후 이 사건 토지가 공공공지에 편입됨으로써 원고가 의도한 음식점 등의 건축이 불가능하게 되었다 하더라도 이러한 사정변경은 이 사건 매매계약을 해제할 만한 사정변경에 해당한다고 할 수 없다 할 것이고, 이러한 사정변경으로 인하여 원고가 의도한 주관적인 매수목적을 달성할 수 없게 되어 손해를 입었다 하더라도 특별한 사정이 없는 한 이 사건 매매계약의 효력을 그대로 유지하는 것이 신의칙에 반한다고 볼 수도 없다 할 것이다.

판례선정이유

'사정변경의 원칙을 신의칙에 기한 민법의 일반원칙으로 인정할 수 있다'는 전제 하에 사정변경으로 인한 계약해제의 요건 및 신의칙과의 관계를 밝힌 판결

511. 계약의 구속력 (2) : 사정변경의 원칙과 기판력과의 관계

(대법원 1993. 12. 21. 선고 92다46226 전원합의체 판결)

쟁점 사정변경의 원칙을 적용하여 기판력의 예외를 인정할 수 있는지 여부

판결요지

토지의 소유자가 법률상 원인 없이 토지를 점유하고 있는 자를 상대로 장래의 이행을 청구하는 소로써 그 점유자가 토지를 인도할 때까지 토지를 사용·수익함으로 인하여 얻을 토지의 임료에 상당하는 부당이득금의 반환을 청구하여 그 청구의 전부나 일부를 인용하는 판결이 확정된 경우에,

그 소송의 사실심변론종결후에 토지의 가격이 현저하게 앙등하고 조세 등의 공적인 부담이 증대되었을 뿐만 아니라, 그 인근토지의 임료와 비교하더라도 그 소송의 판결에서 인용된 임료액이 상당하지 아니하게 되는 등 경제적 사정의 변경으로 당사자간의 형평을 심하게 해할 특별한 사정이 생긴 때에는, 토지의 소유자는 점유자를 상대로 새로 소를 제기하여 전소(前訴) 판결에서 인용된 임료액과 적정한 임료액의 차액에 상당하는 부당이득금의 반환을 청구할 수 있다고 봄이 상당하다.

판례선정이유

무권원점유자를 상대로 임료상당의 부당이득반환을 청구하는 소송을 제기하여 승소한 후 토지의 가격이 현저하게 앙등하고 조세 등의 공적인 부담이 증대되는 등 사정변경이 발생한 경우에, 토지의 소유자가 새로 소를 제기하여 전소판결에서 인용된 임료액과 적정한 임료액의 차액에 상당하는 부당이득금의 반환을 청구할 수 있는지 여부에 관하여, 이를 부인하였던 종래의 판례를 폐기하고 사정변경의 원칙을 적용하여 기판력의 원칙에 대한 예외를 인정한 판결

512. 동시이행의 항변권 (1) : 동시이행관계의 확대적용

(대법원 2006. 2. 24. 선고 2005다58656, 58663 판결)

쟁점 당사자가 부담하는 각 채무가 대가관계에 있지 않지만 동시이행항변권을 인정할 수 있는 경우

판결요지

[1] 동시이행의 항변권은 공평의 관념과 신의칙에 입각하여 각 당사자가 부담하는 채무가 서로 대가적 의미를 가지고 관련되어 있을 때 그 이행에 있어서 견련관계를 인정하여 당사자 일방은 상대방이 채무를 이행하거나 이행의 제공을 하지 아니한 채 당사자 일방의 채무의 이행을 청구할 때에는 자기의 채무 이행을 거절할 수 있도록 하는 제도인바, 이러한 제도의 취지에서 볼 때 당사자가 부담하는 각 채무가 쌍무계약에 있어 고유의 대가관계가 있는 채무가 아니라고 하더라도 구체적인 계약관계에서 각 당사자가 부담하는 채무에 관한 약정 내용에 따라 그것이 대가적 의미가 있어 이행상의 견련관계를 인정하여야 할 사정이 있는 경우에는 동시이행의 항변권을 인정할 수 있는 것이다.

[2] 부동산매매계약에 있어 매수인이 부가가치세를 부담하기로 약정한 경우, 부가가치세를 매매대금과 별도로 지급하기로 했다는 등의 특별한 사정이 없는 한 부가가치세를 포함한 매매대금 전부와 부동산의 소유권이전등기의무가 동시이행의 관계에 있다고 봄이 상당하다.

판례선정이유

'부동산매수인이 부가가치세를 부담하기로 약정한 경우에는, 특별한 사정이 없는 한 부가가치세를 포함한 매매대금 전부와 부동산의 소유권이전등기의무가 동시이행의 관계에 있다'고 한 판결

513. 동시이행의 항변권 (2) : 동시이행관계의 인정 요건 (1)

(대법원 1991. 3. 27. 선고 90다19930 판결)

쟁점 매수인이 선이행하여야 할 중도금지급을 하지 아니한 채 잔대금지급일을 경과한 경우, 매수인의 대금지급채무와 매도인의 소유권이전등기의무와의 관계

판결요지

매수인이 선이행하여야 할 중도금지급을 하지 아니한 채 잔대금지급일을 경과한 경우에는, 매수인의 중도금 및 이에 대한 지급일 다음날부터 잔대금지급일까지의 지연손해금과 잔대금의 지급채무는 매도인의 소유권이전등기의무와 특별한 사정이 없는 한 동시이행관계에 있다.

판례선정이유

쌍무계약에서 선이행의무를 부담하는 당사자는 동시이행항변권을 행사할 수 없는 것이 원칙이나, '부동산매매계약에서 매수인이 선이행하여야 할 중도금지급을 하지 아니한 채 잔대금지급일을 경과한 경우에는, 매수인의 대금지급채무와 매도인의 소유권이전등기의무는 동시이행관계에 있다'는 점을 밝힌 판결

514. 동시이행의 항변권 (3) : 동시이행관계의 인정 요건 (2)

(대법원 2000. 11. 28. 선고 2000다8533 판결)

쟁점 가압류등기가 있는 부동산의 매매계약에 있어서 매도인의 소유권이전등기의무 및 가압류등기말소의무는 매수인의 대금지급의무와 동시이행관계에 있는지 여부

판결요지

부동산의 매매계약이 체결된 경우에는 매도인의 소유권이전등기의무, 인도의무와 매수인의 잔대금지급의무는 동시이행의 관계에 있는 것이 원칙이고, 이 경우 매도인은 특별한 사정이 없는 한

제한이나 부담이 없는 완전한 소유권이전등기의무를 지는 것이므로, 매매목적 부동산에 가압류등기 등이 되어 있는 경우에는 매도인은 이와 같은 등기도 말소하여 완전한 소유권이전등기를 해 주어야 하는 것이고, 따라서 가압류등기 등이 있는 부동산의 매매계약에 있어서는 매도인의 소유권이전등기 의무와 아울러 가압류등기의 말소의무도 매수인의 대금지급의무와 동시이행 관계에 있다고 할 것이다.

판례선정이유

일반적으로 매매계약에서 동시이행관계에 있는 주된 급부의무는 매도인의 소유권이전의무와 매수인의 대금지급의무이나, 매도인의 가압류등기 말소의무도 대금지급의무와 동시이행관계에 있음을 밝힌 판결

515. 동시이행의 항변권 (4) : 동시이행관계의 인정 요건 (3)

(대법원 1999. 11. 12. 선고 99다34697 판결)

쟁점 부수적 채무 상호간이나 부수적 채무와 주된 채무 사이에 동시이행관계가 인정되는지 여부

판결요지

동시이행의 항변권은 근본적으로 공평의 관념에 따라 인정되는 것인데, 임차인이 불이행한 원상회복의무가 사소한 부분이고 그로 인한 손해배상액 역시 근소한 금액인 경우에까지 임대인이 그를 이유로, 임차인이 그 원상회복의무를 이행할 때까지, 혹은 임대인이 현실로 목적물의 명도를 받을 때까지 원상회복의무 불이행으로 인한 손해배상액 부분을 넘어서서 거액의 잔존 임대차보증금 전액에 대하여 그 반환을 거부할 수 있다고 하는 것은 오히려 공평의 관념에 반하는 것이 되어 부당하고, 그와 같은 임대인의 동시이행의 항변은 신의칙에 반하는 것이 되어 허용할 수 없다.

판례선정이유

'부수적인 채무와 주된 채무 사이에서는 동시이행관계가 인정될 수 없다'는 점을 밝힌 판결

516. 동시이행의 항변권 (5) : 동시이행관계의 인정 요건 (4)
(대법원 2010. 10. 14. 선고 2010다47438 판결)

쟁점 동시이행관계에서 상대방을 이행지체에 빠지게 하기 위한 요건

판결요지

매매계약이 취소된 경우에 당사자 쌍방의 원상회복의무는 동시이행의 관계에 있고, 쌍무계약에서 쌍방의 채무가 동시이행관계에 있는 경우 일방의 채무의 이행기가 도래하더라도 상대방 채무의 이행제공이 있을 때까지는 그 채무를 이행하지 않아도 이행지체의 책임을 지지 않는 것이며, 이와 같은 효과는 이행지체의 책임이 없다고 주장하는 자가 반드시 동시이행의 항변권을 행사하여야만 발생하는 것은 아니다. 따라서 동시이행관계에 있는 쌍무계약상 자기채무의 이행을 제공하는 경우, 그 채무를 이행함에 있어 상대방의 행위를 필요로 할 때에는 언제든지 현실로 이행을 할 수 있는 준비를 완료하고 그 뜻을 상대방에게 통지하여 그 수령을 최고하여야만 상대방으로 하여금 이행지체에 빠지게 할 수 있다.

판례선정이유

'동시이행관계에서 상대방을 이행지체에 빠지게 하기 위해서는 이행준비를 완료하고 그 뜻을 상대방에게 통지하여 수령을 최고하여야 한다'는 점을 밝힌 판결

517. 동시이행의 항변권 (6) : 동시이행관계의 인정 요건 (5)
(대법원 1999. 7. 9. 선고 98다47542, 47559 판결)

쟁점 원인채무의 이행의무와 어음반환의무가 동시이행관계에 있는지 여부

판결요지

채무자가 어음의 반환이 없음을 이유로 원인채무의 변제를 거절할 수 있는 것은 채무자로 하여금 무조건적인 원인채무의 이행으로 인한 이중지급의 위험을 면하게 하려는 데에 그 목적이 있는 것이지, 기존의 원인채권에 터잡은 이행청구권과 상대방의 어음 반환청구권이 제536조에 정하는 쌍무계약상의 채권채무관계나 그와 유사한 대가관계가 있어서 그러는 것은 아니므로, 원인채무 이행의무와 어음 반환의무가 동시이행의 관계에 있다 하더라도 이는 어음의 반환과 상환으로 하지 아니하면 지급을 할 필요가 없으므로 이를 거절할 수 있다는 것을 의미하는 것에 지나지 아니하는 것이며, 따라서 채무자가 어음의 반환이 없음을 이유로 원인채무의 변제를 거절할 수 있는 권능을 가진다고

하여 채권자가 어음의 반환을 제공하지 아니하면 채무자에게 적법한 이행의 최고를 할 수 없다고 할 수는 없고, 채무자는 원인채무의 이행기를 도과하면 원칙적으로 이행지체의 책임을 진다.

판례선정이유

'원인채무의 이행의무와 어음 반환의무는 상호 동시이행관계에 있고, 이때 원인채무의 채무자는 어음을 반환받을 때까지는 이행지체책임을 지지 않는다'는 점을 밝힌 판결

518. 동시이행의 항변권(7) : 동시이행관계의 인정 요건(6)

(대법원 2002. 3. 29. 선고 2000다577 판결)

쟁점 선이행의무인 중도금이 지급되지 않은 상태에서 잔대금지급기일이 도래한 경우, 중도금 및 잔금 지급의무와 소유권이전등기의무가 동시이행관계에 있는지 여부

판결요지

매수인이 선이행의무 있는 중도금을 지급하지 않았다 하더라도 계약이 해제되지 않은 상태에서 잔대금 지급일이 도래하여 그 때까지 중도금과 잔대금이 지급되지 아니하고 잔대금과 동시이행관계에 있는 매도인의 소유권이전등기 소요서류가 제공된 바 없이 그 기일이 도과하였다면, 다른 특별한 사정이 없는 한 매수인의 중도금 및 잔대금의 지급과 매도인의 소유권이전등기 소요서류의 제공은 동시이행관계에 있다 할 것이어서, 그 때부터는 매수인은 중도금을 지급하지 아니한 데 대한 이행지체의 책임을 지지 아니한다.

판례선정이유

선이행의무인 중도금이 지급되지 않은 상태에서 잔대금지급기일이 도래한 경우, 중도금 및 잔금 지급의무와 소유권이전등기의무가 동시이행관계에 있게 되므로, 그 이후 중도금의 미지급을 원인으로 한 이행지체책임을 지지 않는다는 판결

519. 동시이행의 항변권(8) : 동시이행관계의 인정 요건(7)

(대법원 2014. 4. 30. 선고 2010다11323 판결)

쟁점 동시이행관계에 있는 채무를 부담하는 쌍방 당사자 중 일방이 먼저 현실의 제공을 하고 상대방을 수령지체에 빠지게 한 경우, 과거에 이행제공 사실로 상대방의 동시이행항변권이 소멸하는지 여부

판결요지

동시이행의 항변권의 대항을 받는 채권을 자동채권으로 하여 상대방의 채권과의 상계를 허용하면 상계자 일방의 의사표시에 의하여 상대방의 항변권 행사의 기회를 상실시키는 결과가 되어서 그러한 상계는 허용될 수 없는 것이 원칙이다. 한편 부동산교환계약에 있어서 목적 부동산에 설정된 담보권의 피담보채무를 인수하기로 하는 약정이 행하여진 경우, 그 일방이 상대방의 채무인수의무 불이행으로 말미암아 그 채무를 대신 변제하였다면 그로 인한 손해배상채무는 채무인수의무의 변형으로서 일방의 소유권이전등기의무와 상대방의 그 손해배상채무는 대가적 의미가 있어 이행상 견련관계에 있다고 할 것이고, 따라서 양자는 동시이행의 관계에 있다고 해석함이 공평의 관념 및 신의칙에 합당하다. 그리고 동시이행관계에 있는 채무를 부담하는 쌍방 당사자 중 일방이 먼저 현실의 제공을 하고 상대방을 수령지체에 빠지게 하였다고 하더라도 그 이행의 제공이 계속되지 아니하였다면, 과거에 이행제공이 있었다는 사실만으로 상대방이 가지는 동시이행의 항변권이 소멸하지 아니하고, 또한 동시이행의 관계에 있는 쌍방의 채무 중 어느 한 채무가 이행불능이 됨으로 인하여 발생한 손해배상채무도 여전히 다른 채무와 동시이행의 관계에 있다고 할 것이다.

판례선정이유

'동시이행관계에 있는 채무를 부담하는 쌍방 당사자 중 일방이 먼저 현실의 제공을 하고 상대방을 수령지체에 빠지게 하였다고 하더라도 그 이행의 제공이 계속되지 아니하였다면, 과거에 이행제공이 있었다는 사실만으로 상대방이 가지는 동시이행의 항변권이 소멸하지 않는다'는 점을 밝힌 판결

520. 동시이행의 항변권 (9) : 불안의 항변권

(대법원 2012. 3. 29. 선고 2011다93025 판결)

쟁점 제536조 제2항에서 정한 '상대방의 이행이 곤란할 현저한 사유'의 의미 및 그 판단기준

판결요지

[1] 제536조 제2항은 쌍무계약의 당사자 일방이 상대방에게 먼저 이행을 하여야 하는 의무를 지고 있는 경우에도 "상대방의 이행이 곤란할 현저한 사유가 있는 때"에는 동시이행의 항변권을 가진다고 하여 이른바 '불안의 항변권'을 규정한다. 여기서 '상대방의 이행이 곤란할 현저한 사유'란 선이행채무를 지게 된 채무자가 계약 성립 후 채권자의 신용불안이나 재산상태의 악화 등의 사정으로 반대급부를 이행받을 수 없는 사정변경이 생기고 이로 인하여 당초의 계약내용에 따른 선이행의무를 이행하게 하는 것이 공평과 신의칙에 반하게 되는 경우를 말하고, 이와 같은 사유가 있는지 여부는 당사자 쌍방의 사정을 종합하여 판단되어야 한다.

[2] 제536조 제2항의 이른바 불안의 항변권을 발생시키는 사유에 관하여 신용불안이나 재산상태 악화와 같이 채권자 측에 발생한 객관적 · 일반적 사정만이 이에 해당한다고 제한적으로 해석할 이유는 없다. 특히 상당한 기간에 걸쳐 공사를 수행하는 도급계약에서 일정 기간마다 이미 행하여진 공사부분에 대하여 기성공사금 등의 이름으로 그 대가를 지급하기로 약정되어 있는 경우에는, 수급인의 일회적인 급부가 통상 선이행되어야 하는 일반적인 도급계약에서와는 달리 위와 같은 공사대금의 축차적인 지급이 수급인의 장래의 원만한 이행을 보장하는 것으로 전제된 측면도 있다고 할 것이어서, 도급인이 계약 체결 후에 위와 같은 약정을 위반하여 정당한 이유 없이 기성공사금을 지급하지 아니하고 이로 인하여 수급인이 공사를 계속해서 진행하더라도 그 공사내용에 따르는 공사금의 상당 부분을 약정대로 지급받을 것을 합리적으로 기대할 수 없게 되어서 수급인으로 하여금 당초의 계약내용에 따른 선이행의무의 이행을 요구하는 것이 공평에 반하게 되었다면, 비록 도급인에게 신용불안 등과 같은 사정이 없다고 하여도 수급인은 제536조 제2항에 의하여 계속공사 의무의 이행을 거절할 수 있다고 할 것이다.

판례선정이유

이른바 「불안의 항변권」의 의미와 그 적용요건을 구체적으로 밝힌 판결

521. 동시이행의 항변권 (10) : 동시이행항변권의 효력 (1)

(대법원 1995. 3. 14. 선고 94다26646 판결)

쟁점 쌍무계약의 당사자 일방이 한 번 현실의 제공을 하였으나 상대방이 수령을 지체한 경우, 상대방은 동시이행의 항변권을 상실하는지 여부 및 이행의 제공이 중지된 이후에 이행지체를 이유로 손해배상을 청구할 수 있는지 여부

판결요지

쌍무계약의 당사자 일방이 먼저 한 번 현실의 제공을 하고, 상대방을 수령지체에 빠지게 하였다고 하더라도 그 이행의 제공이 계속되지 않는 경우는 과거에 이행의 제공이 있었다는 사실만으로 상대방이 가지는 동시이행의 항변권이 소멸하는 것은 아니므로, 일시적으로 당사자 일방의 의무의 이행 제공이 있었으나 곧 그 이행의 제공이 중지되어 더 이상 그 제공이 계속되지 아니하는 기간 동안에는 상대방의 의무가 이행지체 상태에 빠졌다고 할 수는 없다고 할 것이고, 따라서 그 이행의 제공이 중지된 이후에 상대방의 의무가 이행지체되었음을 전제로 하는 손해배상청구도 할 수 없는 것이다.

판례선정이유

'동시이행관계가 인정되는 쌍무계약에서 당사자 일방은 자신의 채무의 이행제공을 함으로써 상대방을 일시적으로 수령지체와 이행지체에 빠뜨릴 수 있지만, 이행제공을 계속하지 않으면 상대방이 동시이행항변권을 행사할 수 있으므로, 그 이후에는 더 이상 이행지체책임을 지지 않는다'는 점을 밝힌 판결

522. 동시이행의 항변권 (11) : 동시이행항변권의 효력 (2)

(대법원 1998. 7. 10. 선고 98다15545 판결)

쟁점 임차인이 동시이행항변권에 기하여 임차목적물을 계속 점유하는 경우, 차임 상당의 부당이득반환채무를 부담하는지 여부

판결요지

[1] 주택임대차법상의 대항력과 우선변제권이라는 두 가지 권리를 겸유하고 있는 임차인이 먼저 우선변제권을 선택하여 임차주택에 대하여 진행되고 있는 경매절차에서 보증금 전액에 대하여 배당요구를 하였다고 하더라도, 그 순위에 따른 배당이 실시된 경우 보증금 전액을 배당받을 수 없었던 때에는 보증금 중 경매절차에서 배당받을 수 있었던 금액을 공제한 잔액에 관하여 경락인에게 대항하여 이를 반환받을 때까지 임대차관계의 존속을 주장할 수 있다고 봄이 상당하고, 이 경우 임차인의 배당요구에 의하여 임대차는 해지되어 종료되고, 다만 같은 법 제4조 제2항에 의하여 임차인이 보증금의 잔액을 반환받을 때까지 임대차관계가 존속하는 것으로 의제될 뿐이므로, 경락인은 같은 법 제3조 제2항에 의하여 임대차가 종료된 상태에서의 임대인의 지위를 승계한다.

[2] 임대차 종료 후 임차인의 임차목적물 명도의무와 임대인의 연체임료 기타 손해배상금을 공제하고 남은 임차보증금 반환의무와는 동시이행의 관계에 있으므로, 임차인이 동시이행의 항변권에 기하여 임차목적물을 점유하고 사용 · 수익한 경우 그 점유는 불법점유라 할 수 없어 그로 인한 손해배상책임은 지지 아니하되, 다만 사용 · 수익으로 인하여 실질적으로 얻은 이익이 있으면 부당이득으로서 반환하여야 한다.

[3] 주택임대차법상의 대항력과 우선변제권을 겸유하고 있는 임차인이 배당요구를 하였으나 보증금 전액을 배당받지 못하였다면, 임차인은 임차보증금 중 배당받지 못한 금액을 반환받을 때까지 그 부분에 관하여는 임대차관계의 존속을 주장할 수 있으나 그 나머지 보증금 부분에 대하여는 이를 주장할 수 없으므로, 임차인이 그의 배당요구로 임대차계약이 해지되어 종료된 다음에도 계쟁 임대 부분 전부를 사용 · 수익하고 있어 그로 인한 실질적 이익을 얻고 있다면, 그 임대 부분의 적정한 임료 상당액 중 임대차관계가 존속되는 것으로 보는 배당받지 못한 금액에 해당하는 부분을 제외한 나머지 보증금에 해당하는 부분에 대하여는 부당이득을 얻고 있다고 할 것이어서 이를 반환하여야 한다.

판례선정이유

'임대차 종료 후 임차보증금 반환의무와 임차 목적물의 인도의무는 동시이행관계에 있으며, 임차인이 동시이행항변권에 기하여 임차목적물을 계속 점유하는 경우, 임차인은 손해배상책임을 지지는 않으나, 실질적인 이득이 있는 한 차임상당의 부당이득반환채무를 진다'는 점을 밝힌 판결

523. 위험부담 (1) : 채무자주의

(대법원 2009. 5. 28. 선고 2008다98655, 98662 판결)

쟁점 쌍무계약에서 당사자 쌍방의 귀책사유 없이 채무가 이행불능되어 계약관계가 소멸한 경우, 적용되는 법리

판결요지

[1] 제537조는 채무자위험부담주의를 채택하고 있는바, 쌍무계약에서 당사자 쌍방의 귀책사유 없이 채무가 이행불능된 경우 채무자는 급부의무를 면함과 더불어 반대급부도 청구하지 못하므로, 쌍방 급부가 없었던 경우에는 계약관계는 소멸하고, 이미 이행한 급부는 법률상 원인 없는 급부가 되어 부당이득의 법리에 따라 반환청구할 수 있다.

[2] 매매목적물이 경매절차에서 매각됨으로써 당사자 쌍방의 귀책사유 없이 이행불능에 이르러 매매계약이 종료된 경우, 매도인은 위험부담의 법리에 따라 이미 지급받은 계약금을 반환하여야 하고, 매수인은 목적물을 점유·사용함으로써 취득한 임료 상당의 부당이득을 반환할 의무가 있다.

판례선정이유

'부동산매매계약에서 쌍방불귀책사유로 인하여 매도인의 소유권이전채무의 이행이 불능하게 된 경우에는 매도인이 위험을 부담하여 매수인의 반대급부의무가 소멸하므로, 매도인은 부당이득반환의 법리에 따라 이미 수령한 계약금을 매수인에게 반환하여야 하며, 매수인은 목적물을 점유·사용함으로써 취득한 임료 상당의 부당이득을 반환할 의무가 있다'는 점을 밝힌 판결

524. 위험부담 (2) : 근로자의 중간이익의 공제

(대법원 1996. 4. 23. 선고 94다446 판결)

쟁점 사용자의 귀책사유로 해고된 근로자가 임금 또는 손해배상을 청구하는 경우, 근로자가 해고기간 중 다른 직장에서 얻은 중간이익을 공제할 것인지 여부

판결요지

사용자의 귀책사유로 인하여 해고된 근로자가 해고기간 중에 다른 직장에 종사하여 얻은 이익(이른바 중간수입)은 제538조 제2항에서 말하는 채무를 면함으로써 얻은 이익에 해당하므로, 사용자는 해고기간 중의 임금을 지급함에 있어 그 이익 금액을 임금액에서 공제할 수 있고, 이러한 법리는 근로자가 쌍무계약인 근로계약에 기한 근로제공의무가 채권자인 사용자의 책임 있는 사유로 인하여 이행될 수 없었다고 하면서 근로관계의 존속을 전제로 한 임금의 청구를 하는 경우뿐만 아니라, 사용자의 부당해고가 불법행위에 해당함을 원인으로 한 손해배상청구를 하는 경우에도 그 손해의 범위를 산정함에 있어서는 손해배상의 일반이론에 따라 손해의 원인이 된 사실과 상당인과관계에 있는 이득을 모두 공제하여야 하므로, 그대로 적용된다.

판례선정이유

'해고된 근로자가 해고기간 중에 다른 직장에 종사하여 얻은 이익(이른바 중간수입)은 제538조 제2항에서 말하는 채무를 면함으로써 얻은 이익에 해당한다'고 전제하고, '사용자는 해고기간 중의 임금을 지급함에 있어 그 이익 금액을 임금액에서 공제할 수 있다'는 점을 밝힌 판결

525. 위험부담 (3) : 법률상 불능인 행위

(대법원 2017. 10. 12. 선고 2016다9643 판결)

쟁점 채무이행행위가 법률로 금지되어 그 행위의 실현이 법률상 불가능한 경우도 이행의 불능에 해당하는지 여부

판결요지

[1] 쌍무계약에서 계약 체결 후에 당사자 쌍방의 귀책사유 없이 채무의 이행이 불가능하게 된 경우 채무자는 급부의무를 면함과 더불어 반대급부도 청구하지 못하므로, 쌍방 급부가 없었던 경우에는 계약관계는 소멸하고, 이미 이행한 급부는 법률상 원인 없는 급부가 되어 부당이득의 법리에 따라 반환청구할 수 있다. 한편 계약 당시에 이미 채무의 이행이 불가능했다면 특별한 사정이 없는 한 채권자가 이행을 구하는 것은 허용되지 않고, 이미 이행한 급부는 법률상 원인 없는 급부가 되어 부당이득의 법리에 따라 반환청구할 수 있으며, 나아가 제535조에서 정한 계약체결상의 과실책임을 추궁하는 등으로 권리를 구제받을 수 있다.

[2] 채무의 이행이 불가능하다는 것은 절대적 · 물리적으로 불가능한 경우만이 아니라 사회생활상 경험칙이나 거래상의 관념에 비추어 볼 때 채권자가 채무자의 이행의 실현을 기대할 수 없는 경우도 포함한다. 이는 채무를 이행하는 행위가 법률로 금지되어 그 행위의 실현이 법률상 불가능한 경우에도 마찬가지이다. 법령에 따라 토지분할에 행정관청의 분할허가를 받아야 하는 토지 중 일부

를 특정하여 매매계약이 체결되었으나, 그 부분의 면적이 법령상 분할허가가 제한되는 토지분할 제한면적에 해당하여 분할이 불가능하다면, 매도인이 그 부분을 분할하여 소유권이전등기절차를 이행할 수 없으므로, 특별한 사정이 없는 한 매도인의 소유권이전등기의무는 이행이 불가능하다고 보아야 한다.

판례선정이유

'채무이행행위가 법률로 금지되어 그 행위의 실현이 법률상 불가능한 경우도 이행의 불능에 해당한다'는 점을 밝힌 판결

526. 위험부담(4) : 부당해고와 임금청구

(대법원 1993. 5. 25. 선고 92다31125 판결)

쟁점 해고되기 전부터 처의 주도로 경영하던 과수원에서 부업으로 얻어 온 수입이 공제할 이익에 해당하는지 여부

판결요지

[1] 부당해고로 인하여 노무를 제공하지 못한 근로자는 제538조 제1항 본문의 규정에 의하여 사용자에 대하여 임금을 청구할 수 있고, 이 경우 근로자가 자기 채무를 면함으로써 이익을 얻은 때에는 이를 사용자에게 상환하여야 하는데, 그 상환하여야 할 이익은 채무를 면한 것과 상당인과관계에 있는 것에 한한다.

[2] 해고되기 전부터 처의 주도로 경영하던 과수원에서 부업으로 얻어 온 수입이 [1]항의 공제하여야 할 이익이 아니다.

[3] 사용자가 근로자에 대하여 중간퇴직처리를 하면서 퇴직금을 지급하였으나 위 퇴직처리가 무효로 된 경우, 이를 들어 착오로 인하여 변제기에 이르지 아니한 채무를 변제한 경우에 해당한다고 할 수 없으므로, 이미 지급한 퇴직금에 대해 지급한 다음날부터 최종퇴직시까지 연 5푼의 비율에 의한 법정이자 상당액은 부당이득에 해당하지 않는다.

판례선정이유

부당해고로 인하여 노무를 제공하지 못한 근로자는 사용자에 대하여 임금을 청구할 수 있고, 이 경우 근로자가 자기 채무를 면함으로써 이익을 얻은 때에는 이를 사용자에게 상환하여야 하며, 해고되기 전부터 처의 주도로 경영하던 과수원에서 부업으로 얻어 온 수입은 공제하여야 할 이익이 아니라는 점을 밝힌 판결

527. 위험부담 (5) : 근저당권의 실행과 소유권이전등기의무의 이행불능
(대법원 2009. 5. 14. 선고 2009다5193 판결)

쟁점 부동산 매수인이 매매목적물에 설정된 근저당권의 피담보채무를 이행인수한 뒤 그 변제를 게을리 하여 근저당권이 실행됨으로써 매도인이 매매목적물에 대한 소유권을 상실한 경우, 매수인의 책임 있는 사유로 소유권이전등기의무가 이행불능에 해당하는지 여부

판결요지

매수인이 매매목적물에 관한 근저당권의 피담보채무에 관하여 그 이행을 인수한 경우, 채권자에 대한 관계에서는 매도인이 여전히 채무를 부담한다고 하더라도, 매도인과 매수인 사이에서는 매수인에게 위 피담보채무를 변제할 책임이 있다고 할 것이므로, 매수인이 그 변제를 게을리 하여 근저당권이 실행됨으로써 매도인이 매매목적물에 관한 소유권을 상실하였다면, 특별한 사정이 없는 한, 이는 매수인에게 책임 있는 사유로 인하여 소유권이전등기의무가 이행불능으로 된 경우에 해당하고, 거기에 매도인의 과실이 있다고 할 수는 없다. 이러한 법리는 교환계약에 있어서도 마찬가지라고 할 것이다.

판례선정이유

'부동산 매수인이 매매목적물에 설정된 근저당권의 피담보채무를 이행인수한 뒤 그 변제를 게을리하여 근저당권이 실행됨으로써 매도인이 매매목적물에 대한 소유권을 상실한 경우 매수인의 책임 있는 사유로 소유권이전등기의무가 이행불능으로 된 경우에 해당한다'는 점을 밝힌 판결

528. 제3자를 위한 계약의 성립 (1) : 병존적 채무인수와 이행인수의 구별
(대법원 1997. 10. 24. 선고 97다28698 판결)

쟁점 제3자를 위한 계약인 병존적 채무인수와 이행인수의 판별기준

판결요지

[1] 채무자와 인수인의 계약으로 체결되는 병존적 채무인수는 채권자로 하여금 인수인에 대하여 새로운 권리를 취득하게 하는 것으로 제3자를 위한 계약의 하나로 볼 수 있고, 이와 비교하여 이행인수는 채무자와 인수인 사이의 계약으로 인수인이 변제 등에 의하여 채무를 소멸케 하여 채무자의 책임을 면하게 할 것을 약정하는 것으로, 인수인이 채무자에 대한 관계에서 채무자를 면책케 하는 채무를 부담하게 될 뿐 채권자로 하여금 직접 인수인에 대한 채권을 취득케 하는 것이 아니므로, 결국 제3자를 위한 계약과 이행인수의 판별 기준은 계약 당사자에게 제3자 또는 채권자가 계약

당사자 일방 또는 인수인에 대하여 직접 채권을 취득케 할 의사가 있는지 여부에 달려있다 할 것이고, 구체적으로는 계약 체결의 동기, 경위 및 목적, 계약에 있어서의 당사자의 지위, 당사자 사이 및 당사자와 제3자 사이의 이해관계, 거래 관행 등을 종합적으로 고려하여 그 의사를 해석하여야 한다.

[2] 부동산을 매매하면서 매도인과 매수인 사이에 중도금 및 잔금은 매도인의 채권자에게 직접 지급하기로 약정한 경우, 그 약정은 매도인의 채권자로 하여금 매수인에 대하여 그 중도금 및 잔금에 대한 직접청구권을 행사할 권리를 취득케 하는 제3자를 위한 계약에 해당하고, 동시에 매수인이 매도인의 그 제3자에 대한 채무를 인수하는 병존적 채무인수에도 해당한다.

판례선정이유

제3자를 위한 계약이라고 볼 수 있는 병존적 채무인수와 이행인수의 판별기준을 제시한 판결

529. 제3자를 위한 계약의 성립 (2) : 존재하지 않는 제3자를 위한 계약

(대법원 1960. 7. 21. 선고 4292민상773 판결)

쟁점 장래 설립될 재단법인을 수익자로 하는 제3자를 위한 계약의 체결도 가능한지 여부

판결요지

재단법인의 설립준비중 제3자가 그 설립자에 대하여 장차 설립될 동 법인에 설립을 조건으로 하고 동 법인에 무상으로 재산출연할 것을 약정하였다던가 동 법인을 수익자로 하는 제3자를 위한 재산출연에 관한 계약을 하였을 경우에는, 그 각 재산이 동 법인의 기부행위에 기재되지 아니하였다 할지라도 동 법인은 전자에 있어서는 그 설립과 동시에 당연히, 후자에 있어서는 설립 후의 수익의 의사표시에 의하여 동 재산상의 권리를 취득하게 된다.

판례선정이유

장래 설립될 재단법인을 수익자로 하는 제3자를 위한 계약의 체결도 가능하다는 점을 밝힌 판결

530. 제3자를 위한 계약의 성립 (3) : 제3자의 채무면제를 내용으로 하는 계약

(대법원 2004. 9. 3. 선고 2002다37405 판결)

쟁점 계약의 당사자가 제3자에 대하여 가진 채권에 관하여 그 채무를 면제하는 계약도 제3자를 위한 계약에 준하여 유효한지 여부

판결요지

제3자를 위한 계약이 성립하기 위하여는 일반적으로 그 계약의 당사자가 아닌 제3자로 하여금 직접 권리를 취득하게 하는 조항이 있어야 할 것이지만, 계약의 당사자가 제3자에 대하여 가진 채권에 관하여 그 채무를 면제하는 계약도 제3자를 위한 계약에 준하는 것으로서 유효하다.

판례선정이유

계약의 당사자가 제3자에 대하여 가진 채권에 관하여 그 채무를 면제하는 계약도 제3자를 위한 계약에 준하여 유효하다는 점을 밝힌 판결

531. 제3자를 위한 계약의 성립 (4) : 조건부 제3자를 위한 계약

(대법원 2006. 5. 25. 선고 2003다45267 판결)

쟁점 제3자를 위한 계약은 조건부로 가능하고, 수익자는 수익의 의사표시에 의하여 권리를 취득함과 동시에 의무를 부담할 수 있으며, 수익의 의사표시는 명시적으로뿐만 아니라 묵시적으로 할 수 있다.

판결요지

주택분양보증은 구 주택건설촉진법(2003. 5. 29. 법률 제6916호 주택법으로 전문 개정되기 전의 것) 제33조의 사업계획승인을 얻은 자가 분양계약상의 주택공급의무를 이행할 수 없게 되는 경우, 주택사업공제조합이 수분양자가 이미 납부한 계약금 및 중도금의 환급 또는 주택의 분양에 대하여 이행책임을 부담하기로 하는 조건부 제3자를 위한 계약인데, 제3자 지위에 있는 수분양자는 수익의 의사표시에 의하여 권리를 취득함과 동시에 의무를 부담할 수 있고, 제3자를 위한 계약의 수익의 의사표시는 명시적으로뿐만 아니라 묵시적으로도 할 수 있다.

판례선정이유

제3자를 위한 계약은 조건부로 가능하고, 수익자는 수익의 의사표시에 의하여 권리를 취득함과 동시에 의무를 부담할 수 있으며, 수익의 의사표시는 명시적으로뿐만 아니라 묵시적으로 할 수 있다는 점을 밝힌 판결

532. 제3자를 위한 계약의 효력 (1) : 제3자를 위한 계약의 법률관계

(대법원 2005. 7. 22. 선고 2005다7566, 7573 판결)

쟁점 낙약자와 요약자 사이의 법률관계(이른바 기본관계)를 이루는 계약이 해제된 경우, 낙약자가 제3자를 상대로 계약해제에 기한 원상회복 또는 부당이득을 원인으로 하여 급부의 반환을 청구할 수 있는지 여부

판결요지

제3자를 위한 계약관계에서 낙약자와 요약자 사이의 법률관계(이른바 기본관계)를 이루는 계약이 해제된 경우, 그 계약관계의 청산은 계약의 당사자인 낙약자와 요약자 사이에 이루어져야 하므로, 특별한 사정이 없는 한 낙약자가 이미 제3자에게 급부한 것이 있더라도 낙약자는 계약해제에 기한 원상회복 또는 부당이득을 원인으로 제3자를 상대로 그 반환을 구할 수 없다.

판례선정이유

'제3자를 위한 계약에서 낙약자가 급부의 전부 또는 일부를 제3자에게 이행한 상태에서 낙약자와 요약자 사이의 기본계약이 해제된 경우에, 낙약자는 제3자를 상대로 부당이득반환청구를 할 수 없다'는 점을 밝힌 판결

533. 제3자를 위한 계약의 효력 (2) : 계약의 효력이 미치는 제3자의 범위

(대법원 1993. 8. 27. 선고 92다23339 판결)

쟁점 제3자를 위한 계약으로서 용역경비계약에서 제3자에 건물 소유자 및 그의 처를 포함한 동거가족이 포함되는지, 일시 방문한 자들은 제3자의 범위에 속하는지 여부

판결요지

용역경비계약의 약관에 나타난 계약의 목적 및 경비대상물의 정의 규정과 손해배상 규정상 경비회사의 용역경비의무의 불이행으로 인한 손해배상청구에 있어서 위 약관상의 사용자는 계약당사자 외의 다른 제3자를 의미하고, 따라서 위 계약은 최소한 그 범위 내에서 제3자를 위한 계약으로서, 여기서 제3자라 함은 계약상 용역경비업무의 성질, 손해배상책임의 대인배상한도액, 용역경비대상물의 소유 및 사용관계, 계약당사자가 위 계약을 체결한 동기 내지 경위 등에 비추어 보면 경비대상물인 건물을 일상적으로 사용하는 건물 소유자 및 그의 처를 포함한 동거가족을 말한다고 봄이 상당하고, 위 건물에 일시 방문한 자들은 위 제3자의 범위에 속하지 아니한다.

판례선정이유

'제3자를 위한 계약으로서 용역경비계약에서 제3자는 건물을 일상적으로 사용하는 건물 소유자 및 그의 처를 포함한 동거가족을 말하고, 일시 방문한 자들은 제3자의 범위에 속하지 아니한다'는 점을 밝힌 판결

534. 제3자를 위한 계약의 효력 (3) : 원인관계의 흠결

(대법원 2003. 12. 11. 선고 2003다49771 판결)

쟁점 제3자를 위한 계약에서 요약자와 제3자 사이의 법률관계의 효력이 요약자와 낙약자 사이의 법률관계에 영향을 미치는지 여부

판결요지

제3자를 위한 계약의 체결 원인이 된 요약자와 제3자(수익자) 사이의 법률관계(이른바 대가관계)의 효력은 제3자를 위한 계약 자체는 물론 그에 기한 요약자와 낙약자 사이의 법률관계(이른바 기본관계)의 성립이나 효력에 영향을 미치지 아니하므로, 낙약자는 요약자와 수익자 사이의 법률관계에 기한 항변으로 수익자에게 대항하지 못하고, 요약자도 대가관계의 부존재나 효력의 상실을 이유로 자신이 기본관계에 기하여 낙약자에게 부담하는 채무의 이행을 거부할 수 없다.

판례선정이유

'제3자를 위한 계약에서 요약자와 제3자 사이의 법률관계의 효력이 요약자와 낙약자 사이의 법률관계에 영향을 미치지 않는다'는 점을 밝힌 판결

535. 제3자를 위한 계약의 효력 (4) : 수익의 의사표시

(대법원 2002. 1. 25. 선고 2001다30285 판결)

쟁점 수익의 의사표시를 한 후 요약자와 낙약자의 합의에 의하여 제3자의 권리를 변경 · 소멸시킬 수 있는지 여부

판결요지

제3자를 위한 계약에 있어서 제3자가 제539조 제2항에 따라 수익의 의사표시를 함으로써 제3자에게 권리가 확정적으로 귀속된 경우에는, 요약자와 낙약자의 합의에 의하여 제3자의 권리를 변경·소멸시킬 수 있음을 미리 유보하였거나 제3자의 동의가 있는 경우가 아니면 계약의 당사자인 요약자와 낙약자는 제3자의 권리를 변경·소멸시키지 못하고, 만일 계약의 당사자가 제3자의 권리를 임의로 변경·소멸시키는 행위를 한 경우 이는 제3자에 대하여 효력이 없다.

판례선정이유

'수익의 의사표시를 한 후에는 요약자와 낙약자의 합의에 의하여 제3자의 권리를 변경·소멸시킬 수 없다'는 점을 밝힌 판결

536. 제3자를 위한 계약의 효력 (5) : 요약자의 계약해제권

(대법원 1970. 2. 24. 선고 69다1410·1411 판결)

쟁점 요약자는 낙약자의 채무불이행을 이유로 제3자의 동의 없이 계약을 해제할 수 있다.

판결요지

제3자를 위한 유상·쌍무계약의 경우, 요약자는 낙약자의 채무불이행을 이유로 제3자의 동의없이 계약을 해제할 수 있다.

판례선정이유

'제3자를 위한 유상·쌍무계약의 경우, 요약자는 낙약자의 채무불이행을 이유로 제3자의 동의없이 계약을 해제할 수 있다'는 점을 밝힌 판결

제3관 계약의 해지, 해제

537. 해제의 의의 (1) : 합의해제의 효력 (1)

(대법원 2013. 11. 28. 선고 2013다8755 판결)

쟁점 계약이 합의에 의하여 해제 또는 해지된 경우, 채무불이행에 따른 손해배상을 청구할 수 있는지 여부

판결요지

계약이 합의에 의하여 해제 또는 해지된 경우에는 상대방에게 손해배상을 하기로 특약하거나 손해배상 청구를 유보하는 의사표시를 하는 등 다른 사정이 없는 한 채무불이행으로 인한 손해배상을 청구할 수 없다. 그리고 그와 같은 손해배상의 특약이 있었다거나 손해배상청구를 유보하였다는 점은 이를 주장하는 당사자가 증명할 책임이 있다.

판례선정이유

'합의해제의 경우에는 손해배상을 청구할 수 없는 것이 원칙이나, 예외적으로 손해배상의 특약이 있거나 손해배상청구권이 유보된 경우에는 손해배상을 청구할 수 있다'는 종전 판례의 입장을 재확인한 판결

538. 해제의 의의 (2) : 합의해제의 효력 (2)

(대법원 2005. 6. 9. 선고 2005다6341 판결)

쟁점 계약의 합의해제에서 제548조의 제3자 보호규정이 적용되는지 여부

판결요지

계약의 합의해제에 있어서도 제548조의 계약해제의 경우와 같이 이로써 제3자의 권리를 해할 수 없고, 계약은 소급하여 소멸하게 되어 해약당사자는 각 원상회복의 의무를 부담하게 되나, 이 경우 계약해제로 인한 원상회복등기 등이 이루어지기 이전에 해약당사자와 양립되지 아니하는 법률관계를 가지게 되었고 계약해제 사실을 몰랐던 제3자에 대하여는 계약해제를 주장할 수 없고, 이 경우 제3자가 악의라는 사실의 주장 · 입증책임은 계약해제를 주장하는 자에게 있다고 할 것이다.

판례선정이유

'계약의 합의해제에 있어서도 제548조의 제3자 보호규정이 적용된다'는 점을 밝힌 판결

539. 계약해제의 요건 (1) : 해제권 행사의 의사표시

(대법원 1981. 4. 14. 선고 80다2381 판결)

쟁점 최고기간 내에 이행을 하지 아니하면 계약이 당연히 해제된 것으로 한다는 의사표시의 해석

판결요지

소정의 기일 내에 이행을 하지 아니하면 계약은 당연히 해제된 것으로 한다는 이행청구는 그 이행청구와 동시에 기간 또는 기일 내에 이행이 없는 것을 정지조건으로 하여 미리 해제의 의사표시를 한 것으로 볼 것이다.

판례선정이유

'「최고기간 내에 이행이 없는 경우에는 계약은 당연히 해제된다」는 취지의 이행청구(최고)는 그 이행청구와 동시에 최고기간 내에 이행이 없는 것을 정지조건으로 하여 미리 해제의 의사표시를 한 것으로 본다'는 점을 밝힌 판결

540. 계약해제의 요건 (2) : 매매계약의 자동해제조항

(대법원 1992. 10. 27. 선고 91다32022 판결)

쟁점 부동산매매계약에서 매수인이 잔대금지급기일까지 대금을 지급하지 못하면 매매계약이 자동해제된다는 취지의 약정이 있는 경우, 계약의 자동해제를 위하여 매도인이 잔대금지급기일에 자기 채무의 이행제공을 하여 매수인을 이행지체에 빠지게 하여야 하는지 여부

판결요지

부동산매매계약에 있어서 매수인이 잔대금지급기일까지 그 대금을 지급하지 못하면 그 계약이 자동적으로 해제된다는 취지의 약정이 있더라도 특별한 사정이 없는 한 매수인의 잔대금지급의무와 매도인의 소유권이전등기의무는 동시이행의 관계에 있으므로, 매도인이 잔대금지급기일에 소유권이전등기에 필요한 서류를 준비하여 매수인에게 알리는 등 이행의 제공을 하여 매수인으로 하여금 이행지체에 빠지게 하였을 때에 비로소 자동적으로 매매계약이 해제된다고 보아야 하고, 매수인이 그 약정기한을 도과하였더라도 이행지체에 빠진 것이 아니라면 대금미지급으로 계약이 자동해제된다고는 볼 수 없다.

판례선정이유

'부동산매매계약에서 매수인의 잔금지급의무와 매도인의 소유권이전등기의무는 동시이행의 관계에 있으므로, 자동해제조항이 있더라도 매매계약이 자동적으로 해제되기 위해서는 매도인이 잔대금지급기일에 소유권이전등기에 필요한 서류를 준비하여 매수인에게 알리는 등 이행의 제공을 하여 매수인으로 하여금 이행지체에 빠지게 하여야 한다'는 기존 판례의 입장을 재확인한 판결

541. 계약해제의 요건 (3) : 해제조건부 해제의 특약

(대법원 2007. 11. 29. 선고 2007다576 판결)

쟁점 부동산 매매계약에 있어서 매수인이 잔금지급기일까지 그 대금을 지급하지 못하면 매도인이 계약을 해제할 수 있다는 취지의 약정을 한 경우, 매수인의 지급기한 도과 및 매도인의 해제통지로써 매매계약이 해제되는지 여부

판결요지

부동산 매매계약에 있어서 매수인이 잔금지급기일까지 그 대금을 지급하지 못하면 매도인이 그 계약을 해제할 수 있다는 취지의 약정을 하였더라도, 매도인이 이행의 제공을 하여 매수인을 이행지체에 빠뜨리지 않는 한 위와 같은 해제통지만으로는 매매계약이 해제된 것으로 볼 수 없으나, 위와 같은 약정이 매도인이 소유권이전등기 등 소요서류를 갖추었는지 여부를 묻지 않고 매수인의 지급기한 도과 및 매도인의 해제통지만으로 계약을 해제시키기로 하는 특약이라고 볼 특별한 사정이 있는 경우에는, 매수인의 지급기한 도과 및 매도인의 해제통지로써 위 매매계약은 해제된다고 보아야 할 것이다,

판례선정이유

'부동산 매매계약에 있어서 매수인이 잔금지급기일까지 그 대금을 지급하지 못하면 매도인이 계약을 해제할 수 있다는 취지의 약정을 한 경우, 위와 같은 약정이 매도인이 소유권이전등기 등 소요서류를 갖추었는지 여부를 묻지 않고 매수인의 지급기한 도과 및 매도인의 해제통지만으로 계약을 해제시키기로 하는 특약이라고 볼 특별한 사정이 있는 경우에는, 매수인의 지급기한 도과 및 매도인의 해제통지로써 매매계약이 해제된다'는 점을 밝힌 판결

542. 계약해제의 요건 (4) : 약정해제권의 행사와 손해배상청구
(대법원 1983. 1. 18. 선고 81다89, 90 판결)

쟁점 계약조항상의 부수적 의무 위반을 이유로 약정해제권을 행사한 경우, 손해배상청구를 할 수 있는지 여부

판결요지

[1] 계약서 제8조의 "乙이 공사를 시공중이라고 할지라도 공사에 대한 자재는 건축통례상 저질자재를 사용하였거나 무단히 3일 이상 중단하거나 준공할 가망이 없다고 甲이 인정하거나 본 계약 각 조항 중 어느 1조항이라도 위반하였거나 공정표와 차질이 생겼을 경우에는 甲은 공사중단을 명할 수 있으며 이 경우 乙은 甲이 취하는 여하한 조치에도 이의 없이 차에 순응할 의무를 진다" 라는 규정은, 원 · 피고 사이에 본건 도급계약을 체결함에 있어 합의에 의하여 수급인에게 계약조항상의 부수적 의무위반이 있는 등의 경우에 도급인인 원고에게 해제권을 부여하고 그 자의 단독의 의사표시에 의하여 본건 도급계약을 해제할 수 있도록 하는 약정으로서 이른바 약정해제권 유보에 관한 규정이다.

[2] 원 · 피고 사이의 계약조항상의 부수적 의무위반을 이유로 한 약정해제권의 행사의 경우에는, 법정해제의 경우와는 달리 그 해제의 효과로서 손해배상의 청구는 할 수 없다.

판례선정이유

'약정해제권의 행사의 경우에는 법정해제의 경우와는 달리 그 해제의 효과로서 손해배상의 청구는 할 수 없다'는 점을 밝힌 판결

543. 계약해제의 요건 (5) : 해제의 요건인 이행최고의 방법
(대법원 1994. 11. 25. 선고 94다35930 판결)

쟁점 이행지체를 이유로 한 계약해제에서 이행의 최고는 반드시 미리 일정기간을 명시하여 최고하여야 하는 것은 아니며, 최고한 때로부터 상당한 기간이 경과하면 해제권이 발생한다.

판결요지

[1] 이행지체를 이유로 계약을 해제함에 있어서 그 전제요건인 이행의 최고는 반드시 미리 일정기간을 명시하여 최고하여야 하는 것은 아니며, 최고한 때로부터 상당한 기간이 경과하면 해제권이 발생한다고 할 것이고, 매도인이 매수인에게 중도금을 지급하지 아니하였으니 매매계약을 해제하겠

다는 통고를 한 때에는, 이로써 중도금 지급의 최고가 있었다고 보아야 하며, 그로부터 상당한 기간이 경과하도록 매수인이 중도금을 지급하지 아니하였다면 매도인은 매매계약을 해제할 수 있다.

[2] 채권자의 이행최고가 본래 이행하여야 할 채무액을 초과하는 금액의 이행을 요구하는 내용일 때에는, 그 과다한 정도가 현저하고 채권자가 청구한 금액을 제공하지 않으면 그것을 수령하지 않을 것이라는 의사가 분명한 경우에는 그 최고는 부적법하고, 이러한 최고에 터잡은 계약해제는 그 효력이 없다.

판례선정이유

'이행지체를 이유로 한 계약해제에서 이행의 최고는 반드시 미리 일정기간을 명시하여 최고할 필요가 없으며, 최고한 때로부터 상당한 기간이 경과하면 해제권이 발생한다'는 점을 밝힌 판결

544. 계약해제의 요건 (6) : 이행거절과 계약해제권의 발생

(대법원 1993. 6. 25. 선고 93다11821 판결)

쟁점 부동산매도인이 중도금의 수령을 거절할 뿐만 아니라 계약을 이행하지 아니할 의사를 명백한 경우, 매수인이 즉시 계약을 해제할 수 있는지 여부

판결요지

부동산매도인이 중도금의 수령을 거절하였을 뿐만 아니라 계약을 이행하지 아니할 의사를 명백히 표시한 경우, 매수인은 신의성실의 원칙상 소유권이전등기의무 이행기일까지 기다릴 필요 없이 이를 이유로 매매계약을 해제할 수 있다.

판례선정이유

「이행기 전의 이행거절」을 최고를 요하는 이행지체와는 별개의 독립적인 계약해제사유로 인정한 기존 판례의 법리를 부동산매매계약의 경우에도 적용될 수 있음을 밝힌 판결

545. 계약해제의 요건 (7) : 부수적 채무의 불이행과 계약해제

(대법원 2012. 3. 29. 선고 2011다102301 판결)

쟁점 부수적 채무의 불이행을 원인으로 하여 계약을 해제할 수 있는지 여부

판결요지

계약으로부터 발생하는 부수적 채무의 불이행을 원인으로 하여 계약을 해제할 수 있는 것은 그 불이행으로 인하여 채권자가 계약의 목적을 달성할 수 없는 경우 또는 특별한 약정이 있는 경우에 한정된다고 볼 것이다. 또한 계약으로부터 발생하는 의무 가운데 주된 채무와 부수적 채무를 구별함에 있어서는 급부의 독립된 가치와는 관계없이 계약을 체결할 때 표명되었거나 그 당시 상황으로 보아 분명하게 객관적으로 나타난 당사자의 합리적 의사에 의하여 결정하되, 계약의 내용 · 목적 · 불이행의 결과 등의 여러 사정을 고려하여야 할 것이다.

판례선정이유

'부수적 채무의 불이행을 원인으로 하여 계약을 해제할 수 없지만, 그 불이행으로 인하여 채권자가 계약의 목적을 달성할 수 없는 경우 또는 특별한 약정이 있는 경우에는 해제할 수 있다'는 점을 밝힌 판결

546. 계약해제의 요건 (8) : 주된 채무와 부수적 채무의 구별기준

(대법원 1997. 4. 7., 97마575 결정)

쟁점 부수적 의무의 불이행을 이유로 계약 전체를 해제할 수 있는지 여부 및 주된 채무와 부수적 채무의 구별기준

판결요지

[1] 채무불이행을 이유로 매매계약을 해제하려면, 당해 채무가 매매계약의 목적 달성에 있어 필요불가결하고 이를 이행하지 아니하면 매매계약의 목적이 달성되지 아니하여 매도인이 매매계약을 체결하지 아니하였을 것이라고 여겨질 정도의 주된 채무이어야 하고, 그렇지 아니한 부수적 채무를 불이행한 데에 지나지 아니한 경우에는 매매계약 전부를 해제할 수 없다.

[2] 계약상의 의무 가운데 주된 채무와 부수적 채무를 구별함에 있어서는 급부의 독립된 가치와는 관계없이 계약을 체결할 때 표명되었거나 그 당시 상황으로 보아 분명하게 객관적으로 나타난 당사자의 합리적 의사에 의하여 결정하되, 계약의 내용 · 목적 · 불이행의 결과 등의 여러 사정을 고려하여야 한다.

[3] 상가의 일부 층을 먼저 분양하면서 그 수분양자에게 장차 나머지 상가의 분양에 있어 상가내 기존업종과 중복되지 않는 업종을 지정하여 기존 수분양자의 영업권을 보호하겠다고 약정한 경우, 그 약정에 기한 영업권보호채무는 분양계약의 주된 채무로 보아야 할 것이다.

판례선정이유

'계약상의 의무 중 채무불이행을 이유로 계약을 해제할 수 있는 주된 채무와 그렇지 못한 부수적 채무와의 구별에 관한 일반적 기준을 제공함과 아울러 분양계약에서 외관상 부수적 채무인 것으로 여겨지는 경업금지의무일지라도 당사자의 합리적 의사에 비추어 볼 때 그 불이행으로 인하여 상대방이 실질적으로는 계약목적을 달성할 수 없는 경우와 같은 정도의 불이익을 입게 된 경우에는 주된 채무로 보아 해제권의 발생이 인정된다'는 점을 밝힌 판결

547. 계약해제의 요건(9) : 공유자의 해제

(대법원 1995. 3. 28. 선고 94다59745 판결)

쟁점 일부 공유자가 공유지분에 대한 매매계약을 해제하는 것이 가능한지 여부

판결요지

[1] 하나의 부동산을 수인이 공유하는 경우, 각 공유자는 각 그 소유의 지분을 자유로이 처분할 수 있으므로, 공유자 전원이 공유물에 대한 각 그 소유지분 전부를 형식상 하나의 매매계약에 의하여 동일한 매수인에게 매도하는 경우라도 당사자들의 의사표시에 의하여 각 지분에 관한 소유권이전의무, 대금지급의무를 불가분으로 하는 특별한 사정이 없는 한 실질상 각 공유지분별로 별개의 매매계약이 성립되었다고 할 것이고, 일부 공유자가 매수인의 매매대금지급의무불이행을 원인으로 한 그 공유지분에 대한 매매계약을 해제하는 것은 가능하다.

[2] 당사자들의 의사표시에 의하여 각 지분에 관한 소유권이전의무, 대금지급의무를 불가분으로 하는 실질상으로도 하나의 매매계약인 경우에는, 매도인 중 공유자 1인이 그의 지분비율에 상응하는 매매대금 중 일부를 매수인으로부터 지급받지 못하였다 할지라도 이를 이유로 자신의 지분에 관한 매매계약 부분만을 해제할 수는 없다.

판례선정이유

'공유자 전원이 공유물에 대한 각 그 소유지분 전부를 형식상 하나의 매매계약에 의하여 동일한 매수인에게 매도하는 경우라도 일부 공유자가 매수인의 매매대금지급의무불이행을 원인으로 한 그 공유지분에 대한 매매계약을 해제하는 것은 가능하나, 당사자들의 의사표시에 의하여 각 지분에 관한 소유권이전의무, 대금지급의무를 불가분으로 하는 실질상으로도 하나의 매매계약인 경우에는, 공유자 1인이 그의 지분비율에 상응하는 매매대금 중 일부를 매수인으로부터 지급받지 못하였다 할지라도 이를 이유로 자신의 지분에 관한 매매계약 부분만을 해제할 수는 없다'는 점을 밝힌 판결

548. 계약해제의 효과 (1) : 원상회복
(대법원 2014. 3. 13. 선고, 2013다34143 판결)

쟁점 계약해제에 따른 원상회복의무의 이행으로서 매매대금 기타 급부의 반환을 구하는 경우, 과실상계가 적용되는지 여부 등

판결요지

[1] 과실상계는 본래 채무불이행 또는 불법행위로 인한 손해배상책임에 대하여 인정되는 것이고, 매매계약이 해제되어 소급적으로 효력을 잃은 결과 매매당사자에게 당해 계약에 기한 급부가 없었던 것과 동일한 재산상태를 회복시키기 위한 원상회복의무의 이행으로서 이미 지급한 매매대금 기타의 급부의 반환을 구하는 경우에는 적용되지 아니한다.

[2] 계약의 해제로 인한 원상회복청구권에 대하여 해제자가 해제의 원인이 된 채무불이행에 관하여 원인의 일부를 제공하였다는 등의 사유를 내세워 신의칙 또는 공평의 원칙에 기하여 일반적으로 손해배상에 있어서의 과실상계에 준하여 권리의 내용이 제한될 수 있다고 하는 것은 허용되어서는 아니 된다.

판례선정이유

'계약해제로 인한 원상회복청구권의 법적 성질은 부당이득반환청구권의 일종'이라는 입장을 전제로 하여, '계약해제로 인한 원상회복의 경우에 과실상계의 법리를 적용하여 책임을 제한하는 것은 허용될 수 없다'는 기존의 판례법리를 재확인한 판결

549. 계약해제의 효과 (2) : 원상회복의무의 이행지체
(대법원 2013. 4. 26. 선고 2011다50509 판결)

쟁점 계약해제로 인한 원상회복의무가 이행지체에 빠진 이후의 지연손해금률에 관하여 당사자 사이에 별도의 약정이 있는 경우, 그 지연손해금율이 법정이율보다 낮더라도 약정에 따른 지연손해금률이 적용되는지 여부

판결요지

[1] 당사자 일방이 계약을 해제한 때에는 각 당사자는 상대방에 대하여 원상회복의무가 있고, 이 경우 반환할 금전에는 받은 날로부터 이자를 가산하여 지급하여야 한다. 여기서 가산되는 이자는 원상회복의 범위에 속하는 것으로서 일종의 부당이득반환의 성질을 가지는 것이고, 반환의무의

이행지체로 인한 지연손해금이 아니다. 따라서 당사자 사이에 그 이자에 관하여 특별한 약정이 있으면 그 약정이율이 우선 적용되고 약정이율이 없으면 민사 또는 상사 법정이율이 적용된다. 반면 원상회복의무가 이행지체에 빠진 이후의 기간에 대해서는 부당이득반환의무로서의 이자가 아니라 반환채무에 대한 지연손해금이 발생하게 되므로 거기에는 지연손해금률이 적용되어야 한다. 그 지연손해금률에 관하여도 당사자 사이에 별도의 약정이 있으면 그에 따라야 할 것이고, 설사 그것이 법정이율보다 낮다 하더라도 마찬가지이다.

[2] 계약해제시 반환할 금전에 가산할 이자에 관하여 당사자 사이에 약정이 있는 경우에는, 특별한 사정이 없는 한 이행지체로 인한 지연손해금도 그 약정이율에 의하기로 하였다고 보는 것이 당사자의 의사에 부합한다. 다만 그 약정이율이 법정이율보다 낮은 경우에는 약정이율에 의하지 아니하고 법정이율에 의한 지연손해금을 청구할 수 있다고 봄이 타당하다. 계약해제로 인한 원상회복 시 반환할 금전에 받은 날로부터 가산할 이자의 지급의무를 면제하는 약정이 있는 때에도 그 금전반환의무가 이행지체 상태에 빠진 경우에는 법정이율에 의한 지연손해금을 청구할 수 있는 점과 비교해 볼 때 그렇게 보는 것이 논리와 형평의 원리에 맞기 때문이다.

판례선정이유

원상회복의무의 이행으로서 반환하여야 하는 금전에 가산하여야 하는 이자 역시 원상회복의 범위에 속하는 것으로서 일종의 부당이득반환의 성질을 가지는 것이며, 반환의무의 이행지체로 인한 지연손해금이 아니라는 기존판례의 입장을 재확인한 판결

550. 계약해제의 효과 (3) : 원상회복의무의 이행지체와 법정이자

(대법원 2003. 7. 22. 선고 2001다76298 판결)

쟁점 계약해제로 인한 원상회복의무에 대하여 그 이자의 반환에는 소송촉진법 제3조 제1항의 법정이자를 적용하지 않지만, 그 원상회복의무의 이행지체로 인한 손해배상에는 이를 적용한다.

판결요지

[1] 제548조 제2항은 계약해제로 인한 원상회복의무의 이행으로 반환하는 금전에는 그 받은 날로부터 이자를 가산하여야 한다고 하고 있는바, 위 이자의 반환은 원상회복의무의 범위에 속하는 것으로 일종의 부당이득반환의 성질을 가지는 것이지 반환의무의 이행지체로 인한 손해배상은 아니라고 할 것이고, 소송촉진법 제3조 제1항은 금전채무의 전부 또는 일부의 이행을 명하는 판결을 선고할 경우에 있어서 금전채무불이행으로 인한 손해배상액 산정의 기준이 되는 법정이율에 관한 특별규정이므로, 위 이자에는 소송촉진법 제3조 제1항에 의한 이율을 적용할 수 없다.

[2] 계약해제로 인한 원상회복의무의 이행으로 금전의 반환을 구하는 소송이 제기된 경우 채무자는 그 소장을 송달받은 다음날부터 반환의무의 이행지체로 인한 지체책임을 지게 되므로 그와 같이 원상회복의무의 이행으로 금전의 반환을 명하는 판결을 선고할 경우에는 금전채무불이행으로 인한 손해배상액 산정의 기준이 되는 법정이율에 관한 특별규정인 소송촉진법 제3조 제1항에 의한 이율을 적용하여야 한다.

판례선정이유

'계약해제로 인한 원상회복의무에 대하여 그 이자의 반환에는 소송촉진법 제3조 제1항의 법정이자를 적용하지 않지만, 그 원상회복의무의 이행지체로 인한 손해배상에는 이를 적용한다'는 점을 밝힌 판결

551. 계약해제의 효과(4) : 계약해제로 인한 손해배상의 요건

(대법원 2016. 4. 15. 선고 2015다59115 판결)

쟁점 계약해제로 인한 손해배상책임에서 고의 또는 과실이 필요한지 여부

판결요지

계약 상대방의 채무불이행을 이유로 한 계약의 해지 또는 해제는 손해배상의 청구에 영향을 미치지 아니하지만(제551조), 다른 특별한 사정이 없는 한 그 손해배상책임 역시 채무불이행으로 인한 손해배상책임과 다를 것이 없으므로, 상대방에게 고의 또는 과실이 없을 때에는 배상책임을 지지 아니한다(제390조). 이는 상대방의 채무불이행과 상관없이 일정한 사유가 발생하면 계약을 해지 또는 해제할 수 있도록 하는 약정해지 · 해제권을 유보한 경우에도 마찬가지이고, 그것이 자기책임의 원칙에 부합한다.

판례선정이유

'계약해제로 인한 손해배상책임은 채무불이행으로 인한 손해배상책임과 다를 것이 없으므로, 상대방에게 고의 또는 과실이 없을 때에는 배상책임을 지지 않는다'는 점을 밝힌 판결

552. 계약해제의 효과(5) : 계약해제로 인한 손해배상의 범위
(대법원 2017. 2. 15. 선고 2015다235766 판결)

쟁점 계약해제로 인한 손해배상에 신뢰이익의 배상도 포함되는지 여부

판결요지

[1] 채무불이행을 이유로 계약을 해제하거나 해지하고 손해배상을 청구하는 경우에, 채권자는 채무가 이행되었더라면 얻었을 이익을 얻지 못하는 손해를 입은 것이므로 계약의 이행으로 얻을 이익, 즉 이행이익의 배상을 구하는 것이 원칙이다. 그러나 채권자는 그 대신에 계약이 이행되리라고 믿고 지출한 비용의 배상을 채무불이행으로 인한 손해라고 볼 수 있는 한도에서 청구할 수도 있다. 이러한 지출비용의 배상은 이행이익의 증명이 곤란한 경우에 증명을 용이하게 하기 위하여 인정되는데, 이 경우에도 채권자가 입은 손해, 즉 이행이익의 범위를 초과할 수는 없다.

[2] 채권자가 계약의 이행으로 얻을 수 있는 이익이 인정되지 않는 경우라면, 채권자에게 배상해야 할 손해가 발생하였다고 볼 수 없으므로, 당연히 지출비용의 배상을 청구할 수 없다.

판례선정이유

'계약을 해제한 경우 손해배상책임은 이행이익의 배상이 원칙이고 신뢰이익의 배상도 포함되지만 이행이익의 범위를 넘을 수 없다'는 점을 밝힌 판결

553. 계약해제의 효과(6) : 제548조 제1항 단서 소정의 제3자의 의미
(대법원 2003. 1. 24. 선고 2000다22850 판결)

쟁점 제548조 제1항 단서 소정의 제3자의 의미 및 계약해제로 인하여 소멸되는 채권을 양수한 자는 채무자로부터 이행 받은 급부를 원상회복할 의무가 있는지 여부

판결요지

제548조 제1항 단서에서 규정하고 있는 제3자란 일반적으로 계약이 해제되는 경우 그 해제된 계약으로부터 생긴 법률효과를 기초로 하여 해제 전에 새로운 이해관계를 가졌을 뿐 아니라 등기·인도 등으로 완전한 권리를 취득한 자를 말하고, 계약상의 채권을 양수한 자는 여기서 말하는 제3자에 해당하지 않는다고 할 것인바, 계약이 해제된 경우 계약해제 이전에 해제로 인하여 소멸되는 채권을 양수한 자는 계약해제의 효과에 반하여 자신의 권리를 주장할 수 없음은 물론이고, 나아가 특단의 사정이 없는 한 채무자로부터 이행받은 급부를 원상회복하여야 할 의무가 있다.

판례선정이유

'제548조 제1항 단서에서 규정하고 있는 제3자는 계약이 해제되는 경우, 그 해제된 계약으로부터 생긴 법률효과를 기초로 하여 해제 전에 새로운 이해관계를 가졌을 뿐 아니라 등기 · 인도 등으로 완전한 권리를 취득한 자를 의미하므로, 계약상의 채권을 양수한 자는 여기서 말하는 제3자에 해당하지 않는다'는 기존판례의 입장을 재확인한 판결

554. 계약해제의 효과 (7) : 계약해제로부터 보호받는 제3자의 범위 (1)

(대법원 2008. 4. 10. 선고 2007다38908 · 38915 판결)

쟁점 대항요건을 갖춘 임차인이 제548조 제1항 단서에 따라 계약해제로 인하여 권리를 침해받지 않는 제3자에 해당하는지 여부

판결요지

매매계약의 이행으로 매매목적물을 인도받은 매수인은 그 물건을 사용 · 수익할 수 있는 지위에서 그 물건을 타인에게 적법하게 임대할 수 있으며, 이러한 지위에 있는 매수인으로부터 매매계약이 해제되기 전에 매매목적물인 주택을 임차하여 주택의 인도와 주민등록을 마침으로써 주택임대차법 제3조 제1항에 의한 대항요건을 갖춘 임차인은 제548조 제1항 단서에 따라 계약해제로 인하여 권리를 침해받지 않는 제3자에 해당하므로, 임대인의 임대권원의 바탕이 되는 계약의 해제에도 불구하고 자신의 임차권을 새로운 소유자에게 대항할 수 있다.

판례선정이유

'대항요건을 갖춘 임차인은 제548조 제1항 단서에 따라 계약해제로 인하여 권리를 침해받지 않는 제3자에 해당한다'는 점을 밝힌 판결

555. 계약해제의 효과 (8) : 계약해제로부터 보호받는 제3자의 범위 (2)

(대법원 2000. 1. 14. 선고 99다40937 판결)

쟁점 계약해제 전 그 계약의 목적물을 가압류한 가압류채권자가 제548조 제1항 단서 소정의 "제3자"에 해당하는지 여부

판결요지

제548조 제1항 단서에서 말하는 제3자란 일반적으로 해제된 계약으로부터 생긴 법률효과를 기초로 하여 별개의 새로운 권리를 취득한 자를 말하는 것인바, 해제된 계약에 의하여 채무자의 책임재산이 된 계약의 목적물을 가압류한 가압류채권자는 그 가압류에 의하여 당해 목적물에 대하여 잠정적으로 그 권리행사만을 제한하는 것이나, 종국적으로는 이를 환가하여 그 대금으로 피보전채권의 만족을 얻을 수 있는 권리를 취득하는 것이므로, 그 권리를 보전하기 위하여서는 위 조항 단서에서 말하는 제3자에는 위 가압류채권자도 포함된다고 보아야 한다.

판례선정이유

'계약해제 전에 계약의 목적물을 가압류한 가압류채권자는 제548조 제1항 단서 소정의 "제3자"에 해당한다'는 점을 밝힌 판결

556. 계약해제의 효과(9) : 원상회복청구권을 보전하기 위한 가등기

(대법원 1982. 11. 23. 선고, 81다카1110 판결)

쟁점 계약해제로 인한 소급효가 제한되는 경우에 대비하여 원상회복 방법으로 약정한 소유권이전등기청구권 보전의 가등기가 가능한지 여부

판결요지

[1] 매매계약이 해제되면 그 계약의 이행으로 변동이 생겼던 물권은 당연히 그 계약이 없었던 원상태로 복귀하나, 매매계약 해제 이전에 매매목적물에 관하여 제3자에게 소유권이전등기가 경료된 뒤에 계약이 해제된 경우에는 계약해제의 효과로서 당연히 그 소유권이 매도인에게 복귀하지 않으므로, 매도인은 소유권에 기하여 매수인 명의의 소유권이전등기의 말소를 청구할 수 없다.

[2] 매매계약 당시 계약당사자 사이에 계약이 해제되면 매수인은 매도인에게 소유권이전등기를 하여 주기로 하는 약정이 있는 경우에는, 매도인은 그 약정에 기하여 매수인에 대하여 소유권이전등기절차의 이행을 청구할 수 있다 할 것이고, 이 경우의 매도인의 소유권이전등기청구권은 물권변동을 목적으로 하는 청구권이라 할 것이므로, 이러한 청구권은 가등기에 의하여 보전될 수 있는 것이다.

[3] 가등기는 본등기의 순위를 보전하는 효력이 있어 후일 가등기에 기한 본등기가 마쳐진 때에는 본등기의 순위가 가등기한때를 소급함으로써 가등기후 본등기 전에 이루어진 중간처분은 실효되는 것이므로, 매매계약 해제시 원상회복 방법으로 매도인에게 소유권이전등기를 하기로 하는 약정에 따른 청구권을 보전하기 위한 가등기가 된 경우에도 그 가등기 후 본등기 전에 된 제3자 명의의 소유권이전등기는 후일 가등기에 기한 본등기가 마쳐지면 말소를 면할 수 없다 할 것인바, 위와

같은 가등기의 경료 후에 매매계약 당사자가 아닌 제3자가 취득한 권리는 이미 이루어진 가등기에 의하여 보전된 청구권에 기한 본등기가 마쳐지면 실효될 가능성을 띤 상태에서 취득한 권리라고 할 것이고, 그 제3자의 지위는 가등기에 의하여 순위가 보전된 매도인의 권리보다 앞설 수는 없다 할 것이며, 또 위와 같이 매매계약 당사자 사이의 약정에 의하여 생긴 매도인의 소유권이전등기청구권은 계약해제의 소급효 그 자체에 의하여 생긴 것이 아니므로, 그 등기청구권의 실현과 계약해제의 소급효 제한에 관한 제548조 제1항 단서의 규정과는 직접적으로 관련이 없는 것이다.

판례선정이유

매매계약의 당사자 사이에 "계약이 해제되면 매수인은 매도인에게 소유권이전등기를 하여 주기로 한다"는 약정이 있는 경우에는, 매도인은 위 약정에 기하여 매수인에 대하여 소유권이전등기절차의 이행을 청구할 수 있다 할 것인데, 이 경우의 매도인의 소유권이전등기청구권은 물권변동을 목적으로 하는 청구권이므로 가등기에 의하여 보전될 수 있다'는 새로운 법리를 제시한 판결

557. 계약의 해지 : 「도산해지조항」에 의한 해지권의 발생

(대법원 2007. 9. 6. 선고 2005다38263 판결)

쟁점 계약의 일방 당사자에 대한 회사정리절차 개시신청 등을 계약해지권의 발생원인 내지 계약의 당연 해지사유로 정한 이른바 「도산해지조항」의 효력

판결요지

계약의 당사자들 사이에 채무자인 회사의 재산상태가 장래 악화될 때에 대비하여 지급정지, 회사정리절차의 개시신청, 회사정리절차의 개시와 같이 도산에 이르는 과정상의 일정한 사실이 그 회사에 발생하는 것을 당해 계약의 해지권의 발생원인으로 정하거나 또는 계약의 당연 해지사유로 정하는 특약(이하 '도산해지조항'이라고 한다)을 두는 경우가 있는데, 도산해지조항의 적용 결과가 정리절차개시 후 정리회사에 미치는 영향이라는 것은 당해 계약의 성질, 그 내용 및 이행 정도, 해지사유로 정한 사건의 내용 등의 여러 사정에 따라 달라질 수밖에 없으므로, 도산해지조항을 일반적으로 금지하는 법률이 존재하지 않는 상태에서 그와 같은 구체적인 사정을 도외시한 채 도산해지조항은 어느 경우에나 회사정리절차의 목적과 취지에 반한다고 하여 일률적으로 무효로 보는 것은 계약자유의 원칙을 심각하게 침해하는 결과를 낳을 수 있을 뿐만 아니라, 상대방 당사자가 채권자의 입장에서 채무자의 도산으로 초래될 법적 불안정에 대비할 보호가치 있는 정당한 이익을 무시하는 것이 될 수 있다. 이와 같은 사정과 아울러 구 회사정리법(2005.3. 31. 법률 제7428호 채무자회생법 부칙 제2조로 폐지)상 관리인은 정리절차개시 당시에 존재하는 회사 재산에 대한 관리처분권을 취득하는 데 불과하므로, 채무자인 회사가 사전에 지급정지 등을 정지조건으로 하여 처분한 재산에 대하여는

처음부터 관리처분권이 미치지 아니한다는 점을 생각해 보면, 도산해지조항이 구 회사정리법에서 규정한 부인권의 대상이 되거나 공서양속에 위배된다는 등의 이유로 효력이 부정되어야 할 경우를 제외하고, 도산해지조항으로 인하여 정리절차개시 후 정리회사에 영향을 미칠 수 있다는 사정만으로는 그 조항이 무효라고 할 수 없다.

판례선정이유

계약에서 '당사자 일방에 대하여 지급정지, 회생절차 등 도산절차의 개시신청이나 개시결정이 있으면 계약을 해지할 수 있다고 정하거나 계약이 당연히 해지된다'고 정하는 경우가 있는데, 이러한 「도산해지조항」의 효력이 유효함을 밝힌 판결

제3절 매 매

제1관 총 칙

558. 매매의 일방예약(1) : 예약완결권의 법적 성질

(대법원 1995. 11. 10. 선고 94다22682, 22699 판결)

쟁점 매매의 일방예약에서의 예약완결권의 법적 성질, 행사기간 및 제척기간의 기산점

판결요지

[1] 매매의 일방예약에서 예약자의 상대방이 매매예약 완결의 의사표시를 하여 매매의 효력을 생기게 하는 권리, 즉 매매예약의 완결권은 일종의 형성권으로서 당사자 사이에 그 행사기간을 약정한 때에는 그 기간 내에, 그러한 약정이 없는 때에는 그 예약이 성립한 때로부터 10년 내에 이를 행사하여야 하고, 그 기간을 지난 때에는 예약완결권은 제척기간의 경과로 인하여 소멸한다.

[2] 제척기간은 권리자로 하여금 당해 권리를 신속하게 행사하도록 함으로써 법률관계를 조속히 확정시키려는 데 그 제도의 취지가 있는 것으로서, 소멸시효가 일정한 기간의 경과와 권리의 불행사라는 사정에 의하여 권리소멸의 효과를 가져오는 것과는 달리, 그 기간의 경과 자체만으로 곧 권리소멸의 효과를 가져오게 하는 것이므로, 그 기간 진행의 기산점은 특별한 사정이 없는 한 원칙적으로 권리가 발생한 때이고, 당사자 사이에 매매예약 완결권을 행사할 수 있는 시기를 특별히 약정한 경우에도 그 제척기간은 당초 권리의 발생일로부터 10년간의 기간이 경과되면 만료되는 것이지, 그 기간을 넘어서 그 약정에 따라 권리를 행사할 수 있는 때로부터 10년이 되는 날까지로 연장된다고 볼 수 없다.

판례선정이유

'기산점에 관하여 법률에 규정이 없는 예약완결권과 같은 형성권에 관하여 당사자 사이에 권리행사가능시기에 관한 약정이 있더라도 그 형성권의 제척기간은 애초의 권리발생시기로부터 기산되며 그 행사가능시기로부터 기산되지 않는다'는 점을 밝힌 판결

559. 매매의 일방예약 (2) : 예약완결권의 귀속형태

(대법원 2012. 2. 16. 선고 2010다82530 전원합의체 판결)

쟁점 수인의 채권자가 채권담보를 위해 채무자와 채무자 소유 부동산에 관하여 자신들을 공동매수인으로 하는 1개의 매매예약을 체결하고 공동명의로 가등기를 마친 경우, 매매예약완결권의 귀속형태

판결요지

[1] 수인의 채권자가 각기 채권을 담보하기 위하여 채무자와 채무자 소유의 부동산에 관하여 수인의 채권자를 공동매수인으로 하는 1개의 매매예약을 체결하고 그에 따라 수인의 채권자 공동명의로 그 부동산에 가등기를 마친 경우, 수인의 채권자가 공동으로 매매예약완결권을 가지는 관계인지 아니면 채권자 각자의 지분별로 별개의 독립적인 매매예약완결권을 가지는 관계인지는 매매예약의 내용에 따라야 하고, 매매예약에서 그러한 내용을 명시적으로 정하지 않은 경우에는 수인의 채권자가 공동으로 매매예약을 체결하게 된 동기 및 경위, 매매예약에 의하여 달성하려는 담보의 목적, 담보 관련 권리를 공동 행사하려는 의사의 유무, 채권자별 구체적인 지분권의 표시 여부 및 지분권 비율과 피담보채권 비율의 일치 여부, 가등기담보권 설정의 관행 등을 종합적으로 고려하여 판단하여야 한다.

[2] 甲이 乙에게 돈을 대여하면서 담보 목적으로 乙 소유의 부동산 지분에 관하여 乙의 다른 채권자들과 공동명의로 매매예약을 체결하고 각자의 채권액 비율에 따라 지분을 특정하여 가등기를 마친 사안에서, 채권자가 각자의 지분별로 별개의 독립적인 매매예약완결권을 갖는 것으로 보아, 甲이 단독으로 담보목적물 중 자신의 지분에 관하여 매매예약완결권을 행사할 수 있고, 이에 따라 단독으로 자신의 지분에 관하여 가등기에 기한 본등기절차의 이행을 구할 수 있다고 본 원심판단을 정당하다고 한 사례

[3] 공동명의로 담보가등기를 마친 수인의 채권자가 각자의 지분별로 별개의 독립적인 매매예약완결권을 가지는 경우, 채권자 중 1인은 단독으로 자신의 지분에 관하여 가등기담보 등에 관한 법률이 정한 청산절차를 이행한 후 소유권이전의 본등기절차 이행청구를 할 수 있다.

판례선정이유

'복수의 채권자가 자기의 채권을 담보하기 위하여 채무자 소유의 부동산에 관하여 매매예약을 하고 가등기를 마친 경우에, 복수채권자는 매매예약완결권을 준공유하는 관계에 있으므로 매매예약 완결의 의사표시는 복수채권자 전원이 공동으로 행사하여야 한다'는 입장을 취하고 있었던 종전의 판례를 변경한 전원합의체 판결

560. 계약금 (1) : 계약금의 법적 성질

(대법원 1992. 5. 12. 선고 91다2151 판결)

쟁점 매매계약금에 대하여 매수인이 위약하였을 때에는 이를 무효로 하고 매도인이 위약하였을 때에는 그 배액을 상환할 뜻의 약정이 있는 경우, 그 계약금의 성질

판결요지

매매당사자 사이에 수수된 계약금에 대하여 매수인이 위약하였을 때에는 이를 무효로 하고 매도인이 위약하였을 때에는 그 배액을 상환할 뜻의 약정이 있는 경우에는 특별한 사정이 없는 한 그 계약금은 제398조 제1항 소정의 손해배상액의 예정의 성질을 가질 뿐 아니라 제565조 소정의 해약금의 성질도 가진 것으로 볼 것이다.

판례선정이유

'계약금을 위약금으로 약정한 경우에, 그 계약금이 해약금으로서의 성질도 가진다'는 점을 밝힌 판결

561. 계약금 (2) : 해약금의 효력

(대법원 1993. 1. 19. 선고 92다31323 판결)

쟁점 제565조가 해제권 행사의 시기를 당사자 일방이 이행에 착수할 때까지로 제한한 취지 및 이행기의 약정이 있더라도 이행기 전에 이행에 착수할 수 있는지 여부

판결요지

제565조가 해제권 행사의 시기를 당사자의 일방이 이행에 착수할 때까지로 제한한 것은 당사자의 일방이 이미 이행에 착수한 때에는 그 당사자는 그에 필요한 비용을 지출하였을 것이고, 또 그

당사자는 계약이 이행될 것으로 기대하고 있는데 만일 이러한 단계에서 상대방으로부터 계약이 해제된다면 예측하지 못한 손해를 입게 될 우려가 있으므로 이를 방지하고자 함에 있고, 이행기의 약정이 있는 경우라 하더라도 당사자가 채무의 이행기 전에는 착수하지 아니하기로 하는 특약을 하는 등 특별한 사정이 없는 한 이행기 전에 이행에 착수할 수 있다.

판례선정이유

'당사자 일방이 이행기 전에 이행에 착수한 경우라도 상대방은 계약을 해제할 수 없다'는 점을 밝힌 판결

제2관 매매의 효력

562. 타인권리매도인의 담보책임

(대법원 1967. 5. 18. 선고 66다2618 전원합의체 판결)

쟁점 타인권리매도인의 담보책임으로서 손해배상의 범위

판결요지

[1] 매매의 목적이 된 권리가 타인에게 속한 경우에 매도인이 그 권리를 취득하여 매수인에게 이전할 수 없을 때에는, 매매의 목적이 된 권리가 매도인에게 속하지 아니함을 알지 못한 매수인이 매도인에 대하여 손해배상을 청구함에는, 매도인은 계약이 완전히 이행된 것과 동일한 경제적 이익을 배상하여야 하므로, 그 손해는 매수인이 입은 손해뿐만 아니라 얻을 수 있었던 이익의 상실도 포함된다.

[2] 위 경우의 손해액의 산정은 일반채무불이행으로 인한 손해배상액의 확정시기와 마찬가지로, 원칙으로 매매의 목적이 된 권리를 취득하여 이전함이 불능하게 된 때의 시가를 표준으로 하여 결정할 것이므로, 매매계약의 해제를 전제로 이행에 대신하는 전보배상을 청구하는 경우에는 특별한 사정이 없는 한 매수인이 받을 이행에 대신하는 손해배상액은 해제당시의 목적물의 시가를 표준으로 하여 결정할 것이다.

판례선정이유

타인권리매도인의 담보책임으로서의 "손해배상"의 범위를 「신뢰이익의 배상」이라고 하였던 종래의 판례를 폐기하고, '타인권리매도인의 담보책임으로서의 "손해배상"은 일실이익을 포함한 이행이익의 배상'이라는 점을 밝힌 전원합의체 판결

563. 하자담보책임에 있어서 하자의 개념

(대법원 1997. 5. 7. 선고 96다39455 판결)

쟁점 목적물이 통상의 품질이나 성능은 갖추고 있으나, 내한성(耐寒性)과 같은 특수한 품질이나 성능을 갖추고 있지 못한 경우를 목적물에 하자가 있다고 인정할 수 있기 위한 요건

판결요지

매도인이 매수인에게 공급한 부품이 통상의 품질이나 성능을 갖추고 있는 경우, 나아가 내한성이라는 특수한 품질이나 성능을 갖추고 있지 못하여 하자가 있다고 인정할 수 있기 위하여서는, 매수인이 매도인에게 완제품이 사용될 환경을 설명하면서 그 환경에 충분히 견딜 수 있는 내한성 있는 부품의 공급을 요구한 데 대하여, 매도인이 부품이 그러한 품질과 성능을 갖춘 제품이라는 점을 명시적으로나 묵시적으로 보증하고 공급하였다는 사실이 인정되어야만 할 것이다.

판례선정이유

「주관설」의 입장에서 하자의 개념을 정립한 판결

564. 하자담보책임과 채무불이행책임의 경합

(대법원 2004. 7. 22. 선고 2002다51586 판결)

쟁점 성토작업을 기화로 다량의 폐기물을 은밀히 매립한 토지의 매도인이 협의취득절차를 통하여 공공사업시행자에게 이를 매도함으로써 매수인에게 토지의 폐기물처리비용 상당의 손해를 입게 한 경우, 채무불이행책임과 하자담보책임이 경합적으로 인정되는지 여부

판결요지

매도인이 성토작업을 기화로 다량의 폐기물을 은밀히 매립하고 그 위에 토사를 덮은 다음 도시계획사업을 시행하는 공공사업시행자와 사이에서 정상적인 토지임을 전제로 협의취득절차를 진행하여 이를 매도함으로써 매수자로 하여금 그 토지의 폐기물처리비용 상당의 손해를 입게 하였다면, 매도인은 이른바 불완전이행으로서 채무불이행으로 인한 손해배상책임을 부담하고, 이는 하자 있는 토지의 매매로 인한 제580조 소정의 하자담보책임과 경합적으로 인정된다고 할 것이다.

판례선정이유

무과실책임인 하자담보책임과 과실책임인 채무불이행책임이 경합적으로 인정될 수 있음을 밝힌 판결

565. 종류물매도인의 하자담보책임
(대법원 2014. 5. 16. 선고 2012다72582 판결)

쟁점 종류매매에서 하자담보의무의 이행이 공평의 원칙에 반하는 경우에는 매수인의 완전물급부청구권 행사를 제한할 수 있는지 여부 및 그 판단기준

판결요지

[1] 민법의 하자담보책임에 관한 규정은 매매라는 유상·쌍무계약에 의한 급부와 반대급부 사이의 등가관계를 유지하기 위하여 민법의 지도이념인 공평의 원칙에 입각하여 마련된 것인데, 종류매매에서 매수인이 가지는 완전물급부청구권을 제한 없이 인정하는 경우에는 오히려 매도인에게 지나친 불이익이나 부당한 손해를 주어 등가관계를 파괴하는 결과를 낳을 수 있다. 따라서 매매목적물의 하자가 경미하여 수선 등의 방법으로도 계약의 목적을 달성하는 데 별다른 지장이 없는 반면 매도인에게 하자 없는 물건의 급부의무를 지우면 다른 구제방법에 비하여 지나치게 큰 불이익이 매도인에게 발생되는 경우와 같이 하자담보의무의 이행이 오히려 공평의 원칙에 반하는 경우에는, 완전물급부청구권의 행사를 제한함이 타당하다.

[2] 이러한 매수인의 완전물급부청구권의 행사에 대한 제한 여부는 매매목적물의 하자의 정도, 하자 수선의 용이성, 하자의 치유가능성 및 완전물급부의 이행으로 인하여 매도인에게 미치는 불이익의 정도 등의 여러 사정을 종합하여 사회통념에 비추어 개별적·구체적으로 판단하여야 한다.

[3] 甲이 乙주식회사로부터 자동차를 매수하여 인도받은 지 5일 만에 계기판의 속도계가 작동하지 않는 하자가 발생하였음을 이유로 乙회사 등을 상대로 신차 교환을 구한 사안에서, 위 하자는 계기판 모듈의 교체로 큰 비용을 들이지 않고서도 손쉽게 치유될 수 있는 하자로서 하자수리에 의하더라도 신차구입이라는 매매계약의 목적을 달성하는 데에 별다른 지장이 없고, 하자보수로 자동차의 가치하락에 영향을 줄 가능성이 희박한 반면, 매도인인 乙회사에 하자 없는 신차의 급부의무를 부담하게 하면 다른 구제방법에 비하여 乙회사에 지나치게 큰 불이익이 발생되어서 오히려 공평의 원칙에 반하게 되어 매수인의 완전물급부청구권의 행사를 제한함이 타당하므로, 甲의 완전물급부청구권 행사가 허용되지 않는다.

판례선정이유

종류물매도인의 하자담보책임으로서 매수인의 완전물급부청구권이 무제한적으로 인정되는 것은 아니라는 점을 밝힌 판결

제5절 소비대차

566. 소비대차의 성립

(대법원 1991. 4. 9. 선고 90다14652 판결)

쟁점 현실로 금전 등을 수수하거나 현실의 수수가 있은 것과 같은 경제적 이익을 취득하여야만 소비대차가 성립하는지

판결요지

민법상 소비대차는 당사자 일방이 금전 기타 대체물의 소유권을 상대방에게 이전할 것을 약정하고 상대방은 그와 같은 종류, 품질 및 수량으로 반환할 것을 약정함으로써 그 효력이 생기는 이른바 낙성계약이므로, 차주가 현실로 금전 등을 수수하거나 현실의 수수가 있은 것과 같은 경제적 이익을 취득하여야만 소비대차가 성립하는 것은 아니다.

판례선정이유

소비대차는 낙성계약이므로 현실로 금전 등을 수수하거나 현실의 수수가 있은 것과 같은 경제적 이익을 취득하여야만 소비대차가 성립하는 것이 아니라는 점을 밝힌 판결

제6절 사용대차

567. 사용대차계약의 해지

(대법원 1993. 11. 26. 선고 93다36806 판결)

쟁점 건물의 소유를 목적으로 한 토지 사용대차에 있어 대주가 차주의 사망을 이유로 계약을 해지할 수 있는지 여부와 제613조 제2항 소정의 사용수익에 충분한 기간이 경과하였는지의 판단기준

판결요지

[1] 일반적으로 건물의 소유를 목적으로 하는 토지 사용대차에 있어서는, 당해 토지의 사용수익의 필요는 당해 지상건물의 사용수익의 필요가 있는 한 그대로 존속하는 것이고, 이는 특별한 사정이 없는 한 차주 본인이 사망하더라도 당연히 상실되는 것이 아니어서 그로 인하여 곧바로 계약의 목적을 달성하게 되는 것은 아니라고 봄이 통상의 의사해석에도 합치되므로, 이러한 경우에는 제614조의 규정에 불구하고 대주가 차주의 사망사실을 사유로 들어 사용대차계약을 해지할 수는 없다.

[2] 제613조 제2항 소정의 사용수익에 충분한 기간이 경과하였는지의 여부는 사용대차계약 당시의 사정, 차주의 사용기간 및 이용상황, 대주가 반환을 필요로 하는 사정 등을 종합적으로 고려하여 공평의 입장에서 대주에게 해지권을 인정하는 것이 타당한가의 여부에 의하여 판단하여야 한다.

판례선정이유

'건물의 소유를 목적으로 하는 토지 사용대차를 해지할 수 있는지의 여부는 당해 지상건물의 사용수익의 필요성과 공평의 입장에서 대주에게 해지권을 인정하는 것이 타당한가의 여부에 의하여 판단하여야 한다'는 점을 밝힌 판결

제7절 임대차

568. 임대차계약의 성립

(대법원 2009. 9. 24. 선고 2008다38325 판결)

쟁점 임대인에게 임대목적물에 대한 소유권 기타 임대권한이 없는 경우에도 임대차계약이 유효하게 성립하는지 여부

판결요지

임대차는 당사자 일방이 상대방에게 목적물을 사용·수익하게 할 것을 약정하고 상대방이 이에 대하여 차임을 지급할 것을 약정함으로써 성립하는 것으로서(제618조 참조), 임대인이 그 목적물에 대한 소유권 기타 이를 임대할 권한이 없다고 하더라도 임대차계약은 유효하게 성립한다. 따라서 임대인은 임차인으로 하여금 그 목적물을 완전하게 사용·수익하게 할 의무가 있고, 또한 임차인은 이러한 임대인의 의무가 이행불능으로 되지 아니하는 한 그 사용·수익의 대가로 차임을 지급할 의무가 있으며, 그 임대차관계가 종료되면 임차인은 임차목적물을 임대인에게 반환하여야 할 계약상의 의무가 있다. 다만 이러한 경우 임차인이 진실한 소유자로부터 목적물의 반환청구나 임료 내지 그 해당액의 지급요구를 받는 등의 이유로 임대인이 임차인으로 하여금 사용·수익하게 할 수가 없게 되면 임대인의 채무는 이행불능으로 되고, 임차인은 이행불능으로 인한 임대차의 종료를 이유로 그 때 이후의 임대인의 차임지급 청구를 거절할 수 있다.

판례선정이유

임대차계약의 성립에 있어서 임대권한의 유무는 고려의 대상이 아니라는 점과 임대차계약에서의 임대인의 의무가 이행불능이 되지 않는 한 임차인은 차임지급의무가 있음을 밝힌 판결

569. 임차권의 대항력

(대법원 1993. 4. 13. 선고 92다24950 판결)

쟁점 [1] 건물에 대한 저당권이 실행되어 경락인이 건물의 소유권을 취득한 경우, 건물의 소유를 목적으로 한 토지의 임차권도 건물의 소유권과 함께 경락인에게 이전되는지 여부

[2] 위 [1]의 경우, 토지 임대인의 동의가 없어도 경락인은 임대인에 대하여 임차권의 취득을 대항할 수 있는지 여부

[3] 임대인이 자신의 동의 없이 임차권이 이전되었다는 것만을 이유로 임대차계약을 해지할 수 없는 특별한 사정이 있는 경우 및 그에 대한 주장 · 입증책임의 소재.

판결요지

[1] 건물의 소유를 목적으로 하여 토지를 임차한 사람이 그 토지 위에 소유하는 건물에 저당권을 설정한 때에는 제358조 본문에 따라서 저당권의 효력이 건물뿐만 아니라 건물의 소유를 목적으로 한 토지의 임차권에도 미친다고 보아야 할 것이므로, 건물에 대한 저당권이 실행되어 경락인이 건물의 소유권을 취득한 때에는 특별한 다른 사정이 없는 한 건물의 소유를 목적으로 한 토지의 임차권도 건물의 소유권과 함께 경락인에게 이전된다.

[2] 위 [1]항의 경우에도 제629조가 적용되기 때문에, 토지의 임대인에 대한 관계에서는 그의 동의가 없는 한 경락인은 그 임차권의 취득을 대항할 수 없다고 할 것인바, 제622조 제1항은 건물의 소유를 목적으로 한 토지임대차는 이를 등기하지 아니한 경우에도 임차인이 그 지상건물을 등기한 때에는 토지에 관하여 권리를 취득한 제3자에 대하여 임대차의 효력을 주장할 수 있음을 규정한 취지임에 불과할 뿐, 건물의 소유권과 함께 건물의 소유를 목적으로 한 토지의 임차권을 취득한 사람이 토지의 임대인에 대한 관계에서 그의 동의가 없이도 임차권의 취득을 대항할 수 있는 것까지 규정한 것이라고는 볼 수 없다.

[3] 임차인의 변경이 당사자의 개인적인 신뢰를 기초로 하는 계속적 법률관계인 임대차를 더 이상 지속시키기 어려울 정도로 당사자 간의 신뢰관계를 파괴하는 임대인에 대한 배신행위가 아니라고 인정되는 특별한 사정이 있는 때에는, 임대인은 자신의 동의 없이 임차권이 이전되었다는 것만을 이유로 제629조 제2항에 따라서 임대차계약을 해지할 수 없고, 그와 같은 특별한 사정이 있는 때에 한하여 경락인은 임대인의 동의가 없더라도 임차권의 이전을 임대인에게 대항할 수 있다고 봄이 상당한바, 위와 같은 특별한 사정이 있는 점은 경락인이 주장 · 입증하여야 한다.

판례선정이유

'제358조의 규정에 의해 종된 권리에 대해서도 저당권의 효력이 미치지만, 저당권의 실행에 의하여 건물의 소유권과 함께 건물의 소유를 목적으로 한 토지의 임차권을 취득한 자라고 하더라도 토지의 임대인에 대한 관계에서 그의 동의가 없이는 임차권의 취득을 대항할 수 없다'는 점을 밝힌 판결

570. 임차권에 기한 방해배제청구권

(대법원 2002. 2. 26. 선고 99다67079 판결)

쟁점 등기된 임차권이 침해된 경우, 그 임차권에 기한 방해배제를 청구할 수 있는지 여부

판결요지

등기된 임차권에는 용익권적 권능 외에 임차보증금반환채권에 대한 담보권적 권능이 있고, 임대차기간이 종료되면 용익권적 권능은 임차권등기의 말소등기 없이도 곧바로 소멸하나 담보권적 권능은 곧바로 소멸하지 않는다고 할 것이어서, 임차권자는 임대차기간이 종료한 후에도 임차보증금을 반환받기까지는 임대인이나 그 승계인에 대하여 임차권등기의 말소를 거부할 수 있다고 할 것이고, 따라서 임차권등기가 원인 없이 말소된 때에는 그 방해를 배제하기 위한 청구를 할 수 있다.

판례선정이유

'물권이 아닌 채권에 기한 방해배제청구권이 인정될 수 있는지와 관련하여, 등기된 임차권이 침해된 경우에는 임차권에 기한 방해배제를 청구할 수 있다'는 점을 밝힌 판결

571. 임차인의 비용상환청구권과 유치권의 성립

(대법원 1975. 4. 22. 선고 73다2010 판결)

쟁점 임대차종료시에 임차인이 건물을 원상으로 복구하여 임대인에게 명도키로 약정한 경우에 비용상환청구권이 있음을 전제로 하는 유치권 주장이 가능한지의 여부

판결요지

건물의 임차인이 임대차관계 종료시에는 건물을 원상으로 복구하여 임대인에게 명도하기로 약정한 것은 건물에 지출한 각종 유익비 또는 필요비의 상환청구권을 미리 포기하기로 한 취지의 특약이라고 볼 수 있어, 임차인은 유치권을 주장을 할 수 없다.

판례선정이유

'유익비나 필요비의 상환청구권을 포기하기로 한 특약이 있는 경우에는 유치권을 행사할 수 없다'는 점을 밝힌 판결

572. 차임증감청구권
(대법원 1974. 8. 30. 선고 74다1124 판결)

쟁점 임대인이 제628조에 의하여 장래에 대한 차임의 증액을 청구하고 법원이 증액청구를 상당하다고 인정한 경우, 차임증액청구의 효력발생시기

판결요지

제628조에 의하여 장래에 대한 차임의 증액을 청구하였을 때에 그 청구가 상당하다고 인정되면 그 효력은 재판시를 표준으로 할 것이 아니고 그 청구시에 곧 발생한다고 보는 것이 상당하고, 그 청구는 재판외의 청구라도 무방하다.

판례선정이유

장래에 대한 차임의 증액을 청구하고 법원이 증액청구를 상당하다고 인정한 경우에 있어서의 차임증액청구의 효력발생시기는 차임증액청구를 한 때라는 점을 밝힌 판결

573. 임차인의 부속물매수청구권
(대법원 1982. 1. 19. 선고 81다1001 판결)

쟁점 건물임차인의 부속물매수청구권의 대상이 되는 부속물의 범위와 부속물매수청구권의 포기가 제646조에 위반하는지 여부의 판단기준

판결요지

[1] 건물임차인의 매수청구의 대상이 되는 부속물이란 건물 자체에 부속된 물건으로서 건물의 구성부분으로는 되지 않는 임차인 소유의 물건 중 건물의 사용에 객관적 편익을 가져오는 것에 한한다. 따라서 기존건물과 분리되어 독립한 소유권의 객체가 될 수 없는 증축부분이나 임대인의 소유에 속하기로 한 부속물은 매수청구의 대상이 될 수 없다.

[2] 건물임차인인 피고들이 증·개축한 시설물과 부대시설을 포기하고 임대차 종료시의 현상대로 임대인의 소유에 귀속하기로 하는 대가로 임대차계약의 보증금 및 월차임을 파격적으로 저렴하게 하고, 그 임대기간도 장기간으로 약정하고, 임대인은 임대차계약의 종료 즉시 임대건물을 철거하고 그 부지에 건물을 신축하려고 하고 있으며, 임대차계약 당시부터 임차인도 그와 같은 사정을 알고 있었다면, 임대차계약시 임차인의 부속시설의 소유권이 임대인에게 귀속하기로 한 특약은

단지 부속물매수청구권을 배제하기로 하거나 또는 부속물을 대가없이 임대인의 소유에 속하게 하는 약정들과는 달라서 임차인에게 불리한 약정이라고 할 수 없다.

판례선정이유

'부속물매수청구의 대상이 되는 것은 독립성이 인정되는 부속된 물건이어야 하며, 부속물매수청구권을 포기하기로 하는 약정도 임차인에게 일방적으로 불리하지 않은 경우에는 유효하다'는 점을 밝힌 판결

574. 토지임차인의 지상물매수청구권

(대법원 2013. 11. 28. 선고 2013다48364 판결)

쟁점 건물 소유를 목적으로 하는 토지 임대차에서 종전 임차인으로부터 미등기 무허가건물을 매수하여 점유하고 있는 임차인이 임대인에 대하여 지상물매수청구권을 행사할 수 있는지 여부

판결요지

제643조가 정하는 건물 소유를 목적으로 하는 토지 임대차에서 임차인이 가지는 지상물매수청구권은 건물의 소유를 목적으로 하는 토지 임대차계약이 종료되었음에도 그 지상 건물이 현존하는 경우에 임대차계약을 성실하게 지켜온 임차인이 임대인에게 상당한 가액으로 그 지상 건물의 매수를 청구할 수 있는 권리로서, 국민경제적 관점에서 지상 건물의 잔존 가치를 보존하고, 토지 소유자의 배타적 소유권 행사로 인하여 희생당하기 쉬운 임차인을 보호하기 위한 제도이므로, 특별한 사정이 없는 한 행정관청의 허가를 받은 적법한 건물이 아니더라도 임차인의 지상물매수청구권의 대상이 될 수 있다. 그리고 건물을 매수하여 점유하고 있는 사람은 소유자로서의 등기명의가 없다 하더라도 그 권리의 범위 내에서는 그 점유 중인 건물에 대하여 법률상 또는 사실상의 처분권을 가지고 있다. 위와 같은 지상물매수청구청구권 제도의 목적, 미등기 매수인의 법적 지위 등에 비추어 볼 때, 종전 임차인으로부터 미등기 무허가건물을 매수하여 점유하고 있는 임차인은 특별한 사정이 없는 한 비록 소유자로서의 등기명의가 없어 소유권을 취득하지 못하였다 하더라도 임대인에 대하여 지상물매수청구권을 행사할 수 있는 지위에 있다.

판례선정이유

'지상물매수청구권의 제도적 의의 및 미등기 무허가건물이나 임차인이 직접 건축한 지상물이 아니라 하더라도 지상물매수청구권의 대상이 될 수 있다'는 점을 밝힌 판결

575. 임차권의 무단양도, 무단전대

(대법원 2010. 6. 10. 선고 2009다101275 판결)

쟁점 임대인의 동의 없이 제3자에게 임차물을 사용 · 수익하도록 한 임차인의 행위가 임대인에 대한 배신적 행위라고 할 수 없는 특별한 사정이 있는 경우, 임대인이 제629조에 의해 임대차계약을 해지할 수 있는지 여부 및 그 경우 제3자는 임차권의 양수 또는 전대차에 따른 사용 · 수익을 임대인에게 주장할 수 있는지 여부

판결요지

민법상 임차인은 임대인의 동의 없이 그 권리를 양도하거나 임차물을 전대하지 못하고 임차인이 이에 위반한 때에는 임대인은 계약을 해지할 수 있으나(제629조), 이는 임대차계약이 원래 당사자의 개인적 신뢰를 기초로 하는 계속적 법률관계임을 고려하여 임대인의 인적 신뢰나 경제적 이익을 보호하여 이를 해치지 않게 하고자 함에 있고, 임차인이 임대인의 동의 없이 제3자에게 임차물을 사용 · 수익시키는 것은 임대인에게 임대차관계를 계속시키기 어려운 배신적 행위가 될 수 있는 것이기 때문에 임대인에게 일방적으로 임대차관계를 종료시킬 수 있도록 하고자 함에 있다. 따라서 임차인이 비록 임대인으로부터 별도의 승낙을 얻지 아니하고 제3자에게 임차물을 사용 · 수익하도록 한 경우에 있어서도, 임차인의 당해 행위가 임대인에 대한 배신적 행위라고 할 수 없는 특별한 사정이 인정되는 경우에는, 임대인은 자신의 동의 없이 전대차가 이루어졌다는 것만을 이유로 임대차계약을 해지할 수 없으며, 임차권 양수인이나 전차인은 임차권의 양수나 전대차 및 그에 따른 사용 · 수익을 임대인에게 주장할 수 있다.

판례선정이유

'임차권의 무단양도나 무단전대라 하더라도 그와 같은 임차인의 행위가 임대인에 대한 관계에서 배신적 행위에 해당하지 않으면 임대인은 제629조에 의해 임대차계약을 해지할 수 없으며, 이 경우 제3자는 임차권의 양도나 전대로써 임대인에게 대항할 수 있다'는 점을 밝힌 판결

576. 임차인의 보관의무

(대법원 2017. 5. 18. 선고 2012다86895 전원합의체 판결)

쟁점 [1] 임대차 목적물이 화재 등으로 소멸됨으로써 임차인의 목적물 반환의무가 이행불능이 된 경우, 임차인이 이행불능이 자기가 책임질 수 없는 사유로 인한 것이라는 증명을 다하지 못하면 목적물 반환의무의 이행불능으로 인한 손해를 배상할 책임을 지는지 여부 및 이러한 법리는 반환된 임차 건물이 화재로 훼손되었음을 이유로 손해배상을 구하는 경우에도 동일하게 적용되는지 여부

[2] 임차인이 임대인 소유 건물의 일부를 임차하여 사용 · 수익하던 중 임차 건물 부분에서 화재가 발생하여 임차 건물 부분이 아닌 건물 부분까지 불에 타 그로 인해 임대인에게 재산상 손해가 발생한 경우, 임차 외 건물 부분에 발생한 손해에 대하여 임대인이 임차인을 상대로 채무불이행을 원인으로 하는 배상을 구하기 위하여 주장 · 증명하여야 할 사항

판결요지

[1] 임대차 목적물이 화재 등으로 인하여 소멸됨으로써 임차인의 목적물 반환의무가 이행불능이 된 경우에, 임차인은 이행불능이 자기가 책임질 수 없는 사유로 인한 것이라는 증명을 다하지 못하면 목적물 반환의무의 이행불능으로 인한 손해를 배상할 책임을 지며, 화재 등의 구체적인 발생 원인이 밝혀지지 아니한 때에도 마찬가지이다. 또한 이러한 법리는 임대차 종료 당시 임대차 목적물 반환의무가 이행불능 상태는 아니지만 반환된 임차 건물이 화재로 인하여 훼손되었음을 이유로 손해배상을 구하는 경우에도 동일하게 적용된다. 한편 임대인은 목적물을 임차인에게 인도하고 임대차계약 존속 중에 그 사용, 수익에 필요한 상태를 유지하게 할 의무를 부담하므로(제623조), 임대차계약 존속 중에 발생한 화재가 임대인이 지배 · 관리하는 영역에 존재하는 하자로 인하여 발생한 것으로 추단된다면, 그 하자를 보수 · 제거하는 것은 임대차 목적물을 사용 · 수익하기에 필요한 상태로 유지하여야 하는 임대인의 의무에 속하며, 임차인이 하자를 미리 알았거나 알 수 있었다는 등의 특별한 사정이 없는 한, 임대인은 화재로 인한 목적물 반환의무의 이행불능 등에 관한 손해배상책임을 임차인에게 물을 수 없다.

[2] 임차인이 임대인 소유 건물의 일부를 임차하여 사용 · 수익하던 중 임차 건물 부분에서 화재가 발생하여 임차 건물 부분이 아닌 건물 부분(이하 '임차 외 건물 부분'이라 한다)까지 불에 타 그로 인해 임대인에게 재산상 손해가 발생한 경우에, 임차인이 보존 · 관리의무를 위반하여 화재가 발생한 원인을 제공하는 등 화재 발생과 관련된 임차인의 계약상 의무 위반이 있었음이 증명되고, 그러한 의무 위반과 임차 외 건물 부분의 손해 사이에 상당인과관계가 있으며, 임차 외 건물 부분의 손해가 그러한 의무 위반에 따른 통상의 손해에 해당하거나, 임차인이 그 사정을 알았거나 알 수 있었을 특별한 사정으로 인한 손해에 해당한다고 볼 수 있는 경우라면, 임차인은 임차 외 건물 부분의 손해에 대해서도 제390조, 제393조에 따라 임대인에게 손해배상책임을 부담하게 된다. 종래 대법원은 임차인이 임대인 소유 건물의 일부를 임차하여 사용 · 수익하던 중 임차 건물 부분에서 화재가

발생하여 임차 외 건물 부분까지 불에 타 그로 인해 임대인에게 재산상 손해가 발생한 경우에, 건물의 규모와 구조로 볼 때 건물 중 임차 건물 부분과 그 밖의 부분이 상호 유지·존립함에 있어서 구조상 불가분의 일체를 이루는 관계에 있다면, 임차인은 임차 건물의 보존에 관하여 선량한 관리자의 주의의무를 다하였음을 증명하지 못하는 이상 임차 건물 부분에 한하지 아니하고 건물의 유지·존립과 불가분의 일체 관계에 있는 임차 외 건물 부분이 소훼되어 임대인이 입게 된 손해도 채무불이행으로 인한 손해로 배상할 의무가 있다고 판단하여 왔다. 그러나 임차 외 건물 부분이 구조상 불가분의 일체를 이루는 관계에 있는 부분이라 하더라도, 그 부분에 발생한 손해에 대하여 임대인이 임차인을 상대로 채무불이행을 원인으로 하는 배상을 구하려면, 임차인이 보존·관리의무를 위반하여 화재가 발생한 원인을 제공하는 등 화재 발생과 관련된 임차인의 계약상 의무 위반이 있었고, 그러한 의무 위반과 임차 외 건물 부분의 손해 사이에 상당인과관계가 있으며, 임차 외 건물 부분의 손해가 의무 위반에 따라 제393조에 의하여 배상하여야 할 손해의 범위 내에 있다는 점에 대하여 임대인이 주장·증명하여야 한다. 이와 달리 위와 같은 임대인의 주장·증명이 없는 경우에도 임차인이 임차 건물의 보존에 관하여 선량한 관리자의 주의의무를 다하였음을 증명하지 못하는 이상 임차 외 건물 부분에 대해서까지 채무불이행에 따른 손해배상책임을 지게 된다고 판단한 종래의 대법원판결들은 이 판결의 견해에 배치되는 범위 내에서 이를 모두 변경하기로 한다.

판례선정이유

'임대차계약 존속 중에 발생한 화재가 임대인이 지배·관리하는 영역에 존재하는 하자로 발생한 것으로 추단되는 경우, 임대인이 화재로 인한 목적물 반환의무의 이행불능 등에 관한 손해배상책임을 임차인에게 물을 수 없다'고 하여, 선관주의의무를 다하였음을 증명하지 못하는 한 임차인이 책임을 지는 것으로 하였던 종전의 판례를 변경한 전원합의체 판결

577. 임차보증금의 법적 성질

(대법원 2005. 9. 28. 선고 2005다8323, 8330 판결)

쟁점 [1] 임대차계약에 있어 임대차보증금이 담보하는 채무가 임대차관계 종료 후 목적물 반환시 별도의 의사표시 없이 임대차보증금에서 당연히 공제되는지 여부
[2] 임대차보증금에서 공제될 차임채권 등의 발생원인에 관한 주장·증명책임의 소재 및 그 발생한 채권의 소멸에 관한 주장·증명책임의 소재

판결요지

[1] 임대차계약에 있어 임대차보증금은 임대차계약 종료 후 목적물을 임대인에게 명도할 때까지 발생하는 임대차에 따른 임차인의 모든 채무를 담보하는 것으로서, 그 피담보채무 상당액은 임대차

관계의 종료 후 목적물이 반환될 때에 특별한 사정이 없는 한 별도의 의사표시 없이 보증금에서 당연히 공제되는 것이므로, 임대인은 임대차보증금에서 그 피담보채무를 공제한 나머지만을 임차인에게 반환할 의무가 있다.

[2] 임대차계약의 경우 임대차보증금에서 그 피담보채무 등을 공제하려면 임대인으로서는 그 피담보채무인 연체차임, 연체관리비 등을 임대차보증금에서 공제하여야 한다는 주장을 하여야 하고, 나아가 그 임대차보증금에서 공제될 차임채권, 관리비채권 등의 발생원인에 관하여 주장 · 입증을 하여야 하는 것이며, 다만 그 발생한 채권이 변제 등의 이유로 소멸하였는지에 관하여는 임차인이 주장 · 입증책임을 부담한다.

판례선정이유

임대차계약에서 보증금의 법적 성질에 대한 학실상의 태도 중 절충설적 입장에서 보증금의 법적 성질을 파악한 판결

578. 임차보증금과 연체차임

(대법원 2016. 11. 25. 선고 2016다211309 판결)

쟁점 임대차계약 종료 전에 별도의 의사표시 없이 연체차임이 임대차보증금에서 당연히 공제되는지 여부 및 임차인이 임대차보증금의 존재를 이유로 차임 지급을 거절할 수 있는지의 여부

판결요지

임대인에게 임대차보증금이 교부되어 있더라도 임대인은 임대차관계가 계속되고 있는 동안에는 임대차보증금에서 연체차임을 충당할 것인지를 자유로이 선택할 수 있다. 따라서 임대차계약 종료 전에는 공제 등 별도의 의사표시 없이 연체차임이 임대차보증금에서 당연히 공제되는 것은 아니고, 임차인도 임대차보증금의 존재를 이유로 차임의 지급을 거절할 수 없다.

판례선정이유

'임대차계약이 종료하기 전에는 별도의 의사표시 없이 연체차임이 임대차보증금에서 당연히 공제되지 않으며, 더 나아가 임차보증금의 존재를 이유로 임차인이 차임지급을 거절할 수 없다'는 점을 밝힌 판결

579. 주택임차권의 대항력

(대법원 2001. 12. 27. 선고 2001다63216 판결)

쟁점 주택의 소유권보존등기가 이루어진 후 토지의 분할 등으로 인하여 지적도, 토지대장, 건축물대장 등의 주택의 지번 표시가 등기부상 지번과 상이하게 된 경우, 토지대장 및 건축물대장상의 지번에 따른 주민등록이 유효한 임대차의 공시방법으로 되는지 여부

판결요지

주택의 인도와 주민등록이라는 임대차의 공시방법은 어디까지나 등기라는 원칙적인 공시방법에 갈음하여 마련된 것이고, 제3자는 주택의 표시에 관한 사항과 주택에 관한 권리관계에 관한 사항을 통상 등기부에 의존하여 파악하고 있으므로, 임대차 공시방법으로서의 주민등록이 등기부상의 주택의 현황과 일치하지 않는다면 원칙적으로 유효한 공시방법이라고 할 수 없으나, 다만 주택의 소유권보존등기가 이루어진 후 토지의 분할 등으로 인하여 지적도, 토지대장, 건축물대장 등의 주택의 지번 표시가 분할 후의 지번으로 등재되어 있으나 등기부에는 여전히 분할 전의 지번으로 등재되어 있는 경우, 임차인이 주민등록을 함에 있어 토지대장 및 건축물대장에 일치하게 주택의 지번과 동호수를 표시하였다면 설사 그것이 등기부의 기재와 다르다고 하여도 일반의 사회통념상 임차인이 그 지번에 주소를 가진 것으로 제3자가 인식할 수 있다고 봄이 상당하므로, 유효한 임대차의 공시방법이 된다.

판례선정이유

'주택의 현황과 일치하게 전입신고를 하였으나 그것이 등기부의 기재와 다르다거나, 이후의 사정변경으로 인하여 공부상의 기재와 다르게 되더라도 일반의 사회통념상 임차인의 주소에 대하여 제3자가 인식할 수 있다고 볼 수 있는 경우에는 유효한 임대차의 공시방법으로 인정된다'는 점을 밝힌 판결

580. 상가임대차법의 적용범위

(대법원 2011. 7. 28. 선고 2009다40967 판결)

쟁점 상가건물임대차법 적용대상인 '상가건물 임대차'의 의미 및 이러한 '상가건물'에 해당하는지에 관한 판단기준

판결요지

[1] 상가임대차법의 목적과 같은 법 제2조 제1항 본문, 제3조 제1항에 비추어 보면, 상가임대차법이 적용되는 상가건물 임대차는 사업자등록 대상이 되는 건물로서 임대차 목적물인 건물을 영리를 목적으로 하는 영업용으로 사용하는 임대차를 가리킨다. 그리고 상가임대차법이 적용되는 상가건물에 해당하는지는 공부상 표시가 아닌 건물의 현황 · 용도 등에 비추어 영업용으로 사용하느냐에 따라 실질적으로 판단하여야 하고, 단순히 상품의 보관 · 제조 · 가공 등 사실행위만이 이루어지는 공장 · 창고 등은 영업용으로 사용하는 경우라고 할 수 없으나 그곳에서 그러한 사실행위와 더불어 영리를 목적으로 하는 활동이 함께 이루어진다면 상가임대차법 적용대상인 상가건물에 해당한다

[2] 임차인이 상가건물의 일부를 임차하여 도금작업을 하면서 임차부분에 인접한 컨테이너 박스에서 도금작업의 주문을 받고 완성된 도금제품을 고객에 인도하여 수수료를 받는 등 영업활동을 해 온 사안에서, 임차부분과 이에 인접한 컨테이너 박스는 일체로서 도금작업과 더불어 영업활동을 하는 하나의 사업장이므로 위 임차부분은 상가건물 임대차보호법이 적용되는 상가건물에 해당한다고 보아야 하는데도, 그와 같은 사정은 고려하지 않고 임차의 주된 부분이 영업용이 아닌 사실행위가 이루어지는 공장으로서 상가임대차법의 적용대상이 아니라고 본 원심판단에는 법리오해의 위법이 있다.

판례선정이유

임차인이 상가건물의 일부를 임차하여 영업활동을 하는 경우에는 상가건물임대차보호법이 적용될 수 있음을 밝힌 판결

제9절 도 급

581. 제작물공급계약
(대법원 1996. 6. 28. 선고 94다42976 판결)

쟁점 제작물공급계약의 법적 성질과 그에 대한 적용 법률

판결요지

당사자의 일방이 상대방의 주문에 따라 자기 소유의 재료를 사용하여 만든 물건을 공급할 것을 약정하고 이에 대하여 상대방이 대가를 지급하기로 약정하는 이른바 제작물공급계약은 그 제작의 측면에서는 도급의 성질이 있고, 공급의 측면에서는 매매의 성질이 있어, 이러한 계약은 대체로 매매와 도급의 성질을 함께 가지고 있는 것으로서, 그 적용 법률은 계약에 의하여 제작 · 공급하여야

할 물건이 대체물인 경우에는 매매로 보아서 매매에 관한 규정이 적용된다고 할 것이나, 물건이 특정의 주문자의 수요를 만족시키기 위한 부대체물인 경우에는 당해 물건의 공급과 함께 그 제작이 계약의 주목적이 되어 도급의 성질을 띠는 것이다.

판례선정이유

제작물이 대체물인 경우에는 매매의 법리가 적용되며, 제작물이 부대체물인 경우에는 도급의 법리가 적용될 수 있음을 밝힌 판결

582. 건설도급계약 해제의 효과
(대법원 2017. 1. 12. 선고 2014다11574 판결)

쟁점 건축공사도급계약이 수급인의 채무불이행을 이유로 해제될 당시 공사가 상당한 정도로 진척되어 이를 원상회복하는 것이 중대한 사회적 · 경제적 손실을 초래하고 완성된 부분이 도급인에게 이익이 되는 경우, 도급계약의 권리의무관계/ 건축공사도급계약이 중도해제된 경우, 도급인이 지급하여야 할 보수는 약정한 총 공사비에 기성고 비율을 적용한 금액인지 여부/ 이때 기성고 비율을 확정하는 방법 및 기성고 비율과 대금에 관하여 분쟁이 있는 경우, 당사자들이 약정으로 이를 정산할 수 있는지 여부

판결요지

건축공사도급계약이 수급인의 채무불이행을 이유로 해제된 경우에, 해제될 당시 공사가 상당한 정도로 진척되어 이를 원상회복하는 것이 중대한 사회적 · 경제적 손실을 초래하고 완성된 부분이 도급인에게 이익이 되는 경우에, 도급계약은 미완성부분에 대하여만 실효되고, 수급인은 해제한 상태 그대로 그 건물을 도급인에게 인도하며, 도급인은 특별한 사정이 없는 한 인도받은 미완성 건물에 대한 보수를 지급하여야 하는 권리의무관계가 성립한다. 건축공사도급계약이 중도해제된 경우, 도급인이 지급하여야 할 보수는 특별한 사정이 없는 한 당사자 사이에 약정한 총 공사비에 기성고 비율을 적용한 금액이 되는 것이지 수급인이 실제로 지출한 비용을 기준으로 할 것은 아니다. 그 기성고 비율은 공사대금 지급의무가 발생한 시점, 즉 수급인이 공사를 중단할 당시를 기준으로 이미 완성된 부분에 들어간 공사비에다 미시공 부분을 완성하는 데 들어갈 공사비를 합친 전체 공사비 가운데 완성된 부분에 들어간 비용이 차지하는 비율을 산정하여 확정하여야 한다. 그러나 이러한 공사 기성고 비율과 그 대금에 관하여 분쟁이 있는 경우에, 당사자들이 공사규모, 기성고 등을 참작하여 약정으로 그 비율과 대금을 정산할 수 있다고 보아야 한다.

판례선정이유

건축공사도급계약의 경우에는 수급인의 채무불이행을 이유로 계약을 해제한다고 하더라도 수급인이 반드시 원상회복을 할 필요는 없으며, 도급인도 기성고에 대해 정산을 하여야 한다고 함으로써 건축공사 도급계약해제의 효력이 계약의 해지와 마찬가지의 것이라는 점을 밝힌 판결

583. 수급인의 하자담보책임과 도급인의 동시이행항변권

(대법원 2014. 1. 16. 선고 2013다30653 판결)

쟁점 건물신축 도급계약에서 완성된 신축 건물에 하자가 있고, 하자 및 손해에 상응하는 금액이 공사잔대금액 이상이어서 도급인이 하자보수청구권 등에 기하여 수급인의 공사잔대금 채권 전부에 대하여 동시이행의 항변을 한 경우, 수급인이 공사잔대금 채권에 기한 유치권을 행사할 수 있는지 여부

판결요지

수급인의 공사대금채권이 도급인의 하자보수청구권 내지 하자보수에 갈음한 손해배상채권 등과 동시이행의 관계에 있는 점 및 피담보채권의 변제기 도래를 유치권의 성립요건으로 규정한 취지 등에 비추어 보면, 건물신축 도급계약에서 수급인이 공사를 완성하였더라도, 신축된 건물에 하자가 있고 그 하자 및 손해에 상응하는 금액이 공사잔대금액 이상이어서, 도급인이 수급인에 대한 하자보수청구권 내지 하자보수에 갈음한 손해배상채권 등에 기하여 수급인의 공사잔대금 채권 전부에 대하여 동시이행의 항변을 한 때에는, 공사잔대금 채권의 변제기가 도래하지 아니한 경우와 마찬가지로 수급인은 도급인에 대하여 하자보수의무나 하자보수에 갈음한 손해배상의무 등에 관한 이행의 제공을 하지 아니한 이상 공사잔대금 채권에 기한 유치권을 행사할 수 없다고 보아야 한다.

판례선정이유

수급인은 공사대금채권의 이행을 담보하기 위하여 유치권을 행사할 수 있으나, 완성된 건물의 하자로 인하여 도급인이 하자보수청구권의 행사와 함께 공사대금 전부에 대해 동시이행의 항변권을 행사하는 경우에는 수급인의 유치권행사가 제한될 수도 있음을 밝힌 판결

584. 수급인의 하자담보책임의 내용

(대법원 2016. 8. 18. 선고 2014다31691 판결)

쟁점 도급계약에서 완성된 목적물에 중요한 하자가 있는 경우, 하자의 보수에 갈음한 손해배상의 범위 및 완성된 건물 등에 중대한 하자가 있어 보수가 불가능하고 다시 건축할 수밖에 없는 경우, 건물 등을 철거하고 다시 건축하는 데 드는 비용 상당액을 하자로 인한 손해배상으로 청구할 수 있는지 여부

판결요지

도급계약에서 완성된 목적물에 하자가 있는 경우에 도급인은 수급인에게 하자의 보수나 하자의 보수에 갈음한 손해배상을 청구할 수 있다. 이때 하자가 중요한 경우에는 비록 보수에 과다한 비용이 필요하더라도 보수에 갈음하는 비용, 즉 실제로 보수에 필요한 비용이 모두 손해배상에 포함된다. 나아가 완성된 건물 기타 토지의 공작물(이하 '건물 등'이라 한다)에 중대한 하자가 있고 이로 인하여 건물 등이 무너질 위험성이 있어서 보수가 불가능하고 다시 건축할 수밖에 없는 경우에는, 특별한 사정이 없는 한 건물 등을 철거하고 다시 건축하는 데 드는 비용 상당액을 하자로 인한 손해배상으로 청구할 수 있다.

판례선정이유

'하자보수에 과도한 비용이 드는 경우에는 하자보수청구권을 행사할 수 없으며, 건축도급의 경우에는 하자가 중대하더라도 계약을 해제할 수 없으나, 하자가 중대한 경우에는 하자보수에 갈음하는 손해배상으로서 건물의 철거 및 재건축비용을 청구할 수 있다'고 함으로써 건축도급에서의 계약해제를 인정한 것과 마찬가지의 결과를 인정한 판결

585. 수급인의 저당권설정청구권과 채권자취소권

(대법원 2008. 3. 27. 선고 2007다78616, 78623 판결)

쟁점 수급인의 저당권설정청구권에 관한 제666조의 입법 취지 및 수급인의 저당권설정청구권 행사에 따라 도급인이 저당권을 설정하는 행위가 사해행위에 해당하는지 여부

판결요지

수급인의 저당권설정청구권을 규정하는 제666조는 부동산공사에서 그 목적물이 보통 수급인의 자재와 노력으로 완성되는 점을 감안하여 그 목적물의 소유권이 원시적으로 도급인에게 귀속되는 경우 수급인에게 목적물에 대한 저당권설정청구권을 부여함으로써 수급인이 사실상 목적물로부터 공사대금을 우선적으로 변제받을 수 있도록 하는 데 그 취지가 있고, 이러한 수급인의 지위가 목적물

에 대하여 유치권을 행사하는 지위보다 더 강화되는 것은 아니어서 도급인의 일반 채권자들에게 부당하게 불리해지는 것도 아닌 점 등에 비추어, 신축건물의 도급인이 제666조가 정한 수급인의 저당권설정청구권의 행사에 따라 공사대금채무의 담보로 그 건물에 저당권을 설정하는 행위는 특별한 사정이 없는 한 사해행위에 해당하지 아니한다.

판례선정이유

'제666조에 근거하여 공사대금의 이행을 담보하기 위하여 수급인에게 저당권을 설정한 경우에는 도급인의 일반채권자를 부당하게 불리한 지위에 두는 행위가 아니라는 점에서 채권자취소권 행사의 대상이 되지 않는다'는 점을 밝힌 판결

제11절 위 임

586. 위임계약과 상호해지의 자유

(대법원 2000. 4. 25. 선고 98다47108 판결)

쟁점 위임인의 이익과 함께 수임인의 이익도 목적으로 하고 있는 유상위임계약을 위임인이 정당한 이유 없이 해지하는 경우, 수임인에 대하여 손해배상책임을 지는지 여부

판결요지

위임계약은 원래 해지의 자유가 인정되어 쌍방 누구나 정당한 이유 없이도 언제든지 위임계약을 해지할 수 있고, 다만 불리한 시기에 부득이한 사유 없이 해지한 경우에 한하여 상대방에게 그로 인한 손해배상책임을 질 뿐이나, 수임인이 재임중에 기본급, 주택수당 및 자녀학비 등을 지급받고 퇴임시에는 퇴직금까지 지급받기로 하는 유상위임인데다가, 수임인의 지위를 보장하기 위하여 계약기간 중 처음 2년간은 위임인이 해지권을 행사하지 않기로 하는 특약까지 되어 있어 위임인의 이익과 함께 수임인의 이익도 목적으로 하고 있는 위임의 경우에는, 위임인의 해지 자유가 제한되어 위임인으로서는 해지 자체는 정당한 이유 유무에 관계없이 할 수 있다 하더라도 정당한 이유 없이 해지한 경우에는 상대방인 수임인에게 그로 인한 손해를 배상할 책임이 있다.

판례선정이유

제689조에 의하여 위임계약에서는 상호해지의 자유가 인정되며, 이를 이유로 한 손해배상책임도 인정되지 않음이 원칙이지만, 위임인의 이익과 함께 수임인의 이익도 목적으로 하고 있는 유상위임계약을 정당한 이유 없이 해지한 경우에는 손해배상책임이 인정될 수 있음을 밝힌 판결

제13절 조 합

587. 민법상 조합의 요건

(대법원 2012. 8. 30. 선고 2010다39918 판결)

쟁점 부동산을 공동으로 매수한 매수인들 사이의 법률관계를 민법상 조합으로 보기 위한 요건

판결요지

수인이 부동산을 공동으로 매수한 경우, 매수인들 사이의 법률관계는 공유관계로서 단순한 공동매수인에 불과할 수도 있고, 수인을 조합원으로 하는 동업체에서 매수한 것일 수도 있는데, 부동산의 공동매수인들이 전매차익을 얻으려는 '공동의 목적 달성'을 위하여 상호 협력한 것에 불과하고 이를 넘어 '공동사업을 경영할 목적'이 있었다고 인정되지 않는 경우, 이들 사이의 법률관계는 공유관계에 불과할 뿐 민법상 조합관계에 있다고 볼 수 없다. 공동매수의 목적이 전매차익의 획득에 있을 경우 그것이 공동사업을 위하여 동업체에서 매수한 것이 되려면, 적어도 공동매수인들 사이에서 매수한 토지를 공유가 아닌 동업체의 재산으로 귀속시키고 공동매수인 전원의 의사에 기하여 전원의 계산으로 처분한 후 이익을 분배하기로 하는 명시적 또는 묵시적 의사의 합치가 있어야만 하고, 이와 달리 공동매수 후 매수인별로 토지에 관하여 공유에 기한 지분권을 가지고 각자 자유롭게 지분권을 처분하여 대가를 취득할 수 있도록 한 것이라면 이를 동업체에서 매수한 것으로 볼 수는 없다.

판례선정이유

'수인이 부동산을 공동으로 매수한 경우, 이들 사이의 재산소유형태가 공유인지 아니면 합유인지를 판단함에 있어서 '공동사업을 경영할 목적'이 있는지의 여부가 판단의 근거가 된다'는 점을 밝힌 판결

588. 건설공동수급체의 법적 성질

(대법원 2012. 5. 17. 선고 2009다105406 전원합의체 판결)

쟁점 공동이행방식의 공동수급체 대표자가 도급인에게 공사대금채권의 구분 귀속에 관한 공동수급체 구성원들의 합의가 담긴 공동수급협정서를 입찰참가 신청서류와 함께 제출하면서 공동도급계약을 체결한 경우, 공동수급체와 도급인 사이에 공동수급체 개별 구성원이 출자지분 비율에 따라 공사대금채권을 직접 취득하도록 하는 묵시적인 약정이 있다고 볼 수 있는지 여부

판결요지

[1] 공동이행방식의 공동수급체는 기본적으로 민법상 조합의 성질을 가지는 것이므로, 공동수급체가 공사를 시행함으로 인하여 도급인에 대하여 가지는 채권은 원칙적으로 공동수급체 구성원에게 합유적으로 귀속하는 것이어서, 특별한 사정이 없는 한 구성원 중 1인이 임의로 도급인에 대하여 출자지분 비율에 따른 급부를 청구할 수 없고, 구성원 중 1인에 대한 채권으로써 그 구성원 개인을 집행채무자로 하여 공동수급체의 도급인에 대한 채권에 대하여 강제집행을 할 수 없다. 그러나 공동이행방식의 공동수급체와 도급인이 공사도급계약에서 발생한 채권과 관련하여 공동수급체가 아닌 개별 구성원으로 하여금 지분비율에 따라 직접 도급인에 대하여 권리를 취득하게 하는 약정을 하는 경우와 같이 공사도급계약의 내용에 따라서는 공사도급계약과 관련하여 도급인에 대하여 가지는 채권이 공동수급체 구성원 각자에게 지분비율에 따라 구분하여 귀속될 수도 있고, 위와 같은 약정은 명시적으로는 물론 묵시적으로도 이루어질 수 있다.

[2] 공동이행방식의 공동수급체 구성원들이 기성대가 또는 준공대가를 공동수급체 구성원별로 직접 지급받기로 하는 공동수급협정은 특별한 사정이 없는 한 도급인에 대한 관계에서 공사대금채권을 공동수급체 구성원 각자가 출자지분 비율에 따라 구분하여 취득하기로 하는 구성원 상호간의 합의라고 보는 것이 타당하고, 나아가 공동수급체 대표자가 1996. 1. 8. 개정된 공동도급계약운용요령 제11조에 따라 공동수급체 구성원 각자에게 공사대금채권을 지급할 것을 예정하고 있는 도급인에게 위와 같은 공사대금채권의 구분 귀속에 관한 공동수급체 구성원들의 합의가 담긴 공동수급협정서를 입찰참가 신청서류와 함께 제출하고 도급인이 별다른 이의를 유보하지 않은 채 이를 수령한 다음 공동도급계약을 체결하게 되면, 공동수급체와 도급인 사이에서 공동수급체의 개별 구성원으로 하여금 공사대금채권에 관하여 출자지분 비율에 따라 직접 도급인에 대하여 권리를 취득하게 하는 묵시적인 약정이 이루어졌다고 보는 것이 타당하다. 이는 공동도급계약운용요령과 공동수급협정서에서 공동이행방식의 공동수급체 대표자가 부도 등 부득이한 사유로 신청서를 제출할 수 없는 경우 공동수급체의 다른 모든 구성원의 연명으로 이를 제출하게 할 수 있다고 규정하고 있거나, 공동수급체 구성원들의 각 출자비율과 실제 시공비율이 일치하지 않더라도 달리 볼 것이 아니다.

판례선정이유

건설공동수급체의 법적 성질은 원칙적으로 조합이라고 하여야 하나, 공동수급체가 도급인에 대해 가지는 채권이 공동수급체 구성원 각자에게 지분비율에 따라 구분하여 귀속될 수 있다는 점에서, 조합재산의 귀속에 관한 일반원칙에 대한 예외를 인정한 판결

589. 공동명의의 예금계약

(대법원 2004. 10. 14. 선고 2002다55908 판결)

쟁점 [1] 공동명의의 예금채권자들이 동업 이외의 특정 목적을 달성하기까지 단독으로 예금을 인출할 수 없도록 방지 · 감시하고자 하는 목적으로 공동명의로 예금을 개설한 경우, 예금채권 및 관리처분권의 귀속관계

[2] 은행이 공동명의의 예금채권자 중 1인에 대한 별개의 대출금채권을 자동채권으로 하여 그의 지분에 상응하는 예금반환채권과 상계할 수 있는지 여부 및 공동명의의 예금채권자 중 1인이 다른 공동명의의 예금채권자의 지분을 양수한 경우, 그 지분에 대한 은행의 상계 주장에 대항하기 위한 요건

판결요지

[1] 은행에 공동명의로 예금을 하고 은행에 대하여 그 권리를 함께 행사하기로 한 경우에, 만일 동업자금을 공동명의로 예금한 경우라면 채권의 준합유관계에 있다고 볼 것이나, 공동명의의 예금채권자들 각자가 분담하여 출연한 돈을 동업 이외의 특정 목적을 위하여 공동명의로 예치해 둠으로써 그 목적이 달성되기 전에는 공동명의의 예금채권자가 단독으로 예금을 인출할 수 없도록 방지 · 감시하고자 하는 목적으로 공동명의로 예금을 개설한 경우라면, 하나의 예금채권이 분량적으로 분할되어 각 공동명의의 예금채권자들에게 공동으로 귀속되고, 각 공동명의의 예금채권자들이 예금채권에 대하여 갖는 각자의 지분에 대한 관리처분권은 각자에게 귀속된다.

[2] 공동명의의 예금채권자 중 1인에 대한 별개의 대출금채권을 가지는 은행으로서는 그 대출금채권을 자동채권으로 하여 그의 지분에 상응하는 예금반환채권에 대하여 상계할 수 있다 할 것이고, 다만 공동명의의 예금채권자 중 1인이 다른 공동명의의 예금채권자의 지분을 양수하였음을 이유로 그 지분에 대한 은행의 상계주장에 대항하기 위해서는 공동명의의 예금채권자들과 은행 사이에 예금반환채권의 귀속에 관한 별도의 합의가 있거나 채권양도의 대항요건을 갖추어야 한다.

판례선정이유

공동명의의 예금채권자들과 은행 사이에 예금반환채권의 귀속관계에 관하여 명시적 · 묵시적인 약정이 있었으므로 은행이 이미 예금반환채권을 상실한 공동명의의 예금채권자 1인에 대한 별개의 대출금채권을 자동채권으로 하여 상계주장을 할 수 없음을 밝힌 판결

590. 조합채무에 대한 책임

(대법원 2015. 3. 26. 선고 2012다25432 판결)

쟁점 공동이행방식의 공동수급체 구성원들이 상인인 경우, 도급인에 대한 하자보수의무에 관하여 연대책임을 지는지 여부

판결요지

공동이행방식의 공동수급체는 민법상 조합의 성질을 가지는데, 조합의 채무는 조합원의 채무로서 특별한 사정이 없는 한 조합채권자는 각 조합원에 대하여 지분의 비율에 따라 또는 균일적으로 권리를 행사할 수 있지만, 조합채무가 조합원 전원을 위하여 상행위가 되는 행위로 인하여 부담하게 된 것이라면, 상법 제57조 제1항을 적용하여 조합원들의 연대책임을 인정함이 상당하므로, 공동수급체의 구성원들이 상인인 경우 공사도급계약에 따라 도급인에게 하자보수를 이행할 의무는 구성원 전원의 상행위에 의하여 부담한 채무로서 공동수급체의 구성원들은 연대하여 도급인에게 하자보수를 이행할 의무가 있다.

판례선정이유

'조합채무에 대해서는 조합재산으로 책임을 지는 한편, 조합원 개인은 분할채무를 부담함이 원칙이지만, 조합채무가 특히 조합원 전원을 위하여 상행위가 되는 행위로 인하여 부담하게 된 것이라면 상법 제57조 제1항을 적용하여 조합원들의 연대책임을 인정할 수 있다'는 점을 밝힌 판결

591. 조합계약의 해지와 조합의 해산

(대법원 2009. 6. 11. 선고 2009다21096 판결)

쟁점 조합원 사이의 신뢰관계가 깨어져서 원만한 조합 운영을 기대할 수 없게 된 상황에서 다른 조합원에게 해지통고를 한 경우, 이러한 해지통고를 조합의 해산청구로 볼 수 있는지 여부

판결요지

동업계약과 같은 조합계약에 있어서는 조합의 해산청구를 하거나 조합으로부터 탈퇴를 하거나 또는 다른 조합원을 제명할 수 있을 뿐이지, 일반계약에 있어서처럼 조합계약을 해제하고 상대방에게 그로 인한 원상회복의 의무를 부담지울 수는 없고, 조합원 사이의 신뢰관계가 깨어져서 원만한 조합운영을 기대할 수 없게 된 상황에서 다른 조합원에게 해지통고를 한 것은 조합의 해산청구로 볼 수 있으며, 위와 같은 해산청구가 계약해제 내지 해지의 요건을 별도로 충족할 필요는 없다.

판례선정이유

'조합계약에서는 일반적인 계약에서와 같은 계약의 해제나 해지가 인정되지 않으며, 조합원 사이의 신뢰관계 파괴를 이유로 더 이상 조합을 운영할 수 없는 경우에는 조합을 해산하여야 한다'는 점을 밝힌 판결

제15절 화 해

592. 화해계약의 창설적 효력

(대법원 1989. 9. 12. 선고 88다카10050 판결)

쟁점 창설적 효력이 인정되는 화해계약에서 착오로 인한 취소가 인정될 수 있는지 여부

판결요지

화해계약이 성립되면 특별한 사정이 없는 한 그 창설적 효력에 의하여 종전의 법률관계를 바탕으로 한 권리의무관계는 말소되는 것으로서 계약당사자간에는 종전의 법률관계가 어떠하였느냐를 묻지 않고 화해계약에 의하여 새로운 법률관계가 생기는 것이고, 화해계약의 의사표시에 착오가 있더라도 이것이 당사자의 자격이나 화해의 목적인 분쟁 이외의 사항에 관한 것이 아니고 분쟁의 대상인 법률관계 자체에 관한 것인 때에는 이를 취소할 수 없다.

판례선정이유

'제732조에 따라 화해계약에 의하여 새로운 법률관계가 창설되므로, 제733조에 따라 착오를 이유로 화해계약을 취소할 수 없으나, 예외적으로 착오가 화해당사자의 자격이나 화해의 목적인 분쟁 이외의 사항에 관한 것인 때에는 화해계약을 취소할 수 있다'는 점을 밝힌 판결

제3장 사무관리

593. 사무관리와 관리의사

(대법원 2010. 1. 14. 선고 2007다55477 판결)

쟁점 관리자가 처리한 사무의 내용이 관리자와 제3자 사이에 체결된 계약상의 급부와 그 성질이 동일하다고 하더라도 관리자가 위 계약상 약정된 급부를 모두 이행한 후 본인과의 사이에 별도의 계약이 체결될 것을 기대하고 사무를 처리한 경우, 사무관리 의사가 있다고 볼 수 있는지 여부

판결요지

사무관리가 성립하기 위해서는 관리자가 법적인 의무 없이 타인의 사무를 관리해야 하는바, 관리자가 처리한 사무의 내용이 관리자와 제3자 사이에 체결된 계약상의 급부와 그 성질이 동일하다고 하더라도, 관리자가 위 계약상 약정된 급부를 모두 이행한 후 본인과의 사이에 별도의 계약이 체결될 것을 기대하고 사무를 처리하였다면, 그 사무는 위 약정된 의무의 범위를 벗어나 이루어진 것으로서 법률상 의무 없이 사무를 처리한 것이며, 이 경우 특별한 사정이 없는 한 그 사무처리로 인한 사실상의 이익을 본인에게 귀속시키려는 의사, 즉 타인을 위하여 사무를 처리하는 의사가 있다고 봄이 상당하다.

판례선정이유

'사무관리가 성립하기 위해서는 관리의사가 필요하며, 이는 사무처리로 인한 사실상의 이익을 본인에게 귀속시키려는 의사를 가리킨다'는 점을 밝힌 판결

594. 국가사무의 처리와 사무관리의 성립

(대법원 2014. 12. 11. 선고 2012다15602 판결)

쟁점 사인이 국가의 사무를 처리한 경우, 사무관리가 성립하기 위한 요건

판결요지

사무관리가 성립하기 위하여는 우선 사무가 타인의 사무이고 타인을 위하여 사무를 처리하는 의사, 즉 관리의 사실상 이익을 타인에게 귀속시키려는 의사가 있어야 하며, 나아가 사무의 처리가 본인에게 불리하거나 본인의 의사에 반한다는 것이 명백하지 아니할 것을 요한다. 다만 타인의 사무가 국가의 사무인 경우, 원칙적으로 사인이 법령상 근거 없이 국가의 사무를 수행할 수 없다는 점을 고려하면, 사인이 처리한 국가의 사무가 사인이 국가를 대신하여 처리할 수 있는 성질의 것으로서, 사무 처리의 긴급성 등 국가의 사무에 대한 사인의 개입이 정당화되는 경우에 한하여 사무관리가 성립하고, 사인은 그 범위 내에서 국가에 대하여 국가의 사무를 처리하면서 지출된 필요비 내지 유익비의 상환을 청구할 수 있다.

판례선정이유

'타인의 사무가 국가의 사무인 경우에도 사무관리가 성립할 수 있다'는 점을 밝힌 판결

제4장 부당이득

595. 급부부당이득과 침해부당이득의 증명책임

(대법원 2018. 1. 24. 선고 2017다37324 판결)

쟁점 급부부당이득과 침해부당이득의 증명책임

판결요지

제741조는 "법률상 원인 없이 타인의 재산 또는 노무로 인하여 이익을 얻고 이로 인하여 타인에게 손해를 가한 자는 그 이익을 반환하여야 한다"고 규정하고 있다. 당사자 일방이 자신의 의사에 따라 일정한 급부를 한 다음 급부가 법률상 원인 없음을 이유로 반환을 청구하는 이른바 급부부당이득의 경우에는, 법률상 원인이 없다는 점에 대한 증명책임은 부당이득반환을 주장하는 사람에게 있다. 이 경우 부당이득의 반환을 구하는 자는 급부행위의 원인이 된 사실의 존재와 함께 그 사유가 무효, 취소, 해제 등으로 소멸되어 법률상 원인이 없게 되었음을 주장·증명하여야 하고, 급부행위의 원인이 될 만한 사유가 처음부터 없었음을 이유로 하는 이른바 착오 송금과 같은 경우에는 착오로 송금하였다는 점 등을 주장·증명하여야 한다. 이는 타인의 재산권 등을 침해하여 이익을 얻었음을 이유로 부당이득반환을 구하는 이른바 침해부당이득의 경우에는 부당이득반환 청구의 상대방이 이익을 보유할 정당한 권원이 있다는 점을 증명할 책임이 있는 것과 구별된다.

판례선정이유

급부부당이득의 경우에는 법률상 원인이 없다는 점에 대한 증명책임이 부당이득반환을 주장하는 사람에게 있고, 침해부당이득의 경우에는 부당이득반환 청구의 상대방이 이익을 보유할 정당한 권원이 있다는 점을 증명할 책임이 있음을 밝힌 판결

596. 채권의 불성립 또는 무효와 부당이득반환의무

(대법원 2017. 12. 5. 선고 2017다225978, 225985 판결)

쟁점 상계계약의 당사자 일방 채권의 불성립 또는 무효와 부당이득반환의무

판결요지

법률상 원인 없이 타인의 재산 또는 노무로 인하여 이익을 얻고 이로 인하여 타인에게 손해를 입힌 자는 그 이익을 반환하여야 한다(제741조). 이러한 부당이득이 성립하기 위한 요건인 '이익'을 얻은 방법에는 제한이 없다. 가령 채무를 면하는 경우와 같이 어떠한 사실의 발생으로 당연히 발생하였을 손실을 보지 않는 것도 이익에 해당한다. 상계계약은 당사자 사이에 서로 대립하는 채권이 유효하게 존재하는 것을 전제로 서로 채무를 대등액 또는 대등의 평가액에 관하여 면제시키는 것을 내용으로 하는 계약이다. 두 채권의 소멸은 서로 인과관계가 있으므로 한쪽 당사자의 채권이 불성립 또는 무효이어서 그 면제가 무효가 되면 상대방의 채무면제도 당연히 무효가 된다. 이때 상대방의 채권이 유효하게 존재하였던 경우라면, 그 채권은 여전히 존재하는 것이 되므로 채무자는 그 채무를 이행할 의무를 부담한다. 채무자가 이를 이행하지 않았다고 하더라도 그가 법률상 원인 없이 채무를 면하는 이익을 얻었다고 볼 수 없다. 그리고 상대방의 채권도 불성립 또는 무효이어서 존재하지 않았던 경우라면, 그 채무자는 부존재하는 채무에 관하여 무효인 채무면제를 받은 것에 지나지 않으므로 채무를 이행할 의무도 없고 채무를 면하는 이익을 얻은 것도 아니다.

판례선정이유

상계계약 당사자 일방의 채권이 불성립 또는 무효인 경우, 상대방의 채권이 유효하게 존재하였던 경우와 상대방의 채권도 불성립 또는 무효이어서 존재하지 않았던 경우를 나누어 부당이득반환의무의 불성립함을 밝힌 판결

597. 부당이득반환채권과 소멸시효

(대법원 2012. 5. 10. 선고 2012다4633 판결)

쟁점 임대인과 임차인 모두 주식회사인 건물임대차계약이 종료되었음에도 불구하고 임차인이 임차건물을 무단 점유 · 사용한 경우, 부당이득반환채권과 소멸시효

판결요지

[1] 임대인 甲주식회사와 임차인 乙주식회사 사이에 체결된 건물임대차계약이 종료되었는데도 乙 회사가 임차건물을 무단으로 점유 · 사용하자 甲회사가 乙회사를 상대로 부당이득반환을 구한 사안에서, 乙회사는 甲회사에 대하여 임차건물의 점유 · 사용으로 인한 차임 상당의 부당이득금을 반환할 의무가 있는데, 주식회사인 甲회사, 乙회사 사이에 체결된 임대차계약은 상행위에 해당하지만, 계약기간 만료를 원인으로 한 부당이득반환채권은 법률행위가 아닌 법률규정에 의하여 발생하는 것이고, 발생 경위나 원인 등에 비추어 상거래 관계에서와 같이 정형적으로나 신속하게 해결할 필요성이 있는 것도 아니므로, 특별한 사정이 없는 한 10년의 민사소멸시효가 적용된다.

[2] 건물에 관한 임대차계약이 종료된 이후 이를 건물임대인에게 반환하지 않고 그대로 계속 점유·사용하는 자는 점유기간 동안 건물의 사용·수익에 따른 차임 상당액을 부당이득으로 반환할 의무가 있는데, 여기서 차임 상당액을 산정할 때 통상적으로 건물을 임대하는 경우 당연히 부지 부분의 이용을 수반하는 것이고 차임 상당액 속에는 건물 차임 외에도 부지 부분 차임(지대)도 포함되므로, 건물 차임은 물론이고 부지 부분 차임도 함께 계산되어야 한다. 그리고 건물소유자가 부지 부분에 관한 소유권을 상실하였다 하여도 건물소유자는 의연 토지소유자와 관계에서는 토지 위에 있는 건물의 소유자인 관계로 건물 부지의 불법점유자라 할 것이고, 따라서 건물 부지 부분에 관한 차임 상당의 부당이득 전부에 관한 반환의무를 부담하게 되며, 건물을 점유하고 있는 건물임차인이 토지소유자에게 부지점유자로서 부당이득반환의무를 진다고 볼 수 없다. 그러므로 건물소유자는 이러한 채무의 부담한도 내에서 건물임차인의 건물 불법점유에 상응하는 부지 부분의 사용·수익에 따른 임료 상당의 손실이 생긴 것이고, 건물에 관한 임대차계약 종료 이후 이를 계속 점유·사용하는 건물임차인은 건물소유자에 대한 관계에서 건물 부지의 사용·수익으로 인한 이득이 포함된 건물임료 상당의 부당이득을 하였다고 보아야 한다.

판례선정이유

임대인과 임차인 모두 주식회사인 건물임대차계약의 종료에도 불구하고 임차인이 임차건물을 무단 점유·사용한 경우, 부당이득반환채권은 10년의 민사소멸시효가 적용됨을 밝힌 판결

598. 횡령금으로 변제 또는 증여한 경우, 채권자의 부당이득 성립 여부

(대법원 2012. 1. 12. 선고 2011다74246 판결)

쟁점 횡령금으로 변제 또는 증여한 경우, 채권자의 부당이득 성립 여부

판결요지

[1] 부당이득제도는 이득자의 재산상 이득이 법률상 원인을 결여하는 경우에 공평·정의의 이념에 근거하여 이득자에게 반환의무를 부담시키는 것인데, 채무자가 피해자에게서 횡령한 금전을 자신의 채권자에 대한 채무변제에 사용하는 경우 채권자가 변제를 수령하면서 그 금전이 횡령한 것이라는 사실에 대하여 악의 또는 중대한 과실이 없는 한 채권자의 금전취득은 피해자에 대한 관계에서 법률상 원인이 있는 것으로 봄이 타당하며, 이와 같은 법리는 채무자가 횡령한 돈을 제3자에게 증여한 경우에도 마찬가지라고 보아야 한다.

[2] 甲이 지방세무공무원으로 재직하던 중 아무런 과오납 환부사유가 없는 사망자나 관외 거주자 등에게 과오납 환부사유가 있는 것처럼 서류를 작성하여 친정아버지인 乙을 포함한 가족들 또는

지인들 명의의 계좌로 과오납금을 송금하는 방법으로 수차례 횡령을 하였는데, 乙이 자신에게 송금된 돈 중 甲에게 다시 계좌이체를 해주고 남은 돈 및 횡령금의 일부로서 甲에게서 별도로 교부받은 돈을 집수리비용과 차량구입비용으로 사용한 사안에서, 甲이 횡령금 중 일부를 乙에게 송금하거나 교부함으로써 증여하였다고 볼 수 있으므로, 乙이 위 돈을 송금받거나 교부받을 당시 그것이 횡령한 것이라는 점에 대하여 악의 또는 중대한 과실이 있었는지에 관하여 심리한 다음 부당이득 성립 여부를 판단하였어야 하는데도, 이에 이르지 않은 채 선의취득 여부만을 살펴 乙의 부당이득반환의무를 인정한 원심판결을 파기한 사례

판례선정이유

채무자가 피해자에게서 횡령한 금전을 자신의 채권자에 대한 채무변제에 사용하는 경우, 채권자가 변제를 수령하면서 그 금전이 횡령한 것이라는 사실에 대하여 악의 또는 중대한 과실이 없는 한 채권자의 금전취득은 피해자에 대한 관계에서 법률상 원인이 있음을 밝힌 판결

599. 편취금으로 변제한 경우, 채권자의 부당이득 성립 여부

(대법원 2008. 3. 13. 선고 2006다53733, 53740 판결)

쟁점 편취금으로 변제한 경우, 채권자의 부당이득 성립 여부

판결요지

[1] 부당이득제도는 이득자의 재산상 이득이 법률상 원인을 결여하는 경우에 공평·정의의 이념에 근거하여 이득자에게 그 반환의무를 부담시키는 것인데, 채무자가 피해자로부터 편취한 금전을 자신의 채권자에 대한 채무변제에 사용하는 경우, 채권자가 그 변제를 수령함에 있어 그 금전이 편취된 것이라는 사실에 대하여 악의 또는 중대한 과실이 없는 한 채권자의 금전취득은 피해자에 대한 관계에서 법률상 원인이 있는 것으로 봄이 상당하며, 이와 같은 법리는 채무자가 편취한 금원을 자신의 채권자에 대한 채무변제에 직접 사용하지 아니하고 자신의 채권자의 다른 채권자에 대한 채무를 대신 변제하는 데 사용한 경우에도 마찬가지이다.

[2] 경리업무 담당자가 회사자금의 횡령 사실을 은폐할 목적으로 권한 없이 회사 명의로 은행과 대출계약을 체결하여 그 대출금을 편취한 후 이를 회사 또는 그 회사의 채권자인 거래처의 예금계좌에 송금하여 횡령금 상당액을 변제한 경우, 위 송금 당시 이러한 사정에 대하여 회사의 악의 또는 중과실이 없는 한 위 회사가 금전취득 또는 채무소멸의 이익을 얻은 것은 편취행위의 피해자인 은행에 대한 관계에서 법률상 원인이 있다.

판례선정이유

채무자가 피해자로부터 편취한 금전을 자신의 채권자에 대한 채무변제에 사용하는 경우, 채권자가 그 변제를 수령함에 있어 그 금전이 편취된 것이라는 사실에 대하여 악의 또는 중대한 과실이 없는 한 채권자의 금전취득은 피해자에 대한 관계에서 법률상 원인이 있음을 밝힌 판결

600. 토지 공유자의 부당이득반환청구권

(대법원 1979. 1. 30. 선고 78다2088 판결)

쟁점 토지 공유자의 부당이득반환청구권

판결요지

토지 공유자는 특별한 사정이 없는 한 그 지분에 대응하는 비율의 범위 내에서만 그 차임상당의 부당이득금반환의 청구권을 행사할 수 있다.

판례선정이유

토지 공유자는 특별한 사정이 없는 한 그 지분에 대응하는 비율의 범위 내에서만 부당이득금반환청구권을 행사할 수 있음을 밝힌 판결

601. 경매절차에서 소유권을 상실한 소유자의 부당이득반환청구권

(대법원 2003. 7. 25. 선고 2002다39616 판결)

쟁점 채무자 이외의 자 소유의 동산에 대한 경매절차에서 소유권을 상실한 소유자의 부당이득반환청구권

판결요지

채무자 이외의 자의 소유에 속하는 동산에 대한 경매절차에서 그 동산의 매득금은 채무자의 것이 아니어서 채권자가 이를 배당을 받았다고 하더라도 채권은 소멸하지 않고 계속 존속하므로, 배당을 받은 채권자는 이로 인하여 법률상 원인 없는 이득을 얻고 소유자는 경매에 의하여 소유권을 상실하는 손해를 입게 되었다고 할 것이니, 그 동산의 소유자는 배당을 받은 채권자에 대하여 부당이득으로서 배당받은 금원의 반환을 청구할 수 있다.

판례선정이유

채무자 이외의 자 소유의 동산에 대한 경매절차에서 소유권을 상실한 소유자는 배당받은 채권자에 대하여 부당이득반환청구권이 있음을 밝힌 판결

602. 무권리자의 처분행위로 권리를 상실한 권리자의 부당이득반환청구권

(대법원 2011. 6. 10. 선고 2010다40239 판결)

쟁점 무권리자의 처분행위로 권리자가 권리를 상실한 경우, 권리자의 무권리자에 대한 부당이득반환청구권

판결요지

무권리자가 타인의 권리를 제3자에게 처분하였으나 선의의 제3자 보호규정에 의하여 원래 권리자가 권리를 상실하는 경우, 권리자는 무권리자를 상대로 제3자에게서 처분의 대가로 수령한 것을 이른바 침해부당이득으로 보아 반환청구할 수 있다. 한편 수익자가 법률상 원인 없이 이득한 재산을 처분함으로 인하여 원물반환이 불가능한 경우에 반환하여야 할 가액을 산정할 때에는 법률상 원인 없는 이득을 얻기 위하여 지출한 비용은 수익자가 반환하여야 할 이득의 범위에서 공제되어야 할 것이나, 타인 소유의 부동산을 처분하여 매각대금을 수령한 경우, 수익자는 그러한 처분행위가 없었다면 부동산 자체를 반환하였어야 할 지위에 있던 사람이므로 자신의 처분행위로 인하여 발생한 양도소득세 기타 비용은 수익자가 이익 취득과 관련하여 지출한 비용에 해당한다고 할 수 없어 이를 반환하여야 할 이득에서 공제할 것은 아니다.

판례선정이유

무권리자의 처분행위와 선의의 제3자 보호규정에 의하여 권리자가 권리를 상실한 경우, 권리자는 무권리자를 상대로 침해부당이득반환청구권을 행사할 수 있음을 밝힌 판결

603. 저당권자의 물상대위권 상실과 부당이득반환청구권

(대법원 2009. 5. 14. 선고 2008다17656 판결)

쟁점 저당권자의 물상대위권 상실과 부당이득반환청구권

판결요지

저당권자는 저당권의 목적이 된 물건의 멸실, 훼손 또는 공용징수로 인하여 저당목적물의 소유자가 받을 저당목적물에 갈음하는 금전 기타 물건에 대하여 물상대위권을 행사할 수 있으나, 다만 그 지급 또는 인도 전에 이를 압류하여야 하며, 저당권자가 위 금전 또는 물건의 인도청구권을 압류하기 전에 저당물의 소유자가 그 인도청구권에 기하여 금전 등을 수령한 경우, 저당권자는 더 이상 물상대위권을 행사할 수 없게 된다. 이 경우 저당권자는 저당권의 채권최고액 범위 내에서 저당목적물의 교환가치를 지배하고 있다가 저당권을 상실하는 손해를 입게 되는 반면에, 저당목적물의 소유자는 저당권의 채권최고액 범위 내에서 저당권자에게 저당목적물의 교환가치를 양보하여야 할 지위에 있다가 마치 그러한 저당권의 부담이 없었던 것과 같은 상태에서의 대가를 취득하게 되는 것이므로, 그 수령한 금액 가운데 저당권의 채권최고액을 한도로 하는 피담보채권액의 범위 내에서는 이득을 얻게 된다. 저당목적물 소유자가 얻은 위와 같은 이익은 저당권자의 손실로 인한 것으로서 인과관계가 있을 뿐 아니라, 공평의 관념에 위배되는 재산적 가치의 이동이 있는 경우 수익자로부터 그 이득을 되돌려받아 손실자와 재산상태의 조정을 꾀하는 부당이득제도의 목적에 비추어 보면 위와 같은 이익을 소유권자에게 종국적으로 귀속시키는 것은 저당권자에 대한 관계에서 공평의 관념에 위배되어 법률상 원인이 없다고 봄이 상당하므로, 저당목적물 소유자는 저당권자에게 이를 부당이득으로 반환할 의무가 있다.

판례선정이유

저당물의 멸실, 훼손 또는 공용징수로 인하여 저당권자가 물상대위권을 행사할 수 있었으나 저당권자가 압류하기 전에 저당물의 소유자가 금전 등을 수령함으로써 물상대위권을 행사할 수 없게 된 경우, 저당권자는 저당물 소유자에 대하여 부당이득반환청구권을 행사할 수 있음을 밝힌 판결

604. 토지수용과 가압류의 효력

(대법원 2009. 9. 10. 선고 2006다61536, 61543 판결)

쟁점 토지수용과 가압류의 효력

판결요지

토지보상법 제45조 제1항에 의하면, 토지 수용의 경우 사업시행자는 수용의 개시일에 토지의 소유권을 취득하고 그 토지에 관한 다른 권리는 소멸하는 것인바, 수용되는 토지에 대하여 가압류가 집행되어 있더라도 토지 수용으로 사업시행자가 그 소유권을 원시취득하게 됨에 따라 그 토지 가압류의 효력은 절대적으로 소멸하는 것이고, 이 경우 법률에 특별한 규정이 없는 이상 토지에

대한 가압류가 그 수용보상금채권에 당연히 전이되어 효력이 미치게 된다거나 수용보상금채권에 대하여도 토지 가압류의 처분금지적 효력이 미친다고 볼 수는 없으며, 또 가압류는 담보물권과는 달리 목적물의 교환가치를 지배하는 권리가 아니고, 담보물권의 경우에 인정되는 물상대위의 법리가 여기에 적용된다고 볼 수도 없다. 그러므로 토지에 대하여 가압류가 집행된 후에 제3자가 그 토지의 소유권을 취득함으로써 가압류의 처분금지 효력을 받고 있던 중 그 토지가 공익사업법에 따라 수용됨으로 인하여 기존 가압류의 효력이 소멸되는 한편 제3취득자인 토지소유자는 위 가압류의 부담에서 벗어나 토지수용보상금을 온전히 지급받게 되었다고 하더라도, 이는 위 법에 따른 토지 수용의 효과일 뿐이지 이를 두고 법률상 원인 없는 부당이득이라고 할 것은 아니다.

판례선정이유

수용 토지에 집행된 가압류는 토지 수용으로 그 효력이 절대적으로 소멸하는 것이고, 토지 수용으로 집행된 가압류가 그 효력이 소멸하였다고 하여 토지에 대한 가압류 집행 후 그 토지를 취득한 제3자가 법률상 원인 없는 부당이득을 한 것은 아님을 밝힌 판결

605. 확정판결이 실체적 권리관계와 다른 경우와 부당이득반환의무

(대법원 2009. 11. 12. 선고 2009다56665 판결)

쟁점 확정판결이 실체적 권리관계와 다른 경우와 부당이득반환의무

판결요지

확정판결이 실체적 권리관계와 다르다 하더라도 그 판결이 재심의 소 등으로 취소되지 않는 한 그 판결의 기판력에 저촉되는 주장을 할 수 없어 그 판결의 집행으로 교부받은 금원을 법률상 원인 없는 이득이라 할 수 없는 것이므로, 불법행위로 인한 인신손해에 대한 손해배상청구소송에서 판결이 확정된 후 피해자가 그 판결에서 손해배상액 산정의 기초로 인정된 기대여명보다 일찍 사망한 경우라도 그 판결이 재심의 소 등으로 취소되지 않는 한 그 판결에 기하여 지급받은 손해배상금 중 일부를 법률상 원인 없는 이득이라 하여 반환을 구하는 것은 그 판결의 기판력에 저촉되어 허용될 수 없다.

판례선정이유

확정판결이 실체적 권리관계와 다르다 하더라도 그 판결에 기하여 지급받은 금원을 부당이득반환으로 구하는 것은 그 판결의 기판력에 저촉되어 허용되지 않음을 밝힌 판결

606. 직접점유자와 간접점유자의 부당이득반환의무의 관계

(대법원 2012. 9. 27. 선고 2011다76747 판결)

쟁점 직접점유자와 간접점유자의 점유 · 사용으로 인한 부당이득의 반환의무의 관계

판결요지

어떤 물건에 대하여 직접점유자와 간접점유자가 있는 경우, 그에 대한 점유 · 사용으로 인한 부당이득의 반환의무는 동일한 경제적 목적을 가진 채무로서 서로 중첩되는 부분에 관하여는 일방의 채무가 변제 등으로 소멸하면 타방의 채무도 소멸하는 이른바 부진정연대채무의 관계에 있다.

판례선정이유

어떤 물건에 대한 직접점유자와 간접점유자의 점유 · 사용으로 인한 부당이득의 반환의무는 부진정연대채무의 관계에 있음을 밝힌 판결

607. 제3자에 대한 부당이득반환청구

(대법원 2002. 8. 23. 선고 99다66564, 66571 판결)

쟁점 계약상의 급부가 계약의 상대방뿐만 아니라 제3자의 이익으로 된 경우, 제3자에 대한 부당이득반환청구권

판결요지

[1] 계약상의 급부가 계약의 상대방뿐만 아니라 제3자의 이익으로 된 경우에 급부를 한 계약당사자가 계약 상대방에 대하여 계약상의 반대급부를 청구할 수 있는 이외에 그 제3자에 대하여 직접 부당이득반환청구를 할 수 있다고 보면, 자기 책임하에 체결된 계약에 따른 위험부담을 제3자에게 전가시키는 것이 되어 계약법의 기본원리에 반하는 결과를 초래할 뿐만 아니라, 채권자인 계약당사자가 채무자인 계약 상대방의 일반채권자에 비하여 우대받는 결과가 되어 일반채권자의 이익을 해치게 되고, 수익자인 제3자가 계약 상대방에 대하여 가지는 항변권 등을 침해하게 되어 부당하므로, 위와 같은 경우 계약상의 급부를 한 계약당사자는 이익의 귀속 주체인 제3자에 대하여 직접 부당이득반환을 청구할 수는 없다고 보아야 한다.

[2] 유효한 도급계약에 기하여 수급인이 도급인으로부터 제3자 소유 물건의 점유를 이전받아 이를 수리한 결과 그 물건의 가치가 증가한 경우, 도급인이 그 물건을 간접점유하면서 궁극적으로 자신의 계산으로 비용지출과정을 관리한 것이므로, 도급인만이 소유자에 대한 관계에 있어서 제203

조에 의한 비용상환청구권을 행사할 수 있는 비용지출자라고 할 것이고, 수급인은 그러한 비용지출자에 해당하지 않는다고 보아야 한다.

판례선정이유

계약상의 급부가 계약의 상대방뿐만 아니라 제3자의 이익으로 된 경우에, 계약상의 급부를 한 계약당사자는 이익의 귀속 주체인 제3자에 대하여 직접 부당이득반환을 청구할 수는 없음을 밝힌 판결(이른바 전용물소권)

608. 사무관리자의 제3자에 대한 부당이득반환청구

(대법원 2013. 6. 27. 선고 2011다17106 판결)

쟁점 사무관리자가 제3자에 대하여 부당이득반환청구를 할 수 있는지 여부

판결요지

계약상 급부가 계약 상대방뿐 아니라 제3자에게 이익이 된 경우에, 급부를 한 계약당사자는 계약 상대방에 대하여 계약상 반대급부를 청구할 수 있는 이외에 제3자에 대하여 직접 부당이득반환청구를 할 수는 없다고 보아야 하고, 이러한 법리는 급부가 사무관리에 의하여 이루어진 경우에도 마찬가지이다. 따라서 의무 없이 타인을 위하여 사무를 관리한 자는 타인에 대하여 민법상 사무관리 규정에 따라 비용상환 등을 청구할 수 있는 외에 사무관리에 의하여 결과적으로 사실상 이익을 얻은 다른 제3자에 대하여 직접 부당이득반환을 청구할 수는 없다.

판례선정이유

계약상 급부가 계약 상대방뿐 아니라 제3자에게 이익이 된 경우에 급부를 한 계약당사자는 제3자에 대하여 직접 부당이득반환청구를 할 수는 없고, 이러한 법리는 급부가 사무관리에 의하여 이루어진 경우에도 마찬가지임을 밝힌 판결

609. 삼각관계에서 급부가 이루어진 경우와 부당이득반환관계

(대법원 2018. 7. 12. 선고 2018다204992 판결)

쟁점 이른바 삼각관계에서 급부가 이루어진 경우와 부당이득반환관계

판결요지

계약의 한쪽 당사자가 상대방의 지시 등으로 급부과정을 단축하여 상대방과 또 다른 계약관계를 맺고 있는 제3자에게 직접 급부를 하는 경우(이른바 삼각관계에서 급부가 이루어진 경우), 그 급부로써 급부를 한 계약당사자가 상대방에게 급부를 한 것일 뿐만 아니라 그 상대방이 제3자에게 급부를 한 것이다. 따라서 계약의 한쪽 당사자는 제3자를 상대로 법률상 원인 없이 급부를 수령하였다는 이유로 부당이득반환청구를 할 수 없다. 이러한 경우에 계약의 한쪽 당사자가 상대방에게 급부를 한 원인관계인 법률관계에 무효 등의 흠이 있거나 그 계약이 해제되었다는 이유로 제3자를 상대로 직접 부당이득반환청구를 할 수 있다고 보면, 자기 책임 아래 체결된 계약에 따른 위험부담을 제3자에게 전가하는 것이 되어 계약법의 원리에 반하는 결과를 초래할 뿐만 아니라 수익자인 제3자가 상대방에 대하여 가지는 항변권 등을 침해하게 되어 부당하다.

판례선정이유

이른바 삼각관계에서 급부가 이루어진 경우, 계약의 한쪽 당사자는 제3자를 상대로 부당이득반환청구를 할 수 없음을 밝힌 판결

610. 부당이득의 대상

(대법원 1996. 11. 22. 선고 96다34009 판결)

쟁점 부당이득의 대상

판결요지

법률상 원인 없이 타인의 재산 또는 노무로 인하여 이익을 얻고 이로 인하여 타인에게 손해를 가하는 이른바 부당이득은 그 수익의 방법에 제한이 없음은 물론, 그 수익에 있어서도 그 어떠한 사실에 의하여 재산이 적극적으로 증가하는 재산의 적극적 증가나 그 어떠한 사실의 발생으로 당연히 발생하였을 손실을 보지 않게 되는 재산의 소극적 증가를 가리지 않는 것으로, 채권도 물권과 같이 재산의 하나이므로 그 취득도 당연히 이득이 되고 수익이 된다

판례선정이유

부당이득의 대상에 채권도 포함된다는 점을 밝힌 판결

611. 부당이득반환의 대상이 금전인 경우, 이익의 현존 추정
(대법원 2009. 5. 28. 선고 2007다20440, 20457 판결)

쟁점 부당이득반환의 대상이 금전인 경우, 이익의 현존 추정 여부

판결요지

법률상 원인 없이 타인의 재산 또는 노무로 이익을 얻고 그로 인하여 타인에게 손해를 가한 경우, 그 취득한 것이 금전상의 이득인 때에는 그 금전은 이를 취득한 자가 소비하였는가의 여부를 불문하고 현존하는 것으로 추정되고, 그 취득한 것이 성질상 계속적으로 반복하여 거래되는 물품으로서 곧바로 판매되어 환가될 수 있는 금전과 유사한 대체물인 경우에도 마찬가지다.

판례선정이유

부당이득반환의 대상이 금전인 경우 현존하는 것을 추정됨을 밝힌 판결

612. 쌍무계약이 취소된 경우, 선의의 매도인의 부당이득반환범위
(대법원 1993. 5. 14. 선고 92다45025 판결)

쟁점 쌍무계약이 취소된 경우, 선의의 매도인의 부당이득반환 범위

판결요지

[1] 동시이행의 항변권을 규정한 제536조가 제549조에 의하여 계약해제의 경우 각 당사자의 원상회복의무에 준용되고 있는 점을 생각할 때 쌍무계약이 무효로 되어 각 당사자가 서로 취득한 것을 반환하여야 하는 경우에도 동시이행관계가 있다고 보아 제536조를 준용함이 옳다고 해석되는바, 이는 공평의 관념상 계약이 무효인 때의 원상회복의무이행과 계약해제 때의 그것을 구별하여야 할 이유가 없으며 계약무효의 경우라 하여 어느 일방의 당사자에게만 먼저 반환의무이행이 강제된다면 공평과 신의칙에 위배되기 때문이다.

[2] 쌍무계약이 취소된 경우, 선의의 매수인에게 제201조가 적용되어 과실취득권이 인정되는 이상 선의의 매도인에게도 제587조의 유추적용에 의하여 대금의 운용이익 내지 법정이자의 반환을 부정함이 형평에 맞다.

판례선정이유

쌍무계약이 취소된 경우, 선의의 매도인에게도 제587조의 유추적용에 의하여 대금의 운용이익 내지 법정이자의 반환이 부정된다는 점을 밝힌 판결

613. 악의의 수익자라는 점에 대한 증명책임

(대법원 2010. 1. 28. 선고 2009다24187, 24194 판결)

쟁점 부당이득반환의무자가 악의의 수익자라는 점에 대한 증명책임

판결요지

부당이득반환의무자가 악의의 수익자라는 점에 대하여는 이를 주장하는 측에서 입증책임을 진다. 여기서 '악의'라고 함은, 제749조 제2항에서 악의로 의제되는 경우 등은 별론으로 하고, 자신의 이익 보유가 법률상 원인 없는 것임을 인식하는 것을 말하고, 그 이익의 보유를 법률상 원인이 없는 것이 되도록 하는 사정, 즉 부당이득반환의무의 발생요건에 해당하는 사실이 있음을 인식하는 것만으로는 부족하다. 따라서 계약명의신탁에서 명의수탁자가 수령한 매수자금이 명의신탁약정에 기하여 지급되었다는 사실을 알았다고 하여도 그 명의신탁약정이 부동산실명법 제4조 제1항에 의하여 무효임을 알았다는 등의 사정이 부가되지 아니하는 한 명의수탁자가 그 금전의 보유에 관하여 법률상 원인 없음을 알았다고 쉽사리 말할 수 없다.

판례선정이유

'부당이득반환의무자가 악의의 수익자라는 점에 대하여는 이를 주장하는 측에서 증명책임을 부담하고, 계약명의신탁에서 명의수탁자가 수령한 매수자금이 명의신탁약정에 기하여 지급되었다는 사실을 알았다고 하여도 그 명의신탁약정이 부동산실명법 제4조 제1항에 의하여 무효임을 알았다는 등의 사정이 부가되지 아니하는 한 명의수탁자가 그 금전의 보유에 관하여 법률상 원인 없음을 알았다고 쉽사리 말할 수 없다'는 점을 밝힌 판결

614. 제197조 2항에서의 '본권의 소'의 범위

(대법원 2002. 11. 22. 선고 2001다6213 판결)

쟁점 제197조 2항에서의 '본권의 소'의 범위

판결요지

제201조 제1항에 의하면, 선의의 점유자는 점유물의 과실을 취득한다고 규정되어 있고, 제197조 제1항에 의하면, 점유는 선의인 것으로 추정되도록 규정되어 있으나, 같은 조 제2항에는 선의의 점유자라도 본권에 관한 소에 패소한 때에는 그 소가 제기된 때로부터 악의의 점유자로 본다고 규정되어 있는바, 위 제197조 제2항의 취지와 부당이득반환에 관한 제749조 제2항의 취지 등에 비추어 볼 때, 여기서의 본권에 관한 소에는 소유권에 기하여 점유물의 인도나 명도를 구하는 소송은 물론 부당점유자를 상대로 점유로 인한 부당이득의 반환을 구하는 소송도 포함된다.

판례선정이유

제197조 2항에서의 '본권의 소'에는 소유권에 기하여 점유물의 인도나 명도를 구하는 소송은 물론 부당점유자를 상대로 점유로 인한 부당이득의 반환을 구하는 소송도 포함됨을 밝힌 판결

615. 선의의 수익자가 '패소한 때'의 의미

(대법원 2016. 7. 29. 선고 2016다220044 판결)

쟁점 부당이득반환관계에서 악의로 의제되는 선의의 수익자가 '패소한 때'의 의미

판결요지

선의의 점유자는 점유물의 과실을 취득하고(제201조 제1항), 점유자는 선의로 점유한 것으로 추정되지만(제197조 제1항), 선의의 점유자라도 본권에 관한 소에서 패소한 때에는 그 소가 제기된 때부터 악의의 점유자로 본다(제197조 제2항). 같은 취지에서 선의의 수익자가 패소한 때에는 그 소를 제기한 때부터 악의의 수익자로 간주되고(제749조 제2항), 악의의 수익자는 그 받은 이익에 이자를 붙여 반환하고 손해가 있으면 이를 배상하여야 한다(제748조 제2항). 여기에서 '패소한 때'란 점유자 또는 수익자가 종국판결에 의하여 패소 확정되는 것을 뜻하지만, 이는 악의의 점유자 또는 수익자로 보는 효과가 그때 발생한다는 것뿐이고 점유자 등의 패소판결이 확정되기 전에는 이를 전제로 하는 청구를 하지 못한다는 의미가 아니다. 그러므로 소유자가 점유자 등을 상대로 물건의 반환과 아울러 권원 없는 사용으로 얻은 이익의 반환을 청구하면서 물건의 반환 청구가 인용될 것을 전제로 하여 그에 관한 소송이 계속된 때 이후의 기간에 대한 사용이익의 반환을 청구하는 것은 허용된다.

판례선정이유

선의의 수익자가 패소한 때에는 그 소를 제기한 때부터 악의의 수익자로 간주되고, 여기에서 '패소한 때'란 점유자 또는 수익자가 종국판결에 의하여 패소 확정되는 것을 뜻하지만, 이는 악의의 점유자 또는 수익자로 보는 효과가 그때 발생한다는 것뿐이라는 점을 밝힌 판결

616. 악의의 수익자인 매도인이 반환할 매매대금에 붙이는 법정이자의 법적 성질

(대법원 2017. 3. 9. 선고 2016다47478 판결)

쟁점 매매계약이 무효인 경우, 악의의 수익자인 매도인이 반환할 매매대금에 대하여 붙이는 법정이자의 법적 성질

판결요지

계약무효의 경우, 각 당사자가 상대방에 대하여 부담하는 반환의무는 성질상 부당이득반환의무로서 악의의 수익자는 그 받은 이익에 법정이자를 붙여 반환하여야 하므로(제748조 제2항), 매매계약이 무효로 되는 때에는 매도인이 악의의 수익자인 경우 특별한 사정이 없는 한 매도인은 반환할 매매대금에 대하여 민법이 정한 연 5%의 법정이율에 의한 이자를 붙여 반환하여야 한다. 그리고 위와 같은 법정이자의 지급은 부당이득반환의 성질을 가지는 것이지 반환의무의 이행지체로 인한 손해배상이 아니므로, 매도인의 매매대금 반환의무와 매수인의 소유권이전등기 말소등기절차 이행의무가 동시이행의 관계에 있는지 여부와는 관계가 없다.

판례선정이유

'매매계약이 무효인 경우, 악의의 수익자인 매도인은 특별한 사정이 없는 한 반환할 매매대금에 대하여 민법이 정한 연 5%의 법정이율에 의한 이자를 붙여 반환하여야 하고, 위와 같은 법정이자의 지급은 매도인의 매매대금 반환의무와 매수인의 소유권이전등기 말소등기절차 이행의무가 동시이행의 관계에 있는지 여부와는 관계가 없다'는 점을 밝힌 판결

617. 비채변제의 성립요건

(대법원 1997. 7. 25. 선고 97다5541 판결)

쟁점 제742조의 비채변제의 성립요건

판결요지

채무 없는 자가 착오로 인하여 변제한 것이 아니라면 비채변제는 지급자가 채무 없음을 알면서도 임의로 지급한 경우에만 성립하고, 채무 없음을 알고 있었다 하더라도 변제를 강제당한 경우나 변제거절로 인한 사실상의 손해를 피하기 위하여 부득이 변제하게 된 경우 등 그 변제가 자기의 자유로운 의사에 반하여 이루어진 것으로 볼 수 있는 사정이 있는 때에는, 지급자가 그 반환청구권을 상실하지 않는다.

판례선정이유

'제742조 비채변제는 지급자가 채무 없음을 알면서도 임의로 지급한 경우에만 성립한다'는 점을 밝힌 판결

618. 불법원인급여의 성립요건
(대법원 1995. 8. 11. 선고 94다54108 판결)

쟁점 제746조의 불법원인급여의 성립요건

판결요지

[1] 제746조에서 불법의 원인으로 인하여 급여함으로써 그 반환을 청구하지 못하는 이익은 종국적인 것을 말한다.

[2] 도박자금으로 금원을 대여함으로 인하여 발생한 채권을 담보하기 위한 근저당권설정등기가 경료되었을 뿐인 경우와 같이, 수령자가 그 이익을 향수하려면 경매신청을 하는 등 별도의 조치를 취하여야 하는 경우에는, 그 불법원인급여로 인한 이익이 종국적인 것이 아니므로 등기설정자는 무효인 근저당권설정등기의 말소를 구할 수 있다.

판례선정이유

제746조에서 불법원인급여로써 반환을 청구하지 못하는 이익은 종국적인 것이어야 함을 밝힌 판결

619. 불법원인급여와 송금위탁계약의 해제
(대법원 1992. 12. 11. 선고 92다33169 판결)

쟁점 불법원인급여와 송금위탁계약의 해제

판결요지

불법원인급여에 관한 제746조의 규정취지는 제103조와 함께 사법의 기본이념으로 사회적 타당성이 없는 행위를 한 사람은 형식 여하를 불문하고 스스로 한 불법행위의 무효를 주장하여 복구를 소구할 수 없다는 법의 이상을 표현하는 것이고, 부당이득반환청구권만을 제한하는 규정이 아니므로, 불법의 원인으로 인하여 금원을 급여한 사람이 금원의 교부가 송금위탁계약에 기한 것으로 이의 해제를 전제로 반환을 구하는 것도 허용되지 아니한다.

판례선정이유

'금원 교부의 기초가 된 송금위탁계약의 해제를 전제로 하더라도 불법원인으로 인한 반환청구는 허용되지 않는다'는 점을 밝힌 판결

620. 불법원인급여와 소유권에 기한 물권적 청구권과의 관계

(대법원 1979. 11. 13. 선고 79다483 전원합의체 판결)

쟁점 제746조와 소유권에 기한 반환청구권과의 관계

판결요지

제746조는 단지 부당이득제도만을 제한하는 것이 아니라 제103조와 함께 사법의 기본이념으로서, 결국 사회적 타당성이 없는 행위를 한 사람은 스스로 불법한 행위를 주장하여 복구를 그 형식 여하에 불구하고 소구할 수 없다는 이상을 표현한 것이므로, 급여를 한 사람은 그 원인행위가 법률상 무효라 하여 상대방에게 부당이득반환청구를 할 수 없음은 물론 급여한 물건의 소유권은 여전히 자기에게 있다고 하여 소유권에 기한 반환청구도 할 수 없고, 따라서 급여한 물건의 소유권은 급여를 받은 상대방에게 귀속된다.

판례선정이유

'제746조에 의하여, 불법원인급여를 한 사람은 상대방에게 부당이득반환청구를 할 수 없음은 물론 소유권에 기한 반환청구도 할 수 없고, 따라서 급여한 물건의 소유권은 급여를 받은 상대방에게 귀속된다'는 점을 밝힌 판결

621. 불법원인급여에 있어서 불법성비교이론
(대법원 2013. 8. 22. 선고 2013다35412 판결)

쟁점 부당이득반환관계와 불법성이론

판결요지

불법의 원인으로 재산을 급여한 사람은 상대방 수령자가 그 '불법의 원인'에 가공하였다고 하더라도 상대방에게만 불법의 원인이 있거나 그의 불법성이 급여자의 불법성보다 현저히 크다고 평가되는 등으로 제반 사정에 비추어 급여자의 손해배상청구를 인정하지 아니하는 것이 오히려 사회상규에 명백히 반한다고 평가될 수 있는 특별한 사정이 없는 한 상대방의 불법행위를 이유로 그 재산의 급여로 말미암아 발생한 자신의 손해를 배상할 것을 주장할 수 없다고 할 것이다. 그와 같은 경우에 급여자의 위와 같은 손해배상청구를 인용한다면, 이는 급여자는 결국 자신이 행한 급부 자체 또는 그 경제적 동일물을 환수하는 것과 다름없는 결과가 되어, 제746조에서 실정법적으로 구체화된 법이념에 반하게 되는 것이다.

판례선정이유

「불법성비교이론」을 적용하여 불법원인급여의 성립을 제한할 수 있음을 시사한 판결

622. 명의수탁자의 매도행위가 무효인 경우, 명의수탁자의 매매대금반환의무
(대법원 1993. 12. 10. 선고 93다12947 판결)

쟁점 부동산 명의수탁자의 매도행위가 무효인 경우, 매도인인 명의수탁자가 매수인에 대하여 매매대금을 반환할 의무가 있는지 여부

판결요지

[1] 수익자의 불법성이 급여자의 그것보다 현저히 크고, 그에 비하면 급여자의 불법성은 미약한 경우에도 급여자의 반환청구가 허용되지 않는다고 하는 것은 공평에 반하고 신의성실의 원칙에도 어긋난다고 할 것이므로, 이러한 경우에는 제746조 본문의 적용이 배제되어 급여자의 반환청구는 허용된다고 해석함이 상당하다.

[2] 부동산의 명의수탁자가 그 부동산을 매도한 것이 반사회적 법률행위로서 무효인 경우, 매도인인 명의수탁자의 불법성이 매수인의 불법성보다 크다고 하여 매수인의 매매대금반환청구를 인용한 사례

판례선정이유

부동산 명의수탁자의 매도행위가 반사회적 법률행위로서 무효인 경우, 불법원인급여에 관한 제746조 본문의 적용을 배제하여 매도인인 명의수탁자의 매수인에 대한 매매대금반환의무가 있음을 밝힌 판결

623. 불법원인급여 후 반환특약의 효력

(대법원 2010. 5. 27. 선고 2009다12580 판결)

쟁점 불법원인급여 후 급부 그 자체 또는 그에 갈음한 대가물 반환 특약의 효력

판결요지

불법원인급여 후 급부를 이행받은 자가 급부의 원인행위와 별도의 약정으로 급부 그 자체 또는 그에 갈음한 대가물의 반환을 특약하는 것은 불법원인급여를 한 자가 그 부당이득의 반환을 청구하는 경우와는 달리 그 반환약정 자체가 사회질서에 반하여 무효가 되지 않는 한 유효하다. 여기서 반환약정 자체의 무효 여부는 반환약정 그 자체의 목적뿐만 아니라 당초의 불법원인급여가 이루어진 경위, 쌍방당사자의 불법성의 정도, 반환약정의 체결과정 등 제103조 위반 여부를 판단하기 위한 제반 요소를 종합적으로 고려하여 결정하여야 하고, 한편 반환약정이 사회질서에 반하여 무효라는 점은 수익자가 이를 입증하여야 한다.

판례선정이유

불법원인급여 후 급부 그 자체 또는 그에 갈음한 대가물 반환의 특약은 그 반환약정 자체가 사회질서에 반하여 무효가 되지 않는 한 유효임을 밝힌 판결

624. 장래의 부당이득금의 계속적 · 반복적 지급을 명하는 판결의 주문

(대법원 2019. 2. 14. 선고 2015다244432 판결)

쟁점 장래의 부당이득금의 계속적 · 반복적 지급을 명하는 판결의 주문에 사용하는 '원고의 소유권 상실일까지'라는 기재의 부당성

판결요지

사실심의 재판 실무에서 장래의 부당이득금의 계속적·반복적 지급을 명하는 판결의 주문에 '원고의 소유권 상실일까지'라는 표시가 광범위하게 사용되고 있다. 그러나 '원고의 소유권 상실일까지'라는 기재는 이행판결의 주문 표시로서 바람직하지 않다. 그 이유는 다음과 같다. ① '원고의 소유권 상실일까지'라는 기재는 집행문 부여기관, 집행문 부여 명령권자, 집행기관의 조사·판단에 맡길 수 없고, 수소법원이 판단해야 할 사항인 소유권 변동 여부를 수소법원이 아닌 다른 기관의 판단에 맡기는 형태의 주문이다. ② '원고의 소유권 상실일까지'라는 기재는 확정된 이행판결의 집행력에 영향을 미칠 수 없는 무의미한 기재이다. ③ '원고의 소유권 상실일'은 장래의 부당이득반환의무의 '임의 이행' 여부와는 직접적인 관련이 없으므로, 이를 기재하지 않더라도 장래의 이행을 명하는 판결에 관한 법리에 어긋나지 않는다.

판례선정이유

사실심의 재판 실무에서 장래의 부당이득금의 계속적·반복적 지급을 명하는 판결의 주문에 '원고의 소유권 상실일까지'라는 기재는 이행판결의 주문 표시로서 바람직하지 않음을 밝힌 판결

625. 확정된 배당표에 의한 배당과 부당이득반환의무

(대법원 2007. 3. 29. 선고 2006다49130 판결)

쟁점 확정된 배당표에 의한 배당과 부당이득반환의무

판결요지

확정된 배당표에 의하여 배당을 실시하는 것은 실체법상의 권리를 확정하는 것이 아니므로, 배당을 받아야 할 채권자가 배당을 받지 못하고 배당을 받지 못할 자가 배당을 받은 경우에는 배당을 받지 못한 채권자로서는 배당에 관하여 이의를 한 여부에 관계없이 배당을 받지 못할 자이면서도 배당을 받았던 자를 상대로 부당이득반환청구권을 갖는다 할 것이고, 배당을 받지 못한 그 채권자가 일반채권자라고 하여 달리 볼 것은 아니다. 한편, 배당이의소송은 대립하는 당사자인 채권자들 사이의 배당액을 둘러싼 분쟁을 상대적으로 해결하는 것에 지나지 아니하고, 그 판결의 효력은 오직 소송당사자인 채권자들 사이에만 미칠 뿐이므로, 위와 같은 판례의 법리는 배당이의의 소의 당사자가 아닌 배당요구채권자가 배당이의의 소의 판결에 기하여 경정된 배당표에 의하여 배당을 받은 다른 채권자를 상대로 하여 배당이 잘못되었다는 이유로 부당이득반환청구를 하는 경우에도 그대로 적용되는 것으로 보아야 한다.

판례선정이유

확정된 배당표에 의하여 배당을 받아야 할 채권자가 배당을 받지 못하고 배당을 받지 못할 자가 배당을 받았다면, 배당을 받지 못한 채권자는 배당을 받지 못할 자이면서도 배당을 받았던 자를 상대로 부당이득반환청구권이 있음을 밝힌 판결

626. 부당이득반환의무의 지체책임
(대법원 2008. 2. 1. 선고 2007다8914 판결)

쟁점 부당이득반환의무의 지체책임

판결요지

타인의 토지를 점유함으로 인한 부당이득반환채무는 이행의 기한이 없는 채무로서 이행청구를 받은 때로부터 지체책임이 있다.

판례선정이유

부당이득반환채무는 이행의 기한이 없는 채무로서 이행청구를 받은 때로부터 지체책임이 있음을 밝힌 판결

627. 전부명령 확정 후 그 집행권원의 기초가 된 법률행위가 무효임이 판명된 경우의 법률관계
(대법원 2005. 4. 15. 선고 2004다70024 판결)

쟁점 전부명령 확정 후 그 집행권원인 집행증서의 기초가 된 법률행위가 무효임이 판명된 경우의 법률관계

판결요지

채무자 또는 그 대리인의 유효한 작성촉탁과 집행인낙의 의사표시에 터잡아 작성된 공정증서를 집행권원으로 하는 금전채권에 대한 강제집행절차에서, 비록 그 공정증서에 표시된 청구권의 기초가 되는 법률행위에 무효사유가 있다고 하더라도 그 강제집행절차가 청구이의의 소 등을 통하여 적법하게 취소·정지되지 아니한 채 계속 진행되어 채권압류 및 전부명령이 적법하게 확정되었다면,

그 강제집행절차가 반사회적 법률행위의 수단으로 이용되었다는 등의 특별한 사정이 없는 한, 단지 이러한 법률행위의 무효사유를 내세워 확정된 전부명령에 따라 전부채권자에게 피전부채권이 이전되는 효력 자체를 부정할 수는 없고, 다만 위와 같이 전부명령이 확정된 후 그 집행권원인 집행증서의 기초가 된 법률행위 중 전부 또는 일부에 무효사유가 있는 것으로 판명된 경우에는 그 무효 부분에 관하여는 집행채권자가 부당이득을 한 셈이 되므로, 그 집행채권자는 집행채무자에게, 위 전부명령에 따라 전부받은 채권 중 실제로 추심한 금전 부분에 관하여는 그 상당액을 반환하여야 하고, 추심하지 아니한 나머지 부분에 관하여는 그 채권 자체를 양도하는 방법에 의하여 반환하여야 한다.

판례선정이유

'전부명령이 확정된 후 그 집행권원인 집행증서의 기초가 된 법률행위 중 전부 또는 일부에 무효사유가 있는 것으로 판명된 경우에는, 그 집행채권자는 집행채무자에게 전부명령에 따라 전부받은 채권 중 실제로 추심한 금전 부분에 관하여는 그 상당액을 반환하여야 하고, 추심하지 아니한 나머지 부분에 관하여는 그 채권 자체를 양도하는 방법에 의하여 반환하여야 한다'는 점을 밝힌 판결

제5장 불법행위

628. 불법행위에 있어서 행위

(대법원 1999. 6. 11. 선고 98다22963 판결)

쟁점 소유권이전등기청구권이 가압류된 경우, 제3채무자는 채무자 또는 그를 대위한 자로부터 제기된 소유권이전등기 청구소송에 응소하여 가압류된 사실을 주장·입증할 의무를 지는지 여부 및 제3채무자가 고의 또는 과실로 응소하지 아니하여 의제자백 판결이 선고·확정됨으로써 채권자가 손해를 입었다면 제3채무자는 불법행위로 인한 손해배상책임을 지는지 여부

판결요지

소유권이전등기청구권에 대한 가압류가 있으면 그 변제금지의 효력에 의하여 제3채무자는 채무자에게 임의로 이전등기를 이행하여서는 아니되는 것이나, 그와 같은 가압류는 채권에 대한 것이지 등기청구권의 목적물인 부동산에 대한 것이 아니고, 채무자와 제3채무자에게 결정을 송달하는 외에 현행법상 등기부에 이를 공시하는 방법이 없는 것으로서 당해 채권자와 채무자 및 제3채무자 사이에만 효력을 가지며, 제3자에 대하여는 가압류의 변제금지의 효력을 주장할 수 없으므로, 소유권이전등기청구권의 가압류는 청구권의 목적물인 부동산 자체의 처분을 금지하는 대물적 효력은 없다 할 것이고, 제3채무자나 채무자로부터 이전등기를 경료한 제3자에 대하여는 취득한 등기가 원인무효라고 주장하여 말소를 청구할 수는 없는 것이므로, 제3채무자가 가압류결정을 무시하고 이전등기를 이행하고 채무자가 다시 제3자에게 이전등기를 경료하여 준 결과 채권자에게 손해를 입힌 때에는 불법행위를 구성하고 그에 따른 배상책임을 지게 된다고 할 것인데, 소유권이전등기를 명하는 판결은 의사의 진술을 명하는 판결로서 이것이 확정되면 채무자는 일방적으로 이전등기를 신청할 수 있고 제3채무자는 이를 저지할 방법이 없으므로, 소유권이전등기청구권이 가압류된 경우에는 변제금지의 효력이 미치고 있는 제3채무자로서는 일반채권이 가압류된 경우와는 달리 채무자 또는 그 채무자를 대위한 자로부터 제기된 소유권이전등기 청구소송에 응소하여 그 소유권이전등기청구권이 가압류된 사실을 주장하고 자신이 송달받은 가압류결정을 제출하는 방법으로 입증하여야 할 의무가 있다고 할 것이고, 만일 제3채무자가 고의 또는 과실로 위 소유권이전등기 청구소송에 응소하지 아니한 결과 의제자백에 의한 판결이 선고되어 확정됨에 따라 채무자에게 소유권이전등기가 경료되고 다시 제3자에게 처분된 결과 채권자가 손해를 입었다면, 이러한 경우는 제3채무자가 채무자에게 임의로 소유권이전등기를 경료하여 준 것과 마찬가지로 불법행위를 구성한다고 보아야 한다.

판례선정이유

'제3채무자가 고의 또는 과실로 응소하지 아니하여 의제자백 판결이 선고 · 확정됨으로써 채권자가 손해를 입었다면 제3채무자는 불법행위로 인한 손해배상책임을 진다'는 점을 밝힌 판결

629. 불법행위의 성립요건 (1) : 고의와 위법성의 인식

(대법원 2002. 7. 12. 선고 2001다46440 판결)

쟁점 불법행위에 있어서 고의의 요건으로 위법성의 인식이 포함되는지 여부

판결요지

불법행위에 있어서 고의는 일정한 결과가 발생하리라는 것을 알면서 감히 이를 행하는 심리상태로서, 객관적으로 위법이라고 평가되는 일정한 결과의 발생이라는 사실의 인식만 있으면 되고, 그 외에 그것이 위법한 것으로 평가된다는 것까지 인식하는 것을 필요로 하는 것은 아니다.

판례선정이유

'불법행위에 있어서 고의의 요건으로 위법성의 인식이 포함되지 않는다'는 점을 밝힌 판결

630. 불법행위의 성립요건 (2) : 과실

(대법원 2001. 1. 19. 선고 2000다12532 판결)

쟁점 불법행위의 성립요건으로서의 '과실'의 의미

판결요지

[1] 불법행위의 성립요건으로서의 과실은 이른바 추상적 과실만이 문제되는 것이고, 이러한 과실은 사회평균인으로서의 주의의무를 위반한 경우를 가리키는 것이지만, 그러나 여기서의 '사회평균인'이라고 하는 것은 추상적인 일반인을 말하는 것이 아니라 그때 그때의 구체적인 사례에 있어서의 보통인을 말하는 것이다.

[2] 자동차운전학원에서 운전면허 필기시험에 합격한 후 기능시험에 응시하고자 연습중이던 피교습자가 이미 기능강사가 동승한 상태에서 약 10여회의 주행코스 연습주행을 하였고, 기능강사의 지시에 따라 혼자서 주행코스의 연습주행까지 한 경우, 피교습자가 주행연습코스의 연결차로에서

횡단하는 피해자를 발견하고 순간적으로 당황하여 제동조치 등의 안전조치 등을 취하지 못하여 사고를 야기하였다면, 피교습자에게 과실이 없다고 할 수는 없다.

판례선정이유

불법행위의 성립요건으로서의 '과실'의 의미를 밝힌 판결

631. 불법행위의 성립요건(3) : 손해의 발생

(대법원 1992. 6. 23. 선고 91다33070 전원합의체 판결)

쟁점 불법행위로 인한 재산상 손해의 의의 및 그 구분

판결요지

[1] 불법행위로 인한 재산상 손해는 위법한 가해행위로 인하여 발생한 재산상 불이익, 즉 그 위법행위가 없었더라면 존재하였을 재산상태와 그 위법행위가 가해진 현재의 재산상태의 차이를 말하는 것이고, 그것은 기존의 이익이 상실되는 적극적 손해의 형태와 장차 얻을 수 있을 이익을 얻지 못하는 소극적 손해의 형태로 구분된다.

[2] 타인 소유의 토지에 관하여 매도증서, 위임장 등 등기관계서류를 위조하여 원인무효의 소유권이전등기를 경료하고 다시 이를 다른 사람에게 매도하여 순차로 소유권이전등기가 경료된 후에 토지의 진정한 소유자가 최종 매수인을 상대로 말소등기청구소송을 제기하여 그 소유자 승소의 판결이 확정된 경우, 위 불법행위로 인하여 최종 매수인이 입은 손해는 무효의 소유권이전등기를 유효한 등기로 믿고 위 토지를 매수하기 위하여 출연한 금액, 즉 매매대금으로서 이는 기존이익의 상실인 적극적 손해에 해당하고, 최종 매수인은 처음부터 위 토지의 소유권을 취득하지 못한 것이어서 위 말소등기를 명하는 판결의 확정으로 비로소 위 토지의 소유권을 상실한 것이 아니므로, 위 토지의 소유권상실이 그 손해가 될 수는 없다.

판례선정이유

불법행위로 인한 재산상 손해의 의의 및 그 구분에 대하여 밝힌 판결

632. 불법행위의 성립요건(4) : 손해의 현실성
(대법원 1998. 8. 25. 선고 97다4760 판결)

쟁점 토지 매매대금에 갈음하여 매수인이 매도인에게 대물변제하기로 한 아파트에 대하여 매도인이 제3자 앞으로 소유권이전등기, 담보가등기, 저당권설정등기 등을 경료하였다는 사실만으로 매수인이 매도인의 불법행위로 인하여 그 약정된 아파트 매매대금 또는 피담보채무 상당의 손해를 입었다고 단정할 수 있는지 여부

판결요지

불법행위로 인한 손해배상청구권은 현실적으로 손해가 발생한 때에 성립하는 것이고, 이 때 현실적으로 손해가 발생하였는지 여부는 사회통념에 비추어 객관적이고 합리적으로 판단하여야 하는 것인바, 토지의 매매대금 중 일부에 갈음하여 대물변제된 아파트의 매도인이 매수인으로부터 매매대금을 전부 지급받은 후 매수인의 승낙 없이 임의로 이에 관하여 제3자에게 근저당권설정등기나 담보목적의 가등기 또는 전세권설정등기 등을 경료하였다면 특별한 사정이 없는 한 매수인은 그 피담보채무 또는 전세금 상당의 손해를 입었다고 할 수 있을지언정 곧바로 그 매매대금 상당액의 손해를 입었다고 단정할 수 없고, 또한 매도인이 제3자에게 가등기를 경료하였더라도 그것이 단순히 소유권이전등기청구권 보전을 위한 것이라면 그와 같은 가등기가 경료되었다는 사정만으로 곧바로 매수인이 매매대금 상당의 손해를 입었다고 볼 수는 없다고 할 것이며, 한편 매도인이 매매목적물에 관하여 제3자에게 근저당권설정등기, 가등기 등을 각 경료하였더라도 그 후 그 피담보채무가 존재하지 않는 것으로 밝혀지거나 등기 자체가 말소된 경우에는 매수인이 그 피담보채무 또는 매매대금 상당의 손해를 현실적으로 입었다고 볼 수 없다.

판례선정이유

'토지 매매대금에 갈음하여 매수인이 매도인에게 대물변제하기로 한 아파트에 대하여 매도인이 매매대금을 전부 지급받은 후 제3자 앞으로 소유권이전등기, 담보가등기, 저당권설정등기 등을 경료하였다는 사실만으로 매수인이 매도인의 불법행위로 인하여 그 약정된 아파트 매매대금 또는 피담보채무 상당의 손해를 입은 것으로 단정할 수 없다'는 점을 밝힌 판결

633. 불법행위의 성립요건 (5) : 위법행위
(대법원 2012. 1. 12. 선고 2010다79947 판결)

쟁점 면허 · 허가 등 법령상 절차를 위반한 사업 등과 관련된 물건의 소지와 판매 등을 금지하고 있는 경우, 그러한 사정만으로 물건의 멸실 또는 훼손으로 인한 손해의 배상을 구할 수 없다고 할 것인지 여부

판결요지

[1] 법령이 특정한 사업을 영위하거나 특정한 행위를 하는 데에 면허, 허가 등을 받거나 신고 등을 하도록 요구하면서 그러한 절차를 위반하여 사업 또는 행위를 한 경우에는 위반행위와 관련된 물건의 소지와 판매 등을 금지하고 있다고 하더라도, 그러한 사정만을 들어 물건의 멸실 또는 훼손으로 인하여 입게 된 손해의 배상을 구할 수 없는 것이라고 볼 수는 없고, 그와 같은 경우에 물건의 멸실 또는 훼손으로 인한 손해의 배상을 구할 수 있는지는 법령의 입법 취지와 행위에 대한 비난가능성의 정도 특히 위반행위가 가지는 위법성의 강도 등을 종합하여 구체적, 개별적으로 판단하여야 할 것이다.

[2] 甲이 수산업법에 규정된 허가를 받지 아니한 양식장에서 장어를 양식하였는데 乙주식회사의 공사로 인하여 장어가 폐사한 사안에서, 甲이 수산업법에 규정된 허가를 받지 아니한 채 양식장에서 장어를 양식하였다고 하더라도 乙회사의 공사로 인하여 폐사한 장어에 대한 손해배상을 구할 수 있다고 본 원심판단을 수긍한 사례

판례선정이유

'법령에 위반하여 영위하는 사업이라고 하더라도 불법행위로 인하여 불이익을 받은 경우, 사업주는 그로 인한 손해배상을 청구할 수 있다'는 점을 밝힌 판결

634. 불법행위의 성립요건 (6) : 인과관계 (1)
(대법원 1991. 7. 23. 선고 89다카1275 판결)

쟁점 공해소송에 있어서 인과관계의 입증책임

판결요지

[1] 일반적으로 불법행위로 인한 손해배상청구사건에 있어서 가해행위와 손해발생 간의 인과관계의 입증책임은 청구자인 피해자가 부담하나, 대기오염에 의한 공해를 원인으로 하는 손해배상청구소송에 있어서는 기업이 배출한 원인물질이 대기를 매개로 간접적으로 손해를 끼치는 경우가 많고, 공해문제에

관하여는 현재의 과학수준으로 해명할 수 없는 분야가 있기 때문에 가해행위와 손해발생 간의 인과관계의 과정을 모두 자연과학적으로 증명하는 것은 극난 내지 불가능한 경우가 대부분인 점 등에 비추어, 가해기업이 배출한 어떤 유해한 원인물질이 피해물건에 도달하여 손해가 발생하였다면 가해자측에서 그 무해함을 입증하지 못하는 한 책임을 면할 수 없다고 봄이 사회형평의 관념에 적합하다.

[2] 농장의 관상수들이 고사하게 된 직접원인은 한파로 인한 동해이지만, 인근 공장에서 배출된 아황산가스의 일부가 대기를 통하여 위 농장에 도달됨으로 인하여 유황이 잎 내에 축적되어 수목의 성장에 장해가 됨으로써 동해에 상조작용을 한 경우에 있어 공장주의 손해배상책임을 인정한 사례

[3] 위 [2]항의 경우에 있어 공장에서 배출된 오염물질(아황산가스)의 농도가 환경보전법에 의하여 허용된 기준치 이내라 하더라도 그 유해의 정도가 통상의 수인한도를 넘어 인근 농장의 관상수를 고사케하는 한 원인이 되었다면, 그 배출행위로 인한 손해배상책임을 면치 못한다.

[4] 공해사건에서 피해자의 손해가 한파, 낙뢰와 같은 자연력과 가해자의 과실행위가 경합되어 발생된 경우, 가해자의 배상의 범위는 손해의 공평한 부담이라는 견지에서 손해에 대한 자연력의 기여분을 제한 부분으로 제한하여야 한다.

판례선정이유

'농장의 관상수들이 고사하게 된 직접원인은 동해이지만, 인근 공장에서 배출된 아황산가스가 그 수목의 성장에 장해가 됨으로써 동해에 상조작용을 한 경우에, 공장주의 손해배상책임이 인정된다'는 점을 밝힌 판결

635. 불법행위의 성립요건 (7) : 인과관계 (2)

(대법원 1994. 2. 8. 선고 93다13605 판결)

쟁점 책임능력 있는 미성년자에 대한 감독의무자의 손해배상책임의 요건 및 입증책임

판결요지

미성년자가 책임능력이 있어 그 스스로 불법행위책임을 지는 경우에도 그 손해가 당해 미성년자의 감독의무자의 의무위반과 상당인과관계가 있으면 감독의무자는 일반불법행위자로서 손해배상책임이 있고, 이 경우에 그러한 감독의무위반사실 및 손해발생과의 상당인과관계의 존재는 이를 주장하는 자가 입증하여야 한다.

판례선정이유

책임능력 있는 미성년자에 대한 감독의무자의 손해배상책임의 요건 및 입증책임을 밝힌 판결

636. 불법행위의 성립요건(8) : 인과관계(3)

(대법원 1998. 6. 9. 선고 97다49404 판결)

쟁점 경제적인 면에서 전적으로 부모에게 의존하며 부모의 보호 · 감독을 받고 있고, 이미 두 차례에 걸친 범죄로 집행유예기간 중에 있는 만 19세 10개월 된 아들이 폭력행위로 타인에게 손해를 가한 경우, 부모의 불법행위책임을 인정할 수 있는지 여부

판결요지

[1] 책임능력 있는 미성년자의 불법행위로 인하여 손해가 발생한 경우, 그 손해와 미성년자에 대한 감독의무자의 의무위반과 사이에 상당인과관계가 있으면, 감독의무자에게 제750조에 의한 손해배상책임이 있다.

[2] 경제적인 면에서 전적으로 부모에게 의존하며 부모의 보호 · 감독을 받고 있었고 이미 두 차례에 걸친 범죄로 집행유예기간 중에 있던 만 19세 10개월 된 전문대학 1학년 재학중의 아들이 폭력행위로 타인에게 손해를 가한 경우, 부모로서는 아들이 다시 범죄를 저지르지 않고 정상적으로 사회에 적응할 수 있도록 일상적인 지도 및 조언을 계속하여야 할 보호 · 감독의무가 있음에도 불구하고 이를 게을리한 과실이 있다는 이유로, 부모의 손해배상책임을 인정한 사례

판례선정이유

'친권자인 부모가 미성년자녀의 불법행위에 대해 제750조에 의해 책임을 지는 경우, 그 과실 및 인과관계에 대해 감독의무위반이 있으면 바로 그 책임이 있다고 할 것이 아니라, 그 감독의무위반이 손해와의 사이에 상당인과관계가 있어야 한다'는 점을 밝힌 판결

637. 불법행위의 성립요건(9) : 인과관계(4)

(대법원 2003. 3. 28. 선고 2003다5061 판결)

쟁점 책임능력 있는 미성년자의 불법행위에 대하여 감독의무자가 손해배상책임을 지게 되는 요건과 그 입증책임

판결요지

[1] 미성년자가 책임능력이 있어 그 스스로 불법행위책임을 지는 경우에도 그 손해가 당해 미성년자의 감독의무자의 의무위반과 상당인과관계가 있으면 감독의무자는 일반불법행위자로서 손해배상책임이 있다 할 것이지만, 이 경우에 그러한 감독의무위반사실 및 손해발생과의 상당인과관계의

존재는 이를 주장하는 자가 입증하여야 한다.

[2] 재수생으로서 학원에 다니며 수학능력평가시험을 준비하던 책임능력 있는 미성년자가 타인을 폭행한 사안에서 감독의무자인 부에게 당해 미성년자에 대한 감독의무를 게을리 한 과실을 인정할 수 없다고 한 사례

판례선정이유

재수생으로서 학원에 다니며 수학능력평가시험을 준비하던 책임능력 있는 미성년자가 타인을 폭행한 사안에서 감독의무자인 부에게 당해 미성년자에 대한 감독의무를 게을리 한 과실을 인정할 수 없음을 밝힌 판결

638. 불법행위의 성립요건 (10) : 인과관계 (5)

(대법원 1997. 8. 29. 선고 96다46903 판결)

쟁점 교통사고와 그로 인한 상해의 치료 도중 발생한 의료사고가 공동불법행위로 되기 위한 요건

판결요지

[1] 교통사고로 인하여 상해를 입은 피해자가 치료를 받던 중 치료를 하던 의사의 과실 등으로 인한 의료사고로 증상이 악화되거나 새로운 증상이 생겨 손해가 확대된 경우에는, 다른 특별한 사정이 없는 한 그와 같은 손해와 교통사고 사이에도 상당인과관계가 있다고 보아야 하므로, 교통사고와 의료사고가 각기 독립하여 불법행위의 요건을 갖추고 있으면서 객관적으로 관련되고 공동하여 위법하게 피해자에게 손해를 가한 것으로 인정된다면, 공동불법행위가 성립되어 공동불법행위자들이 연대하여 그 손해를 배상할 책임이 있다.

[2] 피해자에 대하여 1, 2차 수술을 시행하여도 피해자의 심장에 아무런 문제가 없었으며, 심전도검사 결과도 정상으로 나타났고, 병원에 혈관조영술 등 정밀검사를 시행할 설비가 없었다고 하더라도 전신마취 후 심근경색이 재발하면 치사율이 매우 높고, 피해자에게는 당초부터 심근경색이 있다는 의심이 있었으며 이 때문에 심질환을 위한 치료제를 투여하였다면 막상 심전도검사 결과로는 정상으로 나타날 가능성이 있으므로, 척추마취 아닌 전신마취를 실시하는 3차 수술을 시행함에 있어서는 그 수술이 반드시 필요한 것이라고 하더라도 시급히 하여야 할 것이 아닌 이상 다른 병원에 의뢰하여서라도 정밀검사를 거쳐 심장질환 여부를 확인한 다음 하여야 할 것인데도, 병원의 마취과 의사는 정밀검사 없이 성급하게 전신마취를 한 것이라 할 것이고, 이를 두고 병원이 현재의 의학수준 및 당시 임상의학분야에서 실천되고 있는 의료행위의 수준에 비추어 필요하고 적절한 진료조치를 다하였다고 볼 수는 없으므로, 이는 병원의 의료과실에 해당한다.

판례선정이유

심장질환의 의심이 있는 환자에 대하여 정밀검사를 시행하지 아니한 채 전신마취를 시행하여 수술 도중 사망한 경우에, 병원의 의료과실을 인정하여, 확대손해에 대하여도 1차 가해자에게 책임을 물을 수 있다고 한 판결

639. 불법행위의 성립요건 (11) : 인격권의 침해

(대법원 2005. 1. 17., 2003마1477 결정)

쟁점 인격권으로서의 명예권에 기초하여 가해자에 대해 현재의 침해행위의 배제 또는 장래의 침해행위의 금지를 청구할 수 있는지 여부

결정요지

[1] 명예는 생명, 신체와 함께 매우 중대한 보호법익이고 인격권으로서의 명예권은 물권의 경우와 마찬가지로 배타성을 가지는 권리라고 할 것이므로, 사람의 품성, 덕행, 명성, 신용 등의 인격적 가치에 관하여 사회로부터 받는 객관적인 평가인 명예를 위법하게 침해당한 자는 손해배상 또는 명예회복을 위한 처분을 구할 수 있는 이외에 인격권으로서 명예권에 기초하여 가해자에 대하여 현재 이루어지고 있는 침해행위를 배제하거나 장래에 생길 침해를 예방하기 위하여 침해행위의 금지를 구할 수도 있다.

[2] 표현행위에 대한 사전억제는 표현의 자유를 보장하고 검열을 금지하는 헌법 제21조 제2항의 취지에 비추어 엄격하고 명확한 요건을 갖춘 경우에만 허용된다고 할 것인바, 출판물에 대한 발행 · 판매 등의 금지는 위와 같은 표현행위에 대한 사전억제에 해당하고, 그 대상이 종교단체에 관한 평가나 비판 등의 표현행위에 관한 것이라고 하더라도 그 표현행위에 대한 사전금지는 원칙적으로 허용되어서는 안 될 것이지만, 다만 그와 같은 경우에도 그 표현내용이 진실이 아니거나 그것이 공공의 이해에 관한 사항으로서 그 목적이 오로지 공공의 이익을 위한 것이 아니며, 또한 피해자에게 중대하고 현저하게 회복하기 어려운 손해를 입힐 우려가 있는 경우에는, 그와 같은 표현행위는 그 가치가 피해자의 명예에 우월하지 아니하는 것이 명백하고, 또 그에 대한 유효적절한 구제수단으로서 금지의 필요성도 인정되므로, 이러한 실체적인 요건을 갖춘 때에 한하여 예외적으로 사전금지가 허용된다.

판례선정이유

'인격권으로서 명예권에 기초하여 가해자에 대하여 현재 이루어지고 있는 침해행위를 배제하거나 장래에 생길 침해를 예방하기 위하여 침해행위의 금지를 구할 수도 있다'는 점을 밝힌 판결

640. 불법행위의 성립요건(12) : 근저당권의 침해

(대법원 1997. 11. 25. 선고 97다35771 판결)

쟁점 불법행위로 인해 근저당권이 소멸된 경우, 근저당권자가 입은 손해의 범위

판결요지

[1] 법무사의 피용자의 과실로 말미암아 근저당권설정등기가 위법하게 말소되었고, 나아가 그 이후에 근저당권자보다 후순위 근저당권자의 경매신청에 의하여 경매절차가 진행되어 경락허가결정이 확정되고 그 경락인이 경락대금을 완납하였으나 근저당권자가 그 명의의 근저당권설정등기가 말소되어 아직 회복등기를 경료하지 못한 연유로 부동산에 대한 경매절차에서 피담보채권액에 해당하는 금액을 전혀 배당받지 못한 채 그 근저당권이 소멸하였다면, 사용자인 법무사로서는 그 근저당권의 소멸로 인하여 근저당권자가 입은 손해를 배상할 책임이 있다.

[2] 타인의 불법행위로 인하여 근저당권이 소멸되는 경우에 있어 근저당권자로서는 근저당권이 소멸하지 아니하였더라면 그 실행으로 피담보채무의 변제를 받았을 것임에도 불구하고 근저당권의 소멸로 말미암아 이러한 변제를 받게 되는 권능을 상실하게 되는 것이므로, 그 근저당권의 소멸로 인한 근저당권자가 입게 되는 손해는 근저당 목적물인 부동산의 가액 범위 내에서 채권최고액을 한도로 하는 피담보채권액이다.

판례선정이유

저당권이 불법 말소되면 곧바로 저당권자에게 손해가 발생하는지, 즉 그로 인하여 저당권이 소멸하지 않음에도 손해가 발생하는지, 저당권이 불법 말소된 경우에 저당권이 소멸하는 시기는 언제인지를 밝힌 판결

641. 불법행위의 성립요건(13) : 일조권침해와 수인한도

(대법원 2002. 12. 10. 선고 2000다72213 판결)

쟁점 일조방해에 대한 공법적 규제의 사법적 의미 및 건물 신축이 건축 당시의 공법적 규제에 형식적으로 적합하다고 하더라도 현실적인 일조방해의 정도가 현저하게 커 사회통념상 수인한도를 넘는 경우, 위법행위로 평가되는지 여부

판결요지

건물의 신축으로 인하여 그 이웃 토지상의 거주자가 직사광선이 차단되는 불이익을 받은 경우에 그 신축행위가 정당한 권리행사로서의 범위를 벗어나 사법상 위법한 가해행위로 평가되기 위해서는 그 일조방해의 정도가 사회통념상 일반적으로 인용하는 수인한도를 넘어야 한다.

판례선정이유

일조권 침해로 인한 민사상의 손해배상책임의 성립은 공법적 기준의 적합과는 무관함을 밝힌 판결

642. 손해배상청구권자 : 위자료청구권 (1)

(대법원 1967. 9. 5. 선고 67다1307 판결)

쟁점 제752조에 규정된 친족 이외의 친족의 위자료청구권이 인정되는지 여부

판결요지

제752조에 의한 생명침해의 경우에 있어서의 위자료청구권자의 규정은 제한적 규정이 아니고, 그 정신적 고통에 관한 거증책임을 경감하는 취지의 규정에 불과하므로, 본조에 규정에 의하여 위자료를 청구할 수 있다.

판례선정이유

제752조에 의한 생명침해의 경우, 망인의 근친자 등에게 위자료청구권을 인정할 수 있음을 밝힌 판결

643. 손해배상청구권자 : 위자료청구권 (2)

(대법원 1993. 4. 27. 선고 93다4663 판결)

쟁점 교통사고로 인하여 아버지가 상해를 입은 당시에는 태아이었으나 그 뒤에 출생한 경우, 태아에게 아버지의 부상으로 입게 될 정신적 고통에 대한 위자료를 청구할 수 있는지 여부

판결요지

태아도 손해배상청구권에 관하여는 이미 출생한 것으로 보는바, 부가 교통사고로 상해를 입을 당시 태아가 출생하지 아니하였다고 하더라도 그 뒤에 출생한 이상 부의 부상으로 인하여 입게 될 정신적 고통에 대한 위자료를 청구할 수 있다.

판례선정이유

「법정정지조건설」의 입장에서 '태아인 상태에서 손해배상청구권을 취득할 수 있다'는 점을 밝힌 판결

644. 손해배상의 범위 (1) : 제한배상주의

(대법원 2004. 2. 27. 선고 2002다39456 판결)

쟁점 불법행위 등으로 건물이 훼손된 경우, 손해액의 범위

판결요지

불법행위 등으로 인하여 건물이 훼손된 경우, 수리가 가능하다면 그 수리비가 통상의 손해이며, 훼손 당시 그 건물이 이미 내용연수가 다 된 낡은 건물이어서 원상으로 회복시키는 데 소요되는 수리비가 건물의 교환가치를 초과하는 경우에는, 형평의 원칙상 그 손해액은 그 건물의 교환가치 범위 내로 제한되어야 할 것이고, 또한 수리로 인하여 훼손 전보다 건물의 교환가치가 증가하는 경우에는 그 수리비에서 교환가치 증가분을 공제한 금액이 그 손해이다.

판례선정이유

불법행위로 인하여 건물이 훼손된 경우의 손해배상의 범위를 밝힌 판결

645. 손해배상의 범위 (2) : 통상손해와 특별손해 (1)

(대법원 2001. 11. 13. 선고 2001다26774 판결)

쟁점 부당한 처분금지가처분의 집행으로 인하여 분양목적으로 신축한 연립주택의 처분이 지연된 경우, 그 처분대금에 대한 법정이자 상당의 손해를 통상손해라고 볼 수 있는지 여부

판결요지

[1] 부동산에 대하여 처분금지가처분이 집행된 경우, 그 처분금지의 효력이 상대적인 효력만을 가지기 때문에 그 부동산의 처분이 법률상 불가능해진다고 할 수는 없다고 하더라도 그 부동산을 매수하려는 자로서는 그 부동산의 소유권을 취득하지 못하게 될 수 있는 예측하기 어려운 위험을 감수하여야 하므로, 달리 특별한 사정이 없는 한 처분금지가처분의 집행으로 인하여 그 부동산의 처분은 대단히 어려워질 개연성이 있다고 할 것이므로, 만일 어떤 부동산에 관한 처분금지가처분 집행이 있었고, 그 가처분 집행이 계속된 기간 동안 당해 부동산을 처분하지 못하였으며, 나아가 주위 부동산들의 거래상황 등에 비추어 그와 같이 부동산을 처분하지 못한 것이 당해 가처분의 집행으로 인하였을 개연성이 입증된다면, 달리 당해 부동산의 처분 지연이 가처분의 집행 이외의 사정 등 가처분 신청인 측에 귀책사유 없는 다른 사정으로 인한 것임을 가처분 신청인 측에서 주장·입증하지 못하는 한, 그 처분금지가처분과 당해 부동산의 처분 지연 사이에는 상당인과관계가 있다고 할 것이다.

[2] 부당한 처분금지가처분의 집행으로 그 가처분 목적물의 처분이 지연되어 소유자가 손해를 입었다면 가처분 신청인은 그 손해를 배상할 책임이 있다고 할 것인데, 가처분 집행 당시 부동산의 소유자가 그 부동산을 사용·수익하는 경우에는 그 부동산의 처분이 지체되었다고 하더라도 그 부동산의 환가가 지연됨으로 인한 손해는 그 부동산을 계속 사용·수익함으로 인한 이익과 상쇄되어 결과적으로 부동산의 처분이 지체됨에 따른 손해가 없다고 할 수 있을 것이고, 만일 그 부동산의 환가가 지연됨으로 인한 손해가 그 부동산을 계속 사용·수익하는 이익을 초과한다면 이는 특별손해라고 할 것이다.

[3] 분양할 목적으로 토지를 매입하여 연립주택을 신축하였으나 부당한 처분금지가처분으로 인하여 처분이 지연되었다면 특별한 사정이 없는 한 그 기간동안 부동산을 사용·수익함으로써 처분지연의 손해를 상쇄할 만한 경제적 이익을 얻을 수 있었다고 보기는 어려우므로, 그 가처분 집행으로 처분이 지연된 기간 동안 입은 손해 중 적어도 부동산의 처분대금에 대한 법정이율에 따른 이자 상당의 금액은 통상손해에 속한다.

판례선정이유

'부당한 처분금지가처분 집행으로 인하여 연립주택의 처분이 지연된 경우, 처분금지가처분 집행과 당해 부동산의 처분 지연 사이에 상당인과관계가 인정되며, 그 처분대금에 대한 법정이자 상당의 손해를 통상손해라고 볼 수 있다'는 점을 밝힌 판결

646. 손해배상의 범위 (3) : 통상손해와 특별손해 (2)

(대법원 1989. 12. 26. 선고 88다카6761 전원합의체 판결)

쟁점 장차 증가될 임금수익을 기준으로 산정된 일실이익 상당의 손해가 통상 손해인지 여부

판결요지

불법행위로 인하여 노동능력을 상실한 급여소득자의 일실이득은 원칙적으로 노동능력상실 당시의 임금수익을 기준으로 산정할 것이지만, 장차 그 임금수익이 증가될 것을 상당한 정도로 확실하게 예측할 수 있는 객관적인 자료가 있을 때에는 장차 증가될 임금수익도 일실이득을 산정함에 고려되어야 할 것이고, 이와 같이 장차 증가될 임금수익을 기준으로 산정된 일실이득 상당의 손해는 당해 불법행위에 의하여 사회관념상 통상 생기는 것으로 인정되는 통상손해에 해당하는 것이라고 볼 것이므로 당연히 배상 범위에 포함시켜야 하는 것이고, 피해자의 임금수익이 장차 증가될 것이라는 사정을 가해자가 알았거나 알 수 있었는지의 여부에 따라 그 배상범위가 달라지는 것은 아니다.

판례선정이유

'노동능력을 상실한 급여소득자의 일실이득을 산정함에 있어서 장차 임금수익이 증가될 것을 상당한 정도로 확실하게 예측할 수 있는 객관적인 자료가 있을 때에는 장차 증가될 임금수익도 일실이득을 산정함에 고려되어야 할 것이고, 장차 증가될 임금수익을 기준으로 산정된 일실이득 상당의 손해는 당해 불법행위에 의하여 사회관념상 통상 생기는 것으로 인정되는 통상손해에 해당하는 것이라고 볼 것이므로 당연히 배상 범위에 포함시켜야 한다'는 점을 밝힌 판결

647. 손해배상액의 산정 (1) : 과실상계

(대법원 1992. 11. 13. 선고 92다14687 판결)

쟁점 과실상계에 있어서 과실의 의미 및 과실상계에 관한 사실인정이나 비율을 정하는 것이 사실심의 전권사항에 속하는지 여부

판결요지

[1] 불법행위에 있어서 가해자의 과실은 의무위반이라는 강력한 과실인데 반하여, 피해자의 과실을 따지는 과실상계에 있어서의 과실은 전자의 것과는 달리 사회통념상, 신의성실의 원칙상, 공동생활상 요구되는 약한 의미의 부주의를 가리키는 것으로 보아야 한다.

[2] 과실상계에 관한 사실인정이나 비율을 정하는 것은 그것이 형평의 원칙에 비추어 현저히 불합리하다고 인정되지 아니하는 한 사실심의 전권사항에 속한다.

판례선정이유

'과실상계에 있어서 과실은 일반적 과실과는 달리, 사회통념상 신의성실의 원칙상, 공동생활상 요구되는 약한 의미의 부주의를 가리키는 것으로 보아야 한다'는 점을 밝힌 판결

648. 손해배상액의 산정 (2) : 손익상계
(대법원 1992. 11. 13. 선고 92다14687 판결)

쟁점 손익상계에 의하여 공제할 이익의 범위가 불법행위와 상당인과관계 있는 것에 국한되는지 여부

판결요지

[1] 불법행위로 인하여 손해를 입은 자가 같은 원인으로 인하여 이익을 얻고 있는 경우에 이른바 손익상계를 함으로써 그 손해액에서 이익액을 공제하여 배상하여야 할 손해의 범위를 정하여야 함은 소론과 같지만, 손익상계에 의하여 공제하여야 할 이익의 범위도 배상하여야 할 손해의 범위와 마찬가지로 손해배상책임의 원인인 불법행위와 상당인과관계가 있는 것에 국한되는 것이다.

[2] 이 사건 교통사고의 피해자인 원고가 이 사건 사고로 상해를 입은 후에도 계속하여 종전과 같이 공무원으로 근무하여 종전과 같은 보수를 지급받고 있다고 하더라도, 원고가 그와 같이 지급받고 있는 보수가 소론과 같이 이 사건 사고와 상당인과관계가 있는 이익이라고는 볼 수 없음이 분명하므로, 원심판결이 설시한 이유에 다소 불충분한 점이 있다고 하더라도, 피고가 배상하여야 할 손해액에서 그 보수액을 공제하여야 한다는 취지의 피고의 손익상계항변을 배척한 결론은 정당하다.

판례선정이유

'불법행위로 인한 손해배상액을 산정함에 있어 손익상계에 의하여 공제하여야 할 이익의 범위도 배상하여야 할 손해의 범위와 마찬가지로 손해배상책임의 원인인 불법행위와 상당인과관계가 있는 것에 국한된다'는 점을 밝힌 판결

649. 손해배상액의 산정 (3) : 일실수입액의 산정방법
(대법원 1976. 4. 13. 선고 75다396 판결)

쟁점 불법행위 당시 일정한 수입을 얻고 있던 피해자의 일실수입 손해액의 산정방법

판결요지

불법행위 당시 일정한 수입을 얻고 있던 피해자의 일실수입손해액은 객관적이고 합리적인 자료에 의하여 피해자가 사고 당시에 실제로 얻고 있었던 수입금액을 확정하여 이를 기초로 산정하여야 하고, 이 경우 피해자가 세무당국에 신고한 소득이 있을 때에는 신고소득액을 사고 당시의 수입금액

으로 보는 것이 원칙이라 할 것이지만, 만일 신고된 소득액이 피해자의 직업, 나이, 경력 등에 비추어 현저히 저액이라고 판단되거나, 신고소득 이외에 다른 소득이 있었다는 점에 대한 객관적이고 합리적인 자료가 있다면, 신고소득액만을 피해자의 사고 당시 수입금액으로 삼을 수는 없다.

판례선정이유

'피해자에게 신고소득 이외에 다른 소득이 있었다는 점에 대한 객관적이고 합리적인 자료가 있다면, 신고소득액만을 사고 당시 수입금액으로 삼을 수 없다'는 점을 밝힌 판결

650. 손해배상의 방법 : 정기금 지급과 요건

(대법원 1995. 6. 9. 선고 94다30515 판결)

쟁점 장래의 계속적인 치료비나 개호비 손해의 지급방식의 결정 방법

판결요지

불법행위로 입은 상해의 후유장애로 인하여 장래에 계속적으로 치료비나 개호비 등을 지출하여야 할 손해를 입은 피해자가 그 손해의 배상을 정기금에 의한 지급과 일시금에 의한 지급 중 어느 방식에 의하여 청구할 것인지는 원칙적으로 손해배상청구권자인 그 자신이 임의로 선택할 수 있는 것으로서, 다만 식물인간 등의 경우와 같이 그 후유장애의 계속기간이나 잔존여명이 단축된 정도 등을 확정하기 곤란하여 일시금 지급방식에 의한 손해의 배상이 사회정의와 형평의 이념에 비추어 현저하게 불합리한 결과를 초래할 우려가 있다고 인정될 때에는, 손해배상청구권자가 일시금에 의한 지급을 청구하였더라도 법원이 재량에 따라 정기금에 의한 지급을 명하는 판결을 할 수 있다고 보아야 한다.

판례선정이유

식물인간 등의 경우와 같이 그 후유장애의 계속기간이나 잔존여명이 단축된 정도 등을 확정하기 곤란하여 일시금 지급방식에 의한 손해의 배상이 사회정의와 형평의 이념에 비추어 현저하게 불합리한 결과를 초래할 우려가 있다고 인정될 때에는, 법원의 재량에 따른 정기금에 의한 지급을 명할 수 있음을 밝힌 판결

651. 부당이득반환청구권과 불법행위로 인한 손해배상청구권의 관계
(대법원 2013. 9. 13. 선고 2013다45457 판결)

쟁점 부당이득반환청구권과 불법행위로 인한 손해배상청구권 중 어느 하나에 관한 소를 제기하여 승소 확정판결을 받았으나 채권의 만족을 얻지 못한 경우, 나머지 청구권에 관한 이행의 소를 제기할 수 있는지 여부 및 손해배상청구의 소를 먼저 제기하여 과실상계 등으로 승소액이 제한된 경우, 제한된 금액에 대한 부당이득반환청구권 행사의 허용 여부

판결요지

부당이득반환청구권과 불법행위로 인한 손해배상청구권은 서로 실체법상 별개의 청구권으로 존재하고 그 각 청구권에 기초하여 이행을 구하는 소는 소송법적으로도 소송물을 달리하므로, 채권자로서는 어느 하나의 청구권에 관한 소를 제기하여 승소 확정판결을 받았다고 하더라도 아직 채권의 만족을 얻지 못한 경우에는 다른 나머지 청구권에 관한 이행판결을 얻기 위하여 그에 관한 이행의 소를 제기할 수 있다. 그리고 채권자가 먼저 부당이득반환청구의 소를 제기하였을 경우, 특별한 사정이 없는 한 손해 전부에 대하여 승소판결을 얻을 수 있었을 것임에도 우연히 손해배상청구의 소를 먼저 제기하는 바람에 과실상계 또는 공평의 원칙에 기한 책임제한 등의 법리에 따라 그 승소액이 제한되었다고 하여 그로써 제한된 금액에 대한 부당이득반환청구권의 행사가 허용되지 않는 것도 아니다.

판례선정이유

부당이득반환청구권과 불법행위로 인한 손해배상청구권 중 어느 하나에 관한 소를 제기하여 승소 확정판결을 받았으나 채권의 만족을 얻지 못한 경우, 나머지 청구권에 관한 이행의 소를 제기할 수 있는지 여부 및 손해배상청구의 소를 먼저 제기하여 과실상계 등으로 승소액이 제한된 경우, 제한된 금액에 대한 부당이득반환청구권 행사의 허용 여부에 관하여 판단한 판결

652. 감독자책임 (1) : 공교육기관의 감독의무
(대법원 1997. 6. 27. 선고 97다15258 판결)

쟁점 초등학생들 사이에서 일어난 교내 사고에 대한 교장 또는 교사의 보호 · 감독의무위반으로 인한 손해배상책임의 범위 및 그 판단기준

판결요지

초등학교의 교장이나 교사는 학생을 보호 · 감독할 의무를 지는 것이나, 이러한 학생에 대한 보호 · 감독의무는 학교 내에서의 학생의 모든 생활관계에 미치는 것은 아니고, 학교에서의 교육활동

및 이에 밀접불가분의 관계에 있는 생활관계에 한하며, 그 의무의 범위 내의 생활관계라고 하더라도 사고가 학교생활에서 통상 발생할 수 있다고 하는 것이 예측되거나 또는 예측가능성(사고발생의 구체적 위험성)이 있는 경우에만 교장이나 교사는 보호·감독의무위반에 대한 책임을 진다고 할 것이고, 그 예측가능성에 대하여는 교육활동의 때, 장소, 가해자의 분별능력, 가해자의 성행, 가해자와 피해자의 관계, 기타 여러 사정을 고려하여 판단할 필요가 있다.

판례선정이유

학내에서의 학생들 사이의 폭력사고에 있어 특별한 사정이 없는 한 사고발생의 예견이 불가능한 우발적 내지 돌발적 사고에 대하여는 교육기관의 감독의무가 없음을 밝힌 판결

653. 감독자책임 (2) : 사교육기관의 감독의무

(대법원 2008. 1. 17. 선고 2007다40437 판결)

쟁점 사교육을 담당하는 학원의 설립·운영자나 교습자에게도 공교육을 담당하는 교사 등과 마찬가지로 당해 학원 수강생을 보호·감독할 의무가 있는지 여부

판결요지

유치원이나 학교의 원장·교장 및 교사는 교육기본법 등 관련 법령에 따라 그들로부터 교육을 받는 유치원생과 학생들을 친권자 등 법정감독의무자에 대신하여 보호·감독할 의무를 진다. 그런데 유치원생이나 학생들을 대상으로 한 교육활동이 유치원이나 학교에서만 이루어지는 것은 아니고, 특히 우리의 교육현실을 보면 학원의 설립·운영 및 과외교습에 관한 법률에 따라 설립·운영되는 학원이나 교습소에서 학교교육의 보충 또는 특기·적성교육을 위하여 지식·기술·예능을 교습하는 형태의 사교육이 광범위하게 이루어지고 있으며, 이러한 사교육은 학교 안에서 이루어지는 공교육 못지않은 중요한 역할을 수행하고 있는바, 공교육을 담당하는 교사 등과 마찬가지로 위와 같은 형태의 사교육을 담당하는 학원의 설립·운영자나 교습자에게도 당해 학원에서 교습을 받는 수강생을 보호·감독할 의무가 있다고 봄이 상당하다.

판례선정이유

유치원생 내지 초등학생이 학원 등의 사교육기관을 이용할 경우에, 그 사교육기관도 수강생을 보호자가 미리 지정한 장소에 안전하게 내려줄 때까지 학생을 보호 및 감독할 의무가 있음을 밝힌 판결

654. 감독자책임(3) : 교장이나 교사의 보호감독의무

(대법원 2007. 11. 15. 선고 2005다16034 판결)

쟁점 집단따돌림으로 인하여 피해 학생이 자살한 경우, 자살의 결과에 대하여 교장이나 교사에게 보호감독의무 위반 책임을 묻기 위한 요건 및 그 판단 기준

판결요지

집단따돌림으로 인하여 피해 학생이 자살한 경우, 자살의 결과에 대하여 학교의 교장이나 교사의 보호감독의무 위반의 책임을 묻기 위하여는 피해 학생이 자살에 이른 상황을 객관적으로 보아 교사 등이 예견하였거나 예견할 수 있었음이 인정되어야 한다. 다만, 사회통념상 허용될 수 없는 악질, 중대한 집단따돌림이 계속되고 그 결과 피해 학생이 육체적 또는 정신적으로 궁지에 몰린 상황에 있었음을 예견하였거나 예견할 수 있었던 경우에는 피해 학생이 자살에 이른 상황에 대한 예견가능성도 있는 것으로 볼 수 있을 것이나, 집단따돌림의 내용이 이와 같은 정도에까지 이르지 않은 경우에는 교사 등이 집단따돌림을 예견하였거나 예견할 수 있었다고 하더라도 이것만으로 피해 학생의 자살에 대한 예견이 가능하였던 것으로 볼 수는 없으므로, 교사 등이 집단따돌림 자체에 대한 보호감독의무 위반의 책임을 부담하는 것은 별론으로 하고, 자살의 결과에 대한 보호감독의무 위반의 책임을 부담한다고 할 수는 없다.

판례선정이유

'교사 등이 집단따돌림을 예견하였거나 예견할 수 있었다고 하더라도 이것만으로 피해 학생의 자살에 대한 예견이 가능하였던 것으로 볼 수는 없으므로, 교사 등이 집단따돌림 자체에 대한 보호감독의무 위반의 책임을 부담하는 것은 별론으로 하고, 자살의 결과에 대한 보호감독의무 위반의 책임을 부담한다고 할 수는 없다'는 점을 밝힌 판결

655. 사용자책임(1)

(대법원 2009. 6. 11. 선고 2008다79500 판결)

쟁점 피용자가 권한 없이 사용자를 대리하여 한 법률행위가 상대방에 대한 관계에서 기망에 의한 불법행위에 해당하여 사용자가 손해배상책임을 지는 경우, 사용자가 피용자의 무권대리행위를 추인하였다고 하여 이미 성립한 사용자책임이 소멸하는지 여부

판결요지

피용자가 권한 없이 사용자를 대리하여 한 법률행위가 상대방에 대한 관계에서 기망에 의한 불법행위에 해당하여 사용자가 손해배상책임을 지는 경우에, 사용자가 피용자의 무권대리행위를 추인하였다고 하더라도 그것만으로는 이미 성립된 사용자책임이 소멸되는 것이라고 볼 수 없다.

판례선정이유

사용자의 무권대리행위에 대한 추인행위는 계약책임에 관한 것이며, 이전에 성립한 사용자책임은 불법행위책임으로서 별개의 성격상의 책임임을 밝힌 판결

656. 사용자책임 (2) : 사용관계의 개념

(대법원 2003. 12. 26. 선고 2003다49542 판결)

쟁점 제756조의 사용자와 피용자의 관계의 의미 및 피용자의 행위가 외형상 객관적으로 사용자의 사무집행에 관련된 것인지 여부를 판단하는 기준

판결요지

제756조의 사용자와 피용자의 관계는 반드시 유효한 고용관계가 있는 경우에 한하는 것이 아니고, 사실상 어떤 사람이 다른 사람을 위하여 그 지휘·감독 아래 그 의사에 따라 사업을 집행하는 관계에 있을 때에도 그 두 사람 사이에 사용자, 피용자의 관계가 있다고 할 수 있으며, 피용자의 불법행위가 외형상 객관적으로 사용자의 사업활동 내지 사무집행행위 또는 그와 관련된 것이라고 보일 때에는 행위자의 주관적 사정을 고려함이 없이 이를 사무집행에 관하여 한 행위로 볼 것이고, 외형상 객관적으로 사용자의 사무집행에 관련된 것인지의 여부는 피용자의 본래 직무와 불법행위와의 관련 정도 및 사용자에게 손해발생에 대한 위험 창출과 방지조치 결여의 책임이 어느 정도 있는지를 고려하여 판단하여야 한다.

판례선정이유

'사용관계라 함은 고용관계 내지 근로계약관계보다 넓은 개념으로서 유효한 계약관계를 전제로 하지 않고, 사실상 어떤 사람이 다른 사람을 위하여 그 지휘 및 감독 아래 그 의사에 따라 사무를 집행하는 관계에 있다면 사용자 및 피용자 관계에 있다'는 점을 밝힌 판결

657. 사용자책임 (3) : 사용자책임의 요건

(대법원 1998. 4. 28. 선고 96다25500 판결)

쟁점 위임인이 수임인의 불법행위에 대하여 사용자책임을 지기 위한 요건

판결요지

불법행위에 있어 사용자책임이 성립하려면 사용자와 불법행위자 사이에 사용관계 즉 사용자가 불법행위자를 실질적으로 지휘 · 감독하는 관계가 있어야 하는 것으로, 위임의 경우에도 위임인과 수임인 사이에 지휘 · 감독관계가 있고 수임인의 불법행위가 외형상 객관적으로 위임인의 사무집행에 관련된 경우, 위임인은 수임인의 불법행위에 대하여 사용자책임을 진다.

판례선정이유

상속재산 분할 등의 사무를 수임한 변호사가 당해 부동산을 타에 처분하여 매각대금을 편취한 사안에서, 위임인의 사용자책임을 인정할 수도 있음을 밝힌 판결

658. 사용자책임 (4) : 사무집행과 외형이론의 한계

(대법원 2005. 12. 23. 선고 2003다30159 판결)

쟁점 피용자의 행위가 사용자나 그에 갈음한 사무감독자의 사무집행행위에 해당하지 않음을 피해자 자신이 알았거나 중과실로 알지 못한 경우, 사용자책임의 인정 여부

판결요지

사용자로부터 위임을 받은 바 없이 행한 피용자의 금원차용행위 및 예금인출행위에 대하여 피해자인 은행의 지점장이 위 피용자의 행위가 사용자의 사무집행행위에 해당하지 않음을 알고도 이에 응한 경우에, 위 은행은 그로 인한 손해에 대하여 사용자책임을 물을 수 없다.

판례선정이유

피용자의 행위가 사무집행행위에 해당하지 않음에 대하여 상대방이 악의이거나, 선의이지만 중대한 과실이 있었다면, 외형이론에 의하여 보호받지 못함을 밝힌 판결

659. 사용자책임 (5) : 노무도급에 있어서의 사용자책임

(대법원 2005. 11. 10. 선고 2004다37676 판결)

쟁점 노무도급의 경우, 도급인이 수급인이나 수급인의 피용자의 불법행위에 대하여 사용자책임을 지는지 여부

판결요지

일반적으로 도급인과 수급인 사이에는 지휘·감독의 관계가 없으므로, 도급인은 수급인이나 수급인의 피용자의 불법행위에 대하여 사용자로서의 배상책임이 없는 것이지만, 도급인이 수급인에 대하여 특정한 행위를 지휘하거나 특정한 사업을 도급시키는 경우와 같은 이른바 노무도급의 경우에는, 비록 도급인이라고 하더라도 사용자로서의 배상책임이 있다.

판례선정이유

원칙적으로 수급인은 피용자가 아니기에 도급인은 수급인의 불법행위에 대하여 사용자책임을 부담치 않으나, 이른바 노무도급의 경우에는 비록 도급인이라도 사용자로서 배상책임을 진다는 점을 밝힌 판결

660. 국가배상책임 : 공무원 개인의 책임

(대법원 1996. 2. 15. 선고 95다38677 전원합의체 판결)

쟁점 공무원이 직무수행 중 불법행위로 타인에게 손해를 입힌 경우, 공무원 개인의 손해배상책임 유무

판결요지

국가배상법 제2조 제1항 본문 및 제2항의 입법 취지는 공무원의 직무상 위법행위로 타인에게 손해를 끼친 경우에는 변제자력이 충분한 국가 등에게 선임감독상 과실 여부에 불구하고 손해배상책임을 부담시켜 국민의 재산권을 보장하되, 공무원이 직무를 수행함에 있어 경과실로 타인에게 손해를 입힌 경우에는 그 직무수행상 통상 예기할 수 있는 흠이 있는 것에 불과하므로, 이러한 공무원의 행위는 여전히 국가 등의 기관의 행위로 보아 그로 인하여 발생한 손해에 대한 배상책임도 전적으로 국가 등에만 귀속시키고, 공무원 개인에게는 그로 인한 책임을 부담시키지 아니하여 공무원의 공무집행의 안정성을 확보하고, 반면에 공무원의 위법행위가 고의·중과실에 기한 경우에는 비록 그 행위가 그의 직무와 관련된 것이라고 하더라도 그와 같은 행위는 그 본질에 있어서 기관행위로서의 품격을 상실하여 국가 등에게 그 책임을 귀속시킬 수 없으므로, 공무원 개인에게 불법행위로 인한 손해배상

책임을 부담시키되, 다만 이러한 경우에도 그 행위의 외관을 객관적으로 관찰하여 공무원의 직무집행으로 보여질 때에는 피해자인 국민을 두텁게 보호하기 위하여 국가 등이 공무원 개인과 중첩적으로 배상책임을 부담하되 국가 등이 배상책임을 지는 경우에는 공무원 개인에게 구상할 수 있도록 함으로써 궁극적으로 그 책임이 공무원 개인에게 귀속되도록 하려는 것이라고 봄이 합당하다.

판례선정이유

'공무집행과 관련하여 발생한 공무원의 불법행위가 고의 또는 중과실에 기한 것이라면 피해자는 국가 등 뿐만 아니라 가해공무원에 대해서도 손해배상을 청구할 수 있다'는 점을 밝힌 판결

661. 공작물책임 (1) : 시공자의 불법행위책임과 공작물책임과의 관계

(대법원 1996. 11. 22. 선고 96다39219 판결)

쟁점 시공상의 잘못으로 발생한 공작물의 하자로 인하여 타인에게 손해를 가한 경우, 제758조가 공작물 시공자의 피해자에 대한 제750조에 의한 손해배상책임을 배제하는 규정인지 여부

판결요지

제758조는 공작물의 설치 · 보존의 하자로 인하여 타인에게 손해를 가한 경우, 그 점유자 또는 소유자에게 일반 불법행위와 달리 이른바 위험책임의 법리에 따라 책임을 가중시킨 규정일 뿐이고, 그 공작물 시공자가 그 시공상의 고의 · 과실로 인하여 피해자에게 가한 손해를 제750조에 의하여 직접 책임을 부담하게 되는 것을 배제하는 취지의 규정은 아니다.

판례선정이유

'공작물책임은 책임주체의 가해행위를 요건으로 하지 않고 위험이 있는 공작물을 방치하였다는 데 근거한 책임으로서, 시공자의 불법행위책임과는 구별된다'는 점을 밝힌 판결

662. 공작물책임 (2) : 임차인이 피해자인 경우, 소유자의 책임

(대법원 1993. 2. 9. 선고 92다31668 판결)

쟁점 가옥의 임차인인 직접점유자나 그와 같은 지위에 있는 것으로 볼 수 있는 자가 공작물의 설치 또는 보존의 하자로 인하여 피해를 입은 경우, 소유자가 제758조 제1항 소정의 손해배상책임을 부담할 것인지 여부

판결요지

공작물의 설치 또는 보존의 하자로 인하여 타인에게 손해를 가한 때에는, 1차적으로 공작물의 점유자가 손해를 배상할 책임이 있고, 공작물의 소유자는 점유자가 손해의 방지에 필요한 주의를 해태하지 아니한 때에 비로소 2차적으로 손해를 배상할 책임이 있는 것이나, 공작물의 임차인인 직접점유자나 그와 같은 지위에 있는 것으로 볼 수 있는 자가 공작물의 설치 또는 보존의 하자로 인하여 피해를 입은 경우에는, 그 가옥의 소유자는 제758조 제1항 소정의 책임자로서 이에 대하여 손해를 배상할 책임이 있는 것이고, 그 피해자에게 보존상의 과실이 있더라도 과실상계의 사유가 될 뿐이다.

판례선정이유

임차인과 함께 임차방실에 기거하던 직장동료가 연통에서 새어나온 연탄가스에 중독 사망한 사고에 대하여 가옥소유자의 손해배상책임이 있음을 밝힌 판결

663. 공동불법행위 (1) : 구상권자의 청구권

(대법원 2005. 10. 13. 선고 2003다24147 판결)

쟁점 구상권자인 공동불법행위자 측에 과실이 없는 경우, 나머지 공동불법행위자들이 부담하는 구상채무의 성질이 부진정연대채무인지 여부

판결요지

공동불법행위자 중 1인에 대하여 구상의무를 부담하는 다른 공동불법행위자가 수인인 경우에는, 특별한 사정이 없는 이상 그들의 구상권자에 대한 채무는 각자의 부담 부분에 따른 분할채무로 봄이 상당하지만, 구상권자인 공동불법행위자 측에 과실이 없는 경우, 즉 내부적인 부담 부분이 전혀 없는 경우에는, 이와 달리 그에 대한 수인의 구상의무 사이의 관계를 부진정연대관계로 봄이 상당하다.

판례선정이유

'구상권자 사이에서는 원칙적으로 분할채무가 인정되지만, 구상권자에게 과실이 없는 경우에는 예외적으로 부진정연대채무가 인정된다'는 점을 밝힌 판결

664. 공동불법행위(2) : 복수의 불법행위에 의한 공동불법행위의 성립
(대법원 1998. 2. 13. 선고 96다7854 판결)

쟁점 대한적십자사의 주의의무 위반으로 인한 에이즈 감염행위와 의사의 수혈시의 설명의무 위반으로 인한 환자의 자기결정권 침해행위가 공동불법행위를 구성하는지 여부

판결요지

에이즈 바이러스에 감염된 혈액을 환자가 수혈받음으로써 에이즈에 감염될 위험을 배제할 의무 및 그와 같은 결과를 회피할 의무를 다하지 아니하여 감염된 혈액을 수혈받은 환자로 하여금 에이즈 바이러스 감염이라는 치명적인 건강 침해를 입게 한 대한적십자사의 과실 및 위법행위는 신체상해 자체에 대한 것인 데 비하여, 수혈로 인한 에이즈 바이러스 감염 위험 등의 설명의무를 다하지 아니한 의사들의 과실 및 위법행위는 신체상해의 결과 발생 여부를 묻지 아니하는 수혈 여부와 수혈 혈액에 대한 환자의 자기결정권이라는 인격권의 침해에 대한 것이므로, 대한적십자사와 의사의 양 행위가 경합하여 단일한 결과를 발생시킨 것이 아니고 각 행위의 결과 발생을 구별할 수 있으니, 이와 같은 경우에는 공동불법행위가 성립한다고 할 수 없다.

판례선정이유

'두 개의 불법행위이더라도 단일한 결과를 발생시킨 것이 아니면 공동불법행위가 부정된다'는 점을 밝힌 판결

665. 공동불법행위(3) : 복수의 불법행위에 의한 공동불법행위의 성립
(대법원 2010. 2. 11. 선고 2009다68408 판결)

쟁점 공동불법행위책임에 대한 과실상계에서 피해자의 공동불법행위자 각 인에 대한 과실비율이 서로 다른 경우, 피해자 과실의 평가 방법 및 공동불법행위자 중에 고의로 불법행위를 한자가 있는 경우, 모든 불법행위자가 과실상계의 주장을 할 수 없게 되는지 여부

판결요지

공동불법행위책임은 가해자 각 개인의 행위에 대하여 개별적으로 그로 인한 손해를 구하는 것이 아니라 가해자들이 공동으로 가한 불법행위에 대하여 그 책임을 추궁하는 것이므로, 법원이 피해자의 과실을 들어 과실상계를 함에 있어서는 피해자의 공동불법행위자 각인에 대한 과실비율이 서로 다르더라도 피해자의 과실을 공동불법행위자 각인에 대한 과실로 개별적으로 평가할 것이 아니고 그들 전원에 대한 과실로 전체적으로 평가하여야 하나, 이는 과실상계를 위한 피해자의 과실을

평가함에 있어서 공동불법행위자 전원에 대한 과실로 전체적으로 평가하여야 한다는 것이지, 공동불법행위자 중에 고의로 불법행위를 행한 자가 있는 경우에는 피해자에게 과실이 없는 것으로 보아야 한다거나 모든 불법행위자가 과실상계의 주장을 할 수 없게 된다는 의미는 아니다.

판례선정이유

'공동불법행위자 각인에 대한 피해자의 과실비율이 상이한 경우, 피해자의 과실을 공동불법행위자 전원에 대한 과실로 전체적으로 평가하여야 한다'는 점을 밝힌 판결

666. 공동불법행위 (4) : 구상권 행사에 있어서의 구상범위의 제한

(대법원 2001. 1. 19. 선고 2000다33607 판결)

쟁점 불법행위에 있어서 부진정연대채무자에게 구상권을 행사하는 경우, 부담 부분의 비율을 판단하는 기준 및 신의칙에 의한 구상권 행사의 제한

판결요지

불법행위에 있어서 부진정연대채무의 관계에 있는 복수의 책임주체 중 1인이 자기 부담 부분 이상을 변제하여 공동의 면책을 얻게 하고 다른 부진정연대채무자에 대하여 그 부담 부분의 비율에 따라 구상권을 행사하는 경우, 부담 부분의 비율을 판단함에 있어서는 불법행위 및 손해와 관련하여 그 발생 내지 확대에 대한 각 부진정연대채무자의 주의의무의 정도에 상응한 과실의 정도를 비롯한 기여도 등 사고 내지 손해와 직접적으로 관련된 대외적 요소를 고려하여야 함은 물론, 나아가 부진정연대채무자 사이에 특별한 내부적 법률관계가 있어 그 실질적 관계를 기초로 한 요소를 참작하지 않으면 현저하게 형평에 어긋난다고 인정되는 경우에는 그 대내적 요소도 참작하여야 하며, 일정한 경우에는 그와 같은 제반 사정에 비추어 손해의 공평한 분담이라는 견지에서 신의칙상 상당하다고 인정되는 한도 내에서만 구상권을 행사하도록 제한할 수도 있다.

판례선정이유

'공동불법행위자 1인이 자기 부담 부분 이상을 변제하여 공동의 면책을 얻은 후 다른 부진정연대채무자에 대하여 그 부담 부분의 비율에 따라 구상권을 행사하는 경우에, 신의칙상 상당하다고 인정되는 한도에서만 구상권이 제한된다'는 점을 밝힌 판결

667. 공동불법행위 (5) : 구상권의 발생시기

(대법원 1997. 12. 12. 선고 96다50896 판결)

쟁점 공동불법행위자 중 1인에 대한 권리포기나 채무면제의 효력이 다른 공동불법행위자에게 미치는지 여부와 구상권의 발생시점

판결요지

피해자가 부진정연대채무자 중 1인에 대하여 손해배상에 관한 권리를 포기하거나 채무를 면제하는 의사표시를 하였다 하더라도 다른 채무자에 대하여 그 효력이 미친다고 볼 수는 없다. 공동불법행위자 간 구상권의 발생 시점은 구상권자가 현실로 피해자에게 손해배상금을 지급한 때이다.

판례선정이유

공동불법행위로 인한 채권자의 채권포기 혹은 채무면제의 상대효와 공동불법행위자 중 공동면책으로 인한 구상권의 발생시점을 밝힌 판결

668. 자동차손해배상책임

(대법원 2009. 10. 15. 선고 2009다42703 판결)

쟁점 자동차손배법 제3조에서 말하는 '자기를 위하여 자동차를 운행하는 자'의 의미

판결요지

자동차손배법 제3조에서 자동차 사고에 대한 손해배상 책임을 지는 자로 규정하고 있는 '자기를 위하여 자동차를 운행하는 자'란 사회통념상 당해 자동차에 대한 운행을 지배하여 그 이익을 향수하는 책임주체로서의 지위에 있다고 할 수 있는 자를 말하고, 이 경우 운행의 지배는 현실적인 지배에 한하지 아니하고 사회통념상 간접지배 내지는 지배가능성이 있다고 볼 수 있는 경우도 포함한다.

판례선정이유

일상적으로는 주차대행이 행하여지지 않는 공중접객업소에서 자동차 보유자의 요구에 의하여 우발적으로 주차의 대행 및 관리가 이루어진 경우에는, 자동차 보유자가 자동차의 운행에 대한 운행지배와 운행이익을 완전히 상실하지 아니하였다고 볼 만한 특별한 사정이 있음을 밝힌 판결

669. 제조물책임 (1) : 설계상의 결함과 표시상의 결함

(대법원 2014. 4. 10. 선고 2011다22092 판결)

쟁점 제조물에 설계상의 결함이 있는지 판단하는 기준과 국가 등이 제조 · 판매한 담배에 표시상의 결함이 존재하는지 여부

판결요지

일반적으로 제조물을 만들어 판매하는 사람은 제조물의 구조, 품질, 성능 등에서 현재의 기술 수준과 경제성 등에 비추어 기대가능한 범위 내의 안전성을 갖춘 제품을 제조하여야 하고, 이러한 안전성을 갖추지 못한 결함으로 인하여 사용자에게 손해가 발생한 경우에는 불법행위로 인한 배상책임을 부담하게 되는데, 그와 같은 결함 중 주로 제조자가 합리적인 대체설계를 채용하였더라면 피해나 위험을 줄이거나 피할 수 있었음에도 대체설계를 채용하지 아니하여 제조물이 안전하지 못하게 된 경우를 말하는 이른바 설계상의 결함이 있는지는 제품의 특성 및 용도, 제조물에 대한 사용자의 기대의 내용, 예상되는 위험의 내용, 위험에 대한 사용자의 인식, 사용자에 의한 위험회피의 가능성, 대체설계의 가능성 및 경제적 비용, 채택된 설계와 대체설계의 상대적 장단점 등 여러 사정을 종합적으로 고려하여 사회통념에 비추어 판단하여야 한다.

판례선정이유

국가 등이 제조 · 판매한 담배에 설계상 결함과 표시상 결함이 존재하는지 여부를 판단하는 기준을 밝힌 판결

670. 제조물책임 (2) : 의약품의 설계상의 결함과 표시상의 결함

(대법원 2008. 2. 28. 선고 2007다52287 판결)

쟁점 합성 교감신경흥분제인 페닐프로판올아민(phenylprophanolamine) 함유 일반의약품인 감기약 "콘택600"이 그 소비자에 대하여 불법행위책임을 부담하게 할 정도의 설계상 결함을 지니고 있는지 여부

판결요지

합성 교감신경흥분제인 페닐프로판올아민(phenylprophanolamine) 함유 일반의약품인 감기약 "콘택600"을 복용한 사람이 출혈성 뇌졸중으로 사망한 사안에서, 그 제조 및 공급 당시의 페닐프로판올아민과 출혈성 뇌졸중의 상관관계에 관한 연구 결과와 기술 수준 및 경제성 등에 비추어 위 감기약이

이를 복용하였다가 피해를 입은 소비자에 대하여 불법행위책임을 부담하게 할 정도의 설계상 결함을 지니고 있다고 보기 어렵다.

판례선정이유

약국에서 구매할 수 있는 일반의약품인 콘택600을 제조 · 판매한 회사에 대하여 제조물책임을 물을 수 없음을 밝힌 판결

671. 제조물책임 (3) : 혈액제재와 제조물책임법

(대법원 2011. 9. 29. 선고 2008다16776 판결)

쟁점 바이러스에 감염된 환자가 제약회사를 상대로 바이러스에 오염된 혈액 제제를 통하여 감염되었다는 것을 손해배상책임의 원인으로 주장하는 경우, 혈액 제제 결함 또는 제약회사 과실과 피해자 감염 사이에 인과관계가 있는지에 관한 증명책임의 정도 및 판단 기준

판결요지

의약품의 제조물책임에서 손해배상책임이 성립하기 위해서는 의약품의 결함 또는 제약회사의 과실과 손해 사이에 인과관계가 있어야 한다. 그러나 의약품 제조과정은 대개 제약회사 내부자만이 알 수 있을 뿐이고, 의약품 제조행위는 고도의 전문적 지식을 필요로 하는 분야로서 일반인들이 의약품의 결함이나 제약회사의 과실을 완벽하게 입증하는 것은 극히 어렵다. 따라서 환자인 피해자가 제약회사를 상대로 바이러스에 오염된 혈액제제를 통하여 감염되었다는 것을 손해배상책임의 원인으로 주장하는 경우, 제약회사가 제조한 혈액제제를 투여받기 전에는 감염을 의심할 만한 증상이 없었고, 혈액제제를 투여 받은 후 바이러스 감염이 확인되었으며, 혈액제제가 바이러스에 오염되었을 상당한 가능성이 있다는 점을 증명하면, 제약회사가 제조한 혈액제제 결함 또는 제약회사 과실과 피해자 감염 사이의 인과관계를 추정하여 손해배상책임을 지울 수 있도록 증명책임을 완화하는 것이 손해의 공평 · 타당한 부담을 지도 원리로 하는 손해배상제도의 이상에 부합한다. 여기서 바이러스에 오염되었을 상당한 가능성은, 자연과학적으로 명확한 증명이 없더라도 혈액제제의 사용과 감염의 시간적 근접성, 통계적 관련성, 혈액제제의 제조공정, 해당 바이러스 감염의 의학적 특성, 원료 혈액에 대한 바이러스 진단방법의 정확성 정도 등 여러 사정을 고려하여 판단할 수 있다. 한편 제약회사는 자신이 제조한 혈액제제에 아무런 결함이 없다는 등 피해자의 감염 원인이 자신이 제조한 혈액제제에서 비롯된 것이 아니라는 것을 증명하여 추정을 번복시킬 수 있으나, 단순히 피해자가 감염추정기간 동안 다른 회사가 제조한 혈액제제를 투여 받았거나 수혈을 받은 사정이 있었다는 것만으로는 추정이 번복되지 않는다.

판례선정이유

의약품의 결함 또는 제약회사의 과실과 손해 사이의 인과관계에 대한 증명책임의 소재 및 정도를 밝힌 판결

672. 의료과오책임 (1) : 과실상계

(대법원 2015. 11. 27. 선고 2011다28939판결)

쟁점 의사가 선량한 관리자의 주의의무를 다하지 아니하여 환자의 신체기능이 회복불가능하게 손상되고, 그 후 후유증세의 치유 또는 악화를 방지하는 정도의 치료만이 계속되어 온 경우, 수술비와 치료비의 지급을 청구할 수 있는지 여부 및 이는 피해자의 체질적 소인이나 치료의 위험도 등을 고려하여 의사의 손해배상책임을 제한하는 경우에도 마찬가지인지 여부

판결요지

의사가 선량한 관리자의 주의의무를 다하지 아니한 탓으로 오히려 환자의 신체기능이 회복불가능하게 손상되었고, 또 손상 이후에는 후유증세의 치유 또는 더 이상의 악화를 방지하는 정도의 치료만이 계속되어 온 것뿐이라면, 의사의 치료행위는 진료채무의 본지에 따른 것이 되지 못하거나 손해전보의 일환으로 행하여진 것에 불과하여, 병원 측으로서는 환자에 대하여 수술비와 치료비의 지급을 청구할 수 없다. 그리고 이는 손해의 발생이나 확대에 피해자 측의 귀책사유가 없는데도 공평의 원칙상 피해자의 체질적 소인이나 질병과 수술 등 치료의 위험도 등을 고려하여 의사의 손해배상책임을 제한하는 경우에도 마찬가지이다.

판례선정이유

의사가 선량한 관리자의 주의의무를 다하지 아니한 탓으로 오히려 환자의 신체기능이 회복불가능하게 손상되었고, 또 손상 이후에는 후유증세의 치유 또는 더 이상의 악화를 방지하는 정도의 치료만이 계속되어 온 경우에는, 치료비나 수술비를 청구할 수 없다는 점과, '이는 손해의 발생이나 확대에 피해자 측의 귀책사유가 없는데도 공평의 원칙상 피해자의 체질적 소인이나 질병과 수술 등 치료의 위험도 등을 고려하여 의사의 손해배상책임을 제한하는 경우에도 마찬가지'라는 점을 밝힌 판결

673. 의료과오책임 (2) : 의료과오의 추정

(대법원 1995. 2. 10. 선고 93다52402 판결)

쟁점 피해자 측에서 의료상의 과실 있는 행위를 입증하고 그 결과와 사이에 의료행위 외에 다른 원인이 개재될 수 없다는 점을 증명한 경우, 의료상의 과실과 결과 사이의 인과관계를 추정할 것인지 여부

판결요지

원래 의료행위에 있어서 주의의무 위반으로 인한 불법행위 또는 채무불이행으로 인한 책임이 있다고 하기 위하여는 의료행위상의 주의의무의 위반과 손해의 발생과의 사이의 인과관계의 존재가 전제되어야 하나, 의료행위가 고도의 전문적 지식을 필요로 하는 분야이고, 그 의료의 과정은 대개의 경우 환자 본인이 그 일부를 알 수 있는 외에 의사만이 알 수 있을 뿐이며, 치료의 결과를 달성하기 위한 의료 기법은 의사의 재량에 달려 있기 때문에, 손해발생의 직접적인 원인이 의료상의 과실로 말미암은 것인지 여부는 전문가인 의사가 아닌 보통인으로서는 도저히 밝혀낼 수 없는 특수성이 있어서 환자 측이 의사의 의료행위상의 주의의무 위반과 손해의 발생과 사이의 인과관계를 의학적으로 완벽하게 입증한다는 것은 극히 어려우므로, 환자가 치료 도중에 사망한 경우에 있어서는 피해자 측에서 일련의 의료행위 과정에 있어서 저질러진 일반인의 상식에 바탕을 둔 의료상의 과실 있는 행위를 입증하고 그 결과와 사이에 일련의 의료행위 외에 다른 원인이 개재될 수 없다는 점, 이를테면 환자에게 의료행위 이전에 그러한 결과의 원인이 될 만한 건강상의 결함이 없었다는 사정을 증명한 경우에 있어서는, 의료행위를 한 측이 그 결과가 의료상의 과실로 말미암은 것이 아니라 전혀 다른 원인으로 말미암은 것이라는 입증을 하지 아니하는 이상, 의료상 과실과 결과 사이의 인과관계를 추정하여 손해배상책임을 지울 수 있도록 입증책임을 완화하는 것이 손해의 공평·타당한 부담을 그 지도원리로 하는 손해배상제도의 이상에 맞는다고 하지 않을 수 없다.

판례선정이유

의료과오가 추정될 수 있는 사정과 요건을 설시한 판결

674. 의료과오책임 (3) : 입증방해이론

(대법원 1995. 3. 10. 선고 94다39567 판결)

쟁점 의사측의 진료기록 변조행위를 입증방해행위로서 의사측에게 불리한 평가를 하는 자료로 삼을 수 있는지 여부

판결요지

의료분쟁에 있어서 의사 측이 가지고 있는 진료기록 등의 기재가 사실인정이나 법적 판단을 함에 있어 중요한 역할을 차지하고 있는 점을 고려하여 볼 때, 의사 측이 진료기록을 변조한 행위는, 그 변조이유에 대하여 상당하고도 합리적인 이유를 제시하지 못하는 한, 당사자간의 공평의 원칙 또는 신의칙에 어긋나는 입증방해행위에 해당한다 할 것이고, 법원으로서는 이를 하나의 자료로 하여 자유로운 심증에 따라 의사 측에게 불리한 평가를 할 수 있다.

판례선정이유

'의사 측의 진료기록 변조행위는 입증방해행위로서 의사 측에게 불리한 평가를 하는 자료로 삼을 수 있다'는 점을 밝힌 판결

675. 의료과오책임 (4) : 의사의 설명의무의 대상과 범위

(대법원 1996. 4. 12. 선고 95다56095 판결)

쟁점 후유증이나 부작용 등의 위험발생 가능성이 희소한 경우, 의사의 설명의무가 면제될 수 있는지 여부

판결요지

의사가 수술 등에 대한 환자의 승낙을 얻기 위한 설명의무는 그 의료행위에 따르는 후유증이나 부작용 등의 위험발생 가능성이 희소하다는 사정만으로 면제될 수 없으며, 그 후유증이나 부작용이 당해 치료행위에 전형적으로 발생하는 위험이거나 회복할 수 없는 중대한 것인 경우에는, 그 발생 가능성의 희소성에도 불구하고 설명의 대상이 된다.

판례선정이유

의사의 설명의무의 대상과 범위를 밝힌 판결

제 4 편

친족

제1장 총 칙

676. 입양무효확인 심판청구의 당사자적격인 친족 지위의 취득 시점

(대법원 1985. 12. 10. 선고 85므28 판결)

쟁점 입양신고 당시에는 제777조 소정의 친족이 아니었으나, 심판청구 당시 위 친족에 해당되게 된 자에게도 입양무효확인 심판청구의 당사자적격을 인정할 것인지의 여부

판결요지

입양무효확인심판의 청구인이 심판청구 당시 피청구인의 계조모로서 피청구인이나 그 양부에게 제777조 소정의 친족에 해당한다면, 청구인은 그 입양의 무효확인심판을 청구할 수 있는 당사자적격이 있다 할 것이고, 입양신고 당시 피청구인 또는 그의 양부와의 사이에 제777조 소정의 신분관계가 없었다 하여 입양의 무효심판을 구할 이익이 없는 제3자에 불과하다고 볼 수 없다.

판례선정이유

입양신고 당시에는 제777조 소정의 친족이 아니었으나, 심판청구 당시에는 위 친족에 해당되게 된 자에게도 당사자적격이 있음을 밝힌 판결

677. 친족이라는 신분의 보유와 소송의 이익

(대법원 1967. 9. 19. 선고 67므22 판결)

쟁점 친자관계존부확인의 소 제기권자에 해당하는 신분의 보유만으로 그 소를 제기할 소송의 이익이 인정되는지 여부

판결요지

제777조 소정의 친족은 특단의 사정이 없는 한 그와 같은 신분을 가졌다는 사실만으로서 당연히 친자관계 존부확인의 소를 제기할 소송상의 이익이 있다.

판례선정이유

'제777조 소정의 친족은 특단의 사정이 없는 한 그와 같은 신분을 가졌다는 사실만으로서 당연히 친자관계 존부확인의 소를 제기할 소송상의 이익이 있다'는 점을 밝힌 판결

제2장 가족의 범위와 자의 성과 본

678. 자녀 성 · 본 변경의 필요성

(대법원 2009. 12. 11., 2009스23 결정)

쟁점 자녀의 성 · 본을 변경할 필요성을 인정하는 기준

판결요지

제781조 제6항에 정한 '자의 복리를 위하여 자의 성과 본을 변경할 필요가 있을 때'에 해당하는지 여부는 자의 나이와 성숙도를 감안하여 자 또는 친권자 · 양육자의 의사를 고려하되, 먼저 자의 성 · 본 변경이 이루어지지 아니할 경우에 내부적으로 가족 사이의 정서적 통합에 방해가 되고 대외적으로 가족 구성원에 관련된 편견이나 오해 등으로 학교생활이나 사회생활에서 겪게 되는 불이익의 정도를 심리하고, 다음으로 성 · 본 변경이 이루어질 경우에 초래되는 정체성의 혼란이나 자와 성 · 본을 함께 하고 있는 친부나 형제자매 등과의 유대 관계의 단절 및 부양의 중단 등으로 인하여 겪게 되는 불이익의 정도를 심리한 다음, 자의 입장에서 위 두 가지 불이익의 정도를 비교형량하여 자의 행복과 이익에 도움이 되는 쪽으로 판단하여야 한다. 이와 같이 자의 주관적 · 개인적인 선호의 정도를 넘어 자의 복리를 위하여 성 · 본의 변경이 필요하다고 판단되고, 범죄를 기도 또는 은폐하거나 법령에 따른 각종 제한을 회피하려는 불순한 의도나 목적이 개입되어 있는 등 성 · 본 변경권의 남용으로 볼 수 있는 경우가 아니라면, 원칙적으로 성 · 본 변경을 허가함이 상당하다.

판례선정이유

제781조 제6항에 정한 "자의 복리를 위하여 자의 성과 본을 변경할 필요가 있을 때"에 해당하는지 여부의 판단을 그 변경 허용으로 인한 불이익과 그 변경 불허로 인한 불이익을 자녀의 복리 관점에서 비교형량하여야한다는 원칙을 밝힌 판결

제3장 혼 인

제1절 약 혼

679. 약혼해제로 인한 손해배상청구에 있어서 청구권자와 상대방

(대법원 1975. 1. 14. 선고 74므11 판결)

쟁점 약혼의 부당파기에 가담한 약혼 상대방의 부모에 대해서도 약혼해제에 대한 손해배상을 청구할 수 있는지 여부

판결요지

약혼해제로 인한 손해배상청구에 있어 약혼을 부당히 파기한 약혼당사자 뿐만 아니라 약혼 당사자의 부모된 자가 부당파기에 가담한 경우에는, 그들도 포함하여 가사심판법 소정의 절차에 따라 손해배상을 청구할 수 있고, 약혼을 부당히 파기당한 자 뿐만 아니라 당연히 정신적 고통을 받게 되는 동인의 부모 또한 같은 법 소정의 절차에 따라 손해배상을 청구할 수 있다.

판례선정이유

'약혼의 부당파기에 대하여 약혼 당사자뿐 아니라 그 부모에 대해서도 손해배상을 청구할 수 있다'는 점을 밝힌 판결

680. 약혼예물 수수의 법적 성질 및 혼인 해소의 경우, 그 소유권 귀속관계

(대법원 1996. 5. 14. 선고 96다5506 판결)

쟁점 약혼 예물을 수수한 경우의 법률관계의 성질 및 혼인 성립 후 혼인이 해소된 경우, 약혼 예물의 소유자는 누구인가?

판결요지

약혼예물의 수수는 약혼의 성립을 증명하고 혼인이 성립한 경우 당사자 내지 양가의 정리를 두텁게 할 목적으로 수수되는 것으로 혼인의 불성립을 해제조건으로 하는 증여와 유사한 성질을 가지므로, 예물의 수령자 측이 혼인 당초부터 성실히 혼인을 계속할 의사가 없고 그로 인하여 혼인의 파국을 초래하였다고 인정되는 등 특별한 사정이 있는 경우에는 신의칙 내지 형평의 원칙에 비추어 혼인 불성립의 경우에 준하여 예물반환의무를 인정함이 상당하나, 그러한 특별한 사정이 없는 한 일단 부부관계가 성립하고 그 혼인이 상당 기간 지속된 이상 후일 혼인이 해소되어도 그 반환을 구할 수는 없으므로, 비록 혼인 파탄의 원인이 며느리에게 있더라도 혼인이 상당 기간 계속된 이상 약혼예물의 소유권은 며느리에게 있다.

판례선정이유

사회생활상 빈번히 행해지지만 명문의 규정이 없는 약혼 예물의 수수행위의 법적 성질을 밝힌 판결

681. 유책 당사자의 약혼예물반환청구권

(대법원 1976. 12. 28. 선고 76므41, 42 판결)

쟁점 약혼해제에 관하여 과실 있는 유책 당사자가 자신이 제공한 약혼예물에 대한 그 반환을 청구할 수 있는지 여부

판결요지

약혼예물의 수수는 혼인 불성립을 해제조건으로 하는 증여와 유사한 성질의 것이나, 약혼의 해제에 관하여 과실이 있는 유책자로서는 그가 제공한 약혼예물을 적극적으로 반환 청구할 권리가 없다.

판례선정이유

'약혼 해제시 약혼 예물을 증여한 약혼 당사자는 그 반환을 청구할 수 있어야 하지만, 특히 그가 약혼 해제에 유책하다면 그 반환청구권이 배제된다'는 점을 밝힌 판결

제2절 혼인의 성립

682. 혼인의 성립요건(1) : 혼인신고(1)

(대법원 2012. 11. 29. 선고 2012므2451 판결)

쟁점 사실혼관계에 있는 당사자 일방이 의사무능력 상태에서 타방 배우자 단독으로 행한 혼인신고가 효력이 있는지 여부

판결요지

혼인의 합의란 법률혼주의를 채택하고 있는 우리나라 법제하에서는 법률상 유효한 혼인을 성립하게 하는 합의를 말하는 것이므로, 비록 사실혼관계에 있는 당사자 일방이 혼인신고를 한 경우에도 상대방에게 혼인의사가 결여되었다고 인정되는 한 그 혼인은 무효라 할 것이나, 상대방의 혼인의사가 불분명한 경우에는 혼인의 관행과 신의성실의 원칙에 따라 사실혼관계를 형성시킨 상대방의 행위에 기초하여 그 혼인의사의 존재를 추정할 수 있으므로, 이와 반대되는 사정, 즉 혼인의사를 명백히 철회하였다거나 당사자 사이에 사실혼관계를 해소하기로 합의하였다는 등의 사정이 인정되지 아니하는 경우에는 그 혼인을 무효라고 할 수 없다. 원심은 그 채택 증거를 종합하여 그 판시와 같은 사실을 인정한 다음, 사실혼관계인 피고들 사이에 혼인신고가 이루어질 때에 피고 1이 의사무능력 상태에 있었다 하더라도 그 이전에 피고 1에게 혼인의사가 결여되어 있었다거나 피고 1이 혼인의사를 철회하였다는 등의 사정이 인정되지 아니하므로, 피고 1의 혼인의사의 존재는 추정되고, 따라서 피고 2의 혼인신고에 따른 피고들 사이의 혼인은 유효하다고 판단하였다. 앞에서 본 법리에 비추어 볼 때 원심의 이러한 판단은 정당하고, 거기에 상고이유 주장과 같이 사실혼관계에서의 혼인의사 추정에 관한 법리를 오해하거나 판례를 위반하는 등 판결에 영향을 미친 위법이 없다.

판례선정이유

'사실혼관계 배우자 중 일방이 의사무능력 상태에서 일방이 행한 혼인신고의 효력에 관하여 혼인의사를 철회하였다는 특단의 사정이 없는 한 혼인의사의 존재를 추정하여 혼인신고의 효력을 인정할 수 있다'는 점을 밝힌 판결

683. 혼인의 성립요건 (2) : 혼인신고 (2)
(대법원 1996. 11. 22. 선고 96도2049 판결)

쟁점 제815조 제1호의 '당사자 간에 혼인의 합의가 없는 때'의 의미 및 중국 국적의 조선족 여자가 참다운 부부관계 설정의 의사 없이 단지 국내취업을 위한 입국을 가능하게 할 목적 등 다른 목적을 달성하기 위한 방편으로서 한 혼인의 효력

판결요지

제815조 제1호는 '당사자간에 혼인의 합의가 없는 때'에는 그 혼인은 무효로 한다 라고 규정하고 있고, 이 혼인무효 사유는 당사자 간에 사회관념상 부부라고 인정되는 정신적, 육체적 결합을 생기게 할 의사를 갖고 있지 않은 경우를 가리킨다고 해석할 것이므로, 당사자 사이에 비록 혼인의 계출 자체에 관하여 의사의 합치가 있어 일응 법률상의 부부라는 신분관계를 설정할 의사는 있었다고 인정되는 경우라도, 그것이 단지 다른 목적을 달성하기 위한 방편에 불과한 것으로서 그들 간에 참다운 부부관계의 설정을 바라는 효과의사가 없을 때에는, 그 혼인은 제815조 제1호의 규정에 따라 그 효력이 없다고 해석하여야 한다.

판례선정이유

혼인의사의 내용 및 참다운 부부관계 설정의 의사 없이 다른 목적으로 혼인신고가 경료된 경우, 혼인의 효력이 인정되지 않음을 밝힌 판결

684. 혼인의 성립요건 (3) : 근친혼 등의 금지
(대법원 2010. 11. 25. 선고 2010두14091 판결)

쟁점 형부와 처제 사이에 사실혼이 성립하는지 여부

판결요지

1990. 1. 13. 법률 제4199호로 개정된 민법이 시행되던 당시 국립대학교 교수인 형부와 사실혼관계에 있던 처제가 2005. 3. 31. 법률 제7427호로 개정된 민법 시행 후 형부가 사망하자 유족연금을 신청한 데 대하여, 공무원연금공단이 1990년 개정된 민법의 규정상 형부와 처제 사이의 혼인은 무효이고, 혼인무효에 해당하는 사실혼관계는 구 공무원연금법(2009. 12. 31. 법률 제9905호로 개정되기 전의 것) 제3조 제1항 제2호 (가)목의 사실상 혼인관계로 인정할 수 없다는 이유로 위 신청을 거부하는 처분을 한 사안에서, 형부와 처제 사이의 혼인에 관한 구관습법의 태도, 민법의 개정 경과 및

그 내용, 위 형부와 처제 사이의 사실혼관계의 형성경위, 그 사실혼관계가 가족과 친인척을 포함한 주변 사회에서 받아들여진 점, 약 15년간의 공동생활로 부부생활의 안정성과 신뢰성이 형성되었다고 보이는 점 등을 종합하면, 비록 형부가 공무원으로 재직할 당시 시행되던 1990년 개정된 민법상 형부와 처제 사이의 혼인이 무효이었다고 하더라도 위 사실혼관계는 그 반윤리성 · 반공익성이 혼인법질서에 본질적으로 반할 정도라고 할 수 없고, 2005년 개정된 민법 부칙 제4조에 비추어 공무원연금공단은 2005년 개정된 민법이 시행된 이후에는 위 사실혼관계가 무효사유 있는 사실혼관계에 해당한다는 주장을 할 수도 없으므로, 위 사실혼관계는 구 공무원연금법 제3조 제1항 제2호 (가)목의 '사실혼관계'에 해당하고 위 신청인은 공무원연금법에 의한 유족연금의 수급권자인 배우자라고 본 원심판단을 수긍한 사례

판례선정이유

금혼에 관한 전통 관습과 근친혼 금지 규정의 변천과정에서 형부와 처제 사이에 사실혼의 성립을 인정하여 그 사실혼 배우자에게 공무원연급법상 유족연금의 수급권을 인정한 판결

685. 혼인의 성립요건(4) : 사실혼관계존재확인청구

(대법원 1995. 3. 28. 선고 94므1447 판결)

쟁점 사실혼관계에 있던 당사자 일방이 사망한 경우, 검사를 상대로 사실혼관계존부확인청구를 할 수 있는지 여부

판결요지

사실혼관계에 있던 당사자 일방이 사망하였더라도, 현재적 또는 잠재적 법적 분쟁을 일거에 해결하는 유효 적절한 수단이 될 수 있는 한, 그 사실혼관계존부확인청구에는 확인의 이익이 인정되고, 이러한 경우 친생자관계존부확인청구에 관한 제865조와 인지청구에 관한 제863조의 규정을 유추적용하여, 생존 당사자는 그 사망을 안 날로부터 1년 내에 검사를 상대로 과거의 사실혼관계에 대한 존부확인청구를 할 수 있다고 보아야 한다.

판례선정이유

'과거 사실혼에 대한 사실혼관계존재확인청구의 허부와 사실혼 배우자가 이미 사망한 경우 제865조 친생자관계존부확인청구 및 제863조 인지청구에 관한 규정을 유추적용하여 그 사망을 안 날로부터 1년 내에 검사를 상대로 과거의 사실혼관계에 대한 존부확인청구를 할 수 있다'는 점을 밝힌 판결

제3절 혼인의 무효와 취소

686. 혼인의 무효 (1) : 혼인의사의 철회

(대법원 1983. 12. 27. 선고 83므28 판결)

쟁점 혼인신고서의 제출 전에 혼인의사가 철회되었음에도 신고 수리된 혼인이 효력이 있는지 여부

판결요지

혼인 당사자 간의 혼인할 의사의 합치는 혼인신고서를 작성할 때는 물론이고 혼인신고서를 호적공무원에게 신고할 때에도 존재함을 요한다고 해석되므로, 일단 의사의 합치아래 유효하게 신고서를 작성하였더라도 그 제출 전에 일방이 타방에 대하여 또는 그 제출을 타인에게 의뢰하였다면, 그 사람에게 혼인의사를 철회한 경우나 호적공무원에게 혼인의사를 철회하였으니 그 수리를 하지 말도록 말한 경우에는 혼인의 의사합치가 없다고 할 것이므로, 그 신고서가 제출되었더라도 그 혼인은 무효이다.

판례선정이유

혼인의사는 혼인신고서 작성시뿐 아니라 혼인신고시에 존재하여야 한다는 전제하에 혼인신고 전 혼인의사가 철회되었음에도 혼인 신고가 수리된 경우, 그 혼인 신고의 효력이 부인된다는 점을 밝힌 판결

687. 혼인의 무효 (2) : 혼인무효심판청구와 권리남용

(대법원 1987. 4. 28. 선고 86므130 판결)

쟁점 혼인무효심판청구가 권리남용에 해당하는 경우

판결요지

甲의 친모 乙이 丙과 혼인하여 혼인신고를 마치고 甲을 출생하고 동거하다가 가출하여 타인과 혼인신고까지 마치고 동거하고 있던 중, 甲의 父 丙이 丁과 동거하여 오다가 사망하자, 甲이 乙과 공동상속하게 될 유산 처분 등의 곤란을 회피하고자 丙의 호적상에 허위로 乙의 사망신고를 하고 나서 다시 丙과 丁의 혼인신고를 한 뒤 망부 丙의 사망신고를 하였는데, 丁이 유산처분을 반대하고 나서자 분란 끝에 甲이 丁을 공동상속인 지위에서 제거하기 위하여 乙의 승낙도 없이 乙의 이름으로 丁을 상대로 혼인무효의 심판청구를 제기하였으나 대법원에서 패소 확정되자 다시 甲이 직접 이 사건 혼인무효심판청구를 제기하였다면, 비록 丁과 丙사이의 혼인신고는 丙의 사망 후에 이루어진

것으로서 무효라 할 것이나, 위 혼인무효가 확정되는 경우 되살아나게 될 丙과 乙의 부부관계는 위 시기에 사실상 소멸되어 돌이킬 수 없는 상태에 이르게 되었으므로, 乙과 丙의 각 사망신고와 丁과 丙사이의 혼인신고를 사실과 다르게 신고한 지위에서 오로지 乙과 丙사이의 혼인관계가 형식상 존속함을 이용하여 乙의 상속권을 회복할 목적으로 제기된 이사건 혼인무효심판청구는 신의에 좇은 권리행사라고 볼 수 없어 사회생활상 용인될 수 없다.

판례선정이유

상속분쟁을 자신에게 유리하게 해결하기 위하여 이미 해소된 혼인관계를 부활시킬 목적으로 행한 혼인무효심판 청구는 권리남용으로 허용될 수 없음을 밝힌 판결

688. 혼인의 무효(3) : 무효혼의 추인

(대법원 1965. 12. 28. 선고 65므61 판결)

쟁점 혼인신고가 한쪽 당사자가 모르는 사이에 이루어져 무효인 혼인이 추인에 의하여 유효하게 될 수 있는지 여부

판결요지

제139조는 재산법에 관한 총칙규정이고 신분법에 관하여는 그대로 통용될 수 없으므로, 혼인신고가 한쪽 당사자의 모르는 사이에 이루어져 무효인 경우에도 그 후 그 당사자가 그 혼인에 만족하고 그대로 부부생활을 계속한 경우에는 그 혼인을 무효로 할 것이 아니다.

판례선정이유

무효행위 추인에 관한 제139조는 신분행위에는 적용될 수 없으므로, 무효인 혼인의사 없는 혼인신고라고 하더라도, 혼인의사의 추인에 의하여 유효로 다루어질 수 있음을 밝힌 판결

689. 혼인의 취소(1) : 출산 경력의 불고지

(대법원 2016. 2. 18. 선고 2015므654, 661 판결)

쟁점 혼인의 당사자 일방 또는 제3자가 출산의 경력을 고지하지 아니한 것만으로 사기에 의한 혼인 취소사유가 되는지 여부

판결요지

[1] 혼인의 당사자 일방 또는 제3자가 출산의 경력을 고지하지 아니한 경우에, 그것이 상대방의 혼인의 의사결정에 영향을 미칠 수 있었을 것이라는 사정만을 들어 일률적으로 고지의무를 인정하고 제3호 혼인취소사유에 해당한다고 하여서는 아니 되고, 출산의 경위와 출산한 자녀의 생존 여부 및 그에 대한 양육책임이나 부양책임의 존부, 실제 양육이나 교류가 이루어졌는지 여부와 시기 및 정도, 법률상 또는 사실상으로 양육자가 변경될 가능성이 있는지, 출산 경력을 고지하지 않은 것이 적극적으로 이루어졌는지 아니면 소극적인 것에 불과하였는지 등을 면밀하게 살펴봄으로써 출산의 경력이나 경위가 알려질 경우 당사자의 명예 또는 사생활 비밀의 본질적 부분이 침해될 우려가 있는지, 사회통념상 당사자나 제3자에게 그에 대한 고지를 기대할 수 있는지와 이를 고지하지 아니한 것이 신의성실 의무에 비추어 비난받을 정도라고 할 수 있는지 까지 심리한 다음, 그러한 사정들을 종합적으로 고려하여 신중하게 고지의무의 인정 여부와 위반 여부를 판단함으로써 당사자 일방의 명예 또는 사생활 비밀의 보장과 상대방 당사자의 혼인 의사결정의 자유 사이에 균형과 조화를 도모하여야 한다.

[2] 당사자가 성장과정에서 본인의 의사와 무관하게 아동성폭력범죄 등의 피해를 당해 임신을 하고 출산까지 하였으나 이후 자녀와의 관계가 단절되고 상당한 기간 동안 양육이나 교류 등이 전혀 이루어지지 않은 경우라면, 출산의 경력이나 경위는 개인의 내밀한 영역에 속하는 것으로서 당사자의 명예 또는 사생활 비밀의 본질적 부분에 해당하고, 나아가 사회통념상 당사자나 제3자에게 그에 대한 고지를 기대할 수 있다거나 이를 고지하지 아니한 것이 신의성실 의무에 비추어 비난받을 정도라고 단정할 수도 없으므로, 단순히 출산의 경력을 고지하지 않았다고 하여 그것이 곧바로 제816조 제3호에서 정한 혼인취소사유에 해당한다고 보아서는 아니 된다. 그리고 이는 국제결혼의 경우에도 마찬가지이다.

판례선정이유

'아동 성폭력에 의한 출산 사실을 묵비한 사실만으로는 혼인취소사유가 될 수 없다'는 점을 밝힌 판결

690. 혼인의 취소 (2) : 중혼을 이유로 한 혼인 취소의 효력

(대법원 1996. 12. 23. 선고 95다48308 판결)

쟁점 부부의 일방이 사망하여 상대방 배우자가 상속받은 후에 그 혼인이 중혼으로 취소된 경우, 이미 이루어진 상속관계가 소급하여 무효로 되거나 부당이득으로 되는지 여부

판결요지

제824조는 "혼인의 취소의 효력은 기왕에 소급하지 아니한다."고 규정하고 있을 뿐 재산상속 등에 관해 소급효를 인정할 별도의 규정이 없는바, 혼인 중에 부부 일방이 사망하여 상대방이 배우자로서 망인의 재산을 상속받은 후에 그 혼인이 취소되었다는 사정만으로 그 전에 이루어진 상속관계가 소급하여 무효라거나 또는 그 상속재산이 법률상 원인 없이 취득한 것이라고는 볼 수 없다.

판례선정이유

'혼인 중에 부부 일방이 사망하여 상대방이 배우자로서 망인의 재산을 상속받은 후에 그 혼인이 취소되었다는 사정만으로 그 전에 이루어진 상속관계가 소급하여 무효라거나 또는 그 상속재산이 법률상 원인 없이 취득한 것이라고는 볼 수 없다'는 점을 밝힌 판결

제4절 혼인의 효력

제2관 재산상 효력

691. 부부일방의 특유재산

(대법원 2007. 4. 26. 선고 2006다79704 판결)

쟁점 특유재산의 추정이 번복된 부부 일방 명의로 취득한 재산의 법률관계

판결요지

부부의 일방이 혼인 중 그의 단독 명의로 취득한 재산은 그 명의자의 특유재산으로 추정되는 것이고, 그 재산의 취득에 있어 다른 일방의 협력이 있었다거나 내조의 공이 있었다는 것만으로는 그 추정이 번복되지 아니하는 것이지만, 다른 일방이 실제로 당해 재산의 대가를 부담하여 취득하였음을 증명한 경우에는, 그 추정이 번복되고, 그 대가를 부담한 다른 일방이 실질적인 소유자로서 편의상 명의자에게 이를 명의신탁한 것으로 인정할 수 있다.

판례선정이유

'부부일방 명의의 재산에 대하여 특유 재산 추정이 번복된 경우, 그 재산에 관하여 부부간 명의신탁이 성립된다'는 점을 밝힌 판결

692. 부부의 일상가사대리권 (1)

(대법원 1999. 3. 9. 선고 98다46877 판결)

쟁점 일상가사에 관한 법률행위의 범위 및 그 판단기준

판결요지

[1] 제832조에서 말하는 일상의 가사에 관한 법률행위라 함은 부부가 공동생활을 영위하는 데 통상 필요한 법률행위를 말하므로 그 내용과 범위는 그 부부공동체의 생활 구조, 정도와 그 부부의 생활 장소인 지역사회의 사회통념에 의하여 결정되며, 문제가 된 구체적인 법률행위가 당해 부부의 일상의 가사에 관한 것인지를 판단함에 있어서는 그 법률행위의 종류 · 성질 등 객관적 사정과 함께 가사처리자의 주관적 의사와 목적, 부부의 사회적 지위 · 직업 · 재산 · 수입능력 등 현실적 생활상태를 종합적으로 고려하여 사회통념에 따라 판단하여야 한다.

[2] 금전차용행위도 금액, 차용 목적, 실제의 지출용도, 기타의 사정 등을 고려하여 그것이 부부의 공동생활에 필요한 자금조달을 목적으로 하는 것이라면 일상가사에 속한다고 보아야 할 것이므로, 아파트 구입비용 명목으로 차용한 경우, 그와 같은 비용의 지출이 부부공동체 유지에 필수적인 주거 공간을 마련하기 위한 것이라면 일상가사에 속한다고 볼 수 있다.

판례선정이유

일상가사대리권 범위에 관한 판단기준을 제시한 판결

693. 부부의 일상가사대리권 (2) : 배우자 소유 부동산의 처분

(대법원 1966. 7. 19. 선고 66다863 판결)

쟁점 남편 소유의 부동산을 매각하는 행위가 아내의 일상가사대리권에 속하는지 여부

판결요지

부부간의 일상가사대리권은 그 동거생활을 유지하기 위하여 각각 필요한 범위 내의 법률행위에 국한되어야 할 것이고, 아내가 남편 소유의 부동산을 매각하는 것과 같은 처분행위는 일상가사의 대리권에는 속하지 아니한다.

판례선정이유

'배우자 소유의 부동산을 처분하는 행위는 일상가사대리권의 범위에 속하지 않는다'는 점을 밝힌 판결

694. 부부의 일상가사대리권(3) : 비상가사대리권
(대법원 2000. 12. 8. 선고 99다37856 판결)

쟁점 부부의 일방이 의식불명의 상태에 있어 사회통념상 대리관계를 인정할 필요가 있다는 사정만으로 그 배우자가 당연히 모든 법률행위에 관하여 대리권을 갖는지 여부

판결요지

대리가 적법하게 성립하기 위하여는 대리행위를 한 자, 즉 대리인이 본인을 대리할 권한을 가지고 그 대리권의 범위 내에서 법률행위를 하였음을 요하며, 부부의 경우에도 일상의 가사가 아닌 법률행위를 배우자를 대리하여 행함에 있어서는 별도로 대리권을 수여하는 수권행위가 필요한 것이지, 부부의 일방이 의식불명의 상태에 있어 사회통념상 대리관계를 인정할 필요가 있다는 사정만으로 그 배우자가 당연히 채무의 부담행위를 포함한 모든 법률행위에 관하여 대리권을 갖는다고 볼 것은 아니다.

판례선정이유

'부부생활관계에 있어서 부부 일방이 재산관리를 할 수 없는 특별한 사정이 생기면 다른 배우자의 일상가사대리권이 부부생활관계의 비상한 사태에 대응하여 확장된다'는 이른바 「비상가사대리권」은 인정되지 않음을 밝힌 판결

제5절 이 혼

제1관 협의상 이혼

695. 협의이혼의 요건(1) : 협의이혼신고
(대법원 1993. 6. 11. 선고 93므171 판결)

쟁점 일시적으로 법률상 부부관계를 해소할 의사로써 한 협의이혼신고가 효력이 있는지 여부

판결요지

협의이혼에 있어서 이혼의사는 법률상 부부관계를 해소하려는 의사를 말하므로, 일시적으로나마 법률상 부부관계를 해소하려는 당사자 간의 합의하에 협의이혼신고가 된 이상, 협의이혼에 다른 목적이 있더라도 양자 간에 이혼의사가 없다고는 말할 수 없고, 따라서 이와 같은 협의이혼은 무효로 되지 아니한다.

판례선정이유

'국내 취업 등 합법적 체류 자격을 위하여 경료된 혼인신고의 효력을 부인하는 것과는 달리, 자녀의 해외 유학상의 편의 등을 도모하기 위하여 일시적으로 법률상 혼인관계를 해소하기 위하여 경료한 협의이혼신고에 대해서는 이혼의사를 인정하여 협의이혼신고의 효력을 인정하여야 한다'는 점을 밝힌 판결

696. 협의이혼의 요건 (2) : 협의이혼의사의 철회

(대법원 1994. 2. 8. 선고 93도2869 판결)

쟁점 협의이혼의사 철회신고서 접수 후 제출된 협의이혼신고서를 수리한 경우, 협의상 이혼의 효력이 발생하는지 여부

판결요지

부부가 이혼하기로 협의하고 가정법원의 협의이혼의사 확인을 받았다고 하더라도, 호적법에 정한 바에 의하여 신고함으로써 협의이혼의 효력이 생기기 전에는 부부의 일방이 언제든지 협의이혼의사를 철회할 수 있는 것이어서, 협의이혼신고서가 수리되기 전에 협의이혼의사의 철회신고서가 제출되면 협의이혼신고서는 수리할 수 없는 것이므로, 설사 호적공무원이 착오로 협의이혼의사 철회신고서가 제출된 사실을 간과한 나머지 그 후에 제출된 협의이혼신고서를 수리하였다고 하더라도 협의상 이혼의 효력이 생길 수 없다.

판례선정이유

'법원의 협의이혼의사의 확인을 경료하였더라도 이혼신고 전에 이혼의사가 철회된 경우에는, 협의이혼신고서가 수리되더라도 이혼의 효력이 발생하지 않는다'는 점을 밝힌 판결

제2관 재판상 이혼

697. 유책배우자의 이혼청구
(대법원 2015. 9. 15. 선고 2013므568 전원합의체 판결)

쟁점 제840조 제6호 이혼사유에 관하여 유책배우자의 이혼청구를 허용할 것인지 여부와 예외적으로 유책배우자의 이혼청구를 허용할 수 있는 경우 및 판단 기준

판결요지

[1] 이혼에 관하여 파탄주의를 채택하고 있는 여러 나라의 이혼법제는 우리나라와 달리 재판상 이혼만을 인정하고 있을 뿐 협의상 이혼을 인정하지 아니하고 있다. 우리나라에서는 유책배우자라 하더라도 상대방 배우자와 협의를 통하여 이혼을 할 수 있는 길이 열려 있다. 이는 유책배우자라도 진솔한 마음과 충분한 보상으로 상대방을 설득함으로써 이혼할 수 있는 방도가 있음을 뜻하므로, 유책배우자의 행복추구권을 위하여 재판상 이혼원인에 있어서까지 파탄주의를 도입하여야 할 필연적인 이유가 있는 것은 아니다. 우리나라에는 파탄주의의 한계나 기준, 그리고 이혼 후 상대방에 대한 부양적 책임 등에 관해 아무런 법률 조항을 두고 있지 아니하다. 따라서 유책배우자의 상대방을 보호할 입법적인 조치가 마련되어 있지 아니한 현 단계에서 파탄주의를 취하여 유책배우자의 이혼청구를 널리 인정하는 경우 유책배우자의 행복을 위해 상대방이 일방적으로 희생되는 결과가 될 위험이 크다. 유책배우자의 이혼청구를 허용하지 아니하고 있는 데에는 중혼관계에 처하게 된 법률상 배우자의 축출이혼을 방지하려는 의도도 있는데, 여러 나라에서 간통죄를 폐지하는 대신 중혼에 대한 처벌규정을 두고 있는 것에 비추어 보면 이에 대한 아무런 대책 없이 파탄주의를 도입한다면 법률이 금지하는 중혼을 결과적으로 인정하게 될 위험이 있다. 가족과 혼인생활에 관한 우리 사회의 가치관이 크게 변화하였고 여성의 사회 진출이 대폭 증가하였더라도 우리 사회가 취업, 임금, 자녀양육 등 사회경제의 모든 영역에서 양성평등이 실현되었다고 보기에는 아직 미흡한 것이 현실이다. 그리고 우리나라에서 이혼율이 급증하고 이혼에 대한 국민의 인식이 크게 변화한 것이 사실이더라도 이는 역설적으로 혼인과 가정생활에 대한 보호의 필요성이 그만큼 커졌다는 방증이고, 유책배우자의 이혼청구로 인하여 극심한 정신적 고통을 받거나 생계유지가 곤란한 경우가 엄연히 존재하는 현실을 외면해서도 아니 될 것이다. 이상의 논의를 종합하여 볼 때, 제840조 제6호 이혼사유에 관하여 유책배우자의 이혼청구를 원칙적으로 허용하지 아니하는 종래의 대법원판례를 변경하는 것이 옳다는 주장은 아직은 받아들이기 어렵다.

[2] 유책배우자의 이혼청구를 허용하지 아니하는 것은 혼인제도가 요구하는 도덕성에 배치되고 신의성실의 원칙에 반하는 결과를 방지하려는 데 있으므로, 혼인제도가 추구하는 이상과 신의성실의 원칙에 비추어 보더라도 책임이 반드시 이혼청구를 배척해야 할 정도로 남아 있지 아니한 경우에는, 그러한 배우자의 이혼청구는 혼인과 가족제도를 형해화할 우려가 없고, 사회의 도덕관 · 윤리관

에도 반하지 아니하므로 허용될 수 있다. 그리하여 상대방 배우자도 혼인을 계속할 의사가 없어 일방의 의사에 따른 이혼 내지 축출이혼의 염려가 없는 경우는 물론, 나아가 이혼을 청구하는 배우자의 유책성을 상쇄할 정도로 상대방 배우자 및 자녀에 대한 보호와 배려가 이루어진 경우, 세월의 경과에 따라 혼인파탄 당시 현저하였던 유책배우자의 유책성과 상대방 배우자가 받은 정신적 고통이 점차 약화되어 쌍방의 책임의 경중을 엄밀히 따지는 것이 더 이상 무의미할 정도가 된 경우 등과 같이, 혼인생활의 파탄에 대한 유책성이 이혼청구를 배척해야 할 정도로 남아 있지 아니한 특별한 사정이 있는 경우에는, 예외적으로 유책배우자의 이혼청구를 허용할 수 있다. 유책배우자의 이혼청구를 예외적으로 허용할 수 있는지 판단할 때에는, 유책배우자 책임의 태양 · 정도, 상대방 배우자의 혼인계속의사 및 유책배우자에 대한 감정, 당사자의 연령, 혼인생활의 기간과 혼인 후의 구체적인 생활관계, 별거기간, 부부간의 별거 후에 형성된 생활관계, 혼인생활의 파탄 후 여러 사정의 변경 여부, 이혼이 인정될 경우의 상대방 배우자의 정신적 · 사회적 · 경제적 상태와 생활보장의 정도, 미성년 자녀의 양육 · 교육 · 복지의 상황, 그 밖의 혼인관계의 여러 사정을 두루 고려하여야 한다.

판례선정이유

원칙적으로 유책주의를 유지하면서도 파탄주의 관점에서의 이혼을 허용할 수 있는 예외적인 경우와 그 판단기준을 제시한 판결

698. 재판상 이혼사유 (1) : 부정한 행위 (1)

(대법원 1993. 4. 9. 선고 92므938 판결)

쟁점 간통을 한 것으로 단정할 수 없으나, 그 밖에 정조의무를 저버린 부정한 행위를 하였다고 인정되는 경우, 이혼사유로서의 '부정한 행위'에 해당한다고 할 수 있는지 여부

판결요지

제840조 제1호 소정의 재판상 이혼사유인 부정한 행위라 함은 간통에 이르지는 아니하였다고 하더라도 부부의 정조의무에 충실하지 아니한 것으로 인정되는 일체의 부정행위를 포함하는 보다 넓은 개념으로 파악하여야 할 것인데, 위 인정사실에 의하면 피고와 위 A가 간통을 한 것으로 단정할 수는 없지만, 위 A가 피고와 가까이 지내면서부터 부부간의 정조의무를 저버린 부정한 행위를 하였다고 보기에는 충분하며, 그 부정한 행위로 인하여 원고와 위 A간의 혼인관계는 파탄에 이르게 되었다고 하여, 피고에 대하여 위 A와 연대하여 원고에게 위자료를 지급할 것을 명한 원심의 사실인정과 판단은 정당한 것으로 수긍된다.

판례선정이유

'이혼 사유로서의 배우자의 부정행위는 간통 이외에 배우자 간 정조의무에 충실하지 아니한 것으로 인정되는 일체의 행위를 포함하는 넓은 개념으로 인정된다'는 점을 밝힌 판결

699. 재판상 이혼사유 (2) : 부정한 행위 (2)

(대법원 1976. 12. 14. 선고 76므10 판결)

쟁점 자의에 의하지 않은 행위가 부정행위가 될 수 있는지 여부

판결요지

제840조 제1호 소정 배우자에 부정한 행위가 있었을 때의 부정한 행위라고 함은 객관적으로 그것이 부정한 행위에 해당한다고 볼만한 사실이 있어야 하고, 또 이것이 내심의 자유로운 의사에 의하여 행하여 졌다는 두 가지의 요소를 필요로 하는 것으로서, 비록 객관적으로는 부정한 행위라고 볼 수 있는 사실이 있다고 하더라도 그것이 자유로운 의사에 의하여 이루어지지 않은 경우는 여기에서 말하는 부정한 행위라고 할 수는 없다.

판례선정이유

'본인의 자의에 의하지 않는 행위는 부정행위의 개념에 속하지 않는다'는 점을 밝힌 판결

700. 재판상 이혼사유 (3) : 부정한 행위 (3)

(대법원 1991. 9. 13. 선고 91므85,92 판결)

쟁점 약혼단계에서의 부정이 제840조 제1호 소정의 이혼사유에 해당하는지 여부

판결요지

제840조 제1호 소정의 재판상 이혼사유인 배우자에 부정한 행위가 있었을 때라 함은 혼인한 부부간의 일방이 부정한 행위를 한 때를 말하는 것이므로, 혼인 전 약혼단계에서 부정한 행위를 한 때에는 위 제1호의 이혼사유에 해당한다고 할 수는 없다.

판례선정이유

'혼인 중의 부정행위에 한하여 이혼사유가 발생하는바, 그와 같은 취지에서 약혼 등 혼인 전 단계에서의 부정행위는 이혼사유에 해당하지 않는다'는 점을 밝힌 판결

701. 재판상 이혼사유 (4) : 악의의 유기

(대법원 1998. 4. 10. 선고 96므1434 판결)

쟁점 제840조 제2호 소정의 '배우자가 악의로 다른 일방을 유기한 때'의 의미와, 악의의 유기로 인한 이혼청구권의 제척기간

판결요지

[1] 제840조 제2호 소정의 배우자가 악의로 다른 일방을 유기한 때라 함은 배우자가 정당한 이유 없이 서로 동거, 부양, 협조하여야 할 부부로서의 의무를 포기하고 다른 일방을 버린 경우를 뜻한다.

[2] 악의의 유기를 원인으로 하는 재판상 이혼청구권이 법률상 그 행사기간의 제한이 없는 형성권으로서 10년의 제척기간에 걸린다고 하더라도, 피고가 부첩관계를 계속 유지함으로써 제840조 제2호에 해당하는 배우자가 악의로 다른 일방을 유기하는 것이 이혼청구 당시까지 존속되고 있는 경우에는, 기간 경과에 의하여 이혼청구권이 소멸할 여지는 없다.

판례선정이유

이혼사유로서의 악의의 유기의 의미를 밝히고, '이혼청구권의 권리 행사기간이 배우자의 악의 유기가 계속되는 한 권리 행사 기간의 경과에 의한 이혼청구권 소멸의 여지가 없다'는 점을 밝힌 판결

702. 재판상 이혼사유 (5) : 정신질환

(대법원 1997. 3. 28. 선고 96므608, 615 판결)

쟁점 혼인 중 발생한 중증의 조울증이 재판상 이혼사유에 해당하는지 여부

판결요지

혼인 중 처에게 발생한 조울증이 장기간 지속되어 회복이 거의 불가능한 정신질환으로 이환되어 그 증상이 가벼운 정도에 그치는 경우라 할 수 없고, 그 질환이 단순히 애정과 정성으로 간호되거나

예후가 예측될 수 있는 것이 아닌 경우, 남편에게 계속하여 배우자로서의 의무에 따라 한정 없는 정신적, 경제적 희생을 감내한 채 처와의 혼인관계를 지속하고 살아가라고 하기에는 지나치게 가혹하므로 제840조 제6호 소정의 재판상 이혼사유에 해당한다.

판례선정이유

'부부간에는 상호 부양 협조의무가 있으나, 중증의 정신질환이 단순히 애정과 정성으로 간호되거나 예후가 예측될 수 있는 것이 아닌 경우에는, 이혼사유에 해당할 수 있다'는 점을 밝힌 판결

703. 재판상 이혼사유 (6) : 과도한 신앙생활

(대법원 1996. 11. 15. 선고 96므851 판결)

쟁점 과도한 신앙생활로 인하여 가정 및 혼인 생활을 소홀히 한 경우, 이혼사유가 되는지 여부

판결요지

신앙의 자유는 부부라고 하더라도 이를 침해할 수 없는 것이지만, 부부 사이에는 서로 협력하여 원만한 부부생활을 유지하여야 할 의무가 있으므로, 그 신앙의 자유에는 일정한 한계가 있다 할 것인바, 처가 신앙생활에만 전념하면서 가사와 육아를 소홀히 한 탓에 혼인이 파탄에 이르게 되었다면, 그 파탄의 주된 책임은 처에게 있으므로, 부의 이혼청구는 인용되어야 한다.

판례선정이유

'신앙생활은 혼인생활에 있어서도 존중받아야 할 권리이지만, 그로 인하여 가사나 육아 등 혼인 공동생활에 필요한 협력을 소홀히 하여 혼인관계가 파탄나기에 이른 경우에는 예외적으로 이혼사유가 될 수 있다'는 점을 밝힌 판결

704. 재판상 이혼사유 (7) : 성적 불능

(대법원 2010. 7. 15. 선고 2010므1140 판결)

쟁점 성적 불능 기타 부부 상호간의 성적 요구의 정상적인 충족을 저해하는 사실이 존재하는 경우, '혼인을 계속하기 어려운 중대한 사유'에 해당하는지 여부

판결요지

부부 중에 성기능의 장애가 있거나 부부간의 성적인 접촉이 부존재하더라도 부부가 합심하여 전문적인 치료와 조력을 받으면 정상적인 성생활로 돌아갈 가능성이 있는 경우에는, 그러한 사정은 일시적이거나 단기간에 그치는 것이므로, 그 정도의 성적 결함만으로는 '혼인을 계속하기 어려운 중대한 사유'가 될 수 없으나, 그러한 정도를 넘어서서 정당한 이유 없이 성교를 거부하거나 성적 기능의 불완전으로 정상적인 성생활이 불가능하거나 그 밖의 사정으로 부부 상호간의 성적 욕구의 정상적인 충족을 저해하는 사실이 존재하고 있다면, 부부간의 성관계는 혼인의 본질적인 요소임을 감안할 때 이는 '혼인을 계속하기 어려운 중대한 사유'가 될 수 있다.

판례선정이유

성생활 장애가 이혼사유가 되는 경우를 구체적으로 밝힌 판결

705. 재판상 이혼사유(8) : 제840조 각호의 이혼사유의 성질

(대법원 2000. 9. 5. 선고 99므1886 판결)

쟁점 재판상 이혼사유를 규정한 제840조 각 호는 각 별개의 독립된 이혼사유를 구성하는지 여부 및 이혼청구를 한 원고가 제840조 각 호 소정의 수개의 사유를 주장할 경우, 법원은 그 중 어느 하나의 사유를 받아들여 원고의 청구를 인용할 수 있는지 여부

판결요지

재판상 이혼사유에 관한 제840조는 동조가 규정하고 있는 각 호 사유마다 각 별개의 독립된 이혼사유를 구성하는 것이고, 이혼청구를 구하면서 위 각 호 소정의 수개의 사유를 주장하는 경우, 법원은 그 중 어느 하나를 받아들여 청구를 인용할 수 있다.

판례선정이유

'제840조에 열거된 이혼사유의 성질을 별개 독립한 이혼사유로 인정하여 각각의 이혼사유에 대하여 이혼청구를 할 수 있다'는 점을 밝힌 판결

706. 이혼의 효과 (1) : 자녀의 친권자 및 양육권자의 결정

(대법원 2012. 4. 13. 선고 2011므4719 판결)

쟁점 [1] 부모가 이혼하는 경우, 부모 중에서 미성년인 자의 친권을 가지는 사람 및 양육자를 정할 때에 고려하여야 할 요소
[2] 이혼 후 부모와 자녀의 관계에서 친권과 양육권이 항상 동일인에게 귀속되어야 하는지 여부 및 일정한 조건을 충족하는 경우, 이혼 후 자에 대한 양육권이 부모 중 어느 일방에, 친권이 다른 일방에 또는 부모에 공동으로 귀속되는 것으로 정할 수 있는지 여부

판결요지

[1] 자의 양육을 포함한 친권은 부모의 권리이자 의무로서 미성년인 자의 복지에 직접적인 영향을 미친다. 그러므로 부모가 이혼하는 경우에 부모 중에서 미성년인 자의 친권을 가지는 사람 및 양육자를 정함에 있어서는, 미성년인 자의 성별과 연령, 그에 대한 부모의 애정과 양육의사의 유무는 물론, 양육에 필요한 경제적 능력의 유무, 부 또는 모와 미성년인 자 사이의 친밀도, 미성년인 자의 의사 등의 모든 요소를 종합적으로 고려하여 미성년인 자의 성장과 복지에 가장 도움이 되고 적합한 방향으로 판단하여야 한다.

[2] 제837조, 제909조 제4항, 가사소송법 제2조 제1항 제2호 나목의 3) 및 5) 등이 부부의 이혼 후 그 자의 친권자와 그 양육에 관한 사항을 각기 다른 조항에서 규정하고 있는 점 등에 비추어 보면, 이혼 후 부모와 자녀의 관계에 있어서 친권과 양육권이 항상 같은 사람에게 돌아가야 하는 것은 아니며, 이혼 후 자에 대한 양육권이 부모 중 어느 일방에, 친권이 다른 일방에 또는 부모에 공동으로 귀속되는 것으로 정하는 것은, 비록 신중한 판단이 필요하다고 하더라도, 일정한 기준을 충족하는 한 허용된다고 할 것이다.

판례선정이유

이혼시 친권자와 양육권자를 결정하는 기준을 구체적으로 밝힌 판결

707. 이혼의 효과 (2) : 재산분할청구권 (1)

(대법원 2001. 5. 8. 선고 2000다58804 판결)

쟁점 [1] 이혼에 따른 재산분할을 함에 있어 정신적 손해(위자료)를 배상하기 위한 급부로서의 성질까지 포함하여 분할할 수 있는지 여부 및 위 재산분할이 사해행위로서 채권자취소권의 대상이 되기 위한 요건 및 취소의 범위
[2] 혼인 중 부부의 협의이혼을 전제로 한 재산분할협의의 성질

판결요지

[1] 이혼에 있어서 재산분할은 부부가 혼인 중에 가지고 있었던 실질상의 공동재산을 청산하여 분배함과 동시에 이혼 후에 상대방의 생활유지에 이바지하는 데 있지만, 분할자의 유책행위에 의하여 이혼함으로 인하여 입게 되는 정신적 손해(위자료)를 배상하기 위한 급부로서의 성질까지 포함하여 분할할 수도 있다고 할 것인바, 재산분할의 액수와 방법을 정함에 있어서는 당사자 쌍방의 협력으로 이룩한 재산의 액수 기타 사정을 참작하여야 하는 것이 제839조의2 제2항의 규정상 명백하므로, 재산분할자가 이미 채무초과의 상태에 있다거나 또는 어떤 재산을 분할한다면 무자력이 되는 경우에도 분할자가 부담하는 채무액 및 그것이 공동재산의 형성에 어느 정도 기여하고 있는지 여부를 포함하여 재산분할의 액수와 방법을 정할 수 있다고 할 것이고, 재산분할자가 당해 재산분할에 의하여 무자력이 되어 일반채권자에 대한 공동담보를 감소시키는 결과가 된다고 하더라도 그러한 재산분할이 제839조의2 제2항의 규정 취지에 반하여 상당하다고 할 수 없을 정도로 과대하고, 재산분할을 구실로 이루어진 재산처분이라고 인정할 만한 특별한 사정이 없는 한 사해행위로서 채권자취소권의 대상이 되지 아니하고, 위와 같은 특별한 사정이 있어 사해행위로서 채권자취소권의 대상이 되는 경우에도 취소되는 범위는 그 상당한 부분을 초과하는 부분에 한정된다고 할 것이다.

[2] 재산분할에 관한 협의는 혼인 중 당사자 쌍방의 협력으로 이룩한 재산의 분할에 관하여 이미 이혼을 마친 당사자 또는 아직 이혼하지 않은 당사자 사이에 행하여지는 협의를 가리키는 것으로, 아직 이혼하지 않은 당사자가 장차 협의상 이혼할 것을 약정하면서 이를 전제로 하여 위 재산분할에 관한 협의를 하는 경우에 있어서는 그 협의 후 당사자가 약정한 대로 협의상 이혼이 이루어진 경우에 그 협의의 효력이 발생하는 것이다.

판례선정이유

'재산분할청구권이 실질적 부부공동재산의 청산 및 이혼 후 부양적 성질 뿐 아니라 유책배우자의 위자료로서의 성격까지 포함하고 있고, 상당성을 넘은 과다한 재산분할은 채권자취소권의 대상이 될 수 있으나 취소의 범위는 상당성을 초과한 부분에 한정된다'는 점을 밝힌 판결

708. 이혼의 효과 (3) : 재산분할청구권 (2)

(대법원 1993. 5. 11., 93스6 결정)

쟁점 [1] 부부가 혼인 중에 취득한 실질적인 공동재산에 대하여 유책배우자도 재산분할청구권이 있는지 여부
[2] 협의에 의하여 이혼할 때 처의 가사노동에 의한 기여로 이룩된 공동재산이 재산분할청구의 대상이 되는지 여부

결정요지

[1] 혼인 중에 부부가 협력하여 이룩한 재산이 있는 경우에는, 혼인관계의 파탄에 대하여 책임이 있는 배우자라도 재산의 분할을 청구할 수 있다.

[2] 제839조의2에 규정된 재산분할 제도는 부부가 혼인 중에 취득한 실질적인 공동재산을 청산 분배하는 것을 주된 목적으로 하는 것이므로, 부부가 협의에 의하여 이혼할 때 쌍방의 협력으로 이룩한 재산이 있는 한, 처가 가사노동을 분담하는 등으로 내조를 함으로써 부의 재산의 유지 또는 증가에 기여하였다면, 쌍방의 협력으로 이룩된 재산은 재산분할의 대상이 된다.

판례선정이유

'유책배우자라도 부부공동재산 형성에 기여한 경우에는 이혼시에 재산분할청구권을 행사할 수 있다'는 점을 밝힌 판결

709. 이혼의 효과 (4) : 재산분할청구권 (3)

(대법원 2014. 7. 16. 선고 2013므2250 전원합의체 판결)

쟁점 부부 일방이 이혼 당시 아직 퇴직하지 아니한 채 직장에 근무하고 있는 경우, 퇴직급여채권이 재산분할의 대상에 포함되는지 여부 및 그 대상 채권의 범위

판결요지

근로자퇴직급여보장법, 공무원연금법, 군인연금법, 사립학교교직원연금법이 각 규정하고 있는 퇴직급여는 사회보장적 급여로서의 성격 외에 임금의 후불적 성격과 성실한 근무에 대한 공로보상적 성격도 지닌다. 그리고 이러한 퇴직급여를 수령하기 위하여는 일정기간 근무할 것이 요구되는바, 그와 같이 근무함에 있어 상대방 배우자의 협력이 기여한 것으로 인정된다면, 그 퇴직급여 역시 부부 쌍방의 협력으로 이룩한 재산으로서 재산분할의 대상이 될 수 있다.

퇴직급여채권은 퇴직이라는 급여의 사유가 발생함으로써 현실화되는 것이므로, 이혼 시점에서는 어느 정도의 불확실성이나 변동가능성을 지닐 수밖에 없다. 그러나 그렇다고 하여 퇴직급여채권을 재산분할의 대상에서 제외하고 단지 장래의 수령가능성을 재산분할의 액수와 방법을 정하는 데 필요한 기타 사정으로만 참작하는 것은 부부가 혼인 중 형성한 재산관계를 이혼에 즈음하여 청산·분배하는 것을 본질로 하는 재산분할제도의 취지에 맞지 않고, 당사자 사이의 실질적 공평에도 반하여 부당하다.

위와 같은 재산분할제도의 취지 및 여러 사정들에 비추어 볼 때, 비록 이혼 당시 부부 일방이 아직 재직 중이어서 실제 퇴직급여를 수령하지 않았더라도 이혼소송의 사실심 변론종결 시에 이미

잠재적으로 존재하여 경제적 가치의 현실적 평가가 가능한 재산인 퇴직급여채권은 재산분할의 대상에 포함시킬 수 있으며, 구체적으로는 이혼소송의 사실심 변론종결 시를 기준으로 그 시점에서 퇴직할 경우 수령할 수 있을 것으로 예상되는 퇴직급여 상당액의 채권이 그 대상이 된다.

판례선정이유

'이혼시 장래 발생할 퇴직급여도 재산분할의 대상이 될 수 있다'는 점을 밝힌 판결

710. 이혼의 효과 (5) : 재산분할청구권 (4)

(대법원 2019. 10. 31. 선고 2019므12549, 12556 판결)

쟁점 재판상 이혼에 따른 재산분할에 있어서 분할의 대상이 되는 재산과 그 액수 산정의 기준시기 및 혼인관계가 파탄된 이후 사실심 변론종결일 사이에 재산관계의 변동이 있는 경우, 변동된 재산이 재산분할의 대상이 되는지 판단하는 방법

판결요지

재판상 이혼에 따른 재산분할을 할 때 분할의 대상이 되는 재산과 그 액수는 이혼소송의 사실심 변론종결일을 기준으로 하여 정하는 것이 원칙이다. 다만 혼인관계가 파탄된 이후 사실심 변론종결일 사이에 생긴 재산관계의 변동이 부부 중 일방에 의한 후발적 사정에 의한 것으로서 혼인 중 공동으로 형성한 재산관계와 무관하다는 등 특별한 사정이 있는 경우, 그 변동된 재산은 재산분할 대상에서 제외하여야 하나, 부부의 일방이 혼인관계 파탄 이후에 취득한 재산이라도 그것이 혼인관계 파탄 이전에 쌍방의 협력에 의하여 형성된 유형·무형의 자원에 기한 것이라면 재산분할의 대상이 된다.

판례선정이유

이혼시 재산분할 대상이 되는 재산과 그 액수를 이혼소송의 사실심 변론종결시를 기준으로 하되 혼인간계 파탄 후 일방의 후발적 사정에 의하여 발생한 재산변동으로 혼인 중 공동재산 형성과 무관하다는 특별한 사정이 있는 경우, 재산분할 대상에서 제외할 수 있다'는 점을 밝힌 판결

711. 이혼의 효과 (6) : 재산분할청구권 (5)

(대법원 1993. 5. 25. 선고 92므501 판결)

쟁점 재산분할에 있어서 부부 일방의 특유재산이 분할대상이 되는 경우 및 부부 일방의 제3자에 대한 채무가 청산대상이 되는 경우

판결요지

제843조, 제839조의2의 규정에 의한 재산분할의 경우, 부부 일방의 특유재산은 원칙적으로 분할대상이 되지 아니하나, 특유재산일지라도 다른 일방이 적극적으로 특유재산의 유지에 협력하여 감소를 방지하였거나 증식에 협력하였다고 인정되는 경우에는 분할대상이 될 수 있고, 또 부부 일방이 혼인중 제3자에게 부담한 채무는 일상가사에 관한 것 이외에는 원칙으로 개인채무로서 청산대상이 되지 않으나, 공동재산의 형성에 수반하여 부담한 채무인 경우에는 청산대상이 된다.

판례선정이유

부부 일방의 특유재산 및 부부 일방이 부담한 채무를 재산분할 대상으로 할 수 있는 경우를 구체적으로 열거한 판결

712. 이혼의 효과 (7) : 재산분할청구권 (6)

(대법원 2009. 6. 9., 2008스111 결정)

쟁점 제3자 명의로 명의신탁된 재산이 재산분할의 대상이 되는지 여부 및 부부 중 일방이 상속받았거나 이미 처분한 상속재산을 기초로 형성하였거나 증여받은 재산이 재산분할의 대상이 되기 위한 요건

결정요지

[1] 제3자 명의의 재산이더라도 그것이 부부 중 일방에 의하여 명의신탁된 재산 또는 부부의 일방이 실질적으로 지배하고 있는 재산으로서 부부 쌍방의 협력에 의하여 형성된 것이거나 부부 쌍방의 협력에 의하여 형성된 유형, 무형의 자원에 기한 것이라면 재산분할의 대상이 된다.

[2] 부부 중 일방이 상속받은 재산이거나 이미 처분한 상속재산을 기초로 형성된 부동산이더라도 이를 취득하고 유지함에 있어 상대방의 가사노동 등이 직·간접으로 기여한 것이라면 재산분할의 대상이 되는 것이고, 이는 부부 중 일방이 제3자로부터 증여받은 재산도 마찬가지이다.

판례선정이유

'이혼시 재산분할의 대상이 되는 재산으로 제3자에게 명의신탁된 재산도 재산분할 대상 재산이 될 수 있고, 일방 배우자가 상속 또는 증여 받은 재산이 상속 재산을 기초로 형성된 재산에 대하여 상대방의 가사노동 등 직·간접적 기여가 인정되는 경우 재산분할의 대상이 될 수 있다'는 점을 밝힌 판결

713. 이혼의 효과 (8) : 재산분할청구권 (7)

(대법원 1997. 8. 22. 선고 96므912 판결)

쟁점 재산분할의 방법으로 부동산 소유권을 이전하는 경우, 그 부동산에 대한 임대차보증금반환채무가 새로운 소유자에게 면책적으로 인수되는지 여부

판결요지

임대차의 목적물인 부동산의 소유권이 이전되는 경우 그 부동산이 주거용 건물로서 주택임대차법에 따라 임대인의 지위가 당연히 승계되는 등의 특별한 사정이 없는 한, 재산분할의 방법으로 부동산의 소유권이 이전된다고 하여 그에 수반하여 당해 부동산에 대한 임대차보증금반환채무가 새로운 소유자에게 면책적으로 인수되는 것은 아니다.

판례선정이유

주택임대차법에 따라 임대인 지위가 당연 승계되는 등 특별한 사정이 없는 한 임차보증금 반환채무가 새로운 소유자에게 면책적으로 인수되는 것은 아님을 밝힌 판결

714. 이혼의 효과 (9) : 재산분할청구권 (8)

(대법원 1999. 11. 26. 선고 99므1596,1602 판결)

쟁점 재산분할에 관한 판결의 이유에서 부부의 공동채무를 어느 일방에 귀속시키는 것을 전제로 재산분할을 명하는 판결을 할 수 있는지 여부

판결요지

재산분할에 관한 판결의 이유에서 부부의 공동채무를 처에게 귀속시킨다고 설시한 경우, 그 판결이 그대로 확정된다고 하더라도 그로써 위 채무 중 남편이 부담하여야 할 부분이 처에게 면책적으로 인수되는 법률적 효력이 발생한다고 볼 근거는 없으므로, 위 채무가 모두 처에게 귀속됨을 전제로 이를 재산분할금에 가산하여 재산분할의 판결을 할 수는 없다.

판례선정이유

'공동채무를 어느 일방에게 귀속시키기로 하는 재산분할을 명하더라도 이를 근거로 면책적 채무인수의 효력이 인정되지 않으므로, 이를 전제로 한 재산분할 판결은 할 수 없다'는 점을 밝힌 판결

715. 이혼의 효과(10) : 재산분할청구권(9)

(대법원 2013. 6. 20. 선고 2010므4071, 4088 전원합의체 판결)

쟁점 부부가 이혼할 때 쌍방의 소극재산 총액이 적극재산 총액을 초과하여 재산분할을 한 결과가 결국 채무의 분담을 정하는 것이 되는 경우에도 재산분할청구를 받아들일 수 있는지 여부 및 이 경우 채무를 분담하게 할지 여부와 분담의 방법 등을 정하는 기준

판결요지

이혼 당사자 각자가 보유한 적극재산에서 소극재산을 공제하는 등으로 재산상태를 따져 본 결과 재산분할 청구의 상대방이 그에게 귀속되어야 할 몫보다 더 많은 적극재산을 보유하고 있거나 소극재산의 부담이 더 적은 경우에는, 적극재산을 분배하거나 소극재산을 분담하도록 하는 재산분할은 어느 것이나 가능하다고 보아야 하고, 후자의 경우라고 하여 당연히 재산분할 청구가 배척되어야 한다고 할 것은 아니다. 그러므로 소극재산의 총액이 적극재산의 총액을 초과하여 재산분할을 한 결과가 결국 채무의 분담을 정하는 것이 되는 경우에도 법원은 채무의 성질, 채권자와의 관계, 물적 담보의 존부 등 일체의 사정을 참작하여 이를 분담하게 하는 것이 적합하다고 인정되면 구체적인 분담의 방법 등을 정하여 재산분할 청구를 받아들일 수 있다 할 것이다. 그것이 부부가 혼인 중 형성한 재산관계를 이혼에 즈음하여 청산하는 것을 본질로 하는 재산분할 제도의 취지에 맞고, 당사자 사이의 실질적 공평에도 부합한다. 다만 재산분할 청구 사건에 있어서는 혼인 중에 이룩한 재산관계의 청산뿐 아니라 이혼 이후 당사자들의 생활보장에 대한 배려 등 부양적 요소 등도 함께 고려할 대상이 되므로, 재산분할에 의하여 채무를 분담하게 되면 그로써 채무초과 상태가 되거나 기존의 채무초과 상태가 더욱 악화되는 것과 같은 경우에는, 채무부담의 경위, 용처, 채무의 내용과 금액, 혼인생활의 과정, 당사자의 경제적 활동능력과 장래의 전망 등 제반 사정을 종합적으로 고려하

여 채무를 분담하게 할지 여부 및 분담의 방법 등을 정할 것이고, 적극재산을 분할할 때처럼 재산형성에 대한 기여도 등을 중심으로 일률적인 비율을 정하여 당연히 분할 귀속되게 하여야 한다는 취지는 아니라는 점을 덧붙여 밝혀 둔다.

판례선정이유

채무 초과로 사실상 채무의 분담을 정하는 것이 되는 경우에도 일정한 사정 하에서는 재산분할을 명할 수 있으며, 채무 분담의 허용 및 그 방법에 관한 기준 등을 제시한 판결

716. 이혼의 효과 (11) : 재산분할청구권 (10)

(대법원 2003. 8. 19. 선고 2003두4331 판결)

쟁점 이혼시 재산분할이 공유물 분할에 따른 과세 대상이 되는지 여부

판결요지

[1] 부동산취득세는 부동산 소유권의 이전이라는 사실 자체에 대하여 부과되는 유통세의 일종으로서 부동산을 사용, 수익, 처분함으로써 얻게될 경제적 이익에 대하여 부과되는 것이 아니므로, 지방세법 제105조 제1항의 '부동산의 취득'이란 실질적인 소유권의 취득 여부에 관계없이 소유권 이전의 형식으로 이루어지는 부동산 취득의 모든 경우를 말하고, 한편 조세법률주의의 원칙상 조세법규는 과세요건이거나 비과세요건을 가리지 아니하고 특별한 사정이 없는 한 법률의 문언대로 해석하여야 하고, 합리적 이유 없이 확장해석하거나 유추해석하는 것은 허용되지 아니하므로, 제839조의2의 재산분할에 따른 부동산 소유권의 이전은 취득세의 비과세대상을 한정적으로 규정한 지방세법 제110조 제4호의 '공유권의 분할로 인한 취득'에 해당하지 아니한다.

[2] 등록세는 재산권 기타 권리의 취득 · 이전 · 변경 또는 소멸에 관한 사항을 공부에 등기 또는 등록하는 경우에 등기 또는 등록이라는 사실의 존재에 대하여 부과되는 세금이므로, 이혼에 따른 재산분할을 원인으로 한 부동산이전등기는 무상의 승계취득으로서 지방세법 제128조의 등록세 비과세대상에 포함되지 아니하고, 지방세법 제131조 제1항 제5호의 공유물 분할에도 해당하지 아니한다.

판례선정이유

'이혼시 재산분할에 대하여 공유물 분할에 따른 비과세 대상이 되지 않는다'는 점을 밝힌 판결

717. 이혼의 효과(12) : 재산분할청구권(11)

(대법원 1994. 10. 28. 선고 94므246, 253 판결)

쟁점 이혼소송의 계속 중 당사자 일방이 사망하면 이혼소송 및 이혼소송과 병합된 재산분할청구가 종료되는지 여부

판결요지

[1] 재판상의 이혼청구권은 부부의 일신전속의 권리이므로, 이혼소송 계속중 배우자의 일방이 사망한 때에는 상속인이 그 절차를 수계할 수 없음은 물론이고, 또 그러한 경우에 검사가 이를 수계할 수 있는 특별한 규정도 없으므로, 이혼소송은 종료된다.

[2] 이혼소송과 재산분할청구가 병합된 경우, 배우자 일방이 사망하면 이혼의 성립을 전제로 하여 이혼소송에 부대한 재산분할청구 역시 이를 유지할 이익이 상실되어 이혼소송의 종료와 동시에 종료된다.

판례선정이유

'이혼소송 및 이와 병합하여 제기된 재산분할청구 소송계속 중 일방 당사자가 사망한 경우, 이혼소송이 종료된다'는 점을 밝힌 판결

718. 이혼의 효과(13) : 재산분할청구권(12)

(대법원 1995. 3. 10. 선고 94므1379, 1386 판결)

쟁점 재산분할에 관한 민법 규정을 사실혼관계에 준용 또는 유추적용할 수 있는지 여부

판결요지

사실혼이라 함은 당사자 사이에 혼인의 의사가 있고, 객관적으로 사회관념상으로 가족 질서적인 면에서 부부공동생활을 인정할 만한 혼인생활의 실체가 있는 경우이므로, 법률혼에 대한 민법의 규정 중 혼인신고를 전제로 하는 규정은 유추적용할 수 없으나, 부부재산의 청산의 의미를 갖는 재산분할에 관한 규정은 부부의 생활공동체라는 실질에 비추어 인정되는 것이므로, 사실혼관계에도 준용 또는 유추적용할 수 있다.

판례선정이유

'사실혼 배우자의 재산분할청구권에 관한 민법의 규정을 사실혼관계에 유추적용할 수 있다'는 점을 밝힌 판결

719. 이혼의 효과 (14) : 재산분할청구권 (13)

(대법원 1995. 7. 3., 94스30 결정)

쟁점 중혼적 사실혼 관계 해소의 경우, 재산분할청구를 허용할 수 있는지 여부

결정요지

법률혼 관계가 사실상 이혼상태라는 등의 특별한 사정이 없는 한, 법률상 배우자 있는 자가 사실혼 관계에 있는 상대방에게 그와의 사실혼 해소를 이유로 재산분할을 청구함은 허용되지 않는다.

판례선정이유

중혼적 사실혼에 대해서는 사실혼으로서의 보호가 허용되지 않는다는 점에서, 중혼적 사실혼 배우자의 재산분할청구권은 인정되지 않는다는 점을 밝힌 판결

720. 이혼의 효과 (15) : 재산분할청구권 (14)

(대법원 2006. 3. 24. 선고 2005두15595 판결)

쟁점 사실혼관계가 일방 당사자의 사망으로 인하여 종료된 경우, 그 상대방에게 재산분할청구권을 인정할 수 있는지 여부(소극)

판결요지

사실혼이란 당사자 사이에 혼인의 의사가 있고 객관적으로 사회관념상으로 가족질서적인 면에서 부부공동생활을 인정할 만한 혼인생활의 실체가 있는 경우이고, 부부재산에 관한 청산의 의미를 갖는 재산분할에 관한 법률 규정은 부부의 생활공동체라는 실질에 비추어 인정되는 것으로서 사실혼관계에도 이를 준용 또는 유추적용할 수 있기 때문에, 사실혼관계에 있었던 당사자들이 생전에 사실혼관계를 해소한 경우 재산분할청구권을 인정할 수 있으나, 법률상 혼인관계가 일방 당사자의 사망으로 인하여 종료된 경우에도 생존 배우자에게 재산분할청구권이 인정되지 아니하고 단지 상속

에 관한 법률 규정에 따라서 망인의 재산에 대한 상속권만이 인정된다는 점 등에 비추어 보면, 사실혼관계가 일방 당사자의 사망으로 인하여 종료된 경우에는, 그 상대방에게 재산분할청구권이 인정된다고 할 수 없다.

판례선정이유

'사망으로 사실혼 관계가 해소된 경우, 사실혼 배우자는 사실혼 관계에서 형성된 부부공동재산의 청산을 위하여 재산분할청구를 할 수 없다'는 점을 밝힌 판결

721. 이혼의 효과(16) : 위자료청구권(1)

(대법원 1993. 5. 27. 선고 92므143 판결)

쟁점 이혼소송 계속 중 배우자 일방이 사망하여 이혼소송이 종료된 경우, 이혼위자료청구권을 승계할 수 있는지 여부

판결요지

이혼위자료청구권은 상대방 배우자의 유책불법한 행위에 의하여 혼인관계가 파탄상태에 이르러 이혼하게 된 경우 그로 인하여 입게 된 정신적 고통을 위자하기 위한 손해배상청구권으로서, 이혼시점에서 확정, 평가되고 이혼에 의하여 비로소 창설되는 것이 아니며, 이혼위자료청구권의 양도 내지 승계의 가능 여부에 관하여 제806조 제3항은 약혼해제로 인한 손해배상청구권에 관하여 정신상 고통에 대한 손해배상청구권은 양도 또는 승계하지 못하지만 당사자간에 배상에 관한 계약이 성립되거나 소를 제기한 후에는 그러하지 아니하다고 규정하고, 제843조가 위 규정을 재판상 이혼의 경우에 준용하고 있으므로, 이혼위자료청구권은 원칙적으로 일신전속적 권리로서 양도나 상속 등 승계가 되지 아니하나, 이는 행사상 일신전속권이고 귀속상 일신전속권은 아니라 할 것인바, 그 청구권자가 위자료의 지급을 구하는 소송을 제기함으로써 청구권을 행사할 의사가 외부적 객관적으로 명백하게 된 이상 양도나 상속 등 승계가 가능하다.

판례선정이유

'이혼소송 계속 중 배우자가 사망한 경우, 이혼소송의 종료에 따라 재산분할청구도 종료하지만, 위자료청구권은 상속인에게 승계된다'는 점을 밝힌 판결

722. 이혼의 효과(17) : 위자료청구권(2)

(대법원 1981. 7. 28. 선고 80다1295 판결)

쟁점 처자 있는 남성과 동거생활을 하는 여성에 대하여 그 남성의 자녀들이 위자료를 청구할 수 있는지 여부

판결요지

여성이 처자 있는 남성과 동거생활을 함으로써 그 자녀들이 일상생활에 있어 부친으로부터 애정을 품고 그 감호교육을 받을 수 없게 되었다 하여도, 그 여성이 악의로써 부친의 자녀에 대한 감호 등을 적극적으로 저지하는 등 특별한 사정이 없는 한, 위 여성의 행위는 자녀에 대하여 불법행위를 구성하는 것은 아니라고 할 것이다.

판례선정이유

부정행위의 상대방 여성은 혼인관계의 자녀에 대해서까지 불법행위가 성립하는 것은 아니라는 점을 밝힌 판결

제4장 부모와 자

제1절 친생자

723. 친생추정 (1) : 친생 추정이 미치지 않는 경우
(대법원 1983. 7. 12. 선고 82므59 판결)

쟁점 처가 부의 자를 포태할 수 없음이 외관상 명백한 경우, 부가 그 출생자의 친자관계를 부인하는 방법

판결요지

제844조는 부부가 동거하여 처가 부의 자를 포태할 수 있는 상태에서 자를 포태한 경우에 적용되는 것이고, 부부의 한쪽이 장기간에 걸쳐 해외에 나가 있거나 사실상의 이혼으로 부부가 별거하고 있는 경우 등 동서의 결여로 처가 부의 자를 포태할 수 없는 것이 외관상 명백한 사정이 있는 경우에는 그 추정이 미치지 아니하므로, 이 사건에 있어서 처가 가출하여 부와 별거한지 약 2년 2개월 후에 자를 출산하였다면 이에는 동조의 추정이 미치지 아니하여 부는 친생부인의 소에 의하지 않고 친자관계부존재확인소송을 제기할 수 있다.

판례선정이유

'처가 남편의 자녀를 임신할 수 없는 것이 외관상 명백한 사정이 있는 경우에는 제844조 친생추정이 미치지 않으므로, 친생자관계부존재확인의 소를 제기할 수 있다'는 점을 밝힌 판결

724. 친생추정 (2) : 친생추정이 미치는 경우
(대법원 2019. 10. 23. 선고 2016므2510 전원합의체 판결)

쟁점 제3자가 정자를 제공한 인공수정 방법으로 출생한 자에 대한 친생추정에 관한 규정을 적용할 것인지 여부, 그리고 혼인 중 임신 출산한 자녀와 남편 사이에 혈연관계가 없다는 점이 밝혀진 경우에도 친생추정 규정이 적용되는지 여부

판결요지

[1] (가) 친생자와 관련된 민법 규정, 특히 제844조 제1항(이하 '친생추정 규정'이라 한다)의 문언과 체계, 민법이 혼인 중 출생한 자녀의 법적 지위에 관하여 친생추정 규정을 두고 있는 기본적인 입법 취지와 연혁, 헌법이 보장하고 있는 혼인과 가족제도 등에 비추어 보면, 아내가 혼인 중 남편이 아닌 제3자의 정자를 제공받아 인공수정으로 자녀를 출산한 경우에도 친생추정 규정을 적용하여 인공수정으로 출생한 자녀가 남편의 자녀로 추정된다고 보는 것이 타당하다. 상세한 이유는 다음과 같다.

① 민법은 친생추정 규정과 이에 대한 번복방법인 제847조의 친생부인의 소 규정을 엄격하게 정하고 있고, 친생부인을 할 수 없게 된 경우, 자녀의 법적 지위가 종국적으로 확정된다. 따라서 혼인 중 출생한 자녀의 부자관계는 민법 규정에 따라 일률적으로 정해지는 것이고, 혈연관계를 개별적 · 구체적으로 심사하여 정해지는 것이 아니다.

② 친생추정 규정은 혼인 중 출생한 자녀에 대해서 적용되는데, 친생추정 규정의 문언과 입법 취지, 혼인과 가족생활에 대한 헌법적 보장 등에 비추어 혼인 중 출생한 인공수정 자녀도 혼인 중 출생한 자녀에 포함된다고 보아야 한다.

③ 자녀의 복리를 지속적으로 책임지는 부모에게 자녀와의 신분관계를 귀속시키는 것이 자녀의 복리에 도움이 된다. 인공수정 자녀에 대해서 친생자관계가 생기지 않는다고 보는 것은 인공수정 자녀를 양육해 왔던 혼인 부부에게 커다란 충격일 뿐만 아니라 이를 바탕으로 가족관계를 형성해 온 자녀에게도 회복하기 어려운 위험이라고 할 수 있다.

④ 인공수정 자녀의 출생 과정과 이를 둘러싼 가족관계의 실제 모습에 비추어 보더라도 인공수정 자녀에 대해서 친생추정 규정을 적용하는 것에 사회적 타당성을 인정할 수 있다.

(나) 정상적으로 혼인생활을 하고 있는 부부 사이에서 인공수정 자녀가 출생하는 경우, 남편은 동의의 방법으로 자녀의 임신과 출산에 참여하게 되는데, 이것이 친생추정 규정이 적용되는 근거라고 할 수 있다. 남편이 인공수정에 동의하였다가 나중에 이를 번복하고 친생부인의 소를 제기하는 것은 허용되지 않는다. 나아가 인공수정 동의와 관련된 현행법상 제도의 미비, 인공수정이 이루어지는 의료 현실, 제852조에서 친생자임을 승인한 자의 친생부인을 제한하고 있는 취지 등에 비추어, 이러한 동의가 명백히 밝혀지지 않았던 사정이 있다고 해서 곧바로 친자관계가 부정된다거나 친생부인의 소를 제기할 수 있다고 볼 것은 아니다.

부부가 정상적인 혼인생활을 하고 있는 경우 출생한 인공수정 자녀에 대해서는 남편의 동의가 있었을 개연성이 높다. 따라서 혼인 중 출생한 인공수정 자녀에 대해서는 다른 명확한 사정에 관한 증명이 없는 한 남편의 동의가 있었던 것으로 볼 수 있다. 동의서 작성이나 그 보존 여부가 명백하지 않더라도 인공수정 자녀의 출생 이후 남편이 인공수정 자녀라는 사실을 알면서 출생신고를 하는 등 인공수정 자녀를 자신의 친자로 공시하는 행위를 하거나, 인공수정 자녀의 출생 이후 상당 기간 동안 실질적인 친자관계를 유지하면서 인공수정 자녀를 자신의 자녀로 알리는 등 사회적으로 보아 친자관계를 공시 · 용인해 왔다고 볼 수 있는 경우에는, 동의가 있는 경우와 마찬가지로 취급하여야 한다.

[2] 제844조 제1항(이하 '친생추정 규정'이라 한다)의 문언과 체계, 민법이 혼인 중 출생한 자녀의 법적 지위에 관하여 친생추정 규정을 두고 있는 기본적인 입법 취지와 연혁, 헌법이 보장하고 있는 혼인과 가족제도, 사생활의 비밀과 자유, 부부와 자녀의 법적 지위와 관련된 이익의 구체적인 비교 형량 등을 종합하면, 혼인 중 아내가 임신하여 출산한 자녀가 남편과 혈연관계가 없다는 점이 밝혀졌더라도 친생추정이 미치지 않는다고 볼 수 없다. 상세한 이유는 다음과 같다.

① 혈연관계의 유무를 기준으로 친생추정 규정이 미치는 범위를 정하는 것은 민법 규정의 문언에 배치될 뿐만 아니라 친생추정 규정을 사실상 사문화하는 것으로 친생추정 규정을 친자관계의 설정과 관련된 기본 규정으로 삼고 있는 민법의 취지와 체계에 반한다.

② 혈연관계의 유무를 기준으로 친생추정 규정의 효력이 미치는 범위를 정하게 되면 필연적으로 가족관계의 당사자가 아닌 제3자가 부부관계나 가족관계 등 가정 내부의 내밀한 영역에 깊숙이 관여하게 되는 결과를 피할 수 없다. 혼인과 가족관계가 다른 사람의 기본권이나 공공의 이익을 침해하지 않는 한 혼인과 가족생활에 대한 국가기관의 개입은 자제하여야 한다.

③ 법리적으로 보아도 혈연관계의 유무는 친생추정을 번복할 수 있는 사유에는 해당할 수 있지만 친생추정이 미치지 않는 범위를 정하는 사유가 될 수 없다.

판례선정이유

인공수정에 의한 출산이 늘어가는 사회 현실에서 제3자가 정자제공에 의한 출산으로 남편과는 생물학적 혈연관계가 없더라도 친생추정 규정의 취지와 자녀의 복리라는 관점에서 친생추정을 인정한 종래의 판결을 재확인하는 한편, '혈연관계의 유무가 친생추정이 미치지 않는 범위를 정하는 사유가 될 수 없다'는 점을 밝힌 판결

725. 친생추정 (3) : 제844조 제1항에 의한 친생추정의 번복

(대법원 2000. 8. 22. 선고 2000므292 판결)

쟁점 제844조 제1항에 의한 친생추정을 번복하기 위하여 제865조 소정의 친생자관계부존재확인의 소를 제기할 수 있는지 여부

판결요지

제844조 제1항의 친생추정은 반증을 허용하지 않는 강한 추정이므로, 처가 혼인 중에 포태한 이상 그 부부의 한쪽이 장기간에 걸쳐 해외에 나가 있거나, 사실상의 이혼으로 부부가 별거하고 있는 경우 등 동거의 결여로 처가 부(夫)의 자를 포태할 수 없는 것이 외관상 명백한 사정이 있는 경우에만 그 추정이 미치지 않을 뿐이고, 이러한 예외적인 사유가 없는 한 누구라도 그 자가 부의 친생자가 아님을 주장할 수 없는 것이어서, 이와 같은 추정을 번복하기

위하여는 부가 제846조, 제847조에서 규정하는 친생부인의 소를 제기하여 그 확정판결을 받아야 하고, 이러한 친생부인의 소가 아닌 제865조 소정의 친생자관계부존재확인의 소에 의하여 그 친생자관계의 부존재확인을 구하는 것은 부적법하다.

판례선정이유

'제844조 제1항에 의한 친생추정을 번복하기 위해서는 친생부인의 소를 제기하여야 하고, 제865조 소정의 친생자관계부존재확인의 소를 제기할 수 없다'는 점을 밝힌 판결

726. 친생부인의 소

(대법원 2014. 12. 11. 선고 2013므4591 판결)

쟁점 제846조, 제847조 제1항에서 정한 친생부인의 소의 원고적격이 있는 '처'는 자의 생모에 한정되는지 여부 및 재혼한 '처'가 포함되는지 여부

판결요지

제846조에서의 '부부의 일방'은 제844조의 경우에 해당하는 '부부의 일방', 즉 제844조 제1항에서의 '부'와 '자를 혼인 중에 포태한 처'를 가리키고, 그렇다면 이 경우의 처는 '자의 생모'를 의미하며, 제847조 제1항에서의 '처'도 제846조에 규정된 '부부의 일방으로서의 처'를 의미한다고 해석되므로, 결국 친생부인의 소를 제기할 수 있는 처는 자의 생모를 의미한다.

우리 민법은 부자(부자)관계를 결정함에 있어 '가정의 평화' 또는 '자의 복리'를 위하여 혼인 중 출생자를 부의 친생자로 강하게 추정하면서도, '혈연진실주의'를 채택하여 일정한 경우에 친생자임을 부인하는 소를 제기할 수 있도록 하고 있다. 구 민법(2005. 3. 31. 법률 제7427호로 개정되기 전의 것) 당시에는 부(남편)만 친생부인의 소를 제기할 수 있도록 규정하였으나, 위 민법 개정으로 부 외에 처도 친생부인의 소를 제기할 수 있게 되었는데, 개정 이유는 부만 친생부인의 소를 제기할 수 있도록 하는 것은 혈연진실주의 및 부부평등의 이념에 부합되지 아니한다는 취지에서였다. 즉 부부가 이혼하여 처가 자의 생부와 혼인한 경우, 부부가 화해의 전망 없이 상당한 기간 별거하고 있는 경우, 부가 친생부인은 하지 않은 채 단지 보복적 감정에서 자를 학대하는 경우 등에는 생모도 친생부인을 할 수 있도록 하는 것이 주된 개정 이유였다. 이러한 개정 이유에 비추어 보아도 친생부인의 소를 제기할 수 있는 '처'는 '자의 생모'만을 의미한다.

위와 같은 민법 규정의 입법 취지, 개정 연혁과 체계 등에 비추어 보면, 제846조, 제847조 제1항에서 정한 친생부인의 소의 원고적격이 있는 '처'는 자의 생모에 한정되고, 여기에 '재혼한 처'는 포함되지 않는다.

판례선정이유

'친생부인의 소를 제기할 수 있는 '처'는 '자의 생모'만을 의미한다'는 점을 밝힌 판결

727. 인지청구권 (1) : 인지청구권의 포기

(대법원 2001. 11. 27. 선고 2001므1353 판결)

쟁점 인지청구권을 포기할 수 있는지 여부 및 그 행사에 실효의 법리가 적용되는지 여부

판결요지

[1] 인지청구권은 본인의 일신전속적인 신분관계상의 권리로서 포기할 수도 없으며, 포기하였더라도 그 효력이 발생할 수 없는 것이고, 이와 같이 인지청구권의 포기가 허용되지 않는 이상 거기에 실효의 법리가 적용될 여지도 없다.

[2] 인지청구권의 행사가 상속재산에 대한 이해관계에서 비롯되었다 하더라도 정당한 신분관계를 확정하기 위해서라면 신의칙에 반하는 것이라 하여 막을 수 없다.

판례선정이유

인지청구권의 포기가 허용되지 않음을 밝힌 판결

728. 인지청구권 (2) : 생부모와의 친자관계설정

(대법원 2000. 1. 28. 선고 99므1817 판결)

쟁점 생부모가 가족관계등록부상의 부모와 다른 사실이 객관적으로 명백한 경우, 친생부인의 소를 거치지 않고 바로 생부모를 상대로 인지청구를 할 수 있는지 여부

판결요지

제844조의 친생추정을 받는 자는 친생부인의 소에 의하여 그 친생추정을 깨뜨리지 않고서는 다른 사람을 상대로 인지청구를 할 수 없으나, 호적(가족관계등록부)상의 부모의 혼인중의 자로 등재되어 있는 자라 하더라도 그의 생부모가 호적상의 부모와 다른 사실이 객관적으로 명백한 경우에는 그 친생추정이 미치지 아니하므로, 그와 같은 경우에는 곧바로 생부모를 상대로 인지청구를 할 수 있다.

판례선정이유

'생부모가 가족관계등록부상의 부모와 다른 사실이 객관적으로 명백한 경우에는, 친생부인의 소를 거치지 않고 바로 생부모를 상대로 인지청구를 할 수 있다'는 점을 밝힌 판결

729. 인지청구권 (3) : 제소기간의 기산점

(대법원 2015. 2. 12. 선고 2014므4871 판결)

쟁점 인지청구의 소와 친생자관계부존재확인의 소에서 제소기간의 기산점이 되는 '사망을 안 날'의 의미

판결요지

인지청구의 소와 친생자관계부존재확인의 소(이하 '인지청구 등의 소'라고 한다)에서 제소기간을 둔 것은 친생자관계를 진실에 부합시키고자 하는 사람의 이익과 친생자관계의 신속한 확정을 통하여 법적 안정을 찾고자 하는 사람의 이익을 조화시킨다는 의미가 있는데, 당사자가 사망함과 동시에 상속이 개시되어 신분과 재산에 대한 새로운 법률관계가 형성되는데, 오랜 시간이 지난 후에 인지청구 등의 소를 허용하게 되면 상속에 따라 형성된 법률관계를 불안정하게 할 우려가 있는 점, 친생자관계의 존부에 관하여 알게 된 때를 제소기간의 시점으로 삼을 경우에는 사실상 이해관계인이 주장하는 시기가 제소기간의 기산점이 되어 제소기간을 두는 취지를 살리기 어렵게 되는 점 등을 고려할 때, 인지청구 등의 소에서 제소기간의 기산점이 되는 '사망을 안 날'은 사망이라는 객관적 사실을 아는 것을 의미하고, 사망자와 친생자관계에 있다는 사실까지 알아야 하는 것은 아니라고 해석함이 타당하다.

판례선정이유

인지청구 등의 소에서 제소기간의 기산점이 되는 '사망을 안 날'의 의미를 밝힌 판결

730. 인지청구권 (4) : 인지의 소급효 제한

(대법원 1993. 3. 12. 선고 92다48512 판결)

쟁점 혼인 외의 출생자가 부의 사망 후 인지의 소에 의하여 친생자로 인지 받은 경우, 피인지자보다 후순위 상속인인 피상속인의 직계존속이나 형제자매는 피인지자의 출현으로 자신이 취득한 상속권을 소급하여 잃게 되는지 여부

판결요지

제860조는 인지의 소급효는 제3자가 이미 취득한 권리에 의하여 제한받는다는 취지를 규정하면서 제1014조는 상속개시 후의 인지 또는 재판의 확정에 의하여 공동상속인이 된 자는 그 상속분에 상응한 가액의 지급을 청구할 권리가 있다고 규정하여 제860조 소정의 제3자의 범위를 제한하고 있는 취지에 비추어 볼 때, 혼인 외의 출생자가 부의 사망 후에 인지의 소에 의하여 친생자로 인지받은 경우, 피인지자보다 후순위 상속인인 피상속인의 직계존속 또는 형제자매 등은 피인지자의 출현과 함께 자신이 취득한 상속권을 소급하여 잃게 되는 것으로 보아야 하고, 그것이 제860조 단서의 규정에 따라 인지의 소급효 제한에 의하여 보호받게 되는 제3자의 기득권에 포함된다고는 볼 수 없다.

판례선정이유

피인지자보다 후순위 상속인인 피상속인의 직계존속 또는 형제자매 등은 인지의 소급효 제한에 의하여 보호받게 되는 제3자에 포함되지 않음을 밝힌 판결

731. 인지청구권(5) : 인지청구의 소

(대법원 2015. 6. 11. 선고 2014므8217 판결)

쟁점 인지청구의 소에서 당사자의 증명이 충분하지 못할 경우, 법원이 직권으로 사실조사와 증거조사를 하여야 하는지 여부 및 혈연상 친생자관계를 증명하는 방법 및 혈연상 친생자관계가 인정된 확정판결의 효과 및 확정판결에 반하여 친생자관계부존재확인의 소로써 친자관계가 존재하지 않는다고 다툴 수 있는지 여부

판결요지

인지청구의 소는 부와 자 사이에 사실상의 친자관계의 존재를 확정하고 법률상의 친자관계를 창설함을 목적으로 하는 소송으로서, 당사자의 증명이 충분하지 못할 때에는 법원이 직권으로 사실조사와 증거조사를 하여야 하고, 친자관계를 증명할 때는 부와 자 사이의 혈액형검사, 유전자검사 등 과학적 증명방법이 유력하게 사용되며, 이러한 증명에 의하여 혈연상 친생자관계가 인정되어 확정판결을 받으면 당사자 사이에 친자관계가 창설된다. 이와 같은 인지청구의 소의 목적, 심리절차와 증명방법 및 법률적 효과 등을 고려할 때, 인지의 소의 확정판결에 의하여 일단 부와 자 사이에 친자관계가 창설된 이상, 재심의 소로 다투는 것은 별론으로 하고, 확정판결에 반하여 친생자관계부존재확인의 소로써 당사자 사이에 친자관계가 존재하지 않는다고 다툴 수는 없다.

판례선정이유

'인지의 소의 확정판결에 의하여 일단 부와 자 사이에 친자관계가 창설된 이상, 확정판결에 반하여 친생자관계부존재확인의 소로써 당사자 사이에 친자관계가 존재하지 않는다고 다툴 수는 없다'는 점을 밝힌 판결

732. 혼인 외의 출생자와 생모 사이의 친자관계

(대법원 2018. 6. 19. 선고 2018다1049 판결)

쟁점 인지를 요하지 아니하는 모자관계에서 인지의 소급효 제한에 관한 제860조 단서가 적용 또는 유추적용 되는지 여부 및 제1014조를 근거로 자가 모의 다른 공동상속인이 한 상속재산에 대한 분할 또는 처분의 효력을 부인하지 못하는지 여부 / 이는 다른 공동상속인이 이미 상속재산을 분할 또는 처분한 이후에 모자관계가 친생자관계존재확인판결의 확정 등으로 비로소 명백히 밝혀졌다 하더라도 마찬가지인지 여부

판결요지

제860조는 본문에서 "인지는 그 자의 출생 시에 소급하여 효력이 생긴다"고 하면서 단서에서 "그러나 제삼자의 취득한 권리를 해하지 못한다"라고 하여 인지의 소급효를 제한하고 있고, 제1014조는 "상속개시 후의 인지 또는 재판의 확정에 의하여 공동상속인이 된 자가 상속재산의 분할을 청구할 경우에 다른 공동상속인이 이미 분할 기타 처분을 한 때에는 그 상속분에 상당한 가액의 지급을 청구할 권리가 있다"라고 규정하고 있다.

그런데 혼인 외의 출생자와 생모 사이에는 생모의 인지나 출생신고를 기다리지 아니하고 자의 출생으로 당연히 법률상의 친자관계가 생기고, 가족관계등록부의 기재나 법원의 친생자관계존재확인판결이 있어야만 이를 인정할 수 있는 것이 아니다. 따라서 인지를 요하지 아니하는 모자관계에는 인지의 소급효 제한에 관한 제860조 단서가 적용 또는 유추적용되지 아니하며, 상속개시 후의 인지 또는 재판의 확정에 의하여 공동상속인이 된 자의 가액지급청구권을 규정한 제1014조를 근거로 자가 모의 다른 공동상속인이 한 상속재산에 대한 분할 또는 처분의 효력을 부인하지 못한다고 볼 수도 없다. 이는 비록 다른 공동상속인이 이미 상속재산을 분할 또는 처분한 이후에 모자관계가 친생자관계존재확인판결의 확정 등으로 비로소 명백히 밝혀졌다 하더라도 마찬가지이다.

판례선정이유

'혼인 외의 출생자와 생모 사이에는 자녀의 출생으로 당연히 법률상의 친자관계가 생기고 인지를 요하지 아니하므로, 제860조 단서와 제1014조가 적용되지 아니한다'는 점을 밝힌 판결

733. 친생자관계존부확인의 소 (1)

(대법원 1997. 2. 14. 선고 96므738 판결)

쟁점 생모가 혼인외 출생자를 상대로 혼인외 출생자와 사망한 부(父) 사이의 친생자관계존재확인을 구할 수 있는지 여부

판결요지

혼인외 출생자의 경우에 있어서 모자관계는 인지를 요하지 아니하고 법률상의 친자관계가 인정될 수 있지만, 부자관계는 부(父)의 인지에 의하여서만 발생하는 것이므로, 부(父)가 사망한 경우에는 그 사망을 안 날로부터 1년 이내(현행법상 2년 이내)에 검사를 상대로 인지청구의 소를 제기하여야 하고, 생모가 혼인외 출생자를 상대로 혼인외 출생자와 사망한 부(父) 사이의 친생자관계존재확인을 구하는 소는 허용될 수 없다.

판례선정이유

'생모가 혼인외 출생자를 상대로 혼인외 출생자와 사망한 부(父) 사이의 친생자관계존재확인을 구하는 소는 허용될 수 없다'는 점을 밝힌 판결

734. 친생자관계존부확인의 소 (2)

(대법원 1993. 7. 27. 선고 91므306 판결)

쟁점 친생자 출생신고에 의한 인지의 효력을 다투는 방법

판결요지

인지에 대한 이의의 소 또는 인지무효의 소는 제855조 제1항, 구 호적법 제60조의 규정에 의하여 생부 또는 생모가 인지신고를 함으로써 혼인외의 자를 인지한 경우에 그 효력을 다투기 위한 소송이며, 위 각 법조에 의한 인지신고에 의함이 없이 일반 출생신고에 의하여 호적부상 등재된 친자관계를 다투기 위하여는 위의 각 소송과는 별도로 제865조가 규정하고 있는 친생자관계부존재확인의 소에 의하여야 할 것인바, 구 호적법 제62조에 부가 혼인외의 자에 대하여 친생자 출생신고를 한 때에는 그 신고는 인지의 효력이 있는 것으로 규정되어 있으나, 그 신고가 인지신고가 아니라 출생신고인 이상 그와 같은 신고로 인한 친자관계의 외관을 배제하고자 하는 때에도 인지에 관련된 소송이 아니라 친생자관계부존재확인의 소를 제기하여야 한다.

판례선정이유

'부가 혼인외의 자에 대하여 친생자 출생신고를 한 때에는 그 신고는 인지의 효력이 있는 것으로 규정되어 있더라도, 그와 같은 신고로 인한 친자관계의 외관을 배제하고자 하는 때에도 인지에 관련된 소송이 아니라 친생자관계부존재확인의 소를 제기하여야 한다'는 점을 밝힌 판결

735. 친생자관계존부확인의 소 (3)

(대법원 2004. 2. 12. 선고 2003므2503 판결)

쟁점 제3자가 친생자관계존부확인의 소를 제기함에 있어 당사자 쌍방이 모두 사망한 경우의 출소기간

판결요지

친생자관계존부확인의 소의 경우, 제777조 소정의 친족은 이해관계인으로서 친생자관계존부의 확인이 필요한 당사자 쌍방을 상대로 친생자관계존부확인의 소를 구할 수 있고, 상대방이 될 당사자 쌍방이 사망한 때에는 검사를 상대로 친생자관계존부확인의 소를 구할 수 있으며, 이 경우 제865조 제2항을 유추적용하여 그 제소기간을 준수하여야 한다고 할 것이어서, 결국 제865조 제2항에서 규정하고 있는 '당사자 일방이 사망한 때에는 그 사망을 안 날로부터 1년(현행법상 2년) 내에'라고 함은 제3자가 친생자관계존부확인의 소를 제기하는 경우는 당사자 일방이 사망한 경우 남은 생존자를 상대로 친생자관계존부확인의 소를 제기할 수 있고, 그 생존자도 사망하여 상대방 될 자 모두가 사망한 경우는 검사를 상대로 할 수 있다는 가사소송법 제24조의 규정(동법 제28조에 의한 준용)에 비추어, 친생자관계존부확인의 대상이 되는 당사자 쌍방이 모두 사망한 경우에는 '당사자 쌍방 모두가 사망한 사실을 안 날로부터 1년(현행법상 2년) 내에'라는 의미라고 하여야 한다.

판례선정이유

제865조 제2항의 '제소기간'의 의미를 밝힌 판결

제2절 양 자

제1관 입양의 요건과 효력

736. 입양의 요건(1) : 허위의 인지신고
(대법원 1992. 10. 23. 선고 92다29399 판결)

쟁점 친생자가 아닌 자에 대하여 한 인지신고가 입양의 효력이 있는지 여부

판결요지

[1] 친생자가 아닌 자에 대하여 한 인지신고는 당연무효이며, 이런 인지는 무효를 확정하기 위한 판결 기타의 절차에 의하지 아니하고도, 또 누구에 의하여도 그 무효를 주장할 수 있는 것이다.

[2] 위 [1]항의 인지라도 그 신고 당시 당사자 사이에 입양의 명백한 의사가 있고, 기타 입양의 성립요건이 모두 구비된 경우라면, 입양의 효력이 있는 것으로 해석할 수 있다.

판례선정이유

'무효인 허위의 인지신고가 그 신고 당시 당사자 사이에 입양의 명백한 의사가 있고, 기타 입양의 성립요건이 모두 구비된 경우, 입양의 효력이 인정된다'는 점을 밝힌 판결

737. 입양의 요건(2) : 허위의 친생자 출생신고
(대법원 2001. 5. 24. 선고 2000므1493 전원합의체 판결)

쟁점 허위의 친생자 출생신고가 입양의 효력이 인정되는 경우, 친생자관계부존재확인 청구 허용 여부 및 양부모 이혼 후 양모자관계가 소멸하는지 여부

판결요지

[1] 당사자가 양친자관계를 창설할 의사로 친생자출생신고를 하고 거기에 입양의 실질적 요건이 모두 구비되어 있다면, 그 형식에 다소 잘못이 있더라도 입양의 효력이 발생하고, 양친자관계는 파양에 의하여 해소될 수 있는 점을 제외하고는 법률적으로 친생자관계와 똑같은 내용을 갖게 되므로, 이 경우의 허위의 친생자출생신고는 법률상의 친자관계인 양친자관계를 공시하는 입양신고의 기능을 발휘하게 되는 것이며, 이와 같은 경우 파양에 의하여 그 양친자관계를 해소할 필요가 있는 등 특별한 사정이 없는 한 그 호적기재 자체를 말소하여 법률상 친자관계의 존재를 부인하게 하는 친생자관계부존재확인청구는 허용될 수 없는 것이다.

[2] 제776조는 "입양으로 인한 친족관계는 입양의 취소 또는 파양으로 인하여 종료한다"라고 규정하고 있을 뿐 '양부모의 이혼'을 입양으로 인한 친족관계의 종료사유로 들고 있지 않고, 구관습시대에는 오로지 가계계승을 위하여만 양자가 인정되었기 때문에 입양을 할 때 처는 전혀 입양당사자가

되지 못하였으므로, 양부모가 이혼하여 양모가 부(父)의 가(家)를 떠났을 때에는 입양당사자가 아니었던 양모와 양자의 친족관계가 소멸하는 것은 논리상 가능하였으나, 처를 부와 함께 입양당사자로 하는 현행 민법 아래에서는(1990. 1. 13. 개정 전 민법 제874조 제1항은 "처가 있는 자는 공동으로 함이 아니면 양자를 할 수 없고 양자가 되지 못한다."고 규정하였고, 개정 후 현행민법 제874조 제1항은 "배우자 있는 자가 양자를 할 때에는 배우자와 공동으로 하여야 한다."고 규정하고 있다) 부부공동입양제가 되어 처도 부와 마찬가지로 입양당사자가 되기 때문에 양부모가 이혼하였다고 하여 양모를 양부와 다르게 취급하여 양모자관계만 소멸한다고 볼 수는 없는 것이다.

판례선정이유

'허위의 친생자 출생신고가 입양의 효력이 인정되는 경우, 파양에 의하여 그 양친자관계를 해소할 필요가 있는 등 특별한 사정이 없는 한 그 가족관계등록 자체를 말소하여 법률상 친자관계의 존재를 부인하게 하는 친생자관계부존재확인청구는 허용될 수 없다'는 점을 밝힌 판결

제2관 입양의 무효와 취소

738. 입양무효의 원인

(대법원 2014. 7. 24. 선고 2012므806 판결)

쟁점 입양 당시의 민법 규정에 따라 적법하게 입양신고를 마친 사람이 동성애자로서 자신의 성과 다른 성 역할을 하는 사람이라는 이유만으로 입양이 무효라고 할 수 있는지 여부 및 이는 입양의 의사로 친생자 출생신고를 한 경우에도 마찬가지인지 여부

판결요지

[1] 2013. 7. 1. 민법 개정으로 입양허가제도가 도입되기 전에는 성년에 달한 사람은 성별, 혼인 여부 등을 불문하고 당사자들의 입양 합의와 부모의 동의 등만 있으면 입양을 할 수 있었으므로, 당시의 민법 규정에 따라 적법하게 입양신고를 마친 사람이 단지 동성애자로서 동성과 동거하면서 자신의 성과 다른 성 역할을 하는 사람이라는 이유만으로는 입양이 선량한 풍속에 반하여 무효라고 할 수 없고, 이는 그가 입양의 의사로 친생자 출생신고를 한 경우에도 마찬가지이다.

[2] 여성인 甲과 동성애관계에 있던 乙이 입양의 의사로 丙을 자신의 친생자로 출생신고하고 甲과 함께 丙을 양육하였는데, 이후 丙이 甲의 양자로 입양신고를 마치고도 甲, 乙과 함께 생활한 사안에서, 丙이 甲의 양자로 입양신고를 마쳤다는 사정만으로 乙과 丙 사이의 양친자관계가 파양되었다고 보기 어려워 뒤에 이루어진 甲과 丙 사이의 입양의 효력이 문제 될 뿐이므로, 乙과 丙의 친생자관계부존재확인을 구하는 소는 확인의 이익이 없어 부적법하다고 본 사례

판례선정이유

입양 당시 민법 규정에 따라 적법하게 입양신고를 마친 사람이 동성애자인 경우에도 입양이 무효가 아니라는 점을 밝힌 판결

제3절 친 권

제2관 친권의 효력

739. 제921조의 이해상반행위 (1)

(대법원 1996. 11. 22. 선고, 96다10270 판결)

쟁점 제921조 소정의 '이해상반행위'의 의미와 그 판단기준

판결요지

[1] 제921조의 이해상반행위란 행위의 객관적 성질상 친권자와 그 자 사이 또는 친권에 복종하는 수인의 자 사이에 이해의 대립이 생길 우려가 있는 행위를 가리키는 것으로서, 친권자의 의도나 그 행위의 결과 실제로 이해의 대립이 생겼는지의 여부는 묻지 않는다.

[2] 친권자인 모가 자신이 대표이사로 있는 주식회사의 채무 담보를 위하여 자신과 미성년인 자(子)의 공유재산에 대하여 자의 법정대리인 겸 본인의 자격으로 근저당권을 설정한 행위는, 친권자가 채무자 회사의 대표이사로서 그 주식의 66%를 소유하는 대주주이고 미성년인 자에게는 불이익만을 주는 것이라는 점을 감안하더라도, 그 행위의 객관적 성질상 채무자 회사의 채무를 담보하기 위한 것에 불과하므로, 친권자와 그 자 사이에 이해의 대립이 생길 우려가 있는 이해상반행위라고 볼 수 없다.

판례선정이유

제921조 소정의 '이해상반행위'의 의미와 그 판단기준을 밝힌 판결

740. 제921조의 이해상반행위 (2)

(대법원 2001. 6. 29. 선고 2001다28299 판결)

쟁점 이해상반행위에 해당하는 공동상속인인 친권자와 미성년인 수인의 자 사이의 상속재산 분할협의가 효력을 인정받기 위한 방법

판결요지

상속재산에 대하여 그 소유의 범위를 정하는 내용의 공동상속재산 분할협의는 그 행위의 객관적 성질상 상속인 상호간의 이해의 대립이 생길 우려가 있는 제921조 소정의 이해상반되는 행위에 해당하므로, 공동상속인인 친권자와 미성년인 수인의 자 사이에 상속재산 분할협의를 하게 되는 경우에는, 미성년자 각자마다 특별대리인을 선임하여 그 각 특별대리인이 각 미성년자인 자를 대리하여 상속재산분할의 협의를 하여야 하고, 만약 친권자가 수인의 미성년자의 법정대리인으로서 상속재산 분할협의를 한 것이라면, 이는 제921조에 위반된 것으로서 이러한 대리행위에 의하여 성립된 상속재산 분할협의는 적법한 추인이 없는 한 무효라고 할 것이다.

판례선정이유

이해상반행위에 해당하는 공동상속인인 친권자와 미성년인 수인의 자 사이의 상속재산 분할협의가 효력을 인정받기 위한 방법을 밝힌 판결

제3관 친권의 상실, 일시 정지 및 일부 제한

741. 친권의 상실 : 친권 남용의 요건

(대법원 2011. 12. 22. 선고 2011다64669 판결)

쟁점 미성년자의 법정대리인인 친권자의 대리행위가 미성년자 본인의 이익에 반하여 친권자 또는 제3자의 이익을 위한 배임적인 것임을 행위상대방이 알았거나 알 수 있었을 경우, 제107조 제1항 단서의 규정을 유추적용하여 행위의 효과가 자에게 미치지 않는지 여부

판결요지

[1] 진의 아닌 의사표시가 대리인에 의하여 이루어지고, 대리인의 진의가 본인의 이익이나 의사에 반하여 자기 또는 제3자의 이익을 위한 배임적인 것임을 상대방이 알았거나 알 수 있었을 경우에는, 제107조 제1항 단서의 유추해석상 대리인의 행위에 대하여 본인은 아무런 책임을 지지 않는다고

보아야 하고, 상대방이 대리인의 표시의사가 진의 아님을 알았거나 알 수 있었는지는 표의자인 대리인과 상대방 사이에 있었던 의사표시 형성 과정과 내용 및 그로 인하여 나타나는 효과 등을 객관적인 사정에 따라 합리적으로 판단하여야 한다. 그리고 미성년자의 법정대리인인 친권자의 법률행위에서도 마찬가지라 할 것이므로, 법정대리인인 친권자의 대리행위가 객관적으로 볼 때 미성년자 본인에게는 경제적인 손실만을 초래하는 반면, 친권자나 제3자에게는 경제적인 이익을 가져오는 행위이고, 그 행위의 상대방이 이러한 사실을 알았거나 알 수 있었을 때에는, 제107조 제1항 단서의 규정을 유추 적용하여 행위의 효과가 자에게는 미치지 않는다고 해석함이 타당하다.

[2] 법정대리인 甲이 미성년자 乙, 丙을 대리하여 乙, 丙 소유의 토지를 丁에게 매각한 사안에서, 이는 본인인 乙, 丙의 이익을 무시하고 오로지 법정대리인 甲과 제3자의 이익을 위하여서만 행하여진 대리권 남용행위로서 계약상대방 丁으로서는 매매계약 당시 甲이 임의로 乙, 丙의 이익이나 의사에 반하여 토지를 매각하려 한다는 배임적인 사정을 알고 있었거나 알 수 있었다고 보아 본인인 乙, 丙에게 매매계약의 효력이 미치지 않는다고 본 원심판단을 수긍한 사례

판례선정이유

'법정대리인인 친권자의 대리행위가 객관적으로 볼 때 미성년자 본인에게는 경제적인 손실만을 초래하는 반면, 친권자나 제3자에게는 경제적인 이익을 가져오는 행위이고, 그 행위의 상대방이 이러한 사실을 알았거나 알 수 있었을 때에는, 제107조 제1항 단서의 규정을 유추 적용하여 행위의 효과가 자에게는 미치지 않는다'는 점을 밝힌 판결

742. 친권의 일부 제한

(대법원 2018. 5. 25., 2018스520 결정)

쟁점 제924조 제1항에 따라 친권 상실 청구가 있고, 가정법원이 제925조의2의 판단 기준을 참작하여 친권 상실사유에는 해당하지 않지만 자녀의 복리를 위하여 친권의 일부 제한이 필요하다고 볼 경우, 청구취지에 구속되지 않고 친권의 일부 제한을 선고할 수 있는지 여부

결정요지

민법은 친권 남용 등의 중대한 사유가 있는 때 법원이 친권 상실을 선고할 수 있다는 규정만을 두고 있었으나(제924조), 2014. 10. 15. 법률 제12777호로 민법을 개정할 당시 친권 상실 선고 외에도 친권의 일시 정지(제924조)와 친권의 일부 제한(제924조의2)을 선고할 수 있다는 규정을 신설하고 친권 상실 선고 등의 판단 기준도 신설하였다(제925조의2).

가사소송규칙 제93조는 (마)류 가사비송사건에 대하여 가정법원이 가장 합리적인 방법으로 청구의 목적이 된 법률관계를 조정할 수 있는 내용의 심판을 하도록 하고 있고(제1항), 금전의 지급이나 물건의 인도, 기타 재산상의 의무이행을 구하는 청구에 대하여는 청구취지를 초과하여 의무의 이행을 명할 수 없다고 하면서도 자녀의 복리를 위하여 양육에 관한 사항을 정하는 경우를 제외하고 있다(제2항).

위와 같은 규정 내용과 체계 등에 비추어 친권 상실이나 제한의 경우에도 자녀의 복리를 위한 양육과 마찬가지로 가정법원이 후견적 입장에서 폭넓은 재량으로 당사자의 법률관계를 형성하고 그 이행을 명하는 것이 허용되며 당사자의 청구취지에 엄격하게 구속되지 않는다고 보아야 한다. 따라서 제924조 제1항에 따른 친권 상실 청구가 있으면 가정법원은 제925조의2의 판단 기준을 참작하여 친권 상실사유에는 해당하지 않지만 자녀의 복리를 위하여 친권의 일부 제한이 필요하다고 볼 경우, 청구취지에 구속되지 않고 친권의 일부 제한을 선고할 수 있다.

판례선정이유

'친권 상실 청구가 있는 경우에도 친권 상실사유에는 해당하지 않지만 자녀의 복리를 위하여 친권의 일부 제한이 필요하다고 볼 경우에는 청구취지에 구속되지 않고 친권의 일부 제한을 선고할 수 있다'는 점을 밝힌 판결

제5장 후 견

제3절 후견계약

743. 후견계약과 성년후견 · 한정후견 · 특정후견의 관계

(대법원 2017. 6. 1., 2017스515 결정)

쟁점 제959조의20 제1항이 본인에 대해 한정후견개시심판 청구가 제기된 후 심판이 확정되기 전에 후견계약이 등기된 경우에도 적용되는지 여부 및 위 규정에서 정한 '본인의 이익을 위하여 특별히 필요할 때'의 의미

결정요지

제959조의20 제1항은 "후견계약이 등기되어 있는 경우에는 가정법원은 본인의 이익을 위하여 특별히 필요할 때에만 임의후견인 또는 임의후견감독인의 청구에 의하여 성년후견, 한정후견 또는 특정후견의 심판을 할 수 있다. 이 경우 후견계약은 본인이 성년후견 또는 한정후견 개시의 심판을 받은 때 종료된다"라고 규정하고, 같은 조 제2항은 "본인이 피성년후견인, 피한정후견인 또는 피특정후견인인 경우에 가정법원은 임의후견감독인을 선임함에 있어서 종전의 성년후견, 한정후견 또는 특정후견의 종료 심판을 하여야 한다. 다만 성년후견 또는 한정후견 조치의 계속이 본인의 이익을 위하여 특별히 필요하다고 인정하면 가정법원은 임의후견감독인을 선임하지 아니한다"라고 규정하고 있다. 이와 같은 민법 규정은 후견계약이 등기된 경우에는 사적자치의 원칙에 따라 본인의 의사를 존중하여 후견계약을 우선하도록 하고, 예외적으로 본인의 이익을 위하여 특별히 필요할 때에 한하여 법정후견에 의할 수 있도록 한 것으로서, 제959조의20 제1항에서 후견계약의 등기 시점에 특별한 제한을 두지 않고 있고, 같은 조 제2항 본문이 본인에 대해 이미 한정후견이 개시된 경우에는 임의후견감독인을 선임하면서 종전 한정후견의 종료 심판을 하도록 한 점 등에 비추어 보면, 위 제1항은 본인에 대해 한정후견개시심판 청구가 제기된 후 심판이 확정되기 전에 후견계약이 등기된 경우에도 적용이 있다고 보아야 하므로, 그와 같은 경우 가정법원은 본인의 이익을 위하여 특별히 필요하다고 인정할 때에만 한정후견개시심판을 할 수 있다.

그리고 위 규정에서 정하는 후견계약의 등기에 불구하고 한정후견 등의 심판을 할 수 있는 '본인의 이익을 위하여 특별히 필요할 때'란 후견계약의 내용, 후견계약에서 정한 임의후견인이 임무에 적합하지 아니한 사유가 있는지, 본인의 정신적 제약의 정도, 기타 후견계약과 본인을 둘러싼 제반 사정 등을 종합하여, 후견계약에 따른 후견이 본인의 보호에 충분하지 아니하여 법정후견에 의한 보호가 필요하다고 인정되는 경우를 말한다.

판례선정이유

제959조의20 제1항이 본인에 대해 한정후견개시심판 청구가 제기된 후 심판이 확정되기 전에 후견계약이 등기된 경우에도 적용되는지 여부 및 이때 한정후견개시심판을 할 수 있는 '본인의 이익을 위하여 특별히 필요할 때'의 의미를 밝힌 판결

제7장 부 양

744. 부양의무 (1) : 직계혈족 및 그 배우자 간의 부양의무
(대법원 2013. 8. 30., 2013스96 결정)

쟁점 부모와 성년의 자녀 · 그 배우자 사이에 과거 부양료를 청구할 수 있는 경우 및 부부 일방의 부모 등 그 직계혈족과 상대방 사이에 직계혈족이 사망하고 생존한 상대방이 재혼하지 않은 경우에 부양의무가 인정되는 경우

결정요지

제826조 제1항에 규정된 부부 사이의 상호부양의무는 혼인관계의 본질적 의무로서 부양을 받을 자의 생활을 부양의무자의 생활과 같은 정도로 보장하여 부부공동생활의 유지를 가능하게 하는 것을 내용으로 하는 제1차 부양의무이고, 반면 부모와 성년의 자녀 · 그 배우자 사이에 제974조 제1호, 제975조에 따라 부담하는 부양의무는 부양의무자가 자기의 사회적 지위에 상응하는 생활을 하면서 생활에 여유가 있음을 전제로 하여 부양을 받을 자가 자력 또는 근로에 의하여 생활을 유지할 수 없는 경우에 한하여 그의 생활을 지원하는 것을 내용으로 하는 제2차 부양의무이다. 그런데 부부 사이의 부양의무 중 과거의 부양료에 관하여는 특별한 사정이 없는 한 부양을 받을 사람이 부양의무자에게 부양의무의 이행을 청구하였음에도 불구하고 부양의무자가 부양의무를 이행하지 아니함으로써 이행지체에 빠진 후의 것에 관하여만 부양료의 지급을 청구할 수 있을 뿐이므로, 부모와 성년의 자녀 · 그 배우자 사이의 경우에도 이와 마찬가지로 과거의 부양료에 관하여는 부양의무 이행청구에도 불구하고 그 부양의무자가 부양의무를 이행하지 아니함으로써 이행지체에 빠진 후의 것이거나, 그렇지 않은 경우에는 부양의무의 성질이나 형평의 관념상 이를 허용해야 할 특별한 사정이 있는 경우에 한하여 이행청구 이전의 과거 부양료를 청구할 수 있다.

그리고 제775조 제2항에 의하면 부부의 일방이 사망한 경우에 혼인으로 인하여 발생한 그 직계혈족과 생존한 상대방 사이의 인척관계는 일단 그대로 유지되다가 상대방이 재혼한 때에 비로소 종료하게 되어 있으므로, 부부의 일방이 사망하여도 그 부모 등 직계혈족과 생존한 상대방 사이의 친족관계는 그대로 유지되나, 그들 사이의 관계는 제974조 제1호의 '직계혈족 및 그 배우자 간'에 해당한다고 볼 수 없다. 배우자관계는 혼인의 성립에 의하여 발생하여 당사자 일방의 사망, 혼인의 무효 · 취소, 이혼으로 인하여 소멸하는 것이므로, 그 부모의 직계혈족인 부부 일방이 사망함으로써 그와 생존한 상대방 사이의 배우자관계가 소멸하였기 때문이다. 따라서 부부 일방의 부모 등 그 직계혈족과 상대방 사이에서는, 직계혈족이 생존해 있다면 제974조 제1호에 의하여 생계를 같이 하는지와 관계없이 부양의무가 인정되지만, 직계혈족이 사망하면 생존한 상대방이 재혼하지 않았더라도 제974조 제3호에 의하여 생계를 같이 하는 경우에 한하여 부양의무가 인정된다.

판례선정이유

'부부 일방이 사망하면, 생존한 상대방이 재혼하지 않았더라도 제974조 제3호에 의하여 생계를 같이 하는 경우에 한하여 생존한 상대방의 직계존속에 대한 부양의무가 인정된다'는 점을 밝힌 판결

745. 부양의무 (2) : 부부 간의 부양의무

(대법원 2008. 6. 12., 2005스50 결정)

쟁점 부부간의 상호부양의무에 있어 이행청구 전 과거의 부양료에 대한 청구의 가부

결정요지

제826조 제1항에 규정된 부부간의 상호부양의무는 부부의 일방에게 부양을 받을 필요가 생겼을 때 당연히 발생하는 것이기는 하지만, 과거의 부양료에 관하여는 부양을 받을 자가 부양의무자에게 부양의무의 이행을 청구하였음에도 불구하고 부양의무자가 부양의무를 이행하지 아니함으로써 이행지체에 빠진 이후의 것에 대하여만 부양료의 지급을 청구할 수 있을 뿐, 부양의무자가 부양의무의 이행을 청구받기 이전의 부양료의 지급은 청구할 수 없다고 보는 것이 부양의무의 성질이나 형평의 관념에 합치된다.

판례선정이유

부부간의 상호부양의무에 있어 부양의무자가 부양의무의 이행을 청구받기 이전의 부양료 지급을 청구할 수 없음을 밝힌 판결

746. 부양의무 (3) : 부양의무의 우선순위

(대법원 2012. 12. 27. 선고 2011다96932 판결)

쟁점 부부간의 상호부양의무와 부모의 성년 자녀에 대한 부양의무의 우선순위 및 2차 부양 의무자의 1차 부양의무자에 대한 상환청구 가능 여부, 상환의무의 존부 및 범위를 정할 때 고려하여야 할 사항, 상환청구의 관할

판결요지

[1] 제826조 제1항에 규정된 부부간 상호부양의무는 혼인관계의 본질적 의무로서 부양을 받을 자의 생활을 부양의무자의 생활과 같은 정도로 보장하여 부부공동생활의 유지를 가능하게 하는 것을 내용으로 하는 제1차 부양의무이고, 반면 부모가 성년의 자녀에 대하여 직계혈족으로서 제974조 제1호, 제975조에 따라 부담하는 부양의무는 부양의무자가 자기의 사회적 지위에 상응하는 생활을 하면서 생활에 여유가 있음을 전제로 하여 부양을 받을 자가 자력 또는 근로에 의하여 생활을 유지할 수 없는 경우에 한하여 그의 생활을 지원하는 것을 내용으로 하는 제2차 부양의무이다. 이러한 제1차 부양의무와 제2차 부양의무는 의무이행의 정도뿐만 아니라 의무이행의 순위도 의미하는 것이므로, 제2차 부양의무자는 제1차 부양의무자보다 후순위로 부양의무를 부담한다. 따라서 제1차 부양의무자와 제2차 부양의무자가 동시에 존재하는 경우에 제1차 부양의무자는 특별한 사정이 없는 한 제2차 부양의무자에 우선하여 부양의무를 부담하므로, 제2차 부양의무자가 부양받을 자를 부양한 경우에는 소요된 비용을 제1차 부양의무자에 대하여 상환청구할 수 있다.

[2] 부부간의 부양의무 중 과거의 부양료에 관하여는 특별한 사정이 없는 한 부양을 받을 사람이 부양의무자에게 부양의무의 이행을 청구하였음에도 불구하고 부양의무자가 부양의무를 이행하지 아니함으로써 이행지체에 빠진 후의 것에 관하여만 부양료의 지급을 청구할 수 있을 뿐이므로, 부양의무자인 부부의 일방에 대한 부양의무 이행청구에도 불구하고 배우자가 부양의무를 이행하지 아니함으로써 이행지체에 빠진 후의 것이거나, 그렇지 않은 경우에는 부양의무의 성질이나 형평의 관념상 이를 허용해야 할 특별한 사정이 있는 경우에 한하여 이행청구 이전의 과거 부양료를 지급하여야 한다. 그리고 부부 사이의 부양료 액수는 당사자 쌍방의 재산 상태와 수입액, 생활정도 및 경제적 능력, 사회적 지위 등에 따라 부양이 필요한 정도, 그에 따른 부양의무의 이행정도, 혼인생활 파탄의 경위와 정도 등을 종합적으로 고려하여 판단하여야 한다. 따라서 상대방의 친족이 부부의 일방을 상대로 한 과거의 부양료 상환청구를 심리 · 판단함에 있어서도 이러한 점을 모두 고려하여 상환의무의 존부 및 범위를 정하여야 한다.

[3] 가사소송법 제2조 제1항 제2호 나. 마류사건 제1호는 제826조에 따른 부부의 부양에 관한 처분을, 같은 법 제2조 제1항 제2호 나. 마류사건 제8호는 제976조부터 제978조까지의 규정에 따른 부양에 관한 처분을 각각 별개의 가사비송사건으로 규정하고 있다. 따라서 부부간의 부양의무를 이행하지 않은 부부의 일방에 대한 상대방의 부양료 청구는 위 마류사건 제1호의 가사비송사건에 해당하고, 친족간의 부양의무를 이행하지 않은 친족의 일방에 대한 상대방의 부양료 청구는 위 마류사건 제8호의 가사비송사건에 해당한다 할 것이나, 부부간의 부양의무를 이행하지 않은 부부의 일방에 대하여 상대방의 친족이 구하는 부양료의 상환청구는 같은 법 제2조 제1항 제2호 나. 마류사건의 어디에도 해당하지 아니하여 이를 가사비송사건으로 가정법원의 전속관할에 속하는 것이라고 할 수는 없고, 이는 민사소송사건에 해당한다고 봄이 타당하다.

판례선정이유

제1차 부양의무자와 제2차 부양의무자가 동시에 존재하는 경우에, 제1차 부양의무자는 특별한 사정이 없는 한 제2차 부양의무자에 우선하여 부양의무를 부담하므로, 제2차 부양의무자가 부양받을 자를 부양한 경우에는 소요된 비용을 제1차 부양의무자에 대하여 상환청구할 수 있음을 밝힌 판결

747. 부양의무 (4) : 과거 양육비의 상환청구

(대법원 1994. 5. 13., 92스21 전원합의체 결정)

쟁점 부모 중 한 쪽만이 자녀를 양육하게 된 경우, 양육비 청구 이전의 과거의 양육비의 상환을 청구할 수 있는지 여부 및 과거의 양육비의 분담범위를 정하는 기준

판결요지

[1] 어떠한 사정으로 인하여 부모 중 어느 한 쪽만이 자녀를 양육하게 된 경우에, 그와 같은 일방에 의한 양육이 그 양육자의 일방적이고 이기적인 목적이나 동기에서 비롯한 것이라거나 자녀의 이익을 위하여 도움이 되지 아니하거나 그 양육비를 상대방에게 부담시키는 것이 오히려 형평에 어긋나게 되는 등 특별한 사정이 있는 경우를 제외하고는, 양육하는 일방은 상대방에 대하여 현재 및 장래에 있어서의 양육비 중 적정 금액의 분담을 청구할 수 있음은 물론이고, 부모의 자녀양육의무는 특별한 사정이 없는 한 자녀의 출생과 동시에 발생하는 것이므로, 과거의 양육비에 대하여도 상대방이 분담함이 상당하다고 인정되는 경우에는 그 비용의 상환을 청구할 수 있다.

[2] 한 쪽의 양육자가 양육비를 청구하기 이전의 과거의 양육비 모두를 상대방에게 부담시키게 되면 상대방은 예상하지 못하였던 양육비를 일시에 부담하게 되어 지나치고 가혹하며 신의성실의 원칙이나 형평의 원칙에 어긋날 수도 있으므로, 이와 같은 경우에는 반드시 이행청구 이후의 양육비와 동일한 기준에서 정할 필요는 없고, 부모 중 한 쪽이 자녀를 양육하게 된 경위와 그에 소요된 비용의 액수, 그 상대방이 부양의무를 인식한 것인지 여부와 그 시기, 그것이 양육에 소요된 통상의 생활비인지 아니면 이례적이고 불가피하게 소요된 다액의 특별한 비용(치료비 등)인지 여부와 당사자들의 재산 상황이나 경제적 능력과 부담의 형평성 등 여러 사정을 고려하여 적절하다고 인정되는 분담의 범위를 정할 수 있다.

판례선정이유

'상대방에게 과거의 양육비를 청구하지 못한다'고 한 판례와 '아버지의 인도요구에 불응하고 스스로 자녀를 양육한 생모는 자활능력이 있건 없건 또 과거의 것이든 장래의 것이든 소생자의 아버지에게 부양료를 청구할 수 없다'고 한 판례를 변경하여, 과거의 양육비에 대한 상환청구를 인정한 판결

748. 부양료청구권

(대법원 2015. 1. 29. 선고 2013다79870 판결)

쟁점 부양료청구권의 침해를 이유로 채권자취소권을 행사하는 경우, 제척기간의 기산일

판결요지

제974조, 제975조에 의하여 부양의 의무 있는 사람이 여러 사람인 경우에 그중 부양의무를 이행한 1인이 다른 부양의무자에 대하여 이미 지출한 과거 부양료의 지급을 구하는 권리는 당사자의 협의 또는 가정법원의 심판 확정에 의하여 비로소 구체적이고 독립한 재산적 권리로 성립하게 되지만, 그러한 부양료청구권의 침해를 이유로 채권자취소권을 행사하는 경우의 제척기간은 부양료청구권이 구체적인 권리로서 성립한 시기가 아니라 제406조 제2항이 정한 '취소원인을 안 날' 또는 '법률행위가 있은 날'로부터 진행한다.

판례선정이유

부양료청구권의 침해를 이유로 채권자취소권을 행사하는 경우, 제척기간은 '취소원인을 안 날' 또는 '법률행위가 있은 날'로부터 진행하는 것임을 밝힌 판결

제 5 편

상 속

제1장 상 속

제1절 총 칙

749. 상속회복청구권의 법적 성질과 적용범위

(대법원 2007. 4. 26. 선고 2004다5570 판결)

쟁점 진정한 상속인임을 전제로 상속으로 인한 재산권의 귀속을 주장하면서 참칭상속인 또는 참칭상속인으로부터 상속재산에 관한 권리를 취득하거나 새로운 이해관계를 맺은 제3자를 상대로 상속재산인 부동산에 관한 등기의 말소 또는 진정명의 회복을 위한 등기의 이전 등을 청구하는 경우, 그 청구원인 여하에 불구하고 상속회복청구의 소라고 해석하여야 하는지 여부

판결요지

자신이 진정한 상속인임을 전제로 그 상속으로 인한 소유권 또는 지분권 등 재산권의 귀속을 주장하면서 참칭상속인 또는 참칭상속인으로부터 상속재산에 관한 권리를 취득하거나 새로운 이해관계를 맺은 제3자를 상대로 상속재산인 부동산에 관한 등기의 말소 또는 진정명의 회복을 위한 등기의 이전 등을 청구하는 경우에는, 그 소유권 또는 지분권이 귀속되었다는 주장이 상속을 원인으로 하는 것인 이상 그 청구원인 여하에 불구하고 이는 상속회복청구의 소라고 해석함이 상당하다.

판례선정이유

상속회복청구권의 법적 성질에 관하여는 「독립권리설」과 「집합권리설」이 대립하고 있는데, 그 중 「집합권리설」을 따르는 취지를 분명히 하고, 나아가 참칭상속인에 대한 소뿐 아니라 그 전득자에 대한 소도 상속회복청구의 소로 보아 제척기간이 적용된다는 점을 밝힌 판결

750. 상속회복청구권의 제척기간 (1)

(대법원 1998. 3. 27. 선고 96다37398 판결)

쟁점 상속회복청구권의 제척기간이 도과한 뒤 그 권리의 귀속과 참칭상속인의 의미

판결요지

[1] 상속회복청구권이 제척기간의 경과로 소멸하게 되면 상속인은 상속인으로서의 지위 즉 상속에 따라 승계한 개개의 권리의무 또한 총괄적으로 상실하게 되고, 그 반사적 효과로서 참칭상속인의 지위는 확정되어 참칭상속인이 상속개시의 시로부터 소급하여 상속인으로서의 지위를 취득한 것으로 봄이 상당하므로, 상속재산은 상속 개시일로 소급하여 참칭상속인의 소유로 된다.

[2] 상속회복청구의 상대방이 되는 참칭상속인이라 함은 정당한 상속권이 없음에도 재산상속인임을 신뢰케 하는 외관을 갖추거나 상속인이라고 참칭하면서 상속재산의 전부 또는 일부를 점유함으로써 진정한 상속인의 재산상속권을 침해하는 자를 가리킨다.

[3] 상속재산인 미등기 부동산을 임의로 매도한 자가 아무 근거 없이 피상속인의 호적에 호주상속신고를 한 것으로 기재되어 있으나, 상속재산인 미등기 부동산에 관하여 상속인이라고 참칭하면서 등기를 마치거나 점유를 한 바가 없고, 또한 피상속인의 호적에 의하더라도 피상속인의 시동생의 손자로서 피상속인의 법정상속인에 해당할 여지가 없어 그 유산에 대하여 상속권이 없음이 명백한 경우, 그 자를 상속회복청구의 상대방이 되는 참칭상속인에 해당한다고 볼 수 없다.

판례선정이유

참칭상속인의 개념과 상속회복청구권의 제척기간 도과로 인하여 참칭상속인이 반사적으로 소유권을 취득한다는 점을 밝힌 판결

751. 상속회복청구권의 제척기간 (2)

(대법원 1982. 9. 28. 선고 80므20 판결)

쟁점 사후인지에 의하여 소급하여 상속인의 자격을 취득한 경우, 상속회복청구권의 단기제척기간의 기산점과 자기의 상속분을 초과하는 상속을 주장하는 공동상속인에 대한 청구가 상속회복청구에 해당하는지 여부

판결요지

[1] 재산상속에 관하여 진정한 상속인임을 전제로 그 상속으로 인한 소유권 또는 지분권 등 재산권의 귀속을 주장하고, 참칭상속인 또는 자기들만이 재산상속을 하였다는 일부 공동상속인들을 상대로 상속재산인 부동산에 관한 등기의 말소 또는 기타 지분권의 반환 등을 구하는 경우에도, 그 소유권 또는 지분권이 귀속되었다는 주장이 상속을 원인으로 하는 것인 이상 그 청구원인 여하에 불구하고 이는 제999조 소정의 상속회복청구의 소라고 해석함이 상당한 바, 이 사건 청구인들은 인지심판 확정으로 피상속인의 사망시에 소급하여 상속재산을 공동상속하였음을 원인으로 하여 그 상속분에 따른 지분권을 취득하였음을 전제로 그 지분권에 기하여 공동상속인들에 대하여 상속

재산을 처분한 대금의 반환청구를 하는 것이므로, 이 사건 소는 상속회복청구의 소에 해당한다.

[2] 인지심판확정으로 피상속인의 사망시에 소급하여 공동상속인이 된 자가 제기한 상속회복청구의 소에 있어서 제척기간의 기산점인 그 침해를 안날이라 함은 인지심판이 확정된 날이라 할 것이다.

판례선정이유

인지심판의 확정으로 피상속인 사망시에 소급하여 상속인이 된 사람의 상속회복청구권의 단기제척기간의 기산점인 침해를 안 날은 인지심판이 확정된 날이고, 공동상속인이 자기의 상속분을 넘는 상속을 주장하는 경우, 그에 대한 청구도 상속회복청구라는 점을 밝힌 판결

752. 상속회복청구권의 제척기간 (3)

(대법원 1996. 12. 6. 선고 96므1137 판결)

쟁점 사후인지에 의하여 소급하여 상속인의 자격을 취득한 경우, 상속회복청구권의 장기제척기간의 기산점과 관습법상 호주상속회복청구권의 시효

판결요지

[1] 민법 시행 전의 호주상속회복청구권은 그 침해를 안 날로부터 6년, 상속이 개시된 날로부터 20년이 경과하면 소멸하는 것이 관습이다.

[2] 혼인 외의 출생자가 인지의 판결을 상속이 개시된 날로부터 20년이 경과한 후에 받았다고 하더라도, 상속이 개시된 날로부터 20년이 경과하였다면, 호주상속회복청구권은 소멸한다.

판례선정이유

인지판결로 상속인이 된 경우, 상속회복청구권의 장기제척기간은 인지판결확정 시와 관계없이 상속개시일로부터 기산한다는 점, 구 관습상 상속회복청구권의 장단기시효는 각각 20년, 6년임을 밝힌 판결

753. 상속회복청구권의 제척기간 (4)

(대법원 1981. 6. 9. 선고 80므84, 85, 86, 87 판결)

쟁점 상속재산 중 일부에 대하여 상속회복청구를 하는 경우, 제척기간 준수의 효력이 미치는 범위

판결요지

[1] 참칭상속인 또는 일부 공동상속인들을 상대로 상속재산인 부동산에 관한 등기의 말소기타 지분권의 반환 등을 구하는 경우에는, 그 주장이 상속을 원인으로 하는 것인 이상 그 청구원인 여하를 불구하고 상속회복청구의 소이다.

[2] 상속재산의 일부에 대한 상속회복청구의 제소기간을 준수하였다고 하여 그로써 다른 상속재산에 대한 소송에 그 기간준수의 효력이 생기지 아니한다.

판례선정이유

상속재산 중 일부에 대한 상속회복청구의 제척기간 준수의 효력이 다른 재산에 미치지 아니함을 밝힌 판결

제2절 상속인

754. 동시사망의 추정과 대습상속

(대법원 2001. 3. 9. 선고 99다13157 판결)

쟁점 대습상속이 피상속인과 피대습자가 동시에 사망하였다고 추정되는 경우에도 인정되는지 여부와 사위에게 대습상속권이 있는지 여부

판결요지

[1] ① 우리 나라에서는 전통적으로 오랫동안 며느리의 대습상속이 인정되어 왔고, 1958. 2. 22. 제정된 민법에서도 며느리의 대습상속을 인정하였으며, 1990. 1. 13. 개정된 민법에서 며느리에게만 대습상속을 인정하는 것은 남녀평등 · 부부평등에 반한다는 것을 근거로 하여 사위에게도 대습상속을 인정하는 것으로 개정한 점, ② 헌법 제11조 제1항이 누구든지 성별에 의하여 정치적 · 경제적 · 사회적 · 문화적 생활의 모든 영역에 있어서 차별을 받지 아니한다고 규정하고 있고, 헌법 제36조 제1항이 혼인과 가족생활은 양성의 평등을 기초로 성립되고 유지되어야 하며 국가는 이를 보장한다고 규정하고 있는 점, ③ 현대 사회에서 딸이나 사위가 친정 부모 내지 장인장모를 봉양, 간호하거나 경제적으로 지원하는 경우가 드물지 아니한 점, ④ 배우자의 대습상속은 혈족상속과 배우자상속이 충돌하는 부분인데 이와 관련한 상속순위와 상속분은 입법자가 입법정책적으로 결정할 사항으로서 원칙적으로 입법자의 입법형성의 재량에 속한다고 할 것인 점, ⑤ 상속순위와 상속분은 그 나라 고유의 전통과 문화에 따라 결정될 사항이지 다른 나라의 입법례에 크게 좌우될 것은 아닌 점, ⑥ 피상속인의 방계혈족에 불과한 피상속인의 형제자매가 피상속인의 재산을 상속받을 것을 기대하

는 지위는 피상속인의 직계혈족의 그러한 지위만큼 입법적으로 보호하여야 할 당위성이 강하지 않은 점 등을 종합하여 볼 때, 외국에서 사위의 대습상속권을 인정한 입법례를 찾기 어렵고, 피상속인의 사위가 피상속인의 형제자매보다 우선하여 단독으로 대습상속하는 것이 반드시 공평한 것인지 의문을 가져볼 수는 있다 하더라도, 이를 이유로 곧바로 피상속인의 사위가 피상속인의 형제자매보다 우선하여 단독으로 대습상속할 수 있음이 규정된 제1003조 제2항이 입법형성의 재량의 범위를 일탈하여 행복추구권이나 재산권보장 등에 관한 헌법규정에 위배되는 것이라고 할 수 없다.

[2] 원래 대습상속제도는 대습자의 상속에 대한 기대를 보호함으로써 공평을 꾀하고 생존 배우자의 생계를 보장하여 주려는 것이고, 또한 동시사망 추정규정도 자연과학적으로 엄밀한 의미의 동시사망은 상상하기 어려운 것이나 사망의 선후를 입증할 수 없는 경우 동시에 사망한 것으로 다루는 것이 결과에 있어 가장 공평하고 합리적이라는 데에 그 입법 취지가 있는 것인바, 상속인이 될 직계비속이나 형제자매(피대습자)의 직계비속 또는 배우자(대습자)는 피대습자가 상속개시 전에 사망한 경우에는 대습상속을 하고, 피대습자가 상속개시 후에 사망한 경우에는 피대습자를 거쳐 피상속인의 재산을 본위상속을 하므로 두 경우 모두 상속을 하는데, 만일 피대습자가 피상속인의 사망, 즉 상속개시와 동시에 사망한 것으로 추정되는 경우에만 그 직계비속 또는 배우자가 본위상속과 대습상속의 어느 쪽도 하지 못하게 된다면 동시사망 추정 이외의 경우에 비하여 현저히 불공평하고 불합리한 것이라 할 것이고, 이는 앞서 본 대습상속제도 및 동시사망 추정규정의 입법 취지에도 반하는 것이므로, 제1001조의 '상속인이 될 직계비속이 상속개시 전에 사망한 경우'에는 '상속인이 될 직계비속이 상속개시와 동시에 사망한 것으로 추정되는 경우'도 포함하는 것으로 합목적적으로 해석함이 상당하다.

[3] 피상속인의 자녀가 상속개시 전에 전부 사망한 경우, 피상속인의 손자녀는 본위상속이 아니라 대습상속을 한다.

판례선정이유

사위의 대습상속, 동시사망에서 대습상속, 자녀 모두 사망한 경우 손자녀의 상속의 법적 성질 등 입법론 및 해석론적 쟁점을 다룬 대표적인 판결

755. 배우자의 상속순위

(대법원 2015. 5. 14. 선고 2013다48852 판결)

쟁점 배우자와 자녀가 추정상속인인데, 자녀가 모두 상속을 포기한 경우, 배우자가 단독상속인이 되는지 직계존속과 공동상속을 하는지

판결요지

상속을 포기한 자는 상속개시된 때부터 상속인이 아니었던 것과 같은 지위에 놓이게 되므로, 피상속인의 배우자와 자녀 중 자녀 전부가 상속을 포기한 경우에는 배우자와 피상속인의 손자녀 또는 직계존속이 공동으로 상속인이 되고, 피상속인의 손자녀와 직계존속이 존재하지 아니하면 배우자가 단독으로 상속인이 된다.

판례선정이유

자녀가 제1순위 공동법정상속권자이고, 배우자가 그와 공동상속권자인데, 자녀가 전원 상속을 포기하는 경우, 배우자가 단독상속한다는 점을 밝힌 판결

756. 상속인의 결격사유

(대법원 1992. 5. 22. 선고 92다2127 판결)

쟁점 공동상속인인 태아의 낙태가 상속결격사유가 되는지 여부

판결요지

[1] 태아가 호주상속의 선순위 또는 재산상속의 선순위나 동순위에 있는 경우에, 그를 낙태하면 구 민법(1990. 1. 13. 법률 제4199호로 개정되기 전의 것) 제992조 제1호 및 제1004조 제1호 소정의 상속결격사유에 해당한다.

[2] 위 "가"항의 규정들 소정의 상속결격사유로서 '살해의 고의' 이외에 '상속에 유리하다는 인식'을 필요로 하는지 여부에 관하여는, (1) 우선 같은 법 제992조 제1호 및 제1004조 제1호는 그 규정에 정한 자를 고의로 살해하면 상속결격자에 해당한다고만 규정하고 있을 뿐, 더 나아가 '상속에 유리하다는 인식'이 있어야 한다고까지는 규정하고 있지 아니하고, (2) 위 법은 "피상속인 또는 호주상속의 선순위자"(제992조 제1호)와 "피상속인 또는 재산상속의 선순위나 동순위에 있는 자"(제1004조 제1호) 이외에 "직계존속"도 피해자에 포함하고 있고, 위 "직계존속"은 가해자보다도 상속순위가 후순위일 경우가 있는바, 같은 법이 굳이 동인을 살해한 경우에도 그 가해자를 상속결격자에 해당한다고 규정한 이유는, 상속결격요건으로서 "살해의 고의" 이외에 '상속에 유리하다는 인식'을 요구하지 아니한다는 데에 있다고 해석할 수밖에 없으며, (3) 같은 법 제992조 제2호 및 이를 준용하는 제1004조 제2호는 "고의로 직계존속, 피상속인과 그 배우자에게 상해를 가하여 사망에 이르게 한 자"도 상속결격자로 규정하고 있는데, 이 경우에는 '상해의 고의'만 있으면 되고, 이 '고의'에 '상속에 유리하다는 인식'이 필요 없음은 당연하므로, 이 규정들의 취지에 비추어 보아도 그 각 제1호의 요건으로서 '살해의 고의' 이외에 '상속에 유리하다는 인식'은 필요로 하지 아니한다고 할 것이다.

판례선정이유

상속결격의 요건에 대한 대표적인 판결

제3절 상속의 효력

제1관 일반적 효력

757. 보증채무의 상속

(대법원 2001. 6. 12. 선고 2000다47187 판결)

쟁점 피상속인이 계속적 보증계약을 체결한 뒤 사망한 경우, 계속적 보증계약 내지 그로 인한 보증채무가 상속되는지 여부

판결요지

보증한도액이 정해진 계속적 보증계약의 경우, 보증인이 사망하였다 하더라도 보증계약이 당연히 종료되는 것은 아니고, 특별한 사정이 없는 한 상속인들이 보증인의 지위를 승계한다고 보아야 할 것이나, 보증기간과 보증한도액의 정함이 없는 계속적 보증계약의 경우에는 보증인이 사망하면 보증인의 지위가 상속인에게 상속된다고 할 수 없고, 다만 기왕에 발생된 보증채무만이 상속된다.

판례선정이유

계속적 보증관계의 상속에 관한 대표적 판결

758. 보험금청구권의 상속 (1)

(대법원 2002. 2. 8. 선고 2000다64502 판결)

쟁점 피상속인이 보험계약을 체결하면서 사망을 원인으로 하는 보험금의 수익자를 '상속인'으로 정한 경우 및 자신으로 정한 경우, 보험금청구권이 상속재산인지 여부

판결요지

[1] 피보험자 사망시의 상속인을 수익자로 지정하여 둔 경우에, 그 의미는 보험금청구권이 일단 피보험자에게 귀속되어 상속재산을 형성하였다가 그 상속인에게 이전된다는 취지라기보다는 장래에 보험금청구권이 발생한 때의 수익자를 특정하는 방법으로서 그와 같이 표시하였다고 해석함이 상당하다.

[2] 상법 제733조 제3항에 따라 보험수익자가 보험존속 중에 사망한 때에는 보험계약자는 다시 보험수익자를 지정할 수 있으며, 보험계약자가 그 지정권을 행사하지 아니하고 사망한 때에는 보험수익자의 상속인이 보험수익자가 됨이 원칙이나, 생명보험에 있어서 보험계약자가 피보험자 중의 1인인 자신을 보험수익자로 지정한 경우라도 그 지정은 유효하고, 따라서 보험수익자가 사망하면 그 보험금은 상속재산이 된다.

판례선정이유

'상속인'을 보험수익자로 한 경우에는 생명보험금청구권이 상속재산에 포함되지 아니하나, 자신을 보험수익자로 한 경우에는 상속재산에 포함된다는 점을 밝힌 판결

759. 보험금청구권의 상속 (2)

(대법원 2017. 12. 22. 선고 2015다236820, 236837 판결)

쟁점 생명보험에서 보험수익자를 '법정상속인'이라고 지정한 경우, 상속관계

판결요지

상해의 결과로 피보험자가 사망한 때에 사망보험금이 지급되는 상해보험에서 보험계약자가 보험수익자를 단지 피보험자의 '법정상속인'이라고만 지정한 경우, 특별한 사정이 없는 한 그와 같은 지정에는 장차 상속인이 취득할 보험금청구권의 비율을 상속분에 의하도록 하는 취지가 포함되어 있다고 해석함이 타당하다. 따라서 보험수익자인 상속인이 여러 명인 경우, 각 상속인은 특별한 사정이 없는 한 자신의 상속분에 상응하는 범위 내에서 보험자에 대하여 보험금을 청구할 수 있다.

판례선정이유

생명보험에서 '법정상속인'을 보험수익자로 한 경우, '보험수익자인 상속인이 여러 명인 경우, 각 상속인은 특별한 사정이 없는 한 자신의 상속분에 상응하는 범위 내에서 보험자에 대하여 보험금을 청구할 수 있다'는 점을 밝힌 판결

760. 타인 권리의 처분과 상속
(대법원 1994. 8. 26. 선고 93다20191 판결)

쟁점 권한 없이 타인의 권리를 처분한 사람을 권리자가 상속한 경우, 처분행위의 효력

판결요지

甲이 乙 등 명의의 주식에 관하여 처분권한 없이 은행과 담보설정계약을 체결하였다 하더라도 이는 일종의 타인의 권리의 처분행위로서 유효하다 할 것이므로 甲은 乙 등으로부터 그 주식을 취득하여 이를 은행에게 인도하여야 할 의무를 부담한다 할 것인데, 甲의 사망으로 인하여 乙 등이 甲을 상속한 경우 乙 등은 원래 그 주식의 주주로서 타인의 권리에 대한 담보설정계약을 체결한 은행에 대하여 그 이행에 관한 아무런 의무가 없고 이행을 거절할 수 있는 자유가 있었던 것이므로, 乙 등은 신의칙에 반하는 것으로 인정할 특별한 사정이 없는 한 원칙적으로는 위 계약에 따른 의무의 이행을 거절할 수 있다.

판례선정이유

'권한 없이 타인의 권리를 처분한 사람을 권리자가 상속한 경우, 권리자는 이행을 거절하고 손해배상 등으로 갈음할 수 있으나, 신의칙에 반하는 경우에는 이행을 거절할 수 없다'는 점을 밝힌 판결

761. 특별수익자의 상속분(1) : 대습상속인에게 한 증여
(대법원 2014. 5. 29. 선고 2012다31802 판결)

쟁점 대습상속인에게 대습원인 발생 전에 한 증여가 특별수익에 해당하는지 여부

판결요지

제1008조는 공동상속인 중에 피상속인으로부터 재산의 증여 또는 유증을 받은 특별수익자가 있는 경우 공동상속인들 사이의 공평을 기하기 위하여 수증재산을 상속분의 선급으로 다루어 구체적인 상속분을 산정함에 있어 이를 참작하도록 하려는 데 취지가 있는 것인바, 대습상속인이 대습원인의 발생 이전에 피상속인으로부터 증여를 받은 경우, 이는 상속인의 지위에서 받은 것이 아니므로 상속분의 선급으로 볼 수 없다. 그렇지 않고 이를 상속분의 선급으로 보게 되면, 피대습인이 사망하기 전에 피상속인이 먼저 사망하여 상속이 이루어진 경우에는 특별수익에 해당하지 아니하던 것이

피대습인이 피상속인보다 먼저 사망하였다는 우연한 사정으로 인하여 특별수익으로 되는 불합리한 결과가 발생한다. 따라서 대습상속인의 위와 같은 수익은 특별수익에 해당하지 않는다. 이는 유류분 제도가 상속인들의 상속분을 일정 부분 보장한다는 명분 아래 피상속인의 자유의사에 기한 자기 재산의 처분을 그의 의사에 반하여 제한하는 것인 만큼 인정 범위를 가능한 한 필요최소한으로 그치는 것이 피상속인의 의사를 존중한다는 의미에서 바람직하다는 관점에서 보아도 더욱 그러하다.

판례선정이유

'대습상속인이 대습원인의 발생 이전에 피상속인으로부터 받은 증여는 특별수익에 해당하지 않는다'는 점을 밝힌 판결

762. 특별수익자의 상속분 (2) : 간접적 증여와 특별수익

(대법원 2007. 8. 28., 2006스3, 4 결정)

쟁점 공동상속인이 아닌 그 직계비속, 배우자, 직계존속에 대한 유증 또는 증여가 특별수익이 되는 경우

결정요지

제1008조는 '공동상속인 중에 피상속인으로부터 재산의 증여 또는 유증을 받은 자가 있는 경우에 그 수증재산이 자기의 상속분에 달하지 못한 때에는 그 부족한 부분의 한도에서 상속분이 있다.'고 규정하고 있는바, 이와 같이 상속분의 산정에서 증여 또는 유증을 참작하게 되는 것은 원칙적으로 상속인이 유증 또는 증여를 받은 경우에만 발생하고, 그 상속인의 직계비속, 배우자, 직계존속이 유증 또는 증여를 받은 경우에는 그 상속인이 반환의무를 지지 않는다고 할 것이나, 증여 또는 유증의 경위, 증여나 유증된 물건의 가치, 성질, 수증자와 관계된 상속인이 실제 받은 이익 등을 고려하여 실질적으로 피상속인으로부터 상속인에게 직접 증여된 것과 다르지 않다고 인정되는 경우에는, 상속인의 직계비속, 배우자, 직계존속 등에게 이루어진 증여나 유증도 특별수익으로서 이를 고려할 수 있다고 함이 상당하다.

판례선정이유

공동상속인이 아닌 사람에 대한 유증, 증여가 특별수익이 될 수 있다는 점과 그 요건을 밝힌 판결

763. 특별수익자의 상속분 (3) : 특별수익의 요건과 자녀의 기여분

(대법원 1998. 12. 8. 선고 97므513, 520, 97스12 판결)

쟁점 특별수익이 되는 증여의 판단기준 및 동거부양한 자녀가 기여분을 인정받을 수 있는지 여부

판결요지

[1] 제1008조는 공동상속인 중에 피상속인으로부터 재산의 증여 또는 유증을 받은 자가 있는 경우에 그 수증재산이 자기의 상속분에 달하지 못한 때에는 그 부족한 부분의 한도에서 상속분이 있다고 규정하고 있는바, 이는 공동상속인 중에 피상속인으로부터 재산의 증여 또는 유증을 받은 특별 수익자가 있는 경우에 공동상속인들 사이의 공평을 기하기 위하여 그 수증재산을 상속분의 선급으로 다루어 구체적인 상속분을 산정함에 있어 이를 참작하도록 하려는 데 그 취지가 있는 것이므로, 어떠한 생전 증여가 특별수익에 해당하는지는 피상속인의 생전의 자산, 수입, 생활수준, 가정상황 등을 참작하고 공동상속인들 사이의 형평을 고려하여 당해 생전 증여가 장차 상속인으로 될 자에게 돌아갈 상속재산 중의 그의 몫의 일부를 미리 주는 것이라고 볼 수 있는지에 의하여 결정하여야 할 것이다.

[2] 민법이 친족 사이의 부양에 관하여 그 당사자의 신분관계에 따라 달리 규정하고, 피상속인을 특별히 부양한 자를 기여분을 인정받을 수 있는 자에 포함시키는 제1008조의2 규정을 신설함과 아울러 재산상속인이 동시에 호주상속을 할 경우에 그 고유의 상속분의 5할을 가산하도록 한 규정(1990. 1. 13. 법률 제4199호로 개정되기 전의 제1009조 제1항 단서)을 삭제한 취지에 비추어 볼 때, 성년(成年)인 자(子)가 부양의무의 존부나 그 순위에 구애됨이 없이 스스로 장기간 그 부모와 동거하면서 생계유지의 수준을 넘는 부양자 자신과 같은 생활수준을 유지하는 부양을 한 경우에는 부양의 시기·방법 및 정도의 면에서 각기 특별한 부양이 된다고 보아 각 공동상속인 간의 공평을 도모한다는 측면에서 그 부모의 상속재산에 대하여 기여분을 인정함이 상당하다.

판례선정이유

'특별수익이 되기 위해서는 피상속인의 생전의 자산, 수입, 생활수준, 사정상황, 공동상속인들 사이의 형평을 고려하여 상속의 선급으로 볼 수 있는 정도에 이르렀는지를 가려야 한다'는 점과, '자녀의 동거부양에 대하여는 원칙적으로 기여분이 인정될 수 있다'는 점을 밝힌 판결

764. 특별수익자의 상속분 (4) : 배우자의 요양간호와 기여분

(대법원 2019. 11. 21., 2014스44, 45 전원합의체 결정)

쟁점 배우자를 요양간호한 경우, 기여분이 인정될 수 있는지 여부

결정요지

배우자가 장기간 피상속인과 동거하면서 피상속인을 간호한 경우, 제1008조의2의 해석상 가정법원은 배우자의 동거 · 간호가 부부 사이의 제1차 부양의무의 이행을 넘어서 '특별한 부양'에 이르는지 여부와 더불어 동거 · 간호의 시기와 방법 및 정도뿐 아니라 동거 · 간호에 따른 부양비용의 부담 주체, 상속재산의 규모와 배우자에 대한 특별수익액, 다른 공동상속인의 숫자와 배우자의 법정상속분 등 일체의 사정을 종합적으로 고려하여 공동상속인들 사이의 실질적 공평을 도모하기 위하여 배우자의 상속분을 조정할 필요성이 인정되는지 여부를 가려서 기여분 인정 여부와 그 정도를 판단하여야 한다.

판례선정이유

배우자의 요양간호는 원칙적으로는 기여분을 인정할 만한 사정이 되지 아니하고 예외적으로만 기여분을 인정할 여지가 있음을 재확인한 판결

765. 특별수익자의 상속분 (5) : 배우자에 대한 증여와 특별수익

(대법원 2011. 12. 8. 선고 2010다66644 판결)

쟁점 배우자에 대한 증여가 특별수익이 되는지 여부

판결요지

제1008조는 "공동상속인 중에 피상속인으로부터 재산의 증여 또는 유증을 받은 자가 있는 경우에 그 수증재산이 자기의 상속분에 달하지 못한 때에는 그 부족한 부분의 한도에서 상속분이 있다."라고 규정하고 있는데, 이는 공동상속인 중에 피상속인에게서 재산의 증여 또는 유증을 받은 특별수익자가 있는 경우에 공동상속인들 사이의 공평을 기하기 위하여 수증재산을 상속분의 선급으로 다루어 구체적인 상속분을 산정할 때 이를 참작하도록 하려는 데 그 취지가 있다. 여기서 어떠한 생전 증여가 특별수익에 해당하는지는 피상속인의 생전의 자산, 수입, 생활수준, 가정상황 등을 참작하고 공동상속인들 사이의 형평을 고려하여 당해 생전 증여가 장차 상속인으로 될 자에게 돌아갈 상속재산 중 그의 몫의 일부를 미리 주는 것이라고 볼 수 있는지에 의하여 결정하여야 하는데, 생전 증여를 받은 상속인이 배우자로서 일생 동안 피상속인의 반려가 되어 그와 함께 가정공동체를 형성하고 이를 토대로 서로 헌신하며 가족의 경제적 기반인 재산을 획득 · 유지하고 자녀들에게 양육과 지원을 계속해 온 경우, 생전 증여에는 위와 같은 배우자의 기여나 노력에 대한 보상 내지 평가, 실질적 공동재산의 청산, 배우자 여생에 대한 부양의무 이행 등의 의미도 함께 담겨 있다고 봄이 타당하므로, 그러한 한도 내에서는 생전 증여를 특별수익에서 제외하더라도 자녀인 공동상속인들과의 관계에서 공평을 해친다고 말할 수 없다.

판례선정이유

배우자에 대한 증여가 특별수익에서 제외되어 상속재산분할 및 유류분반환에서 고려되지 아니할 수 있음과 그 요건을 밝힌 판결

제3관 상속재산의 분할

766. 가분채권인 상속재산의 분할

(대법원 2016. 5. 4., 2014스122 결정)

쟁점 상속재산 중 가분채권이 상속재산분할의 대상이 되는지 여부와 분할의 대상이 되는 경우

결정요지

[1] 금전채권과 같이 급부의 내용이 가분인 채권은 공동상속되는 경우 상속개시와 동시에 당연히 법정상속분에 따라 공동상속인들에게 분할되어 귀속되므로, 상속재산분할의 대상이 될 수 없는 것이 원칙이다. 그러나 가분채권을 일률적으로 상속재산분할의 대상에서 제외하면 부당한 결과가 발생할 수 있다. 예를 들어 공동상속인들 중에 초과특별수익자가 있는 경우, 초과특별수익자는 초과분을 반환하지 아니하면서도 가분채권은 법정상속분대로 상속받게 되는 부당한 결과가 나타난다. 그 외에도 특별수익이 존재하거나, 기여분이 인정되어 구체적인 상속분이 법정상속분과 달라질 수 있는 상황에서 상속재산으로 가분채권만이 있는 경우에는, 모든 상속재산이 법정상속분에 따라 승계되므로, 수증재산과 기여분을 참작한 구체적 상속분에 따라 상속을 받도록 함으로써 공동상속인들 사이의 공평을 도모하려는 제1008조, 제1008조의2의 취지에 어긋나게 된다. 따라서 이와 같은 특별한 사정이 있는 때는 상속재산분할을 통하여 공동상속인들 사이에 형평을 기할 필요가 있으므로, 가분채권도 예외적으로 상속재산분할의 대상이 될 수 있다.

[2] 상속개시 당시에는 상속재산을 구성하던 재산이 그 후 처분되거나 멸실 · 훼손되는 등으로 상속재산분할 당시 상속재산을 구성하지 아니하게 되었다면 그 재산은 상속재산분할의 대상이 될 수 없다. 다만, 상속인이 그 대가로 처분대금, 보험금, 보상금 등 대상재산(대상재산)을 취득하게 된 경우에는, 대상재산은 종래의 상속재산이 동일성을 유지하면서 형태가 변경된 것에 불과할 뿐만 아니라 상속재산분할의 본질이 상속재산이 가지는 경제적 가치를 포괄적 · 종합적으로 파악하여 공동상속인에게 공평하고 합리적으로 배분하는 데에 있는 점에 비추어, 대상재산이 상속재산분할의 대상으로 될 수는 있다.

판례선정이유

'가분채권도 특별수익과 기여분을 고려하기 위하여 필요한 경우에는 예외적으로 상속재산분할의 대상이 될 수 있고, 대상재산도 상속재산분할의 대상이 될 수 있다'는 점을 밝힌 판결

767. 상속재산의 분할 전 과실의 귀속

(대법원 2018. 8. 30. 선고 2015다27132, 27149 판결)

쟁점 상속개시 후 상속재산분할 전 상속재산으로부터 발생하는 과실이 어떠한 비율로 누구에게 귀속하는지

판결요지

상속개시 후 상속재산분할이 완료되기 전까지 상속재산으로부터 발생하는 과실(이하 '상속재산 과실'이라 한다)은 상속개시 당시에는 존재하지 않았던 것이다. 상속재산분할심판에서 이러한 상속재산 과실을 고려하지 않은 채, 분할의 대상이 된 상속재산 중 특정 상속재산을 상속인 중 1인의 단독소유로 하고 그의 구체적 상속분과 특정 상속재산의 가액과의 차액을 현금으로 정산하는 방법(이른바 대상분할의 방법)으로 상속재산을 분할한 경우, 그 특정 상속재산을 분할 받은 상속인은 제1015조 본문에 따라 상속개시된 때에 소급하여 이를 단독소유한 것으로 보게 되지만, 상속재산 과실까지도 소급하여 상속인이 단독으로 차지하게 된다고 볼 수는 없다. 이러한 경우 상속재산 과실은 특별한 사정이 없는 한, 공동상속인들이 수증재산과 기여분 등을 참작하여 상속개시 당시를 기준으로 산정되는 '구체적 상속분'의 비율에 따라 이를 취득한다고 보는 것이 타당하다.

판례선정이유

'상속개시 후 과실은 구체적 상속분에 따라 취득한다'는 점을 밝힌 판결

768. 상속재산분할에서 특별수익과 대상분할을 위한 가액산정의 시기

(대법원 1997. 3. 21., 96스62 결정)

쟁점 상속재산분할에서 특별수익의 평가시기 및 대상분할을 하는 경우, 가액산정의 시기

결정요지

공동상속인 중에 피상속인으로부터 재산의 증여 또는 유증 등의 특별수익을 받은 자가 있는 경우에는, 이러한 특별수익을 고려하여 상속인별로 고유의 법정상속분을 수정하여 구체적인 상속분을 산정하게 되는데, 이러한 구체적 상속분을 산정함에 있어서는 상속개시시를 기준으로 상속재산과 특별수익재산을 평가하여 이를 기초로 하여야 할 것이고, 다만 법원이 실제로 상속재산분할을 함에 있어 분할의 대상이 된 상속재산 중 특정의 재산을 1인 및 수인의 상속인의 소유로 하고 그의 상속분과 그 특정의 재산의 가액과의 차액을 현금으로 정산할 것을 명하는 방법(소위 대상분할의 방법)을 취하는 경우에는, 분할의 대상이 되는 재산을 그 분할시를 기준으로 하여 재평가하여 그 평가액에 의하여 정산을 하여야 한다.

판례선정이유

특별수익과 상속재산분할에 관한 재산가액의 산정시기를 밝힌 판결

769. 한정승인과 상속재산분할의 관계

(대법원 2014. 7. 25., 2011스226 결정)

쟁점 공동상속인 중 한정승인을 한 상속인이 있는 경우, 한정승인에 따른 청산절차를 마치지 아니한 채 상속재산분할심판을 구할 수 있는지 여부

결정요지

우리 민법이 한정승인 절차가 상속재산분할 절차보다 선행하여야 한다는 명문의 규정을 두고 있지 않고, 공동상속인들 중 일부가 한정승인을 하였다고 하여 상속재산분할이 불가능하다거나 분할로 인하여 공동상속인들 사이에 불공평이 발생한다고 보기 어려우며, 상속재산분할의 대상이 되는 상속재산의 범위에 관하여 공동상속인들 사이에 분쟁이 있을 경우에는 한정승인에 따른 청산절차가 제대로 이루어지지 못할 우려가 있는데, 그럴 때에는 상속재산분할청구 절차를 통하여 분할의 대상이 되는 상속재산의 범위를 한꺼번에 확정하는 것이 상속채권자의 보호나 청산절차의 신속한 진행을 위하여 필요하다는 점 등을 고려하면, 한정승인에 따른 청산절차가 종료되지 않은 경우에도 상속재산분할청구가 가능하다.

판례선정이유

'공동상속인 중 한정승인을 한 상속인이 있는 경우, 전체 상속재산에 대하여 청산절차를 거친 뒤 상속재산분할을 하여야 한다'고 본 종래의 학설과 달리, '청산절차를 마치지 아니한 상태에서도 상속재산분할청구를 할 수 있다'는 입장을 취한 판결

770. 피인지자 등의 상속분상당가액지급청구권
(대법원 2007. 7. 26. 선고 2006므2757, 2764 판결)

쟁점 제1014조의 피인지자 등의 상속분상당가액지급청구권이 제999조의 상속회복청구권의 성질을 갖는지 여부, 이 경우 가액지급청구에 의하여 제척기간을 준수하는 효력이 미치는 범위 및 과실의 귀속

판결요지

[1] 제1014조에 의한 피인지자 등의 상속분상당가액지급청구권은 그 성질상 상속회복청구권의 일종이므로, 제999조 제2항에 정한 제척기간이 적용되고, 같은 항에서 3년의 제척기간의 기산일로 규정한 '그 침해를 안 날'이라 함은 피인지자가 자신이 진정상속인인 사실과 자신이 상속에서 제외된 사실을 안 때를 가리키는 것으로, 혼인외의 자가 법원의 인지판결 확정으로 공동상속인이 된 때에는 그 인지판결이 확정된 날에 상속권이 침해되었음을 알았다고 할 것이다.

[2] 상속회복청구권의 경우, 상속재산의 일부에 대해서만 제소하여 제척기간을 준수하였을 때에는 청구의 목적물로 하지 않은 나머지 상속재산에 대해서는 제척기간을 준수한 것으로 볼 수 없고, 제1014조에 의한 상속분상당가액지급청구권의 경우도 제999조 제2항의 제척기간이 도과되면 소멸하므로, 그 기간 내에 한 청구채권에 터 잡아 제척기간 경과 후 청구취지를 확장하더라도 그 추가부분의 청구권은 소멸한다고 할 것이나, 만일 상속분상당가액지급청구권의 가액산정 대상재산을 인지 전에 이미 분할 내지 처분된 상속재산 전부로 삼는다는 뜻과 다만, 그 정확한 권리의 가액을 알 수 없으므로 추후 감정결과에 따라 청구취지를 확장하겠다는 뜻을 미리 밝히면서 우선 일부의 금액만을 청구한다고 하는 경우, 그 청구가 제척기간 내에 한 것이라면, 대상 재산의 가액에 대한 감정결과를 기다리는 동안 제척기간이 경과하고 그 후에 감정결과에 따라 청구취지를 확장한 때에는, 위와 같은 청구취지의 확장으로 추가된 부분에 관해서도 그 제척기간은 준수한 것으로 봄이 상당하다.

[3] 인지 전에 공동상속인들에 의해 이미 분할되거나 처분된 상속재산은 이를 분할받은 공동상속인이나 공동상속인들의 처분행위에 의해 이를 양수한 자에게 그 소유권이 확정적으로 귀속되는 것이며, 그 후 그 상속재산으로부터 발생하는 과실은 상속개시 당시 존재하지 않았던 것이어서

이를 상속재산에 해당한다 할 수 없고, 상속재산의 소유권을 취득한 자(분할받은 공동상속인 또는 공동상속인들로부터 양수한 자)가 제102조에 따라 그 과실을 수취할 권능도 보유한다고 할 것이며, 제1014조도 '이미 분할 내지 처분된 상속재산' 중 피인지자의 상속분에 상당한 가액의 지급청구권만을 규정하고 있을 뿐 '이미 분할 내지 처분된 상속재산으로부터 발생한 과실'에 대해서는 별도의 규정을 두지 않고 있으므로, 결국 제1014조에 의한 상속분상당가액지급청구에 있어 상속재산으로부터 발생한 과실은 그 가액산정 대상에 포함된다고 할 수 없다.

판례선정이유

'제1014조의 가액상당지급청구권에도 제999조 제2항의 제척기간이 적용되나, 이때에는 청구확장을 유보하여 제척기간 내에 일부청구를 한 이상 전부에 대하여 제척기간이 준수된 것으로 보아야 하고, 상속개시 후 가액지급시까지 과실은 고려되지 아니한다'는 점을 밝힌 판결

771. 상속재산협의분할의 사해행위성

(대법원 2007. 7. 26. 선고 2007다29119 판결)

쟁점 공동상속인 중 한 사람의 채권자가 상속재산분할협의를 사해행위로 취소할 수 있는지 여부

판결요지

상속재산의 분할협의는 상속이 개시되어 공동상속인 사이에 잠정적 공유가 된 상속재산에 대하여 그 전부 또는 일부를 각 상속인의 단독소유로 하거나 새로운 공유관계로 이행시킴으로써 상속재산의 귀속을 확정시키는 것으로 그 성질상 재산권을 목적으로 하는 법률행위이므로 사해행위취소권 행사의 대상이 될 수 있고, 한편 채무자가 자기의 유일한 재산인 부동산을 매각하여 소비하기 쉬운 금전으로 바꾸거나 타인에게 무상으로 이전하여 주는 행위는 특별한 사정이 없는 한 채권자에 대하여 사해행위가 되는 것이므로, 이미 채무초과 상태에 있는 채무자가 상속재산의 분할협의를 하면서 자신의 상속분에 관한 권리를 포기함으로써 일반 채권자에 대한 공동담보가 감소한 경우에도 원칙적으로 채권자에 대한 사해행위에 해당한다.

판례선정이유

상속재산분할협의는 채권자취소의 대상이 될 수 있음을 밝힌 판결

제4절 상속의 승인과 포기

제1관 총 칙

772. 상속의 승인, 포기의 기간
(대법원 2005. 7. 22. 선고 2003다43681 판결)

쟁점 승인, 포기의 기간의 기산점과 특히 자녀가 상속을 포기하면서 다음 순위의 상속인인 미성년의 손자녀를 위하여 법정대리인으로서 상속을 포기하지 아니한 경우, 손자녀의 승인, 포기기간의 기산점

판결요지

[1] 상속인은 상속개시 있음을 안 날로부터 3월 내에 상속의 포기를 할 수 있는바(제1019조 제1항), 여기서 상속개시 있음을 안 날이라 함은 상속개시의 원인이 되는 사실의 발생을 알고 이로써 자기가 상속인이 되었음을 안 날을 말한다고 할 것인바, 피상속인의 사망으로 인하여 상속이 개시되고 상속의 순위나 자격을 인식함에 별다른 어려움이 없는 통상적인 상속의 경우에는 상속인이 상속개시의 원인사실을 앎으로써 그가 상속인이 된 사실까지도 알았다고 보는 것이 합리적이다. 그러나 종국적으로 상속인이 누구인지를 가리는 과정에 사실상 또는 법률상의 어려운 문제가 있어 상속개시의 원인사실을 아는 것만으로는 바로 자신의 상속인이 된 사실까지 알기 어려운 특별한 사정이 존재하는 경우도 있으므로, 이러한 때에는 법원으로서는 '상속개시 있음을 안 날'을 확정함에 있어 상속개시의 원인사실뿐 아니라 더 나아가 그로써 자신의 상속인이 된 사실을 안 날이 언제인지까지도 심리, 규명하여야 마땅할 것이다.

[2] 선순위 상속인으로서 피상속인의 처와 자녀들이 모두 적법하게 상속을 포기한 경우에는 피상속인의 손(孫) 등 그 다음의 상속순위에 있는 사람이 상속인이 되는 것이나, 이러한 법리는 상속의 순위에 관한 제1000조 제1항 제1호(1순위 상속인으로 규정된 '피상속인의 직계비속'에는 피상속인의 자녀뿐 아니라 피상속인의 손자녀까지 포함된다)와 상속포기의 효과에 관한 제1042조 내지 제1044조의 규정들을 모두 종합적으로 해석함으로써 비로소 도출되는 것이지, 이에 관한 명시적 규정이 존재하는 것은 아니어서 일반인의 입장에서 피상속인의 처와 자녀가 상속을 포기한 경우 피상속인의 손자녀가 이로써 자신들이 상속인이 되었다는 사실까지 안다는 것은 오히려 이례에 속한다고 할 것이다. 따라서 이와 같은 과정에 의해 피고들이 상속인이 된 이 사건에 있어서는 상속인이 상속개시의 원인사실을 아는 것만으로 자신이 상속인이 된 사실을 알기 어려운 특별한 사정이 있다고 보는 것이 상당하다 하겠다.

판례선정이유

'상속의 승인, 포기를 위한 고려기간의 기산점은 상속개시의 원인이 되는 사실과 자신이 상속인이 된 사실을 안 날이고, 선순위 상속인인 자녀들이 모두 상속을 포기하면서 그 손자녀의 상속을 포기하지 아니한 경우에는, 자신이 상속인이 된 사실을 알지 못하였다고 볼 수 있다'는 점을 밝힌 판결

제2관 단순승인

773. 법정단순승인 (1)

(대법원 2016. 12. 29. 선고 2013다73520 판결)

쟁점 법정단순승인사유로서 상속인의 상속재산처분과 은닉의 시기

판결요지

제1026조 제1호는 상속인이 상속재산에 대한 처분행위를 한 때에는 단순승인을 한 것으로 본다고 규정하고 있다. 그런데 상속의 한정승인이나 포기의 효력이 생긴 이후에는 더 이상 단순승인으로 간주할 여지가 없으므로, 이 규정은 한정승인이나 포기의 효력이 생기기 전에 상속재산을 처분한 경우에만 적용된다. 한편 상속의 한정승인이나 포기는 상속인의 의사표시만으로 효력이 발생하는 것이 아니라 가정법원에 신고를 하여 가정법원의 심판을 받아야 하며, 심판은 당사자가 이를 고지받음으로써 효력이 발생한다. 이는 한정승인이나 포기의 의사표시의 존재를 명확히 하여 상속으로 인한 법률관계가 획일적으로 처리되도록 함으로써, 상속재산에 이해관계를 가지는 공동상속인이나 차순위 상속인, 상속채권자, 상속재산의 처분 상대방 등 제3자의 신뢰를 보호하고 법적 안정성을 도모하고자 하는 것이다. 따라서 상속인이 가정법원에 상속포기의 신고를 하였더라도 이를 수리하는 가정법원의 심판이 고지되기 이전에 상속재산을 처분하였다면, 이는 상속포기의 효력 발생 전에 처분행위를 한 것이므로 제1026조 제1호에 따라 상속의 단순승인을 한 것으로 보아야 한다.

판례선정이유

'상속인이 가정법원에 상속포기의 신고를 하였더라도 이를 수리하는 가정법원의 심판이 고지되기 이전에 상속재산을 처분하였다면, 이는 상속포기의 효력 발생 전에 처분행위를 한 것이므로 제1026조 제1호에 따라 상속의 단순승인을 한 것으로 보아야 한다'는 점을 밝힌 판결

774. 법정단순승인 (2)
(대법원 2004. 3. 12. 선고 2003다63586 판결)

쟁점 한정승인 또는 포기 후에 한 상속재산의 처분행위가 법정단순승인 사유에 해당하기 위한 요건

판결요지

[1] 제1026조 제1호는 상속인이 한정승인 또는 포기를 하기 이전에 상속재산을 처분한 때에만 적용되는 것이고, 상속인이 한정승인 또는 포기를 한 후에 상속재산을 처분한 때에는 그로 인하여 상속채권자나 다른 상속인에 대하여 손해배상책임을 지게 될 경우가 있음은 별론으로 하고, 그것이 같은 조 제3호에 정한 상속재산의 부정소비에 해당되는 경우에만 상속인이 단순승인을 한 것으로 보아야 한다.

[2] 제1026조 제3호에 정한 '상속재산의 부정소비'라 함은 정당한 사유 없이 상속재산을 써서 없앰으로써 그 재산적 가치를 상실시키는 행위를 의미한다.

[3] 상속인이 상속재산을 처분하여 그 처분대금 전액을 우선변제권자에게 귀속시킨 것이라면, 그러한 상속인의 행위를 상속재산의 부정소비에 해당한다고 할 수 없다.

판례선정이유

제1026조 제3호 소정의 법정단순승인사유의 의미를 밝힌 판결

775. 법정단순승인 (3)
(대법원 2003. 11. 14. 선고 2003다30968 판결)

쟁점 상속비용에 장례비용이 포함되는지 여부 및 제1026조 제3호의 법정단순승인사유의 주관적 요건

판결요지

[1] 상속에 관한 비용은 상속재산 중에서 지급하는 것이고, 상속에 관한 비용이라 함은 상속재산의 관리 및 청산에 필요한 비용을 의미하는바, 장례비용도 피상속인이나 상속인의 사회적 지위와 그 지역의 풍속 등에 비추어 합리적인 금액 범위 내라면 이를 상속비용으로 보아야 한다.

[2] 법정단순승인 사유인 제1026조 제3호 소정의 '고의로 재산목록에 기입하지 아니한 때'라는 것은 한정승인을 함에 있어 상속재산을 은닉하여 상속채권자를 사해할 의사로써 상속재산을 재산목록에 기입하지 않는 것을 의미한다.

[3] 상속의 한정승인은 채무의 존재를 한정하는 것이 아니라 단순히 그 책임의 범위를 한정하는 것에 불과하기 때문에, 상속의 한정승인이 인정되는 경우에도 상속채무가 존재하는 것으로 인정되는 이상, 법원으로서는 상속재산이 없거나 그 상속재산이 상속채무의 변제에 부족하다고 하더라도 상속채무 전부에 대한 이행판결을 선고하여야 하고, 다만, 그 채무가 상속인의 고유재산에 대해서는 강제집행을 할 수 없는 성질을 가지고 있으므로, 집행력을 제한하기 위하여 이행판결의 주문에 상속재산의 한도에서만 집행할 수 있다는 취지를 명시하여야 한다.

판례선정이유

'장례비용도 상속에 관한 비용에 포함되고, 제1026조 제3호의 법정단순승인사유인 '고의로 재산목록에 기입하지 아니한 때'라고 하기 위하여는 상속인의 사해의사가 필요하다'는 점을 밝힌 판결

제3관 한정승인

776. 한정승인의 항변과 기판력

(대법원 2012. 5. 9. 선고 2012다3197 판결)

쟁점 한정승인의 항변이 본안에 관한 항변인지 여부와 주문을 한정승인유보부로 하여야 하는지 및 그렇게 하는 경우, 유보부분에 대하여 기판력이 미치는지 여부

판결요지

피상속인에 대한 채권에 관하여 채권자와 상속인 사이의 전소에서 상속인의 한정승인이 인정되어 상속재산의 한도에서 지급을 명하는 판결이 확정된 때에는, 그 채권자가 상속인에 대하여 새로운 소에 의해 위 판결의 기초가 된 전소 사실심의 변론종결시 이전에 존재한 법정단순승인 등 한정승인과 양립할 수 없는 사실을 주장하여 위 채권에 대해 책임의 범위에 관한 유보가 없는 판결을 구하는 것은 허용되지 아니한다. 왜냐하면 전소의 소송물은 직접적으로는 채권(상속채무)의 존재 및 그 범위이지만, 한정승인의 존재 및 효력도 이에 준하는 것으로서 심리·판단되었을 뿐만 아니라, 한정승인이 인정된 때에는 주문에 책임의 범위에 관한 유보가 명시되므로, 한정승인의 존재 및 효력에 대한 전소의 판단에 기판력에 준하는 효력이 있다고 해야 하기 때문이다. 그리고 이러한 법리는 채권자의 급부청구에 대하여 상속인으로부터의 한정승인의 주장이 받아들여져 상속재산의 한도 내에서 지급을 명하는 판결이 확정된 경우와 채권자 스스로 위와 같은 판결을 구하여 그에 따라 판결이 확정된 경우 모두에 마찬가지로 적용된다.

판례선정이유

'피상속인에 대한 채권에 관하여 채권자와 상속인 사이의 전소에서 상속인의 한정승인이 인정되어 상속재산의 한도에서 지급을 명하는 판결이 확정된 때에는, 그 채권자가 상속인에 대하여 새로운 소에 의해 위 판결의 기초가 된 전소 사실심의 변론종결시 이전에 존재한 법정단순승인 등 한정승인과 양립할 수 없는 사실을 주장하여 위 채권에 대해 책임의 범위에 관한 유보가 없는 판결을 구하는 것은 허용되지 아니한다'는 점을 밝힌 판결

777. 한정승인의 효력 (1)

(대법원 2010. 3. 18. 선고 2007다77781 전원합의체 판결)

쟁점 한정승인을 한 상속인이 그의 고유채권자를 위하여 저당권을 설정해준 경우, 그 고유채권자가 상속채권자보다 우선하여 변제받을 수 있는지 여부

판결요지

법원이 한정승인신고를 수리하게 되면 피상속인의 채무에 대한 상속인의 책임은 상속재산으로 한정되고, 그 결과 상속채권자는 특별한 사정이 없는 한 상속인의 고유재산에 대하여 강제집행을 할 수 없다. 그런데 민법은 한정승인을 한 상속인(이하 '한정승인자'라 한다)에 관하여 그가 상속재산을 은닉하거나 부정소비한 경우 단순승인을 한 것으로 간주하는 것(제1026조 제3호) 외에는 상속재산의 처분행위 자체를 직접적으로 제한하는 규정을 두고 있지 않기 때문에, 한정승인으로 발생하는 위와 같은 책임제한 효과로 인하여 한정승인자의 상속재산 처분행위가 당연히 제한된다고 할 수는 없다. 또한 민법은 한정승인자가 상속재산으로 상속채권자 등에게 변제하는 절차는 규정하고 있으나(제1032조 이하), 한정승인만으로 상속채권자에게 상속재산에 관하여 한정승인자로부터 물권을 취득한 제3자에 대하여 우선적 지위를 부여하는 규정은 두고 있지 않으며, 제1045조 이하의 재산분리 제도와 달리 한정승인이 이루어진 상속재산임을 등기하여 제3자에 대항할 수 있게 하는 규정도 마련하고 있지 않다. 따라서 한정승인자로부터 상속재산에 관하여 저당권 등의 담보권을 취득한 사람과 상속채권자 사이의 우열관계는 민법상의 일반원칙에 따라야 하고, 상속채권자가 한정승인의 사유만으로 우선적 지위를 주장할 수는 없다. 그리고 이러한 이치는 한정승인자가 그 저당권 등의 피담보채무를 상속개시 전부터 부담하고 있었다고 하여 달리 볼 것이 아니다.

판례선정이유

'한정승인자로부터 상속재산에 관하여 저당권 등의 담보권을 취득한 사람과 상속채권자 사이의 우열관계는 민법상의 일반원칙에 따라야 하고, 상속채권자가 한정승인의 사유만으로 우선적 지위를 주장할 수는 없다'는 점을 밝힌 판결

778. 한정승인의 효력 (2)
(대법원 2016. 5. 24. 선고 2015다250574 판결)

쟁점 한정승인을 한 경우, 상속채권자와 한정승인자의 고유채권자의 우열

판결요지

상속채권자가 아닌 한정승인자의 고유채권자가 상속재산에 관하여 저당권 등의 담보권을 취득한 경우, 담보권을 취득한 채권자와 상속채권자 사이의 우열관계는 민법상 일반원칙에 따라야 하고 상속채권자가 우선적 지위를 주장할 수 없다. 그러나 상속재산에 관하여 담보권을 취득하였다는 등 사정이 없는 이상, 한정승인자의 고유채권자는 상속채권자가 상속재산으로부터 채권의 만족을 받지 못한 상태에서 상속재산을 고유채권에 대한 책임재산으로 삼아 이에 대하여 강제집행을 할 수 없다고 보는 것이 형평의 원칙이나 한정승인제도의 취지에 부합하며, 이는 한정승인자의 고유채무가 조세채무인 경우에도 그것이 상속재산 자체에 대하여 부과된 조세나 가산금, 즉 당해세에 관한 것이 아니라면 마찬가지이다.

판례선정이유

'상속재산에 관하여 담보권을 취득하였다는 등 사정이 없는 이상, 한정승인자의 고유채권자는 상속채권자가 상속재산으로부터 채권의 만족을 받지 못한 상태에서 상속재산을 고유채권에 대한 책임재산으로 삼아 이에 대하여 강제집행을 할 수 없다'는 점을 밝힌 판결

제4관 포 기

779. 상속의 포기 : 혼동의 예외
(대법원 2005. 1. 14. 선고 2003다38573, 38580 판결)

쟁점 교통사고로 인하여 피해자가 사망하였고, 가해자가 피해자를 상속하는 경우, 손해배상청구권의 채권자와 채무자의 지위가 혼동되어 책임보험금도 청구할 수 없게 되는지 여부 및 청구할 수 없다면 상속을 포기하여 혼동을 피하는 것이 허용되는지, 그러한 상속포기가 신의칙 위반으로 무효가 되는 것은 아닌지

판결요지

자동차손배법 제9조 제1항에 의한 피해자의 보험자에 대한 직접청구권이 수반되는 경우에는, 그 직접청구권의 전제가 되는 자동차손배법 제3조에 의한 피해자의 운행자에 대한 손해배상청구권은 비록 위 손해배상청구권과 손해배상의무가 상속에 의하여 동일인에게 귀속되더라도 혼동에 의하여 소멸되지 않고, 이러한 법리는 자동차손배법 제3조에 의한 손해배상의무자가 피해자를 상속한 경우에도 동일하지만, 예외적으로 가해자가 피해자의 상속인이 되는 등 특별한 경우에 한하여 손해배상청구권과 손해배상의무가 혼동으로 소멸하고, 그 결과 피해자의 보험자에 대한 직접청구권도 소멸한다고 할 것이다.

그런데 상속포기는 자기를 위하여 개시된 상속의 효력을 상속개시시로 소급하여 확정적으로 소멸시키는 제도로서(제1019조 제1항, 제1042조 등), 피해자의 사망으로 상속이 개시되어 가해자가 피해자의 자신에 대한 손해배상청구권을 상속함으로써 위의 법리에 따라 그 손해배상청구권과 이를 전제로 하는 직접청구권이 소멸하였다고 할지라도, 가해자가 적법하게 상속을 포기하면 그 소급효로 인하여 위 손해배상청구권과 직접청구권은 소급하여 소멸하지 않았던 것으로 되어 다른 상속인에게 귀속되고, 그 결과 위에서 본 '가해자가 피해자의 상속인이 되는 등 특별한 경우'에 해당하지 않게 되므로, 위 손해배상청구권과 이를 전제로 하는 직접청구권은 소멸하지 않는다고 할 것이다. 그리고 상속포기는 상속의 효과로서 당연승계제도를 채택한 우리 민법하에서 상속인을 보호하기 위하여 마련된 제도로서, 상속포기로 인하여 당해 상속인에게 발생하였던 포괄적인 권리의무의 승계의 효력을 소멸시키는 결과 만약 상속포기를 하지 아니하였더라면 혼동으로 소멸하였을 개별적인 권리가 소멸하지 않는 효과가 발생하였더라도 이는 상속포기로 인한 부수적 결과에 불과한 것이어서, 이를 이유로 신의칙 등 일반조항을 들어 전체적인 상속포기의 효력을 부정하는 것은 상당하지 아니하다는 점, 나아가 이 사건에서 소외 1의 상속포기로 인하여 그녀의 상속지분은 피고에게 귀속되었는데 피고는 원래의 공동상속인 중 하나로서 피해자의 아버지이기 때문에, 피고에게 책임보험에 의한 혜택을 부여하여 보호할 사회적 필요성을 부정하기 어렵다는 점 등에 비추어 볼 때, 이 사건에서 상속포기가 신의칙에 반하여 무효라고 할 수도 없다고 할 것이다.

판례선정이유

상속포기로 인한 손해배상청구권의 혼동이 자동차손배법상 직접청구권의 존속 여부에 미치는 영향과 이를 고려한 상속포기의 신의칙 위반 여부에 관한 판결

제2장 유 언

제1절 총 칙

780. 유언의 요식성
(대법원 2009. 5. 14. 선고 2009다9768 판결)

쟁점 유언자의 진정한 의사에 합치하나, 제1065조 내지 제1070조에 정한 요건과 방식에 어긋난 유언의 효력 및 연월만 기재하고 일의 기재가 없는 자필유언증서의 효력

판결요지

[1] 제1065조 내지 제1070조가 유언의 방식을 엄격하게 규정한 것은 유언자의 진의를 명확히 하고 그로 인한 법적 분쟁과 혼란을 예방하기 위한 것이므로, 법정된 요건과 방식에 어긋난 유언은 그것이 유언자의 진정한 의사에 합치하더라도 무효라고 하지 않을 수 없다.

[2] 제1066조 제1항은 "자필증서에 의한 유언은 유언자가 그 전문과 연월일, 주소, 성명을 자서하고 날인하여야 한다"고 규정하고 있으므로, 연월일의 기재가 없는 자필유언증서는 효력이 없다. 그리고 자필유언증서의 연월일은 이를 작성한 날로서 유언능력의 유무를 판단하거나 다른 유언증서와 사이에 유언 성립의 선후를 결정하는 기준일이 되므로, 그 작성일을 특정할 수 있게 기재하여야 한다. 따라서 연 · 월만 기재하고 일의 기재가 없는 자필유언증서는 그 작성일을 특정할 수 없으므로 효력이 없다.

판례선정이유

법정된 요건과 방식에 어긋난 유언은 그것이 유언자의 진정한 의사에 합치하더라도 무효라는 점을 밝힌 판결

제2절 유언의 방식

781. 자필증서에 의한 유언 (1)

(대법원 2006. 9. 8. 선고 2006다25103, 25110 판결)

쟁점 유언자의 날인이 없는 유언장이 자필증서에 의한 유언으로서의 효력이 있는지 여부

판결요지

[1] 제1065조 내지 제1070조가 유언의 방식을 엄격하게 규정한 것은 유언자의 진의를 명확히 하고 그로 인한 법적 분쟁과 혼란을 예방하기 위한 것이므로, 법정된 요건과 방식에 어긋난 유언은 그것이 유언자의 진정한 의사에 합치하더라도 무효라고 하지 않을 수 없고, 제1066조 제1항은 "자필증서에 의한 유언은 유언자가 그 전문과 연월일, 주소, 성명을 자서하고 날인하여야 한다"라고 규정하고 있으므로, 유언자의 날인이 없는 유언장은 자필증서에 의한 유언으로서의 효력이 없다.

[2] 자서와는 별도로 유언자의 날인을 요구하고 있는 제1066조 제1항이 유언의 자유를 과도하게 제한하는 규정으로서 헌법에 위반된다고 볼 수는 없다.

판례선정이유

유언자의 날인이 없는 유언장은 자필증서에 의한 유언으로서의 효력이 없음을 밝힌 판결

782. 자필증서에 의한 유언 (2)

(대법원 2014. 10. 6. 선고 2012다29564 판결)

쟁점 유언자가 자필증서에 의한 유언을 하면서 주소를 자서하지 않은 경우, 유언자의 특정에 아무런 지장이 없다고 하여 효력을 인정할 수 있는지 여부

판결요지

제1065조 내지 제1070조가 유언의 방식을 엄격하게 규정한 것은 유언자의 진의를 명확히 하고 그로 인한 법적 분쟁과 혼란을 예방하기 위한 것이므로, 법정된 요건과 방식에 어긋난 유언은 그것이 유언자의 진정한 의사에 합치하더라도 무효라고 하지 않을 수 없다. 따라서 자필증서에 의한 유언은 제1066조 제1항의 규정에 따라 유언자가 그 전문과 연월일, 주소, 성명을 모두 자서하고 날인하여야만 효력이 있다고 할 것이므로, 유언자가 주소를 자서하지 않았다면 이는 법정된 요건과 방식에 어긋난 유언으로서 그 효력을 부정하지 않을 수 없고, 유언자의 특정에 아무런 지장이 없다고 하여 달리 볼 것도 아니다.

판례선정이유

유언자가 주소를 자서하지 않았다면, 이는 법정된 요건과 방식에 어긋난 유언으로서 무효임을 밝힌 판결

783. 구수증서에 의한 유언(1)

(대법원 2007. 10. 25. 선고 2007다51550, 51567 판결)

쟁점 제1068조에서 정한 '유언취지의 구수'의 요건

판결요지

[1] 제1068조 소정의 '공정증서에 의한 유언'에서 '유언취지의 구수'라고 함은 말로써 유언의 내용을 상대방에게 전달하는 것을 뜻하는 것이므로 이를 엄격하게 제한하여 해석하여야 하지만, 공증인이 유언자의 의사에 따라 유언의 취지를 작성하고 그 서면에 따라 유언자에게 질문을 하여 유언자의 진의를 확인한 다음 유언자에게 필기된 서면을 낭독하여 주었고, 유언자가 유언의 취지를 정확히 이해할 의사식별능력이 있고 유언의 내용이나 유언경위로 보아 유언 자체가 유언자의 진정한 의사에 기한 것으로 인정할 수 있는 경우에는, 위와 같은 '유언취지의 구수' 요건을 갖추었다고 보아야 한다.

[2] 공증 변호사가 미리 작성하여 온 공정증서에 따라, 의식이 명료하고 언어소통에 지장이 없는 유언자에게 질문하여 유증의사를 확인하고 그 증서의 내용을 읽어주어 이의 여부도 확인한 다음 자필서명을 받은 경우, 위 공정증서에 의한 유언은 제1068조에서 정한 요건을 모두 갖추었다고 한 사례

판례선정이유

'유언취지의 구수' 요건을 밝힌 판결

784. 구수증서에 의한 유언(2)

(대법원 1999. 9. 3. 선고 98다17800 판결)

쟁점 자필증서 · 녹음 · 공정증서 및 비밀증서의 방식에 의한 유언이 객관적으로 가능한 경우, 구수증서에 의한 유언의 허용 여부

판결요지

제1065조 내지 제1070조가 유언의 방식을 엄격하게 규정한 것은 유언자의 진의를 명확히 하고 그로 인한 법적 분쟁과 혼란을 예방하기 위한 것이므로, 법정된 요건과 방식에 어긋난 유언은 그것이 유언자의 진정한 의사에 합치하더라도 무효라고 하지 않을 수 없는바, 제1070조 제1항이 구수증서에 의한 유언은 질병 기타 급박한 사유로 인하여 제1066조 내지 제1069조 소정의 자필증서, 녹음, 공정증서 및 비밀증서의 방식에 의하여 할 수 없는 경우에 허용되는 것으로 규정하고 있는 이상, 유언자가 질병 기타 급박한 사유에 있는지 여부를 판단함에 있어서는 유언자의 진의를 존중하기 위하여 유언자의 주관적 입장을 고려할 필요가 있을지 모르지만, 자필증서, 녹음, 공정증서 및 비밀증서의 방식에 의한 유언이 객관적으로 가능한 경우까지 구수증서에 의한 유언을 허용하여야 하는 것은 아니다.

판례선정이유

자필증서, 녹음, 공정증서 및 비밀증서의 방식에 의한 유언이 객관적으로 가능한 경우에는, 구수증서에 의한 유언이 허용되지 않음을 밝힌 판결

제3절 유언의 효력

785. 포괄적 유증과 포괄적 사인증여

(대법원 1996. 4. 12. 선고 94다37714 판결)

쟁점 유증의 방식에 관한 제1065조 내지 제1072조가 사인증여에 준용되는지 여부 및 포괄적 유증에 관한 규정이 포괄적 사인증여에 준용되는지 여부

판결요지

[1] 제562조는 사인증여에 관하여는 유증에 관한 규정을 준용하도록 규정하고 있지만, 유증의 방식에 관한 제1065조 내지 제1072조는 그것이 단독행위임을 전제로 하는 것이어서, 계약인 사인증여에는 적용되지 아니한다.

[2] 제562조가 사인증여에 관하여 유증에 관한 규정을 준용하도록 규정하고 있다고 하여, 이를 근거로 포괄적 유증을 받은 자는 상속인과 동일한 권리 의무가 있다고 규정하고 있는 제1078조가 포괄적 사인증여에도 준용된다고 해석하면 포괄적 사인증여에도 상속과 같은 효과가 발생하게 된다. 그러나 포괄적 사인증여는 낙성 · 불요식의 증여계약의 일종이고, 포괄적 유증은 엄격한 방식을 요하는 단독행위이며, 방식을 위배한 포괄적 유증은 대부분 포괄적 사인증여로 보여질 것인바,

포괄적 사인증여에 제1078조가 준용된다면 양자의 효과는 동일하게 되므로, 결과적으로 포괄적 유증에 엄격한 방식을 요하는 요식 행위로 규정한 조항들은 무의미하게 된다. 따라서 제1078조가 포괄적 사인증여에 준용된다고 하는 것은 사인증여의 성질에 반하므로 준용되지 아니한다고 해석함이 상당하다.

판례선정이유

포괄유증의 효력에 관한 제1078조가 포괄적 사인증여에 준용될 수 없음을 밝힌 판결

786. 포괄적 유증과 특정유증의 구별기준

(대법원 2003. 5. 27. 선고 2000다73445 판결)

쟁점 포괄적 유증과 특정유증의 구별 기준과 특정유증을 받은 자의 법적 지위 및 그가 유증 받은 부동산에 대하여 직접 진정한 등기명의 회복을 원인으로 한 소유권이전등기청구권을 행사할 수 있는지 여부

판결요지

[1] 유증이 포괄적 유증인가 특정유증인가는 유언에 사용한 문언 및 그 외 제반 사정을 종합적으로 고려하여 탐구된 유언자의 의사에 따라 결정되어야 하고, 통상은 상속재산에 대한 비율의 의미로 유증이 된 경우는 포괄적 유증, 그렇지 않은 경우는 특정유증이라고 할 수 있지만, 유언공정증서 등에 유증한 재산이 개별적으로 표시되었다는 사실만으로는 특정유증이라고 단정할 수는 없고, 상속재산이 모두 얼마나 되는지를 심리하여 다른 재산이 없다고 인정되는 경우에는 이를 포괄적 유증이라고 볼 수도 있다.

[2] 포괄적 유증을 받은 자는 제187조에 의하여 법률상 당연히 유증받은 부동산의 소유권을 취득하게 되나, 특정유증을 받은 자는 유증의무자에게 유증을 이행할 것을 청구할 수 있는 채권을 취득할 뿐이므로, 특정유증을 받은 자는 유증받은 부동산의 소유권자가 아니어서 직접 진정한 등기명의의 회복을 원인으로 한 소유권이전등기를 구할 수 없다.

판례선정이유

'포괄적 유증과 특정유증의 구별 기준과 특정유증을 받은 자의 법적 지위 및 그가 유증 받은 부동산에 대하여 직접 진정한 등기명의의 회복을 원인으로 한 소유권이전등기청구권을 행사할 수 없다'는 점을 밝힌 판결

787. 포괄적 유증의 제척기간
(대법원 2001. 10. 12. 선고 2000다22942 판결)

쟁점 상속인의 상속회복청구권 및 그 제척기간에 관하여 규정한 제999조가 포괄적 유증의 경우에도 유추 적용되는지 여부

판결요지

제1078조는 "포괄적 유증은 받은 자는 재산상속인과 동일한 권리의무가 있다"고 규정하고 있어 포괄적 수증자는 그 수증분에 따라서 유증자의 일신전속적인 권리를 제외한 모든 권리 및 의무를 법률상 당연히 포괄적으로 승계하기 때문에, 포괄적 유증은 실질적으로는 수증분을 상속분으로 하는 피상속인(유증자)에 의한 상속인 및 상속분의 지정과 같은 기능을 하고 있으므로, 상속인의 상속회복청구권에 관한 규정은 포괄적 수증의 경우에 유추적용되고, 상속회복청구권의 제척기간에 관한 규정도 상속에 관한 법률관계의 신속한 확정을 위한 상속회복청구권의 제척기간의 제도적 취지에 비추어 볼 때 포괄적 수증의 경우에 유추적용된다고 할 것이다.

판례선정이유

상속인의 상속회복청구권 및 그 제척기간에 관한 제999조가 포괄적 유증의 경우에도 유추적용됨을 밝힌 판결

788. 유증포기의 사해행위성
(대법원 2019. 1. 17. 선고 2018다260855 판결)

쟁점 유증의 포기가 사해행위 취소의 대상이 되는지 여부

판결요지

유증을 받을 자는 유언자의 사망 후에 언제든지 유증을 승인 또는 포기할 수 있고, 그 효력은 유언자가 사망한 때에 소급하여 발생하므로(제1074조), 채무초과 상태에 있는 채무자라도 자유롭게 유증을 받을 것을 포기할 수 있다. 또한 채무자의 유증포기가 직접적으로 채무자의 일반재산을 감소시켜 채무자의 재산을 유증 이전의 상태보다 악화시킨다고 볼 수도 없다. 따라서 유증을 받을 자가 이를 포기하는 것은 사해행위 취소의 대상이 되지 않는다고 보는 것이 옳다.

판례선정이유

유증을 받을 자가 이를 포기하는 것은 사해행위 취소의 대상이 되지 않음을 밝힌 판결

제4절 유언의 집행

789. 유언집행자의 당사자적격
(대법원 2001. 3. 27. 선고 2000다26920 판결)

쟁점 유증 목적물 관련 소송에서의 유언집행자의 당사자 적격 유무 및 제1103조 제1항의 규정 취지

판결요지

유언집행자는 유증의 목적인 재산의 관리 기타 유언의 집행에 필요한 모든 행위를 할 권리의무가 있으므로, 유증 목적물에 관하여 경료된, 유언의 집행에 방해가 되는 다른 등기의 말소를 구하는 소송에 있어서는 유언집행자가 이른바 법정소송담당으로서 원고적격을 가진다고 할 것이고, 유언집행자는 유언의 집행에 필요한 범위 내에서는 상속인과 이해상반되는 사항에 관하여도 중립적 입장에서 직무를 수행하여야 하므로, 유언집행자가 있는 경우 그의 유언집행에 필요한 한도에서 상속인의 상속재산에 대한 처분권은 제한되며, 그 제한 범위 내에서 상속인은 원고적격이 없다고 할 것이다. 제1103조 제1항은 "지정 또는 선임에 의한 유언집행자는 상속인의 대리인으로 본다"고 규정하고 있으나, 이 조항은 유언집행자의 행위의 효과가 상속인에게 귀속함을 규정한 것이지, 유언집행자의 소송수행권과 별도로 상속인 본인의 소송수행권도 언제나 병존함을 규정한 것은 아니다.

판례선정이유

"지정 또는 선임에 의한 유언집행자는 상속인의 대리인으로 본다"고 규정한 제1103조 제1항의 규정취지를 밝힌 판결

790. 유언집행자의 지정
(대법원 2010. 10. 28. 선고 2009다20840 판결)

쟁점 지정유언집행자가 사망 · 결격 기타 사유로 자격을 상실한 때에 상속인이 제1095조에 의하여 유언집행자가 될 수 있는지 여부 및 지정유언집행자가 해임된 이후 법원에 의하여 새로운 유언집행자가 선임되지 아니한 동안에 상속인의 원고적격이 인정되는지 여부

결정요지

[1] 제1095조는 유언자가 유언집행자의 지정 또는 지정위탁을 하지 아니하거나 유언집행자의 지정을 위탁받은 자가 위탁을 사퇴한 때에 한하여 적용되는 것이므로, 유언자가 지정 또는 지정위탁에 의하여 유언집행자의 지정을 한 이상 그 유언집행자가 사망 · 결격 기타 사유로 자격을 상실하였다고 하더라도 상속인은 제1095조에 의하여 유언집행자가 될 수는 없다.

[2] 유증 등을 위하여 유언집행자가 지정되어 있다가 그 유언집행자가 사망 · 결격 기타 사유로 자격을 상실한 때에는 상속인이 있더라도 유언집행자를 선임하여야 하는 것이므로, 유언집행자가 해임된 이후 법원에 의하여 새로운 유언집행자가 선임되지 아니하였다고 하더라도 유언집행에 필요한 한도에서 상속인의 상속재산에 대한 처분권은 여전히 제한되며, 그 제한 범위 내에서 상속인의 원고적격 역시 인정될 수 없다.

판례선정이유

'유언집행자가 지정되어 있다가 그 유언집행자가 사망 · 결격 기타 사유로 자격을 상실한 때에는 상속인이 있더라도 유언집행자를 선임하여야 한다'는 점을 밝힌 판결

791. 유언집행자의 해임
(대법원 2011. 10. 27., 2011스108 결정)

쟁점 유언집행자의 해임사유인 '적당하지 아니한 사유'의 의미

결정요지

[1] 지정 또는 선임에 의한 유언집행자에게 임무해태 또는 적당하지 아니한 사유가 있는 때에는 법원은 상속인 기타 이해관계인의 청구에 의하여 유언집행자를 해임할 수가 있으나(제1106조), 유언집행자는 유증의 목적인 재산의 관리 기타 유언의 집행에 필요한 모든 행위를 할 권리의무가 있을

뿐만 아니라(제1101조) 유언의 집행에 필요한 범위 내에서는 상속인과 이해상반 되는 사항에 관하여도 중립적 입장에서 직무를 수행하여야 하므로, 유언집행자가 유언의 해석에 관하여 상속인과 의견을 달리한다거나 혹은 유언집행자가 유언의 집행에 방해되는 상태를 야기하고 있는 상속인을 상대로 유언의 충실한 집행을 위하여 자신의 직무권한 범위에서 가압류신청 또는 본안소송을 제기하고 이로 인해 일부 상속인들과 유언집행자 사이에 갈등이 초래되었다는 사정만으로는 유언집행자의 해임사유인 '적당하지 아니한 사유'가 있다고 할 수 없으며, 일부 상속인에게만 유리하게 편파적인 집행을 하는 등으로 공정한 유언의 실현을 기대하기 어려워 상속인 전원의 신뢰를 얻을 수 없음이 명백하다는 등 유언집행자로서의 임무수행에 적당하지 아니한 구체적 사정이 소명되어야 한다.

[2] 甲이 망 乙의 유언에 따라 유언집행자로 지정되었고, 위 유언에 따른 분배대상 재산에는 부동산과 금융자산이 있었는데, 상속개시 이후 위 금융자산 대부분이 이미 인출되었음을 알게 된 甲이 상속인들에게 기인출된 돈의 반환을 요구하면서 아직 인출되지 않고 남아 있던 돈을 甲의 예금계좌로 이체시켜 보관한 사안에서, 유언집행자의 지위에서 보관 중인 위 예금채권에 대한 상속인들의 분배요구를 거절하였다고 하여 이를 임무해태 내지 불공정한 직무수행으로 단정하기도 어려움에도, 甲에게 공정한 유언의 실현을 기대하기 어려워 상속인 전원의 신뢰를 얻을 수 없음이 명백하다고 볼 만한 구체적 사정이 있는지에 관하여 더 나아가 심리해 보지 아니한 채, 단지 위와 같은 사정만으로 유언집행자로서 적당하지 아니한 해임사유가 있다고 단정한 원심결정에는 유언집행자의 지위와 해임사유에 관한 법리를 오해하여 필요한 심리를 다하지 아니한 위법이 있다고 한 사례

판례선정이유

유언집행자의 해임사유인 '적당하지 아니한 사유'의 의미를 밝힌 판결

제3장 유류분

792. 유류분의 산정 (1) : 기여분 (1)
(대법원 1994. 10. 14. 선고 94다8334 판결)

쟁점 상속개시 전의 유류분 포기가 유효한지 여부 및 결정 전 기여분을 유류분의 산정에도 반영할 것인지 여부

판결요지

[1] 유류분을 포함한 상속의 포기는 상속이 개시된 후 일정한 기간 내에만 가능하고, 가정법원에 신고하는 등 일정한 절차와 방식에 따라야만 그 효력이 있으므로, 상속개시 전에 이루어진 상속포기 약정은 그와 같은 절차와 방식에 따르지 아니한 것으로 그 효력이 없다.

[2] 공동상속인 중 피상속인의 재산의 유지 또는 증가에 관하여 특별히 기여하거나 피상속인을 특별히 부양한 자가 있는 경우, 그 기여분의 산정은 공동상속인들의 협의에 의하여 정하도록 되어 있고, 협의가 되지 않거나 협의할 수 없는 때에는 기여자의 신청에 의하여 가정법원이 심판으로 이를 정하도록 되어 있으므로, 이와 같은 방법으로 기여분이 결정되기 전에는 유류분반환청구소송에서 피고가 된 기여상속인은 상속재산 중 자신의 기여분을 공제할 것을 항변으로 주장할 수 없다.

판례선정이유

'유류분청구권을 상속개시 전에 포기하는 약정은 상속포기의 경우와 같이 무효이며, 협의나 가정법원 심판으로 기여분이 결정되기 전에는 기여분 공제의 주장을 하지 못한다'는 점을 밝힌 판결

793. 유류분의 산정 (2) : 기여분 (2)
(대법원 2015. 10. 29. 선고 2013다60753 판결)

쟁점 결정된 기여분을 유류분의 산정에도 반영할 것인지 여부

판결요지

제1008조의2, 제1112조, 제1113조 제1항, 제1118조에 비추어 보면, 기여분은 상속재산분할의 전제 문제로서의 성격을 가지는 것으로서, 상속인들의 상속분을 일정 부분 보장하기 위하여 피상속인의 재산처분의 자유를 제한하는 유류분과는 서로 관계가 없다. 따라서 공동상속인 중에 상당한 기간 동거·간호 그 밖의 방법으로 피상속인을 특별히 부양하거나 피상속인의 재산의 유지 또는 증가에 특별히 기여한 사람이 있을지라도, 공동상속인의 협의 또는 가정법원의 심판으로 기여분이 결정되지 않은 이상 유류분반환청구소송에서 기여분을 주장할 수 없음은 물론이거니와, 설령 공동상속인의 협의 또는 가정법원의 심판으로 기여분이 결정되었다고 하더라도 유류분을 산정함에 있어 기여분을 공제할 수 없고, 기여분으로 유류분에 부족이 생겼다고 하여 기여분에 대하여 반환을 청구할 수도 없다.

판례선정이유

'협의 또는 가정법원 심판으로 결정된 기여분이라도 유류분에서 공제하지 못하며, 유류분권리자가 그 부족에 따른 반환을 기여분에 대하여 주장하지 못한다'는 점을 밝힌 판결

794. 유류분의 산정(3) : 수증재산 산정의 기준시기

(대법원 2005. 6. 23. 선고 2004다51887 판결)

쟁점 수증재산의 가액을 산정하는 기준 시점

판결요지

[1] 우리 민법은 유류분제도를 인정하여 제1112조부터 제1118조까지 이에 관하여 규정하면서도 유류분의 반환방법에 관하여 별도의 규정을 두지 않고 있는바, 다만 제1115조 제1항이 '부족한 한도에서 그 재산의 반환을 청구할 수 있다'고 규정한 점 등에 비추어, 반환의무자는 통상적으로 증여 또는 유증대상 재산 그 자체를 반환하면 될 것이나, 위 원물반환이 불가능한 경우에는 그 가액 상당액을 반환할 수밖에 없다.

[2] 유류분반환범위는 상속개시 당시 피상속인의 순재산과 문제된 증여재산을 합한 재산을 평가하여 그 재산액에 유류분청구권자의 유류분비율을 곱하여 얻은 유류분액을 기준으로 하는 것인바, 이와 같이 유류분액을 산정함에 있어 반환의무자가 증여받은 재산의 시가는 상속개시 당시를 기준으로 산정하여야 하고, 당해 반환의무자에 대하여 반환하여야 할 재산의 범위를 확정한 다음 그 원물반환이 불가능하여 가액반환을 명하는 경우에는 그 가액은 사실심 변론종결시를 기준으로 산정하여야 한다.

[3] 유류분으로 반환하여야 할 대상이 주식인 경우, 반환의무자가 피상속인으로부터 증여받은 주권 그 자체를 보유하고 있지 않다고 하더라도 그 대체물인 주식을 제3자로부터 취득하여 반환할 수 없다는 등의 특별한 사정이 없는 한 원물반환의무의 이행이 불가능한 것은 아니다.

[4] 주식병합의 효력이 발생하면 회사는 신주권을 발행하고(상법 제442조 제1항), 주주는 병합된 만큼 감소된 수의 신주권을 교부받게 되는바, 이에 따라 교환된 주권은 병합 전의 주식을 여전히 표창하면서 그와 동일성을 유지한다.

판례선정이유

'유류분 반환은 원물반환이 원칙이며, 원물반환시 그 시가 산정은 상속개시시를 기준으로 하며, 가액반환시 그 가액 산정은 사실심 변론종결시를 기준으로 하고, 수증한 주권을 현재 보유하고 있지 않아도 원물반환이 불가능한 것은 아니며, 주식병합으로 발행된 신주권이 병합 전의 주식을 표창하고 그와 동일성을 유지한다'는 점을 밝힌 판결

795. 유류분의 산정 (4) : 유류분 산정의 기초가 되는 재산 (1)

(대법원 2018. 7. 12. 선고 2017다278422 판결)

쟁점 유류분 제도 시행 이전에 이행이 완료된 증여재산이 유류분산정의 기초가 되는지 여부와 그러한 재산이 특별수익이 되는지 여부

판결요지

유류분 제도가 생기기 전에 피상속인이 상속인이나 제3자에게 재산을 증여하고 이행을 완료하여 소유권이 수증자에게 이전된 때에는 피상속인이 1977. 12. 31. 법률 제3051호로 개정된 민법(이하 '개정 민법'이라 한다) 시행 이후에 사망하여 상속이 개시되더라도 소급하여 증여재산이 유류분 제도에 의한 반환청구의 대상이 되지는 않는다. 개정 민법의 유류분 규정을 개정 민법 시행 전에 이루어지고 이행이 완료된 증여에까지 적용한다면 수증자의 기득권을 소급입법에 의하여 제한 또는 침해하는 것이 되어 개정 민법 부칙 제2항의 취지에 반하기 때문이다. 개정 민법 시행 전에 이미 법률관계가 확정된 증여재산에 대한 권리관계는 유류분 반환청구자이든 반환의무자이든 동일하여야 하므로, 유류분 반환청구자가 개정 민법 시행 전에 피상속인으로부터 증여받아 이미 이행이 완료된 경우에는 그 재산 역시 유류분산정을 위한 기초재산에 포함되지 아니한다고 보는 것이 타당하다. 그러나 유류분 제도의 취지는 법정상속인의 상속권을 보장하고 상속인 간의 공평을 기하기 위함이고, 제1115조 제1항에서도 '유류분권리자가 피상속인의 증여 및 유증으로 인하여 그 유류분에 부족이 생긴 때에는 부족한 한도 내에서 그 재산의 반환을 청구할 수 있다'고 규정하여 이미 법정 유류분 이상을 특별수익한 공동상속인의 유류분 반환청구권을 부정하고 있다. 이는 개정 민법 시행 전에

증여받은 재산이 법정 유류분을 초과한 경우에도 마찬가지로 보아야 하므로, 개정 민법 시행 전에 증여를 받았다는 이유만으로 이를 특별수익으로도 고려하지 않는 것은 유류분제도의 취지와 목적에 반한다고 할 것이다. 또한 제1118조에서 제1008조를 준용하고 있는 이상 유류분 부족액 산정을 위한 특별수익에는 그 시기의 제한이 없고, 제1008조는 유류분제도 신설 이전에 존재하던 규정으로 민법 부칙 제2조와도 관련이 없다. 따라서 개정 민법 시행 전에 이행이 완료된 증여 재산이 유류분 산정을 위한 기초재산에서 제외된다고 하더라도, 위 재산은 당해 유류분 반환청구자의 유류분 부족액 산정 시 특별수익으로 공제되어야 한다.

판례선정이유

'유류분 제도 시행 전에 이행이 완료된 증여재산은 유류분 산정 기초에서 배제하지만, 그러한 재산도 특별수익에는 포함된다'는 점을 밝힌 판결

796. 유류분의 산정(5) : 유류분 산정의 기초가 되는 재산(2)

(대법원 2012. 12. 13. 선고 2010다78722 판결)

쟁점 유류분 제도가 시행되기 전에 증여계약이 체결되었지만, 그 시행 후에 비로소 이행된 증여재산이 유류분 산정의 기초에 포함되는지 여부

판결요지

유류분 제도가 생기기 전에 피상속인이 상속인이나 제3자에게 재산을 증여하고 이행을 완료하여 소유권이 수증자에게 이전된 때에는 피상속인이 1977. 12. 31. 법률 제3051호로 개정된 민법(이하 '개정 민법'이라 한다) 시행 이후에 사망하여 상속이 개시되더라도 소급하여 증여재산이 유류분 제도에 의한 반환청구의 대상이 되지는 않는다. 개정 민법의 유류분 규정을 개정 민법 시행 전에 이루어지고 이행이 완료된 증여에까지 적용한다면 수증자의 기득권을 소급입법에 의하여 제한 또는 침해하는 것이 되어 개정 민법 부칙 제2항의 취지에 반하기 때문이다. 다른 한편 개정 민법 부칙 제5항은 '이 법 시행일 전에 개시된 상속에 관하여는 이 법 시행일 후에도 종전의 규정을 적용한다'고 규정하고 있다. 따라서 개정 민법 시행일 이후 개시된 상속에 관하여는 개정 민법이 적용되어야 하므로, 개정 민법 시행 이전에 증여계약이 체결되었더라도 이행이 완료되지 않은 상태에서 개정 민법이 시행되고 그 이후에 상속이 개시된 경우에는 상속 당시 시행되는 개정 민법에 따라 증여계약의 목적이 된 재산도 유류분 반환의 대상에 포함된다. 비록 개정 민법 부칙 제2항이 개정 민법은 종전의 법률에 의하여 생긴 효력에 영향을 미치지 아니한다고 하여 개정 민법의 일반적인 적용대상을 규정하고 있지만, 부칙 제5항이 개정 민법 시행 이후 개시된 상속에 관하여는 개정 민법을 적용한다고 정하고 있는데, 유류분제도 역시 상속에 의한 재산승계의 일환이기 때문이다. 또한 유류분 산정의

기초가 되는 재산의 범위에 관하여 제1113조 제1항에서 대상재산에 포함되는 것으로 규정한 '증여재산'은 상속개시 전에 이미 증여계약이 이행되어 소유권이 수증자에게 이전된 재산을 가리키는 것이고, 아직 증여계약이 이행되지 아니하여 소유권이 피상속인에게 남아 있는 상태로 상속이 개시된 재산은 상속재산, 즉 '피상속인의 상속개시 시 가진 재산'에 포함된다고 보아야 하는 점 등에 비추어 보더라도, 증여계약이 개정 민법 시행 전에 체결되었지만 이행이 개정 민법 시행 이후에 되었다면 그 재산은 유류분 산정의 대상인 재산에 포함시키는 것이 옳고, 이는 증여계약의 이행이 개정 민법 시행 이후에 된 것이면 그것이 상속 개시 전에 되었든 후에 되었든 같다.

판례선정이유

'유류분 제도가 시행되기 전에 증여계약이 체결되었지만, 그 시행 후에 비로소 이행된 증여재산은 유류분 산정의 기초에 포함되고, 이는 그 이행 시점이 그 이행이 상속 개시 전후인지는 불문한다'는 점을 밝힌 판결

797. 유류분의 산정(6) : 수증재산의 사후적 성상 변경

(대법원 2015. 11. 12. 선고 2010다104768 판결)

쟁점 수증 이후 재산의 성상이 변경되어 가치가 증가한 경우, 증여 당시의 성상에 따라 상속개시 당시의 시가를 기준으로 할 것인지 여부

판결요지

유류분반환의 범위는 상속개시 당시 피상속인의 순재산과 문제된 증여재산을 합한 재산을 평가하여 그 재산액에 유류분청구권자의 유류분비율을 곱하여 얻은 유류분액을 기준으로 산정하는데, 증여받은 재산의 시가는 상속개시 당시를 기준으로 하여 산정하여야 한다. 다만 증여 이후 수증자나 수증자에게서 증여재산을 양수한 사람이 자기 비용으로 증여재산의 성상(性狀) 등을 변경하여 상속개시 당시 가액이 증가되어 있는 경우, 변경된 성상 등을 기준으로 상속개시 당시의 가액을 산정하면 유류분권리자에게 부당한 이익을 주게 되므로, 이러한 경우에는 그와 같은 변경을 고려하지 않고 증여 당시의 성상 등을 기준으로 상속개시 당시의 가액을 산정하여야 한다.

판례선정이유

'가액이 증가한 증여재산의 경우, 유류분 반환 범위를 설정하는 가액의 산정은 수증 이후 재산의 성상이 변경되어 가치가 증가한 경우에도 증여 당시의 성상에 따라 상속개시 당시의 시가를 기준으로 한다'는 점을 밝힌 판결

798. 유류분의 산정(7) : 유류분 산정에서 공제되어야 할 채무
(대법원 2015. 5. 14. 선고 2012다21720 판결)

쟁점 유류분 산정 시 공제되어야 할 채무에 상속세, 상속재산의 관리 · 보존을 위한 소송비용 등 상속재산에 관한 비용이 포함되는지 여부

판결요지

제1113조 제1항은 "유류분은 피상속인의 상속개시시에 있어서 가진 재산의 가액에 증여재산의 가액을 가산하고 채무의 전액을 공제하여 이를 산정한다"라고 규정하고 있다. ⓐ이때 공제되어야 할 채무란 상속채무, 즉 피상속인의 채무를 가리키는 것이고, 여기에 상속세, 상속재산의 관리 · 보존을 위한 소송비용 등 상속재산에 관한 비용은 포함되지 아니한다.

판례선정이유

'유류분 산정에서 공제되어야 하는 채무는 피상속인의 채무이며, 따라서 상속세나 상속재산 관리 보존 위한 소송 비용 등 상속재산 관련 비용은 배제된다'는 점을 밝힌 판결

799. 유류분의 산정(8) : 증여 받은 금전의 평가
(대법원 2009. 7. 23. 선고 2006다28126 판결)

쟁점 증여 받은 금전을 유류분 반환 범위 산정에 반영하는 방법

판결요지

유류분반환범위는 상속개시 당시 피상속인의 순재산과 문제된 증여재산을 합한 재산을 평가하여 그 재산액에 유류분청구권자의 유류분비율을 곱하여 얻은 유류분액을 기준으로 하는 것인바, 그 유류분액을 산정함에 있어 반환의무자가 증여받은 재산의 시가는 상속개시 당시를 기준으로 하여 산정하여야 한다. 따라서 그 증여받은 재산이 금전일 경우에는 그 증여받은 금액을 상속개시 당시의 화폐가치로 환산하여 이를 증여재산의 가액으로 봄이 상당하고, 그러한 화폐가치의 환산은 증여 당시부터 상속개시 당시까지 사이의 물가변동률을 반영하는 방법으로 산정하는 것이 합리적이다.

판례선정이유

'증여재산인 금전의 유류분 반환범위를 산정하는 기준은 상속개시 당시의 화폐가치로서 물가변동률 반영한다'는 점을 밝힌 판결

800. 유류분의 산정 (9) : 유류분 산정에 반영될 증여재산

(대법원 1996. 8. 20. 선고 96다13682 판결)

쟁점 미이행 증여재산이 유류분 산정에 반영될 증여재산인지 여부 및 상속개시 전에 이행된 제3자의 수증재산이 유류분 산정에 반영되는지 여부

판결요지

유류분 산정의 기초가 되는 재산의 범위에 관한 제1113조 제1항에서의 '증여재산'이란 상속개시 전에 이미 증여계약이 이행되어 소유권이 수증자에게 이전된 재산을 가리키는 것이고, 아직 증여계약이 이행되지 아니하여 소유권이 피상속인에게 남아 있는 상태로 상속이 개시된 재산은 당연히 '피상속인의 상속개시시에 있어서 가진 재산'에 포함되는 것이므로, 수증자가 공동상속인이든 제3자이든 가리지 아니하고 모두 유류분 산정의 기초가 되는 재산을 구성한다.

판례선정이유

'아직 이행되지 않은 증여재산은 유류분 산정에 반영될 증여재산에서 제외되며, 상속개시 전에 이미 이행된 증여재산이라면 상속분 산정과 달리 유류분 산정에는 수증자가 제3자인 증여재산도 포함된다'는 점을 밝힌 판결

801. 유류분반환청구권 (1) : 법적 성질

(대법원 2010. 5. 27. 선고 2009다93992 판결)

쟁점 유류분반환청구권이 행사상의 일신전속성을 가지는지 여부

판결요지

유류분반환청구권은 그 행사 여부가 유류분권리자의 인격적 이익을 위하여 그의 자유로운 의사결정에 전적으로 맡겨진 권리로서 행사상의 일신전속성을 가진다고 보아야 하므로, 유류분권리자에게 그 권리행사의 확정적 의사가 있다고 인정되는 경우가 아니라면 채권자대위권의 목적이 될 수 없다.

판례선정이유

'유류분반환청구권이 행사상의 일신전속성을 가지므로 채권자대위권의 목적이 될 수 없지만, 유류분권리자에게 그 권리행사의 확정적 의사가 있다고 인정되는 경우에는, 예외적으로 채권자대위권의 목적이 될 수 있다'는 점을 밝힌 판결

802. 유류분반환청구권 (2) : 유류분의 반환방법

(대법원 2014. 2. 13. 선고 2013다65963 판결)

쟁점 제3자 권리가 설정되어 가액반환이 허용되는 경우임에도 유류분권리자가 불이익을 감수하면서 요구하는 원물반환을 허용할 것인지 여부

판결요지

[1] 우리 민법은 유류분제도를 인정하여 제1112조부터 제1118조까지 이에 관하여 규정하면서도 유류분의 반환방법에 관하여 별도의 규정을 두고 있지 않으나, 증여 또는 유증대상 재산 그 자체를 반환하는 것이 통상적인 반환방법이라고 할 것이므로, 유류분 권리자가 원물반환의 방법에 의하여 유류분반환을 청구하고 그와 같은 원물반환이 가능하다면 달리 특별한 사정이 없는 이상 법원은 유류분권리자가 청구하는 방법에 따라 원물반환을 명하여야 한다.

[2] 증여나 유증 후 그 목적물에 관하여 제3자가 저당권이나 지상권 등의 권리를 취득한 경우에는 원물반환이 불가능하거나 현저히 곤란하여 반환의무자가 목적물을 저당권 등의 제한이 없는 상태로 회복하여 이전하여 줄 수 있다는 등의 예외적인 사정이 없는 한 유류분권리자는 반환의무자를 상대로 원물반환 대신 그 가액 상당의 반환을 구할 수도 있을 것이나, 그렇다고 하여 유류분권리자가 스스로 위험이나 불이익을 감수하면서 원물반환을 구하는 것까지 허용되지 아니한다고 볼 것은 아니므로, 그 경우에도 법원은 유류분권리자가 청구하는 방법에 따라 원물반환을 명하여야 한다. 나아가 유류분반환의 목적물에 부동산과 금원이 혼재되어 있다거나 유류분권리자에게 반환되어야 할 부동산의 지분이 많지 않다는 사정은 원물반환을 명함에 아무런 지장이 되지 아니함이 원칙이다.

판례선정이유

'유류분의 반환은 원물반환이 원칙이며, 수증 후 제3자 권리에 의한 제한이 설정되어 있는 목적물의 경우에 가액반환을 허용하며, 그럼에도 불구하고 유류분권리자 스스로 불이익을 감수하고 원물반환을 요구하면 이를 허용할 수 있다'는 점을 밝힌 판결

803. 유류분반환청구권(3) : 유류분 반환의 비율

(대법원 1996. 2. 9. 선고 95다17885 판결)

쟁점 여러 반환의무자 사이의 반환비율을 정하는 기준

판결요지

[1] 공동상속인 중에 피상속인으로부터 재산의 생전 증여에 의하여 특별수익을 한 자가 있는 경우에는 제1114조의 규정은 그 적용이 배제되고, 따라서 그 증여는 상속개시 1년 이전의 것인지 여부, 당사자 쌍방이 손해를 가할 것을 알고서 하였는지 여부에 관계없이 유류분 산정을 위한 기초재산에 산입된다.

[2] 원심이 유류분 산정의 기초가 되는 증여 부동산의 가액 산정 시기를 피상속인이 사망한 상속개시 당시의 가격으로 판시한 것은 정당하다.

[3] 유류분 권리자가 유류분반환청구를 함에 있어 증여 또는 유증을 받은 다른 공동상속인이 수인일 때에는, 민법이 정한 유류분 제도의 목적과 제1115조 제2항의 취지에 비추어 다른 공동상속인들 중 각자 증여받은 재산 등의 가액이 자기 고유의 유류분액을 초과하는 상속인만을 상대로 하여 그 유류분액을 초과한 금액의 비율에 따라서 반환청구를 할 수 있다고 하여야 하고, 공동상속인과 공동상속인이 아닌 제3자가 있는 경우에는 그 제3자에게는 유류분이라는 것이 없으므로 공동상속인은 자기 고유의 유류분액을 초과한 금액을 기준으로 하여, 제3자는 그 수증가액을 기준으로 하여 각 그 금액의 비율에 따라 반환청구를 할 수 있다고 하여야 한다.

판례선정이유

유류분반환의무자가 여럿인 경우, 반환비율을 결정하는 기준액수를 수증자가 공동상속인의 경우는 자신의 유류분을 초과한 액수이고, 제3자의 경우는 수증액 전액임을 밝힌 판결

804. 유류분반환청구권 (4) : 소멸시효의 기산점
(대법원 2006. 11. 10. 선고 2006다46346 판결)

쟁점 유류분반환청구권의 단기소멸시효기간이 기산되는 요건인 '인식'의 내용

판결요지

[1] 제1117조가 규정하는 유류분반환청구권의 단기소멸시효기간의 기산점인 '유류분권리자가 상속의 개시와 반환하여야 할 증여 또는 유증을 한 사실을 안 때'는 유류분권리자가 상속이 개시되었다는 사실과 증여 또는 유증이 있었다는 사실 및 그것이 반환하여야 할 것임을 안 때를 뜻한다.

[2] 해외에 거주하다가 피상속인의 사망사실을 뒤늦게 알게 된 상속인이 유증사실 등을 제대로 알 수 없는 상태에서 다른 공동상속인이 교부한 피상속인의 자필유언증서 사본을 보았다는 사정만으로는 자기의 유류분을 침해하는 유증이 있었음을 알았다고 볼 수 없고, 그 후 유언의 검인을 받으면서 자필유언증서의 원본을 확인한 시점에 그러한 유증이 있었음을 알았다고 보아야 할 것이다.

판례선정이유

유류분반환청구권의 단기소멸시효기간이 기산되는 요건인 '인식'의 내용은 상속개시 사실, 증여·유증의 존재 및 그 증여·유증이 반환대상이라는 사실이라는 점을 밝힌 판결

805. 유류분반환청구권 (5) : 유류분반환청구권의 행사방법
(대법원 1995. 6. 30. 선고 93다11715 판결)

쟁점 유류분반환청구권의 행사방법

판결요지

유류분반환청구권의 행사는 재판상 또는 재판 외에서 상대방에 대한 의사표시의 방법으로 할 수 있고, 이 경우 그 의사표시는 침해를 받은 유증 또는 증여행위를 지정하여 이에 대한 반환청구의 의사를 표시하면 그것으로 족하고, 그로 인하여 생긴 목적물의 이전등기청구권이나 인도청구권 등을 행사하는 것과는 달리 그 목적물을 구체적으로 특정하여야 하는 것은 아니며, 제1117조 소정의 소멸시효의 진행도 위 의사표시로 중단된다.

판례선정이유

유류분반환청구의 방법으로서 재판외 행사를 포함하고 목적물을 특정할 필요가 없다는 점을 밝힌 판결

806. 유류분반환청구권 (6) : 유류분반환청구권의 행사방법 등

(대법원 2002. 4. 26. 선고 2000다8878 판결)

쟁점 상속재산분할심판에서 유류분반환의 주장을 철회한 것이 유류분반환청구권 소멸시효가 중단되는 효력을 상실하는 것인지 여부 및 수증재산의 양수인에게 유류분반환청구권을 행사할 수 있는지 여부

판결요지

[1] 상속재산분할심판절차에서 종전에 하였던 유류분반환 주장을 철회한 것은 유류분반환청구가 가정법원의 관할에 속하지 않는 점을 고려한 데서 비롯된 법원에 대한 의사표시일 뿐 사법상의 유류분반환청구의 의사표시를 취소하거나 철회한 것으로 볼 수는 없다.

[2] 유류분액 및 그 침해액을 산정하기 위해서는 유류분 산정의 기초가 되는 전 재산의 가액에 대한 심리가 전제되어야 한다는 점에서, 유류분반환청구소송에서 당사자가 새로운 증여재산을 추가하여 청구취지를 확장하자마자 그 가액에 대한 입증 기회도 부여하지 아니한 채 바로 변론을 종결한 원심은 심리미진의 위법이 있다.

[3] 유류분반환청구권의 행사에 의하여 반환되어야 할 유증 또는 증여의 목적이 된 재산이 타인에게 양도된 경우, 그 양수인이 양도 당시 유류분권리자를 해함을 안 때에는, 양수인에 대하여도 그 재산의 반환을 청구할 수 있다고 보아야 한다.

판례선정이유

'상속재산분할심판에서 유류분반환의 주장을 철회한 것이 유류분반환청구권 소멸시효가 중단되는 효력을 상실하는 것이 아니며, 수증재산의 양수인이 악의이면 그에 대한 유류분반환청구권의 행사도 허용된다'는 점을 밝힌 판결

807. 유류분반환청구권(7) : 유류분반환청구의 의사표시

(대법원 2012. 5. 24. 선고 2010다50809 판결)

쟁점 유류분반환청구의 의사표시 및 제3자의 상속개시 1년 전 수증재산의 반환의무의 인정 요건인 쌍방 악의의 내용

판결요지

[1] 구체적으로 유류분반환청구 의사가 표시되었는지는 법률행위 해석에 관한 일반원칙에 따라 의사표시의 내용과 아울러 의사표시가 이루어진 동기 및 경위, 당사자가 의사표시에 의하여 달성하려고 하는 목적과 진정한 의사 및 그에 대한 상대방의 주장·태도 등을 종합적으로 고찰하여 사회정의와 형평의 이념에 맞도록 논리와 경험의 법칙, 그리고 사회일반의 상식에 따라 합리적으로 판단하여야 한다. 상속인이 유증 또는 증여행위가 무효임을 주장하여 상속 내지는 법정상속분에 기초한 반환을 주장하는 경우에는 그와 양립할 수 없는 유류분반환청구권을 행사한 것으로 볼 수 없지만, 상속인이 유증 또는 증여행위의 효력을 명확히 다투지 아니하고, 수유자 또는 수증자에 대하여 재산분배나 반환을 청구하는 경우에는 유류분반환의 방법에 의할 수밖에 없으므로, 비록 유류분반환을 명시적으로 주장하지 않더라도 그 청구 속에는 유류분반환청구권을 행사하는 의사표시가 포함되어 있다고 해석함이 타당한 경우가 많다.

[2] 공동상속인이 아닌 제3자에 대한 증여는 원칙적으로 상속개시 전의 1년간에 행한 것에 한하여 유류분반환청구를 할 수 있고, 다만 당사자 쌍방이 증여 당시에 유류분권리자에 손해를 가할 것을 알고 증여를 한 때에는 상속개시 1년 전에 한 것에 대하여도 유류분반환청구가 허용된다. 증여 당시 법정상속분의 2분의 1을 유류분으로 갖는 직계비속들이 공동상속인으로서 유류분권리자가 되리라고 예상할 수 있는 경우에, 제3자에 대한 증여가 유류분권리자에게 손해를 가할 것을 알고 행해진 것이라고 보기 위해서는, 당사자 쌍방이 증여 당시 증여재산의 가액이 증여하고 남은 재산의 가액을 초과한다는 점을 알았던 사정뿐만 아니라, 장래 상속개시일에 이르기까지 피상속인의 재산이 증가하지 않으리라는 점까지 예견하고 증여를 행한 사정이 인정되어야 하고, 이러한 당사자 쌍방의 가해의 인식은 증여 당시를 기준으로 판단하여야 한다.

판례선정이유

'공동상속인 아닌 제3자가 상속개시 1년 전에 받은 수증재산이지만 반환의무가 인정되는 요건으로 쌍방 악의의 내용에 피상속인의 재산이 증식되지 않은 것이라는 예견도 포함되며 이는 증여 당시를 기준으로 한다'는 점을 밝힌 판결

808. 유류분반환청구권 (8) : 이전등기청구권의 소멸시효
(대법원 2015. 11. 12. 선고 2011다55092, 55108 판결)

쟁점 유류분반환청구권의 행사로 발생한 목적물 이전등기청구권에 제1117조의 소멸시효가 적용되는지 여부

판결요지

유류분권리자가 유류분반환청구권을 행사한 경우, 그의 유류분을 침해하는 범위 내에서 유증 또는 증여는 소급적으로 효력을 상실하고, 상대방은 그와 같이 실효된 범위 내에서 유증 또는 증여의 목적물을 반환할 의무를 부담한다. 유류분반환청구권을 행사함으로써 발생하는 목적물의 이전등기청구권 등은 유류분반환청구권과는 다른 권리이므로, 그 이전등기청구권 등에 대하여는 제1117조 소정의 유류분반환청구권에 대한 소멸시효가 적용될 여지가 없고, 그 권리의 성질과 내용 등에 따라 별도로 소멸시효의 적용 여부와 기간 등을 판단하여야 한다.

판례선정이유

'유류분반환청구권의 행사로 발생한 목적물 이전등기청구권에는 제1117조의 소멸시효가 적용되지 않는다'는 점을 밝힌 판결

809. 유류분반환청구권 (9) : 수유자가 여럿인 경우, 유류분반환청구의 방법
(대법원 2013. 3. 14. 선고 2010다42624, 42631 판결)

쟁점 어느 반환의무자의 수유재산이 안분액에 미달하는 경우, 미달부분의 유류분 반환을 청구하는 방법, 유류분반환의무 지체책임의 발생 시기, 원물반환이 가능한데 가액반환을 청구한 경우 인용 여부, 가분적 상속채무의 분담액을 초과하여 변제한 것이 유류분 부족액 산정에는 고려되는지 여부, 선의인 수증자의 과실취득권 인정 여부

판결요지

[1] 증여 또는 유증을 받은 재산 등의 가액이 자기 고유의 유류분액을 초과하는 수인의 공동상속인이 유류분권리자에게 반환하여야 할 재산과 범위를 정할 때에, 수인의 공동상속인이 유증받은 재산의 총 가액이 유류분권리자의 유류분 부족액을 초과하는 경우에는 유류분 부족액의 범위 내에서 각자의 수유재산을 반환하면 되는 것이지 이를 놓아두고 수증재산을 반환할 것은 아니다. 이 경우 수인의 공동상속인이 유류분권리자의 유류분 부족액을 각자의 수유재산으로 반환할 때 분담하

여야 할 액은 각자 증여 또는 유증을 받은 재산 등의 가액이 자기 고유의 유류분액을 초과하는 가액의 비율에 따라 안분하여 정하되, 그중 어느 공동상속인의 수유재산의 가액이 그의 분담액에 미치지 못하여 분담액 부족분이 발생하더라도 이를 그의 수증재산으로 반환할 것이 아니라, 자신의 수유재산의 가액이 자신의 분담액을 초과하는 다른 공동상속인들이 위 분담액 부족분을 위 비율에 따라 다시 안분하여 그들의 수유재산으로 반환하여야 한다. 나아가 어느 공동상속인 1인이 수개의 재산을 유증받아 각 수유재산으로 유류분권리자에게 반환하여야 할 분담액을 반환하는 경우, 반환하여야 할 각 수유재산의 범위는 특별한 사정이 없는 한 제1115조 제2항을 유추적용하여 각 수유재산의 가액에 비례하여 안분하는 방법으로 정함이 타당하다.

[2] 유류분권리자가 반환의무자를 상대로 유류분반환청구권을 행사하고 이로 인하여 생긴 목적물의 이전등기의무나 인도의무 등의 이행을 소로써 구하는 경우에는 그 대상과 범위를 특정하여야 하고, 법원은 처분권주의의 원칙상 유류분권리자가 특정한 대상과 범위를 넘어서 청구를 인용할 수 없다.

[3] 유류분반환청구권의 행사로 인하여 생기는 원물반환의무 또는 가액반환의무는 이행기한의 정함이 없는 채무이므로, 반환의무자는 그 의무에 대한 이행청구를 받은 때에 비로소 지체책임을 진다.

[4] 우리 민법은 유류분제도를 인정하여 제1112조부터 제1118조까지 이에 관하여 규정하면서도 유류분의 반환방법에 관하여는 별도의 규정을 두고 있지 않다. 다만 제1115조 제1항이 “부족한 한도에서 그 재산의 반환을 청구할 수 있다”고 규정한 점 등에 비추어 볼 때, 반환의무자는 통상적으로 증여 또는 유증 대상 재산 자체를 반환하면 될 것이나 원물반환이 불가능한 경우에는 가액상당액을 반환할 수밖에 없다. 원물반환이 가능하더라도 유류분권리자와 반환의무자 사이에 가액으로 이를 반환하기로 협의가 이루어지거나, 유류분권리자의 가액반환청구에 대하여 반환의무자가 이를 다투지 않은 경우에는, 법원은 가액반환을 명할 수 있지만, 유류분권리자의 가액반환청구에 대하여 반환의무자가 원물반환을 주장하며 가액반환에 반대하는 의사를 표시한 경우에는, 반환의무자의 의사에 반하여 원물반환이 가능한 재산에 대하여 가액반환을 명할 수 없다.

[5] 금전채무와 같이 급부의 내용이 가분인 채무가 공동상속된 경우, 이는 상속개시와 동시에 당연히 공동상속인들에게 법정상속분에 따라 상속된 것으로 봄이 타당하므로, 법정상속분 상당의 금전채무는 유류분권리자의 유류분 부족액을 산정할 때 고려하여야 할 것이나, 공동상속인 중 1인이 자신의 법정상속분 상당의 상속채무 분담액을 초과하여 유류분권리자의 상속채무 분담액까지 변제한 경우에는, 유류분권리자를 상대로 별도로 구상권을 행사하여 지급받거나 상계를 하는 등의 방법으로 만족을 얻는 것은 별론으로 하고, 그러한 사정을 유류분권리자의 유류분 부족액 산정 시 고려할 것은 아니다.

[6] 유류분권리자가 반환의무자를 상대로 유류분반환청구권을 행사하는 경우, 그의 유류분을 침해하는 증여 또는 유증은 소급적으로 효력을 상실하므로, 반환의무자는 유류분권리자의 유류분을 침해하는 범위 내에서 그와 같이 실효된 증여 또는 유증의 목적물을 사용·수익할 권리를 상실하게 되고, 유류분권리자의 목적물에 대한 사용·수익권은 상속개시의 시점에 소급하여 반환의무자에 의하여 침해당한 것이 된다. 그러나 제201조 제1항은 “선의의 점유자는 점유물의 과실을 취득한다”

고 규정하고 있고, 점유자는 제197조에 의하여 선의로 점유한 것으로 추정되므로, 반환의무자가 악의의 점유자라는 사정이 증명되지 않는 한 반환의무자는 목적물에 대하여 과실수취권이 있다고 할 것이어서, 유류분권리자에게 목적물의 사용이익 중 유류분권리자에게 귀속되었어야 할 부분을 부당이득으로 반환할 의무가 없다. 다만 제197조 제2항은 "선의의 점유자라도 본권에 관한 소에 패소한 때에는 그 소가 제기된 때로부터 악의의 점유자로 본다"고 규정하고 있고, 제201조 제2항은 "악의의 점유자는 수취한 과실을 반환하여야 하며 소비하였거나 과실로 인하여 훼손 또는 수취하지 못한 경우에는 그 과실의 대가를 보상하여야 한다"고 규정하고 있으므로, 반환의무자가 악의의 점유자라는 점이 증명된 경우에는 악의의 점유자로 인정된 시점부터, 그렇지 않다고 하더라도 본권에 관한 소에서 종국판결에 의하여 패소로 확정된 경우에는 소가 제기된 때로부터 악의의 점유자로 의제되어, 각 그때부터 유류분권리자에게 목적물의 사용이익 중 유류분권리자에게 귀속되었어야 할 부분을 부당이득으로 반환할 의무가 있다.

판례선정이유

'어느 반환의무자의 수유재산이 안분액에 미달하는 경우, 다른 반환의무자 수유재산의 잔액에서 다시 안분하며, 특정 반환의무자의 수유재산이 다수인 경우, 제1115조 제2항을 유추적용하여 그 안분액을 다시 각 재산에 가액 비례로 안분하고, 유류분반환의무 지체책임은 청구시부터 발생하며, 원물반환이 가능한데 가액반환을 청구한 경우 반환의무자가 이의를 제기하지 않으면 인용될 수 있고, 가분적 상속채무의 분담액을 초과하여 변제한 것이 유류분 부족액 산정에는 고려되지 않으며, 유류분 반환청구로 유증 및 증여가 실효되지만 선의인 수증자의 과실취득권은 인정되고 유류분반환청구의 소가 확정된 때부터는 악의로 의제되어 그 이후 과실 및 사용이익의 반환 책임이 인정된다'는 점을 밝힌 판결

810. 유류분반환청구권 (10) : 사인증여의 수증자에 대한 유류분반환청구

(대법원 2001. 11. 30. 선고 2001다6947 판결)

쟁점 유류분반환청구에서 사인증여를 규율하는 기준

판결요지

유류분반환청구의 목적인 증여나 유증이 병존하고 있는 경우에는, 유류분권리자는 먼저 유증을 받은 자를 상대로 유류분침해액의 반환을 구하여야 하고, 그 이후에도 여전히 유류분침해액이 남아 있는 경우에 한하여 증여를 받은 자에 대하여 그 부족분을 청구할 수 있는 것이며, 사인증여의 경우에는 유증의 규정이 준용될 뿐만 아니라 그 실제적 기능도 유증과 달리 볼 필요가 없으므로, 유증과 같이 보아야 할 것이다.

판례선정이유

'유류분반환청구에서 사인증여도 유증에 준하여 규율된다'는 점을 밝힌 판결

811. 유류분반환청구권(11) : 사인증여의 무효 주장과 유류분반환청구권

(대법원 2001. 9. 14. 선고 2000다66430 판결)

쟁점 사인증여가 무효라는 유류분권리자 주장에 유류분반환청구가 포함되는지 여부

판결요지

[1] 제1117조는 유류분반환청구권은 유류분권리자가 상속의 개시와 반환하여야 할 증여 또는 유증을 한 사실을 안 때로부터 1년 내에 하지 아니하면 시효에 의하여 소멸한다고 규정하고 있는바, 여기서 '반환하여야 할 증여 등을 한 사실을 안 때'라 함은 증여 등의 사실 및 이것이 반환하여야 할 것임을 안 때라고 해석하여야 하므로, 유류분권리자가 증여 등이 무효라고 믿고 소송상 항쟁하고 있는 경우에는 증여 등의 사실을 안 것만으로 곧바로 반환하여야 할 증여가 있었다는 것까지 알고 있다고 단정할 수는 없을 것이나, 민법이 유류분반환청구권에 관하여 특별히 단기소멸시효를 규정한 취지에 비추어 보면, 유류분권리자가 소송상 무효를 주장하기만 하면 그것이 근거 없는 구실에 지나지 아니한 경우에도 시효는 진행하지 않는다 함은 부당하므로, 피상속인의 거의 전 재산이 증여되었고 유류분권리자가 위 사실을 인식하고 있는 경우에는, 무효의 주장에 관하여 일응 사실상 또는 법률상 근거가 있고 그 권리자가 위 무효를 믿고 있었기 때문에 유류분반환청구권을 행사하지 않았다는 점을 당연히 수긍할 수 있는 특별한 사정이 인정되지 않는 한, 위 증여가 반환될 수 있는 것임을 알고 있었다고 추인함이 상당하다.

[2] 유류분권리자가 소멸시효기간의 경과 이전에 사인증여가 무효라고 주장하면서 이를 전제로 수증자에게 수증자가 보관중인 망인 명의의 예금통장 및 인장의 교부와 망인 소유의 금원 중 수증자가 임의로 소비한 금액의 반환을 구하였다 하더라도, 이러한 주장이나 청구 자체에 그와 반대로 위 사인증여가 유효임을 전제로 그로써 자신의 유류분이 침해되었음을 이유로 하는 유류분반환의 청구가 포함되어 있다고 보기는 어렵다.

판례선정이유

'유류분권리자가 사인증여는 무효라고 주장하면서 수증자가 소비한 금원의 반환을 구하였다 하더라도 그 주장이나 청구 자체에 사인증여가 유효임을 전제로 한 유류분반환의 청구가 포함되어 있다고 보기는 어렵다'는 점을 밝힌 판결

812. 유류분반환청구권(12) : 유류분반환청구권의 장기소멸시효
(대법원 2008. 7. 10. 선고 2007다9719 판결)

쟁점 수유재산의 소유권이전등기가 경료되지 않아도 유류분반환청구권의 소멸시효기간 10년이 진행하는지 여부

판결요지

제1117조의 유류분반환청구권은 상속이 개시한 때부터 10년이 지나면 시효에 의하여 소멸하고, 이러한 법리는 상속재산의 증여에 따른 소유권이전등기가 이루어지지 아니한 경우에도 달리 그 소멸시효 완성의 항변이 신의성실의 원칙에 반한다고 하는 등의 특별한 사정이 존재하지 아니하는 이상 달리 볼 것이 아니다.

판례선정이유

수증자가 수유재산의 소유권이전등기를 경료하지 않아도 유류분반환청구권의 10년이라는 소멸시효기간은 진행한다는 판결

813. 유류분반환청구권(13) : 유류분반환청구권의 단기소멸시효
(대법원 1998. 6. 12. 선고 97다38510 판결)

쟁점 유류분반환청구권자가 무효의 확신 없이 유서의 무효를 주장한 경우, 유류분반환청구권의 단기시효 1년이 진행되는지 여부

판결요지

유류분반환청구권은 제1117조 전문에 의하여 유류분권리자가 상속의 개시와 반환하여야 할 증여 또는 유증을 한 사실을 안 때로부터 1년 이내에 행사하지 않으면 시효에 의하여 소멸하는바, 피상속인의 생전에 유언의 존재를 알고 있었던 유류분권리자가 재판과정에서 여러 가지 이유를 들어 유서가 무효라고 주장하였으나, 그 주장들이 한결같이 사실상 또는 법률상의 근거 없이 피상속인의 유언을 부인하려는 구실로밖에 보이지 아니하는 한편, 유류분권리자가 유언이 무효임을 확신하였다는 특별한 사정을 엿볼 수 없는 경우, 피상속인이 사망한 다음날부터 유류분권리자의 유류분반환청구권의 단기소멸시효가 진행된다.

판례선정이유

'유류분반환청구권자가 생전에 존재를 알았던 유서의 무효를 주장하여도 그 무효를 확신한다고 인정할 사정이 없으면 사망(상속개시) 시부터 1년의 단기시효가 진행된다'는 점을 밝힌 판결

814. 유류분반환청구권(14) : 유류분반환청구권 행사기간의 법적 성질

(대법원 1993. 4. 13. 선고 92다3595 판결)

쟁점 유류분반환청구권의 10년이라는 행사기간이 소멸시효기간인지 여부

판결요지

제1117조의 규정내용 및 형식에 비추어 볼 때 같은 법조 전단의 1년의 기간은 물론 같은 법조 후단의 10년의 기간도 그 성질은 소멸시효기간이다.

판례선정이유

유류분반환청구권의 행사기간 10년은 소멸시효 기간이라는 점을 밝힌 판결

815. 상속포기에 의한 유류분반환청구권의 소멸

(대법원 2012. 4. 16., 2011스191, 192 결정)

쟁점 상속포기로 유류분반환청구권도 소멸하는지 여부 등

판결요지

유류분은 상속분을 전제로 한 것으로서 상속이 개시된 후 일정한 기간 내에 적법하게 상속포기 신고가 이루어지면 포기자의 유류분반환청구권은 당연히 소멸하게 되는 것이다.

판례선정이유

'적법한 상속포기로 포기자의 유류분반환청구권도 소멸한다'는 점을 밝힌 판결

816. 유류분을 포함한 상속포기약정의 효력

(대법원 1998. 7. 24. 선고 98다9021 판결)

쟁점 유류분을 포함한 상속포기의 약정만으로 상속권 행사를 신의칙 위반으로 볼 수 있는지 여부

판결요지

[1] 유류분을 포함한 상속의 포기는 상속이 개시된 후 일정한 기간 내에만 가능하고 가정법원에 신고하는 등 일정한 절차와 방식을 따라야만 그 효력이 있으므로, 상속개시 전에 한 상속포기약정은 그와 같은 절차와 방식에 따르지 아니한 것으로 효력이 없다.

[2] 상속인 중의 1인이 피상속인의 생존시에 피상속인에 대하여 상속을 포기하기로 약정하였다고 하더라도, 상속개시 후 민법이 정하는 절차와 방식에 따라 상속포기를 하지 아니한 이상, 상속개시 후에 자신의 상속권을 주장하는 것은 정당한 권리행사로서 권리남용에 해당하거나 또는 신의칙에 반하는 권리의 행사라고 할 수 없다.

판례선정이유

상속개시 전에 유류분을 포함한 상속 포기의 약정이 무효임은 물론이며, 그러한 약정에도 불구하고 상속권을 주장하는 것이 신의칙 위반 아니라는 점을 밝힌 판결

〈판례색인〉